원시 그리스도교에 대한 사회학적 연구

개정판

지은이 게르트 타이센 Gerd Theißen (1943 -)

게르트 타이센은 독일의 신약학자로 현재 하이델베르크 교수의 신약신학 명예 교수다. 1968년 독일 본 대학교에서 히브리서 연구로 박사 학위를 받고 1972년 원시 기독교의 기적에 관한 연구로 하빌리타치온을 취득했다. 덴마크 코펜하겐 대학교 교수를 거쳐 독일 하이델베르크 대학교에서 신약학 교수로 있으면서 원시 기독교의 사회 이론, 역사적 예수, 원시 기독교 이론과 신약신학에 관해 연구하고 가르쳤다. 저서로는 『예수 운동의 사회학』(종로서적), 『원시 그리스도교에 대한 사회학적 연구』(알맹e), 『갈릴래아 사람의 그림자』(비아), 『역사적 예수』(다산글방), 『복음서의 교회정치학』(대한기독교서회), 『그리스도인 교양을 위한 신약성서』(다산글방) 등이 있다.

옮긴이 김명수 (1948 -)

김명수는 경성대학교 명예교수이며, 충주 남한강변에 있는 요양원 예함의집 원목이다. 충청남도 부여군 홍산면 조현리(새재마을) 식송에서 태어나, 성균관대학교, 한국신학대학·대학원을 거쳐, 독일 함부르크대학교 개신교신학부에서 "예수말씀복음서(Q)"에 대한 사회사적 연구로 신학박사 학위를 취득했다. 귀국 후 부산으로 내려와 부산신학대학, 경성대학교 교수를 역임하면서 20년 넘게 후학들을 가르치며 저술 활동을 했다. 초기 기독교 Q복음에 관한 다수의 논문들을 발표했고, 25권이 넘는 저서와 역서를 냈다. 독일 함부르크 대학교 선교아카데미 연구원, 샌프란시스코 신학대학원 객원교수, 일본 후쿠오카 서남학원대학 교환교수를 역임한 바 있다. 저서로는 『그리스도교와 탈현대성』(대한기독교서회, 2000), 『원시그리스도교 예수연구』(한국신학연구소, 2001), 『초대기독교의 민중생명신학 담론』(한국신학연구소, 2002), 『역사적 예수의 생애』(한국신학연구소, 2004), 『안병무: 시대와 민중의 증언자』(살림출판사, 2006), 『큐복음서의 민중신학』(통나무, 2009), 『역사적 예수와 Q복음서』(대한기독교출판사, 2009), 『안병무의 생애와 신학』(한울출판사, 2010), 『씨알사상과 민중신학』(한국학술정보, 2012), 『역사의 예수와 동양사상』(통나무, 2012), 『하느님과 사람은 둘이 아니다』(통나무, 2013) 등이 있다.

원시 그리스도교에 대한 사회학적 연구, 개정판
M어게인

편집, 표지 & 내지 디자인 맹호성
digitization 임아름
펴낸이 김진실, 맹호성
펴낸곳 알맹e
등록 제25100-2014-000047호(2014년 7월 25일)
주소 서울특별시 노원구 동일로 1700, 1031호 (파르코오피스텔) 01624
e우편 rmaenge@rmaeng2.com
웹집 rmaenge.com
얼굴책 facebook.com/rmaenge

발행 2024년 5월 15일
PDF 전자책 ISBN 9791191822687 · 정가 11,000원
종이책 ISBN 9791191822670 · 정가 33,000원

M어게인

원시 그리스도교에 대한 사회학적 연구

개정판

게르트 타이센 지음

김명수 옮김

알맹e

Originally published in German as *Studien zur Soziologie des Urchristentums*
by Mohr, Tübingen, Germany.
DOI 10.1628/978-3-16-157396-5

© J. C. B. Mohr (Paul Siebeck) Tübingen 1979, 1983, 1989
Chapter 13 © Augsburg Fortress 1982

Chapter 13 was originally published in English as "Introduction" of *The Social Setting of Pauline Christianity*, translated and edited by John H. Schutz and published by by Fortress Press, Philadelphia, PA, USA. Used by permission from Wipf and Stock Publishers, Eugene, OR, USA.

This Korean translation © 1984 Myung-Soo Kim
The Korean text used in this edition was previously translated by Myung-Soo Kim and was publihed in 1986 by the Christian Literature Society, Seoul, Republic of Korea.

This Korean edition with corrections, a new bibliogrpahy and indexes © 2024 by rMAENGe, Seoul, Republic of Korea
This Korean edition is published by arrangement of Mohr Siebeck through rMaeng2, Seoul, Republic of Korea.
All rights reserved.

한국어 번역 © 김명수 1984
이 한국어판의 저작권 © 알맹e 2024

이 한국어판의 저작권은 알맹2를 통하여 Mohr Siebeck과 독점 계약한 알맹e에 있습니다. 저작권법에 의하여 한국 내에서 보호받는 저작물이므로 무단 전재와 무단 복제를 금합니다. 무단 전재는 미리 저작권자의 허락을 받지 않고 이 책의 내용을 일부 혹은 전체를 본인이 아닌 다른 사람이 볼 수 있도록 공개, 비공개적으로 올리는 것을 뜻합니다. 무단 복제는 미리 저작권자의 허락을 받지 않고, 정당한 방법으로 이 책을 구매하지 않은 다른 사람과 복사하여 종이책 복사본을 만들거나, 종이책을 스캔해서 전자책을 만들거나, 혹은 이미 만들어진 전자책을 공유하는 것을 모두 포함합니다. 이 책의 전자책은 부담 없이 구매해서 볼 수 있도록 저렴한 가격에 책정하기까지 했습니다. 스스로 떳떳하게 살 수 있도록 이 책을 불법 복제하고 공유하는 일은 없도록 협조해 주시겠습니까?

부록 제13장 "게르트 타이센의 성서해석 방법론"은 *The Social Setting of Pauline Christianity*의 편역자인 존 H. 슈츠가 쓴 Introduction을 번역한 것으로 현 영문판 저작권사인 Wipf and Stock Publishers의 이용 허락을 받아 이 한국어판에 포함하여 출판합니다.

이 책은 1986년에 대한기독교출판사에서 출간된 적이 있습니다. 이 한국어판에 사용된 한국어 번역은 역자의 이용 허락을 받았으며, 이전 판을 스캔하여 그대로(부록 제14장은 저작권 문제로 제외) 출간하되 일부 수정하였으며, 이전 판에는 없던 원서의 색인을 추가하고, 원서 3판의 참고문헌으로 업데이트했으며, 본문에는 원서의 쪽수 정보를 추가하였습니다. 스캔한 원고는 OCR(광학문자인식) 처리를 했지만, PDF 전자책의 경우 검색 결과가 완벽하지 않을 수 있습니다.

목차

서언 ··· 5

제I부 원칙
1. 사회학적 문제에 대한 연구사적 고찰 ······································· 11
2. 종교적 전승들에 대한 사회학적 평가 ······································· 50
   원시 그리스도교의 예를 이용한 방법론적 문제
3. 종교사회학적 연구에 대한 이론상의 문제점들과 원시 그리스도교의 분석 ············ 75

제II부 복음서
4. 원시 그리스도교의 예수 말씀 전승에 관한 문학사회학적 고찰 ························· 103
5. "우리는 모든 것을 버렸습니다"(마가 10:28) ······························ 134
   A.D. 1 세기 유대-팔레스타인 사회에서의 예수를 따르는 것과 사회적 무근성
6. 예수의 성전 예언 ··· 172
   도시와 시골의 긴장의 장(場) 가운데서의 예언
7. "폭력 포기와 원수 사랑"에 대한 사회사적 배경 ······················ 195
   마태 5:38~48과 누가 6:27-38의 사회사적 배경

제III부 바울
8. 사도적 정당성과 생계 ··· 245
   원시 그리스도교 선교자들에 관한 사회학적 연구
9. 고린도 교회의 사회계층 ··· 287
   초기 헬레니즘적 그리스도교의 사회학에 관한 연구
10. 고린도 교회의 강한 자들과 약한 자들 ································· 342
    하나의 신학적 논쟁에 대한 사회학적 분석

11. 사회적 통합과 성례전 행위 ·· 365
　　고린도전서 11장 17-34절에 대한 분석
12. 그리스도론과 사회적 경험 ·· 394
　　바울 그리스도론의 지식사회학적 고찰

부록

13. 게르트 타이센의 성서해석 방법론 | 존 슈츠 ················ 413
　　선별된 게르트 타이센 저술 목록 ··································· 436
　　신약과 사회학적 연구 방법론과 그 역사에 관한 짧은 자료 목록 ········ 439

역자 후기 ·· 441
타이센의 『원시그리스도교에 대한 사회학적 연구』 복간에 즈음하여 | 김명수 ··· 443
발행인의 말 ·· 456

원시 그리스도교의 사회사에 관한 주요 참고 문헌 ··············· 460
　I. 주제별(체계적) 참고 문헌 ··· 460
　II. 참고 문헌(알파벳순) ·· 470

색인 ··· 501
　색인 일러두기
　I. 고대 문헌 색인 ··· 501
　II. 고대 인명 색인 ·· 513
　III. 현재 저자 색인 ··· 516
　IV. 주제 색인 ··· 519

일러 두기

1. 본문 바깥쪽 좌우 여백에 *123과 같이 표시된 숫자는 원서의 쪽수를 가리킨다.
2. 오래된 번역 원고를 그대로 사용하는 관계로 인명이나 지명이 업데이트하면 좋을 것들이 있다(예: 필로 > 필론). 색인 부분에 이런 이름 들은 최대한 바로 잡은 것들을 병기했으니 참고해서 보면 좋다.
3. ⓒ는 편집자주다.

서 언

　여기에 수록된 논문들은 객관적이면서도 논문들이 형성된 순서에 따라 엮은 것이다. 1971년에 이루어진 방랑적 급진주의에서 사랑의 가부장주의까지의 발전 과정에 대한 소고 초안을 토대로 하여 계속해서 11편의 논문들이 나왔다. 공관복음서에 관한 네 편의 연구 논문들은 필자가 1972년 11월 25일 본(Bonn)에서 행한 원시 그리스도교의 방랑적 급진주의에 관한 취임 강연을 옮겨 놓은 것이다. 마지막에 있는 원수 사랑에 관한 연구 논문은 방랑적 급진주의의 명제가 얻은 비판의 소리에 실제적으로 관계하는 것이다. 바울에 관한 네 편의 연구 논문들은 사랑의 가부장주의에 관한 명제들에 기초하고 있는데, 필자는 1972년 6월 7일 대학 교수 취임 강연에서 이 명제들을 주장한 바 있다. 따라서 우리는 비록 거의 10년에 걸쳐 연구되어온 것이기 때문에 약간 변용된 것이 있다고 할지라도 모든 논문들을 하나의 일치된 개념을 제시하는 한 책의 항목들로 파악할 수 있을 것이다. 이 책이 단숨에 쓰여진 것이 아니라는 사실은 전기적인 근거로 알 수 있을 뿐만 아니라 객관적인 근거로도 알 수 있다. 즉 원시 그리스도교의 사회학은 아직도 많은 연구가 이루어져야 하며 그러는 동안 처음에 제시한 작업가설들이 확실히 훨씬 더 수정되고 분화되지 않으면 안 될 필생의 과제인 것이다.
　논문들은 연구사와 방법론과 이론 형성이라는 세 가지 측면의 연구들로 편집되었다. 여기에서 연구사적인 기고는 모든 논문들에 서문으로 기록되었다. 대체로 원칙적인 성찰은 변증법적 상황으로도 소급될 수 있는데, 이러한 상황 하에서 이 연구 논문들이 형성되었다. 사회학적인 문제 설정은 일단 거부된다. 이 때에 우리는 자료의 빈약성과 방법의 일면성과 사건에 대한 신학적인 의혹성을 언급한다(그리고 동시에 전혀 새로운 것이 아니라고 단정짓곤 하였다). 사회학적인 문제 설정의 정당성에 관하여 입증할 책임은 여러 가지 문학사회학적인 연구에 대한 사변의 기쁨을 스스로 억제한 것이 매우 긍정적인 결과를 가져왔으나 거의 만족스런 견해를 얻지 못한 그 변명자들에게 일방적으로 전가되었다. 다음의 연구 논문들은——여러 가지 회의에도 불구하고——이 분야의 연구에 밝은 전망이 보인다는 사실을 기꺼이 확증해 줄 것이다. 이 연구의 방법적인 원리는 신약성서의 역사—비판적 연구와 밀접하게 관련을 맺고 있으며, 실제적인 문제 설정에 근접해 있음이 지극히 명백한 곳에서도 이 문제 설정에 대하여 비판을 할 수 있다.

비판과 격려로 본 연구를 장려해 주었던 모든 동료들에게 진심으로 감사를 드린다. 특히 나의 스승이신 고(故) 필하우어 박사님께 감사드린다. 그는 이 논문들을 처음부터 양식사적 연구에 적합하고 필수적인 연구로 간주하였다. 그 외에 다른 많은 사람들 K. Berger, Ch. Burchard, H. Gülzow, E. A. Judge, U. Luz, W. A. Meeks, R. Morgan, J. H. Schütz, U. Wilckens 씨에게 감사 드린다. 그 중에서도 특히 각 논문들뿐만 아니라 이 논문집이 나오기까지 도와주신 이 책의 발행인 M. Hengel 씨에게 감사드린다. J. C. B. Mohr 출판사의 Georg Siebeck 씨와 출판과 인쇄에 종사한 사람들 및 종업원들에게도 감사드린다. 내 아내는 이 책이 나오기까지 도와주었고 또한 나의 온 가족은 필자가 학문을 연구할 수 있도록 부담을 감수하였다. 그것은 결국 필자가 1978~79년 이후 대학 이외의 곳에서 5년간 중요한 직무를 맡고 외국에서 신약성서를 강의했기 때문만은 아니다.

필자는 이 책에 수록된 "원시 그리스도교 사회학에 관한 논고"를 나를 기꺼이 덴마아크에 받아들여 주신 데 대한 보답으로 코펜하겐 학생들과 동료 교수들께 바친다. 특히 필자는 첫 주간을 함께 보낸 Borch 연구소 교수님들께 감사드리며 그중에서도 특별히 소장님이신 Jesper Yde 교수님께 심심한 사의를 표한다. 필자의 신약학 동료들인 Martha Byskov와 Lone Fatum과 Niels Hyldahl과 Børge Salomonsen 씨는 필자가 덴마아크어를 잘 모르기 때문에 과중한 일을 떠맡아야 했다. 그들과 모든 교수님들과 코펜하겐 대학교에 있는 "Bibelsk Eksegese 연구소"의 학생들이 필자에게 안락한 풍토를 조성해 주고 물심양면으로 돌봐주며 이해해준 데 대하여 감사드린다.

원수 사랑과 폭력포기에 대한 연구 논문이 덴마아크에서 이루어졌다는 점은 독일—덴마아크의 과거를 고려할 때 상징적인 차원도 지닌다.

1979년 8월 코펜하겐에서   G. 타이센

제 2판에서는 지금까지 발표되지 않았던 바울의 그리스도론에 관한 지식 사회학의 연구 논문과 원시 그리스도교의 사회사에 관한 발췌 문헌 해제와 문구 색인을 증보하였다. 그 외에는 제 1판의 본문을——몇 군데 잘못된 곳을 교정한 것 외에——변경하지 않았다. 필자는 색인을 작성해 준 Michael Hoffmann과 인용된 부수적인 문헌을 검토해 준 Hanna Kohns, 발췌 문헌 해제를 위해 문헌을 참조해 준 Wolfgang Stegemann에게 감사한다. 제 2판도 코펜하겐 대학교의 Biblesk Eksegese 연구소의 교수님들과 여교수님 및 덴마아크 학생들이 1978—1980년 동안에 보여준 노고를 생각하면서 그들에게 바친다.

1983년 1월 하이델베르크에서

G. 타이센

3판 서언

3판에서는 원시 그리스도교의 사회적 연구(사회사)에 관한 참고 문헌을 보완하고 일부 오류를 수정했다. 3판의 준비를 위해 색인 및 본문을 수정하고, 참고 문헌을 새로이 정리하는 작업을 도와준 Hubert Meisinger, Ulrich Scholz, Bernd Raebel, David Trobisch, Wega Schmidt-Thomée에 감사를 표한다.

1988년 12월 23일 하이델베르크에서에서

게르트 타이센

제 I 부

원 칙

1. 사회학적 문제에 대한 연구사적 고찰
2. 종교적 전승들에 대한 사회학적 평가
3. 종교사회학적 연구에 대한 이론상의 문제점들과 원시 그리스도교의 분석

1
사회학적 문제에 대한 연구사적 고찰

 사회학적 물음은 오래 전부터 역사적 방법에 속한 것이었다. 그것은 결코 새롭게 발달된 것이 아니다. 이 사회학적 물음을 색다르게 생각하는 사람은 하나의 착시(錯視)에 빠지게 된다. 그는 지난 몇 년 전부터 세상에서 사회학적 문제에 대해 갖게 된 새로운 관심을 훨씬 오래 전부터 존재해온 학문적 문제와 혼동하고 있는 것이다. 나는 아래에서 학문적 물음의 연구사적 연속성을 두 가지 측면에서 밝혀보려고 한다. 무엇보다도 먼저 사회학적 물음은 신약성서에 대한 역사비판학적 주석의 결과로서 제시되어져야 한다. 그리고 다음에 사회학적 이론이 어떻게 역사적 연구에 자극을 주었는지 밝혀야 한다. 이 서술의 목표는 우선 이 책에 수록된 원시 그리스도교에 대한 사회학적 연구를 연구사적으로 배열하고 그 발생을 명확히 하며 이에 대한 자극들과 배경들을 드러내고 아울러 오늘날의 주석상의 다른 과제들과 이 사회학적 연구와의 관련성을 서술하려는 것이다.[1]

I. 역사적 방법의 귀결로서의 사회학적 물음

 역사는 단순히 사건들과 행위들로 연결된 사슬이 아니라 상황, 관습,

---

[1] 원시 그리스도교의 사회학적 연구에 관한 연구 보고가 여기서 의도된 것은 아니다. 그것은 바라는 바이다. 그러나 여기서는 단지 앞 권에서 수록된 논문만을 문제삼고 있는 것이다. 나는 몇몇 비판적인 견해 표명에 대해 감사한다. 나는 J. H. Schütz의 "Steps toward a Sociology of Primitive Christianity: a Critique of the Work of Gerd Theissen" für eine Tagung der Arbeitsgruppe "Social World of Early Christianity" (1977)를 접할 수 있었다. 팔레스틴계 원시 그리스도교 사회학에 관한, 일반적으로 이해가능한 서술을 제시한 나의 소책자 *Soziologie der Jesusbewegung*, ThEx 194, (München, 1977) 불어판에 B. Lauret가 쓴 서문에서도 많은 것을 배웠다.

규범, 제도들이 뒤엉켜 있는 것이라는 사실이 고찰되어진 것과 때를 같이하여 사회학적 물음이 일목요연하게 제시되고 있다. 역사 기술의 중심점이 지배계급에서 모든 사람들로 바뀌었을 때 사회학적 물음은 필수불가결한 것으로 되었던 것이다. 사람들이 위대한 역사의 변혁, 즉 혁명과 위기, 몰락과 새로운 창조를 지금까지 끊임없이 역사의 밑바닥에 작용해 왔던 구조적인 긴장과 결부해서 해석하고자 했을 때, 사회학적 물음은 중심적인 의미를 얻게 되었다.

*4 신약성서 주석이 신학에 종속되어 있던 것과 마찬가지고, 고고학에 종속되어 있다는 것은 여러 가지 양태의 사회학적 물음을 가능하게 한다. 이것은 결코 놀랄 만한 일은 못 된다 ; 몸젠(Th. Mommsen)은 고대 제도들의 탐구에서, 벨로호(K. Beloch)는 식민사나 상업사에 대한 탐구에서, 필만(R.v. Pöhlmann)은 사회적 이념이나 대립의 분석에서, 그리고 로스토브체프(M. Rostovtzeff)는 무엇보다도 포착가능한 고대 생활의 유물들을 고고학적으로 평가함으로써 사회학적 물음을 제기했다.[2] 아마도 우리는 이렇게 말할 수 있을 것이다. 신약성서학이 고고학으로부터 분리되지 않는 한, 사회학적 물음은 상존하는 것이고, 또 자료가 허락하는 한 사회학적 물음에 대답을 시도할 것이다.

19세기 말 무렵에 있었던 신약성서학과 고고학 사이의 상호교류는 사회학적 물음이 마치 자명한듯이 신약성서학에 속하게 되었다는 점에서 특징적으로 잘 나타났다. 사람들은 원시 그리스도교 공동체의 삶을 기술했으며(E.v. Dobschütz),[3] 선교와 그리스도교 전파의 사회적 측면을 탐구했고(A. v. Harnack),[4] 신약성서의 시대사적 영역 안에 있던 팔레스틴 사회에 대해 서술했으며(E. Schürer),[5] 원시 그리스도교의 사회적 이념을 분석했고(E. Troeltsch),[6] 제명학(題銘學)과 파피루스학(Papyrologie)의 도움을 힘입어 하층 계급의 삶을 조명했다(A. Deißmann).[7]

2) 개별적 역사가들에 관해서는 K. Christ, *Von Gibbon zu Rostovtzeff*, Darmstadt, 1972 참조.
3) E. v. Dobschütz, *Die urchristlichen Gemeinden*, Leipzig, 1902.
4) A. v. Harnack, *Die Mission und Ausbreitung des Christentums in den ersten drei Jahrhunderten*, Leipzig, 1902, 1924⁴.
5) E. Schürer, *Geschichte des jüdischen Volkes im Zeitalter Jesu Christi*, Leipzig, 1890, 1898—1901³.
6) E. Troeltsch, *Die Soziallehren der christlichen Kirchen und Gruppen*, Ges. Schriften Bd. 1, Tübingen, 1912.
7) A. Deissmann, *Das Urchristentum und die unteren Schichten*, Göttingen, 1908²; ders.: *Licht vom Osten*, Tübingen, 1908.

1. 사회학적 문제에 대한 연구사적 고찰   *13*

그러나 무엇보다도 사람들은 구약성서학의 영역 내에서 저 계획을, 즉 오늘날까지도 사회학적 연구를 위해 의의깊은 양식사와 종교사를 탐구했다(H. Gunkel). [8] 그리고 같은 때에 사람들이 성서 본문과 성서 본문 외부의 현상들 사이의 관계에 대해서 (이로써 본문의 주변세계로부터 본문을 고립시키는 것을 중지하게 되었다), 그리고 본문과 과거의 사회적 삶 사이에 있는 관계에 대해서(이로써 본문을 공동체의 삶으로부터 분리시킬 수 없게 되었다) 묻게 된 것도 결코 우연한 일은 아니다. 왜냐하면 역사적 상황에 대한 물음은 사회학적 "삶의 자리"의 대한 물음과 마찬가지로 역사의식──즉 전승된 자료에 대한 비판을 내용적 유비와 *5
인과율적 상관관계에 의해 자료에 대한 설명과 결합시키는 저 역사의식──의 한 표현이었기 때문이다. [9]

세기 전환기의 상황을 살펴보면 모든 상황은 사회학적 문제가 신약성서 학문에 있어서 논쟁의 여지없이 확고한 자리를 차지하게 되었음을 보여준다. 그러므로 왜 지난 몇 년간 새로운 사회학적 물음이 생겨났는지를 설명하려고 해서는 안 된다. 오히려 그것이 왜 새로운 것처럼 보일 수 있게 되었는지를 설명해야 한다. 그리고 왜 이러한 물음이 신약성서 주석의 전성기에는 뒷전으로 물러나 있다가 1970년에 출판된 20세기 신약성서 학문의 발전에 관한 연구 보고서에 와서야 "사회학"이니 혹은 "사회사"니 하는 슬로건들을 쓸데없이 찾게 되었는지를 설명해야 한다. [10]

이러한 현상에 대해 설명하려면 우리는 신약성서에 관한 학문이 특정한 면에 대해 유보하면서 양식사를 받아들였다는 점을 감안해야 한다. 애초부터 그것의 가능성은 신약성서내에서는 구약성서에서보다 제

---

8) 비교, W. Klatt, *Hermann Gunkel. Zu seiner Theologie der Religionsgeschichte und zur Entstehung der formgeschichtlichen Methode*, FRLANT 100, Göttingen, 1969.

9) 비교, E. Troeltsch, Über historische und dogmatische Methode in der Theologie (1898), in: *Theologie als Wissenschaft*, hrsg. v. G. Sauter, ThB 43, München, 1971, 105—127.

10) W. G. Kümmel, *Das Neue Testament im* 20. *Jahrhundert*, SBS 50, Stuttgart, 1970. 이 탁월한 연구 보고는 20세기 신약성서 주석이 지금까지 어디에 가치를 두어왔는지를 더할 나위없이 적절하게 설명한다. Der DDR-Autor H. J. Genthe: *Kleine Geschichte der neutestamentlichen Wissenschaft*, Göttingen, 1977은 사회적(gesellschaftliche) 물음에 대한 관심을 분명하게 보여주는데, 그러나 바로 그 때문에 신약성서 학문이 거기에 대해 얼마나 관심을 가지지 않았는지도 분명하게 보여 주었다: "사회적 (gesellschaftliche) 영역"이라는 장(章)은 성례전에 관해서 다루고 있다 !

한된 것이었다. 구약성서에는 본문 배후에 한 민족의 수백년 간의 역사가 서 있으며 그 안에서 지속적으로 영속적인 기구가 발전할 수 있었다. 이에 반해서 신약성서에서는 새로운 종교 운동의 상대적으로 짧은 역사와 접하게 되는데, 이 운동은 삶의 전 영역을 제도적인 대책에 의해 형성시킬 수 없었던 것이다. 그러나 새로운 방법론이 "대체로 전적으로 호의적인 환대를 받지 못했던" 이유가 이 난점에 있었던 것은 아니다.[11] 쿨만은 다른 이유를 제시하는데, 이에 의하여 그는 양식사학을 지금까지의 주석학과 대결시킨다: "여기에는 전승사에 대한 서로 상이한 두 가지 이해가 존재한다. 즉 개인주의적인 것과 사회학적인 것이다. 새로운 방법론에 대한 연구자의 태도가 긍정적인가 부정적인가 하는 문제는 얼마나 의식되어졌건 상관없이 전적으로 사회학적 이해에 대해 그들이 찬성하는가 반대하는가에 의해 결정되었다".[12] 우리는 1925년에 말해진 이 주장을 오늘날도 필요한 부분만을 수정하여 반복해서 주장할 수 있다. 그리고 그것은 양식사학적 방법이 점차로 더 관철되는 사이에 더욱더 주목을 끌게 되었다. 놀라움은 거기에 포함된 사회학적 경향이 올바로 전개될 수 없다는 데 있었고, 더우기 사회학적 문제에 대한 관심이──세기 전환기에 비하여──쉽게 후퇴되었다는 데 있다.[13] 이것은 어떻게 설명되어져야 할 것인가?

신약성서학내에서 양식사학이 점차로 유효하게 되었을 때 그것은 달라진 신학적 상황과 마주치게 되었던 것이다: 변증법적 신학은 주석으로 하여금 본문의 신학적 내용에 대해 숙고하도록 부추겼다. 역사비판적 주석이 신학적 해석의 도구가 되었던 것이다. 동시에 바로 이 양식사학이 탁월한 방법론적 토대로서 등장했던 것이다. 여기서는 본문이 무엇보다도 공동체 신학과 공동체 신앙의 표현이라는 주장을 변호했다. 이로써 사회학적 "삶의 자리"에 대한 물음은 은밀하게 정신화되어졌다. 이제는 삶의 자리 일반이 문제되지 않고 종교적인 삶의 자리만이 중요하게

---

11) O. Cullmann, Die neuen Arbeiten zur Geschichte der Evangelientradition (1925), in: *Vorträge und Aufsätze*, 1925—1962, Tübingen/Zürich, 1966, 41—89, 인용 S. 52.
12) O. Cullmann, *Die neueren Arbeiten*, 60.
13) 양식사학적 방법에 근거해 있는 신약학자만이 작고 읽을 만한 논문, 즉 E. Lohmeyer의 *Soziale Fragen im Urchristentum, Wissenschaft und Bildung* 172 (Leipzig, 1921 =Darmstadt, 1973)와 같은 것을 쓸 수 있었을 것이다. 그러나 거기서는 사회학적 문제에 대한 자극이 양식사학으로부터 나오지 않는다.

되었다. 사람들은 사회학적 관심보다는 종교적 관심을 추구하게 되었다. 보다 덜 정신적인 본문의 배경보다는 보다 정신적인 본문의 내용을 탐구하게 되었다.[14]

여기에 두 번째 것이 더해진다 : 양식사학적 방법의 지도적인 대변자인 불트만이 신약성서 본문에 대한 실존론적 해석이라는 매력적인 해석학을 발전시켰던 것이다. 그리고 이러한 개인주의화하는 경향은 본문의 사회적 차원에 대한 관심을 더욱 시들게 했다.[15] 사회적인 관계들은 "비본래적인 것"에로 귀속되었고 "본래성"을 찾기 위해 노력하는 인간 실존은 이러한 비본래적인 것에서 벗어나야만 한다고 했다. 이 새로운 실존론적 해석은 무엇보다도 바울과 요한 주석의 영역에 몰두했다. 이를 통해 바울과 요한은 양식사학적 방법의 원래 출생지인 공관복음서 해석보다 훨씬 중요한 신학적 비중을 차지하게 되었다 : 실로 양식사학적 방법은 부분적으로는 극단으로 흐르는 역사적 회의주의에 의해서, 그리고 또 부분적으로는 공관복음서의 다양한 전승들 앞에 원시 그리스도교의 십자가와 부활 케리그마를 전면에 내세움으로써 공관복음서에 포함된 예수 전승의 신학적 비중을 하락시키는 데 기여해야만 하게 되었다.

그래서 사람들은 다음과 같이 주장할 수 있게 되었다 : 양식사학적 방법은 그것의 사회학적 관계에 의해서가 아니라, 그것을 무시하고 관철되어졌다는 것이다. 양식사학적 방법은 그것의 원초적인 사회학적 동기들을 중성화시키는 신학적 흐름, 다시 말해서 변증법적 신학이나 실존론적 해석과 결합되어졌기 때문에 관철될 수 있었다는 것이다. 그러나 그럼에도 불구하고 우리는 근본적으로 원시 그리스도교의 본문은

*7

---

14) M. Dibelius(*Die Formgeschichte des Evangeliums*, Tübingen, 1)19, 1933²)는 삶의 자리, 즉 "역사적, 사회적 위치가 바로 이런 종뉴어 문학양식으로 형성된다"는 사실을 부각시켰다(S. 7). 그는 "사회학적 연관성"에 관해서 말한다(S. 8). 우리는 이것과 W. G. Kümmel에게서 재해석된 "삶의 자리" 개념을 비교할 수 있다. W.G. Kümmel, *Das Neue Testament. Geschichte der Erforschung seiner Probleme*, Freiburg, 1958, 1970², 419 : "그러나 아래와 같은 인식은 더욱 중요하다. 즉 개별 전승은 그것의 삶의 자리를 예배 안에 가지고 있다는 것과 따라서 예수전승은 역사적인 것이 아니라 신앙적 관심에 의해 보존되고 형성되었다는 것이다." J. Roloff (*Das Kerygma und der historische Jesus*, Göttingen, 1970, 18ff)는 불트만과 그의 학파에서 행해진 "케리그마 신학과 양식사학의 종합"에 대해 올바르게 말한다.

15) R. Bultmann (*Geschichte der synoptischen Tradition*, Göttingen, 1921, 4)은 "삶의 자리"와 "장르"가 사회학적 개념이라는 사실을 강조했다. 그러나 이러한 인식이 그 뒤에 사회학적 연구를 이끌어내지는 못했다.

하나의 공동체의 글이며 특정한 사회적 차원을 지니고 있다고 주장할 수 있다.

이런 사회적 차원에 대한 단절은 제2차 세계대전 이후 주도적인 것이 되었던 편집사적 연구[16]에 의해서도 계속 요구되어졌는데, 특별히 그것이 (내 생각에는 근거가 없는 것으로 보이는데) 양식사학에 대한 대립으로 등장한 경우 더욱 그러했다. 편집사는 복음서의 개별적인 저자와 그들의 신학적 사유에 주의를 집중시켰다. 원시 그리스도교의 상이한 저자들의 신학적 윤곽은 공동체의 사회적 삶보다 더욱 중요한 것으로 보였다. 복음서 편자는 그의 공동체와의 연속성 안에서보다는 오히려 그것과의 대립 안에서 이해되어졌다. 그리고 바울 해석에서 눈에 띄는 경향이 나타나게 되었다. 사람들은 그를 더욱더 공동체의 방향에 대한 비판자로, 즉 열광주의나 성례전주의, 묵시문학이나 영지주의에 대한 비판자로 이해하게 되었던 것이다. 이로써 바울 자신도 열광주의적, 성례주의적, 묵시문학적 경향에 의해 그가 속한 공동체와 결부되어 있었다는 점이 간과되었다. 그러므로 편집사적 연구와 새로운 바울 주석은 신약성서 주석에서의 정신화하는 경향을 전보다 감소시키기는 커녕 더욱 요구하게 되었다. 그러나 그럼에도 불구하고 편집사적 연구는 말할 것도 없이 사회학적 물음들과 결합될 수 없는 것이었다. 실로 아무것도 우리가 복음서 편집의 사회적 배경을 묻는 것을 방해할 수는 없는 것이다.[17]

이러한 발전 과정의 마지막 발걸음은 일관성있는 편집사로부터 구조주의에로의 이전이다. 이제 본문이 서 있는 역사적 관련성은 철두철미 주석자의 시선으로부터 멀어져 나가도록 위협받았다. 우리가 본문을 배타적으로——문법 규칙에 근거한 소수의 반복되는 요소들의 합성으로서——관련성들이나 대립, 혹은 유사성들의 조직체라고 해석할 때 이 경우 문법 규칙을 밝히기 위해서는 아무런 역사적 배경도 필요하지 않은

---

16) 비교. J. Rohde, *Die redaktionsgeschichtliche Methode*, Hamburg, 1965. 당연히 우리는 대립을 지나치게 강조해서는 안 된다 : 편집사적 연구도 역시 복음서가 생겨난 공동체의 상황에 대해서 묻는다. W. Marxsen은 옳게 말한다(*Der Evangelist Markus*, Göttingen 1956, 13) : "그러므로 여기에도 시종일관 사회학적 동기가 깔려 있다. 그러나 양식사학파와는 반대로 이것이 그때 그때 복음서 기자를 방향지웠던 특정한 관심사나 '개인주의적인' 특성과 결합되었다."

17) 편집사적 차원에서 사회학적 문제를 제기한 예는 W. Stegemann의 Untersuchungen zum Lukasevangelium (in: L. Schottroff/W. Stegemann, *Jesus von Nazareth—Hoffnung der Armen*, Stuttgart, 1978, 89—153)이다.

데, 그렇다면 그것은 사실상 "반역사적" 주석을 향하게 되는 것이다.[18]
그러나 어떤 이유에서 구조가 그것 자체의 역사를 가져서는 안 되는지,
그리고 어떤 이유에서 본문 구조와 사회적 현실성 사이에 긴밀한 관련
성을 부여해서는 안 되는지가 통찰되어지지는 않는다.[19] 대부분의 주석
학자들은 구조주의에로의 이 발걸음을 계속 추진해나갈 수 없었는데 그
것은 부분적으로는 이 새로운 방법이 낯설어서 반감을 일으켰기 때문이
었고 또 부분적으로는 역사적인 것에 대한 자각이 너무도 강렬해졌기
때문이었다.[20]

이러한 역사적인 것에 대한 자각은――세기 전환기에 비교하여――의
심할 바 없이 후퇴된 것이었다. 신약성서학이 고고학과의 긴밀한 결합
을 포기하도록 위협받은 것도 징후적인 사실이다. 신약성서학은 일반
적인 문제에 있어서 신학과 종교학이 결합되어 있는 것에 의지하는 것
과 마찬가지로 내용상 고고학에 의지하고 있었던 것이다. 그것은 부분
적으로는 점점 더해가는 특수화의 결과였고, 부분적으로는 고대에 대한
관심이 전반적으로 후퇴된 결과였으며 또 한 편으로는 인본주의적 상(像)
에 도달한 결과였다. 70년 전에는 신학자는 역사적, 문헌학적인 인식들
에 대해 그 학파로부터 마음대로 처리할 수 있었으나 오늘날은 그것을
얻기 위해서는 열심히 노력해야만 하게 되었다. 바로 이러한 상황에서
양식사학에서 구조주의에로 향하는 주석학의 발전이 역사와 주석학이
서로 고립되도록 위협하자 신약성서학 외부로부터의 근거에서 사회학
적 문제에 대한 새로운 관심을 끌어들이게 되었다. 즉 본문 안이나 본
문 배후에 있는 인간적 현실성에 대한 관심과 종교적, 시적 표상들 뒤에
있는 실제적인 삶의 산문에 대한 새로운 이해를 끌어들이게 된 것이다.

---

18) 구조주의적 해석의 지도적 대변자는 E. Güttgemanns이다. 그의 계획을 그는 Generative Poetik—Was ist das? (in: H. Fischer [Hrsg.], *Sprachwissen für Theologen*, Hamburg, 1974, 97—113)와 나아가서 Die Bedeutung der Lingustik für die Religionspädagogik, *EvErz* 27(1975) 319—333에서 집약적으로 요약해서 제시한다. 나는 내가 "반역사적" 철학은 거부하지만 구조주의적 방법론은 승인한다는 사실에 대해 사람들이 의심하지 않도록 하고 싶다.

19) 사회학적 문제와 구조주의적 문제의 결합을 위한 예로는 M. Clévenot, *So kennen wir die Bibel nicht*, München 1978이 있다.

20) K. Berger는 새로운 본문언어학적, 구조주의적 동기의 긍정적 가능성을 겨 니고 있었다. 그의 *Exegese des Neuen Testaments*, UTB 658, Heidelberg 1977은 그러한 것 없이는 전통적 방법론에 대한 그릇된 대립에로 이끌어진 다는 것을 지적했다.

이러한 관심이 생겨나게 되자 단순히 학생 운동에 관련해서만 올바른 길을 제시할 수 있었던 것이 아니라 그것 스스로가 이미 오래 전에 준비되어졌던 근본적인 과정의 어딘가 혼란스러운 징후를 종종 표현하게 되었다. 다시 말해서 1945년 이후 서독에서 보수주의가 복구됨으로 말미암아 결코 활동하지 못했으나 이제는 점점더 강력하게 새로이 발견되어지고 토론되어지는 60년대의 계몽주의 전통의 부흥의 징후가 그것이다. 동시에 두 가지 자극이 교차하게 되었다 : 즉 한 편으로는 경험과 합리주의, 실용적 행위에 애착을 느끼는 회의주의적인 인본주의 전통과 다른 한 편으로는 사회적으로 상처를 받은 슬픔에 대해 정열적으로 항거하는 유토피아적 인본주의이다. 이 둘은 모두 사회적 학문에 대한 생동적인 관심을 준비시켰고 비록 해석상의 긴장이 있기는 했지만 같이 결합해서 뒤섞여졌다. 누구든지 종교적 본문들 배후에 있는 관계들에 대한 진지하고 고무적인 연구에 관심을 가진 자는 성급하게 본문을 현재적인 행위들을 위한 자극으로 해석하려는 시도를 계속해서 거부해야만 한다. 그리고 거꾸로 사회적—윤리적으로 관여하려는 자는 회의주의적 인본주의가 기울게 되는 저 비판주의에 계속해서 반대해야만 하는 것이다. 그럼에도 불구하고 사람들은 다음과 같은 견해에 일치한다. 극도로 비판적인 본문 분석에 대한 불안은 내용적으로가 아니라 인간적으로 고려되어야 한다는 것이다. 그리고 여기서 우리들이 많은 옛 주석학자들의 동의를 얻게 된 것은 다행스러운 일이었다.

*9

그러나 새롭게 일어난 사회학적 관심으로부터 원시 그리스도교에 대한 사회학적 탐구에 이르기까지는 아직도 먼 길이 가로놓여 있었다. 60년대 말에서 70년대 초에 이르기까지 사회학적 물음을 위한 신약성서 연구 방법론의 연구사적 상황은 생각컨데 불리한 것이었다. 그것은 이전의 사회학적 관심을 받아들이기보다는 거기에 거슬러서 움직여갔다. 그러나 비판적 요구와 함께 등장한 사회학적 관심이 이미 형성되어진 방법론적 의식 수준을 간단히 무시해버린다는 것은 납득할 만한 이유에서는 불가능한 것이었다. 우리들은 특수한 요구와 타협하기도 했다. 그러나 오히려 우리들은 새로운 주석학이 지니는 방법론적 경향에 반대해서 그리고 사회학적 문제 제기에 대한 광범위한 회의에 직면해서 이러한 영역 일반에 대한 의미있는 연구가 가능하다는 것을 분명하게 하기 위해 상세하게 방법론적 문제들과 대결해야만 했던 것이다. 그러므로 여기 수록된 연구들이 방법론적 숙고들을 보다 깊이 탐구하고 있다는 것은 결코 우연한 일이 아니다. 공관복음서와 바울에서의 문제성은 어떤 점에서는 다르므로 두 영역을 따로 다루었다.

1) 공관복음서

공관복음서에 대한 사회학적 탐구는 두 가지 전통적인 주석 방법과 결합되었다. 우리에게 허락된 한도내에서의 시대사적 탐구, 즉 고대 세계의 영역 안에서 팔레스틴 사회의 근본 구조를 확증하는 연구와,[21] 다른 한편으로는 양식사학적 방법인데, 그것은 공관복음서 본문 배후에 있는 집단들의 상(像)을 우리가 그릴 수 있도록 해준다. 그러나 무엇보다도 새로운 것은 두 방법의 결과들이 서로 긴밀하게 관련되어졌다는 점과, 크고 작은 사회학적 인식들이 서로를 조명해 줄 수 있도록 결합되어졌다는 점이다.   *10

첫번째 전제는 오랫 동안 그늘에 가리워져 있던 신약성서에 대한 시대사적 연구의 재평가였는데, 이제 이것은 신약성서 주석을 위한 단순한 보조학문을 넘어서게 되었다. 역사적 관심은 하나의 현상을 그것의 구체적 역사 속에 자리잡게 하려는 목적을 가지고 있었는데, 그것은 사람들이 본문을 순전히 추상적인 "역사성"에만 관련시키지 못하도록 했다. 그리고 양식사에서 편집사, 구조주의에로 이르는 발전이 결코 신약성서 학문이 의미하고, 의미할 수 있는 모든 것을 포괄하지는 못한다는 사실이 의식되어졌다. 이전에 보수적이라고 불리워졌던 연구자들에 의해 행해진 연구도 결코 사회학적 문제와의 융합을 포기하지는 않았다. 여기서는 단지 예레미아스(J. Jeremias)와 정당한 인정을 받지 못한 그의 저술, 『예수 시대의 예루살렘』,[22] 그리고 그랜트(F.C. Grant)의 『복음서의 경제적 배경에 대한 연구』,[23] 그리고 무엇보다도 헹겔(M. Hengel)의 기초적인 논문들을 지적할 수 있을 것이다.[24] 팔레스틴에서의 해방운동에 대한 그의 연구와 신약성서 이전 시대에 있었던 유대교와 헬레니즘 운동

---

21) 자료문제에 대해서는 많은 것이 있다 : 우리가 역사를 사건사로 본다면, 신약성서와 고대 역사가(누구보다 요세푸스) 사이에는 매우 소수의 접촉 점만이 있을 뿐이다. 그러나 우리가 지속적인 구조에 관심을 가진다면, 요세푸스도 일반적으로 받아들여지는 것보다 훨씬 더한 정도로 신약성서를 위해 끌어들여질 수 있다.

22) J. Jeremias, *Jerusalem zur Zeit Jesu*, Göttingen, 1924, 1969³.

23) F.C. Grant, *The economic Background of the Gospels*, Oxford, 1926.

24) M. Hengel, *Die Zeloten, Untersuchungen zur jüdischen Freiheitsbewegung in der Zeit von Herodes* I*. bis* 70n*. Chr.*, *AGJU* 1, Leiden, 1961, 1976²; ders., *Judentum und Hellenismus*, *WUNT* 10, Tübingen, 1969, 1973².

에 대한 연구는 보다 광범위한 지평을 열었으며, 거기서 원시 그리스도 교는 보다 잘 이해될 수 있었다. 이것들은 일반적인 역사 기술의 발전을 전제로 하며 또한 숨김없이 종교적 운동이나 사상들과 정치적, 사회적 현실성 사이의 결합에 대해서 묻는다. 그리고 이것은 고고학과의 깊이있는 접촉이 신학적 탐구가 정신화하는 경향에 대해 하나의 방어벽이 될 수 있다는 인상을 더욱 굳혀주었다.

이제 시대사와 원시 그리스도교의 역사가 긴밀하게 결합되어지고 사회학적으로 평가되어져야 한다는 것이 타당하게 되었다. 그리고 고고학자인 져지(E.A. Judge)가 『1세기 그리스도교 집단들의 사회적 구조』(1960) 라는 작고 내용이 풍부한 논문으로 이러한 방향에로의 첫걸음을 내디딘 것도 역시 결코 우연은 아니다.[25] 마찬가지로 이러한 자극이 앵글로색슨 세계로부터 나왔다는 것도 결코 우연한 일은 아니다. 왜냐하면 거기서는 시카고 학파의 활동이 보여주듯이 사회학적 문제에 대한 관심이 완전히 사라지지는 않았기 때문이다.[26] 신약성서 학문내에서 있었던 사회학적 관심의 일시적인 후퇴는 아마도 현저하게 독일적인 현상일 것이다.

그러나 여기 독일은 양식사학의 고향이면서 동시에 새로운 사회학적 관심이 지니는 두 번째 전제의 고향이기도 했다. 이처럼 널리 승인된 방법론을 재삼 파악하고 심화하는 것 외에 달리 무엇이 더 낫겠는가? 그리고 바로 그때 클라트(W. Klatt)는 "궁켈(W. Gunkel)과 양식사학적 방법의 발생"[27]에 관한 책을 간행해서 원래의 의도에 맞추어서 이 방법론을 실

---

25) E.A. Judge, *The Social Patterns of the Christian Groups in the First Century*, London, 1960=*Christliche Gruppen in nichtchristlicher Gesellschaft*, Wuppertal, 1964. 이 소책자는 내게는 보다 진전된 연구를 위해 상당히 고무적인 것으로 보인다. 비교. E.A. Judge, *The Early Christians as a Scholastic Community*, Journ. of. Rel. Hist. 1 (1960) 4—15 ; ders., St. Paul and Classical Society, *JACh* 15 (1972) 19—36.

26) B.S.J. Case, *The Social Origins of Christianity*, Chicago, 1923. 일련의 노-소장 미국 학자들의 논문은 W.A. Meeks (Hrsg.)의 논문수록집 (*Zur Soziologie des Urchristentums*, ThB 62, München, 1979)에 나온다. 사회학적 문제에 대한 관심은 바로 사회학적으로 조건지워진다. 이러한 문제가 독일보다 미국에서 더 편견없이 논의되어지며, 또 거기서는 70년대에 알려진 신약학자들에게서 "초대 기독교의 사회적 세계"(Social World of Early Christianity)라는 연구집단으로 함께 일할 수 있게 되었다는 것도 결코 우연한 일은 아니다. 스칸디나비아 학자들의 주석에도 역시 사회학적 관심은 존재한다. 비교. N. Hyldahl, *Udenfor og indenfor. Sociale og økonomiske aspekter i den aeldste kristendom*, Tekst og Tolkning 5, Kopenhagen, 1974.

27) 비교. Anm. 8.

제로 발전시키는 것은 하나의 축소를 의미한다는 사실을 분명히 했다. 사람들은 아마도 신약성서에 대한 사회학적인 탐구가 양식사학적 목적을 새롭게 하는 것이며 계승하는 것이라고 주장할 수 있을 것이다. 시대사가 사회사로 계속 발전했듯이 양식사학도 문학사회학으로 확장되어야 했던 것이다.[28] 그러한 신약성서에 대한 문학사회학은 "삶의 자리"에 관한 한 세 가지 점에서 고전적 양식사학과 구별된다(내 생각으로는 구조주의적인 장르 분석에 이르는 문학 "양식" 분석상의 발전은 여기서 제외될 수 있다).

1. 양식사학은 무엇보다도 본문을 그것의 삶의 자리에 따라 작은 그룹들로 귀속시키고 그 적용 상황을 알아내는 것을 문제로 삼는다. 그런데 문학사회학은 그것을 넘어서 이러한 작은 그룹들과 문학을 전체 사회의 영역 안에서 해석하고자 한다.

2. 양식사학은 무엇보다도 공동생활의 종교적 관심을 다루었었다. 공동생활이란 바로 공동체의 삶을 말한다. 그러나 이제는 이전보다 공동체의 비종교적인 조건들을 드러내는 것이 타당하게 되었다.

3. 양식사학은 공동체를 부분적으로는 창조적인 집합체로 보며 동시에 낭만적으로 착색된 공동체 개념을 사용한다.[29] 이에 반해서 문학사회학은 본문 배후에 있는 구체적인 역할들과 행동 양식에 대해서 묻는다. 그것은 가령 본문이 현저하게 지역적인 지방 공동체에서 형성되어졌다는 대부분의(결코 모두가 아니라!) 양식사학적 연구가 지니고 있는 암암리의 전제를 함께 나누지 않았다.

그러므로 그렇게 새롭다고 칭하는 사회학적 문제가 옛 방법론의 복구이며 계속이라는 것은 이상하게 들릴지도 모른다. 그것은 문학사회학으로 발전한 양식사학을 사회사적 경향으로 흐르는 시대사와 결합시켰다. 새로운 것은 이미 알려져 있던 것을 결합한 데 있다. 주의깊게 관찰한 사람은 그것을 곧 깨닫고 비판했을 것이다. 공관복음서 주석에서 지배적이었던 편집사적 방법은 생략된 것처럼 보였던 것이다. 이러한 관찰은 더욱 올바른 것으로 나타났다. 사회학적 연구에로 기우는 경향은 편집사적 연구가 그 가능성의 한계에 부딪쳤다는 의식 속에서 이루

*12

---

28) N. Fügen의 격려에 대해 감사한다 : *Wege zur Literatursoziologie*, Neuwied, 1968, 11—35. 다음과 같은 사실이 주목되어져야 할 것이다 : 오늘날 문학에 있어서의 문학 개념은 상당히 확대되어서 신약성서의 "비문학적인" 본문까지도 포괄하게 되었다는 것이다.

29) 이에 대해서는 E. Güttgemanns가 옳게 보았다(Offene Fragen zur Formgeschichte des Evangeliums, *BEvTh* 54, München, 1970, 126—133).

어졌던 것이다. 여러 상이한 측면들로부터, 사람들이 복음서의 편집자를 너무 과대평가해 왔다는 것이 분명해졌다.

1. 구조주의적인 고찰은 『원시 그리스도교의 기적사화』[30]라는 본인의 저술에서 말했듯이, 편집과 전승이 자주 금지된 방식으로 서로 작용한다는 사실을 보여주었다. 편집은 많은 경우에 단순히 전승에 내재하는 가능성들의 실현일 뿐이다.
2. 슈람(T. Schramm)의 "누가에 있어서의 마가 자료"라는 문학비판적 연구는 누가가 제한된 방식으로 작업했다는 것을 보여주었다.[31] 누가는 수정을 할 경우 종종 병행 전승들의 영향하에 서 있었다. 이와 같은 방향에서 도마복음과 복음서 편집 사이의 일치점들은 다음과 같은 사실을 가르쳐 준다 : 공관복음서 기자에 대한 도마복음서의 독립성이라는 작업가설이 관철되어질 경우 우리는 복음서 내지는 이에 상응하는 도마복음서의 편집적인 부분이라고 추측되는 것을 공동체 전승의 부가로 보아야만 하게 된다는 것이다.[32]
3. 끝으로 편집사적 연구 자체내에서의 발전을 언급할 것이다 : 여기서는 가령 마가는 보수적으로 작업하는 편집자여서 그의 전승들을 깊이있게 파악해서 변형시키지 못하고 오히려 그것들을 모순들과 불일치성들까지도 함께 그대로 존속시켰다는 인상을 더욱 강하게 했다.[33]

의심할 바없이 편집사적 방법은 가치있는 방법 도구이다. 전술한 모든 연구들은 여기에 기여한다. 그러나 그럼에도 불구하고 구조주의적, 문학비판적, 편집사적 작업이 모두 하나같이 복음서 편집자의 의의를 상대화시키는 것은 기이한 일이다. 신중한 편집사는[34] 복음서 저자를 그

---

30) *Urchristliche Wundergeschichten. Ein Beitrag zur formgeschichtlichen Erforschung der synoptischen Evangelien*, StNT 8, Gütersloh, 1974.
31) T. Schramm; *Der Markus-Stoff bei Lukas*, SNTS 14, Cambridge, 1971.
32) 연구상황에 대해서는 Ph. Vielhauer, *Geschichte der urchristlichen Literatur*, Berlin, 1975, 618—635, bes. 624ff. 참조. 여기서는 독립성에 관한 전제를 작업 가설로 끌어낸다. 그러나 W. Schrage에 의해 명시되어진, 도마복음과 잘못 추측된 공관복음서 편집 부분 사이의 일치는 전혀 다르게 평가되어져야 한다(*Das Verhältnis des Thomas-Evangeliums zur synoptischen Tradition und zu den koptischen Evangelienübersetzungen*, BZNW 29, Berlin, 1964). 편집 부분과 전승 부분을 확실하게 구별할 수 있다는 신념은 무너져야 할 것이다.
33) E. Best, Markus als Bewahrer der Überlieferung, in: R. Pesch (Hrsg.), Das Markus-Evangelium, *WdF CDXI*, Darmstadt 1979, 390—409. 그리고 R. Pesch, *Des Markusevangelium*, HThK Ⅱ, 1 u.2, Freiburg 1976/7.
34) 원수 사랑과 폭력 포기에 관한 연구는 이러한 의미에서 완화되어서 편집사적으로 처리되었다.

의 전통과의 연속성 안에서, 그리고 그가 서 있는 공동체와의 긴밀한 연관성 안에서 보는데, 그것은 오늘날의 많은 현대 신학자들이 그리스도교 전승을 개조하듯이 그렇게 현저하게 전승들을 개조하는, 철저하게 창조적인 신학자의 상(像)보다 현실성에 더 상응하는 것처럼 보인다. 그러므로 양식사학의 중심적인 통찰은 그대로 남는다. 원시 그리스도교의 문학은 종교적 집단의 문학이며, 그것은 그들의 삶과의 연관성 안에서 이해되어져야만 한다는 것이다.

그러므로 비록 여기서 변호된 사회학적 문제 제기가 여러 가지 점에서 양식사학으로 되돌아가기는 하더라도 그것은 한 가지 점에서 그 이전 것들과 분명하게 구별된다 : 그것은 양식사학이 특별히 행했던 바와 같이 방법론적 가설의 토대 위에서 예수 전승에 대해 역사적 회의를 수행하는 일을 더이상 계속하지 않는다. 거기서는 전승을 만들어내는 집단의 낭만적으로 물들여진 상(像)이 역사적 예수 전면으로 밀려 나왔다. 그리고 모든 전승들은 근본적으로 우선 공동체 신앙의 표현으로서 분석되어져야 했다. 이에 반해서 여기서 변호된 사회학적 방법론들은 예수 전승의 역사성과 진정성에 관한 논쟁에서는 중립적이다. 단지 초기의 원시 그리스도교에서는 예수 전승과 전승된 집단들의 삶 사이에 어떤 상응성이 존재했으리라는 것만이 방법론적으로 전제되었다. 가령 그것은 전승되어진 것과 전승하는 것의 삶이 서로 일치해서 형성되기도 했고 또 때로는 이러한 집단들이 스스로의 삶을 미리 주어진 전승들에 따라서 형성하기도 했던 것이다. 그 결과는 두 경우 모두 같다 : 즉 삶과 전승 사이의 일치인데, 이것은 전승으로부터 전승 배후에 서 있는 삶을 귀납적으로 추론할 수 있게 하는 것이다. 예수 생애에 대한 물음[35]에서 이렇게

---

35) 바로 이 점에 오해가 있었는데, 이것은 W.G. Kümmel이 보여주고 있다 (Ein Jahrzehnt Jesusforschung, *ThR* 40(1975) 326f) : "급진적인 방랑주의"에 관한 논문은 말 전승의 발생이 아니라 전수에 관해서 다룬다. 공동체의 사전 검열에 걸릴 것들이 구전 전승에서 수정되거나 혹은 떨어져 나간다는 가설은 예수전승에 적용됨으로써 전승에 대한 높은 신뢰에로 이끌었다. 왜냐하면 카리스마를 지닌 방랑자들과 예수는 삶의 양식이 같다는 근거에서 동일한 관심을 가졌기 때문이었다. 이외에 카리스마를 지닌 방랑자들은 자신들을 예수의 사자로 알았다. 그들이 나-관용구(Ich-Worte)를 부가했을 때 예수와 자신들을 동일시했다는 주장은 증명되지 않는다. 그리고 이것은 "너희 말을 듣는 자는 내 말을 듣는 것이다"(누가 10 : 6)가 임의적으로 카리스마를 지닌 방랑자들에게 관련되는 말의 변이 형태라고 주장하지 못하게 한다 : "너희를 받아들이는 자는 나를 받아들이는 것이다…"(마태 10 : 40, 비교 ; 디다케서 4 : 1). 사자는 보냄을 받은 자의 대리인일 따름이다. 그리고 아래의 주장은 결코 논리적으로 모순된 것이 아니다 : 즉 구전 전승

방법론적으로 조건지워진 중립성은 물론 몇몇 결과들에 의해서 그 이전의 "보수적인" 색채를 그대로 견지한다.

*14 우리는 종교적 공동체의 사회적 필요성에서부터 출발할 때 이러한 필요성들이 놀랄 만큼 작은 범위내에서 원시 그리스도교의 예수 전승을 규정하고 있음을 알게 된다. 우리가 단지 신학적 필요성들에만 주목했을 때 그러한 필요성들이 예수 전승을 상당히 규정했던 것과는 아주 다른 결과를 여기서 얻게 된다. 이를 위해서는 단지 한 가지 예로 족하다 : 모든 공동체들은 자체에 대한 예속성 여부를 판단하기 위해 명백한 기준을 발전시키며, 특별히 가입 방법을 엄격하게 규정한다. 그러나 이제 세례는 공관복음서 어느 곳에서도 역사적 예수에게 소급되지 않는다. 오히려 그것은 부활한 자에게 소급될 뿐이다.[36] 그러나 무엇보다도 할례가 입회 조건에 들어가는지 안들어가는지에 대한 분쟁이나, 예수 전승을 전수하고 확정시켰던 팔레스틴의 그리스도인들이 야기시키고 참여했던 분쟁들은 공관복음서에 거의 흔적을 남기고 있지 않다. 이것은 사람들이 예수 전승을 공동체의 필요성들의 표현으로 이해하려고 할 때 놀랄 만한 사실이다.

예수 전승들은 오히려 규칙화된 가족생활이나 승인된 위계질서, 확고히 굳혀진 공동체 생활을 보다 어렵게 하는 여러 경향들을 보여 준다. 그것은 관습적인 사회적 조건들을 떨쳐버린 대표적 집단들을 보여준다: 즉 유랑하는 선교자들, 예언자들, 그리고 사도들을 보여주는데, 이들의

을 위해서는 전승하는 집단에 대한 상당한 신축성과 적응성을 고려하는 것과 또 이에 반해 문서 전승을 위해서는 전승하는 집단의 경향에 반대되는 가능성을 주장하는 것이다. 이것은 일반적인 전승의 관계들에 상응한다 ; 그리고 나는 이러한 관점에서, 가령 Kümmel이 주장한 바와 같이 부활한 자로서의 예수의 권위를 통해 끌어들여진 그리스도교 전승이… 다른 계명들의 기초가 되었는지에 대해 의심한다 : 부활한 자에 대한 신앙은 구전 전승의 본래적인 가연성을 약화시키기보다는 강화시켰다. 나는 이 널리 행해지는 존경받을 만한 신약학자의 오해를, 그의 온건한 보수주의에 관련된 진정성 판단을 다룰 때 더욱 유감으로 생각한다.

36) 마태복음 28장 19절, 마가복음 16장 16절 참조. 파송의 말에는 세례에 대한 지시가 빠져 있다. 예수의 세례에 관한 보고에서는 어떠한 인과율적인 (aitiologischen) 흔적도 알아낼 수 없다. 아이 축복 귀절은 전반적으로 누가의 작문에서만 아이 세례에 관련될 수 있다 : 오직 여기서만 "유아"에 관해 말한다(누가 18 : 15) ; 오직 누가에서만 "방해하다"(누가 18 : 16)라는 상투어와 세례와의 관련성을 증명할 수 있다(사도 8 : 26, 10 : 47). O. Cullmann의 문제에 관해, *Die Tauflehre des Neuen Testaments*, Zürich 1948, 65—73.

급진적인 삶의 양식은 공관복음서 전승의 철저한 정신이 요구하는 저 자유를 내포하고 있는 것이다. 이제 우리가 원시 그리스도교에서 이러한 철저한 방랑주의가 발생하게 된 것을 역사적으로 설명하고자 한다면 의미심장한 역사적 가설, 다시 말해서 그것은 역사적 예수에게로 소급해 올라가고 그에 의해서 규정되어졌다는 가설만이 있을 뿐이다.[37] 예수의 방랑적 실존과 자신을 따르라는 그의 부름은 원시 그리스도교의 카리스마를 지닌 방랑하는 삶의 기풍에 근거를 주었는데, 이것은 팔레스틴 지역에서 사회적 방랑의 새로운 변이 형태였고 앞서 존재했던 다른 모든 변이 형태들과도 구별되는 것이었다.

만일 앞서 이 연구에서 급진적인 방랑주의가 예수 전승을 결정적으로 대표하는 것이라고 승인한 것이 옳다면, 이로써 역사적 예수와 그의 방랑 생활에로의 사회학적 연속성이 열리는 셈인데,[38] 이것은 전승에 대한 근본적인 불신을 부당한 것으로 보이게 한다. 양식사학적 회의는 그것이 사회학적으로 근거지워질 수 있게 되었을 때 충분히 확증될 수 없었던 것이다. 그럼에도 불구하고 전승의 역사성에 대한 보다 큰 신뢰는 사회학적인 측면에서 뿐만 아니라 다양한 숙고들에 의해 지탱되어져야 한다는 것이 강조되었다.[39]

---

37) 예수의 생애에서 따름의 사상에 대한 역사적 근거에 관해서는, M. Hengel, *Nachfolge und Charisma*, BZNW 14, Berlin 1968.

38) 여기서 H. Schürmann은 획기적이다 : Die vorösterlichen Anfänge der Logientradition. Versuch eines formgeschichtlichen Zugangs zum Leben Jesu (1960), in; *Traditionsgeschichtliche Untersuchungen zu den Synoptischen Evangelien*, Düsseldorf 1968, 39—65. Schürmann은 전승사적 연속성을 위한 전제로서 올바르게 사회학적 연속성을 요청했다.

39) 여기서는 무엇보다도 세 가지가 고려되어져야 한다. 1. 역사적 예수와 자료 사이의 간격은 연대기적, 문화적, 신학적 관점에서 논의되어져야 한다. 팔레스틴—아람어 문화권과 헬레니즘—그리스어 문화권 사이의 거리는 새로운 연구에 의해 현저하게 축소되었다. 개별 전승은 문서 자료를 넘어서서 추정될 수 있다. 부활 신앙과 케리그마적 관심의 영향은 개별적으로 지적되어져야 한다. 2. 예수의 선포에 대한 논리적 응집력에 관련된 기대는 재고되어야 한다 : 동시대의 형태들에서 사람들은 얼마나 많은 응집력을 기대해야 하는가? 일반적으로 참된 전승으로 보여진 것에서는 그것이 어느 정도인가? 3. 종교사학적인 경계 설정 기준은 수정을 달아야 한다 : 원시 그리스도교의 경계는 가령 유대교, 따라서 유대교 전승으로부터 결정적으로 구별된다. 유대교 전승은 그것이 예수에게로 양도되기 전에 우선 원시 그리스도교 전승으로 되어져야 한다. 무엇보다도 우리는 다음을 명백히 해야 한다. 학문은 주어진 날짜들과 자료들을 설명하기 위해서 양자택일을 고려해야만 한다. 이 양자택일은 "참된 것"과 "거짓된 것" 사이의 양자택일이 아니라 원시 그리스도교로부터 끌어내야 하느냐, 아니면 예수로부터

복음서 연구에 관하여는 다음과 같이 요약적으로 확인할 수 있다 : 사회학적인 문제 제기는 오랜 연구사의 결과이다. 이것은 결코 철저하게 새로운 싹이 아니다.[40] 단지 모든 역사적 방법론에 포함되어 있던 사회학적 배아(胚芽)들이 지난 50년간 적절하게 전개되지 못했기 때문에 그것이 매우 그릇되게 새로운 싹인 것처럼 보였던 것이다. 역사적 방법론을 긍정하는 사람은 사회학적 문제 제기에 대해서도 긍정해야 하는데, 그가 개별적인 결과들에 대해서 결정적으로 거부할지라도 마찬가지로 그렇다. 이것을 거부하는 사람은 근본적으로 역사적 방법도 거부하는 것이다. 그리고 신약성서에 대한 사회학적 탐구가 초래하는 신학적 난점에 관해서는 다음과 같이 확인해야 한다. 그것은 역사적 연구 일반에서의 난점보다 더 큰 것도, 더 작은 것도 아니라는 것이다.

2) 바 울

위에서 서술한 경향들 중 많은 부분이 바울 연구에도 마찬가지로 해당한다. 여기서는 순수하게 신학적인 관찰 방식에로의 전환이 보다 강력하게 관철되었다. 그리고 바울은 무엇보다도 자신의 신학을 통해서 우리들에게 감명을 주었다는 사실도 이해할 만하다. 그에게서 우리는 보다 위대한 지적 감수성을 지닌 개인 형상과 마주하게 된다. 여기서는 사회학적 관찰 방식은 처음부터 대상을 놓칠 것처럼 보인다. 왜냐하면 사회

끝어내야 하느냐의 양자택일이다. 예수 전승을 광범위하게 원시 그리스도교로부터 끝어내는 사람은 원시 그리스도교의 상을 그려내야 할 의무가 있다. 그것은 예수 자신이 전승 형성에 있어서 결정적 요인이라는 가설보다 예수 전승의 역사적 발생을 더 잘 설명해 줄 것이다. 이외에도 이 문제에서는 고백적 물음 (Bekenntnisfragen)이 아니라 학문적 가설을 고려하는 것이 중요하다.

40) 나는 M. Hengel의 다음 말에 동의한다 : Kein Steinbruch für Ideologen. Zentrale Aufgaben neutestamentlicher Exegese, *LuthMon* (1979) 23—27 : "새로움이라는 자극에 의해 두드러지는 언어학적, 혹은 사회학적 관찰 방식은 역사적인 것에(혹은 역사적 입장에) 근접한 것으로 나타나지 않는다. 오히려 그것은 새로운(결코 전적으로 새롭지는 않은) 가능성으로서 지금까지 사용되어온 방법론들의 다채로운 꽃다발에 함께 묶여져야 할 것이다"(S. 24). 새로운 동기의 이념적 예속성에 관한 판단에서 나는 보다 조심스러웠다 : 일방적인 관점에서도 역시 우리는 같은 것을 볼 수 있다. 반대로 신약성서에 대한 신학적 주석은 마르크스주의자의 눈에는 역시 일면적이며, 보수적 교회 이념의 도구로 보일 것이다. 그러나 경험에 의해 우리는 아래와 같은 사실을 알 수 있다. 사람들의 눈 속에 들어 있는 이념적 단면은 영구적인 기둥이라기보다는 그때그때의 다른 관점이라는 것이다.

1. 사회학적 문제에 대한 연구사적 고찰 27

학은 개체보다는 전형을, 예외적인 것보다는 평균적인 것을, 심층부를 뚫고 들어가는 통찰보다는 일상적인 확실성을, 신학보다는 생활에 관한 것을 탐구하기 때문이다. 그럼에도 불구하고 바울서신에 대한 역사적 연구에는 의식되었건 혹은 의식되지 못했건간에 항상 사회학적 물음이 연루되어 있었다. 왜냐하면 바울에 대해서도 아래와 같은 일치점을 발견할 수 있었기 때문이다. 즉 바울은 그의 공동체를 떠나서는 이해될 수 없으며 그리고 공동체는 특별히 사회학적으로 파악할 수 있다는 것이다.

바울 연구에서는 바울과 그의 공동체에 대한 관계를 밝히기 위해 두 가지 방법 도구를 끌어들였다. 즉 상황 분석과 전승 분석이 그것이다. 상황 분석을 통해서 사람들은 공동체의 상황을 밝히고 특별히 바울의 적대자들의 성격을 명확히 규정하고자 했다. 전승 분석, 다시 말해서 전통적인 어법과 문구들, 시를 탐구함으로써 사람들은 바울도 역시 얼마나 많이 공동체 전승에 파묻혀 있었는지를 보여주었다.

상황 분석은 바울의 적대자들에 대한 물음으로 광범위하게 특징지어졌다. 그 연구는 튀빙겐 학파의 유대교론과 마르부르그 학파(W. Schmithals)[41]의 영지주의론이라는 두 이론 사이를 시계추처럼 왔다갔다 했다. 그리고 다양한 변화와 수정들을 발전시켰다. 두 이론들은 그것들의 통일성과 결과로 유혹했다. 이 이론들은 바울의 다양한 대립들을 포괄적인 역사적 연관성 안에 두고자 노력했으며, 그것들을 단순히 우연한 현상들로서 뿐만 아니라 필연적인 분쟁으로 명시하고자 했다. 그러나 두 이론을 비교해 보면 한 가지 경향이 분명해진다. 유대교적 이론은 바울과 그의 적대자를 역사적으로 파악할 수 있는 것으로 정리한다. 베드로의 원시 그리스도교나 유대교, 율법에 대한 바울의 관계가 바울 이해에 있어서 열쇠가 되었다. 이에 반해서 영지주의 이론은 바울에 대한 반대자를 거의 배타적으로 신학적으로만 규정한다. 즉 구원자 신화, 이원론적인 인간학, 현재적 종말론에 의해서 규정한다. 그러나 이러한 운동의 분명한 역사적 상(像)을 얻는 데는 실패했다. "누가? 언제? 어디서? 왜? 어떠한 상황 하에서?"라는 고전적인 물음들은 대답되지 않은 채로 남아 있다. 그러므로 유대교 이론에서 영지주의 이론에로 이르는 길은 명백히 보다 큰 정신화에로 이르는 길인 것이다.

---

41) W. Schmithals, *Paulus und die Gnostiker*, *ThF* 35, Hamburg 1965. 이 일방적인 이론은 연구사적으로 필연적이다. 우리는 그 이론을 거부할지라도 이 사실에 대해서는 승인해야 한다.

이러한 경향은 전승 분석에서도 나타난다.[42] 한 편으로 바울이 원시 그리스도교의 전승에 의존했다는 것이 점점더 분명해지는 반면 동시에 왜 그가 그렇게 원시 그리스도교의 예수에 대한 전승을 전수하지 않았는지가 의문시되고 있다. 공동체에 대한 바울의 신학적 독립성을 예리하게 부각시킴으로써 이를 통해 하나의 해결책이 제시되는 것으로 보였다. 그러나 그가 이미 주어진 전승들로부터 상당히 벗어나 있으며, 또 그것들을 상당히 수정하고 상대화시켰다는 것을 보여줄 수 있다 할지라도, 대부분의 경우에 바울의 신학이 무엇보다도 공동체의 방향에 대한 수정과 비판으로부터 존속했다는 인상을 받게 된다. 그러나 이로써 우선적으로 신학자 바울 위에, 올바른 "가르침"에 대한 그의 관심 위에, 그의 신학적 독창성과 독립성 위에 빛을 비추게 되었다. 두 방법론적 동인, 즉 상황 분석과 전승 분석은 바울에게서 무엇보다도 신학적 사상가를 보는 데로 이끌었다. 그러나 바로 이 바울의 신학에 대한 집중은 개인주의적, 실존론적 이해들을 극복하는 데로 이끌었다. 케제만(E. Käsemann)[43]은 바울 신학에 포함된 우주적, 초개인적 관련성들을 밝히면서 이를 보지 못하고는 바울의 진술들을 이해할 수 없다고 말했다. 바울은 세계에 대한 인간의 관련성과 공동체에 대한 그리스도인의 관련성을 알고 있었다는 것이다. 이것만으로는 충분치 않고 이제 한 걸음 더 나아가야 한다 : 만일 바울이 그리스도인의 실존을 초개인적인 것으로, 종종 신화적으로 형성되어진 관계성 속에 둔 것이 사실이라면, 비판적 분석은 실체적인 초개인적 관계성들도 역시 밝혀야만 하는 것이 아닌가? 이것은 바울이 단순히 신학자일 뿐만 아니라 우선적으로 선교자였으며, 그의 실천적인 근면성 자체도 세계 영역 안에 놓여진다고 할 때 더욱 타당하게 된다. 이러한 영역은 비록 사회학적 분석이 바울의 자기 이해에 상응하지는 않는다 할지라도 사회학적으로 분석하는 것을 가능하게 한다. 동시에 그 분석은 복음서에서와 마찬가지로 두 가지 측면으로부터 시작할 수 있다. 하나는 그 시대의 일반적 사회문화사로부터 출발하는 것이고, 또 하나는 원시 그리스도교의 역사로부터 출발하는 것이다.

일반적 사회문화사는 우리로 하여금 바울서신들에서 만나는 행동의 예들을 이해할 수 있도록 만들어야 하는 과제를 안고 있다. 바울이 고

---

42) 나는 여기서 Ph. Vielhauer의 요약적인 글만을 지적해 둔다. *Geschichte der urchristlichen Literatur*, 9—57.

43) E. Käsemann; *Paulinische Perspektiven*, Tübingen 1969 ; Ders., *An die Römer*, HNT8a, Tübingen 1974.

린도서에서 먹는 것, 성 행위, 권위라는 세 가지 기본적인 주제와 씨름할 때, 우리가 그의 진술들을 올바르게 평가할 수 있기 위해서는 일상적이고 매일매일을 규정하는 규범들과 행동 양식들, 확신들을 알아야만 하는 것이다. 이 과제에 대해서는 주석학상 근본적으로 거의 일치하고 있다. 그러나 실제로 사람들은 거의 대부분 일상적 확신이나 관습들에 대해서보다는 커다란 종교사적 연관체들에 대해 더욱 많은 흥미를 느꼈다. 무엇보다도 사람들은 자주 그러한 일상적인 확신이나 습관들이 특별히 계층적으로 채색되었다는 데 대해서 너무 주의를 기울이지 않았다. 이미 있던 공동체에서는 그로부터 문제가 발생할 수 있었던 것이다.

*18

이제 보편적 사회문화사는 원시 그리스도교의 역사와 관련해서 제시되어져야만 하게 되었다. 여기서도 역시 신학적 반대나 발전들과 나란히 삶의 실제적 요구들에 대해, 즉 삶의 자리에 대해 더욱 고려해야만 한다는 과제가 생겨났다. 이제 바울 신학은 하나의 명백한 삶의 자리를 갖게 되었다. 그것은 선교 신학인 것이다. 바울의 서신들은 선교 문헌들이다. 최초의 원시 그리스도교의 역사도 선교사이다.[44] 바울에 대한 사회학적 연구의 결과는 무엇보다도 바울의 이 측면, 즉 선교사와 공동체 설립자로서의 그의 역할에로 기울게 되었다.

이러한 역할 안에서 그는 사회적 관련성 속에 들어 있었다. 그러한 사회적 관련성은 지방 공동체에 대한 그의 관계에 의해서, 그리고 경쟁하거나 혹은 협동하는 선교사들에 대한 그의 관계나 유대교와 이방인의 "외부세계"에 대한 그의 관계에 의해서 규정되었다. 신학적인 범주들에서 근본적으로 생각되어지는 상황 분석은 종종 이러한 사회적 관계들 사이를 충분히 명백하게 구별하지 못했으며, 가령 지방 공동체 안에서의 반대나 순회하는 선교사들간의 경쟁, 그리고 주변 세계에서의 적대자들을 분명히 구별하지 못했다. "유대교적"이라든가 "영지주의적"이라는 범주가 모든 것을 포괄할 수 있었던 것이다. 반면 그러한 포괄적인 범주들에도 불구하고 그것은 바울의 다양한 대립들을 보다 큰 역사적 연관성 안에서 제시하는 데 실패하고 말았다. 유대교—영지주의 이론이 환기시켰듯이, 상이한 대립들내의 신학적 문제는 너무나 다양했던 것이다.

---

44) 선교사로서의 교회사에 대한 서술이 반드시 사회학적 범주들로 기술되어야만 한다는 사실은 결코 우연한 일이 아니다. H. Gülzow, Soziale Gegebenheiten der altkirchlichen Mission, in: H. Frohnes/U. W. Knorr (Hrsg.) *Kirchengeschichte als Missionsgeschichte*, Bd. I, Die Alte Kirche, München 1974, 189—226 참조.

그래서 가령 갈라디아와 빌립보, 고린도에서의 경쟁자들에게 있어서 그들의 유대주의적 성격이 점차로 후퇴된 것은 오해의 여지가 없다. 신학자들은 상대적으로 변덕스러운 것처럼 보였다. 이에 반해서 사회적 역할은 훨씬 더 확고했다. 그것은 생업이나 생계와 같은 평범한 문제처럼 확고했으며 놀랄 만한 규칙성을 가지고 바울서신들에서 (비록 전부는 아닐지라도) 나타난다.

앞서 말한 바울에 대한 사회학적 탐구들은 다음과 같은 연구 가설을 이끌어 낸다 : 지방 공동체의 내적인 문제는 부분적으로는 계층적으로 조건지워진 문제이며, 원시 그리스도교의 "사랑의 가부장주의"(Liebespatriar-chalismus)에서, 다시 말해서 계층간의 평준화에서 하나의 해결책을 모색한다는 것이다.[45] 더우기 바울과 경쟁하는 선교자들 사이의 긴장은—경쟁자들의 변형된 신학과는 별도로—사회학적으로 기술할 수 있는 통일적인 측면을 지시한다. 이것은 원시 그리스도교의 두 가지 선교적 역할의 경쟁을 말하는데, 공동체의 설립자 및 조직자로서의 목적지향적인 역할과, 이미 세워진 공동체에서 활동하는 카리스마를 지닌 방랑자로서의 역할 사이의 경쟁을 가리킨다. 지방 공동체에 고향을 둔 사랑의 가부장주의가 점점 그 비중이 증가된다는 사실은 전승 분석의 중심적인 문제 (신약성서의 서신 문헌들 중에서 예수 전승이 후퇴되었다는 데 대한 문제)에 빛을 던져줄 수 있었다. 실제적인 공동체의 문제들을 해결하는 데 있어서 예수 전승의 철저성은 그대로 적용되어져서는 안 되었다. 사랑의 가부장주의의 행동 양식은 가정과 가족에 연관되어 있다는 점에서 공관복음서의 철저한 방랑주의의 행동 양식과 반대된다. 그러나 바울에게서처럼, 그때그때 예수 전승이 실천적인 문제들을 위한 해결안으로 관련되어진 경우 그것들은 재해석되어진다. 전승과는 반대로 바울은 특별한 경우 이혼을 허락했고(고전 7 : 8 ff.), 전통적인 방식과는 달리 자기 손으로 일해서 먹고 살았으며(고전 9 : 3 ff.), 또 전승과는 달리 성만찬과 일반적인 식사를 구별했다(고전 11 : 2 ff.). 그러나 이로써 공관복음서 전승도 역시 지방 공동체에서 점점 더 많이 알려졌으리라는 가능성이 아주 배제되어서는 안 된다. 오히려 전승을 인식하는 것과 자신의 문제들을 위한 해결책으로 그것을 직접적으로 적용하는 것은 무엇인가 다른 어떤 것이다 : 가령 에픽테투스(Epiktet)는 감격해서 견유학파의 방랑적 실존에 대해 말했으면서도 거기에 참여하지는 않고 젊은 사

---

45) A.J. Malherbe, *Social Aspects of Early Christianity*, Baton Rouge 1977, 29—59 참조.

람들에게 그렇게 하지 말도록 경고했던 것이다(참조, diss. Ⅲ, 22).

그러므로 여기서 말한 사회학적 역구는 상황 분석과 전승 분석을 통해 바울을 보다 큰 역사적 연관체 안에 배열하고자 하는 저 노력의 전통 안에 서 있다. 그러면서도 이 사회학적 역구는 이러한 연관체들을——열광주의와 십자가의 신학 사이의 대조나 혹은 영지주의와 그리스도교 케리그마 사이의 대조의 경우처럼——배타적으로 정신사적, 종교사적으로만 해석하려고 하지는 않는다. 대립들은 구체적인 사회적, 역사적 운반체를 가지고 있다. 그때에도 역시 카리스마를 지닌 방랑주의와 그리스도교 가정의 사랑의 가부장주의 사이에 있는 사회학적 대립은——여기서 서술한 튀빙겐 학파의 시도가 아무리 친숙하더라도——유대주의와 바울주의라는 정신사적 변증법과 단순히 내용적으로만 다른 것 이상이다.

그러므로 바울 연구에 대해서도 다음과 같은 것이 타당하다. 사회학적 문제 제기는 전 세대의 문제를 다시 재포착했다는 것이다. 그것은 아무것도 새로운 것이 없다. 단지 역사적 탐구의 결과인 것이다. 그럼에도 불구하고 사회학적 물음은 종종 원칙적인 제한에 부딪친다. 오해는 쉽게 풀려질 수 있다 : 사회학적 방법은 결코 포괄적인 해석방법이 아니다. 본문에 대한 사회학적 평가는 본문의 진술 의도에 대한 해석과는 명백하게 구별되어져야 한다. 본문이 그것의 자기 이해로부터 전혀 다른 것을 하고자 한다는 사실은 실존사적 사건들을 위한 역사적 자료로 본문을 평가하는 것이 단지 본문 내용의 단편적인 측면만을 파악할 따름이라는 인식과 마찬가지로 자명해져야 한다. 그러나——자명하게 지금까지의 역사적 탐구로부터 사회학적 물음이 생겨나지 않고 오히려 그것이 역사적 연구를 피할 때[46]——그러한 오해들과는 별도로 사회학적 물음은 무엇인가 혼란스러운 것같이 보인다. 그것은 사회학적 물음 배후에 숨어 있는 이론적 승인에 달려 있는 것이 아닌가? *20

Ⅱ. 역사적 연구에 대한 자극으로서의 사회학적 이론들

사회학적 문제 제기에 대한 유보도 역시 70년대 초에는 연구사적 상황과의 관련성 안에서 이해될 수 있게 되었다. 계몽주의적 전통의 소생은 역사적 관심에 대한 눈에 띄는 기피와 그리고 조직적, 실천적 관심사에 대한 뚜렷한 우대와 함께 결합되어졌다. 젊은 세대의 비판은 역사 의식을 향한 것이었는데, 그것은 그 역사 의식이 역사적 현상의 다양성을 친절하게도 심화시키고, 무엇보다도 실존적인 (따라서 개인적인) 차원에서의 현재와 접촉을 피한다는 인상을 받았던 것이다. 상응하는 저항은 지금까지 계속 있었다. 역사 의식에 대한 비판은 이러한 의식의 꾸준한 동반자였던 것이다. 신약성서학의 영역내에서는 슈바이처(A. Schweitzer)가 역사적 연구의 정점에 처해서 이에 대한 예리한 표현을 한다. 그는 두 가지를 확증했다. 첫째로 "신학은 순수한 역사와 종교사에 처해서 그 사유를 거의 잃을 뻔했다는"⁴⁷⁾ 것이다. 그리고 그것은 "현대 신학의 숙명"이었다는 것이다. 현대 신학은 "모든 것을 역사와 혼합해서 제시했다"는 것이다.⁴⁸⁾ 두 번째로 현대 신학자들에게는 "세계의 도덕적 완성에 대한 의지와 희망의 강렬한 각인"이 결여되어 있으며,⁴⁹⁾ 따라서 예수와 원시 그리스도교의 "윤리적 열광주의"에 대한 이해가 그들에게는 결여되어 있다는 것이다.⁵⁰⁾

그러므로 역사적 의식에 대한 저항도 역시 새로운 것은 아니다. 다음의 말은 정당한 것이다 : 과거의 종교 현상들만을 분석하는 자는 도대체 종교가 오늘날 어떤 것일 수 있으며, 어떤 것이어야 하는지에 대해 말할 수 없다. 왜냐하면 그는 확고부동한 해석학적 신념에서부터 출발하기 때문인데, 진리에 도달하기 위해서는 과거의 위대한 본문을 오직 해석해야만 한다는 것이다. 그러나 이러한 해석학적 신념은 가다머(H.G. Gadamer)가 그것에 대해 말했을 때⁵¹⁾ 한 순간에 무너져버렸다. 그 당시 세대는 진리를 "전승사 안에 끼여 있는 것"에서 찾지 않았다. 그때에는 실제적으로 작용하는 진리를 추구했었다. 그래서 과거의 종교적 본문들은 현재의 공적인 행위를 위한 자극이 될 수 있도록 해석되어야 한다는 요구가 소리높이 울렸다. 그리고 이를 위해서 사람들은 본문의 사회적 차원을 탐구해야만 했다. 사회학적 문제에 대한 이 새로운 관심이 반항적 세대의 정신적 상황에 뿌리박고 있음은 의심할 바 없다. 그것은 이러한 관심에 자극을 주었으나 또 한편으로 그 모든 오해와 불신의 짐을

---

46) 나의 연구에 대한 비판에서는 "냉정한 관찰자"나 "근심하는 사람들", "냉혹한 비판자"의 경향들을 볼 수 있다. 주제나 방법론, 사유 양식에 대해 그렇게 감정적으로 거리를 두는 데서부터 비로소 가치있고 비판적인 주목이 가능해진다는 것은 자명하다. (이 각주의 위치는 앞 페이지로 바로 잡음ⓒ)
47) A. Schweitzer, *Geschichte der Leben-Jesu-Forschung*(1906/13)=Siebenstern Tb 77—80, München 1966, 526.
48) A. Schweitzer, *Geschichte der Leben-Jesu Forschung*, 622.
49) A. Schweitzer, *Geschichte der Leben-Jesu-Forschung*, 624.
50) A. Schweitzer, *Geschichte der Leben-Jesu-Forschung*, 625.
51) H.G. Gadamer, *Wahrheit und Methode*, Tübingen, 1960.

1. 사회학적 문제에 대한 연구사적 고찰 33

지우기도 했다. 그런 오해와 불신은 냉정한 학문적 노력과 열광적 참여 사이에서 일어났던 것과 똑같이 세대 사이에서도 생겨났던 것이다.

원시 그리스도교의 사회학에 대한 이론적 관심의 발생은 고립된 것으로 보여져서는 안 된다. 그 당시 관심은 전반적으로 역사적 부문의 조직적 측면으로 향했다. 사람들은 문학사보다는 문학 이론에, 언어사보다는 언어학에, 사회사보다는 사회학에 노력을 경주했다. 실로 한결같이 그렇게도 열심히 이론 학문에 열중했기 때문에 경험적 학문과의 접촉을 잃은 것처럼 보이기까지 했다. 전반적으로 단순히 문제의 구체적인 대상들에만 얽매이는 것이 아니라 이것들을 이론적으로 간파하고, 인식하려는 노력이 지배했다. 즉 우리가 역사적, 문학적, 심미적, 종교적 현상의 다양성에 직면해서 그 본질을 잃어버리기 이전에 본래적인 문학, 예술, 종교, 사회란 무엇인가를 인식하고자 했다. 사람들은 대개 보편적인 범주를 사용해서 그때그때 대상들의 구조와 진리, 기능, 의미에 대한 전반적인 설명을 제시하고자 했으며, 단순히 그것의 자체 해석만을 신뢰하려고 하지는 않았다. 이러한 노력을 단순히 근거없는 "배후 질문"이라거나 "우회 비판", "이론화"라고 평가할 수 있는 사람은 아마도 대상에 대해 최대로 가능한 한 지적 명백성에 도달하려는——그리고 그것을 가능한 한 투명하게 해서 통찰하려는——욕구를 따라가지 못한 사람일 것이다. 가령 종교 영역에서는 외경스러운 분위기가 종종 사물에 이르는 길을 쉽게 하기보다는 어렵게 했던 것이다. 자신들의 신앙을 밝히기 위해서 그들의 부족한 논리의 도구를 가지고 출발한 중세의 첫 신학자들은 얼마나 놀라운가! 그리고 우리는 우리 뜻대로 할 수 있는 모든 것들, 즉 역사 과학이나 사회학, 심리학, 민족학, 구조주의나 의미론 같은 것들을 종교를 가능한 한 투명하게 하기 위해 사용할 수 있지 않은가? 어떠한 신문도 우리를 위협하지 못하며 어떠한 견디기 힘든 실존의 모험도 우리를 동요하게 하지 못한다; 아무것도 우리가 뜻대로 할 수 있는 인식들과 방법론들을 모두 종교를 밝히기 위해 끌어들이지 않는 데 대해 정당화해 줄 수 없으며 또 동시에 비난하지도 못한다. 그것은 단지 본래적인 이해에 기여하려는 의도가 부족한 것일 뿐이다.

우리는 이렇게 말할 수도 있다 : 종교사회학에 대한 관심은 종교이론에 대한 관심이었다는 것이다. 그러나 종교 이론은 종교적 자기이해의 전개만으로는 만족할 수 없다. 그것은 예시하며 동시에 설명하고, 해석하면서 동시에 재구성한다. 그러면서 그것은 자기이해와 자기이해의 이론적인 관철 사이에 있는 근본적인 해석학적 갈등을 감수한다. 종교 이론

*22

은 이제 다시 종교 비판과 결합되었다. 그리고 그것은 납득할 만한 방식으로 자극적인 것으로 작용해야 하는 것이다.[52]

물론 종교이론적 관심에서부터 방법론적 토대를 가지고 원시 그리스도교의 종교를 조명할 수 있게 되기까지는 길이 멀다. 여기 모아진 연구들은 원시 그리스도교의 종교 이론을 위한 전초작업으로서 받아들여질 수 있을 것이다. 그러나 두 가지 제한점이 강조되어져야 할 것이다.

원시 그리스도교 종교에 대한 이론은 여러 측면을 포함한다. 그것은 역사적 예수에 의하여 불러일으켜진 인간 삶의 "변화"를 그것의 사회학적, 심리학적, 의미론적 측면들과 관련하여 탐구한다. 그것은 예수가 이러한 발전의 결정적인 구원자임을 역사적으로 기술하며, 이러한 변화의 사회적 조건과 작용을 사회학적으로 탐구하고 옛 종교적 꿈과 기대들과 원시 그리스도교에서의 그 변형을 심리학적으로 분석한다. 그리고 지금까지 사람들이 다루지 못했던 성스러운 것의 경험을 표현한 신화적, 은유적 언어들을 의미론적으로 조명한다. 명백히 말하자면 다음의 지시로 족할 것이다 : 종교사회학은 원시 그리스도교 종교에 대한 포괄적인 이론의 단지 한 측면일 뿐이다. 거기에 종사하는 사람이 아직은 없지만 그것은 현재 세대의 주석학적 과제인 것이다. 두 번째 제한도 마찬가지로 중요하다. 사회학과 역사학 사이의 관계는 역사학의 관찰 자료가 일반적 사회 이론을 위해 기여하는 방식으로 규정되든지 아니면 사회학적 이론이 구체적인 역사 과정을 조명하는 데 기여하는 방식으로 규정될 수 있든지 할 뿐이라는 것이다. 앞서 기술한 연구는 후자의 가능성을 채택한다. 이로써 사회사를 사회학으로 대치했다는 예전의 비난은 만일 여기서 비난 일반이 문제시된 것이라면 옳다.[53] 결정적인 것은 역사적 현실성과 이론적 전제 사이의 긴장 관계가 여전히 의식되고 있다는 점이다. 우리는 역사적인 것에 이론을 완전히 주입시킬 수 없다 : 그것은 여전히 다루기 어려운 것으로 남아 있는 것이다. 그러나 바로 이 다루기 어렵다는 점이 학문의 발전 과정에서 결실이 많은 때인 것이다. 왜냐하면 이

---

52) 아래의 소논문에서 나는 현대의 종교 비판에 대해 해답을 제공해보고자 노력했다. *Argumente für einen kritischen, Glauben*, 혹은 *Was hält der Religionskritik stand?*, ThEx 202, München 1978.

53) B.J. Malina의 *CBQ* 41(1979, 176—178)은 나의 사회학적 연구를 비판적인 입장에서 확증했다. "사회학"은 사회적 기술이거나 혹은 사회사로서, 거기서는 암시적인 사회학적 모델이 결코 분명하게 표현되지 않는다"(S. 178). 무엇보다도 그는 "통(通) 문화의 모델"(cross-cultural model)을 잘못 생각했고, 가능한 한 계속된 일련의 이론적 동기들을 지적했다.

때야말로 이미 확정된 것을 보다 올바르게 하기 위해 그것을 이론적 가 *23
설의 빛에서 다시 새롭게 해석하고 또 계속해서 이론적 가설들을 새롭
게 그려내고자 하게 되기 때문이다. 이미 확정된 것은 우선권을 가지고
있고 이론적 가설은 단지 그것이 반드시 필요한 정도로만 끌어들여질
수 있다는 것은 의심할 바 없다. 우리는 가능한 한 그것들을 소중히 다
루어야 할 것이다.

아래의 연구에서 사용된 이론적 가설은 세 가지 근원으로 소급될 수
있다: 즉 이해사회학과 마르크스주의 사회학, 그리고 기능주의 사회학
인데, 아래의 논의는 특정한 개념에 속박되어 있지는 않다. 그것들은 상
이한 종류의 자극을 불러일으킨다.

1. 이해사회학의 자극

막스 베버의 이해사회학은 우리들의 개념이나 이론이 현실의 복사품
이 아니라 현실을 이해하고 측정하기 위한 도구라는 사실을 아주 잘 의
식하게 해준다. 그것은 "이상형"(Idealtypus)이라는 개념을 표출해 내게
되었다. 베버에 의하면 "이상형은 어느 한 가지, 혹은 몇 가지의 관점만
을 일방적으로 부각시킴으로써 얻어질 수 있으며, 또 산만하고 따로 떨
어져 있는 수많은 것들을 여기서는 보다 많이 혹 저기서는 보다 적게 관
련시킴으로써 얻어질 수 있다. 그리고 또 그것은 때로는 저 일방적으로
부추겨진 관점에 들어맞지 않고 그것 자체 안의 통일적인 사유상에 들
어맞는 현존하는 개별 현상들을 관련시키지 않음으로써 얻어질 수 있다.
이러한 사유상은 그 순수한 개념성으로는 어디에서도 경험적으로 현실
화된 것을 볼 수 없는 하나의 이상형이다. 그리고 역사적 작업을 위해
서는 모든 개별적 경우들이 저 이상형에 얼마나 가까이 있는지, 혹은
멀리 있는지를 확증할 과제가 생겨난다."[54]

"합법성과 생계비"(Legitimation und Lebensunterhalt)라는 논문에서
명명된 세 가지 정당성의 양식은 베버에 의해 이끌어진 세 가지의 지배
적인 이상형 양식에 대한 구분에로 소급된다. 즉 카리스마적인 양식
과 전통적 양식, 그리고 기능적 양식이 그것이다.[55] 그런데 트뢸취(E.

---

54) M. Weber, *Soziologie, Weltgeschichtliche Analysen, Politik*, hrsg. v. J. Winckelmann, Stuttgart 1964³, 235.
55) M. Weber, Die drei reinen Typen der legitimen Herrschaft, in: *Soziologie, Weltgeschichtliche Analysen, Politik*, 151–166. 이러한 유형들은 당연히 신약성서에서 재발견될 수 없다. 신약성서에는 합리적—법적—관

Troeltsch)의 이상형에 대한 서론적 구분이 보다 비중있는 것으로 되었는데, 그는 그리스도교 신앙의 세 가지 사회적 양식을 교회, 소종파, 신비주의로 구별했다.[56] 그것은 이에 상응하는 원시 그리스도교의 사회적 양식을, 다시 말해서 사랑의 가부장주의와 방랑의 급진주의, 그리고 (영지주의적) 신비주의를 관찰하는 데 자극이 되었다. 사랑의 가부장주의의 결과로서 시설을 갖춘 교회가 생겨났고, 소종파들은[57] 카리스마를 지닌 방랑주의자들의 철저한 정신을 다시 새삼 재포착했다. 그리고 영지주의적 신비주의는 비교할 만한 밀의 종교적—신비적 영역에서 그 후계자를 찾았다. 그것은 신약성서내에서는 고린도 교회의 "영지주의자"와 신비주의자들에게서 두드러지나 무엇보다도 요한복음과 도마복음에서 그 종합을 이루는데, 이것들은 사랑의 가부장주의의 온건한 보수주의에 대해서와 마찬가지로 카리스마를 지닌 방랑주의의 극단적 행동 양식과도 구별된다. 이러한 신비주의는 예수 전승을 보다 큰 내면성의 흐름에서 재해석한다. 구체적이고 철저한 계명들은 행동을 규정하는 그 힘을 잃는다. 그것은 단 하나의 계명으로, 즉 사랑의 계명(요한 15:12)으로 남을 뿐이다. 그러나 그럼에도 불구하고 옛 급진주의로부터 무엇인가가 남아 있다면 그것은 세상으로부터의 철저한 분리일텐데, 이것은 이 신비주의를 원시 그리스도교의 사랑의 가부장주의에서 있었던 바와 같은 세상에 대한 온건한 순응으로부터 분명하게 구별짓는다: 모든 사람이 "친구"이다(요한 15:15). 하나님과 그가 보낸 자가 하나인 것과 같이 모든 사람이 하나이다(요한 17:11). 유감스럽게도 우리는 요한의 문서들 뒤에 있는 집단들의 사회적 형태를 더이상 분명하게 확증할 수 없다.[58] 단지 이

료주의적 지배 양식이 존재하지 않는다. 이 문제를 위해서는, B. Holmberg, *Paul and Power. The Structure of Authority in the Primitive Church as reflected in the pauline Epistles*, ConiBibl, NTSer. 11, Lund 1978.

56) E. Troeltsch, *Die Soziallehren der christlichen Kirchen* (Anm. 6 참조), 362 ff..

57) 그러나 우리는 원시 그리스도교 운동 전체를 "종파"로서 파악할 수도 있다. R. Scroggs, The earliest Christian Communities as Sectarian Movement, in: J. Neusner (Hrsg.), *Christianity, Judaism and Other Greco-Roman Cults*, Stud. f.M. Smith, Leiden 1975, Bd. 2, S. 1—23.

58) 이를 위해서는 E. Käsemann, *Jesu letzter Wille nach Johannes* 17, Tübingen 1966. 그는 요한 공동체를 "외곽으로 밀려난 원시 그리스도교 공동체"의 잔존물로 특징지었다(S. 73). 영지주의적 단체의 상에 관한 연구는 Nag-Hamadi 문서의 발행에 의존한다. 우리는 우리들의 판단들 중 몇 가지를 수정해야 할 것 같다. K. Koschorke, *Eine neugefundene gnostis-*

러한 집단들이 사랑의 가부장주의에 대해서와 마찬가지로 방랑적 극단주의로부터도 구별되었음에 틀림없으리라고 확신할 수 있을 따름이다.

우선적으로 상이한 사회적 형태들의 차이가 전면에 나서 있다. 그러나 그것들은 가능한 한 긴밀하게 서로 관계하고 있다. 바이젝커(C.F.v. Weizsäcker)의 몇몇 사회철학적 이론들은 이것을 보여준다. 무엇보다도 바이젝커는 여기에 전술된 연구들과는 다르게 방랑의 급진주의의 현상을 규명했다는 점을 지적해야 할 것이다. 그는 아래와 같이 썼다 : "나는 감히 이렇게 주장하고자 한다. 구약성서에 대한 학문과 비교할 때 너무나 혼란스러운 신약성서 주석학의 상황은 우리가 산상설교와 같은 중심적인 본문들이 탁발승들의 삶을 살았던 사람들에게 말해졌다는 사실을 감안하기 전에는 종식될 수 없다는 것이다."⁵⁹⁾ 아니면 "주와 함께 다녔던 제자들이 마치 순회하는 수도승들처럼 살았다는 것이다. 이러한 그들의 상황에 산상설교의 축복문들과 계명들, 그리고 파송 규정(마태 10장)들이 아무런 수정 해석을 가하지 않고도 적중했던 것이다".⁶⁰⁾ 이러한 순회 수도승들이 철저한 금욕을 실천했던 것이다. 그러나 금욕은 전산업 사회에 있어서 극도로 절약하는 미덕과, 근본적으로 승인된 계층 구조라는 측면에서 오늘날과는 다른 평가를 받고 있다. 거기에서는 누구에게나 포기와 체념이 요구되어 있었다. 지배자에게는 지배력을 악화시키지 않으면서도 자발적인 극기와 훈련을 할 것을 요구했고, 평범한 대다수의 사람들에게는 기존의 선과 원만하게 하는 겸손을 요구했다. 그리고 종교적 금욕주의자들의 소집단에게는 모든 포기에 비로소 의미와 가치를 부여해서 광야에서 외롭게 사는 은둔자도 하나의 사회적 기능을 갖도록 하는 하나님에 이르는 길을 요구했다. 여기서는 단지 바이젝커의 이러한 숙고가 지적되어질 수 있을 뿐이다.⁶¹⁾ 마찬가지로 자유와 평등 사상으로 관철되어진 민주적 사회에서의 변화된 금욕주의 문제에 관한 그의 관찰도 지적될 수 있다. 어쨌든 이러한 관찰들은 방랑의 급진주의에

*25

---

che Gemeindeordnung. 초기 그리스도교에서 영과 직책이라는 주제에 관해서는, ZThk 76(1979) 30—60.
59) C. F. Weizsäcker, Gedanken eines Nichttheologen zur theologischen Entwicklung Dietrich Bonhoeffers (1976) in: *Der Garten des Menschlichen*, München 1977, 454—478, dort S. 461 ; *Die Seligpreisungen* (1975), *ebd.*, 488—508, S. 493f 참조.
60) C.F. Weizsäcker, Kirchenlehre und Weltverständnis, in: *Deutlichkeit*, München 1978, 137—153, dort S. 149.
61) C.F. Weizsäcker, Gehen wir einer asketischen Weltkultur entgegen? in: *Deutlichkeit*, 73—113.

서 사랑의 가부장주의에로 이르는 과정이 극기를 요구하고, 강자에 대해 고려할 것을 요구하며, 의존하고 있는 자에 대한 겸손을 요구한다는 점에서──구체적, 역사적 문제성들에 관하여──무엇인가 매우 기본적인 것을 구체화한다는 가능성을 열어 준다.

2. 마르크스주의 사회학의 자극

원시 그리스도교를 사회학적 이론의 영역 안에서 해석해보고자 하는 시도는 마르크스주의자들 가운데서 제일 먼저 시작되었다.[62] 그리고 많은 신학적 논술들도 직접, 혹은 간접으로 마르크스주의적인 숙고들에 의해 고무되었다. 이 연구도 역시 두 가지 이론적 가설들에 관련하여 마르크스주의적인 자극들에 의해 규정되었다. 첫째로 종교 의식(宗敎意識)은 스스로 승인하고자 하는 것보다 훨씬 광범위한 정도로 비종교적인 사회적 요인들에 의존하고 있다는 가설에 관한 것이다. 나아가서 이러한 비종교적 요인들은 갈등이 그 특징이라는 이론에 관련해서이다.

종속 명제가 관계된 것에 관해 마르크스주의 이론은 여러 상이한 은유들을 사용한다. 가장 잘 알려져 있는 것은 종교는 물질적 기반의 상부구조라는 건축학적 은유이다.[63] 이와 나란히 시각적 은유와도 마주하게 되는데, 종교는 현실 상황의 반영이라는 것이다.[64] 나아가서 생물학적 은유도 있는데, 하부구조는 해부학이고 상부구조는 물리학이라는 것이며,[65] 마지막으로 사회적 은유에 의하면 물질적 하부구조가 궁극적으로 역사

---

62) 누구보다도 K. Kautsky가 생각난다(*Der Ursprung des Christentums*, Stuttgart 1921¹¹). M. Robbe, *Der Ursprung des Christentums*, Leipzig 1967 참조. 이것은 P. Alfaric, *Die sozialen Ursprünge des Christentums*, Leipzig 1967 (frz. 1959)에 의존하고 있다.
63) K. Marx의 유명한 공식도 그렇다(*Zur Kritik der politischen Ökonomie* (1859), Berlin 1947, 12f): "이러한 생산관계들의 총체성은 실제적인 토대인 사회의 경제 구조를 형성한다. 이 토대 위에 법적, 정치적 상부구조가 세워지는 것이다".
64) F. Engels가 J. Bloch에게 보낸 유명한 편지 (21/22. Sept. 1890) 참조 : "그리고 이제는 정치적, 법적, 철학적 이론들이나 종교적 견해, 또 그 전개에 종사하는 자들의 머리 속에서 벌어지는 이런 모든 실제적인 싸움들의 반영이 역사적 투쟁의 과정에도 역시 영향력을 끼치고, 많은 경우에 현저하게 그 형태를 결정한다"(in: Marx-Engels I. *Studienausgabe*, Frankfurt 1966, 226).
65) Karl Marx, *Zur Kritik der politischen Ökonomie*, Berlin 1947, 12f: 법적 관계들과 국가 형태──즉 상부구조의 일부──는 거기서 시민사회로 특징지워지며, "또 시민사회의 정치적인 경제를 해부해야 한다고 주장되었다."

1. 사회학적 문제에 대한 연구사적 고찰 39

과정을 결정한다.⁶⁶⁾ 이러한 은유들 중 어떤 것도 물질적 토대와 상부구조 사이에 있는 인과 관계를 포함하지 않는다. 집이 세워져 있는 기초가 그 집의 원인은 아니다. 거울에 비쳐진 실재가 거울의 원인이 아니며, 해부학이 물리학의 원인인 것도 아니고 상위 법정이 하위 법정의 원인인 것도 아니다. 그리고 사실 우리가 경제적 요인들과 종교 사이에 어떤 직접적인 인과적 관계를 가정하려고 한다면 어려운 난점에 봉착하게 된다. 나는 단지 세 가지만 지적하고자 한다.

1) 경제적 요인들은 인간의 행동에 직접적으로 영향을 끼치지는 않으며 그것들은 오히려 특정한 전이해의 빛에서 이해되어야 한다. 동기심리학은 기존의 "당위가치들"(Sollwerten), 다시 말해서 기대들, 규범들, 가치들, 일면적인 해석들과 "존재가치들"(Istwerten), 즉 실제적인 상황 사이에 있는 긴장을 통해서 행위가 유발되어진다는 사실을 우리에게 가르쳐 주었다. 그리고 종교적 전통도 역시 이러한 당위가치에 귀속된다. 그런데 종교적 전통이 행위를 유발시키는 저 당위가치에 점점더 속하지 못하게 되고, 대다수의 기대들이나 해석 범주들 자체가 과도하게 경제적으로 되어가는 시대에는 이것의 의의를 올바르게 평가하기가 힘들다. 바로 그 때문에 우리는 지나간 시대의 의식되어졌거나, 혹은 의식되지 못한 행위동기들을 그대로 반영하는 데 대해 조심해야만 한다. 그것은 우리가 종교적 전통과 종교적, 사회적 행동을 유발시키는 동기로서의 경제적 발전 사이에 있는 긴장을 평가한 후에라야만 비로소 밝혀질 수 있는 것이다.⁶⁷⁾

2) 이제 사람들은 이렇게도 이의를 제기할 수 있을 것이다. 우리들의 행위를 규정하는 전이해로서의 종교적, 윤리적 전통은 그때그때 상황

---

66) J. Bloch에게 F. Engels가 보낸 편지 (21/22. Sept. 1890) 참조. "유물론적 역사 파악에 따르면 궁극적으로 역사를 규정하는 동인은 실제적인 삶의 생산과 재생산이다. Marx도, 나도 이 이상은 더 주장하지 않았다. 그런데 이제 누구건 경제적인 동인이 유일하게 결정적인 것이라고 그 말을 왜곡시키는 자는, 저 명제를 무의미하고 추상적이며 어리석은 말로 바꾸는 것이다." 이외에도 다음이 타당하다 : 만일 우리가 마르크스주의자들에게 지나치게 단순한 수정주의로부터 벗어날 것을 요구해야 한다면, 마찬가지로 신학자들에 대해서도 그들의 인과율에 대한 불안으로부터 벗어나기를 기대해야 할 것이다.

67) 그것은 H. Kreissig의 정통—마르크스주의 분석에서도 나타난다(*Die sozialen Zusammenhänge des jüdischen Krieges*, Berlin 1970). 이에 반해서 전통과 경제적 발전 사이의 모순이 H. G. Kippenberg의 분석 중심에 놓여져 있다(*Religion und Klassenbildung im antiken Judäa. Eine religionssoziologische Studie zum Verhältnis von Tradition und gesellschaftlicher Entwicklung*, Göttingen 1978).

에 대해 독립적이기는 하지만 보다 이전 시대에서도 경제적, 사회적 원인들에 의해서 생겨났으므로 여기서는 결국 직접적 의존성이어야 할 것이 간접적 의존성으로 바뀌어지고만 셈이라는 것이다. 그러나 이러한 주장은 일단 현상을 야기시킨 원인과 그것이 계속 생동할 수 있도록 하는 원인이 결코 동일하지 않다는 사실을 알지 못한 것이다. 이런 사정은 진화 과정으로 보아 믿을 만한 것인데, 여기서 원인과 기능을 서로 뒤바꾸는 것은 이제는 불가능하게 되었다. 마찬가지로 역사에도 역시 "동기가 지니는 기능상의 자율성"이 존재하는데(G.W. Allport), 이에 따라 어떠한 현상의 작용은 그것의 발생 원인과는 독립적인 것이다.

3) 우리가 원시 그리스도교를 현실적으로 이해하려면, 물질적 관계들이 행위를 유발시키는 힘이라는 전통적인 해석의 빛에서 연구하는 것만으로는 충분하지 않다. 실로 원시 그리스도교에서의 이러한 해석에는 보다 근본적인 변화가 들어 있다: 즉 (무의식적인 부분까지도 포함하여) 우리 의식의 철저한 재구성이 그것인데, 이것은 오직 인간 삶의 위대한 문화적 변화의 하나로만 이해될 수 있는 것이다. 여기서 전통적인 요소들은 완전히 새롭게 결합되어지고 기존의 상황에는 새로운 빛이 비춰지는 것이다. 그러나 이미 진화 과정 속에서 변화가 예측할 수 없는 방식으로 나타난다면——그것이 얼마나 위대한 정신적 "변화"이건간에—— 우리는 그러한 변화의 발생과 작용을 이해할 수 있기 위해 여기저기서 그 문제의 영향을 고려해야만 하는 것이다.

그렇게 널리 영향력있는 종속명제에 관한 이론같은 것도 역사적 작업을 위해 결실을 맺으려면 구체화되어질 수 있어야만 한다. 방랑의 급진주의의 발생을 위해 한 예가 있다. 연구 결과는 근본적인 사회경제적 위기와 이것과의 관련성을 제시했다. 일반적으로 "집을 떠나는" 행동 양식의 발생과 확장은 내 생각에는 경제적 영향을 고려하지 않고는 설명할 수 없지만, 그래도 그것은 원시 그리스도교의 방랑의 급진주의와 같은 특정한 집단에서는 이러한 행동 양식이 윤리적, 종교적 동기로부터 파악되어진다는 사실을 배제하지는 않는다. 그러므로 그것은 여전히 경제적으로 조건지워진 것이지만 어디까지나 간접적으로 그렇다. 이러한 해석은 비판을 받을지도 모른다. 가령 떠름과 방랑하는 삶은 자발적인 소유물의 포기가 아니라 의무와 필요성으로부터의 도피이며 해방이라는 것이다.[68]

---

68) L. Schottroff/W. Stegemann, *Jesus von Nazareth* (vgl. Anm. 17), 108 ff : 윤리적 해석은 두 가지 편집 작업에 상응할 것이다. 그것은 원시 그리스도교의 카리스마를 지닌 방랑자를 견유학파의 방랑 철학자들의 상(像)에 의해서 해석한다.

1. 사회학적 문제에 대한 연구사적 고찰 *41*

이로써 실제로 개별적인 경우들이 고려되어져야 한다. 그러나 그것은 여전히 하나의 가능성일 뿐이다. 원시 그리스도교의 자료들은 제자들의 삶이 자발적인 소유물의 포기로 관철되었음을 보여준다. 마가복음 10장 29 *28
절은 사람들이 포기한 집과 농토들에 관해서 말한다: 마가복음 1장 1절 이하는 소규모의 어업과 삯일에 관해 말한다. 부자 청년은 스스로 소유물을 버릴 것을 명령받는다(마가 10:21). 그가 그 요구에 거절한 것은 "무엇인가"를 소유하고 있었기 때문이 아니라 "많은 재산"을 소유하고 있었기 때문이었다. 레위는 그의 세관을 떠났고(마가 1:14), 현재의 전승 문맥에서 그가 식사를 예비했을 때(마가 2:15 ff.) 그는 전혀 곤궁한 사람으로 여겨지지 않았다. 이제 자료의 진술과 실제적인 조건 사이에 있는 모순을 승인하는 것이 당연히 원칙적으로 가능하고 또 정당하다. 이러한 모순들은 그럴 법하게 되어져야만 했던 것이다. 그러나 자료들은 오히려 다른 방향을 가리킨다. 자료에 따르면 최초의 예수 운동의 핵은 중간 계층으로부터 생겨났다. 수공업자나 어부, 세리, 농부들이 등장한다.[69] 최하층 계급으로부터는, 다시 말해서 소작인들이나 삯일꾼들, 종이나 노예들은 추종자들과 관련해서는 전혀 말해지지 않는다: 그리고 모든 가난한 사람들에 관한 이야기를 우리는 전혀 다른 의미에서 들을 수 있다. 그들은 곧 병자들이며 귀신들린 자들, 불구자들이다. 그들은 치유되었다. 그러나 소경 바디매오를 제외하고는 그들 중 아무도 제자가 되라는 부름을 받지 못했다.[70] 오히려 그들로부터 떠난 것이 전형적이다. 그들조차도 고향이 없는 예수의 방랑적 실존을 따르지 못했던 것이다. 그러므로 아래의 이론이 확증되어야 한다. 원시 그리스도교의 카리스마를 지닌 방랑자들은 그들이 고향이 없는 삶에로 뛰어든 것 자체를 자발적인 소유의 포기로 이해했다는 것이다. 이렇게 그들은 일반적인 행동 양식을 파악했는데, 그것은 확장되어가면서 전적으로 경제적으로 조건지워졌던 것이다. 개별적인 경우들에 있어서는 다양한 가능성

---

69) W. Stegemann(*Jesus von Nazareth*, 105)은 그것을 누가에게만 타당하다고 한다: "누가에게서 예수는 결코 가난한 사람들을 제자단에로 부르지 않는다. 오히려 그는 아직도 무언가를 버릴 수 있고 팔 수 있는 사람들을 불렀다. 그들 모두가 보잘 것없는 사람들(어부, 세리)이기는 했지만——부유한 관리인을 제외하고, 그의 부름은 역시 실패하고 말았다——결코 극빈자들은 아니었다". 그러나 마찬가지로 이것은 마가와 마태, 그리고 복음서 배후의 역사적 현실에도 적중하는 것이다.

70) 소경 바디매오의 따름은 편집적인 주의에 소급될 수 있다: 마가복음 8장 52절에서는 마가복음 8장 27절, 9장 33절에서와 같은 "길에서"가 나온다. 그러나 그것은 확실하지 않다.

들이 존재한다. 많은 사람들이 실제적인 필요성으로부터 도피한 것일 수도 있다. 그러나 자료는 그것이 종교적으로 유발된 자발적인 행위임을 보여준다. 사람들은 이런 해석에 대해서 사물을 너무 복지라는 안경을 통해서만 보았다고, 그래서 카리스마를 지닌 방랑자들의 빈곤을 단지 소유 포기로서만 앞세울 수 있었다고 비난했다.[71] 이에 대해 다음이 강조되어져야 할 것이다 : 여기서는 기본적인 관점의 문제가 아니라 우선적으로 증명의 문제가 중요하다는 것이다.

종교가 비종교적 요인들에 의존하고 있다는 것은 두 가지 방식으로 전 사회 영역을 통해 보여질 수 있다 : 한 편으로는 종교가 사회적 평형을 유지하는 데 기여하는 것으로, 다른 한편으로는 사회적 갈등을 반출시키는 데 기여하는 것으로이다. 여기서 두 가지 이론적 모델을——세계관이 아니라——문제삼을 수 있다. 그리고 이 두 모델에 대해 개방적인 태도를 견지하는 것이 적절하다.

갈등 이론은 마르크스주의의 출발점이다. 그것의 과제는 결코 근본적인 사회적 갈등에 있는 것이 아니다. 오히려 갈등 이론은 여기서 조화시키는 해석의 경향에 반대해서 빛을 비추며 방향을 잡는다. 그것의 과제는 각 시대의 갈등을 결정적인 갈등으로 명시해서, 그 갈등이 이제 사회적 현상들의 총체성을 규정하게 되고 발전의 동력으로 이해되어지도록 하는 것이다. 그것은 고대 세계에 있어서 노예들과 그 주인들과의 갈등이었다.[72] 이제 의심할 바없이 노예 제도는 고대 경제의 기본적인 구성 요소였다는 것이 확실하다. 그러나 노예 제도는 완전히 종속적인 노동자들에 관한 보다 넓은 연구와의 관련성 안에서 이해되어져야 한다 :

---

71) 우리는 우리들 자신의 사회경제적 지위를 무의식적으로 반영하게 될 가능성을 고려해야만 한다. 가령 예수와 그와 가까운 제자단을 규명함에 있어서 생산적인 중산 계층에 관한 근대적 표상으로서의 "중간 계층"과 관련시키거나, 혹은 가난한 사람들이 목가적인 삶을 누리는 향수어린 환상과 결합시키지 않도록 주의해야 한다. 이러한 의미에서 나는 영세민의 목가생활 (Kleiner-Leute-Idyllik)에 대해 경고했었다. 이 중간 계층은 검소한 삶을 살아갔고 경제적 압력 아래 있었다는 사실이 승인되어져야 할 것이다. 따라서 팔레스틴에서의 사회적 추방에 관한 내 논문에서 소시민적 목가에 대해 경고한 것은 ——W. Stegemann이 그랬듯이—— 가능한 한 예수 운동을 가난한 자들로부터 떼어 놓자는 데 목적이 있는 것이 아니다. W. Stegemann, Wanderradikalismus im Urchristentum?, in: W. Schottroff/W. Stegemann (Hrsg.), *Der Gott der Kleinen Leute. Sozialgeschichtliche Auslegungen* Bd. 2, Neues Testament, München/Gelnhausen 1979, 94—120, dort S. 117f. 이것은 오해에서 비롯된 것이다.
72) M. I. Finley, *The Ancient Economy*, London 1973, 62—94.

1. 사회학적 문제에 대한 연구사적 고찰 43

여기서 그 생계를 끊임없이 걱정해 주어야 하는 노예보다 삯일꾼이 훨씬 더 착취할 만한 것으로 보여졌기 때문이다. 반대로 노예 제도는 법적인 범주였는데, "종속적인 노동 내지는 실직 상태에 있는 극빈자"라는 경제적 범주와는 동일시될 수 없는 것이었다. 실제로 부유한 노예들도 역시 있었던 것이다. 그러므로 우리는 종속적 노동 착취에 결정적인 비중을 두는데도, "노예 제도 사회"라는 상용 어투가 본질적인 것을 적중시킬 수 있는지에 대해 의심할 수 있다.

이하의 연구에서는 모든 것들을 서로 관련시키는 갈등들이 여러 차례 고려되어졌다. 사회적 추방에 관한 연구에서는 사회 경제적 갈등에 관해, 성전 예언에 관한 연구에서는 국가와 땅 사이의 사회 생태학적 갈등에 관해, 폭력 포기와 원수 사랑에 관한 연구에서는 로마와 피지배민족 사이의 사회 정치적 갈등에 관해 탐구했다.

내 경험에 의하면 그러한 분석들은 본래 의도와는 반대로 종종 종교에 대해 축소화시키는 해석의 영향을 남겼다. 그에 대해서는 다음과 같이 대답되어져야 할 것이다 : 그런 영향은 사람들이 그러한 탐구에 접근할 때 가지고 가는 전이해에 달려 있다. 그리스도교 종교를 신적 질서의 반향으로만 이해할 수 있는 자는 그것이 사회적 갈등을 반향하는 것으로 보일 때조차도 필연적으로 그것을 현실을 폭로시키는 것으로 받아들인다. 이에 반해서 내적인 고백도 역시 경험되고, 감수되어진 사회적 갈등과 연관성을 가지고 있다고 스스로 받아들이는 자는, 신약성서 본문에서 그러한 연관성들을 보다 쉽게 받아들일 수 있을 것이다. 아래의 연구에서는 짖궂은 현실 폭로가 중요한 것도 아니고, 신학적 인과율이 지니는 불안을 확증하는 것이 중요한 것도 아니다. 단지 우리 종교의 사회적 근원에 대한 해명이 문제인 것이다. *30

3. 기능주의적 사회학의 자극

마르크스주의적으로 영감을 받은 동기들은 사회가 종교에 대해 어떻게 작용했는지를 묻는다. 그러나 기능주의적 동기들은 그보다는 사회에 대한 종교의 작용을 묻는다. 기능주의적 경향이 이데올로기 비판을 위한 발판을 전혀 소지하고 있지 않다고 생각하는 것은 망말이다. 반대로 여기서는 종교의 작용을 필연적으로 종교 배후에 놓여져 있는 계급 관계들에 의해 기술하지 않고 종교 자체로서 기술하기 때문에 종종 매우 올바르게 비판적인 판단을 내릴 수 있게 된다 : 그것은 종교 자체를 책임적인 것으로 만들어준다.

　첫번째 주제는 다음과 같다 : 즉 의도와 기능은 구별되어져야만 한다는 것이다. 실제적인 사회 작용은 본래 의도했던 작용과는 전적으로 다르게 나타난다. 하나의 의도는 아무런 작용없이 남을 수도 있고, 작용을 할 수도 있으며, 본래의 의도에 직접적으로 모순되는 역할을 하기도 하고 혹은 그것을 완성시키는 작용을 하기도 한다. 이리하여 원래의 의도는 널리 수정되어지는 것이다. 위의 어떤 경우든 예를 이끌어낼 수 있다.

　좌절된 의도에 대한 한 예로는 예수 운동의 흐름, 즉 정치 영역에서의 갈등을 축소시키려는 경향이 있다. 마가복음 12장 13절 이하에 의하면 종교와 정치가 너무나 분리되어 있어서 사람들은 종교적 이유에서 로마에 반항할 의무도 없고, 또 그들에 대해 순종의 의무를 지지도 않는다. 이러한 갈등에 조화를 꾀하려는 시도는 실패했다. 유대 전쟁이 그것을 보여준다. 그러므로 우리가 팔레스틴계 유대교 사회내에서의 예수 운동의 영향에 대해 묻는다면 그때는 그 동기들을 분석하는 것으로 만족해야만 한다. 강조점은 필연적으로 심리학적인 것에, 다시 말해서 전체 공동체 영역 안에서 사회적 영향력을 미칠 수 있게 되지는 못한 동기들에 놓여져 있는 것이다.

　원래의 의도에 대해 직접적으로 반대되는 결과를 가져온 예로는 예수 운동의 성전 비판이 있다. 의심할 바없이 그것은 유대교의 개혁 의지를 표현하는 것이었다. 성전은 유대 종교의 중심이었다. 새 성전이 옛 성전의 자리에 들어서야 했다. 그러나 실제로는 이러한 성전 비판은 예수 운동의 결과로 생겨난 그리스도교 종교가 지리적인 중심인 "예루살렘"과, 동시에 유대교로부터도 계속 분리되는 데로 이끌었다. 다시 말해서 예수의 성전 비판은 사도행전 6장 13—14절에 따르면 스데반의 집단에서 계속되어졌는데, 따라서 이 집단에서 이방 선교의 시초를 찾아야 할 것이다(사도 11 : 19f). 그리고 후에 헬레니즘계 원시 그리스도교는 실제로 일어난 성전 파괴를 이제 구원이 최종적으로 이방인들에게 향해졌다 *31 는 의미에서 해석했다(비교 ; 마태복음 22장 1—13절은 7절을 삽입함으로써 예루살렘의 파괴를 전제하고 있는 것 같다. 마찬가지로 누가복음 21장 24절에서는 예루살렘의 파괴가 "이방인의 때"의 완성을 가져온다). 그 과정은 유대 종교를 그 중심에서부터 개혁하려는 의도에서 시작하여 유대교를 등지는 데로 이끌었다.

　그러나 통합하려는 시도가 성공한 것처럼 보이는 곳에서도 역시 그

의도에 역행하는 요소들이 발견된다. 고린도에서는 강한 자와 약한 자 사이의 대결에서, 그리고 성만찬과 관련된 분쟁에서——비록 강한 자들의 입장이 약한 자들의 입장보다 더욱 많이 관철되어진 것같기는 하지만——실용적인 타협점이 찾아진 것같다. 그에 따르면 부자들이나 보다 여유있는 자들에게는 자유 공간(Freiraum)이 마련되어졌는데, 거기서 그들은 평상시의 습관대로 행동할 수 있었다 : 즉 집이나(고전 11:34) 혹은 사사로운 초대(10:23 ff.)에서이다. 거기서 그들은 일반적인 규범들을 멀리할 수 있었다. 초기의 원시 그리스도교에서도 역시 통합과 조화는——사람들이 공동체내에서의 이러한 실제적인 불평등을 근본적으로 종료시키는 데서부터 출발한다는 것과는 별도로(갈라 3:28; 고전 12:13)——실제적인 사회적 관계들이나 불평등성을 감안하는 방식으로 이루어졌다.

그러므로 우리는 그리스도교의 발전 과정 전체를 의도와 실제적인 기능 사이의 모순으로 분석할 수 있다. 임박한 세계(로마 영역까지도 포함하여)의 종말을 선포하기 위해 일단 내디뎌졌던 것이 결국에는 국가 종교로 되었는데, 이것은 로마가 외적으로 붕괴된 뒤에도 그리스도교가 오늘날까지 보다 오래 살아 남을 수 있고 작용할 수 있게 한 요인이다.

기능주의적 종교사회학의 두번째 이론적 가설은 원시 그리스도교를 분석하는 데 있어서 하나의 역할을 하는데, 그것은 통합 가설(Integrationsthese)을 말한다 : 종교는 개인을 사회 질서에로 통합시킨다는 것이다. 동시에 기능주의적 모델이 무엇보다도 민족학에 적용된다는 사실을 고려해야 한다.[73] 따라서 조망할 수 있는 작은 집단들에도 적용될 수 있으며, 복잡한 사회에 적용되었을 때는 그것이 변화되었으리라는 사실도 고려해야 한다. 그러나 여기서도 역시 다음과 같은 것이 타당하다 : 종교는 상이한 사회 집단들의 서로 모순된 관심들만을 정당화하는 것이 아니라 삶의 질서 전반을——모든 사회 집단을 포괄하는 질서——정당화한다는 것이다. 종교는 이러한 질서에 의미있는 성격을 부여해서 개인들은 이런 질서의 의의에 대해 그로 하여금 회의하도록 하는 사회적, 혹은 개인적 위기에 직면해서도 거기에 대해 충실하게 되는 것이다. 그래서 가령 피터 버거(P. Berger)의 종교사회학은 다음과 같이 요약하고 있

---

73) 민족학적 유비는 고유한 문화와 우월한 외래 문화 사이의 대결을 다룰 때 특별히 유익하다. J.G. Gager, *Kingdom and Community. The Social World of Early Christianity*, Englewood Cliffs, 1975, 20 ff 참조.

*32 다[74]: 무질서(Anomie) 상태를 경험하고 그것에 직면하게 되자 종교는 무엇보다도 새로운 질서에의 추구를 표현하게 되었다. 이제 의심할 바없이 원시 그리스도교는 근본적인 무질서 경험으로부터 출발하게 되었다는 것이다: 세상은 악에 빠져 있다(요일 5: 19). 세상의 형상은 사라져가고 있다(고전 7: 31). 사람들은 새로운 세계를 기다리고 있다. 그러므로 소집단들이라는 사회적 실재가 우주적 상징들에서 기대한 바와 같은 이러한 새로운 세계를 기존의 세계에 대한 대립으로 분석했을 때, 거기서는 무엇보다도 통합 이론이 적용되어질 것이다. 우리는 가령 제2 바울서신들의 상징 세계를 생각할 수 있다. 여기서는 소규모 종교 집단 영역에서의 사회적 통합이 우주적 통합의 일부를 의미하며, 이에 따라서 근본적인 혼란이 극복되어지는 것이다(비교, 골로 1: 15ff; 3: 11; 에베 2: 13 ff). 종교는 새로운 상징적 우주를 건설하는 일에 착수했으며, 사회질서를 회복했고, 동시에 그것을 넘어섰다.

앞서 서술했던 연구에서는 강조점이 상징적 세계 배후에 서 있는 사회적 현실성을 분석하는 데 놓여졌었다. 여기서 미국 신약학자들의 지식사회학적 분석이 명백히 지적될 수 있을 것이다.[75] 그러나 우선 사회적 현실에서의 통합 과정에 대해서 질문이 제기되어야 할 것이다.

이미 초기의 예수 운동은 통합에 목적을 두었었다. 하나님 나라를 선포했던 사회 집단을 연구해 본다면 아래와 같이 확신하게 된다: 즉 문제의 집단은 기존의 사회적 현실에서 부정적으로 평가되었던 집단들이었으며 또 사회 생활에도 통합되지 못한 집단들이었다는 것이다. 그들은 물질적, 사회적, 혹은 도덕적 가치에 저항하였다. 1) 하나님 나라는 불구자들(비교; 마가 9: 43 ff)이나 고자들(마태 19: 11 ff), 아이들(마가 10: 13 ff)에게 선포되었다. 즉 물리적 가치나 성욕, 나이가 모자

---

74) P.L. Berger, *Zur Dialektik von Religion und Gesellschaft*(engl. 1967), Frankfurt 1973.

75) W.A. Meeks의 연구 참조: The man from Heaven in Johannine Sectarianism, *JBL* 91(1972) 44—72; Ders., The Image of the Androgyne: Some uses of a Symbol in Earliest Christianity, *History of Religion* 13 (1974) 165—208; Ders., In one Body: The Unity of Humankind in Colossians and Ephesians, in: *God's Christ and His People*, Studies in Honour of N.A. Dahl, *Oslo* 1977, 209—221. 지식사회학적 동기는 독일에서도 역시 발견된다. K. Berger, *Wissenssoziologie und Exegese des Neuen Testaments*, Kairos 19(1977) 124—133; Ders., *Exegese des Neuen Testaments UTB* 658, Heidelberg 1977, 218—241.

라는, 신체적인 통합성이 결여된 집단들이었다. 2) 그리고 가난한 자들이나(마태 5: 3) 외국인(마태 8: 11 ff), 온유한 자들 (마태 5: 5), 즉 부의 사회적 가치, 국가나 힘이라는 사회적 가치를 가지지 못한 집단들이었다. 3) 하나님 나라에 들어갈 수 있는 자는 세리와 창녀들(마태 21: 32)이었으며, 도덕적으로 비난을 받았던 집단들이었다. 이것은 무엇을 현실화하는가? 이제 헬레니즘계 원시 그리스도교에서 우리는 유대인과 이방인, 부자와 가난한 자, 건강한 자와 병자, 교양있는 자와 교양이 없는 자 사이의 통합이라는 특정한 경향을 확인할 수 있다. 이러한 통합적인 사회 형태는 사랑의 가부장주의라고 불리워진다. 그러나 동시에 사람들은 많은 것들을 거부하기도 했다(고전 5: 9 ff).

그리스도론적인 상징은 이러한 사회적 단절을 극복하려는 경향을 표현했다. 하나님의 평등성이 종의 형상을 취했을 때(빌립 2: 6 ff) 그것은 사회적 현실에서도 하나의 유비를 가지고 있었다: 사도는 자유인이면서도 종이 되었다(고전 9: 19 ff). 강한 자들은 사회적 차등을 없애기 위해 약한 자들의 수준으로 내려와야만 한다(고전 8—10장). 부자들은 성만찬 때 가난한 자들을 고려해야만 한다(고전 11: 20 ff). 실로 고린도 교회의 전체 사회 구조는 소수의 영향력있고 세력있는 자들이 다수의 보잘 것없는 자들과 대립해 있는 것이었다고 할수 있다(고전 1: 26 ff). 그리스도론적인 발전과 사회적 배려는 서로 상응한다: 그리스도는 부유했으며 또 가난하게 되었다. 그 때문에 그리스도인도 역시 그들의 부를 나누어주어야 할 의무가 있다(고후 8: 9). 그러나 그리스도론적 상징에서 명백히 표현되어진 것과 같은 낮은 자를 높이는 일은 그와 똑같이 명백한 사회적 상응성을 발견할 수 없다. 종은 종으로 그대로 머물러 있어야 한다. 오진 그리스도 안에서만 그는 자유롭다 (고전 7: 21 ff.). 여자는 종속된 채로 있어야 했다. 오직 그리스도 안에서만 남자에 대한 그들의 차별이 중지될 수 있었다(갈라 3: 23). 여기서 상징적 현실성이 사회적 현실성을 넘어선다. 신학적으로 종말론적 제한이라고 보여졌던 것이 하나의 사회적 상응성을 갖는다.

우리는 사회적 현실성과 종교적 상징 사이의 그러한 상응성을 골드만 (L. Goldmann)과 함께 동질구조(Strukturhomologie)라고 부를 수 있다.[76] 사회적 현실성은 종교적 상징에서 단순히 내용적으로 반복될 뿐아니라 그 요소들의 형식적 관계에서도 반복된다. 상징의 구조는 사회

---

76) L. Goldmann, Die Soziologie der Literatur, in: *Literatursoziologie* I, hrsg. v. J. Bark, Stuttgart 1974, 85—113.

적 현실의 구조와 관계가 있다. 이것은 결코 상징 구조를 사회적 현실의 구조에로 소급시킬 수 있다는 것은 아니다. 원시 그리스도교 공동체와 원시 그리스도교 상징은 매우 밀접한 관계에 있다. 그러나 원시 그리스도교 공동체가 기존 사회를 넘어서는 발걸음을 내디뎠던 것과 마찬가지로 그것의 상징도 역시 원시 그리스도교의 현실성을 넘어섰다 : 여기서 모든 사람들이 마치 몸의 지체들처럼 서로 가깝게 다가서서 인간들간의 개인적 한계가 사라져버리는 이상향이 형성되어진다. 이것을 좀더 강조하자면, 원시 그리스도교 종교에 관한 이론은 원시 그리스도교와 그것의 상징 세계를 그 사회적 차원에서만 탐구해야 하는 것이 아니며, 그것은 나아가서 원시 그리스도교를 인간이 현실과 대결하는 한 단계로서 해석하고자 노력해야 한다――즉 인간 삶의 문화적 진화에 있어서 결정적인 "변화"로 그리고 그 안에서 전통적인 요소들이 새롭게 결합되고, 새로운 현실 영역이 열리며 계시되어지는 것으로 해석해야 하는 것이다.

　이론적 가설은 너무나 많다. 우리는 60년대 계몽주의 전통의 부흥에로 소급될 수 있는 자극으로부터 출발했었다. 대상을 이론적으로 관찰하기 위해 요구되는 것은 단지 하나의 동기일 뿐이다. 그러나 이론적 관심 뒤에는 실천적인 관심이 있는 것이다 : 즉 학문의 사회적인 책임성의 첨예화이다. 여기서도 역시 많은 변이 형태들이 있다. 실로 여기서 정신들은 구별되는 것이다. 어떤 사람들에게는 이데올로기 비판이 실현될 수 있는 정의로운 사회에 대한 믿음과 결합된 것으로 여겨졌으며, 근본적으로 지금까지 있던 모든 역사적 사회들과는 구별되는 것이며, 또 그것의 발생은 어떤 특정 계급에 대한 관심과 결합된 것으로 여겨졌다. 그러나 한편 또 다른 사람들에게 이데올로기 비판은――비록 환상이 없지는 않았지만――그러한 유토피아적 관점없이 알려져야 했다. 거기서 이데올로기 비판은 의식의 비판적 능력에 대한 신뢰에 의해 존속되는데, 그것은 이러한 개방된 사회 이념에 대한 의식이 책임을 져야 하는 것이다. 왜냐하면 오직 여기에서만 의식은 잘못된 발전을 피하고 괴로움을 줄이며 자신의 잘못을 수정할 기회를 가지기 때문이다. 이데올로기 비판의 이러한 형태는 단편적인 부분을 파악하기 힘들다. 오히려 그것은 역사로부터 아래와 같은 사실을 배운다 : 모든 사물들은 두 가지 측면을 가지고 있으며, 사람들이 동감하고 긍정적으로 생각하는 집단들의 의도도 역시 무서운 결과를 초래할 수 있다는 것, 그리고 그때그때 다른 것들의 동기도 역시 사람들이 그것을 그 역사적 맥락 안에서 이해할 때 더욱 잘 이해되어질 수 있다는 것이다. 이러한 형태의 이데올로기 비판은 무엇보다도

1. 사회학적 문제에 대한 연구사적 고찰 **49**

인간 행위의 이중성에 대해 민감성을 발휘함으로써 우리들의 도덕적 정치적 의식을 첨예화한다. 우리는 아마도 그러한 의식이 마비시킨다고 이의를 제기할 수도 있을 것이다. 그러한 의식이 자명한 판단을 하도록 하는 충동을 마비시킨다는 것은 옳다. 그러나 그것은 피할 수도 있는 고통들을 결정적으로 감수하고 하나의 사회를 위해 스스로를 끌어들이려는 의지를 마비시키지는 않는다. 그것은 역사에서의 피로움들을 그 다양한 형태들 안에서 있는 그대로 볼 수 있는 관점을 첨예화시킨다. 그리고 그것은 그 피로움들이 침묵하고 있을 때에도 마찬가지이다. 이처럼 침묵하는 인간적 피로움에 하나의 음성을 부여하는 것이 역사가의 위대한 도덕적 과업인 것이다.

그러나 종교에 대한 비판적 탐구는 이것을 넘어서 특별한 책임을 가지고 있다 : 그것은 의심할 바없이 깊은 위기에 처해 있는 오늘날의 종교를 위한 책임이다. 우리들의 신앙이 지니는 사회적 근원과, 사회적 차원에 대한 학문적 탐구는 우리가 지금까지보다 훨씬 더한 정도로 우리의 종교와 그것의 사회적 기능을 승인하도록 하는 데——우리가 종교적으로 성년이 되는 데——기여하고자 해야 하는 것이다.

2

종교적 전승들에 대한 사회학적 평가
―원시 그리스도교의 예에서 살펴본 그 방법론적 문제들―

종교 철학과 종교 비판에 의한 조직적·규범적 방법이든, 잡다한 종교 현상들에 대한 분석에 의한 역사적 방법이든 혹은 종교사의 변화와 변천에서 비롯된 "본질적인 것"의 검증에 의한 현상학적 방법이든간에 어느 시대를 막론하고 자극적이고 매혹적인 종교 현상들에 대하여 투쟁하는 데 적합한 지적 방법이 있다. 전적으로 잘못된 생각이 아니라면 오늘날에는 종교사회학적 문제들이 눈에 띄게 대두된다. 맨 처음에는 현재의 종교 현상들을 연구하는 과정에서 대두되었고, 비록 주춤하기는 하지만 점차 역사적인 개별 연구들에서 대두되고 있다.[1] 역사적 연구가 주춤하는 것은 다음과 같은 이유에서 이해할 만하며 동시에 당연한 것으로 여겨진다. 즉 현재 경험적으로 연구하고 있는 종교사회학은 그 자료를 맨 처음부터 통계적인 평가의 관점에서 검증하기 위하여 회견, 질문, 관찰의 방법들과 분야 조사의 방법 및 어쩌면 실험 조사의 방법조차 이용할 수 있는 반면에 역사가는 보존되어 있는 부차적인 전거들에 전적으로 의존한다. 그러나 이 전거들은 그 사회적 배경을 알려주는 것과는 전혀 다른 데에 관심을 기울인다.[2] 그뿐 아니라 전승이 인간적

---

1) 여느 때와 마찬가지로 역사적인 분야에서 M. 베버의 종교사회학적 업적들을 능가하기는 어렵다. *Gesammelte Aufsätze zur Religionssoziologie* 3 Bde., Tübingen⁵ 1963. 그리고 *Abschnitt über die Religion in Wirtschaft und Gesellschaft*, Tübingen 1947 참조.
2) E. v. Dobschütz, *Die urchristlichen Gemeinden*, Leipzig 1902, 6f, fragt: "그리고 이 공동체들은 어떻게 성립되었는가? 그 공동체들에는 어떤 사회 계층의 사람들이 소속되어 있었는가? 암시적인 내용들, 즉 추측에 의거한 불확실한 내용들 외에는 아무 것도 없다. 현대의 견해에 의하면 도덕의 발전에 있어서 주거 사정, 임금 문제 등과 같은 것이 큰 의미를 지닌다고 한다. 그러한 문제들은 오늘날과 여러 가지 면에서 매우 비슷한 어떤 시기에도 어느 정도 있었을 것이다. 그러나 이 모든 질문들이 한 번도 우리의 그

인 행위들에 두고 있는 그 근거를 차단한다는 점, 즉 전승이 신들의 행위에 대해 설명하거나 혹은 인간의 감각 세계 저편에 있는 현실의 경험을 증명한다는 점이 종교적 전승이 지니고 있는 특징이다. 그러므로 방법론적 문제점이 종교사의 분야에 대한 사회학적 연구들이 해결해야 할 선결 문제이다. 그 문제점은 다음과 같은 질문에서 분명하게 나타난다. 즉 학자들은 어떻게 우리가 지니고 있는 전거들에 대한 종교적인 언명 *36 들에서 사회학적 사실들에 대한 정보를 얻을 수 있을까? 이 문제는 다음에 원시 그리스도교의 예에서 토의될 것이다. 그러나 우선 적어도 원시 그리스도교의 사회학에 대한 실질적인 문제가 약술될 것이다. 구체적인 사항에 적용되지 않은 방법론적 성찰들은 감명을 주지 못한다.

원시 그리스도교의 사회학은 생성하고 있던 고대 그리스도교와 그 심원한 변화에 대한 사회학이다. 원시 그리스도교는 유대 내의 개혁 운동으로 성립되었고 독립 종교가 되었다. 원시 그리스도교는 시골 지역에 뿌리를 내리기는 하였지만 헬라적인 지중해 도시들에 처음으로 보급되었다. 그것은 맨 처음에는 불완전한 사회 운동이었지만 곧 후에 전체 사회에 적용될 수 있었던 새로운 사회적 통합 모델로 발전되었다. 고대 그리스도교의 사회학이 지니고 있는 근본적인 문제는 다음과 같다. 즉 사소하고 문화에 종속되어 있던 이 흐름이 어떻게 전 문화를 정복하고 개조할 수 있었을까? 원시 그리스도교의 사회학은 이 과정들 중의 한 부분만을 연구한다. 자세히 말하면 정경, 주교의 직과 정통 신앙을 통하여 고대 그리스도교가 제도적으로 안정되기 이전 그리고 기원 3세기의 분기점을 통하여 헬라—로마 문화가 변형되기 이전의 시기, 즉 대략 기원 2세기 안토니우스에 의해 천명된 군주제 말기까지의 시기를 연구한다.

원시 그리스도교적 전거들에는 사회학적 언명들이 없고 (전과학적인) 사회학적 요소들을 지닌 기사들이 극히 적지만 그 대신에 역사적이고, 교훈적이고, 시적이고, 교회학적이며 신화적인 언명들이 포함되어 있다. 방법론적 문제는 우리가 이 모든 비사회학적 언명들에서 어떻게 사회학적 언명들을 추론해 낼 수 있느냐에 달려 있다. 그러나 무엇이 사회학적 언명인가? 다음의 문맥에서 우리가 차후에 밝혀야 할 일에 대한 정의가 충분하게 드러날 것이다. 사회학적 언명은 초개인적인 특징들에 관한 우호적인 태도를 기술하고 밝히고자 한다. 그러므로 사회학적 질문은 첫째로 개인적인 것에 대해서보다는 더욱더 전형적인 것, 되풀이

리스도교적 전거들에서 언급되지 않았고 마찬가지로 세속적인 전거들도 이러한 상황들에 관해 충분히 밝혀주지 않는다.

되는 것, 보편적인 것을 지향하고, 둘째로 특수한 상황의 단일한 조건들에 대해서보다는 더욱더 수많은 상황들에 해당하는 구조적인 관계들을 지향한다.[3] 따라서 원시 그리스도교의 사회학은 원시 그리스도교 단체 구성원들 사이의 전형적인 우호적 태도를 기술하고 분석할 사명을 갖는다.

이용하고 있는 방법에 대한 논의에서 우리는 본문들에 대한 형태사적인 분석을 이야기의 실마리로 삼을 수 있다. 이 논의에서 본문의 "삶의 자리"는 구성적이며 분석적이며 비교하는 방식으로 결정된다.[4] 이 논문에서는 삶의 정황에 대한 직접적인 언명들, 즉 본문들의 전승과 형성에 도움을 주는 사회적 상황을 기술하려는 의도를 가지고 있는 언명들에 근거를 둔 그러한 방법들을 "구성적"이라고 명명하였다. 우리는 다음과 같이 개괄적으로 말할 수 있다. 즉 (전과학적인) 사회학적 요소들을 가지고 있는 모든 언명들에 대한 평가는 구성적이다. 양식사는 본문의 형태에서 기초로 삼고 있는 삶의 정황을 추론해 내는 방법을 분석적이라고 명명하였다. 우리는 여기에서도 다음과 같이 개괄적으로 말할 수 있다. 즉 그러므로 기초로 삼고 있는 사회적 현실에 대한 시적, 도덕적, 교회학적, 역사적 언명들로부터 귀납적으로 추론되는 모든 것은 분석적이다. 이러한 귀납적 추론에 있어서 특징적인 점은 이것이 본문을 규정하고 있는 의도에 종속되지 않고 본문에 대해 묻는다는 점이다. 마지막으로 원시 그리스도교 집단들을 주제로 삼지도 않고 거기에서 유래하지도 않은 본문들을 이끌어내는 모든 방식을 비교하는 방식이라고 한다. 이 본문들은 그 자체를 위하여 때때로 구성적이고 분석적으로 연구되지 않으면 안 된다. 그렇지만 원시 그리스도교를 해명하기 위하여 그 방법들을 이용하는 데에는 특별한 방법론적 문제들이 제기된다.

A. 구성적 방법들

구성적 방법들은 사회학적 언명들에서나 인지학적(prosopographisch) 언명들에서 시도할 수 있다. 우리는 집단들, 제도들, 조직들 등에 대한

---
[3] 전형적인 것과 조건적인 것을 끌어내는 작업은 M. Scheler의 *Die Wissensformen und die Gesellschaft*, Bern/München² 1960, 17) 경우에도 사회학적 고찰 방식의 독특한 성격 묘사이다.
[4] R. Bultmann, *Die Geschichte der synoptischen Tradition*, Göttingen⁶ 1961, 5f, 7f. 참조.

2. 종교적 전승들에 대한 사회학적 평가 53

모든 기술들을 사회학적이라고 부르며, 개개 인간들에 관한 모든 언명들, 그들의 혈통, 신분과 역할들에 관한 모든 언명들을 인지학적(人誌學的) 이라고 부른다. 유감스럽게도 사회학적 목적들을 지닌 원시 그리스도교 집단들에 대한 언명들은 극히 적다. 즉 누가는 사도행전 4장 32절 이하에서 원시 공동체의 사랑의 공동사회와 사랑의 공산사회를 기술한다. 우리는 비디니엔의 로마 총독에 관한 기사를 알고 있다. 그곳에서는 그리스도교가 도시들과 심지어 시골에 살고 있는 모든 계층의 사람들에게 전파되었다(Plinius epist. X, 96). 우리는 원시 그리스도교의 환경을 알기 위하여 요세푸스의 작품 (bell. Ⅱ, 8 ant. XⅧ, 1—25)에 나타나 있는 바리새인들과 엣세네파와 젤롯당들에 관한 묘사들을 이용한다. 이러한 사회학적 개요들을 비판적으로 읽을 필요가 있다는 점은 자연히 알게 된다. 누가는 요세푸스와 마찬가지로 헬라의 독자들에게 글을 쓴다. 요세푸스는 유대교의 종교적 흐름들을 철학의 학파들이라고 말한다. 누가는 "모든 계급들"($\pi\acute{\alpha}\nu\tau\alpha$ $\chi o\iota\nu\acute{\alpha}$, Kairos S. 286 참조)에 대한 고대의 이상이 원시 공동체에서 실현되었다고 본다. 양자는 요세푸스가 젤롯당의 경우에서——그는 유대 전쟁의 책임을 젤롯당들에게 돌린다——또는 그리스도교 저자들이 바리새인들의 경우에서 했던 것처럼 부정적으로 이 상화하거나 기술한다.

개개인들에 대한 인지학적인 언명들은 매우 많다. 우리는 예를 들어 최초의 제자들이 어부였고(마가 1:16ff) 그 어부들이 삯군들을 모을 수 있었다는 사실(마가 1:20), 초대 그리스도인들 중에는 집을 소유한 사람들도 있었고(베드로—마태 8:14; 마리아—사도 12:12ff) 다른 토지를 소유한 사람들도 있었다(바나바—사도 4:36ff; 아나니아와 삽비라—사도 5:1ff)는 사실을 들어서 알고 있다. 이러한 개별 언명들에 대한 사회학적 평가에서 경험적인 사실들에 대한 모든 사회 과학적인 평가에서와 근본적으로 똑같은 문제들이 제기된다. 즉 확실성(Reliabilität), 타당성(가치)과 대표성의 문제가 제기된다. 이것은 사도행전 13장 1절에 명시되어 있는 마나엔(Menahem), 즉 로마의 귀족 영주 헤롯 안티파스와 "함께 자란 젖동생"의 실례에서 입증될 것이다. *38

1. 확실성의 문제. 성서의 기사가 역사적인가, 즉 같은 전거를 토대로 한 모든 기사가 계속해서 재검토하는 과정에서도 우리가 알 수 있는 바와 같이 마나엔이 실제로 헤롯 영주와 함께 양육되었다는 결론에 이르게 되는지의 문제가 맨 처음에 제기되는 문제이다. 여기에서 본문이 확실하게 전승되었는지——그러나 예를 들어 그 문제를 해명하는 데 도움이

되는 성 갈러(St. Galler)의 사본 133에는 그 기사가 없다——⁵⁾ 그 무엇이 믿을 수 없는 내용의 기사인지라는 문제가 밝혀질 수 있다. 그러나 이 기사가 비역사적인 것, 즉 거의 근거가 없는 하나의 가정이라 할지라도 그 기사가 사회학적으로 전혀 무가치한 것은 아닐 것이다. 이 기사는 후대인이 초기의 원시 그리스도교에 관하여 가능하다고 여긴 것 및 원시 그리스도교에는 귀족 계층의 사람들도 소속되어 있다는 후대인의 독특한 경험 지평 안에서 알게 된 사실을 해명해 줄 것이기 때문이다. 그러므로 확실성의 문제는 역사적인 연구에서 역사성의 문제와 동일시된다. 이때에 역사성이라는 말은 광의의 의미로 사용될 수 있다. 즉 우리는 전거들에서부터 보도된 사실뿐만 아니라 보고자들과 전승자들에 대해서도 역사적으로 해명한다. 전승자들은 사회 집단들의 범위 안에서 사실들을 전달하기 때문에 원시 그리스도교적 전거들을 사회학적으로 분석하는 데 있어서 바로 "비역사적인 것"도 그것이 이 집단들로부터 유래되었고 또 그 집단들에로의 역추론이 가능한 한 중대하다.

2. 타당성(유효)의 문제. 타당성은 확실성을 전제하며 그것을 포함한다. 여기에서 다음과 같은 문제가 제기된다. 즉 젖동생이라는 신분에서 귀족적인 사회적 신분을 추론할 수 있는가? 이제 우리는 "젖동생"⁶⁾에 관한 동시대의 자료들로부터 이 말이 어린 시절의 "소꿉 동무"뿐만 아니라 성인이 되어서도 자주 큰 영향을 미치곤 하는 친구를 나타낸다는 사실을 알게 된다. 그럼에도 불구하고 우리는 마나엔이 안디옥에서 상류 계층에 속해 있었다고 속단할 수는 없다. 즉 그럭저럭 지나는 동안 헤롯 안티파스는 재산과 영주권을 빼앗겼고 리용으로 추방되었다(ant. XⅧ, 252). 마나엔이 그와 운명을 같이 할 수밖에 없었을 것이므로 우리는 그가 헤롯 대신에 성내를 다스리던 지위에 있었는데 헤롯과 마찬가지로 그도 파멸되었을 것이라고 간주할 수 있을 것이다. 그것이 어떠했는지에 대해서 우리는 알지 못한다. 그가 일찌기 상류 계층의 사람이었다는 사실만이 확실할 뿐이다. 이러한 역추론은 타당하지만 재산과 세력을 근거로 삼아 아직도 상류 사회의 신분을 지니고 있다고 역추론하는 것은 반드시 타당한 것만은 아니다.

3. 대표성의 문제. 사회학적 분석은 마나엔의 전기에 관심을 갖는 것

---

5) E. Haenchen, *Die Apostelgeschichte*, Göttingen ¹³1961, 336f A. 5.
6) J. Jeremias, *Jerusalem zur Zeit Jesu*, Göttingen ³1969, 102. 그리고 W. Bauer의 *Wörterbuch zum NT* (Berlin ⁵1963, 1571)에 인용된 전거들 참조.

이 아니라 다음과 같은 질문에 관심을 갖는다. 즉 이러한 언명들로부터 그리스도인들의 소속 계층에 관하여 무엇을 추론해 낼 수 있는가? 어떤 경우에도 이 일은 전적으로 불가능하다. 즉 마나엔이 어떤 이상한 인물로 묘사되어 있기 때문에 그의 (혹시 이전의) 신분이 매우 강조된다고 가정할 수 있다. 우리는 그 이상의 기사들을 끌어들여야 한다. 그러므로 안디옥 교회의 5명의 "예언자들과 교사들" 중에서 세 사람이(사도 13:1) 귀족 사회 신분에 속해 있었을 것이라는 사실을 우연한 일이라고 여길 수는 없다. 즉 바나바는 예루살렘 교회에 기부한 것으로 알려져 있다(사도 4:36—37). 그는 후에도 그 교회에 헌금을 전달한다(사도 11:30). 바울은 천막제조업자에 불과하였지만 다소와 로마의 시민권을 소유하였다(사도 21:39; 22:25ff). 이제 우리는 디오 크리소스톰(or. 30:21—23)으로부터 후대에도 천막제조업자들이 시민권을 얻으려고 다투었다는 사실을 알게 되었음으로 바울이 특권 신분의 사람이었다고 말할 수밖에 없다. 우리는 "지도 그룹"에 속해 있던 다른 두 사람에 관하여 상세한 사정을 전혀 알지 못한다. 좌우간 이 그룹의 대부분의 사람들은 비교적 상류 사회의 신분을 지닌 사람들이었다. 게다가 거의 모든 사람들이 다른 지방 출신이라는 점이 위의 사실을 뒷받침해 준다. 바나바는 구브로(Zypern) 출신이며(사도 4:36), 바울은 다소 출신이고, 누기오는 키레네 출신이다. 마나엔은 아마도 안디옥에서 성장하지는 않은 것 같다. 그리고 "니게르"라는 시므온의 별명이 우선 그의 흑인처럼 보이는 외적 형상을 말해주지만 혈통의 명칭도 포함하고 있을 것이다. 따라서 마나엔이 모든 그리스도인들을 대표하는지는 확실하지 않지만 아마도 안디옥 교회의 지도 그룹을 대표하는 것 같다. 그들이 교회 내의 사회 계층을 드러내며(고전 1:26ff; Plinius epist. X, 96) 상류 계층의 사람들이 수적인 면에서는 지배적이지 못하였지만 아마도 대단한 영향력을 행사하였던 것 같다는 점은 다른 헬라 교회에도 적용된다.

어쨌든 개별 언명들은 아주 신중하게 평가될 수 있다. 예를 들어 이름이 명시되어 있는 몇몇 그리스도인들과 되풀이되는 그들의 그 어떤 상류 사회의 신분에 관한 언급을 가지고 원시 그리스도교의 형성이 사회에 대한 저항과 관련있을 것이라는 가정을 부정하는 것이라고 믿어서는 안 될 것이다.[7] 원시 그리스도교에 관한 계층적 성격의 기록이나 비계층

---

7) Gegen R. Schumacher, *Die soziale Lage der Christen im apostolischen Zeitalter*, Paderborn, 1924, 40.

적 성격의 기록에 원시 그리스도교의 형성이 사회적 긴장 상태들과 관련이 있는지에 관한 언급이 거의 없다는 점은 제쳐놓고, 이름이 명시되어 있는 소수의 사람들이 원시 그리스도교를 대표할 것이라고 가정하는 데에는 이미 문제점이 있다. 주지하는 바와 같이 항의를 선언한 하층민들 중심의 대부분의 운동들을 지도하는 사람들은 상류 계층 출신의 사람들이었다.

*40

B. 분석적 방법

사회학적 요소들을 지닌 언명들은 별로 없기 때문에 우리는 대체로 분석적 방법, 다시 말하면 역사적 사건들, 사회적 규범들과 종교적 상징들로부터의 귀납적 추론에 의존하게 된다.

a) 사건들로부터의 귀납적 추론

과거의 역사학적 본문들은 후대인들에게 특히 이례적인 사실을 전달해 준다. 평범한 사건은 언급할 가치가 없다. 그러나 사회학은 바로 평범한 사건, 전형적인 것, 되풀이되는 것에 관심을 갖는다. 그러므로 우리는 역사학적 전승들로부터 신약성서의 통속적—종교적 전승이든, 요세푸스의 저작이든 상관없이 오직 우리가 관심을 갖고 있는 사회적 상황들에 관한 무엇인가를 밝혀내기 위해서만 이용한다는 사실을 알게 된다. 그러나 우리는 무엇인가를 끊임없이 경험한다. 이례적인 것을 강조할 때 자주 상식적인 것의 배경에도 거리낌 없이 눈길을 돌리게 된다. 즉 아마도 안디옥의 그리스도교도들이 "그리스도인들"이라고 불린다는 사실(사도 11:26)은 이례적인 사실이지만 또한 그들이 특별한 명칭으로 인하여 유대인들과 분리되지 않았다(또는 유대교 안에서 두드러지게 되었다)는 점은 상식적인 사실일 것이다. 대제사장 아나노스 2세 (Ananos Ⅱ)에 의한 야고보의 처형 사실은 이례적인 것이지만 그것이 불만을 야기시킨다(ant. XX, 201). 유대 그리스도인들과 유대인들 사이의 정상적인 관계는 끊임없이 계속되는 박해 시기 동안에는 거의 나타나지 않았다. 역사적인 개별 사건들로부터 전형적인 것을 추론해내는 두 번째 방식은 그 어떤 특징에 관하여 되풀이 되는 사건들에 대하여 탐구하는 것이다. 예를 들어 예수는 도시들에는 발을 들여 놓지 않고 그 영역을 자주 경유하곤 한다(마가 5:1; 7:24, 31; 8:27). 여기에서

2. 종교적 전승들에 대한 사회학적 평가 57

우리는 그의 활동 무대가 지방들이었음을 추론해 낼 수 있다. 처음에 그의 활동은 도시들에서는 성공하지 못하였다(마태 11 : 20—24).

그렇지만 갈등들을 분석하는 것이 가장 유익한 방법일 것이다. 물론 갈등들도 이례적인 사건들이기는 하지만 그 사건들은 대부분의 경우에 초개인적인 구조들을 근거로 삼는다. 개인적인 적의들은 실제적인 이유라기보다는 오히려 외적 동인이다. 대체로 각 주역들을 제도들과 법정들의 대표자로 인정하는 전체 집단들이 적의를 품는다. 그 이유는 혼히 사회적 집단들의 여러 가지 전형적인 행동 방식들, 즉 여러 가지 입장들, 관습들, 사회적 자명성들에 있다. 여기에서 이례적인 것이 상식적인 것을 직접적으로 드러낸다. 즉 극적인 사실이 평범한 사실을 나타낸다. 그러므로 고린도서에 기록되어 있는 강자와 약자들 사이의 갈등에서는(고전 8 : 1—11 : 1) 여러 가지, 아마도 계층적으로 제약된 식사 관습들이 두드러지게 대두된다.[8] 제의적인 성격을 띤 사먹는 고기에 대한 문제(고전 10 : 25)는 고기를 사먹을 돈이 없는 사람들에게는 해당되지 않는다. 그리스도인들과 바리새인들, 예루살렘에 있는 헬라 그리스도인들과 "히브리" 그리스도인들(사도 6 : 11), 유대 그리스도교와 이방 그리스도교(갈라 2 : 1ff), 바울과 고린도에 있는 적대자들(고후 10—13) 사이에 있는 갈등들이 밝혀진다. 갈등들은 원시 그리스도교에서 교회가 제도화되기 시작하면 이행의 모습을 성격화한다. 즉 영지주의와의 갈등과 몬타니즘과의 갈등이 그것이다. 그러한 갈등들에 대한 분석은 원시 그리스도교의 사회학에 대한 가장 효과적인 분석적 방법들 중의 하나이다. 반대로 말한다면 원시 그리스도교의 모든 사회학은 그 방법이 그러한 갈등들을 이해할 수 있도록 하느냐에 따라 측정될 수 있다.

*41

b) 규범들로부터의 귀납적 추론

규범들은 사회적 규정들이며, 그것이 얼마나 널리 지켜지느냐의 문제를 떠나서 그 자체로서 하나의 사회적 사실이다. 원시 그리스도교의 규범들은 (넓은 의미에서) 다음과 같은 두 가지 방법으로 우리에게 제시된다. 즉 그 규범들이 명시되거나(예를 들면 도덕적 규범들) 혹은 우리가 그 규범들을 흔히 증명되곤 하는 행동의 규칙성으로부터 추론할 수 있거나, 언어적이며 문학적인 행동에 대한 규범들의 경우가 그러한 예이다.

---

8) C.K. Barrett, Things Sacrificed to Idols, *NTS* 11 (1964/5) 138—153, 특히 146 참조.

분명하게 정식화된 첫번째 군(群)의 규범들은 경험 규범들, 즉 일반 원칙들이다. 이 원칙에 따라 모든 사회적 생활 세계가 그 구성원들의 느낌, 경험한 일과 사실을 정리하고 처리한다.[9] 가진 사람들은 더욱더 갖게 되지만, 아무것도 갖지 못한 사람들은 그 가진 것도 빼앗기게 된다 (마가 4 : 25)는 인식(Erkenntnis)이 그러한 (매우 비관적인) 경험 규범이다. 그러한 지혜는 사회에서 이익을 얻는 계층의 사람들에게서는 상상도 할 수 없는 일이다. 그러한 수많은 "통찰들"(Einsichten)이 신약성서에는 격언, 지혜, 금언들의 형태로 전승된다. 그 중에는 사실과 "진실"로 이루어진 저 세계에 대한 단편들이 있다. 모든 집단과 사회는 그 구성원의 경험을 이 사실과 진실을 가지고 정리한다.

경험 규범들은 명확하게 확인되지 않는다. 즉 자기 자신에 대해서와 마찬가지로 모든 사람들에게도 강요되는 평범한 사실이 경험 규범들이다. 어느 누구도 자기 자신이 보는 것처럼 그렇게 세상을 보아야 한다고 명령하지는 못한다――그러나 다르게 인식하게 되면 그 사람은 틀림없이 사회적인 통제를 느끼게 될 것이다. 도덕규범들이나 법률학상의 규범들과는 달리 여기에서는 업신여김이 단호하게 처벌된다. 그 규범들은 계명으로 나타난다. 이 계명은 법률상의 규범들의 경우에 특히 뚜렷하다. 이 규범들은 대체로 규범의 해석, 적용, 확인을 통제하기 위하여 분명하게 규정으로 정식화되고 제재로 확립되고 제도화된 설비들에서 나타난다. 바로 이러한 제도화된 규정들 때문에 법률적인 규범들이 우리에게는 매우 유익하다.[10] 오직 초기 그리스도교에서는 그러한 규정들을 지닌 법률상의 규범들이 거의 없다는 점이 유감스러울 뿐이다. 대략 "교회"가 제도로서 나타나는 마태복음 18장 15—17절의 제명 방법 (Ausschluβverfahren)이나 법률상의 특징들을 지닌 다른 교회 원칙들과 교회 규칙들(더다케 같은 것)이 그러한 규범들이다. 그렇지만 수많은 교회 원칙들은 "거룩한 법"이다. 즉 하나님이 규범을 비준하신다. 게다가 그 배후에 (정말) 세속 법령이 있는지에 대해 말할 때에는 어려움에 봉착되곤 한다. 혹시 한 교인의 모욕적인 언사가 공의회("산헤드

---

9) P. Berger/Th. Luckmann, *Die gesellschaftliche Konstruktion der Wirklichkeit*, Frankfurt 1969 ; P. Berger, *Zur Dialektik von Religion und Gesellschaft*, Frankfurt 1973 참조.

10) 주지하는 바와 같이 로마의 영토는 로마 제국의 사회학을 연구하는 데 가장 중요한 전거들 중의 하나이다. A. N. Sherwin-White, *Roman Society and Roman Law in the New Testament*, Oxford 1963은 원시 그리스도교를 사회학적으로 분석하기 위해 그것을 끌어들인다.

2. 종교적 전승들에 대한 사회학적 평가　59

린")을 통하여 처벌된 것이 아닐까(마태 5 : 22)? 아니면 사람들이 하나님의 진노에 맡겼을까(로마 12 : 19 참조)?

의심할 여지없이 우리에게 전승되어온 대부분의 규범들은 윤리적인 것들이다. 여기에서도 그것들이 이러한 사회 규정들을 비로소 의미심장하게 실행하는 틀을 형성하는 한 삶의 제도화된 특성들이 관여하게 된다.[11] 가장을 존경하라는 부인들, 아이들, 노예들에 대한 명령과 가장에게 속해 있는 사람들을 돌봐주어야 할 그의 의무는(골로 3 : 18—4 : 1) 그리스도교적 가정의 틀을 전제로 한다. 예수가 제자들에게 아내와 자식을 포함한 모든 친척들을 미워하라고 한 명령(누가 14 : 26f)은 전혀 다른 사회적 근거를 가지고 있다. 즉 이 명령은 방랑하는 카리스마를 지닌 지도자들의 규범, 즉 고향이 없고 가족도 없고 재산도 없는 사도들, 예언자들과 전도자들에 대한 규범이다.

전형적인 사회 행동과 그 조건들에 대한 인지학적인 것과 역사적 언명들의 귀납적 추론에서는 특수성을 일반화하는 데에 방법론적으로 문제가 있었다. 즉 때때로 개인의 사회적 행동들에 관한 기사들이 제기되었다. 전형적인 것은 해명되었다. 문제는 단일한 것들의 대표성이었다. 분명하게 정식화된 규범들의 귀납적 추론에서는 정반대의 문제가 제기된다. 즉 지시적으로가 아니라 강제적으로 제시된 것이라 할지라도 개괄적으로 제시되었다. 우리는 우리가 일찌기 경험 규범들에서부터 기대된 일반적인 행동에 대하여 무엇인가를 알아내었다는 사실도 알고 있다. 여기에서 어느 정도까지 규범들이 실제로 준수되었는지 그리고 실제와 규범 사이의 변위(變位)가 여전히 방법론적 확실성을 가지고 해소될 수 있는지의 문제가 제기된다. 몇몇 전형적인 변위들은 의심할 여지없이 아직도 존재하고 있음을 알 수 있다. 맨 처음에 우리는 한 규범이 실제로 보편 타당하다고 주장할 수 있는지 그리고 그 규범이 경우에 따라서 비유적으로 생각될 수 있는지 시험해야 할 것이다. 사람들은 하나님 나라에 들어가기 위하여 경우에 따라서 손이나 발과 눈을 제거해 버려야 한다(마가 9 : 42ff)는 사실은 예를 들어 유혹의 경우에만 해당되는 형태로 명령되며 또한 자귀적으로 받아들일 수는 없지만, 의심할 여지없이 이것

---

11) E. A. Judge, *Christliche Gruppen in nichtchristlicher Gesellschaft*, Wuppertal 1964는 도덕적인(그리고 다른) 규범들을 출발점으로 삼는다 : "나는… 그 당시 많은 사회 형태들을 기술하고자 한다. 그 형태들은 인간 사회의 구성원으로서의 그리스도인들에 대한 책임을 갖고 있었다"(S. 5). 그밖에 많은 도덕적 규범들은 전형적인 사회 행동들과 직접 관련되기 때문에 우리는 그 분석들을 어느 정도 구성적인 방법들이라고도 생각할 수 있다.

은 원시 그리스도교의 지나치게 금욕적인 태도들을 나타낸다. 따라서 후대의 오리게네스(Origenes)와 같은 몇몇 "제자들"이 마태복음 19장 11—12절의 말씀을 자귀적으로 준수하기 위하여 자기 자신을 거세해버렸다는 사실은 가능한 일이다.[12] 모든 것을 통털어 우리가 경솔하게 규범을 조건적이거나 비유적인 것으로 상대화시켜서는 안 될 것이다.

이것이 보편적인 것으로 상상되고 자귀적으로 받아들여진 규범이라고 주장한다면 명령들은 언제나 실제 행동보다 더 철저한 것을 요구한다고 생각할 수밖에 없을 것이다. 즉 따라서 물론 제자들도 그들의 가족을 떠나라는 명령을 받는다(누가 14 : 26). 그렇지만 우리는 고린도전서 9장 4—5절의 기사로부터 몇몇 제자들은 부인을 동반하였음을 알 수 있다. 그 명령은 오직 행동의 의도만을 지시해 줄 뿐이다. 특별한 경우에 우리는 심지어 명령이 행동의 의도와는 반대 방향으로 나아간다고 생각해야만 한다. 다시 말하면 명령이 부정적으로 표현될 때가 그 경우이다. 금지되어야 하는 사항은 대체로 어디엔가에서 또한 행해진다. 그러므로 우리는 사마리아인들과 이방인들 사이에서의 선교 금지(마태 10 : 5—6)로부터 그러한 선교의 예가 있었음을 추론할 수 있다(사도 8 : 1ff). 그러므로 실제 행동과 규범 사이의 여러 형태의 변위들은 아직도 철저하게 인식될 수 있는데, 역사학적 기사들과 사회학적 기사들이 실제 행동에 대해 직접적으로 해명해 줄 때 특히 그러하다.

그 밖에 추론된 언어와 저작상의 행동 규범들에는 방법론적 문제점이 있다. 즉 이 때의 실제 행동은 많은 전거들에 의해 증명된다. 규범은 실제 행동으로부터 추론된다. 자료의 대표성은 수많은 전거들을 토대로 쉽게 결정된다. 이와 관련하여 규범들은 사회내의 행동 규범들로서의 언어, 문체, 논제, 장르들에 관심을 갖는다. 이로부터 우리는 저술가들 및 전승자들의 교육 정도에 대하여 어느정도 알게 된다. 물론 우리는 여기에서도 우리의 귀납적 추론의 대표성과 타당성에 관하여 한계를 지어야 한다. 문서화될 수 있는 언어적 행동만이 우리에게 전승된다. 일반적으로 문서로 나타내거나 이전의 구두 전승을 문서화하는 사람은 최소한도의 교육은 받아야 한다. 다시 말하면 문서적인 매체와 어느 정도의 친밀성을 갖고 있어야 한다. 신약성서 저자들은 틀림없이 그리스도교 집단에

---

12) 또 다른 해석은 예를 들면 J. Blinzler, *Kair* is, S. 290에 있다. 마태복음 19장 12절을 해석하는 데 있어서 *ZNW* 48(1957) 254—270. 신약성서 규범들이 상황—조건적이 아닐 것이라는 주장은(그 규범들이 사실상 그러한가는 또 하나의 다른 문제이다) W. Schrage의 *Die konkreten Einzelgebote in der Paulinischen Paränese*(Gütersloh 1961)에서 나타난다.

2. 종교적 전승들에 대한 사회학적 평가 61

있는 평균 이상의 지식층에 속할 것이다. 우리는 그들을 통하여 하층민의
평범한 언어 행동을 고찰하지는 못한다. 물론 고대에 소수의 서민들도
글을 쓸줄은 알았다. 파피루스들과 사기 조각들이 그러한 사실을 입증해
준다. 그러나 여하튼 우리가 하층민들의 언어 관습들을 통찰하는 것은
매우 한정되어 있다. 제명학, 파피루스 발굴물들과 사기 조각들의 도움 *44
을 받아 이러한 언어 관습들을 밝혀내고, 그로부터 신약성서도 사회학
적으로 평가할 수 있으리라는 다이스만(A. Deissmann)의 확신은 몇가지
수정을 요한다.¹³⁾ 즉 문학과 철학의 학술적인 언어는 상류층의 언어 관
습과 동일시 될 수 없다. 신약성서의 서민들로 추정되는 많은 사람들이나
유대인들이 예를 들어 어려운 의학상의 전문용어를 구사하지 않았다는 점
에서 확인될 수 있다.¹⁴⁾ 그럼에도 불구하고 우리가 신약성서에 있는 여
러가지의 언어 수준을 관찰할 수 있다는 점이 유익하다. 즉 누가복음서
(LkEv)와 히브리서의 저자들은 그들의 훌륭한 희랍어를 토대로 볼 때
비교적 교육을 받은 사람들로 판단될 수 있다. 그러나 유감스럽게도 희랍
어 사용이 서툴다고 하여 사회적 신분이 낮은 사람이라고 말할 수는 없다.
즉 요세푸스가 희랍어를 유창하게 구사하지 못한다는 점은 널리 알려진
사실이지만(ant. XX, 263) 아람어를 사용하는 팔레스틴의 상류층에 속
한다. 그러므로 유대화한 희랍어가 자연히 서민들의 희랍어가 아니라면
공격적인 모습들을 기록하고 있는 요한계시록의 저자가 하류민 출신이라
는 점도 충분히 가정할 수 있을 것이다. 즉 그는 신약성서에서 희랍어
를 가장 서툴게 사용한다. 대체로 교육이 상류 사회의 신분에 대한 절대
적으로 확실한 표지는 아니라는 점을 생각해 볼 수 있다. 부와 교육 받
지 않은 것이 경우에 따라서는 아주 두드러지게 일치된다.

본문들을 구성하고 있는 장르 특유의 규범들로서의 문학적 양식들이
사회적 제관계의 표현이라는 점이 고전적인 양식사에 대한 기본 인식들
중의 하나이다. 즉 예를 들어 송가들은 비그리스도교적 집단들에 의해
건립되고 그들의 거주지가 된 그러한 신화적으로 해석된 세계에 대하여
연대적으로 보증하는 데 사용된다. 서신들은 헤여져 있는 사람들에게 전
달하는 데 이용된다. 그러므로 "서신"이 헬라화된 원시 그리스도교의 가
장 중요한 "문학적" 양식이 될 수 있었다면 그것은 이 양식이 커다란 응집

---

13) A. Deissmann, *Das Urchristentum und die unteren Schichten*, Göttingen.
²1918 ; ders., *Licht vom Osten*, Tübingen ⁴1923.
14) L. Rydbeck, *Fachprosa, vermeintliche Volkssprache und Neues Testament*, Uppsala 1967.

력을 가지고 흩어져 살고 있던 소수민들의 상황에 적합하기 때문일 것이다. 그러므로 우리는 문학적 양식들로부터 우선 문학에 관여하고 있는 사람들의 내적 행동의 형태들, 즉 논쟁, 합의, 변증, 가르침 등과 관련 있는 사항들에 관한 것을 알게 된다. 그리스도교는 2세기 후반기에 이르러서 비로소 고대의 "고상한" 문학적 양식들을 사용하기 시작한다(변증, 인지학 문서들 등). 그와 동시에 원시 그리스도교의 문학이 끝나고 교부 문학이 시작된다.[15] 이미 문학사는 원시 그리스도교가 일반적인 문화와 거리가 있는 저급한 문화적 흐름이었다는 사실을 밝힌 바 있다. 그러나 "일반적"인 문화는 지나치게 상류층들의 문화이다.

**45 도덕적 규범들과 법률적 규범들이(그리고 자주 경험 규범들도) 전형적인 사회 행동들을 직접적인 주제로 삼는 반면 언어적 규범들과 저작상의 규범들의 사회적 배경을 추론해내는 것은 훨씬 더 어려울 수밖에 없다. 확실히 사회적 배경을 밝혀내는 일은 비교적 어렵다. 그러나 추론이 가능한 것도 비유들과 같은 특정한 문학 장르들의 경우에 장르 특유의 주제들이 한 장르의 사회적 배경에 관한 상세한 내막을 밝혀주지 않는 한 역시 마찬가지이다.

c) 상징들로부터의 귀납적 추론

상징들은 비유적 방법의 사건들이다. 즉 삶의 표상들이 다른 주제들에 이용된다. 이 때에 그 표상이 사건을 끌어들인 것인지 사건이 표상을 끌어들인 것인지 아니면 표상과 사건이 근본적으로 결부되었는지를 결정하기란 대체로 힘들다.[16] "은유"라는 말의 개념을 여기에서는 먼저 규정할 필요가 있으므로 우리는 "상징"이라는 개념을 사용한다. 교회학적 상징들의 경우에 표상과 주제로 채택된 사건이 관심의 대상이 된다. 이 때에 확정된 내용들과 요구 사항들이 풀 수 없게 융합된다. "그리스도의 몸"에 관한 표상은 한 몸의 지체들처럼 아주 밀접하게 결합되어 있는 그리스도교 집단들의 커다란 응집력에 관한 내용을 말해 준다. 예컨대 개인의 인간적인 한계는 없어지게 될 것이다(고전 12:12ff). 동시에 이 표상에는 그 의미 내용을 현실화하기 위하여 귀담아들을 필요가

---

15) F. Overbeck, Über die Anfänge der patristischen Literatur, *Hist. Zeitschrift* 48 (1882) 417—472=Darmstadt 1966.
16) "은유"라는 개념의 문제점에 대하여 Ph. Wheelwright, The Semantic Approach to Myth, in: Th. A. Seboek(ed.): *Myth. A Symposium*, Bloomington, 1958, 95—103 참조.

2. 종교적 전승들에 대한 사회학적 평가 63

있는 요구가 보존되어 있다. 소망과 실제는 분리될 수 없다. 직설법 속에 명령법이 숨겨져 있다. 다른 교회학적 상징들의 경우도 비슷하다. 바울은 때때로 예루살렘 원시 교회를 "가난한 사람들"이라고 단언한다 (갈라 2 : 10 ; 로마 15 : 26). 후대의 유대 그리스도교 집단들은 에비온주의자들이라고 불린다. 쿰란 공동체도 이러한 자기 명칭을 알고 있다. 확실히 "가난한 사람들"은 자귀에 구애된 의미로도 가난하다. 즉 실제의 곤경 때문에 예루살렘 교회는 원조를 받게 된다(사도 11 : 27ff, 갈라 2 : 10 ; 고후 8 : 9). 그러나 그럼에도 불구하고 순수한 사회학적 특성만을 띤 것은 아니다. 예를 들어 시편에 나타나 있는 바와 같이 가난한 사람은 특별한 방식으로 하나님의 도움을 청한다. 그러므로 그 말은 동방에 유포되어 있는 가난한 자의 경건성(Armutsfrömmigkeit)의 범위에서 종교적인 자기 해석도 포함한다.[17]

교회학적 상징들과 마찬가지로 특히 비유의 시적 상징들은 계발적(啓發的)이다. 확실히 여기에서는 사회의 실정이 주제가 되지 않는다. 하나님의 주권, 그의 은총, 그에 대한 책임 등이 비유의 주제이다. 그렇지만 표상의 절반 정도는 예수 운동의 사회적 배경에 관하여 매우 많은 사실을 밝혀준다. 즉 여기에서는 소작인들과 일군들, 노예들과 마찬가지로 왕들, 지주들, 고리대금업자들이 등장한다. 우리는 부재중인 지주들에 대항하여 폭동을 일으킨 소작인들의 기분(마가 12 : 1)이나 부채의 문제(마태 5 : 25f ; 18 : 23ff)에 대하여 어느 정도 알게 된다. 바로 비유들이 실제의 사건에 대하여 밝히고자 하지 않기 때문에 그것들은 사회학적인 평가에 있어서 대단한 가치가 있다.[18] 그 비유는 일상적인

*46

---

17) "가난한 사람"이라는 자기 명칭에 대하여 L. E. Keck, The Poor among the Saints in the New Testament, *ZNW* 56 (1965) 100—137 ; ders, The Poor among the Saints in Jewish Christianity and Qumran, *ZNW* 57 (1966) 54—78 참조. 동양의 가난한 자의 경건성에 대해서는 H. Bolkestein, *Wohltätigkeit und Armenpflege im vorchristlichen Altertum*, Utrecht 1939 참조. 지식사회학의 영향을 받았으며, 종교적인 상징적 표현의 사회학적 분석에 관한 흥미있는 기고는 다음과 같다 : W.A. Meeks, The Image of the Androgyne: Some Uses of a Symbol in Earliest Christianity, *History of Religion* 13(1974) 165—208.

18) 비유들의 올바른 배경에 관해서는 J. D. M. Derrett, *Law in the New Testament*, Leiden 1971 참조. 사회생태학적 사항들에 관한 평가는 M.D. Goulder, Characteristic of the Parables in the Several Gospels, *JThSt* 19 (1968) 51—69에 있다. M. Hengel, Das Gleichnis von den Weingärtnern Mc 12, 1—12 im Lichte der Zenonpapyri und der rabbinischen Gleichnisse, *ZNW* 59(1968), 1—39는 이상적인 방식으로 이 비유의 사회생태학적 배경을 밝혀 준다.

경험을 사회생활의 감동적인 장면 속에서 압축한다. 그 비유들은 자체 안에서 이미 전형적인 것을 통일시킨다. 또한 비유들은 이것을 개연성의 한계에 도달하기까지 끌어올리고자 한다. 예를 들면 부채 상황이 전형적인 상황일 것이다. 마태복음 18장 23절 이하에서는 의심할 여지없이 그 상황이 지나치게 고조되어 있다. 일반적인 사회적 배경을 넘어선 저자들, 전승자들과 발신자들의 사회적 위치를 결정하기는 어렵다. 수많은(전부는 아니지만) 비유들에서 예를 들면 설화자는 사회적 강자들과, 즉 불만족한 일군들에 대하여 친절한 포도원 주인(마태 20:1 ff), 반항적인 하인들에게 인기없는 왕위 상속자(누가 19:12ff), 폭동을 일으킨 소작인들에 대항하는 대지주(마가 12:1ff)와 의심할 나위 없이 지나치게 동일시된다. 예수 운동을 사회 혁명 운동으로 양식화하고자 하는 사람은 적어도 이러한 사실을 간과해서는 안 될 것이다. 그러나 특히 예수의 청중과 어쩌면 그 자신도 사회적 상류층에 속한다는 점을 그러한 사실에서부터 추론해 낼 수 있겠는가?[19] 뿐만 아니라 우선 비유들을 평가하는 데 있어서 장르 특유의 논리들이 고려될 수 있다. 그 논리들은 하나님의 뜻밖의 자비로운 행동과 도전적인 행동을 주제로 삼는다. 그 점에 있어서 그 논리들은 표상의 절반 정도에서 사회의 강자들을 강조하지 않으면 안 된다. 즉 우월한 사람들과의 관계에서만이 하나님의 관계가 밝혀질 수 있다. 이제 우리는 더욱더 비유에서는 사회적 강자들이 언제나 사회적 약자들의 편에 서는 것만은 아니라는 사실을 추론할 수 있을 것이다. 불의한 재판관의 비유에서(누가 18:1ff) 그것은 분명히 소전제에서 대전제에로(a minori ad maius)와 유사하게 귀결된다. 즉 불의한 재판관이 도와주는데 하물며 하나님이 도와주시지 않겠는가? 시적 작품들에 나타나 있는 사회의 상징적 표현들에 대한 사회학적 해석이 여기에서 상징들 전반에 관한 모든 해석이 지니고 있는 기본 문제를 제기한다. 즉 상징들과 사회적 활동 사이에는 균형을 이루는가 아니면 불균형한가? 왕들, 지주들과 부자들에 대하여 시적인 상상력을 발휘하게 될 때 이것은 왕들과 지주들과 부자들과 이러한 상류 사회 계층들로부터 제명당한 사람들의 환상인가? 우화들과 무지개를 좇는 이야기들(Regenbogenpresse)은 후자의 가능성도 있음을 보여준다.

그 문제는 신화적 상징들에서도 되풀이된다. 시적 표상들과는 달리 신화적 상징들은 사회적 현실을 나타내지 않는다. 그 경우에 여하튼 사

---

19) G. W. Buchanan, Jesus and the Upper Class, *NovTest* 7 (1964/5), 195-209가 그렇게 하고 있다.

희적 현실은 어떤 다른 것을 나타내기 위하여 이용되어야 한다. 신화적 상징들은 이 "다른 것", 즉 신들의 행동들, 천사들과 악마들의 행동들을 훨씬 더 직접적인 주제로 삼는다. 게다가 신화적 상징들은 확실히 밀접한 관련을 맺고 있는 사회 생활의 표상들도 이용한다. 즉 하나님은 왕으로 표상되며 천사들은 그의 호종으로 표상된다. 그리고 늙은 왕이 그의 일을 처리할 능력이 없어지게 되면 더욱더 그의 아들에게 기대를 건다. 그러나 폭도들에게는 악에 대한 책임이 돌려진다. 즉 사탄과 그의 무리들이라고 불려진다. 그런데 시적 상징들에서 세속적 현실이 압축되고 농축된 형태로 첨예화된다면 신화적 상징들에서는 세속적 현실이 더 고양되기 때문에 경험할 수 있는 현실을 초월하게 될 것이다.[20] 악마들에 대한 신화적인 상징적 표현은 아마도 세속 권력에 대한 부정적인 신화적 점층법(Steigerung)일 것이다. 그 중에는 악마가 "군대"라는 이름으로 표상되고 땅에 머무르고 싶다는 소망을 나타낼 때(마가 5:9-10)——로마인들도 바로 그것을 원하였다——그러하다. 거기에는 신약성서적인 악마가 순수하게 나타내고 있는 것처럼 정치 권력도 포함되어 있다.

그렇지만 경험이 가능한 현실은 다만 신화적인 점층법만으로는 해석되지 않는다. 즉 상징적인 점층법은 경험이 가능한 현실에 대항하는 형태를 띠게 된다. 새로운 세계와 신의 왕국에 대한 기대는 의심할 여지없이 이 세계와 왕국에 대한 항변이다.[21] "상징적 점층법"이라는 말에서 다음과 같은 두 가지의 가능성들이 제기된다. 즉 상승의 길(via eminentiae) 에서는 현실이 승화될 수 있고 부정의 길(via negativa)에서는 현실이 부정될 수 있다. 이 점에 있어서 상징과 현실 사이의 균형 및 불균형에 관한 문제가 제기된다.

이 문제와는 관계없이 신화적인 상징적 표상들에 대하여 사회학적으로 평가하고자 할 때 다음과 같은 여러가지 항목들이 선택되어야 한다. 즉 신화의 의미론, 종합론(Syntagmatik)과 범례론(Paradigmatik)이 그것

---

20) 현실의 상징적 점층법에 대하여는 W. E. Mühlmann, Umrisse und Probleme einer Kulturanthropologie, in: W. E. Mühlmann/E. W. Müller, *Kulturanthropologie*, Köln 1966, 15—49 참조.

21) 종말론이 사두개인들, 즉 부유한 유대 귀족들에 의해 전적으로 거부되었다는 사실은(bell. Ⅱ, 162) 다음과 같은 점에서 이해할 수 있다. 현실적 상황에서 이익을 얻는 사람은 그 현상이 변화되기를 열망할 까닭이 없다. 특정한 신화적 상징들과 사회적 담지자들 사이에는 어떤 친화력이 있다. 그렇기 때문에 물론 종말론을 거부한다고 하여 귀족사회 신분의 사람이라고 말할 수는 없다. 이러한 점은 다른 곳에서도 증명되어야 한다. 사두개인들에 관하여는 ant. XVIII, 16 참조.

이다. 의미론적 항목은 신화의 은유적인 표상 내용을 근거로 삼는다. 토피취(E. Topitsch)는 여기에서 아는 사람과 친숙한 사람의 어떤 모델이 미지의 사람과 낯선 사람 안으로 투영되느냐에 따라서 생물형태적, 사회형태적, 기술형태적인 세계 해석들 사이를 구분한다.[22] 이 모델들은 언제나 익숙해 있는 사회적인 세계에 관한 내용도 밝혀준다. 그러나 이 때에 신화적인 상징적 표현은 흔히 "시대에 뒤떨어져 있다"는 사실이 고려되어야 한다. 즉 그것은 과거의 상황들을 반영한다. 왕국이 더이상 존재하지 않을 때에도 하나님은 여전히 왕이다. 비록 인신제사가 이미 오래 전에 금지되었다 할지라도 하나님의 아들은 희생 제물이 된다. 올림푸스(Götterhimmel)는 아마도 이미 오래 전에 사라져버린 일부다처제를 나타내는 것 같다. 그러한 역사적인 진부성들은 정신분석적 신화 해석에 의하여 흔히 정신적인 퇴행의 의미로도 해석되곤 한다.[23] 그러나 만일 언젠가 일부다처제적인 올림푸스가 창설되었다면 우리는 사회의 모든 구성원들이 기도(企圖)함으로써 그러한 일부다처제의 경향들을 극복한다고 결코 가정할 필요는 없다. 일찌기 형성된 표상들은 매우 빨리 하나의 비중을 얻는다. 즉 공공연하게 새롭게 적용되고 해석된다. 그것은 또한 신화적인 표상들에서부터 그 사회적 기초를 귀납적으로 추론하는 것은 지나치게 경솔한 것이 아닌지에 대해서 의혹을 품게 한다.[24]

---

22) E. Topitsch, *Vom Ursprung and Ende der Metaphysik*, Wien 1958 참조.
23) 나는 오직 W. Schmidbauer, *Mythos und Psychologie, Methodische Probleme, anfgezeigt an der Ödipus-Sage*, München/Basel 1970 만이 문학적인 풍부성을 가지고 있다고 말한다.
24) 이것은 모든 귀납적 추론의 방법들에 적용된다. 본문들은 과거를 통해서 뿐만 아니라 현재를 통해서도 결정된다. 전승사적인 분석들과 사회학적 분석들은 서로 보충한다. 사회적 상황들은 언제나 결정된 전승들에 의해서 해석된다. 전승들은 그것이 사회적 상황들을 해명해 줄 때 전승된다. 전승사적으로 미리 형성된 성구들로부터 다음과 같은 여러가지 방식으로 상황에 대한 귀납적 추론이 가능해진다. 즉 1. 장소들(Topoi)의 반복으로부터 기초가 되는 경험들의 반복을 귀납적으로 추론할 수 있다. 새로 태어난 왕의 박해에 관한 전승들은(마태 2 : 16) 원시 그리스도교의 경쟁하는 모든 왕위 계승자들(그 자신의 아들을 포함하여)에 대한 헤로데의 근절 정책이 없이는 무의미할 것이다. 그 전승들은 그 현실에서 변화된다. 구약과 신약성서에는 일자리에서의 부르심에 관한 기사들이 있다(왕상 19 : 19ff ; 아모 7 : 15 ; 마가 1 ; 16ff). 신약성서에 어부들과 세리들이 농부들 대신에 등장하는 것은 새로운 사실들과 일치한다. 3. 전승과 상황은 일치하지 않는 것 같다. 무에서의 창조의 자리와는 반대로 바울은 고린도전서 1장 26ff절에 "많지 않은" 지혜로운 사람, 유력한 사람, 가문이 좋은 사람에 대하여 기술한다. 따라서 이 사람들은 고린도 교회의 사회적 구조에서 중요한 위치를 차지했음에 틀림없다.

2. 종교적 전승들에 대한 사회학적 평가 67

두 번째 방법은 실질적으로 상응하는 것들에서 시도되는 것이 아니라 사회적 현실과 종교적 표상성 사이의 구조적인 상응성들에서 시도된다. 이 상응성들은 실질적인 차이성에서도 자주 인식되곤 한다. 이 때에 맨 처음에는 신화의 종합성, 즉 그 연속적인 통일성들 사이의 관계들이 눈에 띄게 두드러질 수밖에 없다. 하여간 신화는 정적 상징들로 되어 있지 않다. 신화는 극적 사건들과 관련되어 있다.[25] 예를 들어 본래의 근원으로의 재귀는 신화의 종합성에 속한다.[26] 여기에서 예를 들어 경쟁하는 근원적인 힘들에 의해 혈통 체계 안에서 조정되는 계보학이 흔히 되풀이되곤 하는 종합적 도식이다. 반면에 동시에 그 투쟁은 근원에 대한 타락으로 이해된다.[27] 원시 그리스도교가 사회문화적인 다원주의 (Pluralismus)를 가지고 헬라 지역으로 들어갔을 때 원시 그리스도교가 그리스도교적 영지주의를 방어하면서도(딤전 1:4을 참조하라) 이처럼 경쟁하고 있는 우주적이고 성스러운 힘들의 통일 방식을 사용하지 않은 것은 사회학적으로도 매우 의미있는 일이다. 즉 이 때에 숭고한 힘들의 통일은 모든 계보학적 조직에서보다 수난을 당하는 만물(Pantokrator)의 형상 속에서 훨씬 더 철저하게 생긴다(골로 1:15). 또한 여러 사회문화적이고 도덕적인 집단들의 사회적 통일도 다른 곳에서보다 여기에서 훨씬 결정적으로 먼저 행해졌다(갈라 3:28; 에베 2:11ff)는 점이 그에 상응한다.[28]

*49

---

25) S. Holm, Mythos und Symbol, *ThLZ* 93(1968), 561—572. P. Ricoeur, *Symbolik des Bösen*, München 1971, 185ff 참조.
26) M. Eliade가 많은 저서들에서 그렇게 말한다. 여기에는 다만 다음의 것만 명시한다. Significations du Mythe, in: *Le Langage* II, *Actes du XIIIe Congres de Philosphie de Language Francaise*, Neuchatel 1967, 165—179. 여기에서 그는 이런 근원의 두 단계 사이를 구분한다.
27) K. Heinrich, Die Funktion der Genealogie im Mythos, in: *Parmenides und Jona*, Frankfurt 1966, 9—28.
28) 골로새서와 에베소서에는 우주적인 그리스도의 몸 안에서 (이방인들의) 힘들을 통합하고 교회학적 몸 안에서 이방인들과 유대인들을 통합하는 것 사이의 구조적인 동일성이 있다. 이 세계가 로고스에 대해 알지 못하는 것은 이 세계가 요한 공동체에 대해 알지 못하는 것과 구조적으로 동일하다(신약성서의 문학사회학을 연구하는 데 중요한 자료인 A. Meeks, The Man from Heaven in Johannine Sectarianism, *JBL* 91 (1972), 44—72 참조). "지반" 과 "상부 구조" 사이의 구조적 동일성들은 특히 "발생학적인 구조주의"에서 문학 사회학적 연구의 싹이 된다. L. Goldmann, Die Soziologie der Literatur, Stand und Methodenprobleme, in: *Literatursoziologie* I. hrsg. v. J. Bark, Stuttgart, 1974, 85—113 참조. E. Köhler, Üuber die Möglichkeiten historisch-soziologischer Interpretation, in: ders., *Esprit und*

둘째로 우리는 신화의 범례론, 즉 종합론적 차례에 종속되지 않은 그 요소들 사이의 본질적인 관계들과 반대들을 근거로 삼을 수 있다. 즉 하나님과 사탄, 하늘과 지옥은 그러한 "반대들"(Opositionen)일 것이다. 레비 스트로스(C. Levy-Strauss)는 신화의 범례론적 구조에서 사회의 기본적인 갈등들이 드러난다는 명제를 주장하였다.[29]

총괄하여 우리는 신화적 상징들로부터의 귀납적 추론을 종교적 전통들을 사회학적으로 분석하는 데 있어서 가장 큰 문제점을 지닌 방법이라고 생각하지 않으면 안 될 것이다. 언제나 미리 다른 모든 귀납적 추론 방법들을 시험해 보는 것이 좋을 것이다.[30] 또 한 가지 신화적 상징들과 사

---

arkadische Freiheit, Frankfurt 1966, 83—103 (또한 in: *Methoden der deutschen Literaturwissenschaft*, hrsg. v. V. Zmegac, Frankfurt 1972, 227—248)에 공통점들이 있다. 이 때에 골드만과 Köhler의 유물론적 성향은 그것이 계속해서 상당히 수정되지 않는 한 무조건적으로 받아들여질 수 없다. 종교현상학도 인간과 우주의 동일화를 종교의 특징으로 간주한다 ; M. Eliade, *Das Heilige und das Profane*, rde 31, Hamburg 1957, 95f 참조.

29) C. Levy-Strauss, Die Sage von Asdiwal, in: *Religionsethnologie*, hrsg. v. C. A. Schmitz, Frankfurt 1964, 154—195 ; ders., Die Struktur der Mythen, in: *Strukturale Anthropologie*, Frankfurt 1967, 226—254. 비판에 대해서는 E. Leach(ed.), *The Structural Study of Myth and Totemism*, London 1967, darin bes. M. Douglas, *The Meaning of Myth*, 49—69 참조.

30) 이것은 예를 들면 매우 관심을 끄는 기고인 H. G. Kippenberg, Versuch einer soziologischen Verortung des antiken Gnostizismus, *Numen* 17(1970), 211—231에는 없다. 그는 너무 편파적으로 신화적 상징들로부터의 귀납적 추론에 근거를 두고 있다. 즉 일신교의 창조신을 악마같은 창조주라고 새롭게 평가함으로써 발생되는 창조주에 대한 반란은 세상의 정치적 군주에 대한 반란을 암시한다. 신화적 투영들과 사회적 현실 사이의 일치점을 찾기 위하여 그는 특히 E. Toptisch의 신화론을 인용하는 데 이 학설은 P. Munz, The Problem of "Die soziologische Verortung des antiken Gnostizismus," *Numen* 19 (1972), 41—51에 의해 비판을 받는다. 그러나 그와 마찬가지로 물론 키펜베르그의 명제들이 반박당할 수는 없다. 특히 영지주의가 그들의 사회적 위치를 상류 계층에 두고 있다는 설은 올바른 견해이다. ; A. v. Harnack, *Die Mission und Ausbreitung des Christentums in den ersten drei Jahrhunderten*, Leipzig ⁴1924, Bd. Ⅰ, 562 ; C. Andresen, *Die Kirchen der alten Christenheit*, Stuttgart/Berlin 1971, 103 f; P. Alfaric, *Die sozialen Ursprünge des Christentums*, Darmstadt 1963, 363 ff; A. B. Ranowitsch, Das Urchristentum und seine historische Rolle, in: *Aufsätze zur Alten Geschichte*, Berlin 1961, 135—165 ; M. Robbe, *Der Ursprung des Christentums*, Leipzig 1967, 202ff 참조. 이처럼 대부분 오직 부수적으로만 표명된 가정에 대한 실증은 가능한 한 여러가지 귀납적 추론 방법들을 근거로 삼아야 할 것이다. 1. 사회학적 사실들

회적 상황들 사이의 관계들에 관한 연구가 바로 종교사회학적 연구가 지니고 있는 가장 흥미로운 과제들 중의 하나라는 점을 염두에 두어야 할 것이다.[31]

모든 분석적 방법들에서는 사회학적으로 중요한 사실들에 대한 역사적, 규범적, 상징적 언명들로부터 어떤 다른 것에 관하여 말하는 종교적 본문들의 취지를 귀납적으로 추론해 낸다. 그러한 본문의 취지에 대한 귀납적인 추론들이 불합리하거나 불가능한 것은 아니다. 모든 역사가들은 그 일에 종사한다. 우리가 거기에서 본문에 내재되어 있는 언명의 취지들이 전개되어 있음을 알게 될 때 그 역사가는 다만 "이해하는" 데에 종

은 평가될 수 있을 것이다― 발렌틴주의자를 밝혀내기 위해서는 오리겐의 7명의 속기자들의 기록을 이용할 수 있다(Euseb hist. ecel. Ⅵ, 18,1. 23,1 f). 2. 예를 들어 로마 교회 내의 갈등들. H. Langerbeck, Zur Auseinandersetzung von Theologie und Gemeindeglauben in der römischen Gemeinde in den Jahren 135—165, in: *Aufsätze zur Gnosis*, AbhGöttingen Ⅲ, 96, 1967, 167—179 참조. 3. 영지주의적 저서들의 언어적 문학적 수준은 평가될 수 있다. 따라서 영지주의의 대단히 활발한 서적 편찬 사업은 어느 정도의 번영을 전제로 한다. 4. 도덕은 흔히 "관대하게" 취급되곤 한다. 즉 우상의 희생 제물, 오락, 성생활은 평가되지 않는다. 5. 교회학적 상징들, 특히 영지주의자들과 그리스도교 신도들 사이의 차이는 엘리트의 자기 이해를 밝혀준다. 6. 인식구원론(Erkenntnissoteriologie)은 상류 계층의 특징일 것이다. 즉 내적인 과정이 구속의 수단이 되는 곳에서는 외적이고 실질적인 상황들을 구원에 대한 열망의 기초가 되는 고난의 근거로 삼을 수는 없을 것이다. 7. 유추하는 방법에 의거하여 종교사에 있어서의 다른 철저한 신화적 흐름들에 관한 질문이 제기되지 않을 수 없으며, 대조시키는 방법에 의거하여 그 당시 상류 계층의 그리스도교 신앙과는 다른 구성에 관한 질문이 제기되지 않을 수 없다. 따라서 우리는 상류 계층의 구성원들을 정통 교회의 지도자로도 생각한다.

31) 그것은 하나의 새로운 연구 방법일 것이다. 우리가 사회학적 자료들을 이용할 수 있을 때 비로소 우리는 사회적 상황들과 본문들을 관련시킬 수 있다. 이 때에 다음과 같은 세 가지 가능성들이 있다. 1. 연대적인 관련성, 즉 대부분의 묵시록적 본문들은 B.C. 200—A.D 100년 사이, 정확히 말하면 유대 민족이 정치적인 독립을 쟁취하기 위하여 노력한 시기에 형성되었는데, 결국은 독립을 쟁취하지 못하였다. 그러한 연대학적 관계들로부터 실제의 관계들을 밝혀낼 수 있다. 2. 양적인 관련성, 즉 그리스도인들의 신분이 상류 계층으로 오르게 됨에 따라 점차 "귀족적인" 문학 형태를 받아들이게 되었다. 역사적인 분야에서는 대체로 오직 그와 같은 단계적인 평가들만이("더 많이"—"더 적게") 행해질 수 있을 뿐 정확한 숫자의 자료는 지나치게 결여되어 있다. 어쨌든 다음과 같은 사실이 고려될 수 있다. 즉 양적으로 관련되어 있는 모든 것이 실제적으로 그런 것은 아니다. 3. 실제적인 관련성은 모든 연대학적 관련성과 양적 관련성의 조건이다. 실례로서 A. 26a에 개략된 구조적 동일성들을 참조할 수 있을 것이다.

사한 것은 아니다. 오히려 그는 이 취지를 저자들과 전승자들이 알지 못하였던 것과 항상 관련시킨다. 그는 항상 그 취지들의 배후에서 영향을 미쳤던 사건들을 밝혀낸다. 사회학적 귀납적인 추론 방법들은 원칙적으로 역사적인 전거 분석과 차이가 없다. 그리고 비판적 분석의 결과들과 본문의 자명성이 합치되지 않는다는 점, "해석학적 갈등"이 발생한다는 점(P. Ricoeur)[32]은 전혀 새로운 것이 아니다. 더 나아가서 본문들을 학문적—방법적으로 다룸으로써 발생된 이 해석학적 갈등은 종교과학적인 환원주의와는 전혀 무관하다. 이 환원주의에 의하면 종교적 취지들은 비종교적(사회경제적 혹은 정신적) 현실의 위장이다. 그러한 환원주의는 틀림없이 갈등을 해명하지 않고 매우 일방적으로 해결했을 것이다. 그러나 이런 해명은 더 이상 방법론에 속하지 않는다.

C. 비교하는 방법

원시 그리스도교의 사회학에 관한 방법적 실현 가능성에 대하여 당연히 제기될 수 있는 이의는 다음과 같다. 즉 독특하고 개별적인 사회 행동을 기술하기 위해서 어찌되었든 하나의 전거로 충분하다. 그러나 전형적인 것은 하나의 사회 행동이 수많은 전거들과 수많은 상황들에서 입증될 수 있을 때 비로소 추론될 수 있다. 그러나 원시 그리스도교적 전거들은 사회학적 결론을 내리는 데에 필요한 만큼의 기초를 제공하기에는 지나치게 많은 문제점을 안고 있다. 이 주장은 어디까지나 올바른 주장이다. 우리는 원시 그리스도교의 많은 현상들을 비그리스도교적 전거들에서 찾아낼 수 있을 뿐이다. 이러한 비그리스도교적 전거들에 대한 분석을 확대시키는 것은 원시 그리스도교의 모든 학적 연구들의 경우와 마찬가지로 원시 그리스도교의 사회학에 있어서 불가결한 일이다. 사도행전 18장 8절에 명시되어 있는 회당장 그리스보는 훌륭한 지위에 있는 사람이었다는 사실을 우리는 좋은 근거들을 가지고 있는 신약성서의 기사를 토대로 추정할 수 있다. 그러나 우리가 회당장들이 회당 건물을 짓는 데에 경비를 들였다고 자랑하는 내용의 비문들을 연구해 보면 더욱 참된 사실을 알게 된다.[33] 즉 의심할 여지없이 이 일에는 지주들이 선발

---

32) P. Ricoeur, *Die Interpretation*, Frankfurt 1969, 33ff, 68ff.
33) J.B. Frey, *Corpus Inscriptionum Iudaicarum*, Rom 1936 Nr. 265, 548, 722, 766, 781, 1404 참조.

2. 종교적 전승들에 대한 사회학적 평가 *71*

되었다고 생각해 볼 만하다.
　비교하는 방법들은 다음과 같은 두 가지 경향들을 채택할 수 있다. 즉 우리가 이 방법들의 도움을 받아 원시 그리스도교를 위한 전형적인 것을 끌어내어 그렇게 함으로써 우리는 환경과의 차이점을 분석한다. 아니면 우리는 원시 그리스도교를 모든 시대에 비교할 수 있는 운동들, 집단들, 현상들과 마찬가지로 지니고 있는 특징들(Charakteristika)에 관심을 갖게 된다. 첫번째 경우에 우리는 주로 대조시키는 방법을 사용하며, 두 번째 경우에는 주로 유추하는 방법을 사용한다. 왜냐하면 지나치게 상이하거나 일치할 때 비교한다는 것은 무의미한 일인 것처럼 여겨지기 때문이다. 따라서 대조시키는 방법들이나 유추하는 방법들은 언제나 유추들과 차이점들을 전제로 한다. 그러나 양자를 구별하는 것은 그 중 하나의 경우에는 유추의 동인들을 문제로 삼지 않고 대비들에 방법적 관심을 집중할 수 있는데, 반면에 다른 경우에는 차이들이 분명하기 때문에 유추들이 탐구될 수 있다는 점에서 뜻깊은 일이다. *52
　여러 종교 집단들과 현상들이 똑같은 역사적, 사회적 상황 속에 뿌리를 박을 때 공통성은 문제가 되지 않는다. 우리는 이 공통성을 우선 자세하게 분석할 필요는 없고 여러 종류의 종교적 흐름들은 비교할 수 있는 사회 상황에 대하여 여러가지의 해답들을 제시해 준다는 발견적인 가정의 근거로 삼을 수 있다. 예를 들면 바리새파, 엣세네파, 젤롯당은 그 당시 팔레스틴의 사회 상황을 제시한다. 여기에서 그 상황은 변함 없는 요소들을 가지고 있지만 그에 상응하는 종교적 운동들은 변하기 쉽다. 여기에서 자치적으로 출현하는 종교 운동들 사이의 차이들을 공동의 사회 상황 안에 있는 차이들과 관련시켜야 하는 과제가 생겨난다.
　이러한 방법으로 알파릭(P. Alfaric)[34]은 A.D 1세기의 팔레스틴 사회에서 발생된 종교적 흐름들을 분석한다. 즉 사두개파는 종교적으로나 정치적으로 보수주의를 지향하는 특권층의 집단이다. 바리새파는 야심만만하고 업적을 의식하는 중류 계층을 대표한다. 젤롯당원들은 중류층과 하류층의 저항을 표명한다. 반면 엣세네파 사람들은 바로 이런 계층 사람들에 대한 정관적 반동주의로 해석된다. 이제 방법적으로 예수 운동의 경우에서도 독특한 사회적, 종교적 동인들에 관하여 묻는 것은 당연한 귀결

---

34) P. Alfaric, *Die sozialen Ursprünge des Christentums*, Darmstadt, 1963, 43 —75. 예수와 젤롯당원들을 통분하려는 시도들에 대하여 똑같은 방법적 반대들이 야기될 수 있으며, 또한 이 양자를 분리시키는 S. G. F. Brandon(*Jesus and the Zealots*, Manchester 1967)의 시도들에 대해서도 마찬가지이다.

7.2 원시 그리스도교에 대한 사회학적 연구

일 것이다. 원시 그리스도교의 독특성을 가능한 한 지속적으로 거부하고 싶어하는 소망은 알파릭의 작품에서 예수 운동을 에세네 흐름의 비본질적인 변형으로 간주하는 데 이용된다. 그러나 이 운동이 에세네파와는 별도로 출현하였다는 사실에 대해서는 의심할 여지가 없기 때문에, 즉 이 운동은 사회 행동 속에서 분명히 에세네파와 구별되기 때문에——예를 들면 "죄인들", 백성, 율법의 자리에서 구별된다——이러한 주장은 방법적으로 모순된다.

비교하는 방법은 객관적으로 유사한 종교적 흐름들이 다른 역사적 상황들 속에서 비교점으로 선택될 때 또 다른 경향을 받아들인다. 원시 그리스도교의 경우에 비교점은 모든 메시아적—천년왕국적 운동들일 것이다. 여기에서 우리는 언제나 비교할 수 있는 점들을 발견한다. 즉 임박한 세계 종말의 기대들, 메시아적 예언자들과 교사들, 기적적이고 황홀한 현상들을(예를 들면 귀신축출), 그리스도 재림에 대한 실망들이 그것이다.[35] 틀림없이 그러한 운동들을 언제나 오직 한정된 범위에서만 비교할 수 있다면 종교사회학적 비교는 특히 기초가 되는 사회적 상황에 상응하는 유사한 구조들에 대하여 질문할 사명을 갖게 될 것이다. 따라서 메시아적—천년왕국적 운동들은 자주 정치적으로 우월한 이방 문화에 예속된 백성들의 반동적 성격을 띠곤 한다. 그들은 종속 문화의 침해된 자기 가치의 감정(Selbstwertgefühl)을 고수하고자 한다. 즉 그것은 의심할 여지없이 로마에 점령된 팔레스틴의 메시아 운동들과 관련있고 특히 원시 그리스도교 운동과도 관련있는 구조적인 특징들이다. 그러한 유추하는 방법의 단점은 그것이 비교적 불분명하다는 데 있다. 어떤 현상도 다른 현상과 완전히 일치하지 않는다. 그리고 아주 경솔하게 케냐의 마우-마우(Mau-Mau) 운동과 원시 그리스도교를 통분하는 것은 역사적인 사실과 아주 모순될 것이다. 장점은 우리가 이 메시아적—천년 왕국적 운동들의 일부에 대해서는 비교적 잘 알고 있으며 특히 방법적으로 실시된 연구들에 의하여 알게 되었다는 점이다. 적어도 흥미가 있고 연구할 가치가 있는 많은 가설들이 있다.

대조시키는 비교 방법과 유추하는 비교 방법 사이에는 우선 오직 하나

---

35) 특히 W. E. Mühlmann, *Chiliasmus und Nativismus*, Berlin 1961; R. F. Wallace, Revitalisations-Bewegungen, in: *Religionsethnologie*, hrsg. v. C. A. Schmitz, Frankfurt, 1964, 404—427 참조. 특히 원시 그리스도교에 관하여는 C. Colpe, Der Begriff, 'Menschensohn' und die Methode der Erforschung messianischer Prototypen, *Kairos* 14(1972), 241—257 참조.

의 중요한 차이가 있다. 즉 그 중 하나의 경우에 역사적인 친밀성이 차이들을 강조하는 배경이 되며 다른 경우에 역사적인 간격이 구조상으로 유사한 점들의 배경이 된다. 배경과 그와 대조를 이루는 "형상"은 주지하는 바와 같이 교체가 가능하다. 두 가지 방법들은 방법론적으로 보충한다. 대조시키는 비교의 경우에 전체 사회적 상황이 비교적 고정불변한 것으로 간주되며 상응하는 종교적인 흐름들이 변하기 쉬운 것으로 여겨지는 반면, 유추하는 비교의 경우에 종교적 흐름들의 구조적 특징들이 비교적 고정불변한 것으로 간주되며 그 대신에 상응하는 사회적 상황이 변하기 쉬운 것으로 여겨진다. 첫번째 경우에 종교사회학적 분석은 동일한 상태에 있는 사회적 상황 안에서 더욱 변하기 쉬운 것을 탐구해야 하며, 두 번째 경우에는 변화된 사회적 상황 안에서 가능한 한 고정불변하는 것들을 탐구해야 한다. 역사적으로 연구하는 종교사회학자가 논거들에 대한 경험적 검증을 물론 거부하는 것은 아니지만 그가 논리상으로 현재 연구되고 있는 사회학과 원칙적으로 다른 것을 탐구하는 것은 아니다.

우리는 원시 그리스도교를 실례로 삼아 종교적인 전승들로부터 사회학적으로 중요한 논거들을 얻기 위한 여러가지 방법적인 방책들을 연구하였다. 여러가지 귀납적 추론 방법들의 다양성과 방법론적 독특성 안에서만 연구되고 있는 대상을 적합한 언명들을 가지고 대략 파악할 수 있는

---

36) 문제가 되고 있는 논문은 오직 우리가 사회학적으로 중요한 자료들을 우리의 본문들에서 어떻게 얻을 수 있는지에 대한 질문만 다루고 있다. 우리가 이 자료들을 가지고 있을 때 비로소 그 이상의 질문, 즉 어느 정도까지 원시 그리스도교 본문들을 해석하는 데 있어서 역사적—사회학적 연구가 해석학적으로 중요시되는가라는 문제가 제기된다. 종교사회학은 1. 본문들이 때때로 사회적인 사실들을 주제로 삼을 때 적어도 그 한도 내에서 해석학적으로 중요시된다. 그것은 본문들이 종교적인 비유와 은유에 표상을 주는 현실들로 생각되는 방식에서도 역시 마찬가지일 것이다. 2. 본문들의 내용과 형태가 사회적인 사실들과 사실상 분명한 상관 관계에 있는 한 해석학적으로 중요시 된다. 3. 모든 본문들이 저자들, 매개자들, 수용자들 사이의 사회내 행동의 형태들인 한 해석학적으로 중요시된다——앞서 제출된 논문은 75년 5월 30일에 하이델베르그에서 개최되었던 나의 동료 베르거 박사의 세미나에서 토론의 주제가 되었던 것이다. 나의 토론 상대자들, 특히 베르거 박사 덕택에 나는 상당히 진지하게 논증하였는데, 그 논증들은 특히 주 24와 36에서 그들에게 논파당했다. 나는 원시 그리스도교의 사회 사회학적 자료들의 통일에 관한 문제를 다음의 글에서 논구하였다. "Theoretische Probleme religionssoziologischer Forschung und die Analyse des Urchristentums", *NZSysThR* 16(1974), 35—56.

기회를 얻을 수 있다고 강조할 필요는 없다. 오직 경쟁하는 방법들만이 서로 감독하고 교정할 수 있는 가능성을 제시해 준다. 이것은 종교사회학의 방법들 뿐만 아니라 종교학 전반에 대해서도 적용되는데, 종교학에서는 당연히 여러가지 고찰 방식들이 경쟁하지 않을 수가 없다. 사회학적 고찰 방식도 다른 고찰 방식들 중의 하나일 뿐이다.[36]

3

종교사회학적 연구에 관한 이론상의 문제점들과 원시 그리스도교의 분석

원시 그리스도교의 사회학에 관한 모든 시도는 체계적인 논구를 필요로 하는 원칙상의 두 가지 문제들에 직면해 있다. 첫번째 문제는 방법론적 성격의 문제이다. 즉 어떻게 우리가 신약성서의 사회학적, 역사학적 언명들에서 그리고 교훈적, 시적, 신화적 언명들에서 사회학적으로 중요한 자료들을 얻을 수 있는가이며, 나중에 논의되어야 할 두 번째 문제는 이론적인 성격의 문제이다. 즉 지나치게 단편적인 개별 자료들을 모으고 평가하기 위해서 우리는 어떤 종류의 종교사회학적 학설들을 기초로 삼아야 하고, 어떤 종류의 발견적인 가정들을 만들어야 하며, 어떤 종류의 범주들을 선택해야 하고, 어떤 문제들을 제기해야 하는가 하는 것이 그것이다. 본문들이 오랫 동안 언명해온 의도와는 반대로 해석될 때 이와 같은 이론으로 숙고하지 않으면 안 된다. 우리는 실존론적 해석의 기본적인 문제를 다음과 같이 비교해 볼 수 있다. 즉 신화적인 본문들이 그 의도와는 달리 인간 실존의 목적물들로 해석된다면[1] 우리는 오로지 본문들에서는 얻어질 수 없는 인류학에 의존하게 된다. 그렇지만 인류학은 이 본문들을 비판적으로 해석하는 데 필요한 틀로 이용되어야 한다. 따라서 신약성서 본문들에 대한 사회학적 평가는 종교사회학의 이론을 필요로 한다. 게다가 여기에서 우리의 문제들이 주제에

---

1) R. Bultmann, Neues Testament und Mythologie, in: *Offenbarung und Heilsgeschehen*, München 1941, p. 27—69. 게다가 다음과 같이 주장하였다. "신화는 우주론적으로 해석되는 것이 아니라 인류학적으로 해석되어야 한다——더 좋게 말해서 실존론적으로 해석되어야 한다"(p. 36). 그렇지만 나의 생각으로는 새로운 논의 결과 신약성서의 언명들은 철두철미 "우주론적"인 것으로 여겨진다는 사실과 여기에서는 세계 이해와 자기 이해가 서로 불가분리의 관계에 있다는 사실이 밝혀졌다.

가까와지고 있다는 점, 우리의 학적 연구에는 구성적인 요소가 포함되어 있다는 점, 우리가 현실을 분석할 수 있을 만큼 모범적인 구성들에 의존하고 있다는 점은 전혀 간과될 수 없다.

이론들은 오직 경험적이고 역사적인 자료들만을 근거로 삼지는 않는다. 즉 이 이론들은 그 이론들이 근거로 삼고 있으며 지나치게 한정된 범위에서 검증할 수 있는 자료들, 예를 들면 전형에 관한 일반적인 언명들을 초월한다. 즉 "종교는 인간의 본성에 관한 탐색이다"(나의 생각으로는 실존론적 해석이 이처럼 가장 단순한 종교 이론을 근거로 삼는 것 같다). 오늘날 그러한 이론의 개요들에 대하여 평가해버리고 편견을 갖는다는 점에 대해서는 논의가 없다. 이러한 인식으로부터 귀결되는 결론들이 논의의 여지가 있다.

아마도 예를 들어 모든 "전이해"(Vorverständnis)에 논의되고 있는 주제를 이해할 수 있는 기회를 제공해주는 해석학적 관용의 관점[2]이 있을 것이다. 인간 역사 안에서 모든 주제는 주제 "그 자체"로서가 아니라 인간적인 이해 가능성들의 활력으로 존재할 것이다. 이 이론은 어느 정도 까다로울지도 모르겠지만 그 결과는 명백하다. 즉 모든 전이해가 가능한 진리의 전거일 것이다.

오늘날 학자들은 흔히 "고착된 인식"에 관심을 집중시키곤 한다. 즉 모든 인식이 관심의 대상이 되기 때문에 지금이야말로 우선 학문 이론적으로 성찰함으로써 "참된" 관심사들을 밝혀내고 그것을 근거로 하여 주제를 분석해야 할 때이다. 따라서 모든 전이해가 아니라 사람들이 "해방적"이거나 "이론상 유용하다"고 선언한 그러한 관점들만이 가능한 진리의 전거일 것이다.[3]

"비판적인 재검토"라는 명제가 세 번째 가능성이다. 이론상의 가정들에 대한 반대가 자유롭게 제기될 수 있다고 가정한다면 그 가정들이 전거들과의 대질을 통해서 재검토될 수 있고 경우에 따라서는 무가치한 것이 될 수 있을 만큼 표명되는 한 그 가정들이 평범한 전이해, "보수적인" 입장이나 "진보적인" 입장, 사건과의 긍정적 관계나 부정적 관계에서 비롯되는지의 문제는 중요하지 않다.[4] 학문적 과정에서의 그것의 정당

---

2) H.G. Gadamer, *Wahrheit und Methode*, Tübingen 1960 참조.
3) 신학적인 석의에 관해서는 P. Stuhlmacher, Thesen zur Methodologie gegenwärtiger Exegese, *ZNW* 63 (1972), p. 18—26 참조.
4) 이것이 비판적인 합리주의의 관점이다. K. Popper, *Die offene Gesellschaft und ihre Freunde*, 2 Bde., Bern 1957 ; H. Albert, *Traktat über*

성은 일차적으로 학술상의 토론에서 성취된 재검토 가능성에 달려 있다. 왜냐하면 실재의 자료들은 그 가정들을 중심으로 정립된 이론들에 대하여 직접적인 이의를 제기하지 못하기 때문이다. 이의는 항상 다른 학자들의 양자택일의 판단들을 통해서 제기된다. 여러 가지의 편견들을 가지고 있는 여러 학자들이 연구 과정에 종사하는 동안에 그것은 끊임없이 상대방에 의하여 수정될 수 있다.[5] 따라서 학자들은 가능한 한 여러 가지 항목들과 관심사들과 편견들을 한데 모으면서 학술적인 과정에 참여할 필요가 있다.

어쨌든 실재의 자료들을 재검토하지 않은 채 이론상의 가정들 중에서 하나를 선택하는 것은 부당한다. 그러므로 신약성서를 분석하는 과정에서 처음부터 "심리학", "역사", "사회학"과 "실증주의"로부터 보호하려고 하는 것은 넌센스이다. 이 모든 슬로건들은 흔히 학술상의 질문들이 편견에 빠질 수 있는 위험이 있는 곳에서는 금지의 푯말들로 진열되는 사고 금기(Denktabus)일 뿐이다. 원시 그리스도교에 대한 사회학적 고찰 방식이 실현될 수 있는지, 그리고 어떻게 실현될 수 있는지, 그리고 그것이 어느 정도 타당한 것인지의 문제는 "신앙의 규정 불가능성"이나 "케리그마의 객관화 불가능성"과 학적 호기심을 제어하도록 위협하는 데에 오용될 수 있는 다른 성귀들의 성찰에 의해서 결정되는 것이 아니라 이용할 수 있는 전거들에서 결정될 수 있을 뿐이며, 그것들은 다른 문맥에서도 역시 마찬가지일 것이다.

여러가지 종교사회학 이론에 관하여 연구사적으로 개관하는 것이 우리가 해야 할 일은 아닐 것이다.[6] 우리는 이 이론들을 이상적인 형태로 개괄하고 단순화시켜서 체계적인 개요를 기술하는 데에 그쳐야 한다. 동시에 이러한 종교사회학 이론들에 대한 분석과 서술이 이 연구의 주제는 아니라는 사실을 염두에 둘 필요가 있다. 그 이론들이 원시 그리스도교의 분석에 공헌하였는지는 아직 미정이다.

사회학적으로 중요시되는 개별 자료들을 체계적으로 연관시키며 또한

---

kritische Vernunft, Tübingen 1968 ; ders., *Konstruktion und Kritik*, Hamburg 1972. 우리가 이러한 관점에서부터 철두철미 "해석학적 관용"을 베풀고 "고착된 인식"을 실행할 수 있다는 점이 나에게는 중요한 일인 것 같다.

5) K. Popper, Bd. 2, p. 260ff 참조.
6) J. Matthes는 간단하게 통찰한다. Religionssoziologie, in: *Die Lehre von der Gesellschaft*, hrsg. v. G. Eisermann, Stuttgart 1969², p. 218ff., 특히 p. 230—239.

개별 자료들에서 새검토될 수 있는 연관들을 구성하는 것이 종교사회학 이론의 과제이다. 이 연관은 외형적인 면에서 아주 다르게 결정될 수 있다. 즉 의도적으로, 원인 발생적으로, 혹은 기능적으로 결정될 수 있다. 따라서 다음과 같이 세 가지 종교사회학적 항목들이 분리될 수 있다.[7]

1. 종교현상학적 항목[8] : 우리는 종교 현상들의 자기 이해, 즉 종교 현상들의 의도를 근거로 삼을 수 있다. 이 경우에 종교는 "신과의 만남", 즉 아마도 사회에 영향을 미치며 여러 형태들로 제정되는 인간 사회 저편에 있는 독특한 방식의 실재와의 만남이다. 그러나 사회학적 분석의 핵심과는 유리되어 있다.

2. 환원적 항목 : 종교사회학적 개별 자료들, 특히 종교적인 자기 이해와 사회적 근거 사이의 연관은 원인 발생적으로도 규정될 수 있다. 즉 그때에 종교 현상들의 의도는 비종교적인 요인들로 소급된다. 그뿐만 아니라 이렇게 하여 종교의 의미 내용과 사회적인 의의를 이해해야 한다는 요구를 받게 될 때 우리는 환원적 종교 이론에 관해서 말할 수 있다.[9] 마르크스주의적 종교 이론에 대한 정통파의 변체가 그 전형적인 예이다.

---

7) 우리는 네 번째 항목을 진화론적이라고 부를 수 있을 것이다. 그 항목은 "세속화"의 관점하에서 종교사회학을 연구하는 곳에 있다. 그리고 이 과정은 "진화적인 우주"로서, 즉 합리성과 세계 지배가 점차 인류학적으로 확립되어가는 불가역적인 과정으로 간주된다. G. Dux, Religion, Geschichte und sozialer Wandel, *Int. Jahrb. f. Rel. soz.* 7 (1971) p. 60—94, 특히 p. 65ff 참조.

8) J. Wach, *Sociology of Religion*, London 1947 ; G. Mensching, *Soziologie der Religion*, Bonn 1947. 사람들은 여기에서 이해 정신 과학으로서의 종교사회학에 대해서도 말할 수 있다. 또한 J. Matthes, *Religion und Gesellschaft*, rde 279/80, Hamburg 1967, p. 21ff.

9) 기능적인 종교사회학과의 토론에서 G. Carlsson은 변론한다. Betrachtungen zum Funktionalismus, in: *Logik der Sozialwissenschaften*, hrsg. v.E. Topitsch, Köln 1967⁴, p. 236—261. "환원주의"의 경우에는 ──우리가 환원주의 아래에서 예를 들어 여러가지의 실제 분야들에서 비롯된 가변성들 사이의 상관 관계에 관한 탐색을 이해하게 될 때 의심할 여지없이 어느 정도 더욱 정당한 것으로 변론된다. 즉 M. Robbe의 저서인 *Der Ursprung des Christentums*, (Leipzig 1967, p. 219f)에서 그러한 일이 생긴다. 즉 "그리스도교에서 그와 같이 환상적인 형태로 고도로 발달된 노예 소유자 사회의 모순들이 환원된다. 따라서 '그리스도교'라는 개념부터 이미 문제점을 안고 있다. 그리스도교는 결코 통일된 운동이나 공동체 사회로 존재하지는 않았다" ; ders., Marxismus und Religionsforschung, *Int. Jahro. f. Rel. soz.* 2 (1966) p. 157—184.

3. 기능적 항목[10]은 현상학적 항목 및 환원적 항목의 요소들과 결부되어 있다. 이 항목은 원인—발생적인 조건성 뿐만 아니라 종교 현상들의 의도도 고려하지만 사회의 기본적인 과제들을 해결하는 데 기여하는 바를 참작하여 이 이론들을 분석한다. 종교가 특정한 사회적인 원인들에서 발생되었다고 가정할 때 언제나 종교의 발생 원인들이 더이상 효력을 미치지 못할 때에도 무엇 때문에 종교가 확산되는가 하는 문제가 대두된다. 그처럼 예를 들어 원시 그리스도교가 맨처음에는 팔레스틴의 시골 지역들에서 유대내 갱신운동으로 발생되었지만 원시 그리스도교는 특히 지중해 도시들, 즉 팔레스틴의 예수 운동에 제약을 준 사회적인 조건들이 더이상 존재하지 않는 그곳에서 자치 종교로 유포되었다. 그럼에도 불구하고 원시 그리스도교는 그곳에서 지지를 받았다. 시간이 흐름에 따라 팔레스틴 지역에서 유래한 전통들 조차——공관복음서적인 전통들——여기에서 유포되었다. 나의 생각으로는 그러한 변화를 이해하도록하는 데 기능적인 항목이 환원적인 항목보다 더 나은 이론적인 범주들을 제공해 주는 것같다. 즉 생동적인 것으로 입증된 사실, 그 사실에서 우리는 때때로 사회적인 연관 속에서 하나의 기능, 다시 말해 관련되어 있는 사람들을 전혀 의식하지 않은 객관적 목적이 달성되었다는 점, 즉 사회의 질서를 확립시키거나 변화와의 갈등들과 긴장관계들에 반응하는 목적이라 할지라도 달성되었다는 점에 대한 발견적인 가정을 할 수 있다.[11] 따라서 원시 그리스도교의 사회학은 팔레스틴에서 발생된 원시 그리스도교적 운동이 아주 다른 조건들 하에서 어느 정도로 "기능적일" 수 있었는지를 밝혀줄 것이다.

아마도 종말 기대 덕분에 강화된 원시 그리스도교의 선교 의도가 아주 다르게 조직된 두 사회 지역들 사이의 교량이 되었던 것 같다.[12] 그러나 원시 그리스도교의 역사와 사회학은 다만 원시 그리스도교의 의도에서부터 이해될 수는 없다. 종교적인 현상의 객관적인 기능은 비록 그

*59

---

10) O. Schreuder의 명료한 기술, Die strukturell-funktionale Theorie und die Religionssoziologie, *Int. Janrb. f. Rel. soz.* 2 (1966), p. 99—134.
11) "기능적"이라는 말을 일방적으로 조직 기능들에 고정시키는 것에 대해 날카로운 비판을 할 필요가 있을 것이다. R. Dahrendorf, Struktur und Funktion, in: *Pfade aus Utopia*, München 1967, p. 213—242 참조. 통합 이론들과 갈등 이론들 사이의 논구에 대하여는 R. Rüschemeyer, *Einleitung in T. Parsons: Beiträge zur soziologischen Theorie*, Neuwied 1964, p. 9—29 참조.
12) 예를 들어 마가복음 13장 10절 참조.

기능이 언제나 인간의 의도들을 매개로 전달된다 할지라도 그 의도와 거의 동일시되지는 않는다. 그 기능은 종교적인 의도들의 비의도적인 결과들에서 훨씬 많이 탐색될 수 있다. 토착 종족의 비-마술의식(Regenzauberzeremonie)은 아마도 비를 내리도록 마술을 부리려는 의도가 있었던 것같다. 그러나 그 의식이 통례적으로 분명하게 무효화되었음에도 불구하고 그 종족에 확고한 삶의 정황을 갖기 위해 필요한 의식의 객관적 기능은 오히려 종족의 단결심을 확고히 하려는 데 있는 것같다. 참으로 그러한 점은 절박한 식량 위기에 직면하여 매우 의미있는 일이다. 즉 그 것은 그 의식이 무효화될 경우에도 의미가 있다. 따라서 기능은 의도와 마찬가지로 목적론적 동인을 포함하고 있지만 의도와는 달리 이 목적론이 주체의 일부가 될 수는 없다. 그것은 예를 들면 원시 그리스도교의 종말론에도 적용된다. 임박한 세계 종말을 선포하려는 종말론의 의도는 의심할 여지없이 새 하늘과 새 땅의 자리를 확보하기 위하여 현 세계를 멸망시키는 것이다. 이 의도는 시간이 점차 흐름에 따라 간단히 부정되었다. 동시에 "그리스도 재림의 지연"에 관한 문제는 신약성서에 지나치게 분명하게 명시되어 있기 때문에 사람들은 여기에서 공상적인 기대들이 모든 현실의 통제들을 뛰어넘을 수 있다는 보도에 만족할 수가 없다. 사람들은 현실을 철저하게 지각하였지만 그럼에도 불구하고 임박한 기대는 계속해서 전수되었고 그 기대를 언제나 새로운 삶으로 채웠다——A.D. 2세기의 몬타니즘에서 가장 분명하게 드러난다. 그럼에도 불구하고 위기는 발생하지 않았다. 나의 생각으로는 그러한 종류의 현상은 사람들이 원시 그리스도교의 임박한 기대에 대한 객관적 기능, 즉 독립적인 기능이거나 더 좋게 말한다면 기능과 대립되지 않는 의도의 배후에서 영향을 미쳤던 하나의 기능에 대해서 질문할 때만 충분하게 밝혀질 수 있을 것같다. 현 세계 다시 말해 고대 사회를 끊임없이 그가 지니고 있는 환상의 신화적인 화염 속에서 멸망하도록 내버려두는 사람에게 종말론적 표상들은 규범들과 의무들을 위반하는 데에 이용할 수 있을 것이다. 이 규범들과 의무들은 이 사회가 그에게 요구하는 것이다. 모든 생활 형태는 자주 신화적인 표상들에서 접층되고 해석되는 사회 세계와 결부되어 있다.[13] 새로운 생활 형태는 옛 세계가 신화적인 환상의 상징

---

13) "상징적인 접층" 현상들에 대하여는 W.E. Mühlmann, Umrisse und Probleme einer Kulturanthropologie, in: W.E. Mühlmann/E. W. Müller, *Kulturanthropologie*, Köln 1966, p. 15—49. G. M. Vernon, The Symbolic Interactionist Approach to the Sociology of Religion, *Int. Jahrb. f. Rel. soz.* 2 (1966) p. 135—155가 고려될 수 있다.

적인 행위들에 의해 파괴되고 무력해질 때만 성취될 수 있다.
 나의 생각으로는 기능적인 항목이 원시 그리스도교를 사회학적으로 분석하는 데 필요한 만큼의 풍부한 범주들을 제공해 주는 것같다. 결국 그 항목이 현상학적 항목과 환원적인 항목을 통합할 수 있기 때문에 우월한 것은 아니다. 기능적인 항목이 두 가지 경향들에 대하여 개방되어 있지만 다음과 같은 점에서 두 가지 경향들과 분리된다. 즉 현상학적 종교 이론과 환원적인 종교 이론은 흔히 본질, 핵심, 종교의 진리나 비진리를 규정하려고 한다. 그 종교 이론들은 종교가 "신과의 만남"이거나 비종교적인 사회 현실의 위장이라는 사실을 인식하고 있다. 그 대신에 기능적인 항목 안에서 비록 이러한 인식이 사회적인 관계들을 본질적인 것으로 여기거나 "하나님"을 동료로 정의하는 시기에 어려움에 처하게 된다 할지라도 현상의 사회적 기능을 결코 그 본질과 동일시해서는 안 된다. 변형된 형태의 신학이 이러한 방식으로 통찰하는 데 아마도 많은 사람들은 이러한 통찰보다는 확고한 불가지론을 더 좋아하는 것 같다.
 우리가 한정지을 수 있는 사회적 관계틀(Bezugsrahmen)의 범위 안에서 기본적인 과제들에 이용되는 것을 "기능적인 것"으로 간주할 수 있다. 그러한 정의가 곧 세 가지 이상의 논구들, 즉 사회적인 기능성의 한계들에 관한 논구, 관계틀과 기본 과제들에 관한 논구들을 야기시킨다.
 기능적인 항목을 선택하는 데 있어서 사회 내의 모든 현상이 어떤 의미에서는 기능적이라는 명제를 포함하지 않는다. 우선 기능성은 오직 사회적으로 작용하는 것, 즉 스스로 지탱하는 것에서만 탐구될 뿐이며—— 그와 마찬가지로 우리는 유기체의 경우에 삶을 유지할 가능성이 있다면 기능에 알맞는 구성을 요청한다. 이것은 우선 오직 하나의 요청, 즉 작업가설일 뿐이다. 선험적으로 주장되는 바는 모든 것이 기능적이라는 점이 아니라 기능성에 관하여 논구하고 동시에 경우에 따라서는 기능장애(Dysfunktionalität)도 밝혀내는 것이 의미있는 일이라는 점이다. (내가 모든 역사적인 통합 과정과 갈등 과정을 객관적인 의미에서 기능적인 것으로 간주하기를 단호하게 거부하였다는 점을 아마도 덧붙여 언급할 필요가 있을 것이다.)[14]

 둘째로 관계틀을 고려하여 기능적인 항목을 축소시킬 수 있다. 즉

---

14) G. Carlosson의 비판, *Betrachtungen zum Funktionalismus*, p. 257. 기능적인 항목이 비역사적이라는 사실은 사람들이 이 이론을 여러가지 관점들하에 있는 실제를 파악하기 위한 보조 수단 이상의 것으로 간주할 때 정당화될 것이다.

기능성은 그 자체가 존재하는 것이 아니라 언제나 오직 이미 주어진 전체와의 관련 속에서만 존재할 뿐이다. 그러나 이 전체가 역사에서는 자연의 영역에 있는 유기체와 마찬가지로 뚜렷하게 구분될 수는 없다.[15] 원시 그리스도교의 사회학에서 우선 제국 시대의 전 고대 사회가 관계틀이 된다. 그렇지만 때때로 다른 관계틀, 대략 유대—팔레스틴 사회나 혹은 원시 그리스도교 공동체들과 같은 것을 선택하는 것은 의미있는 일이다. 원시 그리스도교는 전체 사회적인 측면에서 볼 때 예를 들어 확실히 통합하는 운동은 아니었다. 오히려 그 운동은 구성원들을 고조된 사회와의 갈등에 내맡겼다. 그러나 운동을 전개해나가는 과정에서 원시 그리스도교 집단들은 위대한 통합적인 힘을 발전시켰다. 따라서 관계틀에 관하여 언급하지 않은 채 통합에 관하여 말한다는 것은 아무런 소용이 없다.

결국 사회의 기본과제들을 결정하는 것이 중요한 의의를 지닌다. 나는 두 가지 기본적인 과제들, 즉 조직의 갱신과 갈등들의 극복을 받아들이는 것이 좋을 것이라고 생각한다. 첫번째 과제는 규정되어 있는 중심 영역들에 대한 명백한 갈등들을 배제하는 것이다. 가장 진보적인 사회도 기본적인 허용 범위를 정해 놓는다. 두 번째 과제는 변화 및 순응과의 갈등에 반응하는 데에 달려 있다. 완전한 조직은 철저한 강제에 의해서만 달성될 수 있을 뿐이며 오직 반대 사회는 무질서하고 변화는 있을 수 없을 것이다. 물론 언제나 사회적인 과정들을 장래에 대한 전망을 가지고 피상적으로 바라보려는 시도들이 있다. 그 경우에 모든 갈등은 기본 조직의 위협으로 해석되며 모든 조직 구조는 사회적인 반대 작용의 숭고한 수단으로 해석된다.

따라서 이 기본 과제들은 두 가지 유형의 기능적인 종교 이론들, 즉 통합 이론과 갈등 이론으로 구분될 수 있다.[16] 그 밖에 우리가 통합 과정들에서와 마찬가지로 갈등 과정들에서도 종교의 제한적인 기능과 창조적인 기능을 분리할 수 있다는 점에서 차이점이 드러난다. 따라서 종교의 가능성있는 네 가지 기능들이 분명해진다. 이 기능들을 미리 간략하게 도식으로 나타내는 것이 좋겠다.

---

15) 또한 G. Carlsson, *Betrachtungen zum Funktionalismus*, p. 237ff도 그것을 정당한 것으로 보았다.
16) F. Fürstenberg, *Religionssoziologie*, Neuwied 1964, p. 13ff는 통합 명제와 보상 명제로 구분하였다. 그렇지만 나의 생각으로는 보상은 사회적 갈등들에서만 가능한 종교의 기능인 것 같다.

	통합적 기능	반대적 기능
제한적 기능	순화 : 내면화된 사회적 강제	보상 : 억압 그리고 갈등들의 환상적인 해소
창조적 기능	인격화 : 인간적인 본성의 사회화	혁신 : 갈등 가능성의 현실화

거의 모든 것이 기능적인 것을 중심으로 해석될 수 있는 여러가지 사회학적 종교 이론들이 어느 곳에서는 이 병렬 조직으로 분류될 수 있다. 따라서 마르크스주의적 종교이론은 특히 종교적 현상들의 보상 성격을 강조하며 듀르껭(E. Dukheim)은 사회—통합적인 강제 성격을,[17] 버거(P. Berger)와 루크만(Th. Luckmann)은 숭고한 우주를 건립함으로써 발휘될 수 있는 인격적 기능[18]을 강조한다. 종교 현상들의 혁신 기능은 특히 개신교의 윤리학의 예에서 명시되었다.[19] 그러나 모든 종교사회학은 또다른 기능적인 관점들도 고려한다. 마르크스주의적 이론은 예를 들어 종교상의 "항의"가 지니고 있는 개혁하려는 비판적인 요소를 전적으로 부인하지는 않는다.

1. 종교의 통합 기능

모든 사회는 인간의 타락이 노골화되기 시작하는 시기에 직면하여 조직을 완성해야 할 과제를 가지고 있다. 그것이 지금까지는 강제없이는 결코 실현되지 않았다. 그렇지만 또한 모든 관련자들의 동의없이도 실현되지 않았다. 인간은 사회적으로 전승된 조직의 통합화에 의하여 비로소 그의 본성을 초월한다는 사실은 부인될 수 없다. 당연히 사회—문화적인 가치들과 규범들의 인수는 인간의 "제2의 탄생"으로, 다른 경우에는 전적인 침해로 판단되어질 가능성들의 확장으로, 그러나 개인이 태어날 때 이론상으로 가지고 있을 많은 가능성들의 단호한 선택으로도 특징지어진다. 따라서 사회 조직은 양면성을 띠고 있다. 즉 그 조직은 제한적

---

17) E. Durkheim, *Les formes élémentaires de la vie religieuse*, Paris 1912 참조.
18) Th. Luckmann, *Das Problem der Religion in der modernen Gesellschaft*, Freiburg 1963 ; ders., *The Invisible Religion*, New York 1967 ; P. Berger, *Zur Dialektik von Religion und Gesellschaft*, Frankfurt 1973.
19) Max weber, *Die protestantische Ethik*, hrsg. v. J. Winckelmann, München 1965.

기능과 창조적 기능을 가지고 있다.

사회 조직의 전수, 통합화와 정당화에서 종교는 의심할 여지없이 언제나 중요한 역할을 하였다. 그것은 현 조직을 이 우주에서부터 회귀적으로 정당화하기 위하여 이 사회 조직을 우주 내에 투영하려는 의도에서 이미 밝혀진다.[20] 호종을 거느리고 있는 왕이 그 경우에 회귀적으로 신의 대변자로서 정당화되기 위해서는 먼저 천사들을 거느리고 있는 신과 같은 세계 군주로 승격된다. 종교적으로 해석된 세계의 상징적 투영들은 항상 그런 것은 아니라 하더라도 매우 자주 사회적인 세계와 일치되곤 한다. 후자가 강제의 성격을 띠고 있는 한 사회적 세계의 종교적인 내면화도 내면화된 강제이다. 사회적 세계가 인간의 가능성들을 발전시키는 한 이것도 상응하는 종교적인 상징 세계를 통하여 발생한다.

1) 종교의 순화 기능

비사회적인 경향을 띤 인간 행동에 대하여 외적인 강제를 행사하는 것만으로는 결코 사회 조직이 이루어질 수 없다.[21] 왜냐하면 명백한 강제 수단을 사용한 사람들이 다른 모든 사람들과 마찬가지로 그러한 의도들에 예속되기 때문이다. 즉 누가 그들을 감독할 것인가? 그밖에 외적인 강제가 공동으로 그리고 개별적으로 안고 있는 부담 상황들(Belastungssituationen)에 저항할 수 있는 실제의 통합을 만들어 내지 못한다. 즉 모든 사회적인 묘지의 평온 배후에는 잠재적인 비통합으로 가득차 있다. 따라서 모든 사회는 구성원들을──권력의 지위를 소유하고 있는 사람들도──공동의 신념과 가치들에 대하여 감지할 수 없는, 내면화된 강제를 행사함으로써 지배하고 감독하려 한다. 따라서 여기에서의 사회 통합적인 강제는 "순화"라는 개념하에서 이해되어야 한다. 그러한 강제가 인식적으로는 사회 행동의 정당화, 특히 재산, 권력과 세력 분배의 정당화에서 입증되며 동기적으로는 규범들과 그 규범들의 제재의 내면화에서 그리고 정서적으로는 비판적인 사회 상황들과 개별 상황들 안에서 발생한 탐탁치 않은 사회적 긴장관계들의 완화에서 입증된다.

원시 그리스도교는 이러한 의미로 순화시키는 기능들을 행사하였는가?

---

20) E. Topitsch, *Vom Ursprung und Ende der Metaphysik*, Wien 1958은 이 과정을 분석한다. W. E. Mühlmann, *Kulturanthropologie* (p. 34ff). 는 "우주론적 반영"에 관하여 말한다.

21) 이어서 특히 J. M. Yinger, Die Religion als Integrationsfaktor, in: F. Fürstenberg (Hrsg.), *Religionssoziologie*, p. 93—106 참조.

확실히 로마서 13장 1절 이하의 무조건적인 국가 권력의 정당화는 이 기능들이 행사되었음을 나타내 준다. 그러나 어쨌든 원시 그리스도교는 상당한 거리를 두고 세상의 편을 든다. 그러한 사실이 로마서 13장의 문맥에서도 뚜렷하게 드러난다. 세계에로 통합된 사람은 새 세상을 기대하는 그리스도교 신앙을 잃게 된다. 원시 그리스도교는 종교적인 방법으로 사회 조직들을 정당화하고 내면화하려는 시도와는 전혀 다르다. 오히려 로마 제국에서는 황제 숭배가 그러한 시도였다. 그리스도인들을 처치하는 과정에서 황제 숭배는 국가에 대한 충성의 시금석으로 지정되었고, 그리스도인들은 흔히 황제 숭배를 거절하곤 하였다. 콘스탄틴 시대의 전환기를 통하여 국가 종교로 승격된 그리스도교는 절대적인 후기 고대 국가의 사람들을 순화시키는 데 크게 공헌하였다는 사실은 또 다른 문제이다. 그러나 그것은 원시 그리스도교의 측면에서 다룰 문제는 아니다. 고대 사회의 주변에 있던 종속 문화적인 흐름으로부터 고대 후기의 전제 국가의 사회 접합제로의 그리스도교의 변화는 의심할 여지없이 고대 그리스도교의 모든 사회학이 갖고 있는 중심 문제이다. 원시 그리스도교 사회학 내에서는 그중 오직 일부의 관점만이 관심의 대상이 된다. 즉 원시 그리스도교의 어떤 사회적 구조 동인들이 이러한 변형을 가능케 했는가? 원시 그리스도교의 사랑의 가부장제도(Liebespatriarchalismus)가 과중한 부담들에 저항할 수 있었고, 그리하여 후에는 변화된 전체 사회에 수용될 수 있었던 소집단들 안에서 사회적인 통합 모델을 전개시켰으리라는 가설은 아마도 검토할 가치가 있을 것이다.

*64

2) 종교의 인격화 기능

한 편에서는 내면화된 강제가 다른 편에서는 인간 본성의 사회화가 된다. 때때로 사회 세계와 깊이 결부되어 있으며 종교들에 의해 세워진 "거룩한 우주"[22]는 정신적으로 구조되고, 인간들과 관련되어 있으며, 의미로 충만해 있는 세계를 건설하려는 인간적인 시도이다. 이 세계 없이는 어떤 사람도 살아 있을 수가 없다. 인식적으로 이 세계는 주관적인 경험과 그들이 종교적으로 해석된 똑같은 세계에서 살고 있는 경우에는

---

22) 전통적인 종교들에 대한 이러한 주요한 표지는 특히 M. Eliade에 의해 처음 사용되었다. *Das Heilige und das Profane*, rde 31, Hamburg 1957 ; *Die Religionen und das Heilige*, Salzburg 1954 참조. Th. Luckmann과 P. Berger는 그들의 종교사회학적 구상들에서 이 "우주"의 사회적 기능을 분석하였다.

다른 사람들과의 교류를 조직화할 수 있다. 동기적으로 그 세계는 즉각적인 욕구 만족의 포기를 전제하는 요원한 목적들에 대해서도 신중하게 다룬다. 정서적으로 그 세계는 한계 상황들도 포함하고 있는 고향적인 세계에 대한 의식을 부여한다. 물론 종교들이 한계 상황들에서 느끼는 바람직하지 못한 사회적인 근심을 덜어주기만 하는 것은 아니다. 그와 마찬가지로 종교들은 의도적으로 한계 상황들을 만들어 내며 그 한계 상황들에 대한 반발에 저항하기 위하여 언어적, 제의적 그리고 실제적 행동들을 고안해낸다. "거룩한 우주"의 내면화는 전승된 모든 사회적 감각 세계의 답습과 마찬가지로 인간이 자신의 본성을 초월하는 두 번째 탄생이다.

*65 사회—문화적인 "두 번째 탄생"에 대한 이러한 관념은 확실히 원시 그리스도교의 거듭남의 표상을 상기시킨다. 그러나 바로 이러한 관념이 차이들을 분명하게 명시하기에 적합하다. 즉 세례가 의미하는 그리스도교적 규범들, 상징들과 의미 해석들의 답습은 인간의 일반적인 사회화와 동일시되는 것이 아니라 그것을 기피한다. 원시 그리스도교의 거듭남은 두 번째 탄생이 아니라 세 번째 탄생이다. 즉 원시 그리스도교로 개종한 사람에게——적어도 국외자의 눈에는——일반적인 사회화는 아무런 소용이 없었다(플리니우스의 원시 그리스도교에 대한 판단들은 epist. X, 96 참조). 원시 그리스도교의 상징적 행동들로 건립된 거룩한 우주가 타당성 있는 사회적 우주는 아니었다는 점도 그에 상응한다. 거룩한 우주는 주로 "새로운 세계"로 구성되었으며 사람들은 이미 교회 안에서 새로운 세계가 실현된 것으로 인식하려고 하였다. 이 때에 거룩한 우주가 기존 사회에 상응하는 상징적 감각 세계 안으로 끌려들어온 것이 아니라 오히려 인생의 패배자들을 세계의 주권자로, 그리고 원시 그리스도교의 찬송가들에 기술되어 있는 바와 같이 모든 다른 권력들의 정복을 선언한 새로운 "케리그마"의 상징적 행동들에 의하여 이 우주는 파괴되었다. 원시 그리스도교의 경우에 사람들이 옛 세계 대신에 설립한 새로운 상징 세계는 아직 비교적 미결된 상태에 있고 단편적이며 애매모호하다는 점이 특징적이다. 그 세계는 아직 철저하게 조직되지 않았다——가장 용감한 "조직자"인 사도 바울의 경우에도 그렇다. 여기에서 많은 신학자들은 전체 사회를 포괄하고 있는 구속사적 신학을 염려하지 않는다. 냉혹한 양자택일만이 있을 뿐이다. 즉 신앙과 행위, 모세와 그리스도, 옛 사람과 새 사람, 종의 신분과 자유. 여기에서는 완성된 거룩한 우주가 나타나지 않는다. 후대의 신학자들이 자주 훌륭한 인식적 용감성을

가지고 그 우주를 세우곤 하였다. 오히려 우리는 여기에서 생성으로 파악된 새로운 상징적 감각 세계를 보며, 옛 우주와 윤곽이 아직 불분명한 새로운 우주 사이의 과도기를 체험하고 결국 자기 자신을 지혜의 시작으로 보고 "세상"의 지혜를 전혀 중요시하지 않는, 참으로 무익하게 여기는(고전 1 : 18ff) 사람들의 환호에 감동되지 않는다. 여기에서는 기존 사회에로 통합되지 않는다. 여기에서 인간적인 인격화의 새로운 길이 열리며 새로운 생활 방식이 시작된다.

우리는 다음과 같은 사실을 알게 된다. 즉 변형된 형태의 두 가지 종교사회학적 통합 이론들은 원시 그리스도교를 분석적으로 파악할 수 없다. 전 사회적인 측면에서 볼 때 원시 그리스도교는 오히려 사회적인 비통합이었다는 사실이 결정적인 이유이다. 팔레스틴의 예수 운동, 즉 거주지도 생업도 가족도 없는 유랑하는 예언자의 운동이 원시 그리스도교의 기원이다. 후에 유대교에서 그리스도교로 갈라져 나온 내용의 담지자들은 우선 집과 농토가 없는 사람들, 그 당시 팔레스틴 사회에 존재하던 다른 변형된 형태에도 평균 이상으로 보급되었던 사회 변칙적인 행동을 구체화한 국외자들이었다. 즉 우리는 젤롯당원들, 시카리들, 메시야를 갈망하는 사람들, 에세네파를 상기하지만 단순한 거지들과 강도들도 상기한다. 또한 원시 그리스도교가 점차 자치 단체로 고정되어 갔다는 점도 사회적인 통합과 동일시되지 않는다. 즉 원시 그리스도교 집단들은 의심할 여지없이 사회의 주변에 있었다. 그럼에도 불구하고── 요컨대 소집단들을 분석하는 대신에──통합 이론적으로 평가하는 것은 가치있는 일이다. 초기 예수 운동에서 이미 우리는 통합적인 특징을 발견한다. 적대관계에 있던 두 집단들의 일원인 젤롯당의 시몬과 세리 레위는 예수의 제자들이었다. 그 통합은 사회 주변에 있는 방랑하는 지도자가 이끄는 하나의 집단에서 발생하였다. 그러나 특히 헬라 교회들의 경우에 "토착" 자치 단체 안에서도 통합의 모델이 생겨났다. 이 모델을 통하여 여러 계층의 사람들이 통합되었다. 반면에 고대의 다른 단체들은 사회적으로 훨씬 더 그러하였다.

*66

2. 종교의 반대적 기능

종교사회학적 통합 이론들도 갈등의 조정을 종교의 기능이라고 여긴다. 즉 이 갈등은 개인과 사회간의 갈등을 말한다. 그러나 여기에서는 분명히 사회가 우세하기 때문에 우리가 그 가운데에서 두 가지를 사회적인 크기의 반대작용으로 이해하는 한 우리는 갈등에 대하여 말할 수 없다. 여기에서 종교의 갈등 이론들은 종교의 기능이 여러 집단들 사이의 경제적, 정치적, 문화적 갈등들에서 탐구하는 오직 그러한 이론적인 평가들뿐이라고 명시되어야 한다. 여기에서도 종교는 제한적 관점과 창조적 관점하에서 인식될 수 있다. 그렇지만 이 관점들을 기능적으로 분리할 수 있도록 갈등들조차 기능적으로, 즉 사회 변화의 방법으로 해석되어야 한다.[23] 사회 변화 없이는 어떤 사회도 살아 남을 수 없다. 갈등들이 억압되거나 현실화됨으로써 사회 변화들이 지체되거나 촉진될 수 있다. 종교가 변화를 지향하는 긴장 관계들을 제거해 버리는 곳에서는 제한적 기능을 가질 것이며 긴박한 사회적 갈등 가능성들을 현실화하는 곳에서는 창조적인 기능을 가질 것이다. 이 구분은 기능적인 구분을 의미하는 것이지 가치의 평가를 말하는 것은 아니다. 사람들이 평가할 때 종교 현상들의 "창조적" 기능이 결코 긍정적으로만 고찰될 수 없다는 점을 강조할 필요가 있을 것이다. 사람들은 종교사에서 자주 우리와 맞서곤 하는 위험한 광신만을 주의하면 된다. 반대로 우리가 공감하지 않고는 마카비 전쟁들에서 예루살렘 시민들의 진보적인 헬라화 개혁 계획에 대한 보수적 종교의 저항을 인지할 수 없을 것이다.

1) 종교의 보상 기능

종교가 사회적인 갈등들 안에 제한적 기능을 가지고 있다면 종교는 사회 변혁을 방해하는 대신에 보상을 해주어야 한다. 즉 마카비 봉기에서는 아마도 상당히 증대된 선택의식이 문명과 문화적 "진보"의 실패에 대한 보상이었던 것같다. 그러므로 아마도 유대 팔레스틴의 사회 경제적 낙후성과 무한한 종교적 요청 사이에는 밀접한 관련이 있는 것같다.[24] 종교 현상들의 보상 기능이 인식적으로는 사회적 현실의 대조물(Gegenbild)의 구상으로(즉 우주론적 반영들에서가 아니라) 나타나고, 동기적으로는 주어진 충동들을 보상물로 전환시키는 것으로 나타나며, 정서적으로는 사회적인 긴장 관계들의 해소와 완화로 나타난다. 마르크스의 종교 현상들의 보상적 성격에 관한 기술이 전형적인 예이

---

23) R. Dahrendorf, Die Funktionen sozialer Konflikte, in: *Pfade aus Utopia*, p. 263—277 참조.
24) 현대의 사회학적 관점들도 고려하고 있는 M. Hengel의 연구인, *Judentum und Hellenismus*, WUNT 10, Tübingen 1969 참조.

다 : 25)

"종교적인 결핍은 곧 실제적 결핍의 표출과 실제적 결핍에 대한 저항을 포함한다. 종교는 곤궁한 사람의 한숨이며 활기없는 상황들의 활력인 것처럼 냉혹한 세계의 정서이다. 종교는 민중의 아편이다."

원시 그리스도교의 사회학에 있어서 바로 종교사회학적 갈등 이론의 마르크스주의적 변체가 특별한 의미가 있다. 왜냐하면 분명히 종교 이론에 근거를 둘 뿐만 아니라 고대의 다른 사회학 이론도 기초로 삼는 원시 그리스도교의 분석들이 여기에서 제출되기 때문이다. 마르크스주의 이론에 대한 토론이 여기에서는 오직 몇가지 점들에서만 취급될 수 있다. 26)

모든 마르크스주의적 종교 이론의 근거는 하부구조—상부구조—명제이다. 이 명제는 다소간 궤변적으로 (혹은 우리가 흔히 "변증법적"이라고 말하는 것처럼) 다루어질 수 있다. 이 명제의 "변증법적" 해석에 의하 *68
면 이 명제는 두 계급으로 분리된 대상들, 즉 물질적 대상과 정신적 대상간의 종속성 이상의 것을 확립하려고 한다는 것이다. 여기에서는 오히려 두 대상들을 인간의 생산물로 이해하며 대상들로부터 이 대상들이 인간의 활동에 의존하지 않는다고 우리에게 암시하는 그러한 그릇된 가상을 배제한다. 이러한 기본 명제 안에서 물질적인 생산방식과 인간의 정신적 생산물 사이의 모순들은 부분적으로는 이 모순들의 환상적인 극복으로, 부분적으로는 단순한 재생산으로 되풀이된다는 사실이 확립된다. 상부구조의 하부구조에 미치는 소급효과(Rückwirkung)는 원칙적으로 배제되지 않는다.

1. 하부구조의 문제들

여기에서 원시 그리스도교에 대한 마르크스주의적 분석은 로베(M. Robbe)의 말로 다음과 같이 총괄할 수 있을 것이다. 즉 "그리스도교는

---

25) K. Marx, Zur Kritik der Hegelschen Rechtsphilosophie. Einleitung, in: S. Landshut(Hrsg.), *Die Frühschriften* 1964, p. 208.
26) F. Vittinghoff, Die Theorie des historischen Materialismus über den antiken "Sklavenhalterstaat", *Seaculum* 11 (1960), p. 89—131 ; R. Sannwald, *Marx und die Antike*, Zürich 1957 ; N. Brockmeyer, *Arbeitsorganisation und ökonomisches Denken in der Gutswirtschaft des Römischen Reiches*, Diss. Bochum 1968, p. 33—70 참조. B. Stasiewski, Ursprung und Entfaltung des Christentums in sowjetischer Sicht, *Saeculum* 11 (1960), p. 157—179.

고도로 발달된 노예 소유자 사회가 지니고 있는 모순들의 결과로 생겨났다. 그리스도교는 서력 초기에 로마 제국 내에서 일어난 동양과 서양간의 긴장이 고조된 운동 속에서 일어났다."[27] 마르크스주의적 견해에 의하면 물질 상품들은 노예들에 의하여 생산되고 노예 소유자들에 의해 소비된다. 그러나 노예의 노동은 자기 이해가 결핍되어 있기 때문에 오직 제한된 범위에서 강화할 수 있지만 자유인들의 노동은 엄금한다는 점이 노예 소유자 사회가 지니고 있는 모순이다. 이 모순은 a) 고대 제국주의를 낳는 결과가 된다. 즉 전 민족들을 노예화 함으로써 노예 운동을 양적으로 확장시키는 결과가 된다. 따라서 로베에 의해 공언된 동서간의 긴장 관계들은 노예 소유자 사회의 체제 내재적인 긴장 관계들이다. 정복 사업이 끝난 후에 이 모순은 b) 노예 상태에서 예속된 농민 계급으로의 질적 변화의 결과가 된다. 이 때에 소작민은 일부의 땅을 양도함으로써 그의 노동에 관심을 갖게 된다. 이러한 가정들은 어디까지나 고려해볼 가치가 있다. 이제 두 가지 사실들을 고려할 필요가 있다.

첫째로, 고대의 사회 경제상의 갈등들은 거의 노예들에 의해서는 해소되지 않았다는 점이다. 특히 로마 공화국의 후기 단계에 노예들의 봉기가 있었다. 그러나 일반적으로 "계급 투쟁은 소수의 특권 계층 내에서만, 즉 자유민 부자들과 자유민 빈자들 사이에서만 이루어졌다. 반면에 다수의 생산 계층의 주민들은 그러한 투쟁들의 경우에 단순히 수동적인 자세로 토대를 이루었을 뿐이다."[28] 이 경우에 물론 우리가 여기에서 아직도 엄밀한 의미의 계급 투쟁에 대하여, 즉 생산수단의 소유자들과 착취당한 생산자들 사이의 투쟁에 대하여 말할 수 있을지의 문제가 제기될 것이다. 사람들은 다른 모든 역사 시대와 마찬가지로 고대를 특징짓는 물질 상품들, 권력, 세력을 둘러싸고 있는 사회 경제적 분배 투쟁에 대하여 더욱 주의깊게 말할 것이다. 여기에서 "아래로부터"의 항의의 담지자는 최하층민이 아니라 사회를 몰락시키고 사회적, 문화적 통일성을 손상시킬 수 있는 그러한 집단들일 경우가 많다. 즉 유대 팔레스틴의 젤롯당 운동은 부분적으로 부채가 있는 소농들로 보충되었다(요세푸스, ant. XVIII, 274).

둘째로, 이 분배 투쟁에서도 다른 계층들 사이의 전선들이 아주 뚜렷

---

27) M. Robbe, *Ursprung des Christentums*, p. 29.
28) K. Marx, *18. Brumaire*. Vorwort zur 2. Aufl. von 1869, Ausgew. Schriften I. Berlin 1958/9⁶, p. 223.

한 것은 아니었다는 점을 고려할 필요가 있다. 즉 상류 계층의 당파들은 서로서로 다투었다. 흔히 당파들 중에서 한 당파는 경쟁자들을 축출하기 위하여 하류 계층의 사람들과 결합하였다. 팔레스틴도 예외가 아니었다. 즉 맨처음에 자유의 전사들과 일부 제사장 귀족 사이의 동맹으로 인하여 평화 정당이 축출당하였고 유대 전쟁이 일어나게 되었다(요세푸스, bell. Ⅱ, 408).

사람들이 마르크스주의적 명제를 사회의 일반적인 갈등 이론으로 정식화한다면 그 명제는 원시 그리스도교를 분석하는 데 상당히 가치가 있을 것이다. 즉 예수 운동과 같은 새로운 운동들은 흔히 사회 갈등들의 긴장관계 영역, 즉 팔레스틴을 다스리던 여러 지배 구조들 사이의 사회 정치적 갈등(로마 제국, 군주국, 신정 국가), 도시와 지방 사이의 사회 생태학적 갈등, 생산 계층과 이익을 취하는 계층들 사이의 사회 경제적 갈등, "참된 이스라엘"을 구현하도록 요구하는 여러 집단들 사이의 사회 문화적 갈등에서 일어나곤 한다. 이 모든 갈등들은 서로 관련되어 있다. 그 갈등들을 하나의 갈등으로 제한할 하등의 이유가 없다. 그리고 예수 운동을 이 갈등들로부터 원인—발생적으로 추론하는 것은 더욱 그렇다. 왜냐하면 반대되는 정신상의 입장들을 내세우는 매우 상이한 흐름들이 그 나라의 똑같은 사회 상황에서 생겨나기 때문이다.

계급간의 대립들을 격화시킨 책임을 헬라주의적인 원시 그리스도교에 돌리는 것은 더욱 곤란한 일이다. 여기에서 원시 그리스도교는 처음에 "노예, 방치된 자, 가난한 자, 불법한 자 그리고 로마에 정복되었거나 그에 의해 흩어진 민중들의 종교"였을 것이라는 가정[29]은 재검토할 필요가 있는 원시 그리스도교 교회들의 사회적 구성에 관한 언명들을 포함하고 있다. 그렇지만 이 교회들은 다른 계층들을 포함하고 있다. 안디옥 교회의 경우에는 유대 궁정에서 자란 마나엔(사도 13:1)을, 고린도 교회의 경우에는 도시의 재정관 에라스도(로마 16:23)를, 비디니엔의 경우에는 그리스도교 미션이 이미 전 계층을 휩쓸었다는 플리니우스의 증언(epist. X, 96)을 참조하라. 마르크스주의 학자들이 이러한 사실을 인지한다면 그들의 의견에 찬성한다. 즉 라노비치(A. B. Ranowitsch)는 분명하게 엥겔스의 주장과 관련지어 다음과 같이 기술한다. "그리스도교는 처음부터 억압된 사람들——노예들, 방치된 자들, 불법자들과 가난한 사람들, 즉 로마에 예속되거나 그것에 의해 흩어진 민중들——의 종교였다." 그러

[29] F. Engels, Zur Geschichte des Urchristentums, in: K. Marx/F. Engels, *Über Religion*, Berlin 1958, p. 255.

나 그 후 그는 계속해서 다음과 같이 말한다. "로마에 의해 억압당하거나 흩어져버린 민중들을 이용하던 착취 집단들의 대표자들도 새로운 종교의 인력의 영역 안으로 빠져들어 갔다. 그렇지만 노예들이 그들의 주인에 대하여 권리가 없는 것과 마찬가지로 이 집단들도 제국에 대하여 권리가 없었다. 그리스도교는 이질적이며 때때로 대립되기도 하는 관심사들을 가지고 있는 아주 여러 집단의 사람들을 결합하였다.[30] 여기에서 "노예"라는 말을 비유적으로 사용함으로써 하나의 이론이 제기된다. 즉 원시 그리스도교 안에서 착취자와 피착취자가 결합될 때에도 우리가 실제로 원시 그리스도교를 (권리없는 다른 집단들과 마찬가지로) 노예 소유자와 노예들 사이의 모순에서부터 추론할 수 있을까?

2. 상부구조의 문제들

상부구조의 분석은 포이에르바하적 투영 이론을 기초로 삼는다. 그 이론에 의하면 종교적인 표상들은 확고한 기대를 가지고 있는 인간의 자기표현이라는 것이다. 마르크스에 의하여 계승된 이 이론은 특히 다음에 아편 명제와 주물숭배 명제라고 불리는, 긴장 관계에 있는 두 가지 이론적인 가정들을 제시하게 된다.

아편 명제에 의하면 종교적인 상징들은 사회 현실에 대한 대조물을 고안한다. 즉 새로운 세계는 옛 세계의 극복이다. 따라서 그 상징들은 사회 현실에 대항하는 역할을 할 수 있는 비판적인 힘도 포함하고 있다. 그 점에 있어서 그 상징들은 기본적인 저항을 포함한다. 그렇지만 이 저항이 환상적인 방법을 사용하기 때문에 민중의 아편이라고 하는 것이다 (그렇지 않다 : 민중을 위한 아편이다!).

그 대신에 주물숭배 명제는 사회적 하부구조와 종교적 표상들 사이의 일치를 강조한다. 즉 물질 생산에서는 생산품들이 인간의 행위와 관련없이 고유한 삶을 주도하는 것처럼 보이는 것과 마찬가지로 (이것이 "상품에 대한 주물숭배"이다) "안개층으로 둘러싸인 종교적 세계"에서는 "인간 두뇌의 생산품들이 고유한 삶을 부여받고, 서로 뒤섞여 있으며 사람들과 관련을 맺고 있는 자주적인 사람들을 주도하는 것같다."[31] 고

---

30) A. B. Ranowitsch, Das Urchristentum und seine historische Rolle, in: *Aufsätze zur Alten Geschichte*, Berlin 1961, p. 135—165, dort p. 144.

31) K. Marx, *Das Kapital*, Ed. I, Berlin 1951², p. 78. M. Robbe, *Marxismus und Religionsforschung*, p. 174 : "입신의 체험은 종교상의 독특한 감정에서 생기기도 하며 그와는 무관하기도 하다(그와 동시에 재현될 수 있다). 그 감정은 세속적인 내용을 초월하며 이 때에 인간의 입신 상황은

유한 물질 생산품의 종속성은 종교적 생산품들에 반영되며, 자본주의 체제에 대한 불신감은 아마도 신적 예정설 등에 대한 불신감에 반영될 것이다.

따라서 아펀 명제에 의하면 종교적 상징들은 상징들의 사회적 기초와 불균형의 상태에 있다고 한다. 그 대신에 주물숭배 명제에 의하면 종교적 상징성과 사회적 현실 사이에는 균형이 있다는 것이다. 종교적 투영들은 기존의 종속성을 반영한다. 여기에서 원시 그리스도교에 대한 마르크스주의적 분석이 원시 그리스도교의 역사에 철저한 변화를 가져 왔다. 최초의 단계에서는 현실에 대한 대상물(Gegenbild)을 고안해낸 종교적 상징들이 지배적이었던 것 같다. 종말론은 이 세계에 대한 저항일 것이다. 따라서 요한계시록이 원시 그리스도교의 문서들 가운데 가장 오래된 문서로 여겨진다. 나중에 사람들은 다음과 같은 상황을 파악하게 되었다. 즉 "2세기 중엽에 교회가 개념 규정의 필요를 느끼고 명제들을 재편성하고 재검토하였다. 임박한 세계 종말에 대한 기대는 이단적인 것으로 배척된다. 이제 권력 사용, 억압과 불의의 세계에 대한 증오 대신에 사랑하는 사람으로부터 원수에 이르기까지 저항을 포기하라는 가르침이 생겨난다."[32] 여기에서 원시 그리스도교에는 처음부터 두 가지 사실, 즉 세계에 대한 저항과 모든 사람들에 대한 무조건적인 긍정, 종말론과 창조 신앙, 준엄한 규범과 죄의 용서 등이 결합되어 있었다고 잘못 생각하게 된다.

종교의 모든 갈등 이론은 마르크스주의에서 근본적인 동인들을 얻는다.[33] 그러나 모든 갈등 이론이 마르크스주의적이어야 한다고 생각하는 것은 잘못된 것이다. 그것은 용어상으로도 분명해져야 할 것이다. 우리는 계급 투쟁이라는 말 대신에 분배 투쟁이란 말을 사용해야 할 것이며, "노예 소유자 사회"의 모순이라는 말 대신에 고대 사회의 모순들과 갈등들이라는 말을 사용해야 하며, 투영들이라는 말 대신에 "상징적 행동들"이라는 말을 사용해야 할 것이다. 이러한 수정들을 전제한다면 원시 그리

절대화되면서 '전혀 다른 것', 즉 '성스러운 것'으로 여겨진다(좌우간 여러 형태를 띠고 나타나는 피안으로 여겨진다). 동시에 그 감정은 지각된 입신을 착각이라고 지양한다."

32) A. B. Ranowitsch, *Urchristentum*, p. 150.
33) R. Dahrendorf, Karl Marx und die Theorie des sozialen Wandels, in: *Pfade aus Utopia*, p. 277—293 ; D. Lockwood, Soziale Integration und Systemintegration, in: *Theorien des Sozialen Wandels*, hrsg. v. W. Zapf, Köln 1969, p. 124—137 참조.

스도교가 상징적 행동들에서 사회적 갈등들을 분명하게 나타내며, 그 갈등들을 극복하려고 시도했을 것이라는 발견적인 가치가 많은 가정을 해 볼 수도 있을 것이다. 그렇지만 이러한 상징적 행동들이 단순히 보상적인 성격만을 지니는지는 의문의 여지가 있다.

2) 종교의 혁신 기능

종교는 사회적 긴장 관계들 안에서 갈등들을 현실화하고 새로운 해결 방안을 모색하는 데에도 기여할 수 있다.[34] 얼마나 거대한 사회적 다이나믹으로 말미암아 마호멧이나 루터 같은 사람들이 부각되었던가! 이 때에 실행력들은 보상적인 보충물들에 의해서 결코 발생되지는 않았다. 대신에 그 실행력들은 맨처음에 확실히 보충물들을 배제해버렸다. 아마도 그 보충물들은 잠재적으로 존재했을 것이지만 확실히 새로운 종교적 자극에 의해서 둔화되지는 않았다. 나의 생각으로는 특히 유대교, 이슬람교, 그리스도교와 같은 성서적인 종교들에 나타난 예언적 동기는 지금까지 개략된 종교—이론적 항목들을 가지고는 파악될 수 없을 것 같다.[35] 그리고 철두철미 예언적 운동인 원시 그리스도교의 경우도 그와 마찬가지로 파악될 수 없다.

예언자들은 근접하기 어려운 환상, 황홀, 영감들을 가지고 있다. 여기에서는 모든 것이 비합리적인 것처럼 여겨진다. 그리고 맨처음에는 그들의 행동을 기능적으로 파악할 수 없을 것처럼 여겨질 것이다. 그리고 어쨌든 우리가 새로운 해결책의 구상이 모든 사회의 생존에 필요하다는 점을 가정한다면 그것은 가능한 일이다. 그러나 종교적인 정당성들을 가지고 전통에 매여 있는 사회들에서는 새로운 것도 종교적으로 정당화되어야 한다. 여기에서 새로운 것을 종교적으로 정당화시키고자 하는 사람은 하나님으로부터 권리를 부여받아야 한다. 이스라엘의 세속적 예언자들은 철두철미 "기능적"이었다. 즉 그들은 이스라엘 국가의 몰락을 상징적으로 해석된 세계 안으로 통합하고 유대 민족의 아주 깊은 동일성을 만들어냄으로써 포로기 동안에 유대 민족의 생존을 가능케 했다. 그들의 계시와 환상과 황홀에는 종교들이 나아갈 새로운 길과 교체

---

34) 이어서 특히 J. M. Yinger, Toward a Theory of Religion and Social Change, *Int. Jahrb. f. Rel. soz.* 7 (1971), p. 7—30 참조.

35) 그렇지만 예언적 운동들은 보편적이다. W.E. Mühlmann, *Chiliasmus und Nativismus*, Berlin 1961 ; V. Lanternari, *Religiöse Freiheits- und Heilsbewegungen unterdrückter Völker*, Mailand 1960 (독일어로 Neuwied o. J.) 참조.

와 새로운 생활 형태와 새로운 의미 해석들이 나타나 있다. 그렇게 발생한 것은 맨처음에는 언제나 사도(邪道)로 간주된다. 그 대부분의 것은 효력이 없는 상태에 머물러 있다.[36] 많은 것들이 나중에야 비로소 문제의 "해결책"으로 판명된다. 주지하는 바와 같이 세속적 예언자들이 맨처음에는 완전히 고립되어 있었다. 그리고 예수 운동의 사랑, 속죄와 은총에 대한 환상이 위기에 처한 유대—팔레스틴 사회에서 생겨나기는 하였지만 이곳에서는 보급될 수 없었고 특히 번영하는 헬라적 지중해 도시들에서 수용되었다. 이 때에 사회의 주변에서 새로운 생활 형태가 생겨났다. 즉 전체 사회에 의하여——사회뿐만 아니라 그리스도교도 철저하게 변화된 이후에——수용되었던 하나의 교체가 이루어졌다.

종교의 혁신 기능은 인식적으로는 철저한 계시를 주장하면서 자주 옛 *73
우주와 대립되곤 하는 새로운 상징적 우주의 구상에서 제시된다. 동기적으로는 이 혁신 기능이 동인의 방향 전환과 새로운 목적 설정과 "새로운 인간"의 구상에서 제시된다. 요약해서 말한다면 새로운 동기—구조(Motivationsstruktur)에서 제시된다. 정서적으로는 전수된 규범들, 의무들과 의미 해석들에 대한 냉혹할 정도로 철저한 대부분의 저항에 대하여 요컨대 가장 무거운 짐도 지겠다는 순교자 의식과 선택 의식을 발전시킴으로써 면역되어야 한다. 우리는 원시 그리스도교에서 이러한 모든 특징들을 발견한다.

종교적인 갱신 운동들이 지금까지 타당한 것으로 생각되어 온 상징적 감각 세계와 대립적 입장을 취하고 자주 조직적으로 그 세계를 파괴하곤 하기 때문에 그 운동들은 오늘날 사람들이 즐겨 "해방적"이라고 부르는 특징들을 갖고 있다. 종교적 갱신 운동들은 전승되어 온 거룩한 우주를 인간이 만든 감각 세계라고 "폭로하며" 따라서 종교적인 현상들로 확립된 요원함을 배제한다.[37] 즉 이전에 숭배된 본질들은 인간의 생산품으로 간파된다. 원시 그리스도교는 우상들을 기껏해야 마귀에 불과하다고 여겼으며 (유대—팔레스틴 유산을 토대로) 케케묵은 법령들을 "인

---

36) J. M. Yinger, *Theory*, p. 29 : "아마도 수많은 종교적 혁신들은 사회 조직에 큰 영향을 미치지 못한 채 다시 매우 쉽사리 파멸하는 것 같다. 그 혁신들은 그 혁신들에 의하여 습격될 수 없거나 습격이 불충분하게 일어나는 상황들에서 나타난다. 카리스마적 지도자들은 그들의 영향력이 틀림없이 확증될 때 비로소 확인되는 것 같다. 마찬가지의 잠재적인 영향력을 지닌 다른 사람들은 역사의 시야에서부터 사라진다. 왜냐하면 그때는 혁신을 할 시기가 아니기 때문이었다."

37) P. Berger, *Zur Dialektik von Religion und Gesellschaft*, p. 93ff는 당연히 이처럼 배제되지 않는 점을 강조하였다.

간이 만들어낸 것"으로 간주하였다(마가 7 : 1ff). 적어도 그 법령들은 스스로의 가치를 지니지 못한다. 즉 안식일은 사람을 위하여 있다(마가 2: 26). 그리고 그럼에도 불구하고 원시 그리스도교를 일방적으로 "해방"에로의 걸음이라고 평가하는 것은 원시 그리스도교를 전혀 잘못 본 것이다. 인간에 의해 만들어진 옛 감각 세계의 파괴는 인간의 제작으로가 아니라 궁극적인 계시로 간주되는 창조적인 새로운 세계의 구성과 일치한다. 이 새로운 세계도 우리가 볼 때는 다른 모든 종교적 감각 세계들과 마찬가지로 인간의 상징적 행동들에 상당히 기인하는 것 같다. 새롭게 만들어진 이 신화적 감각 세계의 숭고함에 대해 이해하지 못하고 외경심을 갖지 않는 사람은 원시 그리스도교에 대하여 전혀 아무것도 이해하지 못한다. 이처럼 새로운 상징적 행동들은 고딕식 돔(Dome)이나 루터의 의인론과 마찬가지로 대담하게 해방을 지향한다고 말할 수는 없다. 그 행동들은 아마도 인간의 본성을 초월하고 싶어하는 거대한 동경을 증명하며 따라서 심화된 인간성을 증명한다. 그 행동들이 "해방"——이성적으로는 입증될 수 없는 권위로부터의 해방——을 촉진시키는 것이 아니라 오히려 그 반대이다. 그 행동들은 권위있는 계시 요구와 결부되어 있는데, 이 요구는 "해방적인" 관점에서 볼 때 권위적이라고 거부되어야 하는 것이다. 사람들은 한 편으로는 원시 그리스도교를, 다른 한 편으로는 해방을 참으로 진지하게 받아들이고자 하였다. 원시 그리스도교에 대한 기능적인 면의 연구에서 이 요구의 타당성은 문제가 되지 않지만 아마도 그 요구의 사회적 기능은 논의의 여지가 있는 것 같다. 즉 기존에 종교적 정신세계(Sinnkosmos)를 파괴하거나 재구성하는 사람은 숭고한 요구에 따라서 그것을 만들어야 한다. 즉 그것은 타당성있는 권위들에 의해 정선될 때 정당성을 지니게 된다. 원시 그리스도교는 이방—헬라 종교들에 대하여 인간이 만든 것이라고 폭로하였는데, 그 종교들은 비교적 관대한 편이었으나 반대자들에 대해서는 원칙적으로 완강한 태도를 취하였다. 원시 그리스도교의 해방적 요소는 권위적인 요소와 철저히 결합되어 있기 때문에 사람들은 이 둘을 분리할 수 없을 것이다.

　내 생각으로는 혁신적인 종교 운동으로서의 원시 그리스도교에 대한 종교사회학적 분석이 다음의 네가지 질문에 답변해야 할 것 같다 : 1. 팔레스틴 사회의 어떤 모순들과 긴장 관계들 때문에 종교적이고 사회적인 문제들에 대한 새로운 "해결방안들"을 모색하기에 이르렀는가? 따라서 아마도 여러 형태의 지배 구조들 사이의 갈등이 철저한 신정적 운동들의 발생을 촉진시켰던 것 같으며, 사회 경제적 긴장 관계들로 인하여 사회적으로 변칙적인 행동(강도들, 거지들, 카리스마를 지닌 방랑자들 등)이 증대되었고, 도시(예루살렘)와 지방 간의 긴장 관계들이 성전 국가 귀족들에 대한 비판을 야기시켰고, 규범 엄수 집단들의 출현이 그와 대립되는 철저한 은총 설교의 흐름을 야기시켰다. 사회적 긴장 관계들의 분야에서 새로운 자극들이 증대되었기 때문에 이러한 긴장 관계들과 특히 심하게 부닥치는 곳에서 새로운 자극들이 발전되었을 것이라고 가정해 보는 것도 괜찮을 것이다.

2. 새롭게 출현하고 있는 여러 종류의 운동들은 어떠한 혁신적인 의도들을 가지고 있는가? 아마도 새로운 것에 대한 모색은 사회적 긴장 관계들에서 생겨난 것 같지만 그와 동시에 새로운 것 그 자체는 아직 형성되지 않았다. 즉 경험적인 긴장 관계들은 해석되고, 명시되고, 정당화되어야 한다.[38] 확실히 예를 들어 모든 지방에 대한 로마인들의 통치하에서 유대 민족은 괴로움을 당했을 것이다. 그러나 그러한 점이 바로 팔레스틴에서 매우 폭발적인 작용을 했다는 사실은 우리가 선택된 사람들과 예속된 사람들 사이의 모순을 절박한 문제로 삼았던 이스라엘 고유의 전통들과 의도들을 고려할 때에만 이해될 수 있다. 이 때에 사람들은 반동의 가능성들, 즉 새로운 충동들로 가득차 있었다. 맨처음에는 극소수의 사람들만이 이와 같이 새로운 충동들을 느꼈다는 사실은 분명하다.

3. 왜 이러한 새로운 충동들 중에서 몇가지만 성취되고 다른 것들은 실현되지 않았는가? 여기에서는 제기된 질문에 대해 주어질 수 있는 여러가지 답변들 중에서 "선택"에 대한 이유들을 묻는 것이다. 주지하는 바와 같이 예수 운동들이 팔레스틴에서 실패하였지만 헬라 지역에서는 널리 유포되었다. 그러나 예수 운동의 발생에 기여하였던 사회적 근거들은 그 운동의 유포를 촉진시켰던 근거들과 동일시되지 않는다. 예를 들어 헬라적 원시 그리스도교의 유포를 사회적 긴장 관계들과 관련시키는 것은 곤란하다. 물론 어디에서나 긴장 관계들은 있었다. 그러나 헬라 도시들의 경우에 바로 A.D. 1세기와 2세기는──다른 시기에 비하여──근대 이전에는 결코 그처럼 찬란하게 꽃피운 적이 없었을 만큼[39] 문명

---

38) 나의 생각으로는 종교적인 의도들과 정당성들의 의미는 우리가 G. Kehrer가 사회적 변화에 대한 종교적 관점들의 분석을 위하여 소개한 "행동 이론적인 모델"을 근거로 삼는다면 매우 적합하게 분석될 수 있을 것 같다 ; ders., Religion und sozialer Wandel, *Int. Jahrb. f. Rel. soz.* 7 (1971). p. 31—59 참조.

39) N. Brockmeyer, *Sozialgeschichte der Antike*, Stuttgart 1972, p. 110.

수준이 아주 높았던 비교적 안정된 시기였으며 또한 지방과 사회의 가동성과 교통과 통신이 비교적 매우 활발하였던 시기였다. 아마도 원시 그리스도교는 비교적 평온하고 통신이 매우 발달한 바로 이 시기에 원시 그리스도교가 지니고 있는 통합적인 특징을 가지고 발전되었을 것이다. 적어도 호평을 받고 있는 원시 그리스도교의 위기 해석과는 반대 입장에서 또 한번 검증하는 것은 유익한 일이다.

4. 마지막으로 원시 그리스도교의 새로운 기능적인 관계들에 대한 순응성, 즉 카리스마적 운동으로부터 실용적이고 제도적으로 안정된 생활 형태로의 변화가 검토될 수 있다.

우리는 다음과 같이 요약할 수 있다. 즉 기능적인 항목이 원시 그리스도교의 사회학에 관한 타당성있는 이론적인 범주들을 제공해 준다. 동시에 여기에서는 많은 현상들에 대한 종교사회학적 갈등 이론들이 통합 이론들보다 더 적합한 것처럼 보인다. 그렇지만 두 가지 모형들은 서로 보충한다. 즉 사회와 갈등 상태에 놓여 있는 원시 그리스도교적 집단들이 새로운 통합의 선례를 발전시킨다. 갈등은 통합의 실패를 나타내며 통합은 갈등의 극복을 나타낸다. 또 한편으로는 우리가 갈등 이론들 안에서 종교 현상들의 보상적인 기능에 대해서보다 혁신 기능에 대해 더 많은 주의를 기울이지 않으면 안 될 것이다. 이 때에 "혁신"은 오늘날 "해방"이라고 불리는 것과 동일시되지 않는다.

대체로 우리는 종교적인 현상들을 분석하는 데 그쳤으며 종교의 본질과 실제에 관한 문제는 제쳐 놓았다. 어떤 사건의 사회적 기능을 그 사건의 본질과 동일시하는 것은 잘못된 귀결일 것이다. 이러한 확증은 처음부터 종교사회학적 분석의 탐탁치 않은 결과를 관대히 보아주려는 의도를 가지고 신학 전반을 유보해 두는 것은 아닐 것이다. 그에 대한 실제의 근거들이 있다. 즉 거의 모든 인간적인 말들과 작품들은 그 어떤 방법으로든지 인격화하고 순화시키며 보상하고 혁신시키고 있다. 이 때에 개별적인 종교적 기능들이 문제가 되는 것은 아니다. 종교가 선험적으로 다른 생활 분야들보다 더 순화시키고 보상하는 것은 아니다. 그리고 종교에서 대체로 제한적인 관점들이 우세하다면 그것은 그러한 관점들이 생활에서 일반적으로 우세하기 때문이다. 즉 혁신과 인격화는 일반적으로 순화와 보상에 비해 개연성이 적기 때문이다. 아마도 종교는 인간 전반만큼 "보수적"이며 "진보적"인 것 같다. 아마도 종교는 인간 전반만큼 모순적인 것 같다. 이 때에 신들에 대한 반란에서부터 마조키즘적인 복종에 이르기까지 종교 가운데에서 우리는 인간이 행하는 모든 방식의 유희를 발견한다. 기능적인 검토의 끝에 와서 더욱더 많은 문제가 제기된다. 이러한 모든 종교적 현상들에서 무엇이 종교 특유의 것인가?[40] 적어도 무엇이 역사적으로 분석할 수 있는 종교들의 본질인가? 무엇 때문에 미래의 발전들에 대하여 결정될 수 없다는 것인가? 무엇이 "거룩한 것"인가? 그것이 어떻게 합리적으로 분석될 수 있는가? 따라서 우리가 처음에 현상학적이고 환원적인 것으로 제쳐두었던 그러한 논구들이 다시 대두된다. 그 논구들이 결코 부당한 것은 아니다. 그러나 그 논구들에 관한 해답이 사회학적 분석들에 의해서는 주어질 수 없을 것 같다.

---

40) J. Matthes, *Religionssoziologie* (s. Anm. 7), p. 238 : 우리가 종교를 인격이나 우주와 같이 아주 보편적인 범주들을 가지고 분석한다면 "왜 그것들이 본래부터 종교적인 현상들인가"에 관한 논구가 더 이상 적절한 말로 나타내어질 수 없다.

제 II 부

복 음 서

4. 원시 그리스도교의 예수 말씀 전승에 관한 문학사회학적 고찰
5. "우리는 모든 것을 버렸읍니다"(마가 10 : 28).
    ——A.D. 1세기 유대—팔레스틴 사회에서의 예수를 따르는 것과 사회적 무근성
6. 예수의 성전 예언
    ——도시와 시골의 긴장의 장(場) 가운데서의 예언
7. "폭력 포기와 원수 사랑"에 대한 사회사적 배경.
    ——마태 5 : 38—48과 누가 6 : 27—38의 사회사적 배경

원시 그리스도교의 예수 말씀 전승에 관한 문학사회학적 고찰[1]

문학사회학은 텍스트와 인간의 행동 사이의 관련성을 연구한다. 즉 텍스트를 산출해 내고, 전승하고, 해석하고, 받아들이는 사람들의 인간 사이의 행동을 연구한다.[2] 문학사회학은 이런 행동을 두 가지 측면에서 분석한다. 첫째, 전형적인 행동으로서 분석하고, 둘째, 제약된 행동으로서 분석한다.[3]

첫번째 측면은 성서문학에 있어서 양식사 연구 방법에 의하여 개척되었다.[4] 양식사 연구 방법은 텍스트의 전형적인 특징들로부터 인간들 사

---

1) 이 논문은 1972년 11월 25일 본(Bonn)에서 있었던 신약성서신학 교수자격 취득 공개 강연이다. 몇 가지 기본 사상은 필자의 동료인 프로스트 (H. Frost) 목사와의 대화 중에서 얻어진 것이다. 그의 고무적인 자극에 대하여 이 자리를 빌어 감사한다.
2) H.N. Fügen, *Die Hauptrichtungen der Literatursoziologie*, 1970⁴, 14 참조: 문학사회학은 "문학에 관여한 사람들의 행동과 관계가 있다. 즉 문학에 관여한 사람들의 상호 작용이 문학사회학의 대상이다." 이런 행동에 있어서 중요한 초점이 되는 것은 전형적인 행동 방식들이다(29). Fügen이 문학의 역사적—인과율적 제약성을 연구하는 사회문학적 문제 제기를 문학사회학적 문제 제기와 구별하는 것은 별로 수긍이 가지 않는다.
3) 예를 들어 M. Scheler (*Die Wissensformen und die Gesellschaft*, 1960², 17)는 사회학적 문제 제기를 이와 같은 두 가지 측면으로 특징짓는다.
4) 문학사회학적 문제 제기는 처음부터 역사비평 연구의 구성요소였다. Baruch Spinoza가 1670년에 그의 신학적, 정치적 논문(이 책은 1908년에 C. Gebhardt에 의하여 3판이 출판되었다)에서 성서에 대한 역사적 이해를 주장했을 때, 그가 의미한 성서에 대한 역사적 이해란 ① 언어에 대한 연구, ② 성서의 각 책을 그 책 자체로부터 해석하는 것, ③ 성서 각 책의 저자, 성립상황, 전수 뿐만 아니라 그 책의 주변 세계의 도덕 및 관습에 대하여 묻는 것이었다(136ff, 특히 139 참조). 마지막의 물음은 의심할 바 없이 문학사회학적 물음도 포함된다.

이의 행동의 동일한 전형적인 특징, 즉 하나의 "삶의 정황"을 추론해 내었는데, 이 삶의 정황 안에서 어떤 하나의 텍스트가 거듭 사용되었고, 그렇게 사용됨으로써, 즉 말하자면 신앙교육이나 선교나 제의에서 거듭 사용됨으로써 하나의 텍스트가 정형되었던 것이다.

두 번째 측면, 즉 텍스트를 정형하는 행동의 제약 조건들에 대한 물음은 양식사 연구 범위를 어느 정도 넘어선다. 양식사는 무엇보다도 전하는 자들과 받아들이는 자들의 의도, 말하자면 성서 텍스트에 있어서 더욱 종교적인 의도에 관심을 두었었다. 그러므로 원시 그리스도교 공동체의 삶의 정황에서부터 텍스트를 설명한다는 것은 원시 그리스도교 공동체의 삶이 종교적인 국면 이외의 다른 국면들을 분명히 갖고 있었음에도 불구하고, 텍스트가 원시 그리스도교 공동체의 신앙으로부터 나온 것이라고 이해하는 것이다. 원시 그리스도교 공동체의 삶에도 역시 아주 평범한 의미의 "삶"에서 부딪치는 문제가 있었다. 즉 갈릴리의 어떤 농부나 세계적인 도시 고린도의 어떤 주민의 삶을 제약하고 있던 여러가지 사회적 조건들이 원시 그리스도교 공동체의 삶에도 있었다. 이와 같이 보다 넓은 의미의 삶이 역시 신약성서의 텍스트들을 정형했던 것은 아닐까?

그러므로 신약성서를 문학사회학적으로 연구한다 함은 신약성서 텍스트들의 저자들과, 전달자들과, 전수자들의 인간 사이의 전형적인 행동의 의도들과 제약 조건들을 묻는 것이다. 그러면 이제 정신적인 제약 조건들 사이의 관계를 어떻게 보아야 하느냐 하는 문제에 대하여 깊이 숙고해 볼 수 있을 것이다.[5] 쉘러(M. Scheler)에 의하면, 어떤 정신적 인식의 내용은 역사적—사회적 요인들로부터 이끌어낼 수는 없으나, 그 내용의 유포나 계승은 역사적—사회적 요인들로부터 이끌어낼 수 있을지도 모른다고 한다.[6] 그런데 필자의 주제는 정신적 전승의 발생에 관한 것이 아니

---

5) 여기서는 몇 가지 모델만을 언급하고자 한다. ① 결정론적 모델: 정신적 전승들은 인과율적(물질적인) 요인들에 의하여 또는 목적론적 의도(역사의 계획 등)에 의하여 부분적으로 결정된다. ② 반성적 모델: 자연발생적 과정들이 정신적 전승 안에서 자기 자신을 의식하게 된다. ③ 행동적 모델: 전승들은 역사적—사회적 상황들에 대한 대답의 시도이다. 한편 전승은 이런 상황들과 충돌하며, 다른 한편 상황의 제약들도 역시 인간의 의도 배후에서 영향을 미친다.

6) Scheler, *Wissensformen*, 21 ; "정신은… 현실적으로 형성될 수 있는 문화의 내용에 있어서 오로지 그 문화 내용의 상대적 성질만을 결정한다. 그러나 정신 그 자체로서는 근원적으로 그리고 본래 이러한 문화 내용을 존재케 하는 '힘'이나 '작용'의 흔적을 갖고 있지 않다. 정신은 가능한 문화 형성에 대한 하나의 '결정론적 요인'인지도 모르겠으나, '실현시키는 요

라, 정신적 전승의 유포와 계승과 보존에 관한 것이다. 그러므로 정신 *81
적 전승을 해명함에 있어서 사회학적 연구가 갖는 중요성을 쉘러처럼
분명하게 제한할 수 있다고 생각할 때에도 필자의 주제에 사회학적 문
제가 등장한다고 하는 사실을 인정해야 할 것이다.

원시 그리스도교에서의 예수의 말씀 전승은 무엇보다도 **예수가 자신
의 말씀을 문헌으로 고정시키지 않았기 때문에 하나의 사회학적 문제가
된다.** 문헌 전승은 비록 그것이 인간의 행동에 아무런 의미가 없거나
또는 그 전승의 의도가 인간의 행동에 상반되는 경우에도 어느 정도의
기간 동안은 보존될 수 있다.[7] 그 반면에 구전 전승은 그 전승의 전달자
와 전수자의 관심 여하에 달려 있다. 구전 전승의 보존은 특별한 사회적
제약을 받는다.[8] 여기서는 그런 제약들중 한 가지만을 언급하려 한다.

인'은 결코 아니다." 이러한 모델은 의심할 바없이 어느 정도 독단적이
다. 즉 이 모델은, 적어도 어떤 영역은 사회학적 연구로부터 선험적으로
분리시킬 수 있다고 하는 견해에 의하여 결정된 것이다. 그러나 필자의 견
해로서는, 정신적 전승의 발생도 사회적—역사적 요인들로부터 분리시켜
서는 이해할 수 없거니와 정신적 전승의 계승도 오로지 사회적—역사적 요
인들로부터만 유도해 낼 수는 없다. 그러나 어떤 새로운 현상의 발생은 항
상 그 이후의 역사보다도 더욱 이해하기 어렵다고 하는 것은 옳다.

7) P. G. Bogatyrev와 R. Jakobson의 중요한 논문, Die Folklore als eine besondere Form des Schaffens (in: *Donum Natalicium Schrijnen*, Nijmwegen/Utrecht 1929, 900—913 참조).

8) 예수의 말씀과 행태에 관한 구전 전승에 대한 사회적 제약들은 다음과 같다. ① 개인의 기호로부터는 비교적 독립되어 있고, 되풀이 되며, 전형적인, 전달자의 인간 사이의 행동에 예수 전승을 고정시키는 것. 여기서 정신적인 자세는 지속되는 삶의 필연성과 생활방식의 항구적인 특성에 고정될 수밖에 없으며, 그러면서도 이러한 필연성과 특성보다 더 오래 지속하고자 한다. ② 전달받는 자, 즉 "수동적 전승 보존자"의 관심 (수동적 전승 보존자라는 개념은 C.W.v. Sydow의 On the Spread of Tradition [in: *Selected Papers on Folklore*, Copenhagen 1948, 11—43]에서 빌어온 것이다. 특히 15~18 참조). 전승은 청중을 발견하는 한에서만 **전달된다.** 청중의 관심과 입장에 반대되는 내용은 배제되거나 수정된다. 즉 그런 내용은 "그 사회의 예비검열"에 희생된다(사회의 예비검열이란 개념은 Bogatyrev와 Jakobson이 만들어내었다. *Folklore*, 903). 예수의 말씀이 여러가지로 조금씩 다르게 표현된 것에서 알아 볼 수 있듯이, **예수의 말씀은 공동체의 사정에 맞게 적응되었다**는 사실을 생각해 보라. ③ 예수와 그의 말씀의 전달자들 사이의 사회학적 연속성. 스칸디나비아 주석가들(H. Riesenfeld, *The Gospel Tradition and its Beginnings*, [TU 73, 1959, 43—56] ; B. Gerhardsson, *Memory and Manuscript* [ASNU 22], Uppsala 1964)이 예수의 말씀의 진정성에 관한 양식사 연구의 회의를 극복하기 위하여 위와 같은 연속성을 증명하고자 시도한 것은 옳다. 그러나 필자가 보기에는 그들의 시도는 실패했다.

즉 구전 전승의 전달자들은 어떠한 방법으로든지 전승과 자기 자신을 동일시할 수밖에 없었다. 이러한 점에서, 만약 윤리적 가르침이 누구에 의해서도 진지하게 받아들여지지 않거나, 적어도 조목조목 실천되지 않는데도 그 윤리적 가르침이 오랜 기간 전승되리라곤 생각할 수 없을 것이다. 이러한 전제 하에서 예수의 윤리적 가르침의 삶의 정황에 대하여 묻는다면, 우리는 곧 곤란에 부딪치게 된다. 가령, "누구든지 내게 오는 사람은 자기 부모나 처자식이나 형제 자매나 심지어 자기 생명마저 버리지 않으면 내 제자가 될 수 없다"는 누가복음 14장 26절의 말씀을 인간 공동 생활의 토대였으리라고 가정하기보다는 오히려 공동체 삶의 하나의 정황이라는 양식사의 전제를 문제 삼고 싶을 것이다. 이러한 윤리적 급진주의 때문에 예수의 말씀은 일상의 행동을 규정하기에는 아주 부적합하다. 그렇기 때문에 오히려 다음과 같은 문제가 제기되지 않을 수 없다. 즉 그러한 말씀을 30년이나 그 이상의 기간 동안 구전으로 전달한 사람은 누구일까? 누가 그런 말씀을 진지하게 받아들였을까? 누가 그런 말씀을 진지하게 받아들일 수 있었을까? 이 문제에 관하여 우리는 이 글에서 집중적으로 살펴보고자 한다.

이 문제에 해답을 줄 수 있는 표준이 있는가? 여기서 우리는 우선 회의적일 수 있을 것이다. 우리에게는 다만 텍스트만이 보존되어 있기 때문이다. 텍스트 안에서 그리고 텍스트를 가지고는 과거에 있었던 인간과 인간 사이의 행동을 어느 곳에서도 직접적으로 알아낼 수는 없는 일이다. 그런 행동은 추론해낼 수밖에 없다. 양식사는 세 가지 추론 방법을 알고 있었다.[9] 1) 어떤 전승의 양식과 내용으로부터 그 삶의 정황을 추론하는 분석적 추론 방법, 2) 추정된 삶의 정황에 대한 직접적인 진술로부터 이 삶의 정황에 근거를 둔 전승을 추론하는 구성적 추론 방법, 3) 내용상으로 동시대의 유사 사건들로부터의 유추적 추론 방법이 그것이다. 이 논문에서는 이 세 가지 추론 방법이 모두 사용될 것이다. 말씀 전승은 특별히 분석적 추론을 위한 풍부한 자료를 제공한다. 말씀 전승에는 행동이 제공되어 있는데, 이 행동은 일반적인 격언에서는 반성되어 서술되고 있고——비유와 상황어의 상황 설정에서는——그림처럼 서술되어 있다. 물론 명령되고, 반성되고, 서술된 행동이 곧 실제의 행동과 간단히 일치하는 것은 아니다. 그러나 이 양자의 차이가 독특한 성격을 갖는 한 이것들은 추론에 있어서 고려될 수 있다. 즉 삶이 타협으로

---

9) R. Bultmann, *Die Geschichte der synoptischen Tradition*, 1961⁵, 5f, 7f. 참조.

4. 원시 그리스도교의 예수 말씀 전승에 관한… *107*

기우는 경향을 보일 때 명령은 주지하는 바와 같이 급진적인 성격을 갖게 된다.[10] 금지 명령으로부터는 종종 어떤 금지된 행동이 있을 것이라는 사실을 금방 추론할 수 있다.[11] 그러나 근본적으로 예수의 말씀은——어떤 방법으로든지간에——실천되었다는 사실을 인식론상으로 가정하지 않을 수 없다. 만약 예수의 말씀이 널리 경시되었었다면, 한 세대나 또는 두 세대에 걸쳐 보존되지는 못했을 것이다. 오히려 그의 말씀은 실제의 행동으로 동화되었었다고 가정할 수 있으며(또한 때때로 증명할 수도 있다), 이 행동에 대한 분석적 추론이야말로 이것을 암시한다. 예수의 말씀이 진지하게 말 그대로의 의미로 받아들여졌다는 사실에는 의심의 여지가 없을 것이다. 어떤 말씀은 이차적이고, 어떤 것은 시대의 제약을 받은 것이고, 또 어떤 것은 신앙고백적이고, 또 다른 어떤 것은 모순되고, 그리고 신약성서내의 다른 진술들에 의해 상대화된다는 식으로 모든 말씀이 진지한 의미로 받아들여지지 않았다고 우리에게 확신시켜 주는 주석가들이 초기의 원시 그리스도교에도 있었다고 미리 전제할 필요는 없다. 오히려 예수의 말씀은 부단히 진지하게 받아들여졌으며 실천되었다고 가정해야 한다. 이러한 말씀중의 하나는 곧 다음과 같다. "너희는 나에게 주님, 주님 하면서, 어찌하여 내 말을 실행하지 않느냐?"(누가 6:46). *83

이상에서 언급한 표준에 의거하여, 예수의 말씀 전승의 의도와 계약을 두 가지 연구 가정을 통하여 살펴보고자 한다. 우선, 어록의 양식과 내용에 나타나 있는 전승 전달자들의 자기 이해에서부터 출발하여 그 근저에 놓여 있는 행동을 추론할 것이다. 여기서 얻어진 결과를 그 다음에 구성적 추론 방법과 유비적 추론 방법을 통하여 확인할 것이다. 그 다음 두 번째 부분에 가서는 이런 행동의 제약 조건들——이 제약 조건들이 전승 전달자들의 자기 이해에 포함되지 않는다 해도——을 물을 것이다.

---

10) 예를 들어 바울이 자신이 세운 공동체들로부터 보조를 받지 않는다는 원칙이 그와 같다. 그러나 바울은 다른 곳에서는, 사도가 보통 갖는 특권을 자신은 사용하지 않는다는 사실에 자기가 전하는 구원을 거의 전적으로 의존시키고 있음에도 불구하고(고전 9:13—18) 그는 이런 원칙에 구애받음이 없이 빌립보 공동체의 원조를 감사하게 받아들였다(빌립 4:10ff).
11) 마태복음 10장 10절에서는 원시 그리스도교 전도자들에게 지팡이의 소지가 금지되어 있으나, 마가복음 6장 8절에서는 허용되어 있다. 마태복음 10장 5절 이하에서는 이방인에 대한 선교가 분명히 금지되어 있다.

I. 전승 전달자들의 자기 이해와 행동

말씀 전승은 거처, 가정, 소유의 포기에서 가장 뚜렷히 나타나는 바와 같은 윤리적 급진주의를 그 특징으로 하고 있다. 이와 관련된 가르침에서부터 전승 전달자들의 독특한 삶의 방식을 분석적으로 추론해 낼 수 있다.

예수의 말씀은 무적자(Heimatlosigkeit)의 기풍을 대변한다. 예수를 따르라는 부름은 곧 자리 안주의 완전 포기를 의미한다. 부름받은 자들은 배와 토지와 세관과 집을 떠난다. 어떤 추종자는 예수로부터 "여우도 굴이 있고 하늘의 새도 보금자리가 있지만, 사람의 아들(人子)은 머리 둘 곳조차 없다"(마태 8:20)는 대답을 들었다. 예수를 따르기 위하여 고향을 버려야 했던 것은 예수의 생존시에만 실천되었던 것은 아니다. 예를들어 디다케에도 보면 주(主)의 삶의 방식들을 실천한 카리스마를 지닌 방랑자들이 있었다(Did XI, 8).

또한 어록은 반가정적 기풍(afamiliäres Ethos)을 대변한다. 자리 안주의 포기는 가족과의 관계를 단절할 것도 포함한다. 예수를 따름에 있어서의 조건은 부모와 처자와 형제 자매를 미워하는 것이다(누가 14:26). 마가복음 10장 29절에 의하면, 예수의 추종자들은 집과 토지와 가족을 버렸다. 그들은 가족을 돌보는 데 대한 최소한의 요구에도 어긋나게 행동하였다. 어떤 추종자는 그의 죽은 부친을 장사지내고자 하였다. 그러나 그에게 "죽은 자들을 장사하는 일은 죽은 자들에게 맡겨 두라"(마태 8장 22절)는 대답이 주어졌다.[12] 하나님 나라를 위하여 자신의 생식 능력을 포기한 사람들에 관한 말씀이 보여 주는 바와 같이, 스스로 아버지가 되는 것도 바람직하지 못한 것이었다(마태 19:12).[13] 그러므로 일

---

12) Hengel, *Nachfolge und Charisma* (BZNW 34), 1968 참조. H. G. Klemm, Das Wort von der Selbstbestattung der Toten (*NTS* 16, 1969/70, 60—75). 걸림돌이 되는 예수의 말씀을 완곡하게 해석하는 데 대하여 Klemm이 반대하는 것은 옳다.

13) 이 예수의 어록을 어느 정도 글자 그대로 받아들여야 하는지를 말하기는 어렵다. J. Blinzler(Εἰσὶν εὐνοῦχοι · Zur Auslegung von Mt 19:12 [*ZNW* 48, 1957, 254—270])는 이 말씀이 "고자"라는 욕설에 대하여 제자들을 변호하는 말씀이라고 본다. H. Greeven (Ehe nach dem Neuen Testament [*NTS* 15, 1968/69, 365—388))은 이 말씀이 성적 금욕생활을

반적인 기풍을 가진 사람이 원시 그리스도교의 카리스마를 지닌 방랑자에 대하여 어떻게 생각했겠느냐 하는 문제는 길게 논할 필요도 없다. 원시 그리스도교의 예언자가 자신의 고향이나 집안에서 별로 환영받지 못했다는 사실도 이해가 갈 만한 일이다(마가 6:4). [14] 자기가 버린 가족들이 자기를 영웅으로 존경해 주기를 바랄 수는 없는 일이기 때문이다. 자신의 행동을 정당화하기란 사실 어려웠다. 가정 파탄이 마지막 때의 불가피한 현상이라고 내세우는 말도 있다(누가 12:52f). [15] 또한 다른 말들은 가족의 개념을 바꿔놓고 있다. 즉 하나님의 뜻을 행하는 자들이 곧 참된 형제요 자매요 부모이다(마가 3:35). 한편 가족과의 결별이 항상 철저하게 지켜지지는 않았던 것 같다. 예를 들자면, 많은 사람들이 방랑의 길을 떠날 때 그들의 아내를 동반했다(고전 9:5 참조).

말씀 전승이 갖고 있는 세 번째의 특징은 부와 소유에 대한 비판이다. [16] 부자 청년에 관한 이야기가 보여주는 바와 같이, 예수를 철저히

*85

하는 사람들을 가리키는 상징적인 말이라고 본다. Q. Qesnell (Made themselves Eunuchs for the Kingdom of Heaven [CBQ 30, 1968, 335—358])은 이 말씀이 자기 아내에게 배반당하여, 그녀를 간음했다는 이유로 내쫓고 나서, 자기의 결혼에 충실하기 위하여 다시 결혼하기를 포기한 사람들의 성적 금욕을 가리키는 말이라고까지 생각한다.

14. 마가복음 6장 4절에는 분명히 친척들과 집안 식구들이 언급되어 있는데, Pap, Oxyrh. I, 5와 도마복음서 31에는 친척들과 집안 식구들이라는 말이 없다. 추측컨대 그 이유는 마가복음 6장 4절에서는 어떤 널리 알려져 있던 격언이 변형되어 쓰여졌기 때문일 것이다(Bultmann, *Gesch. d. synopt. Trad.*, 30f). 또는 Pap. Oxyrh. I, 5와 도마복음 31은 마가복음 6장 4절에 대한 이차적인 확대이기 때문일 것이다(W. Schrage, Das Verhältnis des Thomasevangeliums zur synoptischen Tradition und zu den koptischen Evangelienübersetzungen [*BZNW* 29], 1964, 75,77; E. Grässer, Jesus in Nazareth [*NTS* 16, 1969, 1—23]). 이 격언은 한 때 독립되어 있었던 것 같다(E. Haenchen, *Der Weg Jesu*, 1966, 220). 그런 다음에 이 격언은 마태복음 5장 11절 이하와 마찬가지로 원시 그리스도교의 예언자들을 두고 하는 말이 되었을 것이다.

15) 이로써 예언자적—묵시문학적 전통이 현실화될 것이다(Mi 7:6; Sach. 13:3; äthHen 100:2; 99:5; Jub 23:16; syrBar 70:6; 4Esr 6:24). 이 말을 마태는 제자 파송시의 말씀(마태 10장 21절)에 삽입해 놓음으로써 특히 카리스마를 지닌 방랑자들에게 하는 말로 해놓은 것은 흥미있다. 누가 복음 12장 51—53절 참조. S. Schulz, Q. Die Spruchquelle der Evangelisten, 1972, 258—260 참조.

16) 이 문제에 대해서는 H.J. Degenhardt, *Besitz und Besitzverzicht in den Lukanischen Schriften* (Diss. Würzburg), 1963 ; "부자 청년"에 관하여는 같은 책, 136—149 참조.

따르기 위해서는 소유를 포기해야 했다(마가 10:17ff). 재물은 땅에 쌓아두어서는 안 되고, 하늘에 쌓아두어야 한다(마태 6:19—21).[17] 부자가[18] 하나님 나라에 들어가기보다 오히려 낙타가 바늘귀로 들어가는 것이 쉽다(마가 10:25). 소유를 포기하는 자는 걱정으로부터 벗어날 수 있는 일상적인 가능성을 포기하는 것이다. 그렇기 때문에 말씀 전승에는 이런 말씀이 있다.

너희는 무엇을 먹고 마시며 살아 갈까, 또 몸에는 무엇을 입을까 걱정하지 말라. 목숨이 음식보다 소중하지 않으냐? 또 몸이 옷보다 소중하지 않으냐? 공중의 새들을 보라. 그것들은 씨를 뿌리거나 곳간에 모아들이지 않아도 하늘에 계신 너희의 아버지께서 먹여 주신다. 너희는 새보다 훨씬 귀하지 않으냐?… 또 너희는 어찌하여 옷 걱정을 하느냐? 들의 백합이 어떻게 자라는지 살펴 보라. 그것들은 수고도 하지 않고 길쌈도 하지 않는다(마태 6:25ff).

이 말씀을 우리는 쾌청한 날 가족끼리 산책하는 기분을 갖고 읽어서는 안 된다. 이 말씀이 의미하는 것은 새와 꽃과 초원에 대한 기쁨이 아

---

17) 누가복음에는 재물을 땅 위에 쌓아 두지 말라는 금지명령이 없다. 여기서 이 금지명령은 부(富)를 자선에 사용하라는 긍정적인 권고로 바뀌었다. W. Pesch(Zur Exegese von Mt. 6:19—21 und LK 12:33—34 [*Bibl* 41, 1960, 356—378])에 의하면 누가는 여기서 전승을 수정하였다. 누가는 "헬레니즘 세계에 있어서 사회적으로 어려운 계층의 그리스도 공동체에 대한 복음을 썼다"(375). 필자가 볼 때 이러한 해석은 옳은 것 같다. 이와는 반대로 Degenhardt(Besitz, 88—93)에 의하면, 마태복음의 이 부분(6:19—21)이 이차적이다. 한편 H.Th. Wrege (Die Überlieferungsgeschichte der Bergpredigt [*WUNT* 9], 1968, 109—113)은 다르게 해석한다. H. Riesenfeld (Vom Schätzesammeln und Sorgen—ein Thema urchristlicher Paränese [in: *Neotestamentica et Patristica. Festschr. f. O. Cullmann* ⟨NovTest Suppl. 6⟩, 1962, 47—58])는 이 교훈적 공관 전승은 서신문학에서도 전제되어 있다는 것을 증명하고자 한다. 그러나 필자가 볼 때 이것은 거의 옳지 않다.

18) 필자의 생각으로는 여기서 "부자"를 본래 $ἄνθρωπος$를 의미하는 것으로 볼 만한 근거는 없다. S. Legasse (Jésus a-t-il annoncé la Conversion Finale d'Israel [A propos de Marc X, 23—27], [*NTS* 10, 1963/64, 480—487])가 그렇게 본다. 마찬가지로 N. Walter(Zur Analyse von Mc 10:17—31 [*ZNW* 53, 1962, 206—218])도 이 격언이 의미하는 것은 "인간이 지상의 재물에서 벗어남으로써 또는 다른 금욕적 노력으로써 하나님 나라에 도달할 수 있으리라"(210)는 것이 아니라고 해석한다. 그러나 그의 해석은 원시 그리스도교의 급진주의의 의미에서가 아니라 개신교 교의학의 의미에서 나온 것이다.

니다. 오히려 이 말씀은 소유도 생업도 없이 시골을 두루 돌아다니는 카리스마를 지닌 방랑자들이 고향도, 집도 없이, 법률의 보호도 받지 못하는 처지의 역경을 말하고 있다.[19]

그러므로 이제 우리는 우리의 명제를 다음과 같이 표현할 수 있을 것이다.[20] 즉 말씀 전승의 윤리적 급진주의는 철저한 방랑의 생활 기풍이다. 이 삶은 오직 철저한 삶의 조건하에서만 실천되고 전달될 수 있다. 즉 이 세상의 일상적인 조건들로부터 벗어난 자만이, 집과 농지와 처자를 버린 자만이, 죽은 자들을 죽은 자들로 하여금 장사지내게 내버려두는 자만이, 그리고 새들과 백합을 모범으로 삼는 자만이 거처와 가족과 소유와 권리와 법의 보호를 참으로 포기할 수 있다. 오직 이러한 경우에만 이에 상응하는 윤리적 가르침이 의심받지 않고 전승될 수 있다. 오직 그 사회의 변두리에서만 이런 기풍은 기회를 가질 수 있다. 그리고 오직 여기에만 이 기풍의 "삶의 정황"이 있다. 더 정확하게 말하면, 이 기풍은 어떤 삶의 정황도 갖는 것이 아니라, 정상적인 삶의 변두리에서 제 삼자가 보기에 전혀 이해할 수 없는 삶을 영위할 수밖에 없는 것이다. 오직 여기에서만 예수의 말씀은 알레고리적 해석으로부터 보호받을 수 있었고 달리 해석되거나, 의미가 약화되거나 또는 배제되는 것으로부터 보호될 수 있었다. 그 이유는 간단하다. 여기에서만 예수의 말씀이 진지하게 받아 들여지고 실천되었기 때문이다. 오직 무적 (Heimatlosigkeit)의 카리스마를 지닌 자들만이 그것을 할 수 있었다.

이 명제는 두 번째 단계에서 구성적으로 확인될 수 있다. 공관복음서의 제자 파송 말씀과[21] 디다케에는[22] 원시 그리스도교의 카리스마를 지닌

---

19) 필자가 생각하기에 P. Hoffmann (Studien zur Theologie der Logienquelle (NTA N. F. 8), 1972, 327f)이 옳다. Schulz, Q, 149—157의 의견은 다르다.

20) 이 명제는 G. Kretschmar (Ein Beitrag zur Frage nach dem Ursprung frühchristlicher Askese, ZThk 61, 1964, 27—67))의 사상을 한층 더 발전시킨 것이다. 그의 논술은 Hoffmann(Logienquelle, 312—334)과 비슷한 방향으로 진술되었다. 앞에서 주장한 명제는 H. Frost 목사와의 대화 가운데서 얻어진 결과이다. 그는 특별히 제자 파송의 말씀이 예수 전승의 전달자들에 관한 문제에 대하여 갖는 의미를 숙고해 보도록 지적해 주었다.

21) 제자 파송 말씀에 대한 분석은 최근의 다음과 같은 연구들에서 볼 수 있다. 즉 F. Hahn, Das Verständnis der Mission im Neuen Testament (WMANT 13), 1965, 33—36 ; H. Schürmann, Das Lukasevangelium (HThK Ⅲ/1), 1969, 504f ; Hoffmann, Logienquelle, 236—334 ; Schulz, Q, 404—419. 특히 Hoffmann의 해석은 이하에서 전개되는 필자의 해석에 접근하는데, 그러나 필자는 유대 전쟁이 있기 이전에 있었던 온건파와 과격파

방랑자들에 대한 직접적인 진술이 보존되어 있다. 우선 원시 그리스도교 전도자들에 대한 계율을 살펴볼 것이고, 두 번째로 이들의 다른 사람들과의 관계에 대한 계율을 살펴 볼 것이다. 그리고 이 계율들이 곧 우리가 앞에서 말씀 전승의 전달자들의 경우에서 추론한 그 행동과 부분적으로 일치한다고 하는 것을 증명하고자 한다.

*87 제자 파송시의 명령 속에는 무적의 의무가 내포되어 있다. 디다케에서는 그 의무가 더 명료하게 나타나고 있다. 즉 사도는 한 장소에 하루나 많아야 이틀 동안만 머물러야 한다. 사흘을 머무른다면, 그는 거짓 사도다(Did XI, 5). 가난해야 한다는 의무도 마찬가지로 분명하다. 즉 전도자들은 돈과 주머니를 휴대해서는 안 되고, 옷은 한 벌만 지녀야 한다. 그리고 신발과 지팡이를 지녀서는 안 된다(마태 10 : 10). 디다케에 의하면 사람들은 사도들에게 하루 분의 빵만을 주어야 하고, 돈은 주어서는 안 된다. 돈을 요구하는 자는 거짓 예언자다(Did XI, 6).

이러한 방랑생활의 반가정적 성격은 덜 분명하다. 디다케에 있는 이 해하기 어려운 어떤 귀절은 방랑의 예언자들이 교회의 비밀을 실천한다고 되어 있다.[23] 그렇기 때문에 만약 그들이 그들의 행동을 다른 사람들에게 가르쳐 주지 않는 경우에는, 그들을 심판해서는 안 되고, 판단을 하나님께 맡겨야 한다는 것이다(Did XI, 11). 이 말은 아마 떠돌이 예언자들의 여성 동반자들에 대한 말인 것 같은데, 이들이 예언자들과 어떤 관계에 있었는지는 결코 분명하지 않았다. 이 점에 있어서 공적으로는 성적 금욕의 의무를 지켜야 했던 것 같다. 그러나 디다케의

사이의 논쟁에 있어서 어록 전승이 차지하는 시대사적인 위치에 대해서만은 다루지 않겠다.

22) 그리스도교의 카리스마를 지닌 방랑자를 취급하고 판단함에 있어서 디다케의 계율들을 관찰한 예로서는 다음을 참조하라. A.v. Harnack, Lehre der Zwölf Apostel nebst Untersuchungen zur ältesten Geschichte der Kirchenverfassung und des Kirchenrechts (*TU* 2, 1—2), 1884, 특히 88ff ; J.P. Audet, *La Didaché. Instructions des apôtres*, Paris 1958, 435—457 ; Kretschmar, *Beitrag*, 36f (이 논문에는 시리아에 있었던 방랑의 금욕주의파와의 유익한 비교 연구가 있다).

23) Audet는 그의 저서 *Didachè*, 451f에서 주석상의 여러가지 의견들을 개관하고 있다. Audet 자신은 성적 문제들에 대한 해석에 반대한다. 그러나 여기서는 시나이 지방의 금욕주의, 즉 성적 금욕을 의무로 삼았던 공동생활을 생각했을 가능성이 짙다. R. Knopf, Die Lehre der zwölf Apostel (*HNT* Erg.-Bd. 1), 1920, 32f에서도 그렇다. 또한 Knopf는 Irenäus (*Adv. haer*, I , 6,3)가 발렌티안파 사람들과 그들의 시나이 종파에 대하여 보고 하고 있는 것을 종종 다룬 듯하다. 즉 부인의 임신은 금욕 단체 전체의 문제성을 나타내는 것이었다.

이 귀절은 우리들에게 있어서도 여전히 하나의 신비로 남아 있다.

이렇게 볼 때, 말씀 전승에 있어서 명령된 행동은 원시 그리스도교에 있어서 적어도 "어떤" 부류의 사람들에게 있어서는 실천되었던 것이다. 즉 카리스마를 지닌 방랑자들, 사도들, 예언자들, 그리고 전도자들은 이런 행동을 실천했다. 그러나 그들이 역시 말씀 전승의 전달자였는지는 아직 확실하지 않다. 그렇지만 그에 대한 몇 가지 간접 증거가 있기는 한 것같다.

마태복음의 제자 파송의 말씀에는 분명히 카리스마를 지닌 방랑자들의 "말씀"이 언급되어 있다. "너희들을 받아들이지도 않고 너희의 말도 듣지 않는 자는……"(마태 10:14)이 그것이다. 이 말이 예수의 말씀이 아님에는 틀림없다. 그러나 마태가 이 카리스마를 지닌 방랑자들의 선포의 내용으로서 직접 인용하고 있는 한 마디 말은 예수의 말씀이다. 즉 "하나님의 통치가 가까이 다가왔다"(마태 10:7 ; 누가 10:9). 그러므로 그들의 말은 적어도 부분적으로는 예수의 말씀과 동일하다.

누가복음의 제자 파송의 말씀에서는 이보다 한 걸음 더 나아간다. 즉 *88 "너희의 말을 듣지 않는 자는 나의 말을 듣지 않는 것이고, 너희들을 배척하는 자는 나를 배척하는 것이다"(누가 10:16 ; 마태 10:40 참조). 떠돌이 전도자들의 말 속에는 예수 자신이 임재해 있다. 이 임재를 신비적인 동일성으로 이해해서는 안 된다. 오히려 떠돌이 전도자 그 자신이 곧 예수의 목소리이다. 왜냐하면 그는 예수의 말씀을 전달하는, 예수의 사자이기 때문이다. 이 사실은 어록의 양식에 의해서 증명된다. 곧 어록은 부분적으로는 나—문체(1인칭)로 말해지고 있다.[24] 또 부분적으로 어록은 아멘—형식을 통하여 제 3자로부터 전해받은 계시된 진리로서의 특징을 띠고 있다.[25] 이 양자는 상호 보충한다. 즉 1인

---

24) 마가복음 13장 6절에 보면, 원시 그리스도교의 예언자들을 말할 때 1인칭을 사용하는 것을 특징으로 하고 있다. 그러나 그들은 자신을 재림한 메시야라고 말한 인물들과는 거의 관계가 없다. 왜냐하면 "예수의 이름으로 오는"(마가 13:6) 자는 자신을 예수와 동일시했을 리 없기 때문이다. 그러므로 $\dot{\epsilon}\gamma\omega$ $\epsilon\dot{\iota}\mu\iota$는 오히려 예언자들의 어법으로 이해해야 한다. 이 점에 있어서 누가는 원시 그리스도교의 방랑의 예언자들에 대하여 더욱 분명하게 공격하고 있다. 그런데 그 예언자들이 선포, 즉 $\dot{o}$ $\kappa\alpha\iota\rho\grave{o}s$ $\eta\gamma\gamma\iota\kappa\epsilon\nu$ (누가 21:8)는 제자 파송시의 임무와(누가 10:9 ; 마태 10:7) 완전히 일치한다.

25) K. Berger, Die Amen-Worte Jesu (*BZNW* 29), 1970. 여기서 Berger는 필자의 의견과 같다. 그리고 그가 이 점에서 V. Hasler (*Amen*, 1969)에 반대한 것은 옳다.

칭으로 말하는 자는, 예를 들어, 산상설교에서 "그러나 나는 너희에게 말한다"라고 말하는 자는, 자신의 말을 통하여 예수의 대리자가 되는 것이다. 곧 "너희의 말을 듣는 자는 나의 말을 듣는 것이다." 이 사실이 특별히 카리스마를 지닌 방랑자의 경우에 해당된다는 사실은 이 말씀을 변형시킨 다른 말에서 알 수 있다. "너희들을 받아들이는 자는 나를 받아들이는 것이고, 나를 받아들이는 자는 나를 보내신 분을 받아들이는 것이다"(마태 10 : 40). 이 말씀은 공동체들에 대하여 카리스마를 지닌 방랑자들을 받아들이라는 일종의 추천장이다.[26]

26) E. Käsemann, Die Arfänge christlicher Theologie(*ZThK* 57, 1960, 162— 185=Exeget. Versuche und Besinnungen II, 1968, 82—104), 91. 여기서 Käsemann도 이 사실을 짐작하고 있다. Did, XI, 2도 참조 : 카리스마를 지닌 방랑자들은 主님과 마찬가지로 영접받았다. 위에서 약술한 바와 같은 카리스마를 지닌 방랑자들의 대리자 의식은 다른 어록에도 기록되어 있다. 이 사실은, 필자가 생각하기에는, 마가복음 8장 38절에서 볼 수 있는 바와 같은 1인칭이 3인칭으로 바뀐, 이해하기 어려운 사실을 설명하여 준다. 즉 "나와 나의 말을 부끄럽게 여기면, 인자도 그를 부끄럽게 여길 것이다." 이 말의 의미에 대한 논쟁에 대하여는 Ph. Vielhauer, Gottesreich und Menschensohn in der Verkündigung Jesu [in: *Aufsätze zum NT*, 1965, 55—91], 특히 101—107과 최근의 연구 Schulz, *Q*, 66—76 참조. 원시 그리스도교의 방랑의 예언자들은 예수 말씀의 전달자로서 자신을 예수와 동일시할 수 있었고, 따라서 1인칭으로 말할 수 있었다 ; 즉 "누구든지 나와 나의 말을 부끄럽게 여기면…" 그러나 그들은 미래에 올 심판자와 자신을 구별할 줄 알았다. 이와 비슷한 내용을 제자 파송의 말씀에서도 볼 수 있다. 즉 "누구든지 너희들을 받아들이지 않고 너희의 말을 듣지 않는 자는…"(마태 10 : 14)이라는 말은 "나와 나의 말을 부끄럽게 여기는 자는…"이라는 말과도 일치한다. 여기서 "나의 말"이란 카리스마를 지닌 방랑자들에 의하여 전달되는 것이기 때문에 예수의 인격과 구분될 수 있다. 이와 비슷한 대리자 의식은 성령에 반한 죄에, 즉 원시 그리스도교의 예언자들의 영에 반한 죄에 관한 말에서도 표현되어 있다(마가 3 : 28f 및 평행구). 예언자들에 대한 이와 같은 해석은 디다케 XI, 7에서도 볼 수 있다. Berger, *Amen-Worte*, 36—41 참조. Wrege (*Überlieferungsgeschichte*, 156—180)가 이 말씀을 "공관복음서 어록 전승의 기초가 표현된 것"으로 본 것은 옳다(169) : 부활절 이전의 행동은 상대화되었고, 예수의 말씀이 다시 심판의 척도가 되었다. The Exaltation of the Spirit by Some Early Christians (*JBL* 84, 1965, 359—373)에서 Scroggs는 이 말을 팔레스틴과 시리아에 있었던 그리스도교의 열광적 운동에서 유래한 것으로 본다 (이 운동에 대하여 마태복음 7장 22f절은 논박하고 있다). 그러나 필자가 생각하기에는 이 말에서 표현되어 있는 것은 그리스도교 신앙의 어떠한 사회학적 유형, 즉 원시 그리스도교의 방랑의 급진주의를 가리키는 것 같다. 또한 마태복음 25장 31—46절에서도 원시 그리스도교의 카리스마를 지닌 방랑자들의 대리자 의식을 볼 수 있을 것 같다. J.R. Michaelis, Apostolic Hardships and Righteous Gentiles (*JBL* 84, 1965, 27—37) 참조. 여기서

4. 원시 그리스도교의 예수 말씀 전승에 관한… *115*

*89

필자의 생각으로는 카리스마를 지닌 방랑자들에 대한 계율들로부터 다음과 같은 사실을 구성적으로 추론할 수 있을 것 같다. 즉 카리스마를 지닌 방랑자들은 어록 전승과 일치하는 기풍을 실천하였다. 그리고 그들은 어록 전승의 종말론적 주제를 그들의 선포의 실마리로 삼았고 예수의 말씀 양식에 상응하는 자기 이해를 갖고 있었다. 그들은 복음서가 형성된 이후에도 역시 예수의 말씀 전달자들이었다. A.D. 2세기에도 파피아스는 지나가는 떠돌이들인 주의 제자들로부터 예수 전승을 전수받을 수 있었다.²⁷⁾

마지막으로 필자는 우리의 명제를 유비적 추론을 통하여 확실하게 하고자 한다. A.B. 1, 2세기에는 원시 그리스도교의 카리스마를 지닌 방랑자들 이외에도 견유학파의 떠돌이 철학자들과 떠돌이 설교자들이 있었다. 그들도 역시 사회의 변두리에 있었다.²⁸⁾ 그들은 베스파시안 황제 및 도미티안 황제와 적대적인 입장에 있었으며, 이들 황제로부터 공격을 받았다. 그러나 다른 사람들에게는 이들의 모습은 참 인간 삶의 모범으로 여겨졌다. 철학자 에픽테투스(Epiktet)에게도 그렇게 여겨졌다. 에픽테투스는 견유학파 사람들에 대한 서술에서, "재산도, 집도, 땅도 없이, 또 후견인도 종도 없이, 조국도 없이 행복하게 산다는 것이 어떻게 가능할 수 있을까?"라는 질문을 던지고 스스로 이렇게 대답했다.

보라, 그것이 가능하다는 것을 실천으로써 너희에게 증명할 수 있는 사람을 *90 하나님께서 너희에게 보내셨다. 그런 모든 것을 나는 갖고 있지 않다. 나는 땅에 누워 지내고, 처자도 없고, 작은 궁전도 없다. 나는 다만 땅과 하늘과 보잘것 없는 큰 외투 하나만을 갖고 있을 뿐이다. 그러나 나에게 무엇이 부족하랴? 나는 걱정으로부터 벗어나 있고 두려움없이 지내지 않느냐? 내가 자유롭지 않느냐? (Diss. 3, 22, 46~48)

원시 그리스도교의 말씀 전승의 기풍과 견유학파 철학의 기풍은 세 가지 중요한 특징에 있어서 서로 비슷하다. 그 기풍은 고향과 가족과 소

Michaelis는 "미친한 형제들"을 사도들과 동일시하였다. 인간들에 대한 심판에 있어서 하나님의 태도가 예수의 사자들에 대한 그들의 태도 여하에 따라 결정된다고 보는 어록(누가 10:16; 마태 10:40ff)도 사실은 이러한 해석에 부합된다. L. Cope, Matthew XXV, 31—46, "The Sheep and the Goats" Reinterpreted (NovTest 11, 1969, 32—44) 참조.

27) Euseb, *Hist. eccl.* Ⅲ, 39, 4 : "장로들을 좇아다니는 사람들 중 어떤 사람이든지 오면, 나는 그에게 장로들의 말씀에 대하여 물었다."

28) L. Friedlaender, *Darstellungen aus der Sittengeschichte Roms in der Zeit von August bis zum Ausgang der Antonine*, 1910⁸, Ⅳ, 315f., 346—353; D.R. Dudley, *A History of Cynicism*, London 1937 (Nachdr. 1967), 특히 125ff 참조.

유없는 자들의 기풍이다. 견유학파의 기풍도 떠돌이 철학자들에 의하여 전승되었기 때문에 우리는 유비적인 방법으로 다음의 사실을 추론할 수 있다. 즉 예수전승의 전달자들도 이와 비슷한 사회학적 유형에 속한다. 이와같은 유비적 추론은 구조적 유사성에 근거를 두고 있으며, 역사적 관련성에 근거를 두고 있는 것은 아니다. 물론 역사적 관련성도 전혀 없는 것은 아니다.[29] 요르단 동편 가다라(Gadara)에서는 견유학파의 사상이 5세기 이상 메니프(Menipp), 메레아그로스(Meleagros), 오이노마오스(Oinomaos)에게서 지속되었다는 것이 증명된다.[30] 특히 A.D. 2세기에 사모사타의 루키안에 의하여 조소당했던 페레그리누스는 그리스도교의 카리스마를 지닌 방랑자였다가 그후에 견유학파로 전향하여 떠돌이 생활을 계속하였다는 사실은 역사적 관련성을 더욱 밝혀준다.[31] 견유학파의 떠돌이 철학자들과 원시 그리스도교의 카리스마를 지닌 방랑자들은 모두 정상적인 생활권 외에서 행동했다. 물론 이 양자의 정신적 근거는 서로 달랐다. 견유학파의 철학자들은 자연과 법칙을 서로 대립시킴으로써 기존 인습과 도덕으로부터의 해방을 사고 과정 속에서 성취했다. 그러나 원시 그리스도교의 방랑의 설교자들은 파멸 선고를 받은 낡은 세계와 새로운 세계를 대립시킴으로써 기존 인습과 도덕으로부터의 해방을 신화적 환상들에서 성취했다.

예수의 말씀이 카리스마를 지닌 방랑자들에 의하여 전승되었다면 예수의 말씀의 진정성을 위하여 이로써 밝혀진 것은 무엇인가? 양식사 연구의 회의는 예수의 말씀이 부활절 이후의 공동체의 삶의 제도화와 필요성에 의하여 정형되었다는 인식에 근거를 두었었다. 그러나 이러한 제도나 필요성은 예수에 의하여 기초가 놓아진 것도 아니고 예견된 것도 아니었다. 왜냐하면 "예수는 하나님 나라를 선포하였으나, 도래한 것은 교회이기" 때문이다(A. Loisy).[32] 여기서 "교회"를 어떤 장소에 정좌한 공

---

29) 어록 전승과 소크라테스 전승의 철학적 관습들(Topoi) 사이의 접촉 여부에 대하여는 H. Hommel, Herrenworte im Lichte sokratischer Überlieferung (ZNW 57, 1966, 1—23) 참조. 특히 혈연적 친척보다 정신적 관계를 우위에 놓는 관습은 어록 전승과의 비교 연구에 있어서 유익하다. 현인은 돈을 소유하지 않는다는 관습에 대하여는 H.D. Betz, Der Apostel Paulus und die sokratische Tradition (BHTh 45), 1972, 100—117 참조.
30) 견유학파의 영향을 받은 시인들, 또는 철인들에 대하여는 PW와 Lexikon der Alten Welt의 해당 항목 참조.
31) J. Bernays, Lucian und die Kyniker, 1879.
32) A. Loisy, L'Évangile et l'Église, Bellevue 1904³, 155 참조. 그의 잘 알려진 명제에 대한 해석으로는 D. Hoffmann-Axthelm, Loisys "L'Évangile

동체와 그 기구들을 의미한다면 예수와 원시 그리스도교 사이에는 어떤 사회학적 연속성도 없다.[33] 그러나 카리스마를 지닌 방랑자들의 경우에는 다르다. 이 경우에는 예수의 사회적 상황과 원시 그리스도교의 한 지류인 이들의 사회적 상황이 서로 비슷하다. 즉 예수는 최초의 카리스마를 지닌 방랑자였고, 그의 말씀의 전달자들은 그의 생활방식, 곧 주(主)의 생활 방식들(Did XI, 8)을 전해받았던 것이다. 그렇기 때문에 이 전달자들의 생활 방식에 의하여 정형된 것은 여전히 지금도 "비진정한" 것이 아니다. 그들의 철저한 방랑 생활은 예수 자신에게 돌아가기 때문이다. 철저한 방랑 생활 기풍은 진정성을 갖고 있다. 현대의 많은 회의적 연구가들이 예상하는 것보다도 더 많은 진정성을 갖는 말씀들이 "의심받고" 있는 것 같다.

예수 전승은 또한 다른 의미에서, 즉 전용된 의미에서 진정성을 갖고 있다. 즉 예수 전승은 실존적인 진정성이다. 예수 전승은 실천되었기 때문이다. 현대의 주석가나 보수적 주석가들은 모두 마찬가지로 종종 이 사실을 보지 못했다. 그리하여 실존론적 해석과 "새로운 해석학"을 대표하는 어떤 주석가는 소유를 나누어 주라는 부자 청년에 대한 요구를 예수의 말씀을 받아들이라는 요구로 보았다.[34] 그 주석가에 의하면 듣는 자는 무엇보다도 우선 들어야 한다. 여기서 나를 따르라는 부름은 "더 이상 윤리학적으로나 사회학적으로 해석해서는 안 된다"는 것이다. 오히려 여기서 중요한 것은 "하나의 순수한 종교적인 형국"이라는 것이다.[35] 이와 같이 새로운 해석학은 과거의 텍스트를 현재를 위하여 해석하고자 한다. 이 경우에 있어서 현재란 아마 그 나름대로의 자명성

---

et l'Église". Besichtigung eines zeitgenössischen Schlachtfeldes (*ZThK* 65, 1968, 291—328) 참조.

33) Schulz의 방대한 저술, *Q. Die Spruchquelle der Evangelisten*, 1972는 예수의 말씀 전승을 어떤 Q라는 공동체에 정착시키려는 시도이다. 이 공동체는 그 말씀의 극단적인 기풍 때문에 매우 "세상과 동떨어진 것처럼" (즉 "열광주의적으로") 보일 수밖에 없었다. 이 공동체가 그렇게 보인 것은 무엇보다도 종말에 대한 기대 때문이었다. 예수의 말씀의 진정성에 대한 회의는 필연적으로 강화될 수밖에 없었다.

34) E. Fuchs, *Jesus, Wort und Tat*, 1971, 10—20 : "여기서 너무 성급하게 사회학적 물음으로 빠져 들어가서는 안 된다. 왜냐하면 "판다"는 것은 교훈적인 의미를 갖고 있기 때문이다. 즉 예수를 따른다는 것은 그의 말씀을 받아들이는 데서 성립된다"(18).

35) Fuchs, *ebd.*, 19. 고전적인 양식사 연구의 사회학적 소지마저도 배척되었다 : "불트만의 양식사 연구와 특히 미국의 신학에서 어쩔 수없이 그렇게 하고 있는 것처럼, 사회학적 카테고리를 끌어들여서는 안 된다"(82).

을 가진 예수의 말씀이 실천되지 않는 그러한 현재일 것이다. 과거의 텍스트를 이렇게 해석한다고 해서 비난할 수는 없을 것이다. 그러나 그렇기 때문에 예수의 말씀이 지닌 명백한 의미를 자기 자신의 해석학적 통찰로써 흐려 놓는 잘못을 저질러서는 안 된다. 적어도 이 예수의 말씀을 과거에 진지하게 곧이곧대로 받아들였던 사람들을 존경해서라도 그런 오류를 범해서는 안 된다. 그리고 "하늘과 땅은 사라질지라도 내 말은 결코 사라지지 않을 것이다"(마가 13:31)라는 말씀을 곧이곧대로 확신할 수 있었던 예수의 말씀 전승자들이 언젠가 있었다는 사실은 오늘날에도 깊이 생각해 볼 만한 것이다.

II. 전승 전달자들의 행동과 그 행동의 제약 조건들

첫번째 연구 과정에서 우리는 어록 전승의 의도에서부터 출발했었다. 여기서 실제의 행동에 대한 귀납적 추론의 전제는 정신적 의도가 진지하게 받아들여진다는 것, 즉 정신적 의도가 "현실적" 행동에 대하여 구체적인 결과를 낳는다고 하는 것이었다. 두 번째 연구 과정에 있어서는 이와 같은 인식학적 가정이 뒤바뀐다. 즉 우리가 여기서 마찬가지로 가정해야 할 것은 지극히 "현실적인" 제 사정들도 정신적인 의도들에 대하여 구체적인 결과를 낳을 수 있다고 하는 것이다. 이러한 "현실적인" 제 사정들은 세 가지 요인군으로 분류된다. 이 요인군들이 지닌 몇 가지 국면들을 차례로 설명하고자 한다. 1) 생계비, 직업, 사회 계층의 문제와 같은 사회 경제적 요인들, 2) 도시 환경, 시골 환경과 같은 사회 생태학적 요인들, 3) 특정한 민족 집단의 언어, 규범, 가치와 같은 사회 문화적 요인들이 그것이다. 그런데 정신적 전승은 그 전승의 덜 정신적인 전제들을 주제로 삼기를 매우 꺼리거나 또는 전혀 그것을 주제로 삼지 않기 때문에 여기서 근거가 충분한 진술에 이르기는 사실상 어렵다. 방법론적으로 근거가 확실한 회의라면 얼마든지 타당하겠지만, 그러나 근본적으로 아무것도 알기를 원치 않기 때문에, 방법론적으로 아무것도 알 수 없다고 하는 임기응변적인 회의를 주장할 근거는 전혀 없다. 그런데 그러한 회의주의자들도 대부분은 앞에서 언급한 요인들에 적어도 부수적인 의미가 있다고 하는 사실을 놀랍게도 정확하게 알고 있다.

매우 소박한 사회 경제적 문제, 즉 생계 유지의 문제는 말씀 전승에서 어느 정도 분명하게 취급되고 있다. 이 문제에 대하여 제자 파송시의 말씀은 부정적인 진술과 긍정적인 진술을 갖고 있다. 부정적인 교훈은 다음과 같다:"여행을 하는 데 아무것도 가지고 가지 말라. 지팡이나 전대나 빵이나 돈이나 두 벌 속옷을 가지지 말라"(누가 9:3). "길에서 아무에게도 인사하지 말라"(누가 10:4). 여기서 특히 흥미있는 것은 전대와 지팡이와[36] 빵과 돈을 지니지 말라고 하는 것이다. 왜냐하면 외투와 전대와 지팡이는 사람들이 "고대의 탁발승"이라고 불렀던 견유학파의 떠돌이 철학자들의[37] 특징적인 소유물이기 때문이다. 전대와[38] 지팡이를 소유하지 못하게 했던 것은 아마도 그리스도교의 전도자들도 그러한 또는 그와 비슷한 걸인들이라는 좋지 않은 인상을 조금도 주지 않으려고 했기 때문인 것 같다. 그리고 길에서 누구에게도 인사하지 말라고 한 것도 아마 다음과 같은 의미를 갖는 것 같다.[39] 즉 자신의 가난을 외모로 가시하면서 길에서 누구에게 말을 걸면, 그 사람은 오해받기 쉽다. 한 동네에서 이집 저집 옮겨다니지 말라고 한 명령도 역시 이와 동일한 의미를 가진 것이다(마가 6:10; 누가 10:7)[40]. 왜냐하면 만약

*93

---

36) 지팡이를 소지하지 않는다는 것은 최소한의 자위 도구마저도 포기한다는 뜻이다(Hoffmann, *Logienquelle*, 313ff). 이와같이 지방을 두루 돌아다니는 자는 선의에서든, 악의에서든 다음과 같은 예수의 말씀을 명심하고 다녔다. 즉 "…누가 네 오른편 뺨을 치거든 왼편 뺨을 돌려대고, 누가 나더러 억지로 오리를 가자고 하거든 십리를 같이 가주라"(마태, 5:39—41). 이 어록은 카리스마를 지닌 방랑자들의 상황과 직접적인 관련이 있을 수도 있다. 그렇지 않아도 방랑생활을 하는 사람에게는 어떠한 봉역(奉役)의 목적에서든 1.5km나 3km를 가도록 강요받는다고 해도 개의치 않을 것이다.

37) Diog. Laert. Ⅵ, 13. 여기서는 아마도 후대에 와서 견유학파 철인의 특징으로 인정된 속성이 안티스테네스에게서 기인된 것이라고 본 듯하다(Dudley, *A History of Cynicism*, 6 참조):외투, 자루, 지팡이, 고대에 있어서의 여행 장비에 대하여는 Hoffmann, *Logienquelle*, 313ff 참조.

38) 견유학파중의 한 사람인 Krates는 $\pi\eta\rho\alpha$(봇짐)에 관한 단편을 썼다. A. Deissmann, *Licht vom Osten*, 1923⁴, 86—88에서 다이스만은 "거렁뱅이의 동냥자루"가 가지는 의미를 밝히고 있다(그는 Bulletin de Correspondance Hellénique 21, 1897, 60을 근거로 삼고 있다). W. Michaelis, $\pi\eta\rho\alpha$ 항목, *ThW* Ⅵ, 119~121의 견해는 다르다. 즉 그는 말하기를 "소아시아의 제의와 견유학파의 철학이 보여주듯이 동냥자루를 들고 다니던 종교인이나 또 철인들의 특징을 예수가 모방했을 가능성은 희박하다"(121의 주 13).

39) 예를 들면 W. Grundmann, *Das Evangelium nach Lukas*, o.J., 209는 다르다. 여기서는 시간의 손실에 대한 경고가 다루어지고 있다. Schulz, *Q*, 416에서도 동일한 견해를 보인다.

40) Haenchen, *Weg Jesu*, 230. Haenchen은 여러 집에서 전도자들을 차례로

이집 저집 옮겨다닌다면 그 동네의 인심을 물질적으로 이용하려는 것으로 보일 것이기 때문이다. 그러므로 분명한 것은, 그리스도교의 카리스마를 지닌 방랑자들에게는 보통 걸인들의 행각이 금지되었었다는 사실이다.[41] 그러나 그들에게는 그 대신에 주도 면밀한 사전의 배려가 마찬가지로 있었다.

그렇다면 다음과 같은 질문이 제기된다. 이 사람들은 무엇으로 먹고 살았는가?[42] 이에 대하여는 다음과 같은 긍정적인 지시가 있었다;

어떤 집에 들어가든지 먼저 "이 집에 평안이 있으라!" 하고 말하라. 거기에 평안을 받을 만한 사람이 있으면 너희가 비는 평안이 그 사람에게 임할 것이요, 그렇지 않으면 그 평안이 너희에게 돌아올 것이다. 너희는 한 집에 머물러 있어 거기서 주는 것을 먹고 마시라. 일꾼이 자기 삯을 받는 것은 마땅하다. 이집 저집 옮겨다니지 말라(누가 10 : 5~7절).

*94 그러므로 그들은 자기들을 자발적으로 부양해 줄 사람들이 항상 있을 것이라는 기대에서 출발했던 것이다. 그러나 그들은 자선적인 인심에 호소했던 것이 아니라 정당한 권리에 호소했던 것이다. 즉 일꾼이 자기 삯을 받는 것은 정당하다. 그런데 그들의 일이란 무엇인가? 파송의 말씀은 두 가지 일을 언급하고 있다. 곧 병고치는 일과 종말론적 선포가 그것이다. 병고침은 현재에 해당하는 것이고, 종말론적 선포는 미래에 대한 것이다. 여기서 선포는 단순히 빈 말이 아니었다. 선포는 최후의 심판으로부터의 보호를 제공하는 것이었다. 이것은 평화의 인사에서도 알 수 있다.[43] 즉 평화의 인사는 조건적이다. 방랑의 설교자들

영접했을 때 그들 사이에 질투와 싸움이 생겼던 경험으로부터 이런 금지 명령이 나오게 되었던 것이라고 본다.
41) Haenchen, *ebd.*, 222. Haenchen에 의하면 방랑하는 전도자들이 가난을 외모에 나타내게 하고 다닌 것은 그들이 치부하려 한다는 혐의를 받지 않기 위함이었다고 본다.
42) Schulz, *Q*, 172ff, 487ff에서 Sbhulz는 오늘날 사회에서의 물질적 제반 관계들의 혁명화에 대해서 강한 관심을 보여주고 있기는 하지만, 그는 성서 본문을 해석할 때에는 어떤 전승의 물질적 조건들에 대한 문제를 멀리하는 것 같다. 말하자면 그는 우리의 문제에 대하여 너무 단순한 태도를 취하고 있는 것 같다. 말하자면 그는 말하기를 "이러한 암시들로부터 사실 이상의 무엇을 더 읽어 내려고 하지 않도록 조심해야 할 것이다. 묵시문학에 나오는 추수꾼들은 실제의 일꾼들로서 먹고 마시는 식생활에 대한 권리를 갖고 있었다"(417).
43) "평화의 인사"에 관한 종교사적 배경은 Hoffmann, *Logienquelle*, 296—302

이 배척당하면 그 인사는 마치 마술적인 힘처럼 그 설교자들에게 대하여 적대적인 동네는 곧 있을 심판 때에 소돔과 고모라보다도 더 심한 불행을 당할 것이다(마태 10:15; 누가 10:12). 이런 사실에서부터 우리는 다음과 같은 결론을 얻을 수 있을 것이다 : 방랑의 설교자들을 영접한 집들과 동네들은 종말의 심판을 받지 않을 것이다. 현재에서의 병고침과 종말시의 보호——이것이 곧 방랑의 설교자들이 보수를 받지 않고 행한 "일들"이었다 : "거저 받았으니 거저 주어라"(마태 10:8). 그러나 그들의 이러한 일은 삯을 받기에 합당했다. 그들이 음식과 음료와 잠자리로써 대접받는 것은 본래 자명한 일이었다.[44] 이것은 흔히 볼 수 있는 그런 동냥은 아니다. 이것은 좀더 높은 수준의 동냥으로서 생계의 문제를 다만 부수적인 문제로 삼는, 그리고 "먼저 하나님의 나라와 그의 의를 구하라. 그러면 이 모든 것을 더하여 주실 것이다"(마태 6:33)라는 모토에 따라 생계의 문제가 어느 정도는 저절로 해결된다고 신뢰하는 카리스마를 지닌 자들의 동냥이다. 예수의 말씀 가운데서 이상에서 본 걸인의 지혜를 발견할 수 있는 것은 우연한 일이 아니다. 즉 "구하라 주어질 것이요, 찾으라 찾아질 것이요, 문을 두드리라 열릴 것이다"(누가 11:9ff. 평행구).

물론 복잡한 세상사 때문에 이러한 주제는 항상 순조롭게 해결되지는 *95 않았던 것 같다. 제자들이 밀을 훑어 먹었다는 이야기가 그 예이다. 양식사적 분석은 이 이야기에서 원시 그리스도교 공동체의 형편이 이상적인 국면으로 바뀌어 있다고 가정했다.[45] 그러나 이에 대하여 반대하는 의견은, 안식일에 굶으면서 들을 돌아다니는 것이 원시 공동체들의 반복되던 관습이었을 리가 없다고 주장하였다.[46] 그런데 사실은 이렇다.

를 참조. *Ebd.*, 310f에서 그는 그 당시의 시대사적 배경에 근거하여 평화의 인사를 해석하고 있다. 젤롯당의 항거 운동에 대처하기 위하여 "평화의 아들들"이 소집된다. 그러나 평화의 인사는 그 당시 매우 일반적인 관습이 아니었을까?

44) S. Krauss, *Die Instruktion Jesu an die Apostel* (Angelos 1, 1925, 96—102): "예수는 분명히 제자들에게 그들이 찾아가는 사람들과 그들이 설교하는 동네의 사람들이 베푸는 대접으로 먹고 살기를 바랬다."

45) Bultmann, *Gesch. d. syn. Trad.*, 14 참조.

46) Haenchen, *Weg Jesu*, 118—123: "안식일에 곡식밭을 거닐면서 이삭을 잘라 먹는 일은 분명히 그리스도인들이 좋아하던 일이 아니었다"(122). F.W. Beare, The Sabbath was made for Man?, *JBL* 79, 1960, 130—136). 여기서 Beare는 안식일에 있었던 예수와 적대자들 사이의 언쟁도 역시 사소한 일 때문에 일어났던 것 같고, 이삭을 훑어 먹은 사건도 아마

즉 확실한 직업을 가진 그리스도인들로 구성된 시골의 공동체에는 그러한 관습이 있었을 가능성이 거의 없다. 돈도 빵도 안 가지고 다녔던 방랑의 설교자들에게 있어서는 물론 그것이 전형적인 상황이었을 것이다.

그리고 이 이야기에 있어서 안식일을 어긴 행위는 구약성서의 제사장들이 제사 떡을 처분할 수 있는 권리를 갖고 있었다고 하는 사실로써 정당화되고 있다. 그러나 이런 이유는 논리적으로 잘못된 것이다. 제사장이 제물을 이것에 대해 권리가 없는 자들에게 내어준 것은 안식일을 어긴 것이 아니기 때문이다. 이와 같이 여기에 논리상의 결함이 있기는 하지만, 그러나 카리스마를 지닌 방랑자들이 가진 문제가 이 이야기를 만들어냈다고 하는 사실을 고려해 본다면, 논리적 결함에도 불구하고 여기에 하나의 실제적인 이유가 있었다고 하는 것을 알 수 있다. 즉 그들의 생계 부양에 대한 요구는 바울(고전 9:13)과 디다케(XIII, 3)에 있어서도 역시 제물에 대한 구약성서의 제사장의 권리를 들어서 그 정당성이 설명되었다.[47] 여기서는 신학적 논리(또는 비논리)가 다분히 인간적인 욕구를 따르고 있다.

카리스마를 지닌 방랑자들은 아무도 영접해 주는 사람이 없어서 때때로 굶기도 했던 것 같다. 그들은 법의 보호를 받지 못하는 뜨내기들처럼 종종 내쫓김을 당하기도 했다. 이런 상황에 대하여 대단히 이해하기 어려

그런 사소한 일들 가운데 하나였다고 지적한 것은 정당하다. ──여기에서 원래의 삶의 자리는 아마 괴테 친구인 모리츠(K. Ph. Moritz)의 자서전적 소설인 *Anton Reiser* (1959, 345, 제4부 첫 부분)에 나오는 짧은 이야기의 상황과 비슷했던 것 같다. 즉 여행자 Anton은 돈도 없이 Duderstadt 지방을 방랑하고 있었다. "한 번은 그가 곡식밭을 지나고 있었을 때, 그리스도의 제자들을 만났는데, 그들은 안식일에 이삭을 잘라 먹고 있었다. 그래서 그도 곧 한 줌의 이삭을 훑어 보았다."

47) J. Roloff, *Das Kerygma und der irdische Jesus*, 1970, 52—62, 71—73. 여기에서 Roloff는 필자가 아는 바로는 처음으로 이 점에 관하여 지적하였다. 즉 "고린도전서 9장 14절에 의거해 볼 때, 이 어록(즉 마가 2:25f)은 부활절 이후의 상황에서 복음 선포자들의 부양받을 권리에 대한 근거를 제시하기 위하여 삽입된 것으로 추측할 수 있다"(72). 이 문제에 있어서 삶의 자리가 성찬식과 관련되어 있다고 가정하는 것을 필자는 전혀 개연성이 없다고 본다(A.J. Grassi, *The five Loaves of the High Priest* (*Nov Test* 7, 1964/65, 119—122)가 그렇게 가정한다). H.W. Kuhn (*Ältere Sammlungen im Markusevangelium*, Studien zur Umwelt des NT 8, 1971, 72—81)에 의하면, 마가가 비로소 v. 25f를 삽입했다고 한다. 그러나 이것은 거의 증명할 수 없다.

운 위로의 말씀은 이렇게 말하고 있다.[48]

이 동네에서 너희들을 박해하거든 저 동네로 피하라. 내가 진실로 말하건데 너희들이 이스라엘의 동네들을 다 돌기 전에 인자가 올 것이다(마태 10 : 23).

그런데 만약 이 위로의 말씀을 듣는 대상이 전적으로 목표를 성취하고자 하는 의욕이 강한 전도자였다면, 이 말씀이 별로 위로가 되지 못했을 것이다. 왜냐하면 그 전도자가 세상 끝날이 오기 전에 모든 동네들을 다 돌지 못한다면, 이것은 그를 실망케 할 것이기 때문이다. 그러나 카리스마적 걸인들에게는 이 말씀이 위로가 된다. 왜냐하면 그들은 비록 거듭하여 내쫓기기는 하지만 그래도 그들은 설교와 병고침을 통하여 자신들의 생존을 연장할 수 있는 동네들을 세상의 끝 날에 이를 때까지 계속하여 찾을 수 있기 때문이다.

이런 모든 것에서 볼 때, 원시 그리스도교의 카리스마를 지닌 방랑자들은 국외자(局外者)였다는 것이 확실한 것 같다. 그들은 동네를 돌아 다닐 때 몇몇의 동조자들을 얻기는 했었을 것이다. 그러나 일정한 거처도 생업도 없이 돌아다니면서 임박할 세상 종말에 대한 설교로 백성을 불안하게 하고, 그들을 배척하고 도움을 주지 않는 동네 위에는 영적으로 볼 때 이미 불이 내리고 있다고 저주하는 이들에 대하여 대다수의 사람들이 어떻게 판단했겠는가 하는 것은 상상하기 어렵지 않다. 그들의 판단은 아마도 카우츠키(K. Kautsky)의 판단과 크게 다르지 않았을 것이다. 즉 카우츠키는 그들을 "부랑자요 모반자들"이라고 말하고, 그들은 메시야가 그들을 위하여 대신 방화할 것이라는 방화자의 환상을 갖고 있었다고 말한다.[49] 이런 판단으로부터 우리는 (고대) 사회주의적 직업 도덕의 엄격

*97

---

48) M. Künzi, *Das Naherwartungs-Logion Mt.* 10 : 23, 1970의 양식사적 개관을 참조. E. Bammel, *Matthäus* 10 : 23 (*StTh* 15, 1961, 79—92)에서 Bammel은 선교의 동기가 있었다는 사실을 반박한다. H. Schürmann, Zur Traditions- und Redaktionsgeschichte von Mt 10 : 23 (*BZ* N.F. 3, 1959, 82—88). 여기서 Schürmann은 이 어록이 나중에야 비로소 선교의 상황에 적용된 것이라고 말한다. Hasler(주 25 참조)는 84—86에서 선교의 동기도 위로의 동기도 모두 반박한다. 필자가 생각하기에 이 말씀은 목적을 추구하는 전도자의 안목으로부터는 거의 해석할 수 없다고 보는 것이 옳은 것 같다. 그렇기 때문에 선교적 동기를 모두 반박해서는 안 된다. 그 당시 원시 그리스도교에는 여러가지 형태의 선교가 있었다.

49) K. Kautsky, *Der Ursprung des Christentums. Eine historische Untersuchung*, 1921[11], 404f. : "…가족도, 집도, 소유도 없는 수많은 걸인들이 끊임없이 이곳 저곳을 방랑하였다… 복음서 기자가 예수 자신의 말이라고 해놓은 이 마지막 위협의 말은 적선을 구걸하다가 쫓겨난 걸인의 복

성 뿐만 아니라 그와 같은 국외자들이 분명히 일반적으로 배척당했었다고 하는 것을 알 수 있다. 또한 비슷하게 카리스마를 지닌 방랑자들도 그때 당시에 벌써 사람들로부터 비방을 받았던 것 같다. 그래서 그들을 위로하는 다음과 같은 예수의 말씀이 있다.

나를 위하여 모욕을 당하고 박해를 받고 터무니없는 말로 갖은 비난을 받으면 너희가 복이 있다. 기뻐하고 즐거워하라. 너희가 하늘에서 받을 상이 크다. 너희보다 먼저 온 예언자들도 이와 같이 박해를 받았다(마태 5 : 11f).

이런 모든 비방이 아무 이유없는 비방이었느냐 하는 질문을 제기할 수 있을 것이다. 즉 카리스마를 지닌 방랑자들도 다른 의심받던 뜨네기들과 혼동할 만큼 흡사하지 않겠느냐 하는 것이다. 사실 흡사했었다고 하는 것을 디다케가 보여주고 있다. 디다케는 떠돌아 다니는 자들, 즉 "그리스도를 팔면서 이집저집 돌아다니는 사람들"을 조심하라고 경고하고 있다. 루키안(Lukian)도──아마 정당한 것은 아니겠지만──이와 같은 그리스도교 예언자들의 못마땅한 종교적인 작태가 기식자(寄食者)의 행동에 지나지 않는다는 것을 드러내려는 목적으로, 그런 예언자들중 하나를 비난의 대상으로 삼고 있다. 그 자체가 근본적으로는 사회적 구속으로부터 종교적인 근거를 가지고 자유하고자 했던 것이 외부에서 볼 때는 일하기 싫어하는 게으른 뜨네기의 행위로 보일 수 있었던 것이다.

국외자로서의 그리스도교의 카리스마를 지닌 방랑자들은 무엇보다도 그들 자신 역시 사회의 변두리에 있었던 사람들에게서 의식주의 도움을 받았던 것 같다. 즉 그들은 곤궁한 사람들, 무거운 짐진 사람들, 가난한 사람들, 굶주린 사람들을 말씀으로 축복해 주고, 그들에게서 의식주의 도움을 받았던 것이다.[50] 사회적, 종교적으로 영락(零落)한 자들, 세리들, 창녀들에게 관심을 돌리고 있는 예수 전승의 모든 특징들이[51] 보존되어

　　　　수심을 잘 보여주고 있다. 그 결인은 적선을 거절당한 대신 차라리 그 도시 전체가 불길에 휩싸이기를 원했다. 그들은 다만 메시야만이 그들 대신 그 도시를 방화할 것이라고 생각했다." 복수심에 관한 한, 카우츠키의 말은 옳다. 그러나 누가복음 9장 51—56절이 보여주는 바와같이 복수심에 관한 말도 반박되어야 할 것이다. 카우츠키 판단의 결론은 다음과 같다. "이와같이 스스로 성령에 충만하다고 생각하며 방랑하던 부랑자와 모반자들이 곧 새로운 프롤레타리아트 조직의 원칙들과 기쁜 소식과 복음을 전한 사람들이다"(405).
50) Hoffmann (*Logienquelle*, 326)도 역시 그렇게 보고 있다.
51) G. Bouwmann, *La pécheresse hospitalière* (Lc Ⅶ, 36—50)(EphLov 45,

있었다고 하는 사실은 이 전승의 전달자들 자신이 사회의 밑바닥에 앉 었다고 하는 사실과 관련이 있는 것 같다. 이런 말씀 가운데서 분명히 어떤 특수한 사회 계층의 생활 양식을 발견할 수 있는 것은 우연한 일이 아니다. 예를 들면, "누구든지 가진 사람은 더 받을 것이요, 가지지 못한 사람은 가진 것까지도 빼앗길 것이다"(마가 4:25)[52]라는 말은 많이 소유한 사람의 입에서 나왔을 리 없다.[53] 공관복음서의 전승은 의심할 바 없이 다른 곳에서는 언급되어 있지 않은 집단의 사람들도 언급되어 있는 극히 적은 고대의 전승들중의 하나이다. 역사는 앞으로도 계속 지배하는 자들에 의하여 쓰여질 것이다. 그러나 여기서 우리는 세상을 "밑에서부터" 볼 줄 알아야 한다. 공관복음서 전승을 보는 양식사의 특이성이 이와 관련이 있을 것이다.

필자가 생각하기에는 앞에서 언급한 사회 경제적 요인들, 즉 의식주의 도움을 받아야 할 필요성과 이런 도움을 받는 것은 정당하다는 근거를 제시하는 것, 국외자들로서의 전승 전달자들의 역할, 전승의 특수한 사회 계층적 성격을 고려한다면, 말씀전승을 우리는 더 잘 이해할 수 있을

1969, 172—179). Bouwmann은 바리새파적 그리스도인들에 의해서 과거의 생활(그것이 단순히 과거의 생활이었느냐는 질문을 제기할 수도 있다)을 비판받던 사람들로부터 그리스도교 설교자들은 때때로 손님으로 접대받곤 했다는 추측을 해볼 만하다고 주장한다. 그는 누가복음 7장 36절 이하의 삶의 자리를 이러한 점에서 찾고 있다. E. Laland, Die Martha-Maria-Perikope Lukas 10:38—42. Ihre kerygmatische Aktualität für das Leben der Urkirche (*StTh* 13, 1959, 70—85). 여기에서 Laland도 역시 누가복음 10장 38절 이하의 삶의 자리를 방랑의 전도자들에 관한 문제점에서 보고 있다. "그 집의 여인들은, 곧 손님들이 시중을 들어야 했기 때문에 주의 말씀에 귀를 기울일 수 없었다"(82). 방랑의 전도자들을 영접한 집들은 많은 하인들을 거느린 집들이 아니었다는 것이 분명하다. 그리고 "필요한 일은 많지 않다"(누가 10:42)는 말은 아마도 카리스마를 지닌 방랑자들의 겸손을 뜻하는 것 같다. 그들은 집 주인들에게 물질적인 큰 부담을 주지 않았다.

52) J.D.M. Derrett, Law in the New Testament: The Parable of the Talents and two Logia (*ZNW* 56, 1965, 184—195). 특히 자본과 이윤 사이의 관계에 대해 언급한 194f의 어록을 참조하라. "이윤을 내지 못한 사람은 갖고 있는 자본을 내어놓아야 했다. 그 반면에 이윤을 낸 사람에게는 더 많은 돈을 맡겼다." 이 해석은 너무 좁은 해석인 것 같다. 오히려 부자는 점점 더 부유해지고, 가난한 사람은 점점더 가난하게 된다는 사실은 실로 일반적이고도 비관적인 경험이다.

53) 재판에 대한 비관적인 상(像), 예를 들어 화해하도록 권고하는 재판을 생각해 봄이 좋을 것이다. 즉 아무 권력도 없는 사람이 어떤 과실을 범하면, 법이야 어떻든 상관없이 감옥에 감금된다(마태 5:25—26).

것이다. 두 번째로 사회 생태학적 요인들도 살펴보아야 할 것이다. 말씀 전승에는 시골 지역들이 언급되어 있다. 이것은 비유의 상징 세계를 생각해 보면 알 수 있다. 비유에는 소농(小農), 삯일군, 소작인, 목자(牧者), 포도원 주인이 등장한다. 그리고 비유에는 파종과 추수, 경작지와 잡초, 양떼와 물고기 등이 언급되어 있다.[54]

원시 그리스도교의 카리스마를 지닌 방랑자들이 이와 같이 시골 출신이었다는 것을 고려해야만 그들이 의식주의 부양을 요구한 것을 이해할 수 있다. 즉 과거에 농부나 어부로서 생업을 삼았던 사람은 어떤 자리에 안주하려는 생활 태도와 함께 그의 생업 수단을 포기해야 하기 때문이다. 여기서 수공업자는 사정이 달랐다. 수공업의 도구들은 가지고 다닐 수 있지만, 경작지나 호수는 가지고 다닐 수 없는 것이다.[55] 그러므로 디다케에서는 떠돌아 다니던 수공업자가 어느 공동체에 정착하고자 할 때 그들에겐 큰 어려움이 있다고 보지 않았다.[56] 그러나 다른 곳에서 흘러 들어온 그리스도인이 수공업자가 아닐 경우에는, "너희들 가운데 일 없이 노는 신자가 없도록"(Did XII, 4) 공동체는 배려해야 한다는 유익한 교훈을 디다케는 주고 있다. 수공업자는 방랑하면서도 일을 해야 생계비를 벌 수 있다. "시장"에 팔 생각으로 물건을 만든다면, 그가 떠돌아 다니는 것은 오히려 장사에 더 큰 도움이 된다. 한 곳에서 팔지 못한 것은 다음에 가는 곳에서 팔 수 있기 때문이다. 시장이 크면 클수록 더 좋다. 그러므로 방랑의 수공업자들은 도시들을 찾아 다녔다. 이렇게 볼 때, 수공업자였던 바울이 바나바와 함께 헬레니즘권의 대도시들에서 선교를 시작하면서 자기가 의식주를 부양받을 수 있는 권리를 가졌음에도 그것을 포기했는데, 어부였던 베드로는 그 권리를 주장했던 일이 단순히 하나의 우연일까(고전 9:5f. 참조)?[57]

---

54) 공관복음서 전승의 시골적 성격을 강조하는 학자로는 다음을 들 수 있다. Deissmann, *Licht vom Osten*, 210f; M. Rostovtzeff, *Gesellschaft und Wirtschaft im Römischen Kaiserreich* Ⅱ, 1929, 10; E.A. Judge, *Christliche Gruppen in nichtchristlicher Gesellschaft*, 1964, 10ff.

55) 수공업자들이 지방을 두루 돌아다닐 수 있었다는 가정에 대하여는 W. Bienert, *Die Arbeit nach der Lehre der Bibel. Eine Grundlegung evangelischer Sozialethik*, 1954, 219—313. 특히 304면에서 Bienert는 갈릴리 출신 어부들은 그들의 직업이 어부였기 때문에 예루살렘에서 생업과 공동체 생활을 연결시킬 수 없었다고 하는 사실을 지적하고 있다.

56) 다른 견해로는 Knopf, *Lehre*(주 23 참조), 34: 수공업자는 남의 도움이 필요했지만, 그 반면에 상인은 스스로 꾸려나갈 수 있었다.

57) G. Dautzenberg, *Der Verzicht auf das apostolische Unterhaltsrecht*.

철저한 방랑생활 기풍과 시골 환경은 또한 다음과 같은 두 번째 이유에 있어서도 서로 관련되어 있다 : 도시의 공동체들은 그 규모에 있어서 벌써 일찌기 조직과 직제가 필요했었다. 그러나 카리스마를 지닌 방랑자들은 지나치게 엄격한 직제의 구분이 없는 시골의 공동체에서만 그들의 권위를 지킬 수 있었다.⁵⁸⁾ 말씀 전승은 소규모의 공동체들을 고려에 넣고 있다. 즉 "두 세 사람이 내 이름으로 모이는 곳에 내가 그들과 함께 있다"(마태 18 : 20). 왜냐하면 두 세 사람이 모이는 곳에서는 특별한 권위의 구조들을 필요로 하지 않지만, 극히 미소한 소수로서의 그들은 한 지방에 국한되지 않는 권위, 즉 이곳저곳을 떠돌아다니는 예언자들과 사도들의 권위에 의존하기 때문이다.

마지막으로 조그만 마을들과 소도시들은 큰 도시들보다 서로간에 더 가까운 거리에 놓여 있었다고 하는 사실을 언급해야 하겠다. 디다케 (XI, 6)에 보면, 하루 정도 걸리는 길을 갈 때에만 식량을 휴대해도 된

Eine exegetische Untersuchung zu 1 Kor 9 (Bibl 50, 1969, 212~232). 여기에서 Dautzenberg가 부양받기를 거절한 것을 "마태 이전에 팔레스틴—시리아 지방의 원시 그리스도교의 방랑 전도의 상황에서 시작된 것" (216)으로 본 것은 옳다. 고린도전서 9장에서 볼 수 있는 것과 같은 이러한 부양받을 권리의 주장이 일반화하게 된 이유로서 Dautzenberg는 사회학적 요인들, 즉 "이제는 더 이상 친척이나 가족 사이의 유대가 견고하지 아니한 거주 지역인 헬레니즘 지중해 세계로 선교의 자리가 옮겨진 것"(217)을 고려하고 있다. 필자는 이러한 사회학적 요인 이외에 철학적 전승의 유형도 고려해야 할 것으로 본다. 즉 참된 현인은 지혜를 가르쳐 주고 보수를 받지 않는다. 이것은 도시들에 널리 퍼져 있는 교양, 또는 엉터리 교양을 전제하고 있다. 이러한 유형에 대해서는 Betz(주 29 참조), 100—117 참조. Dautzenberg도 역시 부양받기를 거절하는 이유로 도시적 환경을 고려하고 있다(aO. 218). 즉 바울과 바나바는 "의식적으로 시리아—팔레스틴 내륙 지방을 떠나서 도시에 사는 헬레니즘 주민들에게로 갔다." 사실 바울은 스스로 부양받을 권리를 포기하는 이유로써 전적으로 자신의 인격에 관계된 신적인 필연성을 들고 있다(E. Käsemann, *Eine paulinische Variation des Amor fati: ZThk* 56, 1959, 138—154 : Exeget. *Versuche und Besinnungen* Ⅱ, 223—239 참조). 그러나 바울의 이와같은 자기 이해는 어느 정도 상대적으로 파악해야 할 것이다. 바나바 역시 부양받을 권리를 포기했기 때문이다. 그러므로 바울의 개인적인 결단만이 반드시 중요한 것은 아니다.

58) Käsemann, *Die Anfänge christlicher Theologie* (주 26 참조), 91. Käsemann은 그가 어록 전승의 전달자로 가정하고 있는 예언자들이 "팔레스틴—시리아 접경 지역에 있던 작은 공동체들, 즉 그 구성원이 적기 때문에 카리스마를 지닌 지도자에 의한 통솔 이외의 다른 어떤 조직이 불가능한 작은 공동체 안에서 활동했다"고 한다. 아마도 방랑의 예언자가 그런 공동체를 돌보았던 것 같다.

다고 되어 있는데, 그러나 이것은 큰 도시들 사이의 먼 길을 갈 때는 결코 충분하지 않은 것이다.[59] 그러므로 이러한 관습은 시골 환경을 전제로 한 것이다. 바울이 실제로 전 세계의 대도시들에 전도를 하려고 했을 때 그가 전도자의 부양받을 수 있는 권리를 포기한 것은 잘 한 일이다. 카리스마적 걸식자들은 이와 같은 계획을 실천할 수 없었고 다만 계획적인 조직가만이 실천할 수 있었을 것이다.

그런데 고대의 그리스도교가 대개 하나의 도시적 현상이었다는 점에서 볼 때, 이와같이 어록 전승이 본래 시골의 환경에 기반을 두고 있다는 것은 흥미있는 사실이다. 시골에 살고 있던 사람들은 이교도들이었다. 시골적 원시 그리스도교에 대한 직접적인 증거는 단지 두 가지 뿐이다.[60] 버드니 지방의 총독 플리니우스는 트라얀 황제에게 다음과 같이 보고하였다. "새로운 미신(그리스도교를 말함)의 유행병이 도시들에서 뿐만 아니라 작은 마을들과 시골에서도" 퍼지고 있다(epist, X, 96). 이 보고는 원시 그리스도교의 현저한 도시적 성격을 보여주고 있다. 두 번째 증거는 클레멘스 I서(42:4)에 있다. 이에 의하면 사도들은 지방과 도시들에서 하나님의 나라를 선포했다고 되어 있다. 그런데 이 나라는 말씀 전승의 주제이며, 사도들은 카리스마를 지닌 방랑자들이다. 그러므로 그들의 활동에 있어서 우선 지방이 언급되어 있다는 사실은 적어도 고려해 볼 만한 것이다.

*101 원시 그리스도교가 현저하게 도시적 현상이었던 이유에 우리는 무엇보다도 사회 문화적 요인을 들 수 있다. 즉 언어가 그 이유이다. 이에 대하여 아주 간략하게 언급하고자 한다. 큰 도시들에서는 코이네 희랍어가 일상용어로 통용되었고, 지방에서는 고대의 종족 언어들이 사용되었는데,[61] 소아시아에 있어서는 제 6세기까지 그랬다.[62] 그 반면에

---

59) Knopf, *Lehre*, 31에 의하면, 이것은 "그리스도교 공동체들이——즉 디다케에 전제되어 있는 공동체——지나치게 멀리 위치해 있지 않았다는 사실을 암시하고 있다. 즉 이 공동체들은 기껏해야 걸어서 하루 정도 걸릴 만큼의 거리에 위치해 있었다." 이런 상황은 도시적인 환경보다는 시골의 환경에서 생각할 수 있다.

60) R. Knopf, Über die soziale Zusammensetzung der ältersten heidenchristlichen Gemeinden (*ZThK* 10, 1900, 325—347), 특히 326 참조.

61) 예를 들어 이레니우스는 리용에서 그 지방 주민들에게 설교하기 위하여 켈트어를 배우려고 노력하였다(Adv. haer. I, 10, 2 : III, 4, 1f). 이 문제에 관해서는 W. Schneemelcher, Das Problem der Sprache in der Alten Kirche (in: *Das Problem der Sprache in Theologie und Kirche. Referate vom Deutschen Ev. Theologentag 27—31. Mai in Berlin*, 1959, 55—

시리아—팔레스틴 지역에서는 그리스도교가 이전부터 그 지역 주민의 방언, 즉 아람어를 사용했다. 이 아람어는 분명히 말씀 전승의 배경을 이루고 있다. 예수 말씀 가운데 하나가 이런 사실을 보여 주고 있다. "이 방 사람들의 길로도 가지 말고, 또 사마리아 사람들의 도시에도 들어가지 말라. 다만 이스라엘 집의 잃은 양에게로 가라"(마태 10 : 5).[63] 금지된 것은 또한 그대로 실천되었다. 그러므로 다음과 같이 추론할 수 있다. 즉 철저한 방랑의 생활 기풍은 팔레스틴에서부터 다른 지역들로도 퍼져나갔다. 그러나 그 본거지는 팔레스틴이었다.[64]

이상에서 약술한 경제적, 생태학적, 문화적 요인들이 곧 말씀 전승의 *102 사회적 조건들이다. 이런 조건들이 없었다면 말씀 전승은 우리들에게

---

67) ; C. Andresen, *Die Kirchen der alten Christenheit* (Die Religionen der Menschheit 29, 1/2), 1971, 20f.

62) K. Holl, Das Fortleben der Volkssprachen in Kleinasien in nachchristlicher Zeit (Hermes 43, 1908, 240—254=Ges. Aufs. zur KG Ⅱ : Der Osten, 1928, 238—248).

63) H. Kasting, *Die Anfänge urchristlicher Mission*, 1969, 110—114. Kasting은 이 말씀이 마태의 편집적 의도에서 만들어진 것이라고 본다. 물론 이 말씀은 마태의 편집적 개념에 일치하기는 하지만, 그러나 다만 마태복음 15장 24절에서의 전적으로 예수에게 관계된 양식에 있어서만 그렇다. 아마 마태는 마태복음 10장 5절의 전승된 어록을 마태복음 15장 24절 안에 편집적으로 변형시켜 넣은 것 같다.

64) 이와같이 원시 그리스도교의 방랑의 급진주의의 장소가 팔레스틴이었다고 하므로써 어록전승의 유대 그리스도교적 성격도 설명할 수 있다 : 어록전승 안에는 유대교의 회당조직 내에 속하면서 회당의 판결에 승복하는 그리스도교 공동체들이 전제되어 있다(마태 10 : 17). 랍비들의 권위도 인정되고 있다(마태 23 : 2f). 그러나 동시에 바리새파 사람들과 율법학자들은 혹독하게 비판되고 있다. 이와 같은 반대되는 상황의 양립은 다음과 같이 설명될 수 있을 것이다. 지방에 산재해 있던 군소공동체들은 사실은 유대교에 속해 있었다. 그런데 전승을 전달한 주요한 인물들은 방랑의 카리스마자들이었는데, 그들은 기독교를 유대교로부터 구분하였으며, 어떠한 조직으로부터도 벗어나 있었다. 그렇기 때문에 이러한 방랑자들에게 동조하는 지방거주자들은 다소간의 차이는 있을지라도 유대교와 기독교 간의 타협의 경향을 농후하게 갖고 있었음에도 불구하고, 유대교와 바리새파 사람들과 율법학자들에 대한 비판이 보존될 수 있었다. 만약 방랑의 국외자들이 없었다면 기독교는 곧 자신의 독특성을 상실하고 말았을 것이다. Kretschmar, *Beitrag*(註 20 참조), 47 참조. "유대인의 민족적 유대로부터 벗어나기 이전의 팔레스틴 기독교의 역사적 상황에서는, 우리가 카리스마적 지도자들 즉 예언자, 교사, '거룩한 사람들' 이외에는 다른 어떠한 직제나 직분에 대하여 들을 수 없다고 하는 사실은 놀라운 것이 아니다… 이런 상황에 있어서는 이러한 카리스마적 지도자들이 기독교의 사신(使信)을 대변하는, 눈에 띄게 겉으로 나타난 대표자들이었을 것이다."

전승되지도 않았을 것이고, 또는 오늘날의 형태대로 전승되지도 않았을 것이다. 그렇다고 말씀 전승이 어떠한 방법으로든지 이러한 조건들에서부터 나왔다는 말은 아니다. 이렇게 말할 만한 충분한 이유는 없기 때문이다. 자료에 근거해 볼 때, 다만 정신적 전승과 특정한 사회적 조건들 사이의 관련성과 상호 의존성만을 인식할 수 있을 뿐이다. 만약 그 이상을 주장한다면, 그것은 벌써 우리가 가지고 있는 자료와는 상관없는 현실에 대해 진술할 수 있다고 생각하는 것이다. 즉 자료를 추론하고, 연구하고, 이해하기 위하여 꼭 필요한 이론적 구성 그 이상의 진술을 할 수 있다고 생각하는 것이다. 만약 그러한 진술을 한다면 그것은 벌써 비평적 학문의 영역을 떠난 것이리라. 그러나 비평적 학문의 영역내에서도 우리는 충분히 연구하고, 이해하고, 파악할 수 있다. 마지막으로 원시 그리스도교의 말씀 전승에 대한 가설을 몇가지 더 언급하고자 한다.

1. 원시 그리스도교의 서신 문학에서는 예수의 말씀을 거의 볼 수 없다. 이 사실에도 역시 사회학적 이유가 있다. 서신들은 주로 헬레니즘 도시 공동체에서 나온 것이다.[65] 이 공동체들은 여러 사회 계층으로 구성되어 있었다. 이러한 사정을 우리가 가장 잘 알 수 있는 고린도와 로마에서는 이 사회 계층들간에 충돌이 일어난 적도 있었다.[66] 이와 같은 구조를 가진 공동체에 있어서는 가족적인 사랑의 가부장제도[67]가 적절하였다. 왜냐하면 이런 제도하에서 사회적 차이점들이 무마되고 완화되기 때문이다. 이러한 기풍에 있어서의 특징은 원시 그리스도교의 가훈표(Haustafel)에 잘 나타난다. 그러나 원시 그리스도교의 철저한 방랑 생활자의 반(反) 가정적 기풍은 이것과 전혀 관련이 없었다. 그것은 그

---

65) Deissmann, *Licht vom Osten*, 210f 참조.
66) 로마의 공동체에 관하여 특히 H. Gülzow의 분석은 Kallist와 Hippolyt 사이의 분쟁 및 그 사회적 배경에 대한 분석에서 극치를 이루고 있다. 고린도에 있었던 공동체 내의 분쟁에도 역시 사회적 요인들이 하나의 역할을 하였다는 것을 설명할 수 있는 기회가 있기를 필자는 바란다.
67) 사랑의 가부장주의라는 개념의 출처는 사실 E. Troeltsch, *Die Soziallehren der christlichen Kirchen und Gruppen* (Ges. Schriften I), 1912, 67~83이다. Troeltsch는 바울의 윤리적인 기본입장을 다음과 같이 특징 짓는다. "이것은 지상에서의 불평등에 대한 종교적 인정과 종교적 극복에 동시에 근거를 둔 기독교적 가부장주의의 유형이다. 이 가부장주의의 유형은 후기 유대교의 가부장제도에 이미 그 시초가 있었던 것으로 기독교적 사랑의 이념의 온기에 의하여, 그리고 그리스도의 몸 안에 있는 모든 사람들의 결속에 의하여 특별한 성격을 갖춘 유형이다"(67). Troeltsch는 "주어진 불평등을 기꺼이 받아들여 그것을 인간·상호관계의 윤리적 가치에 효과있도록 만드는 근본이념"(68)에 대하여 말하고 있다.

들이 그 것을 실천할 수 없었기 때문이 아니다. 예수의 말씀을 알 수는 있을지라도 그 말씀대로 살 수는 없는 것이다. 그런데 구전전승에 있어서 어떤 사회에 의하여 받아들여질 수 없는 부분은 그 사회의 "예비 검열"에 의하여 거부되었다. 말하자면 일종의 사회학적 전승의 문턱이 예수의 말씀이 이 공동체 안으로 들어오는 것을 곤란하게 했던 것이다. 그래서 공관복음서의 인자 대신에 우주적인 그리스도가 등장했던 것이다.

2. 어록 전승은 그 성격이 변화되는 경우에 본래의 삶의 정황을 벗어날 수 있었다. 어록 전승의 윤리적 극단주의가 실천될 수 없을 때, 그 극단주의가 영지주의적 극단주의로 변형될 수 있었다. 말하자면 행동의 구체적인 결과를 갖지 않아도 되는 인식의 극단주의로 화(化)한 것이다. 이와 같은 방향으로 수정된 말씀 전승을 우리는 예수의 말씀의 한 집성물인 도마복음서에서 찾아볼 수 있다.[68] 이와 같이 영지주의적으로 수정된 극단주의의 사회적 장소는 교회 안에 있었던 비교적 동질적인 무리였을 가능성도 있다. 그들은 혼히 사회적으로 처지가 좋은 무리였다.[69] 이런 무리라야 또한 결과를 초래하지 않는 인식의 극단주의를 잘 둘러멜 수 있는 것이다.

---

68) 여기서 물론 고려해야 하는 것은 도마복음서에는 수정된 어록전승이 있을 뿐만 아니라, 적절하게 조정된 영지(Gnosis)도 있다는 사실이다. 그럼에도 불구하고 도마복음서 안에서는 구체적인 명령들이 퇴색되어 사변화되었다. ——필자가 중요시 하는 것은 이것이다. 그러나 말씀 전승이 이런 식으로 수정되는 것은 단순히 말씀전승의 본래적인 성격이 그래서 그런 것이 아니다(J.M. Robinson, *ΛΟΓΟΙ ΣΟΦΩΝ*, Zur Gattung der Spruchquelle Q [in:*Zeit und Geschichte*. R. Bultmann, 1964, 77~96]. Robinson 은 속담수집의 양식에서 영지로 수정되는 이와 같은 본래적인 경향성을 볼 수 있다고 한다). 그러나 오히려 말씀전승이 수정되는 것은 전승의 전달자가 바뀌어졌거나 또는 예수의 말씀을 받아들일 때 그 말씀을 더 이상 실천할 수 없었던 다른 사회적인 환경 때문이었다고 보아야 할 것이다.

69) 영지주의자에 대한 Anderson(註 61 참조), 103의 판단 참조 : "이 사람들은 일반적으로 초기 보편 공동체에 들어 오지 않았던 사회계층에 속해 있었다. 발렌티안파와 바실리데스파의 영지주의적 증언은 전통을 보존하기 위한 공동체의 신앙의 엄격한 제한을 벗어나는 자유주의적 정신으로 가득차 있다." 이 문제에 대한 자세한 설명으로서는 H.G. Kippenberg, Versuch einer soziologischen Verortung des antiken Gnostizismus (*Numen* 17, 1970, 211~231), 225 참조 : "영지주의의 사회학적 소재는 주전 2세기와 1세기에 로마의 군정하에 들어간 로마제국의 동쪽 주변국의 헬레니즘적 지식층이었다". 이에 대한 비판으로서는 P. Munz, The Problem of "Die soziologische Verortung des antiken Gnostizismus" (*Numen*, 19, 1972, 41~51) 참조. 그러나 필자의 생각으로 Munz의 비판은 고대 영지주의의 사회계층적 성격을 인식하지 못한 것 같다.

3. 우리에게 말씀 전승이 비교적 그 본래의 정신 그대로 보존되어 있는 것은 말씀 전승이 어록 자료와 복음서들에서 문자로 정착된 덕분이다. 여기서 흥미있는 것은 이 말씀 전승이 다만 복음서의 형식으로만 보존되어 있다는 것, 즉 예외없이 지나간 과거 시대를 회상하며, 말씀 전승의 윤리적 극단주의를 벌써 역사적으로 먼 거리에 두고 바라보는, 예수 생애에 대한 서술 안에만 보존되어 있다는 사실이다. 무엇보다도 누가에서 이와 같은 역사적 거리가 나타나 있다. 누가는 예수 전승 본래의 사회적 상황과 그 수신인 사이에 대단히 큰 간격이 있다는 것을 느꼈기 때문에 누가복음 이외에 사도행전을 저술하였다. 그리하여 사도행전에서 그는 그리스도교가 갈릴리(또는 더 정확히 말해서 잘 알려진 도시 예루살렘)에서부터 큰 헬레니즘 도시들에까지 전파된 경위를 보여 주었다.[70] 누가는 다른 복음서 기자들보다도 더욱 뚜렷하게 예수 생존시의 기간이 여느 때와는 다른 윤리적 규율들이 타당시되던 특별한 시기였음을 강조하고 있다. 그렇기 때문에 그는 한 편으로 예수의 말씀의 윤리적 극단주의를 가장 충실하게 보존하면서도 다른 한 편으로는 오해받을 염려없이 원시 그리스도교의 방랑의 급진주의로부터 거리를 둘 수 있었다. 누가복음서에 있는 고별의 말씀에서 예수는 분명히 카리스마를 지닌 방랑자에게 주는 계명을 철회하고 있다. 그래서 파송의 말씀 가운데서 돈주머니와 자루와 신발을 지니지 말라는 명령은 여기서는 이제 더 이상 타당성을 갖지 못하게 되었다. 오히려 이제부터는 돈과 자루와 심지어 검을 지니고 다녀야 한다고 명령한다. 왜냐하면 시대가 달라졌기 때문이다 (누가 22 : 35f). 그래서 그 당시에 누가는 최초의 카리스마를 지닌 방랑자들의 추종자들과 충돌하였다. 누가가 볼 때 그들은 거짓 예언자들이기 때문이었다. 그리고 또한 다만 열 두 사도만이 합법적인 사도이기 때문이었다. 이 열 두 사도가 초창기의 위대한 방랑의 전도자들이었다. 그런데 초기에 있어서조차도 열 두 사도들이 이상적인 그리스도교의 원형이었다기보다는 오히려 예루살렘에 있던 작은 공동체들이 그 원형이었다. 그리하여 누가는 이 공동체들에 대하여 매우 이상화된 상(像)을 그리고 있다. 이 공동체들에서는 구성원들 모두가 자기의 소유를 공동체 전체가 쓰도록 내놓았다. 그러나 주목할 것은 이에 대한 증거로서 누가는 다만 바나바, 즉 사도이면서 또한 카리스마를 지닌 방랑자였던 바나

---

70) "도시"는 이미 복음서 안에서도 큰 의미를 갖고 있다. 누가는 예수를 도시 환경 속에 등장시키고 있다. 이에 대하여는 Hoffmann, *Logienquelle*, 270~280) 참조.

4. 원시 그리스도교의 예수 말씀 전승에 관한… *133*

바만을 들고 있다는 점이다. 이 점에서 누가는 또한 역사적 개연의 사실을 은연중에 보여 주고 있는 것이다. 즉 철저한 추종자는 다만 정처없이 떠돌아다니던 카리스마적인 걸인들밖에 없었다.

원시 그리스도교의 예수의 말씀 전승을 추적해 볼 때, 우리는 원시 그리스도교 신앙의 세 가지 사회적 형태를 보게 된다. 이 세 가지 사회적 형태는 방랑의 급진주의(철저한 방랑생활 기풍), 사랑의 가부장주의, 그리고 영지주의적 극단주의이다. 이 세 가지 유형의 역사에 대하여는 트뢸취가 그리스도교 전 역사를 통하여 연구한 바 있다. 그는 이 세 가지 유형을 소종파 제도화된 교회, 그리고 신비주의로 구분하였다.⁷¹⁾ 방랑의 급진주의의 기풍은 소종파 운동들, 즉 몬타니즘, 시리아에서 있었던 방랑의 금욕주의자들의 운동, 중세기의 탁발승들, 그리고 종교개혁의 좌파에서 항상 되살아나곤 했었다. 영지주의적 극단주의는 교회 안팎에서의 개인주의적, 신비적 성격을 띤 집회들에서 거듭 표현되곤 했다. 그리고 교회 제도가 지속되어 온 것은 그리스도교적 사랑의 가부장주의 덕분이다. 사랑의 가부장주의가 원시 그리스도교의 극단주의를 지혜롭게 완화하여 지속시키는 데 성공했기 때문에 그리스도교 신앙은 하나의 집단적이고 실용적인 생활양식이 된 것이다. 사랑의 가부장주의는 제 2세기에 원시 그리스도교의 다른 두 가지 사회적 형태, 즉 몬타니즘과 영지주의와의 대결에서 승리하여 자기 자신을 관철할 수 있었다. 그리하여 이 사랑의 가부장주의는 무엇이 전통적이며, 규범적인지 그리고 주석에 있어서 합법적인 것이 무엇인지를 정의했다. 그러나 사랑의 가부장주의는 다른 두 가지 전통을 완전히 제압하지는 못했다. 그리하여 "이단적" 조류가 거듭하여 나타나곤 했다. 그렇지만 이 사랑의 가부장주의는 극단적인 조류들을 그때마다 자신에게 동화시켜버리거나 또는 배제해 버릴 줄 알았다. 그런데 그들을 배제할 때는, 잘 알려진 바와 같이, 사랑으로라기보다는 오히려 가부장주의로써, 더 정확하게 말하자면 물리적인 폭력을 사용함으로써 배제했다. 그러나 물리적인 폭력과 그리스도교가 돌이킬 수 없이 타협함으로써 원시 그리스도교의 급진주의의 전통으로부터 거듭거듭 다시 회개에의 외침을 들어야 했던 것이다.

---

71) E. Troeltsch, *Die Soziallehren der christlichen Kirchen und Gruppen*, 1912.

5

"우리는 모든 것을 버렸읍니다"(마가 10 : 28)
―― A.D. 1세기 유대―팔레스틴 사회에서의
예수를 따르는 것과 사회적 무근성 ――

예수를 따른다는 것은 처음부터 구체적인 사건이었다. 제자들은 집과 가정, 소유 그리고 직업을 버렸다. 베드로는 이 모든 것에 대해서 다음과 같이 말하고 있다. "보십시오, 우리는 모든 것을 버렸고 당신을 따랐읍니다."[1] 우리는 예수를 따른다는 것의 실존을 두 가지 관점하에서 생각해 볼 수 있다. 종교적 관점에서 보면 그것은 거룩한 것과 만남의 결과요, 사회적 관점에서 보면 유대―팔레스틴 지역에서 폭넓게 암시되어 있는 다양한 사회적 무근성(無根性)의 결과이다. 이 성서 본문은 종교적 관점에서 분명하게 인식되어져야 하는 반면, 한 편으로는 이에 대한 사회학적 노력이 수반되어야 한다. 신약성서 본문은 단지 지극히 제한된 정보를 제공하고 있기 때문에, 우리는 폭넓은 유추의 결과들을 의지해야 한다. 유대―팔레스틴 사회에 있어서 사회적 무근성의 모든 현상들은 유추로써 다루어진다. "사회적 무근성"은 동시에 주어진 거주지를 버림으로써 그동안 의지했던 규범의 심각한 파괴로 이해되고 있다. 이 개념은 두 가지 면을 가지고 있다 : 거주지 문제와 결부되는 지역적인 면, 그리고 규범적인 생활규칙과 다른 일탈 행태의 방향에서 변화된 행동양식에 따른 사회적인 면을 가지고 있다. 이 개념은 전체적 혹은 부분적으로 이주민들, 새로 들어온 이주민들, 쿰란종파인들, 강도들, 저항 투사, 유랑인들, 예언 운동가들을 포괄하고 있다. 이러한 분석은 세 가지 점에서 흥미를 끈다 :

---

1) M. Hengel, "Nachfolge und Charisma", *BZNW* 34. Berlin 1968, 60 참조 : "그러므로 '추종'이란 말은 우선 아주 구체적인 의미로 그의 뒤를 따르고 그의 불확실하고 위험스럽기까지 한 운명에 동참하는 것을 의미한다." 그것은 또한 "법과 풍속과의 단절"도 요구한다(S. 9 ff.).

1. 현상들의 확대. 동시에 우리는 이론적인 전제를 수반해야 한다 ; 사회적 현상이 확대되면 될수록, 사회학적 해석은 더욱 더 필요하다. 사회적 무근성은 일반적인 현상이다 ; 한 사회 속에서 이러한 현상의 현저한 상승은 특수한 구조적인 문제와 연결되어 있다. 이러한 현상의 확대에 대한 증명은 자료, 및 시간, 공간, 질적인 확산에 거점을 둔 양적인 진술을 통해서 방법론적인 문제를 제기했다. 여러 가지 모습을 띄는 현상이 더욱 자주 등장한다. *107

2. 현상의 제한성. 여기에는 다른 모든 것들을 설명하는 사회의 제 1 원인이 분명하게 주어지지 않는다는 이론적인 전제가 깔려 있다 ; 더우기 고정된 경제적 요인, 생태학적 요인, 정치적 요인, 그리고 문화적 요인들이 상호작용하는 가운데 상이한 현상들이 뒤섞여 있음을 인식할 수 있다. 분명하게 규정된 요인은 자료 속에 있는 행동양식의 동기들에 관한 진술들을 통해서, 행태와 사회적 기원 사이의 사실적인 상호관계를 통해서, 그리고 역사적 사건과 규정된 행동양식 사이의 연대기적 상호관계를 통해서 방법론적인 문제를 제기할 수 있을 것이다.

3. 현상들의 유사성. 명제는 이론의 전제에 따른다. 두 현상 사이의 유사성이 크면 클수록, 한 쪽에서 다른 쪽에로의 이동은 차단되고 있다. 세 번째로 비교해 볼 때, "사회적 무근성"은 예수운동과 주변 세계의 현상을 비교할 수 있는 특징을 통해서, 또한 비교할 수 있는 상황, 행태 방식, 전통, 그리고 의도들을 통해서 질문이 제기되어야 한다.[2]

이 논문은 세 부분으로 분류된다. 제일 먼저 예수운동에 나타나고 있는 사회적 무근성에 대한 모든 진술들을 논구할 것이다. 둘째 부분에서 예수운동의 사회적 무근성을 주변 세계의 현상과 유비를 통하여 해석할 것이다. 마지막으로 무법적인 행태로서의 사회적 무근성에 대한 총체적 의미를 추적하고 원시 그리스도교 제자 집단의 실존과 사회적 위기 사이의 연관성을 분석할 것이다.

I. 예수운동에 나타난 사회적 무근성

1. **만연된 사회적 무근성** : 소명사화(마가 1 : 16 ff. ; 2 : 15 ff.), 제자

---

[2] 그외의 근본적인 문제들에 관하여는 나의 논문을 참조할 것. : "Theoretische Probleme religionssoziologischer Forschung und die Analyse des Urchristentums", *NZSysThR* 16 (1974) 35~56. 또한 *Die soziologische Auswertung religiöser Überlieferungen*, Kairos 17 (1975) 284~299.

로 부르는 말씀(마태 8 : 19 ff. ; 마가 10 : 28 ff.) 그리고 선교 지시사화(마태 10 : 5 ff.)는 예수운동의 참여자들이 카리스마를 지닌 방랑자들의 뜨네기 삶에 참여하기 위해서 가옥을 버렸다는 사실을 알게 해준다. 위에서 언급한 정의에 따르면, 그들은 사회적으로 뿌리를 내리지 못하였다. 예수운동에 있어서 이러한 행태는 얼마나 만연되어 있었는가? 우리는 열 두 사도들에게서 출발해보자.[3] 누가에 의하면 열 두 사도들은 예루살렘의 가정 교회를 인도하였다(사도 1 : 12 ff.). 여기에서 누가는 동료적인 공동체 지도자의 이상을 묘사하고 있는 것 같다. 첫번째 예루살렘 방문에서, 바울은 소위 공동체의 지도자로서 베드로만을 알고 있을 뿐인데(갈라 1 : 18)[4], 두 번째 방문에서는 "세 기둥"(갈라 2 : 9)을 언급하고 있다. 다른 사도들은 시골로 선교 여행, 혹은 구제를 위한 여행을 떠났던 것같다. 왜냐하면 그런 일들이 공동체의 지도자들이 아닌 그들에게 위임되었기 때문이다(마가 3 : 13 ff.). 베드로 자신은 항상 예루살렘에 머물러 있지는 아니하였다. 우리는 그를 예를 들자면 사마리아(사도 8 : 14), 리디아와 욥바(사도 9 : 32 ff.), 가이사랴(10 : 1 ff.), 안디옥(갈라 2 : 2 ff.), 그리고 아마도 고린도(고전 1 : 12), 로마(제1 클레멘스서 5 : 4)에서 발견할 수 있다. 또한 베드로 역시 카리스마를 지닌 방랑자이다. 그와 연합했던 12명의 무리는 곧 사라졌다. 베드로 자신도 산지사방으로 떠돌아 다녔던 것같다. 그럼에도 불구하고 그에게는 이스라엘의 열 두 지파를 연합시킬 과제가 부여되어 있다(마태 19 : 28).

원시 그리스도교의 카리스마를 지닌 방랑의 생활기풍은 열 두 사도나 그 이외의 사도들에게 국한되어 있지 않았다. 바울과 바나바(사도 14 : 4, 14), 그리고 안드로니고와 유니아(로마 16 : 7) 역시 사도이다. 디다케서(Didache)는 모든 사도들을 언급하고 있는데, 그들은 "복음서의 가르침에 따라" 방랑의 생활을 한다(디다 11 : 3~4). 열 둘이라는 제한된 칭호(예를 들면 누가 6 : 13 ; 계시 21 : 14)는 예수의 이름으로 선포하는

---

3) G. Klein, "Die zwölf Apostel", *FRLANT* 77, Göttingen 1961 ; J. Roloff, *Apostolat—Verkündigung—Kirche*, Gütersloh 1965.
4) 그뿐만 아니라 그는 12 사도에 속해 있지 않은 주의 형제 야고보를 만난다. 그는 또한 카리스마를 지닌 방랑자가 아니라 예루살렘 교회의 설교자인 것 같다(사도 12장 17절, 15장 13절, 21장 28절 ; 갈라 2장 9절 이하 ; Jos. ant. xx 200 ; Eue h. e. ii 23, 4 ff.). 경우에 따라서는 여러 가지 역할 때문에 그가 베드로와 갈등을 일으켰다. 즉 지역 교회는 카리스마를 지닌 방랑자보다 주변세계에 적응하려고 더욱 애썼던 것 같다.

방랑하는 사도들을 겨냥하고 있다(참조. 누가 21:8;계시 2:2). 나아가 카리스마를 지닌 방랑자들은 사도뿐만 아니라 "주의 제자"로도 불리우고 있다. 파피아스에서 그렇게 불리운다. 이 제자들은 추종자들과 또 다시 방랑하는 그리스도교인들을 갖고 있다(Frgm. ii 4).[5] 마태복음 18장 21절과 10장 42절 역시 "제자"의 개념을 카리스마를 지닌 방랑자와 관련시키고 있다. 이와 동일하게 "예언자들"(마태 10:41;디다 11:3 ff.;사도 11:27), "의인들"(마태 10:41), "교사들"(사도 18:1;디다 18:2)이 취급되고 있다. 다양한 칭호들은 그 배후에 널리 퍼져 존재하고 있던 카리스마를 지닌 방랑자들의 생활 기풍을 지시하고 있다. 곧 바로 누가는 그것을 열 두 사도에 국한시키지 아니했다. 누가는 누가복음 10장 1절 이하에서 70명의 선교사 파견에 관하여 보도하고 있는데, 그들은 전에 파견되었던 열 두 명의 사도와 같이 동일한 규범에 따르고 있다(누가 9:1 ff.). 아울러 누가는 팔레스틴에서 안디옥에 이르기까지 떠돌아다녔던 예언자 집단에 관해서 보도하고 있다(사도 11:27 ff.). 카리스마를 지닌 방랑자 아가보(Agabus)는 이 집단에 속했다. 유대에서 온 아가보를 우리는 가이사랴에서 만나게 된다(사도 21:10).

열 두 사도와 나란히 이러한 카리스마를 지닌 방랑자들은 홀로 산재해 있는 떠돌이들이 아니었다. 동일한 단체에 속해 있는 무리들을 발견할 수 있다. 스테반(Stephanus)을 중심으로 한 일곱 명의 무리는[6] 명목상으로는 교회 살림을 위해서 선택되었지만, 독자적으로 선교를 하였다(사도 8:4;19:19 ff.). 누가는 예루살렘에서 스테반의 추방과 함께 그것을 보도하고 있다. 그러나 스테반은 이미 전부터 선교를 했었다(사도 6:8 ff.);지역을 옮겨다니는 것도 역시 오래된 일이었다. 니콜라는 안디옥에서 왔다(사도 6:5). 그곳에는 다섯 명으로 구성된 무리가 있었는데, 이들은 아주 먼 곳에서 온 외국인들이었다(사도 8:1 ff.);

---

[5] 학자들은 다음의 세 가지 논증을 들어 "주의 제자들"과 파피아스의 "장로들"이 카리스마를 지닌 방랑자라는 주장에 대해 찬성한다. 1. 이름이 명시되어 있는 5명의 사도들은 카리스마를 지닌 방랑자였고 "주의 제자들"이라고 명시되어 있기 때문에 우리는 그로부터 두 명의 주의 제자들, 즉 아리스티온과 요한을 추론해 낼 수 있을 것이다. 2. 그들에게는 "추종자"가 있었다. 그 말로 미루어 "방랑하는" 사람이었다고 가정할 수 있다. 3. 이 추종자들을 파피아스는 다음과 같이 기록했다. εἰ ...παρηκολουθηκώς τις...ἐλθοι. 따라서 그들도 방랑 집단에 가담하였다. 더구나 요한 3서의 "장로"라는 말은 방랑하는 그리스도인을 지칭하는 것 같다고 말할 수 있다.

[6] M. Hengel, "Zwischen Jesus und Paulus", ZThK 72 (1975) 151~206.

바나바는 구브로(Zypern)에서 왔고(4 : 36), 바울은 다소(Tarsos)에서 왔다(22 : 3). 누기오는 구레네(Kyrenaika)에서, 마나엔은 헤롯 안티파스와 함께 자랐는데 예루살렘 아니면 로마 출신이다.[7] 시몬(Symeon)에 관해서 우리는 아무것도 모른다. 다섯 명 가운데 둘은 방랑의 설교자였음이 분명한데 바나바와 바울이 그렇다. 그들은 선교를 위해서 특별히 선출되었다. 스테반의 죽음에 대해서는 원칙적으로 문제가 되고 있다 (사도 8 : 2). 카리스마를 지닌 방랑자들의 다른 집단에 대해 요한 3서에서 장로가 요약하고 있다. 이 서신의 저자는 자신의 여행을 암시하고 있는데(14절), 추천서와 함께 사자(使者)를 보내고(12절), 원시 그리스도교에 있었던 카리스마를 지닌 방랑적 기풍의 생활 조건을 변호하고 있다 : 그것은 지역 교회의 그리스도교인들에 의해서 받아들여지고 지탱된다(5절 이하).[8]

그 이외의 카리스마를 지닌 방랑자들은 바울의 적대자들을 추적한다. 그들의 일부는 팔레스틴에서 왔으며 히브리인을 자처한다(고후 11 : 22). 이와 마찬가지로 티베리아스(Tiberias) 출신인 디아스포라 유대인 알립시오스(Alypsios) 그리고 가이사랴 출신 마케도니스(Makedonis)도 있다(CIJ 502, 370).[9] 그밖의 방랑의 고행자들은 클레멘스 위서(僞書)인 *ad virgines*에서 나타나고 있다.[10] 카리스마를 지닌 방랑의 기풍은 원시 그리스도교에 있어서 널리 퍼진 현상이었다. 수자상으로 보면 지역 교회들은 여러 가지 강점들을 가지고 있었다. 카리스마를 지닌 방랑자들의 실제적인 중요성은, 나의 생각으로는 고향 상실, 가정 상실, 소유 상실,

---

7) ant. xvii 20에 의하면 안티파스는 로마에서 교육을 받았다고 한다($\tau\rho o\phi\grave{\alpha}\varsigma\ \epsilon\iota\chi o\nu$). 마나엔은 $\sigma\upsilon\nu\tau\rho o\phi o\varsigma$로서 그 곳에 그와 함께 있었던 것 같다. 그 반면에 H.W. Hoehner("Herod Antipas", *SNTS* 17, Cambridge 1972, 14)는 사도행전 13장 1절을 근거로 안티파스가 팔레스타인에서 양육되었을 것이라고 추측한다. 그렇지만 사도행전 13장 1절에 이름이 밝혀져 있는 그리스도인들은 거의 모두가 디아스포라 출신이며 마나엔도 역시 마찬가지 일 것이다. 그렇다면 그는 우리가 알고 있는 한 로마와 관계를 맺은 최초의 그리스도인일 것이다.
8) 방랑 선교의 의미에 대해서는 A.V. Harnack, "Über den dritten Joh.-Brief", *TU XV* 3, Berlin 1897 ; R. Bultmann, "Die drei Johannesbriefe", *KEK* 14, Göttingen 1967, 99 참조.
9) CIJ=J. B. Frey, *Corpus Inscriptionum Iudaicarum*, Rom 1936/52. "히브리인들"의 의미에 대해서는 특히 M. Hengel, *Zwischen Jesus u. Paulus*, 169ff. 참조.
10) G. Kretschmar, "Ein Beitrag zur Frage nach dem Ursprung frühchristlicher Askese", *ZThk* 61 (1964) 27~67 참조.

5. "우리는 모든 것을 버렸읍니다" 139

보호 상실의 급진적인 기풍을 전하고 실천함으로써 해명되고 있다.[11]
2. 예수운동에 있어서 사회적 무근성의 조건에 관하여 : 고향을 버리고 예수를 따르는 생활의 시작은 제일 먼저 종교적 동기를 가지고 있다. 그들의 가장 중요한 전제 조건은 예수의 부름이었다. 성서 본문은 이와 동시에 사회적 조건을 제시하고 있다. 부자 청년은 따르라는 부름을 받았을 때, 그의 재산이 그를 따르지 못하도록 방해하였다(마가 10장 22절). "따르라"(δεῦτε)는 예수의 부름은 제자들 뿐만 아니라(마가 1장 17절), 수고하고 무거운 짐 진 사람들에게도 해당된다(마태 11장 28절). 전자의 "나를 따라오라"(δεῦτε ὀπίσω μου)와 후자의 "나를 향해서 오라" (δεῦτε πρός με)는 말 사이에는 분명한 차이가 있다. 마태복음 11장 28절(멍에와 휴식)에 있어서 부름의 상(像)은 지역 운동과 관계되어 있다.[12] 여기에 예수를 따르라는 부름이 전제되어 있지 않다는 사실을 아무도 배제할 수 없다. 적어도 "수고하고 무거운 짐 진" 상태에서 예수를 따르던 사람들의 예를 들자면 거지 바디메오(마가 10 : 52), 혹은 가다라(Gadara)의 귀신들린 사람을 들 수 있다. 예수를 따르려는 그의 소원은 역시 거절당하지만 유대와 이두메아와 같이 넓은 지역에 있는 데카폴리스에서 그는 선포한다. 이 사화는 이 지역에 있는 방랑의 선교자에 관한 실존을 암시해주고 있는 것같다(마가 5장 18절 이하).

사회적 모티브는 그물을 내려 고기를 잡는 기적 사화를 통해서 잘 나타나고 있다. 밤새도록 고기를 잡지 못한 후, 베드로는 예수를 따르라는 부름을 받는다(누가 5 : 1 ff.). 여기에서는 부름에의 좌절과 삶의 터전인 고향을 떠난다는 것이 직결되어 있는데, 이 사화 자체는 다른 진술 의도를 가지고 있다.[13] 물론 어부는 최하층에 속해 있지 않다. 세베대

*111

---

11) 필자의 논문 : "Wanderradikalismus", *ZThK* 70 (1973) 245~271 ; 또한 "Legitimation und Lebensunterhalt", *NTS* 21 (1975) 192~221 참조.
12) 상징성에 대해서는 J. B. Bauer, "Das milde Joch und die Ruhe, Matth. 11, 28~30", *ThZ* 17 (1961) 99~106 참조. 더구나 그 상징은 예수의 직업 생활에서 비롯된 것 같다. Justin dial. 88에 의하면 목수는 ἄροτρα καὶ ζυγά를 만든다고 한다.
13) H. Kreissig, *Die sozialen Zusammenhänge des judäischen Krieges*, Berlin 1970, 47 : "가난한 사람들이 항상 간직하고 있으며 베드로의 고기잡이에서 우리가 알 수 있는 것처럼 만선에 대한 환상은 오직 엄청나게 많은 고기를 잡을 수 없었다는 사실을 나타내줄 뿐이다." 상류층의 문헌에 속하는 피타고라스의 vita(Porphyrius vita Pyth. 25)에는 고기잡이의 기적이 다량의 어획량에 있는 것이 아니라 어획의 수자를 정확하게 예언한 데 있다고 강조되어 있다.

의 아들들은 그의 아버지와 함께 일일 고용자들을 버렸다(마가 1:20). 이 가족은 다른 사람의 노동력을 살 수 있었다. 나자렛 복음서는 그럼에도 불구하고 세베대가 "가난한 어부"라고 규정짓고 있다(Frgm. 10). [14] 요세푸스를 통해서, 우리는 유대전쟁 초기에 티베리아에서 "뱃사람들과 무산자들"이 봉기를 일으켰다는 사실을 알 수 있다(vita 66). 가난한 사람들과의 동맹은 뱃사람들의 태도가——어부들도 여기에 속한다——비판적일 수 있다는 사실을 보여준다. [15]

예수 자신은 목수였을 것이다(마가 6:3). 그는 고도의 기술을 가진 수공업자는 아니었다. 예수는 결코 농업에 종사하는 건축업자로 묘사될 수 없다. 예수의 가정은 소농가였다. 예수의 친척들이 도미티안 황제 앞에서 그들의 재산을 공개하도록 명령받았을 때, 그들은 "총계 9000데나르를 소유하고 있었고, 절반은 각자 가지고 있었다. 그것도 돈이 아니라 39 모르겔(1 모르겔은 두 필의 소가 오전 중에 경작할 수 있는 넓이 : 역주)의 토지였다 ; 그들은 세금을 지불하고 생계를 유지하기 위해서 스스로 이 토지를 경작하였다"(Hegesipp in Eus. h.e. iii 20, 2). 이것은 소농으로 끼니를 이어갔던 지극히 빈곤한 신분인 "영세민"에 관한 것이다. 물론 그들은 최하층에 속하지는 아니했다. [16] 소농과 어부는 아무 것도 가진 것이 없는 최하층, 즉 소작인 중 날품팔이 노예들에 비해서 생산 수단을 소유하고 있었다. 예수운동이 상류계층에서 일어나지 아니했다는 사실은 분명하다. 그러나 예를 들자면 수사의 부인 요안나(누가 8장 3절), 아리마데 요셉(마가 15:43) 등과 같은 상류계급 출신도 더러 있었다. 유의해야 할 점은 떠돌아다니는 예수를 따르는 자들 가운데 부유한 세리장 삭개오가 아닌 세리 레위(누가 19:1 ff.)와 부자 청

---

14) Naz. -Ev.는 공관복음서들을 전제로 한다. 저자에게 있어서 날품팔이군의 고용과 빈곤 사이에는 전혀 모순이 없었는가? 그외에도 그는 사회적 동인을 강조한다. Ergm. 10과 16 참조. 그리고 Ph. Vielhauer in: *Hennecke-Schneemelcher: Neutestamentliche Apokryphen* I. Tübingen 1959, 93.

15) S. W. Baron, *A Social and religious history of the Jews* I. New York 1952, 254는 다른 견해이다 : 어부는 "사회적 신분이 높지 않았을지라도 명성"을 지녔다.

16) H. Kreissig, *Zusammenhänge*, 55가 생산 수단의 소유자(대토지 소유자와 소농)와 비소유자(소작인, 날품팔이군, 노예)를 구분하는 것은 정당하다. 그러나 필자의 생각으로는 하층과 상층으로 분류하는 데 있어서 반드시 생산 수단을 소유하고 있다는 것이 중요한 것이 아니라 그것을 기초로 삼아 다른 사람들을 마음대로 처리할 수 있는 권한이 있다는 것이 중요한 것 같다.

5. "우리는 모든 것을 버렸읍니다" *141*

년이 아닌 세베대의 아들들이 속했다는 것이다. 원시 그리스도교의 카리스마를 지닌 방랑자들에 관해서 우리가 아는 것은 그들의 상황이 전혀 안정되지 못했던 중산층에 속해 있다는 점이다. 부자들에 대한 공격(누가6 : 24 ff.), 수고하고 무거운 짐 진 자들에 대한 관심(마태 11 : 28), 가난한 거지를 영접함(마가 10 : 46 ff.), 직업에 대한 낙심 등은 하층 민중의 궁핍한 생활에 모순된다.

II. 팔레스틴 주변 세계의 사회적 무근성

우리는 주변 세계의 유사한 현상들로부터 원시 그리스도교에 관한 자료의 희소한 정보에 대한 해석을 이끌어내야만 한다. 한 편으로는 유대 내부의 갱신운동을 들 수 있다. 쿰란 공동체, 독립 저항투사, 예언 운동들이 여기에 속한다. 다른 편으로는 일반적인 비통합적 현상들을 들 수 있는데, 여기에는 이주민들, 강도와 떠돌이들이 속한다. 이 두 집단 사이에는 실제적으로 중복되는 관계가 있다. 이주민들과 엣세네파 사람들은 새로운 장소로 이주하기 위해서 그들이 원래 살던 장소를 버렸다. 이들에게는 도피적인 성격이 지배적이었는데, 강도들과 독립 저항투사들은 공격적인 행태 방식을 중요시했다. 거지들과 예언 운동가들은 공동체를 형성하고 있었는데, 그들은 인간적인 자선과 신적인 간섭 등 다른 사람들로부터 도움받기를 희망하였다 ; 여기에는 의존적인 행태 방식이 지배하였다. 우리는 상이한 이상형의 성격을 띠는 집단을 도식으로 표현할 수 있는데 실제적으로는 더 복잡할 것이다. *113

	도피적 행태의 특징	공격적 행태의 특징	의존적 행태의 특징
일반적인 비통합적 현상	이주민 새로운 거주민	강 도	거 지 뜨내기
유대 내부의 갱신 운동들	쿰란 공동체	독립 저항투사	예언 운동가

1. 도피의 행태 : 이주민과 새로운 거주민

이주민과 새로운 거주민은 함께 다루어야 한다. 이주민들은 외국에서 온 새로운 거주민들이다. 이에 대해서 새로운 거주민은 특수한 지역에 거주하는 이주민을 의미한다.

1. 1. 확대 : 일반적으로 그 당시 유명한 지방에는 유대인들이 살고 있었다(Philo Gai. 281f.; I Makk. xv 15ff.; 사도 2장 5절, 9절 ; Strabo bei Jos. ant. xiv 115). 팔레스틴 이외의 지역에 살았던 디아스포라(해외 이주 유대인 : 역자주)의 총인구는 팔레스틴에 살았던 유대인들보다 더 많았던 것으로 추정된다.[17] 디아스포라 집단은 넓은 지역으로 이주하면서 눈에 뜨일 정도로 증대되었고 개종하기도 하였다. 비문(碑文)에서 우리는 단지 소수의 이름이 밝혀진 이주민들을 알 수 있는데, 예를 들면 셉보리 출신의 이주민들(CIJ 362), 그리고 가이사랴(CIJ 370, 715), 티베리아스(CIJ 502 ; IG V, I Nr. 1256), 예루살렘 출신의 이주민들을 들 수 있다.[18] 또한 로마(CIJ 291, 317, 510, 535)와 고린도(CIJ 718)에는 하나의 에브라임 회당($συναγωγὴ$ '$Εβραίων$)이 존재했었음을 알 수 있다. 클라우디우스는 알렉산드리아에서 유대인 이민들에게 강력한 이민 금지에 관한 법령을 선포하였다(CPJ 153, 96f.) : 개개의 이주민들에게 있어서는 이민 공동체를 창설하지도 아니하였고, 국가적인 간섭도 받지 아니하였다.[19] 더우기 우리는 새로운 이주민의 주변에 관해서 알고 있다. 헤롯과 그의 아들들은 B.C. 25년~A.D. 20년 사이에 수많은 새로운 작업장을 마련하였다. 새로운 집단들이 이주해옴으로써 기존의 작업장들은 더욱 확장되었다. 세바스테(Sebaste)에는 육천 명의 새로운 주민이 살았던 것같

*114

---

17) S. W. Baron의 견해(History I, 170)와 M. Stern, "The Jewish Diaspora", in: CRJNT(=Compendia Rerum Iudaicarum ad Novum Testamentum) I, I, Assen 1974, 119ff. 참조.

18) 그밖에 이주자들이 본국으로 귀환하는 경향이 농후하였다. Frey의 책에는 비문으로 확인된 6명의 이주자들의 이름이 16명의 본국 귀환자들의 이름과 함께 기록되어 있다. 즉 이집트(CIJ 897,918, 920, 928, 930, 934, 1256), 북아프리카(950, 1227), 소아시아(910, 925, 931, 1414), 이탈리아(1284), 시실리(? 1399)와 바빌론(902) 출신의 이주자들. 벳 셰아림의 묘지에는 특히 시리아—페니키아 사람들의 출신지가 기록되어 있었다. M. Schwabe/B. Lifshitz:Beth She'arim Bd. Ⅱ:The Greek Inscriptions, Jerusalem 1967 ix-xi. 따라서 본국 귀환자들이 수자상으로 더 많지는 않았다. 외국 사람들은 알지 못하는 유대 지방의 이름을 비문으로 나타내지는 못하였을 것이다. 독특하게도 보존되어 있는 비문들에는 세 수도의 지명들이 새겨져 있다.

19) 이주자들에 대한 "히브리 회당"의 평가에 대해서는 J.B. Frey, CIJ, lxxvii. 참조. 그는 "Vernaculi"(로마인들의 도시라는 의미를 지닌)의 회당은 약 B.C. 1세기경에 히브리 회당으로부터 이주민이 추방당한 사건에 대한 반동으로 형성되었다고 추측한다.

5. "우리는 모든 것을 버렸읍니다" *143*

다(bell.i 403). 새로운 주민들의 이러한 이주가 없이는 새로 창설된 가이샤라(ant. xv 331ff.; bell. i 408ff.), 파사엘리스(bell. i 418; ant. xvi 145), 바티라와 그 주변(ant. xvii 23ff.), 아르켈라이스(ant. xvii 340), 안티파트리스(bell. i 417; ant. xvi 142f.), 티베리아스(ant. xviii 37) 등의 도시를 생각할 수 없을 것이다. 고향이 있는 자들이 새로운 터전에서 기틀을 잡는 어떤 전환기에는 인간의 거대한 잠재력이 주어지지 않으면 안 된다.

1. 2. 조건부 상태 : 이민들과 새로운 이주는 4 가지 동기를 가지고 있다. 유대인들은 용병, 전쟁 포로, 노예 및 정치 망명객으로서 외국에서 박해를 받거나 혹은 좀더 나은 생활 조건들에 관한 희망을 가지고 이주했다.

1. 2.1 용병 : 엘레판틴에 나오는 것 가운데서 우리에게 잘 알려진 가장 오래된 유대의 전쟁 식민지는 이미 페르샤 시대에 존재했었다. 그러나 대부분의 군인들은 헬레니즘 시대의 인물들로 확인되었다.[20] 로마 시대에는 이런 식의 이민은 시행되지 아니했다. 비록 유대인들에게 군복무에 관한 일반적인 의무가 주어지지 아니했을지라도[21] 이미 황제 제의를 위해서 소수의 유대 군인들이 로마 군대에 보내졌다(이태리에 있는 유대 군인들의 미망인에 관해서 CIJ 640 참조, 그리고 야파에 있는 센투리오(Centurio)의 무덤에 관해서 CIJ 920 참조). 국내에 있는 군인들의 거주지는 보다 큰 의미를 갖고 있다. 헤롯은 세바스테(ant. xv 296), 가바(bell. iii 36 ; ant. xv 294) 그리고 헤쉬본(ant. xv 294)에 노병(老兵)들을 거주케 했다. 한 편으로 헤롯은 그가 죽은 후 불명예 제대한 군인들이 관여해서 일으켰던 봉기들과 같은 소요를 사전에 예방했고 (ant. xvii 270), 다른 편으로 그는 강도들로부터 보호하지 않으면 안 되었던 새로 획득한 지역들에 그의 군대를 파견했던 사실이 입증되었다 (ant. xvi 285, xvii 23ff.).

*115

1. 2.2. 노예들 : 많은 유대인들은 외국에 노예로 팔려갔다.[22] 헤롯 역

---

20) 프톨레마이오스 왕가 사람들은 예를 들면 추방당한 유대인들을 이집트 요새에 정착시켰다(Arist. 12f.; CPJ=V. A. Tcherikover/A. Fuks, *Corpus Papyrorum Judaicarum*, Cambridge Mass. 1957, Bd 2, 1960 Nr. 18~32). 셀레우코스 왕가 사람들은 소아시아에 유대인의 군사 정착지를 마련해 주었다(ant. xii 147ff.; c. Ap. i 179ff.). 유대의 용병제도에 대해서 더 자세한 것은 M. Hengel, "Judentum und Hellenismus", *WUNT* 10, Tübingen 1969, 27ff.

21) S. Applebaum, *CRJNT* I, I, 458ff 참조.

22) M. Hengel, *Judentum und Hellenismus*, 79f. 참조.

시 이러한 정책을 실시했는데, 그는 유대인을 이방인에게 파는 행위가 율법에 금지되어 있음에도 불구하고 그의 적대자들을 노예로 팔았다(ant. xvi I). 그 당시 외국인 권력 집단들은 많은 수의 전쟁포로들을 노예로 거느리고 있었다; 폼페이우스(ant. xvi 71; bell. i 154), 가비니우스 (bell. i 163), 카시우스(bell. i 180), 소시우스[23] 그리고 바루스 등이 그들이다. 후에 셉보리에 살던 거주민들이 노예로 팔려갔는데, 그들은 갈릴리 사람 유다(Judas Galiläus)의 봉기에 동조했기 때문이다(ant. xvii 289; bell. ii 68). 유다 전쟁까지 노예시장이 새롭게 활기를 띄었는데 (bell. iii 340f., 540, vi 418ff., 420, vii 208), 요세프스 이후로부터 더 이상 전쟁포로에 관해서 들을 수 없다. 클라우디우스 혹은 네로 시대 것으로 보이는 네아펠에서 발견된 비문에는 당시의 노예들에 관한 기록들이 있다(CIJ 556).[24] 이 비문 한 곳에는 팔레스틴의 새로운 이주민들을 단지 노예들로 언급하고 있다. 헤롯 안티파스는 티베리아로 "천민 무리"들을 이주시켰는데, 그들 가운데 일부는 자유민이었을지도 모른다 (ant. xviii 37).[25]

1. 2. 3. 도피자들: 많은 이주민들은 국내에서 발생한 내적인 위기에 직면하여 도주했다. 헤카타이오스(Hakataios)에 의하면, 시리아에서 반란이 일어나자 많은 사람들이 이집트와 페니키아(Phönizien)로 도피하였다(c. Ap. i 194). 오니아스 4세는 많은 추종자들과 더불어 이집트로 도피하였다(Hieron. in Daniel Ⅱ, 13f.; PL 25, 562). 후에 하스몬 왕

---

23) E. A. Sydenham, *The Coinage of the Roman Republic*, rev. by G. C. Haines, London 1952, 199Nr. 1272에 기록되어 있는 소시우스가 발행한 화폐 참조: "Military trophy; at base two captives seated (Judaea and Antigonos)". E. M. Smallwood, *Philonis Alexandrini Legaio ad Gaium*, Leiden 1970², 236은 어느 정도 다른 견해이다.

24) CIJ 556: "(Cl)audia Aster (H)ierosolymitana (ca)ptiva curam egit. (Tiberius) Claudius Aug(usti) libertus (Mas)culus. Rogo vos fac(ite prae)ter legem ne quis (mi)hi titulum deiciat cu(ra)m agatis. Vixit annis XXV." 이교도의 비문과 취지에 대한 두려움은 대략 빌라도 시대에 이교도의 그림과 장식들을 기피하던 일을 생각나게 한다(ant. xviii 55ff.; Philo Gai. 276ff.). 필로의 증언에 따르면 로마적인 유대사회의 대부분이 노예에서 해방된 자들로 구성되었다고 한다(Gai. 155). 아마도 여기에는 συναγωγή Βερνακλησίων와 관련이 있는 것 같다(CIJ 318, 383, 398, 494).

25) M. Avi-Yonah("The Foundation of Tiberias", *IEJ* I (1950/ I) 160~169. S. 163)는 노예들이 특히 디베랴 요새시로 석방되었을 것이라고 가정한다. 그러나 그 경우에 그들의 법률상의 신분에 대해서는 의심하지 않을 수가 없었을 것이다. 아마도 그들 중에서 일부는 날품팔이와 뜨내기로 생활하는 도망친 노예였던 것 같다.

조와 결탁되어 있던 로마인들은 이집트와 지중해 연안의 다른 국가들에게 유대인 정치망명객들을 인도(引渡)해 줄것을 요구하고 있다(I Makk. xv 16~23). A.D. 1세기경 칼리굴라 황제가 죽기 직전의 혼란기에(A.D. 40) 대규모의 이민이 있었다. 알렉산드리아에서 발견된 Nov. 41에 나오는 클라우디우스의 공식적인 포고령은 시리아, 혹은 이집트에서 이민온 유대인들, 즉 알렉산드리아 유대인들을 금지하고 있다(CPJ 153, 96f.).[26] 이 이주민들은 아마도 알렉산드리아에서 있었던 반(反)셈족 투쟁에서 하층 유대 민중의 공격적인 태도에 동조했었던 것 같다. 그리고 그들은 필로에 의해서 옹호되어지고 있던 귀족들의 균등정치와 충돌했던 것 같다. 아마도 그들은 유대전쟁 말기에 에집트와(bell. vii 410ff.) 구레뇨(bell. vii 437ff.)에로 확산되었던 봉기를 일으켰던 싯카리들 처럼, 이주민들은 사회 하층계급에 속했음이 틀림없다. 그들 가운데 한 사람은 베버이다. 아마도 그는 로마에 있었으며, 정치적 망명객인 젤롯당원 요니오스(Jonios)를 지칭하는 것 같다.[27] 어쨌든 마태복음에서 요셉이 에집트로 이주한 것은 정치적 망명으로 볼 수도 있다(마태 2장 13절 이하). 물론 상류계층에 속한 망명객들도 있었다. 유다 봉기가 일어나기 직전에, 이들은 부분적으로 로마 총독의 간섭을 거절하였고(bell. ii 279), 다른 편으로는 반란자들의 약탈을 저지하였다(ant. xx 256). 도피자들이 팔레스틴 내부에서 이주했는가에 대해서는 확인할 길이 없다. 헤롯왕이 죽은 후 팔레스틴은 분할되었다. 따라서 많은 사람들은 다른 지역에로 이주하는 것이 저지당했다고 생각할 수 있다(누가 13장 31절 이하 참조).[28]

1. 2.4. 빈궁한 사람들: 보다 나은 물질적 생활조건에 대한 희망은 많은 이민들을 산출시켰다. 요세푸스의 『고대사』 xii 9에는 이러한 현상이 이집트에 있었다는 것을 보여주고 있다. 그러나 그 자료 외에 우리는 어떠

---

26) V.A. Tcherikover, *CPJ*, I, 67f., II, 53f. 다음에 포고령에 관한 설명이 있다.
27) 여기에서 우리는 다음 두 가지를 전제해야 한다 : 1. "Akone"는 히브리어 "Hakone"로 바꾸어 쓸 수 있고 "젤롯"으로 번역될 수 있다는 점(J. Juster, *Les Juifs dans l'Empire Romain* II, Paris 1914, 229). 2. 그 비문은 A.D. 1세기의 것이라는 점. 로마의 몬테베르데 주변에 있는 지하의 묘는 1세기에 사용되었다는 사실만이 확실할 뿐이다. M. Hengel, *Die Zeloten*, Leiden 1961, 71 참조.
28) J. B. Tyson ("Jesus and Herod Antipas", *JBL* 79, 1960, 239~246)은 갈릴리 지방을 제외한 예수의 여행은 부분적으로는 안티파스로부터의 도피라고 말한다.

한 경제적 동기에 대해서도 들은 적이 없다. 그들이 국내의 이주민들이었다는 것은 분명하며 그들은 물질을 좇아 이주했을 것이다. 바티라(Bathyra)와 그 주변에 살던 이주민들은 헤롯의 생전에 세금을 면제받았다(ant. xvii 27). 티베리아스에서 이주민들은 많은 의무를 면제받았으며 땅과 집들을 제공받았다(ant. xviii 38). 세바스테에서는 그들에게 경작할 수 있는 땅이 배당되었다(bell. i 403). 그 외에도 이와 비슷한 은전들이 이주민들에게 베풀어졌다.[29] 샬리트(A. Schalit)는 다음과 같이 추측하고 있다 : "새로 이주한 농민들이 있었는데, 그들은 완전히 거주지를 상실한 자들이었다. 그들은 헤롯이 그들에게 베푼 은전의 유혹을 통해서 새로운 지역으로 기꺼이 옮겨가서 자리를 잡았다."[30] 이러한 추측은 티베리아스에서도 증명된다. 요세푸스는 이 거주민들이 세 집단으로 구성되어 있다고 본다 : 강제로 이주시킨 안티파스의 신민(臣民)들, 새로 건설된 수도(首都)에서 살아야 했던 공무원들, 그리고 도처에서 모여들었던 가난한 사람들($ἄποροι$)인데 "이들 자신은 한 번도 자유인으로서의 안전성을 누리지 못하였다"(ant. xviii 37).[31] A.D. 50년 이후 이 가난한 사람들은 봉기를 일으켰다(vita 66).

1. 3. 유사성 : 이주민과 새로운 거주민들은 예수운동의 역사에서도 의미를 갖는다. 헬라 사람들은 박해를 피하기 위해 팔레스틴으로부터 떠났다(사도 8 : 1, 11 : 19). 이와 마찬가지로 베드로는 아그립바 Ⅰ세에 의해서 구금당한 후 더 이상 팔레스틴에서 안전할 수 없었다(사도 12 : 1 ff.). 경제적 동기로는, 클라우디우스 치하의 대 기근에 직면하여(대략 A.D. 46/7) 원시 그리스도교 예언자 집단 가운데 하나가 팔레스틴의 경계를 넘어서 안디옥으로 갔다(사도 11 : 27 ff.). 아마도 바울의 경쟁자 가운데는 부분적으로 팔레스틴 출신이 있었던 것같다(고후 11 :

---

29) 소아시아에 있던 유대인들의 거주지에도 특전이 있었다(ant. xvii 147ff).
30) A. Schalit, *König Herodes*, Berlin 1969, 328. 헤롯의 식민 정책에 대해서는 S. 324ff.를 참조. 헤롯이 다스리기 시작하던 무렵의 혼란 때문에 (파르터군의 침입과 내란) 수많은 사람들이 추방되었다고 생각할 수 있다.
31) 디베랴에 관한 요세푸스의 보고는 어느 정도 의도적인 것 같다. 그는 이 도시에 대해 나쁘게 생각했다. 예를 들면 그는 디베랴가 불결한 땅──즉 묘지 위에──에 세워졌다고 기술한다. 그러한 불결성은 국부적이고 일시적인 것이었다(ant. xviii 37 참조). 아마도 그 다음으로 중요한 역할을 했던 것은 디베랴에 "모인 민중"($σύγκλυδες$)에 대한 선입견 때문이었던 것 같다(ant. xviii 37). 디베랴는 A.D. 17년에서 22년 사이에 건립되었다. M. Avi-Yonah (*Foundation*, 163)는 아마도 A.D. 19~20년에 세워졌을 것으로 본다. Y. Meshorer, *Jewish Coins of the Second Temple Period*, Tel-Aviv 1967, 74f.

22 참조). 바울은 물질적인 동기에서 그들을 적으로 생각했으며(데전 2: 1 ; 빌립 3 : 19), 그리고 많은 사람들을 역시 적대시해야만 했다.[32] 여하튼 그들은 유대인 이주민들과 관련을 맺고 팔레스틴 이외에서 선교활동을 했던 것으로 보인다. 반면에 팔레스틴 내부에서의 이주는 적은 역할밖에 하지 못하였다. 어떤 갈릴리 가족들은 예루살렘으로 이사했다 (사도 1 : 14 : 마가 15 : 40 ff.). 유다 전쟁이 일어나자마자 예루살렘의 원시교회(Urgemeinde)는 도피해야만 하였다(Eus. h. e. iii 5, 2f.).[33] 예수운동을 위해서는 특히 A.D. 19/20년의 티베리아스의 거주민을 이해하는 것이 유익하다 ; 예루살렘에서 예수의 공생애가 시작될 무렵에 무산자들, 아마 집이 없는 사람들이 티베리아스에 있었다.

2. 도피의 행태 : 쿰란 공동체

쿰란 공동체는 이주민들로 결성되었다. 그들은 유대땅에서 옮겨와서 (CD vi 3), 낯설은 땅에 머무르며(CD vi 5), 돌아갈 날을 기다렸다 (1 QM: 3). "이민"이라는 세속적인 행위양식은 이 집단에 의해 나타났으며, 종교적 의미가 부여되었다. 물론 그들이 유일한 이민들은 아니었다. 그들 외에도 세례 요한처럼 광야를 고행하며 방랑하던 은사단(隱士團, 마태 3 : 1 ff., 11 : 7 ff. ; ant. xviii. 116 ff.)과 바노스 은사단이 있었다.[34] 쿰란 공동체같이 그들도 광야에서 신의 길을 준비하고자 했다(Jes. xl 3, MC. i 3, 1 QS viii 13f.).

---

32) 바울 서신은 A.D. 50년에서 56년 사이에 형성되었다(Fh. Vielhauer, *Geschichte der urchristlichen Literatur*, Berlin 1975, 70ff., 88f., 175 Passim). 클라우디우스의 치세하에서 일어났던 기근은 40년말에 있었다. 그러므로 바울의 선교지에서 벌어진 경쟁은 기근 때문에 일어났던 것 같다.
33) 필자의 견해로는 S. G. F. Brandon (*The Fall of Jerusalem and the Christian Church*, London 1951, 167~173)이 펠라로의 탈출에 대해 부당하게 이의를 제기한 것 같다. 아마도 그런 탈출이 있었던 것 같다. S. Sowers, "The Circumstances and Recollection of the Pella Flight", *ThZ* 26 (1970) 305~320. 그리고 J. Gunther, "The Fate of the Jerusalem Church. The Flight to Pella", *ThZ* 29 (1973) 81~94 참조.
34) 그들은 세례운동에 가담하고 있는데(J. Thomas, *Le mouvement baptiste en Palestine et Syrie*, Gembloux 1935) 틀림없이 훨씬 더 많은 사람들이 거기에 가담했을 것이다. 그렇지만 거기에 가담한 집단들 중에서 우리는 오직 Hemerobaptisten과 Masbotheer(Eus. h. e. iv 22, 7)라는 이름만을 알 수 있다.

2. 1. 확대 : 요세프스(ant. xviii 20)와 필로(Prob. 75)는 엣세네파의 구성원이 4000명에 달했다고 전하고 있다. 그러나 쿰란과 다른 데 거주하는 엣세네파를 모두 합하더라도 4000명이라는 숫자는 너무 많은 것 같다. 왜냐하면 쿰란에서 약 1200개의 무덤이 발견되었는데,[35] 약 200년 동안의 계속적인 이민과 평균 25년의 세대 교체기간을 감안한다면 쿰란에는 약 150명 정도가 살았을 것이기 때문이다. 그러나 정확한 것은 알 수가 없다. 이민이 계속되었다는 것만은 자명하다. 그들 사이에서는 아이가 태어나지 않았기 때문에, 때로는 엣세네 가족의 아이들(I QSa: i 6 ff.), 때로는 비엣세네 가족의 아이들을(Plin, nat. hist. v 15, §73) 자주 받아들임으로써 충원을 했을 것이다. 따라서 지속적인 이민은 팔레스틴에 있어 사회적 무근성의 확대가 이루어졌다는 징표가 되는 것이다.

2. 2. 조건부 상태 : 공동체에 가입하게 되는 동기에 관해서 우리가 아는 바는 거의 없다. 이하에서는 당시의 일반적인 억압 상황(Drucksituation), 정치적 혼란, 그리고 경제적 상태 등을 알아보기로 한다.

2. 2. 1. 일반적인 억압 상황. 원로 플리니우스는 공동체 가입의 직접적인 동기를 다음과 같이 보고하고 있다.

> 엣세네인들은 서해안에서 너무 멀리 떨어져 있었기 때문에 손해를 입었다. 그들은 스스로 자급자족했고 전세계적으로 볼 때 특수한 인종이었다. 그들에겐 여자가 없었고 모든 성생활을 단념하였다. 또한 재산도 없었고 종려나무 숲속에서 살았다. 날마다 새로운 이주자 집단이 충분한 숫자를 확보하고자 하는 사람들에 의해 균일한 생활터전을 잡게 되었다 : 염세적인 관습 때문에 그들의 삶은 지속되기 어려웠다. 이러한 방식으로 그들은 아기를 낳지 않은 채 종족을―――이는 믿기 어려운 일이지만―――천년 동안이나 유지했다. 그래서 다른 사람들에게는 염세적인 것들도 그들에게는 생산적인 것이었다(not, hist. v 15).

성서 본문의 관점은 이와 다르다. 즉 이민의 시대를 지나치게 과대평가하는, 결혼을 한 엣세네 집단에 대한 언급이 없으며, 그들의 종교적인

---

35) H. Bardtke, *Die Handschriftenfunde am Toten Meer* bd. 2 : *Die Sekte von Qumran*, Berlin 1958, 38 : 사람들은 평균 30~40세에 죽는다. 그렇지만 요세푸스의 주장에 의하면 몇몇 엣세네파 사람들은 100살을 넘게 살았다고 한다(bell. ii 151).

5. "우리는 모든 것을 버렸읍니다" *149*

자기이해에 어긋나는 일탈행위에 대한 해명을 모색하고 있다.[36] 그러므로 이러한 증거는 우리들에게 매우 중요하다. 문외한들은 쿰란 공동체는 *120 타락한 사람들의 집합체라고 표현할지 모른다. 하지만 그들이 회피했던 억압 상황은 서술되지 않았다.

2. 2. 2. 정치적인 억압도 한 동기가 되었다. 그러한 징표로서 연대기적 상관관계를 들 수 있다. 이민은 B.C. 31년 지진으로 인해 중단되었고, 아켈라오스의 통치시대(B.C. 4~A.D. 6)에 가서야 재개되었다. 이때는 전체 팔레스틴을 혼란에 몰아 넣은 "약탈전쟁"(bell. ii. 65) 직후였다. 당시 그 지방에서 은신처를 찾던 많은 사람들이 사회적 기반을 잃어버렸고, 그로 인해 광야를 유랑하는 사조가 새롭게 팽배했을 것이라는 추측은 명백한 것 같다. 아마도 A.D. 1세기의 불안도 영향을 미쳤을 것이다. 요셉에 따르면, 새로 가입한 자는 "강도질을 아니 한다"는 선서를 해야만 했다고 한다(bell. ii 142). 이러한 선서는 마치 쿰란 공동체 중에는 옛날의 독립 저항투사(요세푸스에게는 "강도")가 없었다는 듯이 지금도 남아 있다.[37]

2. 2. 3. 경제적 억압 : 쿰란 공동체의 구성원들이 이 단체에 가입하게 된 동기는 억압뿐만 아니라, 이주 원인에 의한 것도 있었다. 많은 사람들은 엣세네의 공산주의적 생산양식에 마음이 끌렸다. 생계비는 공동경제의 방식을 취했기 때문에 각 개인은 생계에 대한 근심을 떨쳐버릴 수가 있었다(bell. ii 122, 127 : ant. xviii 20 ; Philo prob. 85f.). 그와 같은 공동체가 모든 사람들의 마음에 들지 않았다면, 그들의 생활은 위험에 빠졌을까? 요세푸스는 소유자 이외의 무산자들도 받아들여졌다고 증언하고 있다. 수용규칙(1 QS v 1—vi 23)은 물론 공동체에 소유의 양도를

---

36) 플리니우스는 목격자가 아니었다. 그가 팔레스틴을 방문했다는 말은 확실한 것이 아니다(M. Stern, *CRJNT* I, I, 32f.). 다만 그와 디오 크리소스톰만이 엣세네파 사람들의 정착지를 사해로 국한시켰는데 (*Synesios von Kyrene*, Dion. iii 1f) 여행 보고를 기초로 삼은 문헌으로 받아들여도 좋을 것 같다 : 국지화는 외부적 조망과 "도시 생활에 권태를 느끼며 자연 즉 종려나무를 그리워하는 대도시민들의 갈망"과 마찬가지로 여행 보고의 장르에 속한다(W. Bauer, "Essener", in: *Aufsätze und Kleine Schriften*, Tübingen 1967, 1~59 S. 6). 더구나 팔레스틴에 관한 내용의 플리니우스의 문헌은 A.D. 1세기에 형성된 것이라고 가정해 볼 수 있을 것이다. 플리니우스는 아켈라오스에 의해 건립된 소도시의 이름을 아켈라이스라고 부른다(nat. hist. xiii 44).

37) 서약은 비밀을 지키기 위한 두 가지 의무 사이에 삽입된 것 같은 인상을 준다(bell. ii 142). 여기에서 요세푸스는 엣세네파 사람들이 악의없는 사람들이라는 점을 강조하기 위해서 무슨 말을 했는가?

전제로 하고 있다. "무산"(Besitzlose)이 전제되지도 않았다. 그러나 쿰란에서 실행된 가난의 이상(Armutsideal)에 마음이 끌린 사람들이 모두 무산자들이었던 것은 아니다. 이러한 가난의 이상은 스스로를 빈자(貧者)라 칭하고(1 QpHab xii 3, 6, 10 ; 1 QM xi 9, 13 ; 1 QpPs 37 ii f., iii 9 f. ; 1 QSb v 21 u.ö)[38], 철저한 소유포기(1 QS vi 19 f.), 의복과 생활양식을(bell ii 126 ; 1 QS ix 21ff.)[39] 마치 품위없는 무덤과는 일꾼의 것처럼 바꾸어버렸다.[40] 이는 곧 부(富)에 대한 경멸을 말하는 것이다 (bell. ii 122 ; 1QMyst. i 10f. ; 1 QS vi 2 ; CD viii 5). 물론 그러한 가난의 이상은 상층구성원들에 의해 발전되고 실천될 수 있었다. 즉 급진적인 역할 변경이 생활에 새로운 의미를 불어 넣었다.[41] 부에 대한 저주와 그 저주의 실행으로서의 학살의 환상은 갈수록 많은 사람들이 자신의 사회―경제적 계급을 종교적으로 해석, 광채를 띠게 하고 창조적인 자극으로 받아들여야 한다는 사조에 접근해 갔다. 우리는 또한 훌륭한 구성원들도 고려해 보아야 한다. 의의 교사들은 대개 권력을 잃은 귀족

38) 물론 이러한 자기 명칭은 다른 것과 마찬가지로 용어일 뿐이다. L.E. Keck, "The Poor among the Saints in Jewish Christianity and Qumran", *ZNW* 57 (1966) 54~78 참조.
39) 엣세네파 사람들은 두려움에 사로잡혀 있는 아이들과 같은 모습을 하고 있다(bell. ii 126)는 진술은 *IQS* ix 21ff.에 의해서 확증된다 : 노예처럼 순종하는 국외자들에게는 일과 소유를 주어야 한다. 그러나 그들의 마음 속에는 그에 대한 "영원한 증오가… 숨겨져 있다." 사람들은 압제자에 대한 증오심을 겉으로 나타낼 힘이 없는 피압제자처럼 행동한다.
40) 그 죽은 자들은 비문도 묘석도 옷과 봉입물도 없이 간단한 묘에 매장이 되었다. "어느 시대에나 그러한 종류의 모래 묘지는 있었으며 쿰란 시대에도 가난한 사람들은 거기에 매장되었다"(H. Bardtke, *Handschriftenfunde* II, 45).
41) H. Kreissig, *Zusammenhänge*, 51에 기록된 "특정한 사람들의 집단에 가난한 사람들이라고 붙이는 명칭은… 적어도 이 집단의 과반수 이상이 사회학적인 견지에서 가난하게 살 때만 의미를 갖는다"는 주장은 옳은 주장일 것이다. 그럼에도 불구하고 우리는 역할 교체도 고려해야 한다. 베드로 발두스와 앗시시의 프란시스와 같은 부유한 시민은 중세 전성기에 청빈운동을 주도했다. 그리고 K. Bosl, "Potens und Pauper", in: *Frühformen der Gesellschaft im mittelalterlichen Europa*, München 1964, 106~134, S. 123 참조 : "청빈과 겸손(*abiectio*)에 대한 신앙고백은 참된 의미를 가질 뿐이지 실제로 청빈하다거나 겸손한 것이 아니다. 중세 전성 시대의 빈곤 운동은 권력 있고 부유한 상류계층의 사람들에 의해 주도되었는데 그들은 거의 마법적이면서도 종교적인 영향력을 지닌 힘과 권력을 단숨에 기독교화시키고 난 후에 이제 자기 자신을 종교와 도덕의 원형이요 지도자로 나타내는 일을 진심으로 원하는 것 같다…" 그것이 정의의 교사와 그 집단의 경우에도 마찬가지로 해당되는 것은 아닐까?

들이었다.[42] 유대전쟁에서 엣세르인 요한은 군대의 상층계급이 된 두 명의 대사제 외에, 귀족인 요세푸스를 만났다(bell. ii 567). 상류계층에 속한 필로와 요세푸스가 엣세네파에 가졌던 동정은 확실한 것이었다.[43] 이 공동체는 집단으로서 힘을 소유하고 있었다. 그들은 구성원의 소유와 노동력에 대한 이해관계에 관심이 컸다. 그래서 노동불능자는 받아들여지지 않았다. 1 QSa ii 3 이하에 규정된 종교적 원칙은 엄격한 경제적인 요인을 골자로 하고 있다. 즉 노동자들을 필요로 하는데 벽돌 쌓는 기술자, 석수, 가죽수공자, 도공, 대장장이, 빵 제조업자, 염색기술자 등과 같은 수공업자를 필요로 하였다.[44] 또한 농업노동자도 필요로 하였는데, 이 공동체는 오아시스 근처에 3킬로 정도의 토지를 경작했다. 필로는 농업을 수공업보다 먼저 언급하고 있다(prob, 76). 끝으로 우리는 고상한 직업들을 가정하지 않으면 안 된다 : 조각가, 행정관료, 작가, 문헌학자 등이 그것이다. 문학적인 창작은 거의 대부분의 하층계급에서는 찾아볼 수 없는 교육을 전제조건으로 한다. 따라서 쿰란 공동체에서는 부자와 빈자가 공존했다는 요세푸스의 보고를 의심할 만한 근거가 없다고 나는 생각한다(ant. xviii 20). 단체내의 계급은 비록 강도(强度)는 달랐지만 조직의 보편적인 계급을 반영하고 있었다 : 조직의 정점은 성직자였다.

2. 3. 유사성 : 우리는 예수운동에서 "빈자"라는 명칭을 찾아낼 수 있다(갈라 2 : 10 ; 로마 15 : 26).[45] 또한 의복(마태 10 : 9f.) ; 무소유(마가 10 : 17ff.)그리고 부에 대한 경멸(누가 6 : 20ff.)을 표현하는 가난의 에토스(Armutsethos)를 명백히 찾아 볼 수도 있다. 그리고 공산주의적 징후

---

42) H. Stegemann, *Die Entstehung der Qumrangemeinde*, Diss. Bonn 1965 (Typoskript 1971) 참조.

43) H. Kreissig (*Zusammenhänge*, 105f.)는 엣세네파 사람들을 너무 일방적으로 "하층민"과 "계급 투쟁"으로 단정짓는 것 같다. 필로는 그들이 압제 군주와도 타협할 만큼 큰 능력을 지니고 있다고 기록한다(prob. 89ff.). 그들은 당국(정부 ?)을 하나님에게서 비롯된 것이라고 본다(bell. ii 140). 어떤 엣세네파 사람은 헤롯의 정치에 대해 널리 선전한다(ant. xv 373ff.).

44) 그러한 사실은 고고학적 발굴물로부터 추론될 수 있다 ; H. Bardtke, *Handschriftenfunde* II, 78. 쿰란의 경제상태에 대해서는 W. R. Farmer, "The Economic Basis of the Qumran Community", *ThZ* 11 (1955) 295~308, (1956) 56~58 참조. 관개(Bewässerung)에 대해서는 L. M. Pakozdy, "Der wirtschaftliche Hintergrund der Gemeinschaft von Qumran", in:*Qumran-Probleme*, hrsg. v. H. Bardtke, Berlin 1963, 167~191이 보충해 준다.

45) L. E. Keck, "The Poor among the Saints in the New Testament", *ZNW* 56 (1965) 100~129 : 실제로 "가난한 사람들"을 다루고 있다.

는 볼 수 없지만, 기부금에 기초한 소비공동체의 흔적은 볼 수가 있다
(사도 4 : 32ff.).⁴⁶⁾ 아마도 잘 훈련된 집단과 카리스마를 지닌 방랑자가
최고의 권위였던 느슨하게 조직된 이민 집단과의 차이는 엄청날 것이다.
이 두 현상의 연관성을 생각해 볼 때, 쿰란 공동체에의 가입동기는 예수
운동에의 가입동기라고도 할 수 있다는 추측은 가능해진다. 사회적 배
경이 모두 유사하기 때문이다.

3. 공격적 행태 : 강도

요세푸스에 있어 독립 저항투사와 범죄자들의 구별이 명확치 않다. 즉
양자는 모두 "강도"로 규정당한다. 그러나 내 생각으로는 정치적 배경을
검토해 보아야 문제가 풀릴 것 같다. 요세푸스의 보고는 다음 장에서
대부분 다루어질 것인데 강도범행에 대한 근거는 매우 박약한 것이다.
즉 대다수의 강도들이 단지 잘 훈련되지 않은 종족들이었다고 한다. 따
라서 요세푸스에 있어 강도질은 사회적 무근성의 현상이 아니라, 단지
보편적인 문화현상에 불과한 것이다.

3. 1. 확대 : 강도는 전 로마제국에 나타났었다.⁴⁷⁾ 이투라(Ituräa)와
트라코니티(Trachonitis)에서의 실태는 스트라보(xvi 2 18, 20)와 요세
푸스(ant. xv 346ff.)에 의해 증명된다. 아그리파 1세나 2세는 강도들과
의 전쟁을 비문에서까지 자랑하고 있다(OGIS 424). 신약성서에는 사마
리아인의 비유에서 강도들을 등장시킨다(누가 10 : 30ff.), 엣세네인들은
이를 고려하여, 여행을 할 때는 강도들로부터 보호를 할 수 있는 무기
를 소지하고 다녔다(bell. ii. 125). 그 구성원들은 강도질을 하지 않을
것임을 선서해야 했다(bell. ii. 142). 강도질이 얼마만큼 심각하게 확산
되었는가는 확실하지 않다. 그러나 유대인들이 강도민족이라는 주장은
편견임에 틀림없다(Strabo xvi 2, 37 ; Justinus xl 2, 4 : Gen. R. i 2,
vgl. c. Ap. i 62).

3. 2. 조건부 상태 : 팔레스틴 지방에 강도질이 만연되게 된 동기에
대해서 우리는 아는 바가 거의 없다. B.C. 23년에 공포된 법률에서 헤롯

---

46) M. Hengel, *Eigentum und Reichtum in der frühen Kirche*, Stuttgart
1973, 39ff. 어떤 역사적인 배경을 누가적 개요라고 가정하는 것은 당연
한 것 같다.
47) Exkurs: "Zum Räuberunwesen in der antiken Welt" bei M. Hengel, *Zeloten*, 26~35 참조.

5. "우리는 모든 것을 버렸읍니다" *153*

은 강도족들을 정주시켜 경작을 하도록 강요하였다. 약 10년 후에 그들은 다시 강도행위를 하기 시작했다. 왜냐하면 정착생활이 "그들의 마음 *124 에 들지 않았고, 토지가 고통의 대가를 보상해 주지 못했기"(ant. xvi 271) 때문이었다. 예전의 생활양식——이는 문화적 전통이기도 하다——에 대한 향수와 경제적 필요성이 강도질의 동기가 되었다. 즉 어떤 근원적 동기가 있는 것은 아니었다. 흉년은 강도질의 확산을 부채질했으며 (ant. xviii 27) 정치적 긴장상태도 한 원인이 되었다. 카마누스 시대 (A.D. 48~52)의 격변 이후로 몇몇 구성원들이 강도질을 직업으로 삼게 되며, 이는 전 국가에 걸쳐 강도질이 반란을 모색하거나 결단을 내린 자들에게까지 보편적인 현상으로 확산되었다. 그러나 강도질과 반역을 모색하는 것은 구분되는 것이므로 이를 보통의 강도질과 관련시켜 고찰해 보아야 할 것이다.

3. 3. 유사성 : 예수운동과 강도질 사이에는 사회적 무근성 현상의 관점하에서 볼 때 어떠한 유사성도 찾아 볼 수 없다. 아마도 예수는 "여우소굴"이라는 말을 강도질을 암시하는 데 썼던 것 같다(마태 8 : 20). 소굴은 강도들의 도피처였고(OGIS 424, ant. xv 346), 독립 저항투사들에게도 은신처가 되었다(bell. iv 512f.), 예수가 그같은 암시를 할 때, 그는 과격한 사람들의 고향상실을 강도들의 그것이라 표현했었던 것이다.

4. 공격적 행태 : 저항운동

4. 1. 확대 : 헤롯과 로마정권에 반대하는 독립 저항운동은 백년 이상 지속했었다. 다음의 개요는 가장 중요한 사건들을 열거한 것으로[48] 저항의 시대적 분포와 양적 크기를 알아 볼 수 있다.

B.C. 47/46 : 헤롯이 히스키아라는 강도 두목을 죽였는데, 이로 인해 커다란 단체가 결성되었다(bell. i 204 ; ant. xiv 159).

B.C. 39/38 : 갈릴리의 강도들을 헤롯이 패배시켰다(bell. i 304ff.). 그 결과 그 지방의 소굴은 깨끗이 소탕되었다(bell. i 310ff.; ant xiv 420ff.). 그럼에도 불구하고 갈릴리에서는 여전히 헤롯에 반대하는 폭동이 발생했다(bell. i 314ff.; 326 ; ant. xiv 431ff., 450).

B.C. 5/4 : 헤롯이 죽은 후의 "강도전쟁"은 이 땅을 혼란으로 몰아 넣었다. 이

---

48) 그밖의 모든 주장에 대해서는 M. Hengel, *Zeloten*, 318ff.에 언급되어 있다. 그는 저항 운동의 역사를 조심스럽게 기술하고 동시에 분석하였다.

는 당시에 다섯 집단이 출현했는데 갈릴리 사람 유다의 집단은 적지 않은 집단이었다(bell. ii 56) : 파루스는 그들의 폭동을 진압하기 위해 자기 군대의 일부를 파견해야만 했으며(bell. ii 68 ; ant. xvii 288f) 시몬과 그의 추종자들을 진압하려고 3천 명의 헤롯 군인들이 투입되고 로마군단이 강화되었다(ant. xvii 266, 275). 안트롱게스는 봉기한 "민중"(ant. evii 279)들과 함께 로마군 한 크호르데(옛 로마의 보병대대—역주)를 포위할 수 있었다. 이외에도 2천 명의 탈영한 헤롯 군인들(ant. xvii 270)과 몇몇 집단들이 폭동에 가담하였다(ant. xvii 277).

*125 A.D. 6~7 : 유대 갈릴리가 조세부담에 항거하였다(ant. xviii 4ff.; 사도 5 : 37).

A.D. 27년경 : 두 명의 강도가 예수와 함께 십자가형을 받게 되었는데(마가 14 : 27) 예수는 그가 체포될 때에 마치 강도 취급을 받았었다(마가 14 : 48). 바로 그 후에 바라바가 참가한 폭동이 일어났다(마가 15 : 6).

A.D. 40 : 칼리쿨라의 죽음 이전의 혼란기——그의 동상을 사원에 가져다 놓으려고 시도함으로써 와해되었다——동안에 유대의 귀족들은 파종(播種)이 중단되어 강도들이 출몰하게 되면 조세의 납부가 불가능하게 될 것을 불안해했다(ant. xviii 274).

A.D. 44~45 : 큐스피우스 파두스가 남팔레스틴 지방에서 인도와 아랍인들을 괴롭히던 강도 두목 톨로피우스를 살해하였다. 이로 인해 거의 모든 유대인 강도들은 소탕되었다(ant. xx 5).

A.D. 46~48 : 티베리우스 알렉산더가 갈릴리 사람 유다의 두 아들 시몬과 야곱을 처형했다.

A.D. 48~52 : 쿠마누스때 강도들은 황제의 노예를 길가에서 습격했다(bell. ii 220f.). 사마리아인들에 대한 폭행에 분개한 민중들은 수년간 산속에서 유랑하던 강도단의 우두머리 엘레아자르의 아들 디나우스와 합세했다. 대다수의 사람들이 강도들과 한패가 되었으며 이때부터 전체 유대인들이 완전히 강도집단이라고 말하여졌다(ant. xx 124). 타키투스도 이러한 격동기와의 관련하에서 강도집단들을 설명하고 있다.

A.D. 52~60 : 펠릭스는 수많은 강도들과 그의 동조자들을 십자가형에 처했다. 또한 완벽한 강도들의 부대를 형성하고 있던 우두머리 디나우스의 아들 엘레아자르를 권모술수와 파계로 체포했다(ant. xx 161). 그의 치하에서는 예루살렘의 "시카리어"까지 적극적으로 활동하였다. 또한 바울을 살해하려는 계획(사도 23 : 12ff.)이 예루살렘의 테러리스트 단체들에 부과되었다.

5. "우리는 모든 것을 버렸읍니다" 155

유대 폭동까지의 정치적 저항의 증대에 대해서는 추적해 볼 필요가 없다. 그러한 사실은 자명하기 때문이다.[49] 우리의 관심의 초점은 저항의 상대적 계속성이다. 이는 갈릴리 사람 유다의 집안에서 왕조 건립의 징후가 나타나기 시작했다는 사실을 통해 증명된다. 유다는 강도 우두머리 히스기아의 아들로 그의 아들들과 손자들은 A.D. 46~48년과 A.D. 66~73년에 각각 저항에 가담했다. 시몬과 야곱 외에도 시해(弑害)된 왕위 계승자 마나엔(bell. ii 448)과 엘레아자르, 그의 후원자인 마사다스(bell. vii 253)가 있었다. 두 번째 증거는 디나우스의 아들 엘레아자르의 오랜 동안의 활동이다. 아마도 20년쯤 활동을 했을 것이다. 세째 *126 는 A.D. 40년 유대인 귀족들에 관한 논쟁에 의한 암시이다 : 즉 강도질의 원인이 조세부담에 있다는 사실은 지금까지의 연구로 전제된다. 단적으로 요세푸스는 갈릴리 사람 유다로부터 유대인의 폭동까지의 저항의 연속성을 강조하고 있다(ant. xviii 6ff; bell vii 253ff). 그러나 한 가지 문제가 남는다. 즉 우리가 큰 관심을 갖고 있는 A.D. 10~35년 사이의 시대에 관련하여 요세푸스는 저항 독립투사에 대한 아무런 언급도 하지 않고 있다. 그 이유는 사료의 부족에 있거나 그 당시가 비교적 평온한 시기였기 때문일 수도 있다. 타키투스는 "대략 티베리우스 치하" (*sub Tiberio quies*)라고 전하고 있다(hist. v 9). 아마도 이 때에 예수 운동이 성립된 것은 우연이 아닌 것 같다.

4. 2. 조건부 상태 : 저항운동은 여러 면에서 사회적인 제약을 받았다. 결코 과소평가될 수 없는 마카베오 시대까지의 저항의 사회 문화적 전통 이외에도 국내 권력 엘리트의 경쟁, 형사처벌에 대한 공포, 경제적 고통 등의 제약이 있었다. 특히 경제적 동기가 첫번째 것으로 보인다.

4. 2. 1. 국내 권력 엘리트들의 경쟁 : 헤롯에 저항하던 갈릴리의 강도들은 헤롯의 등장에 공공연히 반대를 하는 하스모나 집단과 가까이 할 필요가 있었다. 히스기아는 예루살렘의 상층계급 가운데 상당한 동조 세력을 갖고 있었다(ant. xiv 168ff.). 그의 아들 유다는 아마도 "강도전쟁"에서 자신의 왕위 계승권을 주장하였을 것이다.[50] 그는 "절망적인 사

---

49) 물론 유대 전쟁시에 광장히 많은 사람들이 저항 집단에 가담했다. 젤롯당에는 2,400명이나 되는 사람들이 있었고 마사다의 시카리어파에는 960명의 사람들이 있었다(bell. vii 400). 기샬라의 요한은 6,000명의 사람들을 통솔하였고 시몬 벤 기오라는 10,000명의 사람들을 통솔하였다(bell. v 248ff.).
50) W. R. Farmer ("Judas Simon and Athronges" *NTS* 4, 1958, 147~155)는 이러한 메시야 계승자들은 하스몬 집안 사람들이었다고 가정한다. 요세푸스는 Athronges에 대하여 그가 결코 유명한 가문의 출신이 아니라고 분명

람들"의 무리를 인도하였다(ant. xvii 271). 그가 자신의 왕위 계승권의 기초를 튼튼히 함에 따라, 부랑자들로 구성된 추종세력들을 모았을 것이다. 다른 폭동지도자들은 사회의 하층민 출신이었으며 시몬은 노예였으며(ant. xvii 273), 아트롱게스는 양치기였다(ant. xvii 278).

4. 2. 2. 형사처벌에 대한 공포 : 사마리아인들에 대한 박해가 있은 후, 많은 유대인들은 저항운동과 관련된 자들에게 가해지는 위협적인 형사처벌을 피해야만 했다(bell. ii 238). 유대 전쟁중 타리카에서는 명화시에 범행을 한 범죄자들을 전쟁터로 내보냈다(bell. iii 542). 그들은 일부는 노예가 되고, 일부는 학살됐다 : 즉 "모든 사람들은 석방을 위험한 것이라고 선언했다. 왜냐하면 고향이 없는 사람들로서 언제나 편안하게 머물러 있을 수 없다는 것은 명백했기 때문이다"(bell. iii 533). 고향을 잃어버렸다는 사실은 팔레스틴의 많은 사람들의 운명이었다.

*127

4. 2. 3. 경제적 고통 : 로마인들에 대한 저항은 원래 경제적 문제 때문에 일어났다. 즉 저항은 조세부담에 대한 반대로서 조성되었다. 로마에 세금을 바친 사람들은 하나님 외에 다른 신을 시인하는 것으로 취급되었다. 첫 계명을 극대화시킨 그것은 갈릴리인 유다의 중심적 사명(ant. xviii 23 ; bell ii 118, vii 410)으로서 중대한 결과를 가져왔다. 그러한 사명은 조세를 강압적인 부담으로 인식한 곳에서만 생성되었고 공감되었다. 이에 대해서는 증거가 있다. 헤롯은 이미 두 번씩이나 사회적 불안을 예방하기 위해 조세를 경감해야 했다(ant. xv 365, xvi 64). 그가 죽자, 그의 후계자는 일정한 조세를 폐지하기 시작했다. 그러나 소용이 없었다. 왜냐하면 비텔리우스는 예루살렘의 시장소득에 대해 문제의 매매세(買賣稅)를 부과하였기 때문이다. 또한 아우구스투스 황제 이전부터 지나치게 높은 인두세에 대한 불만도 컸다(ant. xvii 308). 아우구스투스는 사마리아에는 조세의 1/4을 경감해 주었지만, 유대 지방에는 이를 허용하지 않았다. 왜냐하면 유대 지방에서는 폭동이 자주 일어났기 때문이었다(ant. xvii 319). 즉, 조세의 1/4을 더 부담하는 것은 형벌이라 할 수 있다. 또는 그 반대일 수도 있다. 즉 조세의 1/4 정도는 경감될 수 있었다. 아켈라오스가 폐위되고 퀴리니우스에 의해 조

하게 강조하고 있는 것으로 미루어(ant. xvii 278) 우리는 다른 사람들이 자기네 혈통을 끌어대었을 것이라고 생각해 볼 수 있을 것이다. 그점에 있어서 시몬이 헤롯가의 노예였다는 사실은 의문의 여지가 없기 때문에 갈릴리 사람 유다가 문제가 된다. 요세푸스는 그의 아버지 이름이 히스기야라고 분명하게 명시하고 있다. 이 히스기야라는 사람은 귀족 가문의 사람인 것 같다.

5. "우리는 모든 것을 버렸읍니다" 157

세가 새로 산정된 후에도 조세는 계속 높게 부과되었다. 예수 시대에 시리아와 유대인은 공동으로 조세경감을 티베리우스 황제에게 간청했다 (Tac. am ii 42). 조세 부담과 함께 억압된 사람들의 실제 상황을 알아 볼 수 있는 조세 반제에 대해 신학 논쟁이 관심을 보였다는 것(ant. xvii 6)은 당연한 일로 보인다. 또한 농업생산의 어려움도 "강도질"을 유발시켰다(ant. xviii 274). 왜냐하면 부채를 지고 있는 농부들과 소작인들은 빈곤의 압박으로부터 벗어나기 위해서는 산속의 저항투사들에게 도망가는 방법 외에는 선택의 여지가 없었다. 부자들의 입장은 완전히 달랐다. 그들에게 있어 독립 저항투사들이란 "자기들의 재산을 갈취하려는" 도둑놈들이었다(bell. iv 241). 따라서 빈곤한 사람들을 문제삼는 것은 극히 타당한 일이다. 부채가 없이도 가난하게 된다는 사실은 기존의 집단들에게도 심각한 문제였다. 독립 저항투사들은 그들의 동조자들을 찾을 수 있는 곳을 매우 잘 알고 있었다. 유대 전쟁 초기에 그들은 예루살렘의 채무문서를 불태우고, 이로써 채무자들로부터 동조를 얻게 되고 형벌에 대한 공포가 없는 가난한 사람들도 부자들에 대한 반감을 품게끔 자극하였다(bell. ii 427). 요세푸스는 이러한 사회혁명적 특성을 독립 저항투사의 고유한 동기로 파악하고 국가적 독립에의 욕구는 단순히 "탐욕"의 이데올로기적 장식에 불과한 것이라고 평가절하하고 있다: "거대한 강도 집단들은 겉으로는 공동의 국가를 다시 일으켜 세우려고 끊임없이 침입을 감행했던 것처럼 보이지만 사실은 이득에의 기대에 불과했다"(ant. xviii 7, vgl bell. vii 256, 264)[51]라고 요세푸스는 기록하고 있다. 또한 부자에 대한 테러행위도 그렇다는 것이다(bell. ii 265, iv 334ff.). 따라서 저항 운동을 상층계급과 하층계급간의 사회경제적 분배투쟁으로 보고, 궁핍한 시대의 첨예화된 현상으로 파악하는 데는 의문이 있을 수 없다.[52] 우리는 여기서 적어도 연대기적 상관관계만은

*128

---

51) M. Hengel, *Zeloten* 46 : 그들은 "대부분이 손해를 당하는 계층의 사람들이다. 특히 그들은 소유 관계를 하나님이 원하시는 바대로 새롭게 조직하기 위해 싸웠다… 아마도 요세푸스가 신도들에게 퍼부었던 탐욕자들이란 비난은 이러한 관점에서부터 이해될 수 있을 것이다." 그 밖에 *ebd*. S. 341f. 참조.

52) S. Zeitlin, *The Rise and Fall of the Judaean State* Ⅱ, Philadelphia 1967, 269 : "그러한 위기에서 부자가 가난한 사람을 삼켜버리는 것은 경제 발전의 한 현상이다. 많은 사람들이 농토를 잃고 모든 사람은 반농, 혹은 소작농이라는 새로운 계층이 되었다. 왕실 토지를 소작하는 것은 일반적인 현상이었다. 이제 은둔적인 대지주들이 증가하였다."

확실히 할 수 있다. 즉 요세푸스는 저항의 결정적인 확대시기를 쿠마누스 시대(A.D. 48~52)라고 기술하고 있다(ant. xx 124). 당시 그들의 선조들 중에 굶어 죽은 사람들이 많았다(ant. xx 51, 101 ; 사도 11장 27절 이하). 쿠마누스 시대의 사마리아인들에 대한 박해는 당시의 첨예화된 경제적 상황의 징후를 암시해 준다. 절망에 빠져 떠나지도 못하던 사람들은 오히려 살아남기 위해 극단적인 서약을 따르게 되었다. 당시 많은 사람들을 저항에 끌어들인 원인이 된 형사 처벌로부터의 도피는 오히려 투쟁의 확산에 가장 커다란 자극이 되었다.[53]

4. 3. 유사성 : 상반되는 측면이 있음에도 불구하고 예수운동과 저항운동간에는 유사한 특징이 있다. 부채를 지게 되는 상황은 예수운동에도 나타난다. 우리는 사회적 퇴폐에 대한 불안, 채무를 변제하지 못하여 체포되거나 (마태 5장 25절, 18장 30절), 노예가 되는 것(마태 18장 25)에 대한 불안을 접하게 된다. 불충실한 관리인의 채무면제는 적극적으로 평가되며, 의심받을 만한 수단을 통해서조차도 가치를 잃지 않았다(누가 16장 이하). 포도밭의 비유는 대농장의 소작인들(?)의 저항적인 풍조를 나타내고 있다(마가 12장 7절).[54] 위기 상황에 대한 대답은 부분적으로는 비교할 만한 것이다. 산속으로 도망을 가는 것은 독립 저항투사들에게는, 비록 마가복음 13장이 저항이 아니라 인간에 대한 희망으로 규정하고 있지만, 마치 그리스도인들이 환난으로부터 도망가는 것(마가 8장 14절 이하)과 같은 것이다. 당시 이들 단체들은 대부분 언제라도 도망칠 준비들을 하고 있었다. 아마도 마가복음 13장의 자료는 칼리쿨라의 죽음 이전의 격변기에 성립된 것같다.[55] 그 당시 많은 유대인들이 가족들과 함께 집과 밭을 버리고 프톨레마이오스와 티베리우스에

---

53) A.D. 40년에도 정치적인 반항이 절박한 경제상의 궁핍 때문에 격렬해졌던 것 같다. 즉 요세푸스의 말에 의하면 1년 내내 비가 오지 않았다고 한다 (ant. xviii 285). 그러나 그것을 동인이라고 보기는 어려울 것이다. 갑작스럽게 내린 비는 페트로니우스의 양보에 대한 하나님의 응답으로 간주되었다(E. M. Smallwood, *Philonis Alexandrini Legatio*, 32). 그 보다는 위험이 아직 사라지지 않았다고 믿는 편이 타당하다.
54) 비유의 사회사적 배경에 대해서는 M. Hengel, "Das Gleichnis von den Weingärtnern Mc. 12, 1~12 im Lichte der Zenonpapyri und der rabbinischen Gleichnisse", *ZNW* 59 (1968) 1~29 참조.
55) G. Hölscher, "Der Ursprung der Apokalypse Mrk. 13". *ThBL* 12(1933) 194~202. 예를들면 R. Pesch, *Naherwartungen*, Düsseldorf 1968, 215 ~218 ; L. Gaston, *NO Stone on Another*, Suppl Nov Test 23, Leiden 1970, 23ff. 등도 동의한다.

5. "우리는 모든 것을 버렸읍니다" *159*

있는 저항단체에 가담하려고 했다. 그들은 시리아의 사절 페트로니우스에게 다음과 같이 말했다:"우리는 고향을 떠나, 집과 소유를 모두 버리고, 이제는 이미 재산, 돈, 보물, 그리고 우리의 가축들까지 잃어버렸읍니다. 그러나 우리는 잃어버린 것이 아니라 얻은 것이라고 믿고 있읍니다"(Philo Gai. 232 vgl. 225). 그 같은 말은 마가복음 10장 28~30절을 생각나게 한다. 일반적으로 도덕적 엄격주의라는 개괄적인 전통은 독립 저항투사들의 에토스에서 유추할 수 있다. 순교도 역시 예수를 따르는 것이며(마가 8장 34~35절), 저항과 같은 것이다. 용감한 자들은 시카리인들의 고문과 고통으로부터 달아났는데(bell. vii 417ff: ant. xviii 23f.), 이는 단지 황제를 "주인"이라 부르지 않기 위함이었다.[56] 그들은 구성원들에게 매우 엄격했다:친구나 친척을 살해하는 일도 직무의 성질상 당연시되었다(ant. xviii 23). 이는 예수운동에 있어서 따름의 조건이 되었던 가족을 버리는 것을 상기시킨다(누가 14 : 26). 죽은 자들에게 저희 죽은 자들을 장사지내게 하라는 경건치 못한 요구(마태 8장 22절)는 변절자들을 살해하고 장사도 지내지 않고 방치해 버리는 독립 저항투사의 실제상을 유추케 한다. 죽은 자기의 가족을 장사지내려고 한 단원은 사형에 처해졌으며, 그 자신 또한 매장되지 못했다 (bell. iv 381ff.). 부를 배척하는 것도 비록 그 결과는 다를지언정 이 두 운동의 공통점이다. 예수운동은 광신자들이 영웅적 행위라고 찬양한 (bell. iv 335ff.), 부자인 바라갸의 아들 사가랴를 살해한 사건을(마태 23장 35절) 배척하고 있다. 어쨌든 두 운동은 그 범위상의 차이가 있긴 하지만 형식상 비교할 만한 특성을 지니고 있다.[57] 즉 그들의 에토스의 급진성은 두 운동에 있어 사회적으로 무근화된 사람들의 에토스였음을 말해 주고 있다.

5. 의존적 행태 : 거지와 뜨내기

모든 거지가 사회적으로 무근화 되지는 않았다. 많은 사람들은 친숙한 환경 속에서 살았다. 사회적 무근성은 고향을 잃어버리거나 친숙한 생활양식이 파괴됨으로써 일어나게 된다.

---

56) M. Hengel (*Nachfolge*, 64)는 십자가를 짊어지고 있는 모습은 젤롯의 배경에서 비롯되었을 것이라고 추측한다.
57) 따라서 사도행전 5장 35절 이하를 보면 갈릴리 사람 유다와 예수의 활동이 대비될 수 있다. 셀수스는 여전히(Or. C. Cels. ii 12) 예수를 $στρατηγός$ 와 $λήσταρχος$와 비교한다. M. Hengel, *Nachfolge*, 43 참조.

5. 1. 확대 : 거지는 신약성서에 나타난다(마가 10장 46절 이하 ; 누가 14장 16절 이하 : 요한 4장 1절 이하 : 사도 3장 2절). 우리는 제도적 규율로부터 그들도 분명히 사회의 구성원이었음을 알 수 있다.[58] 예컨대 Pea 8장 7조 a항은 가난한 부랑민들의 생계보호를 규정하고 있다 : "여기 저기 떠돌아 다니는 거지에게는 빵 한 조각 이상을 주어야 한다… 만일 거지가 하룻밤 묵어가려고 한다면 그에게 필요한 것을 제공해야 한다." 또한 다마스커스 규정에도 실향민들의 보호조치를 규정하고 있다 (CD xiv 14f.). 상당수의 거지들은 마치 노동불능자처럼 행동을 했다. Pea 8장 9조 d항은 고통을 가장하는 자는 진짜 고통인 사형에 처한다고 위협하고 있다.[59]

5. 2. 조건부 상태 : 경제적인 곤궁으로 인해 구걸행위가 성행했다는 것을 납득할 만하다. 해고의 위협을 받는 청지기들도 (이론적으로는) 구걸을 생각해 보았다(누가 16장 3절). 그러나 대부분의 실직자들은 질병이나 훼방에 의해 희생당한 자들이었다. 나자렛복음에서(Frgm. 10) 사람들은 마비된 손으로 간청을 한다 : "나는 미장이어서 손으로 벌어 먹고 살았읍니다. 예수여, 제발 내 건강을 회복시켜 거지가 되는 모욕을 받지 않게 하옵소서." 노동능력이 없는 자 중에는 광인들도 있었다.[60] 예루살렘에서는 미쳐버린 무당들은 구걸로 목숨을 부지했다(bell. vi 307). 다른 육체적인 병을 가진 자들도 이같이 연명을 했다.

---

58) S. Krauss, *Talmudische Archäologie* III, Leipzig 1912 (=*Hildesheim* 1966) 63~74 ; J. Jeremias, *Jerusalem zur Zeit Jesu*, Göttingen 1969³ 132~134. H. Kreissig, *Zusammenhänge*, 51ff. 참조. 필자의 생각으로는 빈민 구제시설이 잘되어 있었기 때문에 거지들이 증가했다는 견해에 대해서는 이의를 제기하는 것이 타당할 것 같다.

59) W. Grundmann (in: *Umwelt des Urchristentums* I, Berlin 1965, 187)은 "노동을 싫어하는 비사회적인 사람들"을 비참한 사람이라고 본다. 그는 아마도 사람들이 일자리를 얻지 못했기 때문에 일할 능력이 없는 것처럼 꾸미는 것이라고는 생각하지 않는다. 그러한 견해는 계발적이지만 동시에 낙심케 한다.

60) J. Klausner(*Jesus von Nazareth*, Berlin 1930, 363)의 견해는 고려해 볼 만한 가치가 있다. 그는 변칙적인 행동과 전체 사회적 상황 사이에는 어떤 관계가 있다고 본다. 즉 "우리는 계속되는 전쟁과 동요 및 헤롯과 로마인들의 무서운 압제로 인하여 팔레스틴과 특히 갈릴리가 병자와 고통받는 사람들, 신경쇠약증 환자와 정신병자들로 가득찼다는 사실을 이미 알고 있다. 또한 큰 소동과 그에 따른 경제적인 곤궁 때문에 가난한 사람과 영락한 사람과 무지자들의 수효가 점차 증가하였고 그와 마찬가지로 팔레스틴과 특히 갈릴리에… 신경병자들, 특히 미친 여자들과 모든 종류의 정신결함자들(진행성 뇌마비환자, 간질병자, 백치와 무기력자…)이 갑자기 늘었다."

5. "우리는 모든 것을 버렸읍니다" 161

5. 3. 유사성 : 원시 그리스도교의 카리스마를 지닌 방랑자들도 구걸로 생활을 하였다(마태 10장 7절 이하). "구하라, 그러면 얻을 것이며 …"는 그들이 잘 알고 있던 구걸에 대한 교훈이었다. 방랑하는 거지들에 대한 Pea 8장 7절 a는 카리스마를 지닌 방랑자들에 관한 디다헤의 규율을 연상시킨다(xiii 6). 사도는 빵 한 조각만을 가지고 길을 떠났으며 대개 하룻밤을 넘기면 없어졌다. 물론 예수운동이 구걸운동은 아니다. 그러나 구걸이라는 세속적인 행동양식은 이를 연상시키며, 예수운동을 새롭게 해석해 보도록 한다. 세속적인 것들에 대한 단호한 포기는 신의 배려에 대한 신뢰의 표현이었다(마태 6장 25절 이하).

6. 의존적 행태 : 예언운동
*132

6. 1. 확대 : 예언운동은 약 A.D. 35~75년 동안에 활발했다.⁶¹⁾ 특히 펠릭스 시대(A.D. 52~60)에는 수많은 예언가들이 있었던 것같다. 요세푸스는 이 유혹자들이자 사기꾼들을 단적으로 "신이 보냈다는 미명하에 폭동과 소요를 충동하고 민중을 광신자로 만들어 광야로 유혹하며 마치 신이 거기에서 전조(前兆)를 통해 그들의 해방을 알렸다는 듯이 행동한 자들"이라고 기술하고 있다(bell. ii 258ff.). 그 이전에 두 명의 예언자들이 있었을 뿐이었다 : 약 A.D. 37년경 가리침 (Garizim)의 잃어 버린 사원의 도구들을 찾아 내려던 사마리아인과(ant. xviii 85) 44년경 "수많은 사람들"(ant. xx 97)—약 500명의 추종자(사도 5장 38절)—을 설득하여 요단강으로 끌고가 기적적으로 강물을 나누어 버린 드다가 그들이다. 펠릭스 시대에는 한 에집트인이 나타나 예루살렘의 성벽에서 여리고의 기적을 반복하겠다고 장담을 했다(ant. xx 169). 그는 bell. 2장 261절 이하에 따르면 3만 명의 추종자를, 사도행전 21장 38절 이하에 따르면 4만명의 추종자들을 갖고 있었다고 한다. 페스투스시대에는 한 예언자가 광야에서 모든 악을 없애겠다고 했다(ant. xx 188). 유대전쟁이 끝날 무렵 요나타스라는 직조공이 키레니카에서 적지 않은 사람들을 광야로 유혹했다(bell. vii 437ff.). 모든 운동은 로마의 무력정권에 의해 지지되었다.

6. 2. 조건부 상태 : 이 같은 운동에 가입하는 동기는 추론 가능한 사실이며 하층계급에서 운동이 계속되었다는 것은 확실하다. 드다의 추종자들은 전재산을 가지고서 요단으로 갔으나 그곳은 많은 사람들이 살

---

61) M. Hengel, *Zeloten*, 234~251 ; R. Meyer, *Der Prophet aus Galiläa*, Leipzig 1940 참조.

수 없는 곳이었다(ant. xx 97). 이 에집트 사람은 많은 대중들을 모아 요컨대 단순한 민중들의 집단을 형성하였다(ant. xx 169). 요나타스는 직조공이었으며 그의 추종자들은 "무산자"들로서 그들의 적은 유대 상류계급이었다(bell. vii 438). 혼란을 경험했던 집단내에서는 모든 혼란의 종식을 약속하였다(ant. xx 188). 당시의 사회적 배경은 저항운동 때와 유사한 것이었고, 저항운동과의 유대관계가 많았다 : 에집트인의 집단을 사도행전 21장 38절에서는 "시카리어"라고 부르는데 요나타스 자신도 시카리어였었다(bell. vii 438).

6. 3. 유사성 : 모든 예언운동은 다음과 같은 전형적인 특징을 갖고 있다. 이스라엘의 구원사와의 유형학적 관련하에서 볼 때, 예언자들은 신에 의해 실현된 기적을 사람들에게 알렸다. 예언자는 기적이 이루어질 곳으로 가도록 권유하였다($\H{\epsilon}\pi\epsilon\sigma\theta\alpha\acute{\iota}$ ant. xx 97, 188 ; $\mathring{\alpha}\kappa o\lambda o\upsilon\theta\epsilon\widehat{\iota}\nu$ ant. xx 188). 그 곳에 로마인들이 침입해 왔다. 이 모든 것은 예수운동에서도 찾아볼 수 있다. 예수는 옛 성전을 능가하는 경이적인 성전을 새로이 알려주었다. 예수는 추종자들을 기적이 예견되는 곳으로 이끌고와서, 그 곳에서 로마인에 의해 십자가에 못박히었다. 신약성서에는 그의 등장이 드다 혹은 갈릴리 사람 유다의 등장과 동시대인 것처럼 되어 있다(사도 5장 36~37절). 그러나 이것은 오류이다. 왜냐하면 예수운동은 그 구성원들에게 예언운동에 대해 경고를 했기 때문이다. 그는 광야에서 메시야를 만나거나(마태 24장 25절), 거짓 예언가를 따르는 것(누가 17장 25절)에 대해 경고를 했다. 그가 예언운동에 대해 경고를 했었다면, 이에 대해 전혀 호감을 갖지 않았다는 것을 의미하는가? 물론 커다란 차이점이 존재한다. 즉, 국가적인 예언자들은 모든 외부의 지배로부터 자유롭기를 원했다. 세례운동과 예수운동은 훨씬 심한 전환운동이었다. 이들은 갑작스런 심판에 대한 참회를 요구했고 이러한 비판적인 시각은——우리가 볼 수 있는 데까지는——국가적인 예언자들에게 귀착될 것이다.[62]

III. 사회적 무근성과 사회위기

이어서 무법적인 행태로서의 사회적 무근성의 종합적 해석을 시도해

---

[62] 그에 반해 갈릴리 사람 유다는 국가적인 치유예언자이다. $\kappa\alpha\kappa\acute{\iota}\zeta\omega\nu$ (bell. ii 118)과 $\mathring{o}\nu\epsilon\iota\delta\acute{\iota}\sigma\alpha\varsigma$(bell. ii 433) 참조. M. Hengel (Zeloten, 94)는 세례자의 설교에서 우리가 알고 있는 것처럼 예언적인 독설이라고 생각한다.

5. "우리는 모든 것을 버렸읍니다" *163*

보기로 하자.[63] 무법상태(Anomie)는 첫째, 사회 구성원의 생활이 더 이상 그들에게 주어진 사회적 주변세계의 규범에 의해서 인도될 수 없는 상태이다. 둘째는 이런 현상은 광범위하게 퍼져 있었고, 세째로 이와 관계된 집단들은 그들의 사회적 지위의 변화를 경험하였다. 이러한 변화는 전통적 생활양식에 동요를 가져왔다. 팔레스틴에도 이러한 세 가지 사회적 조건이 주어졌었는가?

I. 사회적 무근성의 모든 현상들은 적어도 이주민과 새로운 거류민들의 일탈행태와 연결되어 있다. 그러나 또한 여기에는 행태의 모호성이 주어질 수 있다. 예를 들자면, 베드로가 안디옥으로 갔을 때, 그는 이방인 그리스도교인들과 함께 식사를 해야 할 것인가에 대해서 모호한 태도를 취했다(갈라 2장 12절 이하). 디아스포라 유대인인 바울은 베드로의 동요를 거의 이해할 수 없었고, 그를 이방인들 속에서 계몽시키기 어려웠던 위선자라고 비난했다.[64]

II. 사회적 무근성이 유대—팔레스틴 사회 전역에 걸쳐서 확대되어 있던 상황이었느냐의 물음에 대해서 우리는 대답할 수 없다. 왜냐하면 우리는 사회적 무근성이 전체적인 현상이었다는 것을 알 수 없기 때문이다. 여기에서는 단지 두 가지 관찰을 통해서 도움받을 수 있다. 첫째로는 동시대인들의 평가를 따르는 것이다. 요세푸스는 강도들과 반란자들의 범위를 상당히 넓게 잡고 있다(ant. xx 124 참조). 유대 디아스포라의 범위는 세인의 주목을 끌었다(Strabo bei Jos. ant. xiv 115 ; Sib. iii 271 ; 1 Makk. xv 15ff.; Philo Gai. 281ff.). 플리니우스는 쿰란공

*134

---

63) "무법상태"란 말은 뒤르껭에 의해 사회학에 도입되었다. "무법상태란 개인들이 그들의 집단이 지니고 있는 규범들에 따라서 행동할 수 없는 상황에 처해 있는 상태를 말한다. 예를 들면 경제위기가 그런 경우에 해당되는데 경제위기로 말미암아 인간의 집단은 전혀 다른 집단으로 바뀌게 되고 동시에 그들은 새로운 집단의 구성원에게 적합한 행동 규율을 배우지 않는 한 종래의 행태의 확실성을 잃게 된다"(W. Rüegg, *Soziologie*, Funk-Kolleg 6, Frankfurt 1969, 40). P. Berger (*Zur Dialektik von Religion und Gesellschaft*, Frankfurt 1973)은 이 말을 자신의 종교 이론의 핵심으로 삼는다. 즉 종교는 무법상태와의 대결이며 극복이다. 그는 이 개념을 의미와 가치를 뒤흔들어 놓은 모든 상황에 적용시킨다. 중요한 것은 위에서 상술된 종교적 갱신운동 그 자체가 무법적 현상이 아니라 무법상태를 극복하기 위하여 무법적 행동에 관계한다는 것이다.

64) P. Berger, *Dialektik*, 49 : "따라서 전통을 의식하고 있는 유대인들의 경우에 유대 공동체가 없는 지역을 여행한다는 것은 예배의식상 불가능했을 뿐만 아니라 본래부터 무법적인 (즉 그가 이해할 수 있는 유일한 "정당한" 생활 방식이 무법적인 비통합을 위협하고 있는) 것이었다.

동체의 생활력에 관해서 경악하고 있다(nat. hist. v 15 §73). 둘째로 "사회적 무근성" 현상의 질적인 변화폭에 관해서 밝혀보자. 어느 사회에도 이주민, 강도들 그리고 거지들이 있기 마련이다. 유대 내부의 갱신운동에서 이러한 행동양태는 종교적 의미로 채워져있는데, 집단이주를 하는 이주민, 종교적·사회적 반란을 일으키는 강도들, 카리스마를 지닌 방랑자들의 행태를 가진 거지들로 유형화시키고 변화시켰다. 이러한 현상은 특이하다. [65] 만일 이러한 일탈 행태가 종교적 갱신의 거점이 되려면 사회의 상황을 위해서 특색있는 징후가 필요하다. 일상생활 속에서 전개된 유일한 갱신운동은 바리새파 운동이었다.

Ⅲ. 무법상태(Anomie)는 사회적 상태의 변화를 통해서 야기되었다. 여기에는 두 가지 중요한 점이 있다. 여기에는 상승과정과 강하과정이 모두 작용할 수 있다. 주어진 규범들은 이 두 과정을 통해서 질문되어진다. 더우기 무법현상은 사회적 억압상태에서만 야기되지는 않는다. 이러한 무법상태는 놀라울 정도로 오랫 동안 지속되어왔다. 인간은 개혁의 희망을 갖거나, 혹은 타락의 위협에 직면하게 되면 행동하게 마련이다. 좀더 나은 생활의 척도를 경험해본 사람은 비참한 환경에서 태어난 사람보다 사회적으로 몰락에 대해서 더욱 민감하게 반응한다. 따라서 무법적 행태를 특수 계층에 제한시켜 적용하는 것은 무의미할 것이다. 모든 사회계층이 사회 변화의 소용돌이 속에서 휘말리게 되기 때문에, 따라서 사회에 뿌리를 박지 못한 서로 다른 집단들 가운데 상류계층에 속한 사람은 유대—팔레스틴 사회의 전반적인 위기와 유대 내부의 혁신운동 사이의 관계에 대해서 입증하지 못한다. 따라서 상류계층 출신의 이민들도 있었다는 점은 의심할 여지가 없다. 쿰란 공동체에는 귀족들도 있었다. 유대 민중봉기의 지도자인 히스키아, 갈릴리 사람 유다, 그리고 기샬라 출신인 요한네스[66]는 상류계층 출신이었을 수 있다. 예수 운동에 있

---

65) 그렇지만 그밖에도 고대에서는 변칙적인 행동을 창조적으로 해석했었던 경우가 있었다는 점에 대해서 언급했다. —예를 들면 키니코스의 방랑 철인들이 그러한 경우이다. 물론 여기에도 추종자가 있었다. M. Hengel, *Nachfolge*, 27~34 참조.

66) bell. iv 108ff.에 의하면 요한은 예루살렘 귀족과 친했다고 하며, vita 192에 의하면 그는 귀족인 시몬의 친구였다고 한다. 그러나 그 자신이 귀족계층의 사람이었다는 사실은 아주 확실한 것은 아닌 것 같다. bell. ii 585에 의하면 그가 성공하기 시작할 무렵에는 가난했던 것같다. G. Baumbach는 ("Zeloten und Sikarier", *ThLZ* 90 (1965) 727~740, Sp. 731) "그가 헬라화된 경제 형태로 인하여 가난해진 옛 시골 귀족 계층의 사람이었다"고 기록하고 있다.

에서는 헤롯 안티파스의 젖동생 마나엔을 볼 수 있다(사도 13장 1—2절). 이러한 상류계층에 속한 사람들 대부분은 몰락한 사회적 신분을 가지고 있었음에 틀림없다. 주민들은 정치적 망명객들이었다. 이들은 사독계열 쿰란 공동체의 비사제 집단을 형성하고 있었고, 하스모니안 왕가로부터 박해를 받던 사람들이었다. 히스기아의 가문과 더불어 그들은 쇠퇴해가고 있었다. 그의 아들 유다는 깡패집단의 우두머리였던 것 같다(ant. xvii 271). 기샬라 출신 요한네스는 상류사회 출신이었던 것 같다. 여하간 그는 젊었을 때에 가난하였다(bell. ii 585). 마나엔은 A.D. 39년 그의 친구 안티파스의 실각 때에 몰락하였다. 따라서 사회적 기반을 닦지 못한 사람들 대부분이 중산층 출신이라는 사실은 제쳐 놓을 필요가 있다. 몰락한 사람들로서 태어날 때부터 가난했던 사람은 극히 *136 소수에 불과하다. 이들은 일상생활을 도피하여 삶을 이어가려고 하든지 혹은 사회변혁을 추구한다. 저항투쟁 때에는 이것은 가장 큰 의의를 지닌다. 그들은 이전에 농부(ant. xviii 274), 채무자(bell. i 426ff. 참조) 그리고 몰락한 사람들(bell. iv 241)로 구성되었다. 엣세네파와 예수운동에 참여한 사람들도 다음과 같이 추측할 수 있다. 우리는 그들 가운데서 수공업자들, 농부들, 어부들을 발견한다. A.D. 1세기 하층민중 계층의 경제적 상황이 악화되어 그들이 몰락의 위협에 직면하게 되었고, 따라서 사회적 무법현상이 야기되었다는 사실을 증빙할 만한 몇 가지 자료가 있다.[67]

1. 정치적 기반: 로마인들이 유대를 직접 통치하기 시작한 이후로, 세금징수는 그들에 의해서 직접 조절되었으며(Philo Gai. 199에 나오는 세금징수자 Capito를 참조), 세금정책은 상당히 엄격하였다. 헤롯은 사회적 불안을 예방하기 위해서 두 번이나 세금 감면정책을 감행하였다(ant. xv 365, xvi 64). 아마도 그가 로마인들에게 지불할 세금을 입체했을 것이다. 이때에 로마에서 멀

---

67) 팔레스틴의 경제적 상황에 대하여는 F. M. Heicheiheim, "Roman Syria", in: T. Frank (Hrsg): *An Economic Survey of Ancient Rome* Ⅳ, Baltimore 1938, 121～257 ; F. C. Grant, *The Economic Background of the Gospels*, Oxford 1926 ; J. Klausner, *Jesus von Nazareth*, 231～257 ; H. Kreissig, "Die landwirtschaftliche Situation in Palästina vor dem jüdischen Krieg", *Acta Antiqua* 17 (1969) 223～254 ; ders: *Zusammenhänge*, bes. 17～87 ; D. Sperber, "Costs of living in Roman Palestine", *Journ. of the Econ. and Soc. Hist. of the Orient* 8 (1965) 248～271 ; 9 (1966) 181～211. 이어서 경제적인 상황은 분석하지 않겠다. 1세기 서민들의 상황이 악화된 사실에 관해서는 간접적인 자료들에만 언급되어 있을 뿐이다.

리 떨어진 이곳에서 세금 감면정책이 제시되어야 한 했는데, 그것은 팔레스탄의 어려운 상황과 밀접한 관계가 없다. [68] 티베리우스가 세금 감면정책에서 성공했는지의 여부는 알 수 없으나(Tac. ann. ii 42) 그런 일은 있음직하지 않다. 또한 우리는 클라우디우스 치하의 대 기근 동안에 이루어진 세금 감면정책에 대해서 알지 못한다. [69] 유대인이 새로 이주했던 지역인 바타네아(Batanäa)의 상황에서는 그런 징후를 엿볼 수 있다. 헤롯의 생전에, 새로운 이주민들은 전적으로 면세혜택을 받았다. 그의 후계자인 필립의 치하에서는 약간의 세금이 부과되었다(ant. xvii 23ff.). 세금으로 그들을 억압했던 아그리파 I 세와 II세는 로마인들보다도 그 일에 있어서 훨씬 뛰어난 수완을 발휘하였다(ant. xvii 28). 여기에서 우리는 A.D. 1세기의 세금부담이 상당히 컸다는 사실을 증명할 문서를 발견하게 된다. 왜냐하면 필립의 과세정책에서만이 새로운 이주민들에 대한 초기의 호의적인 면세조치가 중단되었음을 알 수 있기 때문이다.

2. 경제적 기반 : A.D. 1세기에 괄목할 만한 재산 집중현상이 있었다는 사실을 증명할 자료들이 있다. 헤롯은 대단히 많은 토지를 몰수하여 그의 수중에 넣었다(ant. xvii 307). [70] 이 재산은 A.D. 6년 아켈라오스(Archelaos)가 면직됨에 따라 경매되었다(ant. xviii 355, xviii 2). 그 토지의 구매자에 대해서 우리는 알 수 없지만, 그들이 돈 많은 사람이었음에는 틀림없다. 이러한 거래를 통해서 재산을 많이 가진 자들은 더욱 부유하게 되었다. 이런 과정을 통해서 대토지 소유자들이 등장하게 되었는데, 이들은 개인의 필수품들을 광범위하게 생산할 수 있었으며 수출을 독점하였다. 그들은 부분적으로 토지를 점유하였다. 향료 수출은 항상 지배자의 수중에 있었다. [71] 헤롯 왕가의 통치자들은

68) 확실히 예루살렘에서 세금 면제정책이 감행되었는데 그것은 시리아의 총독 비텔리우스에 의해서 실행되었다(ant. xviii 90). 그는 로마로부터 그 일을 위임받았지 않았을까?
69) H. Bardtke (*Handschriftenfunde*, II, 72)에 의하면 쿰란에서 아그리파 I 세(A.D. 37∼44년)의 화폐 60개가 발견되었고 클라우디우스(즉 A.D. 44∼54년) 황제 시대에 만들어진 지방 태수의 화폐는 6개만 발견되었다. 네로(A.D. 54∼68) 황제 시대에 만들어진 지방 태수의 화폐 31개와 은화 1개가 발견되었다. 그것은 클라우디우스 통치하에서 일어난 기근 때에 쿰란 공동체는 수입이 거의 없었고 오히려 그들의 돈이 지나치게 많이 지출되었을 것이라는 사실을 나타내준다. 그러므로 그 곳에서 발견된 그 당시의 화폐의 수가 지나치게 적은 것이다. 그렇지만 아주 신중하게 귀납적 추론을 해보면 그 전승이 중요치 않다는 사실을 알 수 있다.
70) A. Schalit (*Herodes*, 260)은 그가 "유대와 그 전 국가에서 유일한 대토지 소유자일 것"이라고 한다." 유감스럽게도 우리는 그러한 사실에 대하여 상세한 내용은 알지 못한다.
71) *Diodor* ii 48, 9 ; *Strabo* xvii I, 55 참조 ; *Theophrast* hist. plant. ix 6, I에 의하면 틀림없이 페르시아왕은 발삼 농장을 소유했던 것 같다. 안토니우스는 그 농장을 클레오파트라에게 주었다. 그녀는 그 농장을 헤롯에게 임대해 주었다(bell. i 361 ; ant. xv 96).

5. "우리는 모든 것을 버렸읍니다" *167*

인접한 페니키아 도시들에게 곡물을 공급하였고(사도 12장 20절 이하, vita 119), 올리브 기름은 시리아로 수출하였다(bell. ii 591). 사람들이 수출상품을 구입할 수 있었는지에 대해서 증명하기는 힘들다. 기스할라 출신인 요한네스는 유리한 상황을 충분히 이용하여 올리브 기름을 시리아에 팔아 일곱 배의 수익을 올릴 수 있었다(bell. ii 591). 헤롯의 여동생 살로메(Salome)는 얌니아와 파사엘(Pasaelis) 주변에 비옥한 토지를 소유하고 있었다. 이곳에 있던 대략 45평방 킬로미터에 달하는 헤롯의 토지는 관개시설이 잘 되어있었다. 이렇게 비교적 작은 면적으로부터, 그들은 60달란트의 소득을 올렸다(ant. xvii 321). 반면에 헤롯 안티파스는 갈릴리와 페레아 전 지역에서 "단지" 200달란트의 소득을 올렸을 뿐이다(ant. xvii 318ff.). 이 대지주들은 의심할 여지없이 가장 소출이 많은 지역을 그들의 소유로 만들었으며 그와 동시에 수출품을 독점하였다. 이들은 A.D. 1세기에 괄목할 만한 번영을 누렸다. B.C. 10년경의 이러한 급성장 때문에 항구도시 가이샤라가 생겼다는 증거들이 있다.[72] 아우구스의 평화시대에 상업이 번창하였음은 의심할 나위없다. 그는 많은 재산을 소유하고 있는 사람들을 우선적으로 총애하였다. 따라서 달란트 비유에서 대자본가가──게다가 아켈라오스의 특징들을 지니고 있는──동시에 좋은 국제 관계를 이용하였다는 것도 우연이 아니다. 비유의 끝에 기록되어 있는 "누구든지 있는 사람은 더 받겠고 없는 사람은 있는 것마저 빼앗길 것이다"(누가 19장 26절)라는 비관적인 문장은 결코 덧붙여 쓴 것이 아닌 것 같다.

3. 생태학적 기반 : 생태학적 위기로 인하여 재산 집중현상과 그에 따른 다른 사람들의 빈곤화는 더욱 극심해졌다.[73] 요세푸스 작품에 기록되어 있는 대부분의 기근이 B.C. 1세기에 있었던 것임은 의심할 나위없다. 즉 가뭄(B.C. 65년), 폭풍(B.C. 64년), 지진(B.C.31년), 전염병(B.C. 29년), 기근(B.C. 25년). 그렇지만 마가복음 8장 8절에는 지진과 기근이 그 시대의 표징이라고 기록되어 있다. 그리고 대략 A.D. 46~47년 클라우디우스의 통치하에서 대 기근이 있었다고 하는데 대체로 그의 시대에는 나라를 다스리기가 힘들었다.[74] 이 때에 소농들은 점점 더 빚에 쪼들리게 되고 노예 상태로 전락하게 되었다. 변화된 정치 상황은 여기에서도 오히려 부정적으로 작용하였다. B.C. 25년에 극심한 기근이 발생했을 때 헤롯은 자기 재산을 팔아서 최악의 상태를 모면할 수 있었다(ant. xv 299~316). 클라우디우스 치하에 대 기근이 들었을 때 국가가 도와주었는지에 대해서 알 수는 없지만 개인들이 도와주었던 것만은 확실하다(사도 11장 28절 ; ant. xx 51 이하). 농지의 수확량과 주민의 수효 사이의 균형이 깨졌던

*138

---

72) S. Zeitlin, *Rise and Fall*, 268 : "The opening of the Port of Caesarea in 10 B. C. E. made a great change in Judaea's economic life".
73) Die Zusammenstellung bei J. Jeremias, *Jerusalem*, 157~161 참조.
74) E. Haenchen, "Die Apostelgeschichte", *KEK* 3, Göttingen 1961, 55 **Anm. 4**.

것 같다. 그렇지만 이러한 추측이 확실한 것만은 아니다. [75]

어쨌든 우리는 A.D. 1세기의 팔레스타인에서 서민들——소농, 소작인, 어부와 수공업자들——이 곤궁한 상태에 빠져드는 동안 몇몇 부유한 자들은 점점더 부유해져갔다는 사실을 충분히 가정해볼 수 있다. 따라서 두 집단 사이에는 무질서한 행동들을 제지하기 위한 어떤 약점이 있었을 것이다. "부유해져가는 사람들"은 헤롯 가문의 사람들이 증명해주는 것처럼 로마—헬라 문화에 동화하려고 애썼던 것 같다. 그러나 그에 관해서 우리는 알지 못한다. 위협을 받고 있던 하층 집단의 사람들은 사회적 무근성에 은밀히 대처하면서 그 상황에 대처하였다. 정착해 있는 서민들의 경우도 마찬가지였다(마가 13장 14절 이하 ; Phil. Gai. 225, 232 참조). 그들 가운데 많은 사람들이 집과 농장을 떠나버렸다. 무엇보다도 주변 집단들이 전 사회 상황에 대해 가장 민감한 반응을 보였는데 유명한 주변 집단인 청년계층이 특히 그러하였다. 요세푸스는 그들이
*139 저항운동가들에게 선서했음을 강조한다(예를 들면 ant. xviii 10 ; bell. iv 128). 그들 중에서 많은 사람들은 엣세네파에 가담했고 다른 사람들은 예수 운동을 따랐다. 물론 우리는 이러한 사실을 추측할 수밖에는 없다. 누가복음 3장 23절에는 예수의 나이가 30세로 기록되어 있고 베드

---

75) F. C. Grant (*Economic Background*, 81~87)과 S. Zeitlin (*Rise and Fall* 269)는 지나치게 많은 사람들이 살았다고 생각한다. 이 생각은 매우 흥미 있는 생각이다. 그러나 1. 우리는 주민의 정확한 수자에 대해 알지 못한다. A. Byatt ("Josephus and Population Numbers in First Century Palestine", *PalExplQuart* 105, 1973, 51~60)이 편찬한 매우 변칙적인 평가들을 참조하라. 2. 주민이 많다는 것은 그 토지의 경제적인 가능성에 따라 측정될 수 있다. B. Colomb와 Y. Kedar ("Ancient Agriculture in the Galilee Mountains", *IEJ* 21, 1971, 136~140)에 의하면 예를 들어 토지의 97%가 경작지였을 것이므로 따라서 주민은 150만명 내지 200만명이었을 것으로 생각된다. 3. 결국 주민이 지나치게 많다는 사실에 대한 가장 좋은 증거는 "사회적 추방"의 현상이 널리 확산되었다는 것이다. 즉 우리는 주민이 많다는 사실을 현상들로부터 추론할 수 있을 것인데 그 경우에 주민의 과잉을 근거로 삼아 재차 그 현상들을 밝혀주어야 한다. 그런 작업이 전혀 불가능한 것은 아니겠지만 방법론적으로는 가능성이 희박하다. 따라서 추측에 의존할 수밖에 없다. 추측은 많은 장점을 가지고 있다. 유추에 의하여 중세 전성시대에 사회적 무근성이 널리 만연되어 있었음을 알 수 있다 : "중세시대의 사람들을 정착시키기 위한 강한 압력에도 불구하고… 단순한 사회통계학적 팽창 때문에 고향과 생활 조건으로부터 쫓겨나는 개인과 집단들이 점차 증가한다." 또한 J. Legoff, *Das Hochmittelalter, Fischer Weltgeschichte* II, Frankfurt 1965, 55.

로는 로마에 이르기까지 대 전도 여행을 하라는 소명을 받고난 후 약 20
년을 더 산다. 주의 동생 야고보는 A.D. 62년에 처형되었고 요한이라
고 알려진 제자는 매우 오랫 동안 생존해 있었던 것 같다(요한 21장 22
절 이하). 세배대의 아들들은 일할 능력이 있는 아버지를 떠났다. 그러
나 그렇다고 해서 원시 그리스도교의 카리스마를 지닌 방랑자와 그 동
조자들이 반드시 청년이었다고 말할 수는 없다.[76]

우리가 연구한 결과를 요약해 본다면 원시 그리스도교의 추종자들은
종교적인 제약뿐만 아니라 사회적인 제약을 받은 사람들이었다. 원시 그
리스도교의 카리스마를 지닌 방랑자들이 집과 농장을 떠났다면 그들 중
에서 몇 사람은 사회적이고 경제적인 압박에서 도피했을 것이며, 반면에
다른 사람들은 직접 사회적인 압박을 받지는 않았지만 압박을 받는 사람
들과 친밀한 사람들이었던 것 같다. 그러나 모두들 조상전래의 거주지를
떠나는 것은 사회적 무근성을 의미하는 행동 모범이라고 생각하였다. 그
러한 사람들이 전 사회에 널리 확산되어 있었음은 분명한 사실이다. 개개
의 경우에 그러한 사실은 개개의 전기적 소여성에 의해 알아볼 수 있을
것이다. 그러나 그러한 분포현상은 생태학적, 문화적 요인들과 함께 특
히 정치적, 경제적 요인들로 인해 발생된 광대한 사회 위기로 설명될 수
있을 뿐이다. 그러한 위기에 직접적으로 관련되어 있는 집단은 극소수였
지만 그럼에도 불구하고 그들은 전 사회에 빛을 발하고 그 전체의 풍토
를 결정하였다. 사람들은 자신들이 개인적으로는 관련이 없다(혹은 아
직 관련이 없다) 하더라도 자기들의 환경이 위기에 처해 있다고 해석하
는 경향이 있다. 그들의 행동은 객관적 사실을 기준으로 삼을 뿐만 아
니라 주관적인 해석도 기준으로 삼는다.[77] 계층들 사이에 강화된 분배
투쟁이 객관적인 사실로 제기되었다. 분배 투쟁으로 인하여 서민들은 *140
점점 가난해졌고 다른 사람들은 부유해졌다. 이러한 변화 과정 때문에
전승되어온 행동방식과 규범과 가치와 의미 해석이 문제시되었다. 전사
회는 무법 상태에 빠질 위험에 처해 있었고 이 무법 상태는 종교적으로

---

76) 마나엔이 그 반대의 예일 것이다(사도 13장 1절). 헤롯 안티파스는 43년
(B.C. 4년—A.D. 39년) 동안 다스렸다. 그의 Syntrophos는 40년에 약 60세
가 되었던 것 같다.

77) 소위 "Thomas-Theorem" 참조. 거기에는 "사람들은 어떤 상황의 객관적
사실에 의거하여 행동할 뿐만 아니라 이 상황이 그들에게 부여하는 의미
에 따라 행동한다. 그것도 때로는 주로 그 의미에 따라 행동한다"(K.R.
Merton, "Die Eigendynamik gesellschaftlicher Voraussagen", in: *Logik
der Sozialwissenschaften* hrsg. v. E. Topitsch, Köln 1967, 144~161,
dort S. 145).

는 종말 위기의 시작, 즉 법의 붕괴($ἀνομία$, 마태 24장 12절) 및 가족과 사랑과 질서의 파괴로 해석되었고 게다가 전 우주의 동요로도 해석되었다. 필자는 종말론적인 파멸의 분위기를 사회적 무법상태의 해석이라고 생각한다. 유대교의 사회문화적 전통, 예를 들어 요한계시록과 같은 전통은 객관적인 사실들을 이런 방식으로 해석하였다. 그 전통은 한 편으로는 위기를 반영하며, 다른 한 편으로는 그 위기를 극복할 힘들을 제거해 버렸다. 즉 사람들은 만물이 곧 변화되리라고 믿고 있었기 때문에 사회적인 데에서 벗어난 새로운 생활 행태가 생겨날 수 있다고 생각하였다. 여러 종류의 종교 갱신운동들은 새롭게 방향을 정립함으로써 무법 상황을 극복해 보려고 하였다. 예수 운동도 그중의 하나이다.[78] 예수 운동은 다른 운동들과 마찬가지로 특히 주변 집단, 즉 점점더 비참해질 위험에 처해 있거나 변화된 상황하에서 바른 길을 찾지 않으면 안 되었던 계층의 주변에 있던 집단들과 여러 부류의 국외자들로 보충되었고 부분적으로는 청년으로도 충당되었던 것 같다. 이러한 모든 집단들은 빗나가거나 자주 상식을 벗어나곤 하는 생활 형태를 행할 기회를 마련해 주었으며 유대내 갱신운동은 실제로 이 생활 행태를 실행하였고 널리 보급되어 있는 상식을 벗어난 행동들——망명과 강도질과 구걸——을 재빨리 포착하여 창조적인 것으로 변용시켰다. 바리새파 사람들만이 종교적인 갱신과 평범한 일상성을 융화시켰다. 이것이 그들이 남긴 큰 업적이다. 그들은 A.D. 1세기에도 계속 시행하였다. 다른 모든 갱신운동들은 실

---

78) 필자는 종교의 가장 중요한 사명 중의 하나를 무법 상태에 직면해 있는 사람을 보호하거나 주어진 무법적 상황 속에서 새로운 가치와 의미 해석과 생활 형태를 찾는 것이라고 생각한다. 종교가 새로운 생활 형태를 만들려는 이러한 욕구를 밖으로 확산시킬 수도, 안으로 통합할 수도 없다면 그 종교는 죽은 종교일 것이다.

79) 종교적 자치권에 대한 이해는 종교가 처해 있는 실제의 제한 상태를 고려하여 해석될 수 있다고 간단하게나마 단언할 수 있다. : 1. "상대적 가치권 : 사회적 요인들은 추종자를 그 자체로 규정하는 것이 아니라 사회적 무근성의 변체로 규정한다. 예를 들면 사회적 요인들은 어떤 사람이 성인이 되든 법법자가 되든 관계가 없다. 2. "기능적 자치권": 행동모범은 경제적인 동인을 바탕으로 확산될 수 있지만 그것은 경제적인 동인에 의하여 변하지 않는 사람들에 의해 포착된다. 그러나 그들이 경제적인 측면에서 제약을 받는 어떤 "원형"과 "모법"없이 행동한다고는 생각할 수 없을 것이다. 3. "반대적 자치권": 자치적인 자기 이해와 실제의 조건 관계 사이의 상위성이 항상 "잘못된 의식"이라고 판단될 수는 없다. 비록 자치 의식이 자치적인 것이 아니라 하더라도 그 의식은 현실에서 벗어나서 현실에 대항한다고 말할 수 있으며 예를 들면 "좀과 녹"이 뻗치는 그러한 조건 관계에 대한 항의가 된다(마태 6장 19절).

5. "우리는 모든 것을 버렸읍니다" *171*

패하였다. 예수 운동도 마찬가지였다. 예수 운동은 변화된 상황하에서 헬라적 원시 그리스도교로 변화된 후에 비로소 팔레스타인 밖에서 성공 *141
했다. 전에 바리새파 사람이었던 바울이 이 때에 아주 중요한 역할을 담당하였다. 즉 이러한 성공도 평범한 일상성에 대한 순응을 전제로 한 것이었다.[79]

6

예수의 성전 예언
── 도시와 시골간의 긴장의 장(場) 가운데서의 예언[1] ──

예수는 "나는 사람의 손으로 지은 이 성전을 헐어버리고 사람의 손으로 짓지 않은 새 성전을 사흘 안에 세우겠다"(마가 14:58)고 말했기 때문에 산헤드린에서 비난을 받게 된다. 이 말은 우선 성전에 대한 양면적인 태도를 나타낸다. 즉 성전은 절대 사라져서는 안 된다는 것과 새로운 성전에게 자리를 양보해야 한다는 것이다. 더 나아가 이 말은 그 말을 한 사람에게 부정적인 결과를 야기시킨다. 이 귀절에서 암시된 역사적인 맥락이 좀더 규명되어야 할 것이다. 첫째로는 그렇게 반대와 찬성이 엇갈리는 가운데서 어떠한 사회적 역할이 나타나는가 하는 점이 연구될 것이다. 그리고 둘째로는 성전 예언(Tempelweissagung)이 어떠한 영향력을 가지고 있는가 하는 점이 연구될 것이다. 요인 분석의 범주 안에서는 전승에 대한 사회적 영향이, 기능 분석의 범주 안에서는 사회에 대한 전승의 성과가 연구될 것이다. 요인 분석에 있어서는 도시와 시골, 즉 예루살렘과 유대인이 거주하고 있는 그 배후 지역 사이의 긴장이 성전 예언에서 나타나고 있다는 가설이 주장될 것이며,[2] 기능 분석에 있어서 성전 예언은 귀족 정치뿐만 아니라 소박한 민중에 대해서도 역시

---

1) 나는 이 논문의 명제들을 1975년 5월 28일 키일에서 그리고 1975년 5월 30일 하이델베르크에서 강연한 바 있다. 나의 동료들이 여러 가지로 격려해 준 데 대해 감사한다.
2) 도시―시골의 고정양식은 팔레스틴 지방의 사회생태학을 단순화한 것이다. 헬레니즘의 도시국가, 유대인이 거주하는 시골, 사람이 살지 않는 황야와 산간지방, 유대인의 수도는 서로 구별되어야 한다. 사회생태학적인 도시개념은 헌법상의 폴리스 개념과 구별되어야 한다. 예루살렘은 폴리스가 아니었다. 이에 대해서는 V.A. Tscherikover, Was Jerusalem a Polis?: *Isr. Expl. Journ.* 14 (1964), S. 61~78 참조. 팔레스틴의 도시화에 대해서는 A. H. M. Jones, The Urbanization of Palestine; *Journ. Rom Stud.* 21 (1931), S. 78~85 ; 역시 Jones, *The Cities of the Eastern Roman Provinces* (1937), S. 227~295 참조.

6. 예수의 성전 예언 *173*

기존적인 종교와 물질주의에 대한 공격으로 이해되어야 한다는 가설이 주장될 것이다. 이 두 가설 가운데 어느 하나도 성전 예언의 진정성을 전제로 하지는 않는다. 그 사회적 맥락은 예언의 것과 동일할 것이다. ──이는 성전 예언이 예수에 의해 형성된 것이든, 혹은 원시 그리스도교의 예언자에 의해 형성된 것이든 관계없다. 팔레스틴 지방의 사회구조는 A.D. 70년 이후에 비로소 근본적으로 변화되었다. 그럼에도 불구하고 진정성에 대한 몇 가지 논쟁들을 약술해 보겠다. 이 경우 유대교와 원시 그리스도교에서 유래한 것이 아니라는 점은 신빙성에 대한 일차적인 근거가 되며, 예수의 활동 전체와 일치한다는 점은 그 진정성에 대한 이차적인 근거가 된다.

1. 성전 예언은 유대교 전통에서 끌어낼 수 없다. 성전 파괴와 성전 재건이 한 단어에 결합되어 있는 점은 전승사적으로 볼 때 특이하다.[3] *143 그렇다고 역사적으로 그러한 전례가 없는 것은 아니다. 헤롯은 기원전 20/19년에 스룹바벨의 성전을 부수고 새로 세운 바 있다(Jos Ant 15, 380 이하). 그 이후 예언자의 환상은 하나의 모델을 갖게 되었고 이에 의거해서 미래의 환상을 가질 수 있었다. 상한선으로는 이것이 확실할 것이다.

---

3) 성전에 대한 예언들은 새로운 성전의 약속과 직접적으로 관련되지는 않는다. Äth. Hen. 90, 28f는 성전과 관련된 것이 아니라 예루살렘과 관련되어 있다(91, 13 ; 23, 5 ; 89, 73 참조). 나는 여기서 오직 가스통(L. Gaston, *No stone on another*, =*Nov, Test. suppl*, 23, 1970, S. 65~243)의 철저한 연구를 지적할 수 있을 따름이다. 가스통은 예언의 후반부만을 신빙할 만한 것으로 본다. 실제로 예언의 전반부는 최소한 변형된 것이다. 성전에 대한 말씀은 반대자들의 입에서 비롯된 경우가 종종 있다(예외 : Joh. 2, 19 ; Thom. Ev. 71). 짐작컨대 그들이 그 격언에다 예수의 신용을 떨어뜨리는 형태를 부여했던 것 같다. 1. P. Sg. Akt가 그러한 중상에 의해 변형된 것인가의 여부는 질문될 수 있다. 왜냐하면 예수가 능동적으로 성전을 파괴하려 했다(가령 방화 등을 통해서)고 가정한다면 그에게 책임을 물을 수 있지만 그가 종말론적 전환의 범주 안에서 성전파괴를 고지한 것이라면 책임을 물을 수 없기 때문이다. 마가복음 13장 2절이 3, P. Sg. Pass.를 통해, 요한복음 2장 19절이 2. P. Pl.를 통해, 1. P. Sg. Akt.를 보완한다는 사실은 그 전후문맥에 근거를 두고 있으나 전승이 본래 변할 수 있는 성질의 것이라는 데 대한 증거가 될 수도 있다. O. Betz, Die Frage nach dem messianischen Bewußtsein Jesu; *Nov. Test.* 6 (1963), S. 20 ~48, S. 37 A. 2 ; F. Hahn, *Das Verständnis der Misssion im Neuen Testament* (1965), S. 29 A 3. 린네만(E. Linnemann, *Studien zur Passionsgeschichte*, 1970, S. 125~17)은 성전에 대해 하신 말씀을 유대교에서 끌어낼 수 없다는 근거에서 그것을 신빙할 수 없다고 주장했다.

2. 성전 예언은 원시 그리스도교에서 끌어낼 수 없다. 하한선은 A.D. 70년의 성전 파피다. 왜냐하면 이 말씀은 사후 예언(vaticinium ex eventu)이 아니기 때문이다. 새로운 성전의 건설이라는 이 말씀의 긍정적인 부분은 성취되지 않았다. 또 그 말씀의 부정적인 부분도 다르게 성취됐다. 즉 예수가 아니라 로마인들이 성전을 파괴했던 것이다.[4] 그 말이 A.D. 70년 이전에 원시 그리스도교의 예언자에 의해 형성되었다고 는 볼 수 없다. 성전에 관한 말씀은 재해석되었다. 스데반은 이 후반부를 영적으로 해석했다. 즉 그는 성전의 재건 대신 모세의 율법이 변화될 것 임을 고지했다(사도 6 : 14). 요한복음은 전, 후반부 모두를 영적으로 해석했다. 즉 성전의 파괴와 재건을 예수의 죽음과 부활로 해석하였다. 마태복음은 예언 전체를 다음과 같이 가능법의 형태로 기록하고 있다. 즉 예수가 헐었다가 다시 세울 수 있다(마태 26 : 61). 이렇게 예언을 재해석하게 된 까닭은 아마도 그 예언이 성취되지 않았기 때문이었을 것이다. 그밖에 다른 이유도 있다. 성전에 대한 적의가 그리스도교 신 자들에게 가해졌을 것이다. 성전 예언은 거의 언제나 반대자들의 입에서 나왔다(마가 14 : 58 ; 사도 6 : 14 ; 베드로 복음서 7 : 26). 그리스도인 들이 그들의 예언자인 예수의 말씀을 전할 경우 그 반대자들에게 자의 로 탄환을 양도하는 것과 같았을 것이다.

3. 성전 예언은 예수의 활동 범주에 잘 들어맞는다. 말씀 전승(Worttradition)과 설화 전승(Erzähltradition)은 다음과 같이 동일한 방향을 가리키고 있다. 즉 성전 정화와 성전 예언은 성전에 대한 공격과 일치를 나타낸다. 다시 말해서 성전 예언은 예언의 말씀으로, 성전 정화는 그에 속하는 예언의 상징적 행위로서 나타난다.[5] 이 말씀은 예수의 가까이 오심에 대한 대망에 잘 어울린다. 성전의 파괴와 재건은 우주의 변혁이

---

4) 예언의 부정적인 부분은 마가복음 13장 2절에서 이차적으로 사건에 대한 예언이 되었다. 이 절반 부분만이 적중했기 때문에 이 부분은 떨어져 나갔다. 그래서 본래의 예언은 다음과 같았으리라고 볼 수 있다. 즉 성전은 우선 불로 인해 파괴되고(Jos. Bell. 6, 228ff.) 그 다음 연마되었다(Jos. Bell. 7, 1ff.). 순수한 사건에 대한 예언이었다면 두 과정을 언급했을 것이다. 발터(N. Walter, *Tempelzerstörung und synoptische Apokalypse*.; Zs. nt, Wiss. 57, 1966, S. 38~49)의 견해는 이와 다르다.
5) 특히 한 (Hahn [A. 3, S. 29f.])과 슈르만(H. Schürmann, *Die Symbolhandlungen Jesu als eschatologische Erfüllungszeichen:* Bib. u. Leb. 11, 1970, S. 29~41, 73~78), 그리고 로로프(J. Roloff, *Das kerygma und der irdische Jesu*, 1970, S. 95)가 이렇게 본다. 요한복음 2장 13~22절 에서는 성전 예언과 성전 정화가 관련되어 있다.

라는 범주 안에서만 생각할 수 있기 때문이다. 마지막으로 성전 예언은 역사의 진행에 걸맞는다. 그 예언은 예수와 그의 추종자들이 예루살렘으로 간 동기가 되며 또한 A.D. 1세기의 다른 예언자들이 그의 추종자들과 함께 그들이 고지한 기적의 장소로 옮겨간 동기가 된다.[6] 더 나아가 그 예언은 예수의 제자들이 부활절 이후 예루살렘을 그 중심지로 삼은 동기가 된다. 여기서 그들은 결정적인 종말 사건을 기다렸다.

그러나 아래의 상론은 그 말씀의 진정성 문제와는 무관하다. 왜냐하면 역사와 전승사, 역사적 실재와 환상이 이러한 사회적 요인들을 규정할 수 있기 때문이다. 사회학적 분석은 전형적인 것, 반복되는 것, 구조적인 것에 관련된다. 따라서 예수, 원시 그리스도교의 예언자, 혹은 공동체 그 어느 것이 문제되는 경우든 마찬가지로 여러 사람이나 상황에 적용되는 것과 관련된다. 바로 이 점이 사회학적 분석의 한계점이다. 이 분석으로는 성전 예언의 특이성을 충분히 파악할 수 없다. 다만 몇가지 측면만을 파악할 수 있을 뿐이다.

I

성전에 대한 반대는 여기서 가장 관심을 불러 일으키는 성전 예언 중의 한 국면이다. 이러한 반대는 무엇보다도 시골 주민에 뿌리박고 있다는 사실이 지적되어야 한다. 이는 A.D. 39~40년 칼리굴라(Caligula)가 성전에 자신의 입상을 세우려고 했던 혼란기에 시골 주민들이 죽음을 각오를 하고 성전에 대한 의무감을 보여주었던 사실과 모순되는 것 같다. 다름아닌 농부들은 그 당시 이 항의 시위에 가담하기 위해 그들의 농토를 버려두고 떠났다. 농사를 너무도 소홀히 한 나머지 수확과 (그 결과로 인해) 납세를 걱정해야만 했을 정도였다(Jos, Ant, 18, 274, 287). 그러나 바로 이렇게 성전에 대해 점차 일치감을 갖는 현상이 결정적인 반대의 가장 기본적인 요건이 되었다. 즉 어느 제도가 신성하면 할수록 그 실제의 형태에 대한 비판이 더욱 격렬해지는 경우가 있다. 절대(Absoluten)라는 자로 측량을 한다면 모든 지상의 현실은 타협되 *145
어야만 한다. 따라서 성전에 대한 커다란 의무감과 그에 대한 격렬한

---

[6] 다른 예언자들은 토이다스(Jos. Ant. 20, 97), 에집트 예언자(Ant. 20, 169 f; Bell. 2, 261ff), 사마리아 예언자(Ant. 18, 85ff) 요나단(Bell. 7, 437ff)을 말한다. 이에 관해서는 R. Meyer, *Der Prophet aus Galiläa* (1940), S. 82ff ; G. Theissen, *Urchristliche Wundergeschichten*(1974), S. 242 f. 참조.

반대가 병행된다고 해서 모순되는 것은 아니다.[7]
　이 경우에는 a) 예언자의 성전 반대와 b) 프로그램에 따른 성전 반대의 두 이상적인 유형으로 구분된다. 즉 예언자는 성전에서 일어날 일을, 프로그램은 거기서 일어나야 할 일을 말하고 있다. 예언자의 반대는 특정한 개인과 관련된 것이고 프로그램은 어느 한 집단이 담당하는 것으로 개개 집단의 구성원들(예를 들어 세대가 교체되면서 이에 속할 수도 있고 여기서 빠질 수도 있다)과는 무관하다. 이 두 유형의 반대가 서로를 제한한다는 사실은 자명하다. 다만 분석을 위해 우리는 이 둘을 분리하는 것이다.
　a) 예언자의 성전 반대가 나타나는 다양한 경우는 두 가지 관점하에서 비교할 수 있다. 첫째로는, 성전에 대한 위협의 말씀을 선포하는 자에 관한 질문이 제기되어야 한다. 둘째로는, 선포의 상황 다시 말해서 이러한 예언이 선포되는 경우에 관한 질문이 제기되어야 한다.
　유대교 역사에 있어서 예수만이 성전에 대한 위협의 말씀을 선포한 것은 아니다. 미가와 우리아와 예레미야도 위협의 말씀을 받아 증언한 바 있다(미가 3:9ff; 예레 26:20ff; 26:1ff). 그밖에 신약시대에는 아나누스(Ananus)의 아들 예수가 첨가되는데, 그의 재앙 예언에 대해 요세푸스는 성전 파괴의 전조를 들어 상론하였다(Jos Bell 4, 300ff):

　"무지한 시골 사람, 아나누스의 아들 예수가 전쟁이 발발하기 4년 전… 축제에 나타났다. 그때 모든 유대인들은 관습에 따라 성전 근처에 하느님을 숭배하는 장막을 세워 놓았다. 거기서 그는 갑자기 이렇게 외치기 시작했다:

　'올라가는 소리
　내려가는 소리,
　사방에서 부는 바람의 소리;
　예루살렘과 성전에 관한 소리,
　신랑과 신부에 관한 소리,
　전 민족을 위한 소리!'

　그는 밤낮으로 도시의 골목 골목을 누비면서 이 소리를 외치고 다녔다."

---

7) O. Cullmann, L'opposition contre le temple de Jerusalem, motif commun de la théologie johannique et du monde ambiant: *New Test. Stud.* 5(1959), S. 157~173 참조. 그의 제자 가스통(Gaston, A. 3, S. 119ff, 150ff)은 모든 선전비판적 경향에 대해 포괄적으로 일별한 바 있다.

이 미친 사람은 유대 전쟁이 터질 때까지 이 비탄의 외침을 계속했으며 예루살렘이 점령되자 죽었다. 이것은 5가지 점에서 예수의 등장과 유사하다. 1. 성전에 대한 반대의 말씀. 2. 축제라는 선포 상황. 3. 그 지방 귀족에 의한 체포. 4. 로마인에게 넘겨짐. 여기서 흥미를 불러 일 *146 으키는 것은 다섯 번째 사실이다. 즉 성전에 반대하는 예언을 한 다섯 예언자는 모두 시골 출신이라는 점이다. 미가는 모레셋 출신이고(미가 1:1), 우리아는 키랏여아림 출신이며(예레 26:20), 예레미아는 아나돗 출신이고(예레 1:1), 그리고 예수는 갈릴리 출신인 것이다. 아나누스의 아들은 무지한 시골 사람으로 성격지워져 있다.

이러한 상황은 성전 예언을 좀더 고려해 볼 경우, 우선 스데반의 예언을 고려해 볼 경우 더욱 복잡해진다. 그는 디아스포라(Diaspora) 출신일 것이다. 왜냐하면 그는 예루살렘에서 그곳에 있는 디아스포라 유대인들에게 의뢰하고 있으며 그의 추종자 가운데 한 사람이 안티오키아 출신이기 때문이다(사도 6:5). 그가 죽은 후 그의 추종자들이 우선 시골에서 계속 활동했다는 사실은 우리에게 더욱 시사하는 바가 많다(사도 8:1 ff.). 그들은 여기에서 보다 안전했을까?

마태복음 23장 3절 이하에 기록된 성전 예언의 저자는 알려져 있지 않다.[8] 그 전반부는 예언자들을 돌로 친 예루살렘에 대한 질책의 말씀으로 이루어져 있다. 후반부는 하나님이 성전을 버리실 것이라고——아마도 성전이 파괴되는 전단계로서——위협한다. 요세푸스와 타키투스는 파국이 닥치기 전 성전에서 한 목소리가 하나님의 임재가 떠나갈 것임을 고지했다고 보고하고 있다(Tac. Hist. V, 13; Jos. Bell. 6, 299; 2, Bar, 8, 1f). 두 사람은 그것을 파괴의 징후로 평가한다. 이 예언은 유대 전쟁이 일어나기 전에 생긴 것 같다. 어쨌든 그것은 예루살렘 밖의 관점에서 언급된 것이다. 왜냐하면 사신은 마치 다른 곳으로부터 오는 것처럼 예루살렘으로 "보내지고" 2. Pers. Pl.은 예루살렘 주민들에게 말을 걸고 있기 때문이다. 성전은 "그들의" 집이다.

마지막으로 A.D. 35년에 나타난 사마리아의 예언자를 언급해야겠다.[9]

---

8) 슈텍의 철저한 분석(O. H. Steck, *Israel und das gewaltsame Geschick der Propheten*, 1967, S. 48~50; 227~239)을 참조하라. 그는 이 예언을 A.D. 66, 70년경으로 추산하고 있다. 물론 그전의 것일 수도 있다. 우리는 아직 예수가 그 저자가 아님을 확실히 알지 못한다.

9) M.F. Collins, The Hidden Vessels in Samaritan Traditions; *Journ. Stud. Jud*, 3 (1972), S. 97~116. 사마리아 사람들은 타헵(Taheb), 메시아가 숨겨진 성전 도구를 계시하시리라고 믿었다(J. MacDonald, *The Theology of the Samaritans*, 1964, S. 365).

그는 추종자들에게 그들이 그리심(Garizim)산에서 사라진 성전 도구들을 재발견할 것이라고 약속했다. 이는 물론 예루살렘 성전에 대한 공격임이 분명하다. 이러한 운동 역시 그 중심지는 시골이다. 사마리아의 티라타나 마을에는 그리심 산으로 가는 행렬이 줄을 이었다. 요세푸스에 의하면 빌라도는 이 무리들을 아주 야비하게 학살한 나머지 고발을 당했다(Jos. Ant. 18, 85~89).[10] 그가 이 일에 간섭한 것을 보면 그는 "성전"이라는 용어에 대해 극도로 귀가 밝았다.

우리가 확실히 말할 수 있는 사실은 성전에 대한 예언자의 반대는 무엇보다도 예루살렘 출신이 아닌 대부분 시골 출신인 사람들에 의해 행해졌다는 것이다.

시골 출신이라는 점에 있어서만 예수가 그와 이름이 같은 불행의 예언자와 관련되는 것은 아니다. 두 사람은 축제 때 예루살렘에 나타난다. 즉 예수는 유월절(Passa)에, 아나누스의 아들은 초막절(Laubhüttenfest)에 나타난다. 그런데 큰 절기에는 도시 주민과 시골 주민간에 긴장이 감돈다. 네 가지 사건을 상론해 보겠다.[11] 첫번째 사건은 헤롯이 죽은 후 (B.C. 4년) 발생했다. 그 당시 시골에는 도처에 걸쳐——갈릴리, 페레아, 유다에서——소요가 번지고 있었다(Jos. Ant. 17, 269~284). 이러한 소요는 시골 주민들이 축제를 하러 도시로 몰려들었을 때 예루살렘에도 덮쳤다. 봉기를 진압하고 난 후 예루살렘 주민들이 늘어놓은 변명을 요세푸스는 다음과 같이 적고 있다.

"민중은 축제 때문에 그렇게 몰려들었으며 전쟁은 자신들의 충고에 따라 일어나지 않았다는 것이다. 오히려 이러한 사태는 오직 다른 지방 사람들의 불손탓이라는 것이다. 그들은 로마 사람들을 포위했다고 생각하기보다 그들 자신이 로마 사람들에 의해 포위되었다"(Jos. Ant. 17, 293).

이것은 물론 정당방위였다는 주장이다. 그런데 이 주장의 진정한 핵

---

10) 그란트(M. Grant, *The Jews in the Roman World*, 1973)는 사마리아인들을 학살한 것이 빌라도가 관직을 박탈당한 결정적인 요인이었다는 견해를 반박한다. 무장한 자들의 소요에 대해 극렬하게 대처했다고 해서 상관이 그 직위를 잃었다고 생각하기는 어렵다. 빌라도가 관직을 잃어버린 후 비텔리우스가 팔레스틴에 나타났을 때 그는 우선 유다와 예루살렘 지방의 흥분한 사람들을 진정시켰다. 여기에도 아마 문제가 있었을 것이다.

11) 그밖의 사건은 Jos. Ant. 17, 213f ; 29, 118ff에서 찾을 수 있다. 그리고 J. Blinzler, Die Niedermetzelung von Galiläern durch Pilatus: *Nov. Test.* 2 (1958), S. 24~29 참조.

6. 예수의 성전 예언 *179*

심은 시골 주민이 도시 주민보다 폭동적이었다는 데 있다.[12] 그렇기 때문에 이때부터 "군중이 모여 어떤 봉기를 일으키는 것을 막기 위해" 축제날에는 로마 군인들이 강화되었다(Jos. Bell. 2, 224). 그러나 이런 식으로 군대가 주둔하는 것은 폭동의 성향을 충분히 약화시킬 수 없었으며 오히려 새로운 소동의 원인이 되었다. 50년 후의 두 번째 사건이 그러한 경우이다(쿠마누스 치하, A.D. 48~52년).

"무교절에 민중이 예루살렘으로 몰려들었을 때 성전 현관 주랑에는 로마 보병들이 서 있었다… 그때 갑자기 군인 하나가 외투를 공중으로 들어 올리고는 무례한 태도로 몸을 굽히면서 유대인의 자리로 와서 그의 지위에 걸맞는 욕설을 퍼부었다"(Jos. Bell. 2, 224).[13]

이러한 선동으로 인해 소요가 일어났다. 마침내 돌을 던지기에까지 이르렀다. 혼란이 일어난 것이다. 많은 사람이 죽었다. 쿠마누스 치하에서는 시골에서 계속 소요가 일어났다. 그의 후계자 펠릭스 치하에서 일어난 사건이 세 번째 것이다. 펠릭스는 시골에서 일어난 저항운동을 효과적으로 진압했다. 그러나 그 결과 도시에서의 저항운동은 더 활발해졌다.[14] 그 첫번째 희생자는 대제사장 요나단이었다(Jos. Bell. 2, 256). 살인은 상황에 따라서는 로마 총독이 지시했다(Ant 20, 163). 연좌법(Gesetz der Serie)에 따라서 살인은 계속되었다.

*148

"사람들은 살인이 아주 은밀한 가운데 일어나도록 방치했기 때문에 후에 폭

---

12) 헤롯이 죽은 후의 폭동에 대해서는 M. Hengel, *Die Zeloten* (1961), S. 331~336 참조. 헹겔은 그 당시 분명히 나타난 도시와 시골간의 긴장을 강조했는데 이는 옳다(S. 335 참조). 그는 다음과 같이 이러한 긴장의 전 역사도 규명하였다. 즉 헬레니즘 시대에는 대중 경제가 비약하는 동안 점차 시골에 비해 도시가 차지하는 비중이 커졌다(M. Hengel, *Judentum und Hellenismus*, 1961, S. 101f). 더 나아가 L. Finkelstein, *The Pharises. The Sociological Background of their Faith* (1938, 1963³) 참조. 핑켈슈타인은 유대교 역사 전체를 도시와 시골간의 갈등이라는 입장에서 해석하고 있다.
13) 이 군인의 조롱은 사정에 따라서는 만연되어 있던 반유대적, 그리고 보편적인 경멸의 몸짓이었다. 이것은 호라티우스의 풍자에서 찾아 볼 수 있으며 (vin tu curtis Iudacis oppedere [Sat. I, 9, 70]), 사업으로 인해 안식일의 고요를 해치는 것과 관련된다. 호라티우스를 가르쳐준 필하우어 박사에게 감사한다.
14) Hengel (A. 12), *Zeloten* S. 49, 357f 참조.

도들은 축제일에 아주 공공연하게 도시에 진입했으며, 민중 가운데 섞여서 일부는 그들의 원수를 찔렀고 일부는 돈을 내놓으라고 흥정하던 다른 사람들을 찔렀다. 이러한 일은 도시에서뿐 아니라 성전에서도 종종 일어났다. 왜냐하면 그들은 파렴치한 일을 저지른다는 생각도 없이 성전에서 살인을 할 수 있을 만큼 뻔뻔스러웠기 때문이다"(Jos. Ant. 20, 165).

저항 운동을 하는 투쟁자들이 신성한 장소나 절기에 대해 전혀 경외심을 표하지 않았다는 사실은 시사하는 바가 많다. 그들은 축제와 성전을 그들의 테러행위에 이용했는데 이에 대해 아마도 양심에 가책을 느끼지 않은 것 같다. 왜냐하면 그들은 하나님의 신성한 뜻을 집행한다고 확신하고 있었기 때문이다. 성전에 대한 이러한 거리감은 앞의 예에서도 분명히 나타난다. 알비누스(62~64/5) 치하에서 저항운동을 하는 투쟁자들은 축제기간 동안에 도시로 몰려들어서 성전 감독관의 서기인 엘르아살을 인질로 잡고 구속된 동료 10명의 석방을 요구했다(Jos. Ant. 20, 208f). 당국이 순순히 양보를 하자 그들은 계속해서 이런 식의 일들을 감행했다.

"폭도들은 이제 아나누스의 친척이나 친구를 무조건 폭력으로 잡아서 몇몇 시카리(Sicarier)들이 석방될 때까지 매번 그들을 잡아두었다. 그래서 그 수자는 다시금 늘어났고 새로이 불손한 짓을 저지름으로써 온 나라를 황폐하게 만들었다"(Jos. Ant. 20, 210).

시골에서 일어나는 저항 운동이 성전 귀족들을 적으로 삼았으리라는 점에는 오해의 여지가 없다.[15] 우리에게 결정적인 사실은 축제에 몰려든 시골 주민들이 질서에 대해 책임을 지고 있는 당국자의 눈에는 안정을 위협하는 자들로 보인다는 점이다. 그 이유는 한 편으로는 시골 주민들이 보다 폭동적이었기 때문이며, 다른 한 편으로는 그 가운데 다수가 소요를 일으킨 자들을 숨겨주기 때문이었다. 이와같이 도시와 시골간의 잠재적인 긴장은 축제일에 분명하게 드러났다.

이 사실은 수난사에도 적용되는데[16] 여기서 우리는 이러한 긴장이 역

---

15) 바움바하(G. Baumbach, *Jesus von Nazareth im Lichte der jüdischen Gruppenbildung*, 1971, S. 54)의 추측처럼 피압박자들이 압박자들과 공모했다고 추측할 근거는 전혀 없다. 대제사장의 정책에 관해서는 E. M. Smallwood, High Priests and politics in Roman Palestine: *Journ. Theol. Stud.* 13 (1962), S. 14~34 참조.

16) 헹겔(Hengel [A. 12], *Zeloten*, S. 371 A. 1)의 다음과 같은 판단은 옳다. "수난을 이해하기 위해서도 그것 (도시와 시골 사이의 대립)은 중요하다." 나의 이 논문은 이 언급으로 인해 고무를 받은 바 있다.

사 또는 전승사를 어느 정도나 결정했는가라는 질문을 끌어낼 수 있다. 대제사장들과 서기관들은 민중들 가운데서 소요가 일어나지 않게 하기 위해서는 예수를 축제 때에는 체포하지 말아야 한다는 점에 의견을 같이 했다(마가 14, 2). 여기서 "민중"이란 축제에 몰려든 시골 주민만을 가리키며 예루살렘 주민들은 상주하고 있었다. 사람들은 예수가 민중 가운데서 동정을 받게 될 것을 두려워 했음이 분명하다. 입성 보고가 있은 후 축제에 참여한 민중들은 예수를 호산나로 영접했는데(마가 11, 9) 예루살렘 주민들은 그렇게 하지 않았다. 예수의 시체를 거두었던 것도 아리마대의 요셉이지 예루살렘 주민이 아니었다(마가 15, 43). 감독 기관의 입장에서는 예수운동이 시골에서부터 예루살렘으로 번져오는 소요의 특수한 경우일 뿐이었다. 그렇기 때문에 사람들은 무엇보다도 베드로의 출신지에 관심을 가졌으며 그에게 "나사렛 예수의 무리"인지 물었다(마가 14, 67). 그가 갈릴리 사람이라는 사실(마가 14, 20)만으로도 그는 의심을 샀다. 다른 당국자들도 짐작컨대 이와 관련된 경험이 있을 것이다. 누가복음 13장 1~3절에 따르면 빌라도는 예루살렘에 온 갈릴리 순례자들을 학살했다.[17)]

우리의 첫번째 가설은 전반적으로 다음과 같은 두 개의 유추에 근거하고 있다. 즉 한 편으로 성전에 관한 위협의 말을 하는 사람들 대부분은 시골 출신이다. 다른 한 편 예수가 성전에 대한 말씀과 함께 공중 앞에 등장한 것은 도시와 시골 사이의 긴장이 자주 명백히 드러나던 때다.

b) 예수의 성전 반대가 도시와 시골 사이의 이러한 긴장에 그 뿌리를 일부 두고 있다는 사실은 프로그램에 따른 성전 반대를 일별해 봄으로써 더욱 뚜렷해진다. 사마리아 사람들을 제외하면 유대교 내부에는 프로그램에 따라 성전에 반대한 두 집단이 있다. 엣세네파와 젤롯당이 그들이다(여기서는 모든 해방 운동은 "젤롯당"의 영향하에서 이해되어야 한다). 이들과 예수운동이 아무리 커다란 차이가 난다 할지라도 이 세 집단은 모두 공통적으로 유대교의 현재 형태를 비판하며 혁신을 추구한다. 그렇기 때문에 성전에 반대하는 것이다.

엣세네파는 예루살렘에서 드리는 희생제사를 거부한다(Jos. Ant. 18, 19).[18)] 그들은 아마도 성전으로 봉헌제물을 보냈을 것이고 성소에 들어

---

17) 블린즐러(A. 11, S. 24~49)는 유월절 축제를 근거로 돌발사건을 기록하고 있다. 그밖의 그의 견해들은 복음서의 구성을 너무 빨리 역사적으로 재구성했다는 방법상의 결점을 갖고 있다. 더 나아가 H.W. Heohner, *Herod Antipas* (1972), S. 125f 참조.

18) 쿰란지방에 있어서 성전이 갖는 의미에 대한 해석에 관해서는 B. Gärtner,

갈 수는 없었을 것이다. 쿰란 문서에는 성전이 불순한 것으로서 거부되었다(CD Ⅳ, 18 ; 1 QpHab XII, 7f u. ö)라고 기록되어 있어 요세푸스의 보고를 입증해 준다. 아무도 성전을 밟아서는 안 되었다(CD Ⅳ, 11~14). 방향제물로써 율법 행위를 하며(4Qflor Ⅰ, 6f) 국가를 위해 속죄하는 임무를 갖고 있는(1QS VIII, 6~10 u. ö) 공동체는——이들은 스스로를 인간 가운데 신성한 자들로 이해했다——성전에 대항했다. 본래의 성전은 이스라엘에 있는 것이라는 주장과 나단의 예언을 쿰란 공동체#에 해당하는 것으로 해석하는 것은 확실히 쿰란 공동체가 파괴된 성전의 보충물이라는 의미를 담고 있어 논란거리가 되고 있다. 우리에게 주요한 사실은 이러한 성전 반대가 예루살렘 밖에서, 즉 사막의 오아시스나 시골에 흩어져 살고 있는 엣세네파에서 비롯되었다는 점이다. 요세푸스는 성전 반대가 모든 "도시"에서 일어났다고##기록하고 있으나 그는 자주 팔레스틴의 마을들을 도시라고 부르고 있다. 필로는 알렉산드리아라는 대도시의 관점에서 엣세네파에 관해 다음과 같이 보고하고 있는데 이는 보다 신빙성이 있다.

"이들은 유달리 마을에만 거주하며, 도시 특유의 비구속성 때문에 도시를 기피한다. 아마도 주위 환경으로 인해 더러운 공기에서 발생되는 질병과 같이 영혼이 점차 치료할 수 없는 접촉을 하게 된다는 사실을 알고 있는 것 같다. 혹자는 농사를 짓고, 또 혹자는 여러 가지 평온한 수공업을 하면서 자신과 이웃을 이용한다"(Philo, Omnis probus 76).

필로는 이와 유사하게 도시생활을 꺼리는 자들로 테라페우트 교단에 관해 보고하고 있다(Vit. cont. 19ff.). 이 경우 우리는 "소박한 생활"에 대한 대도시인의 동경이 이러한 진술에 채택되었을 가능성을 고려해야 한다.

젤롯당의 테러 행위 배후에는 종교적이고 사회적인 프로그램이 자리잡고 있었다.[19] 유대 전쟁 초기 그들은 율법에 철저히 따른 나머지 성전의 개혁을 초래했다. 요세푸스의 보고에 의하면, 시골에서 도시로 몰려든 "폭도들"이(Jos. Bell. 4, 128) 불손하게 제사장을 선출했으며,

---

The Temple and the Community in Qumran and the New Testament (1965) ; G. Klinzing, Die Umdeutung des Kultus in der Qumrangemeinde und im Neuen Testament (1971) 참조.

19) 이 종교적—사회적 프로그램에 관해서는 헹겔(Hengel [A. 12], Zeloten, bes. S. 93~150)이 분명하게 다루었다.

#(4Qflor I,1-2에서)   ##(Jos. Bell. 2,124)

오래된 가문의 특권을 폐지했고(Bell. 4, 147), 마침내는 새로운 대제사장을 선출하기에 이르렀다.

"우연히 아프타 마을 출신인 사무엘의 아들 판니아스가 제비를 뽑았는데 처음부터 그의 파렴치함이 드러났다. 그가 제사장 출신이 아니라는 점은 차치하고라도 그는 너무도 교양이 없어서 제사장직이 도대체 무엇인지도 전혀 알지 못했을 정도였다. 그의 뜻에 거역해서 그들은 그를 시골에서 끌어냈다"(Jos. Bell. 4, 155f,).

이런 선동 가운데서 옛 도시의 귀족들은 남아나지 못했다. 그들은 대부분 죽음을 당했다. 그밖에도 시골에서 온 저항 운동의 투쟁자들은 도시 주민에게 무시무시한 공포 통치를 실시했는데 이는 오히려 로마인들과의 타협의 경향을 띠고 있어서 불신을 샀다. 네 집단의 시골 출신들이 도시에서 폭정을 했다. 기샬라 출신인 요한이 이끄는 갈릴리인들(Jos. Bell. 4, 121ff. 559), 기오라의 아들인 시몬의 지도에 따르는 유대인들(Jos. Bell. 2, 652 ; 4, 503), 엘르아살이 이끄는 성전 젤롯당들(Jos. Bell. 4, 135ff.)[20] 그리고 이두메인들(Jos. Bell. 4, 224ff.)이 그 들이다. 물론 때때로 예루살렘 주민들도 이중에 속했던 경우가 있으나 이들은 대부분 시골 출신이었다. 이들은 테러 행위를 통해 오랫 동안 억눌려 왔던 도시——특히 그 귀족——에 대한 증오를 폭발시켰다는 사실을 인정할 때에만 이들의 테러행위를 이해할 수 있다. 엣세네파와 마찬가지로 젤롯당들도 일반적으로 도시 생활을 기본적으로 주저했던 것 같다. 히폴리투스는 젤롯당과 시카리인들(그는 이들을 이상하게도 엣세네파의 한 파로 보았다)이 동전 표면에 새겨진 그림 때문에 동전에 손을 대지 않았다고 보고하고 있다. 그밖에도 그들은 "입상이 세워진 성문을 통과하지 않기 위해서 어느 도시에도" 가지 않았다(Hipp. Adv. haer. 9, 26).

*151

---

20) 스미드(M. Smith, *Zealots and Sicarii, their Origins and Relation*: Harv. Theol. Rev. 64, 1971, 1∼19)는 15면 이하에서 성전 젤롯당들이 시골 출신임을 강조했는데 이는 옳다. 그러나 이들을 "경건한 농부"의 대표자들로 해석한 것은 옳지 않다. 성전 젤롯당들은 제사장들이었다. 그러므로 헹겔(M. Hengel, *Zeloten und Sikarier: Josephus-Studien. Festschrift f. O. Michel*, 1974, 175∼196, S. 195)과 바움바하(G. Baumbach, *Zeloten und Sikarier: Theol. Lit. zeit.* 90, 1965, S. 727∼740)의 견해가 옳다. 이들의 주장에서는 대부분의 제사장들이 예루살렘 밖에 거주하고 있었다는 사실을 주목해야 한다. 시골 출신이라는 점과 운동이 지니고 있는 제사장적 성격은 상호 모순되지 않는다.

여기서도 우리는 도시, 보다 정확히 말하면 헬레니즘 도시에 대한 기본
적인 거리감을 발견하게 된다.
 반면 예수의 성전 반대는 도시에 대한 기본적인 거리감을 전혀 갖고
있지 않다.[21] 그렇다고 프로그램에 따르는 성격을 갖고 있지도 않다.
즉 거기서는 예루살렘 성전을 위한 개혁 프로그램도 찾아볼 수 없으며
새로운 성전을 요구하는 새로운 공동체 조직도 찾아 볼 수 없다.
 그러나 예언자의 성전 반대와 프로그램에 따른 성전 반대는 모두 시
골에 뿌리박고 있다는 점에서 공통점을 갖고 있다. 이 사실은 입증할
수 있다. 더 나아가 무엇보다도 정치 상황에서 뚜렷이 나타나는 도시와
시골 사이의 대립도 입증할 수 있다. 그밖의 모든 결론들은 해석에 의한
것들이다. 내 생각에 가장 기본이 되는 해석은 A.D. 1세기에 눈에 띠
게 된 성전 반대는 도시와 시골 사이의 대립에서부터 비롯되어 확산되
었다는 결론과 예수의 성전 반대도 이러한 긴장의 장에 속한다는 결론
으로 여겨진다. 예언은 바로 사회적인 긴장의 장에서 발견된다는 사실
은 물론 수긍할 수 있을 것이다. 그러나 예언은 그 긴장으로 설명되거
나 거기서 "도출"되지 않는다는 사실도 또한 마찬가지로 수긍할 수 있
다. 민족, 계층 또는 다른 무리들 사이의 사회적 긴장은 언제나 존재했
었다. 그러나 예언자는 항상 나타나지는 않았다. 오히려 사회적 상황은
행위를 규정하기 위해 항상 일정한 전통의 조명 아래 해석되고 있음이
분명하다.[22] 왜냐하면 사회적 상황은 오직 그런 식으로만 우리의 전승
에 개입하기 때문이다. 로마가 다스리던 팔레스틴 지방에서의 성전 반대
역시 이스라엘의 철저한 신정정치 전통, 즉 하나님 자신이 왕으로서 이

---

21) 도시 문화에 대한 거리감을 보여주는 말씀들이 몇군데 있기는 하다. 마태
 복음 11장 7~9절에서는 화려한 옷과 왕궁이 나쁘게 평가되고 있으며 더
 나아가 마가복음 13장 1절에서는 제자가 성전 건물을 보고 놀라고 있다.
 이는 거의 수도에 오지 못하는 시골사람을 연상시키는 바가 없지 않다.
 크라에쎈스(D. Claessens, *Kapitalismus als Kultur*, 1973, S. 84)는 중세
 도시에 온 시골 사람이 놀라는 모습을 아주 잘 묘사하였다. 그는 "몹시
 놀랐다. 즉 돌집, 많은 집들(이 시대에는 '나란히 세 채' 이상 서 있으면
 벌써 '많다'라는 인상을 주었다!), 포장이 잘 된 길, 집의 유리 창문(원
 반 유리), 거대한 교회, 수많은 사람들…에 놀랐다."

22) R.K. Merton, Die Eigendynamik gesellschaftlicher Voraussagen: E. Topi-
 tsch (Hrsg.), *Logik der Sozialwissenschaften* (1967), S. 141~161 참조.
 특히 145면을 보라. 그는 이 책에서, "인간은 환경의 객관적인 여건에 따
 라서만 태도를 취하는 것이 아니라 이 상황이 자신에게 갖는 의미에 따라
 태도를 취하는데 후자가 더 지배적이다"라는 토마스의 정리에 관해 논의
 하고 있다.

스라엘을 통치한다는 의식을 고려할 때 비로소 이해할 수 있다. 유대민족의 성전도시도 이러한 전통 위에 서 있었다. 그 국가는 스스로를 "신정국가"로 여겼다(Jos. Contra Ap. 2, 165). 그러나 사실은(de facto) "귀족국가"였다(Jos. Ant. 20, 229). 왜냐하면 하나님은 예루살렘 성전의 귀족들을 통해서 통치하셨기 때문이다. 우리가 "철저한 신정정치"라고 부르는 것은 하나님이 신정정치의 중재자들에 반해서 통치하셨던 모든 움직임들이다. 철저한 신정정치의 움직임은 엣세네파, 젤롯당, 예수운동이었다. 그러한 철저한 신정정치 움직임이 일어나기 위한 역사적 전제는 신정정치 중재자들의 타협이었다.

따라서 우리의 입장에서 제기되어야 할 질문은 A.D. 1세기에 성전은 무엇 때문에 여러 철저한 신정정치의 조류들에 대립될 정도로 타협된 것으로 나타날 수 있었는가 하는 것이다. 다음과 같은 세 가지 근거가 제시될 수 있을 것이다.

1. 성전 반대는 성전을 짓는 자에 대한 반대일 수 있었다. 이두메 사람 헤롯은 엄격한 신자가 보기에 완전한 자격을 갖춘 유대인이 아니었다. 그는 왕조 출신이 아니었다. 로마를 위한 종합화 정책으로 인해 그는 의심을 받았음이 분명하다.[23] 그는 확실히 유대 성소의 이상적인 건립자는 아니었다. 성전 건축계획이 일단 소요를 일으킨 까닭은(Jos. Ant. 15, 388) 이른바 오직, 헤롯이 옛 성전을 헐고 난 후 성전을 건축할 재료를 갖고 있지 않으리라는 두려움 때문이었다고 요세푸스는 기록하고 있다. 이러한 두려움 배후에는 헤롯의 성전 건축에 대한, 이 두려움보다 훨씬 더 기본적인 거부감이 자리잡고 있었던 것이 아닐까?

2. 성전 반대는 더 나아가 건축물의 양식에 대한 반대일 수도 있었다. 그 헬레니즘적 양식은 헤롯의 조심스런 종합화 정책의 상징이었다. 로마제국의 상징이며, 군단과 황제의 표시인 황금 독수리가 입구 위에 세워진 것에서(Jos. Ant. 17, 151) 그 양식이 분명히 나타난다.[24] 그는 우상숭배 금지계명을 위반했다. 이 독수리상을 제거하기 위해 헤롯이 죽기 직전 반란이 일어났는데 그것은 반란을 일으킨 주동자의 처형으로 끝났다(Ant. 17, 144~167). 그러나 헤롯이 죽은 후 그 주동자와 뜻을 같이하는 사람들이 성전에 모여 체념한 후계자 아켈라오스에게 처형에 대한 복수를 요구했다. 이들은 시골의 지지를 받고 있었다(Bell. 2,

---

23) 헤롯의 왕권에 관한 논쟁에 대해서는 A. Schalit, *König Herodes* (1969), bes. S. 146ff, 403ff, 483ff 참조.
24) 황금 독수리에 관해서는 Schalit(A. 23), S. 734 참조.

9ff.; Ant. 17, 213ff.). 아켈라오스는 온 힘을 다해 시골에서 몰려든 폭도들과 성전에 모인 선동자들과의 연결을 막아야 했다.

3. 마지막으로 성전 반대는 성전 귀족에 대한 반대일 수도 있었다. 엣세네파의 불만은 적지 않게 비사독 계열의 하스몬가 대제사장들을 향한 것이었다. 따라서 헤롯은 하스몬가를 제거하기 위해 우선 합법적인 대제사장 가문을 다시 선택했다(Jos. Ant. 15, 22, 40). 그리고 그는 마음대로 자기가 원하는 사람을 임명시켰다. 그러나 성전 젤롯당이 비로소 사독 계열에서 대제사장을 다시금 임명했다.[25]

위와 같이 헤롯의 성전에 대해 반대할 만한 실제 이유가 몇가지 있었던 것이다. 이 이유들은 예루살렘뿐 아니라 시골에서도 어떤 역할을 할 수 있었는데 시골에서는 아마 더욱 지속적인 영향을 미쳤을 것이다. 왜냐하면 도시에는 헤롯의 성전과 타협할 만한, 즉 동일시될 만한 좋은 이유들이 있었기 때문이다.

II

성전 예언은 전 예루살렘 주민의 이익에 위배되는 것이어서 거부에 부닥치지 않을 수 없었다.

성전은 제사장 귀족에게 다음과 같은 많은 소득을 제공해 주었다. 즉 종교세(무엇보다도 십일조와 소산의 맏물), 희생 제물의 분배, 서원이나 참회와 같이 불규칙적인 배당이 그것이다.[26] 그 분배는 논란의 대상이 되었고 유대 전쟁 직전에 격렬한 분배 싸움이 일어났다. 대제사장들이 제사장들의 몫인 십일조 배당을 강제로 빼앗은 나머지 가난한 제사장 몇 명이 굶어 죽었다고 한다(Jos. Ant. 20, 181, 206f.).[27] (도시와 시골의) 소수의 서기관들(clerus minor)을 가장 일찍 성전에 대한 반대가 잠재해 있던 곳으로 추측할 수 있을 것이다. 개혁된 성소에 보루를 쌓고 있던 젤롯당은 아마도 그 성소로부터 물자를 조달했을 것이다. 그런데 물

---
25) J. Jeremias, *Jerusalem zur Zeit Jesu* (1969³), S. 215~218 참조.
26) 소득에 관해서는 E. Schürer, *Geschichte des jüdischen Volkes im Zeitalter Jesu Christi*, 2 (4. Aufl. 1901~1909), S. 301~302 ; F.C. Grant, *The Economic Background of the Gospels* (1926), S. 94~96 ; Jeremias (A. 25), S. 120~124 참조.
27) 뷔흐러(A. Büchler, *Der galiläische, Am-Ha'ares des zweiten Jahrhunderts*, 1906, Neudr. 1968)는 17면 A. 1에서 이러한 분배 전쟁을 "십일조의 현저한 증가" 탓으로 돌리고 있다. 이보다는, 소득이 감소되고 따라서 분배에 있어서는 투쟁이 더 치열해졌다는 견해가 더 타당하다.

질적인 이해관계로 성전에 매여 있는 것은 제사장만이 아니었다. 가축 상인, 환전상, 제혁공, 구두수선공도 다소간은 희생 제물 덕에 살아갔다. 많은 순례자들은 주민들의 노동에 의지했다. 그들의 수요는 종교적으로 요구되었고 촉진되었다. 율법은 이론적으로 제사장들에게 지불되는 십일조 외에 또 다른 십일조를 요구하는데 이것은 예루살렘에 거주하는 모든 이스라엘 사람들이 먹어 치우는 것이었다(신명 12 : 21 ff.). 이것은 예루살렘 주민에게 어떤 추가 부담도 주지 않았으나 그들의 사업에는 이익을 가져 왔다. 더 나아가 그 가운데에는 도시의 신성함을 근거로 조세 부담을 줄이려는 노력도 있었다. 이는 예루살렘의 신성함을 근거로 무엇보다도 면세를 보장했던 시리아 왕 드미트리우스의 훈령을 가리킨다 (1. Makk. 19, 25~45). 이는 물론 환상에 지나지 않는 바램이었다. 그러한 바램이 성과를 거둔 예가 가끔 있기는 하다. 비텔리우스(Vitellius)는 예루살렘 시장에서 팔리는 과일에 대해 매매세를 면제했다(Jos. Ant. 18, 90. 17, 205 참조). 아그리파 1세는 예루살렘의 주택에 부과된 재산세를 포기했다(Ant. 19, 299). 점차 시골은 착취를 당하게 되었다. 유대 전쟁 전 세금이 밀려 있었을 때 예루살렘에서는 성전 금고로 이를 부담하는 데 반대하기로 결정했다(Jos. Bell. 2, 193~296). 그대신 도시 귀족의 대표들은 밀린 세금을 거둬들이기 위해 시골 마을로 옮겨갔다(Bell. 2, 405). 다음의 두 경우가 똑같이 밀린 세금을 거둬들인 경우일 때 그 금액의 차이는 우리에게 시사해 주는 바가 많다. 즉 로마지방 총독인 플로루스(Gessius Florus)는 17달란트를 걷어냈고, 반면 귀족들은 40달란트를 모아들였다. 이 차이는 "수수료"에서 비롯된 것이었을까? 세금이 여러 해에 걸쳐 밀린 것이라면 그 총액이 점차 커진다는 것은 납세에 대한 반발이 점점 커진다는 것을 보여주는 것이리라. 어쨌든 예루살렘 주민들은 그 도시의 신성함, 즉 성전을 근거로 여러 가지 이득을 보았다. 따라서 도시의 종교 상태를 문제삼는 것은 그 주민들의 물질 상태를 문제삼는 것이 되었음이 분명하다.

 그렇기 때문에 어째서 사람들이 도시의 "신성함"을 훼손하려는 모든 시도에 대해 감정적인 반응을 보였는지 이해할 수 있다. 이것은 다름 아닌 빌라도 시대에도 입증이 된다. 빌라도는 로마의 주권을 표시하는 상을 은밀하게 예루살렘에다 세우려 했다. 그러나 그는 두 번이나 예루살렘 주민들의 반대에 부딪혔다(Phio, Leg. adGaium 276ff.; Jos. Ant. 18, 55~59).[28] 그 다음에는 황제의 이름으로 로마 총독부 건물 안에 문

*154

---

28) 두 사건에 대해서는 C.H. Kraeling, *The Episode of the Roman Stan-*

상만이라도 걸려고 했으나 이것 역시 실패했다. 빌라도가 물러난 후 이러한 요구는 계속되었다. 시리아의 보좌관인 비텔리우스는 심지어 전 유대를(따라서 예루살렘만이 아니다) 로마의 주권 표시를 위한 상을 세우기 위해 괴롭히지 말라는 명령을 받았다. 이에 대해 비텔리우스는 네바타를 향하여 출정을 하면서 후방을 안정시키기 위해 상당히 돌아가야만 하였다(Jos. Ant. 18, 121). 예루살렘의 신성함에 대한 이러한 열심은 확실히 종교적인 근거를 갖고 있었다. 사람, 돈, 물자, 상업이 예루살렘으로 집중된 것은 종교적인 동기였다.[29] 그러나 예루살렘의 경제 토대가 일단 종교에 근거한 것이었다면 예루살렘에다 특수 상황을 제공해 주는 종교적 동기를 강화할 만한 탄탄한 경제적 이유들이 있었다. 나의 생각에는 예루살렘 주민들의 이러한 종교적 열성과 그리스도의 설교 앞에서 그들의 기념품 사업을 염려했던 에베소인들의 흥분(사도 19 : 23ff.)을 달리 판단해야 하는가라는 질문을 금지할 권리를 가진 사람은 아무도 없다. 이방인의 제사에서는 기꺼이 승인된 맥락들이 유대교나 그리스도교의 예배에서 선험적으로 배제될 수는 없다. 이 사실은 예수의 성전 예언에도 적용된다.

*155

III

여기서 우리는 이 맥락을 좀더 구체적으로 살펴 볼 수 있다. 예수가 성전의 파괴와 재건을 고지했다면 성전에 자리잡고 있던 모든 사람들은 이 고지가 자신을 향한 것으로 느꼈을 것임이 분명하다.

성전은 이미 B.C. 20/19년부터 짓기 시작하여 외부 회랑과 내부 성전은 B.C. 9/8년에 완성되어 있었다. 그러나 그후 계속 증축되었음을 요한복음이 말해준다. 여기서 "유대교인들"은 다음과 같은 말로 성전 예언

---

dards at Jerusalem: *Harv. Theol. Rev.* 35 (1942), S. 263~289 ; P.L. Maier, The Episode of the Golden Roman Schields at Jerusalem: *ebd.* 62 (1969), S. 109~122 참조. 마이어는 두 사건을 각각 다른 것으로 보는데 이는 옳다. 브란돈(S.G.F. Brandon, *Jesus und the Zealots*, 1967, S. 68ff)은 이 사건에서 우상금지 계명에 대한 광범위한 해석의 경향을 본다. 페로운 (S. Perowne, *The Later Herods*, 1958, S. 51ff)은 빌라도의 권위가 점차 추락한 것으로 본다.

29) 예레미아스 (Jeremias, A. 25, 1~98, S. 41, 65, 82, 84, 97)의 결론 참조. 예루살렘의 사회적 경제적 상황에 관한 나의 상론은 무엇보다도 이 놀랄 만한 저서에 의지하고 있다. 여기서는 사회학적인 문제 제기가 항상 역사 비판적 연구의 구성요소였음을 보여 준다.

6. 예수의 성전 예언 *189*

에 반발한다. "이 성전을 짓는 데 사십 육년이나 걸렸는데 그래 당신은 그것을 사흘이면 다시 세우겠단 말이오?"(요한 2:20). 사실은 알바누스 치하(A.D. 62~64)에서 완성될 때까지 80년이 넘게 걸렸다. 왜 그렇게 건축 기간이 길었으며, 주요 건물은 단숨에 세워져 10년밖에 안걸렸는데 그밖의 건축에는 70년이나 걸린 불균형은 무엇 때문이었는가?[30] 이 문제는 요세푸스가 지적한 노동자수를 살펴 볼 경우 더 혼란스러워 진다. 헤롯은 11,000명의 노동자를 투입했는데 80년 후에는 18,000명이 되었다(Jos. Ant. 15, 390 ; 20, 219). 요세푸스가 두 경우 모두에 지나치게 똑같은 척도를 적용했다는 가정하에서——확실히 그는 지나쳤다——노동자수는 80년 만에 63.5%나 증가했다(10년 후에 광범위한 공사가 끝났는데도 불구하고)고 생각할 수 있을 것이다. 더 나아가서 물론 아주 허구적인 계산이기는 하지만 다음과 같이 계산할 수도 있다. 즉 교외를 포함한 예루살렘의 주민수를 약 220,000으로 잡는다면——바야트(A. Byatt)가 이렇게 보는데 그는 규모에 관해 요세푸스의 견해를 대부분 신뢰하며 따라서 그와 동일한 수치를 제시한다[31]——성전이 완성되던 무렵에는 예루살렘의 노동자 가운데 8.2%가 성전에 종사하고 있었던 것이라 하겠다. 노동자 한 사람에 두 세 명의 식솔이 딸렸다고 치면 약 20%가 직접 성전 건축에 그들의 생계가 의존되었던 것이다. 이로써 성전에 종속되어 있는 주민 가운데 일부분이 비로소 파악될 수 있을 것이다. 그러면 성전은 어떻게 이러한 정도로 그 "수용력"을 늘릴 수 있었을까? 이러한 발전과정은 경영의 측면과 사회적 측면을 갖고 있다. 경영면에서 볼 때 성전은 경제적 시점과 무관하게 유지해 나갈 수 있었다. 성전 건축은 성전의 충분한 재화로 그 재정이 충당되었는데(Jos. Bell. 5, 187, 189 ; Tac. Hist V, 8 참조) 디아스포라 유대인 전체에서 나온 이 소득은 지방의 위기와는 비교적 무관했으며 아우구스투스 이래로 지속된 오랜 태평성세로 인해 확실히 늘어났다. 어쨌든 성전은 많은

*156

---

30) 성전을 짓는 동안에는 퇴보도 있었다. Jos. Ant. 17, 26ff; Bell. 2, 49f; S. Perowne, Herodes der Große (1957), S. 166 참조.
31) A. Byatt, Josephus and Population Numbers in First Century Palestine; *Pal. Expl. Quart.* 105 (1973), S. 51~60. 대부분 주민수를 이보다 훨씬 적게 잡는다. 예레미아스는 이만 오천명에서 삼만명으로 잡는다. J. Jeremias, Die Einwohnerzahl Jerusalems zur Zeit Jesu: Zs. Deutsch. Pal.-Ver. 66 (1943), S. 24~31, 또 그는 Jerusalem(A. 25), S. 96에서는 55~95000으로 잡고 있다. 핑켈슈타인 (Finkelstein, A. 12, S. 609)은 75000으로 추산하고 있다.

자본을 축적했다. 사비누스(Sabinus)는 성전 보화를 약탈할 때 400달란 트를 달취했다(Jos. Ant. 17, 264). 헤롯이 이 자본을 다시 생산에 투자한 것은 의심할 바 없이 현명한 경영 전략이었다. 게다가 성전 건축이 미치는 사회적 영향이 있다. 헤롯은 그 많은 사람들, 특히 몇몇 가난한 제사장들에게 일거리를 주었다. 11,000명의 노동자 가운데 약 1,000명이 제사장들이었는데 이들은 성전 내부 건축을 맡았다. 그들은 가난했기 때문에 헤롯은 그들에게 건축일과 밖에서 할 일을 주었을 뿐 아니라 제사장의 의복까지도 제공했다(Jos. Ant. 15, 390). 성전 건축이 미친 이러한 사회적 영향은 노동이 중지되었을 때 더욱 분명해진다.

"이 무렵 성전이 완성되었다. 이제 18,000명 이상의 노동자들이 일을 잃어버리자 그들이 수입의 곤란을 받게 되리라는 것이 예상되었다. 왜냐하면 그들은 이전에는 성전 건축일을 해서 생계를 유지했었기 때문이다. 사람들은 로마 사람들을 두려워한 나머지 더 이상 돈을 갖고 있으려 하지 않았으며 그렇기 때문에 성전 재화를 노동자에게 지불하는 데 쓰려했다. 그러므로 누구라도 하루 중 단 한 시간이라도 일을 하면 그는 즉시 그 댓가를 지불받았다. 따라서 사람들은 왕에게 동쪽의 희랑을 다시 짓도록 간청했다"(Jos. Ant. 29, 219f.).

아그리파 2세는 이 제안을 거절했으나 도로 포장은 허락했다. 그러나 얼마 후 사람들은 성전에 새로운 건축물이 세워진 것을 보았던 것 같다 (Jos. Bell. 5, 36ff.). 여기서 우리가 내릴 수 있는 결론은 성전 노동자들은 영향력이 큰 무리였다는 것이다. 그들은 그들이 계속 고용될 수 있도록 정책을 조정했으며 아그리파 2세 왕으로 하여금 결정을 번복하도록 움직였다. 그들은 또한 즉시 임금을 지불받는다는 점에서 유리했다. 그리고 짐작컨대 그들은 보수도 충분히 받았을 것이다. b. Yoma 38a에는 파업을 벌이는 성전 노동자들(제단에 바치는 빵과 훈향류를 만드는 자들)에 관한 기록이 있는데, 그들은 임금이 100% 인상된 후에야 비로소 다시 일을 시작했다. 그것은 "환상적인 임금"[32]이었다. 그러

---

32) 예레미아스의 표현이다(Jeremias [A. 31], S. 28). 시간에 따른 임금 단계표는 스퍼버가 제시하고 있다(D. Sperber, Costs of Living in Roman Palestine: *Journ. of the Econom. and Soc. Hist. of the Orient* 8, 1965, S. 248~271). 그는 b. Yoma 1, 2, 2, 4와 4, 8을 근거로 데나리온으로 계산하고 있다. 가령 마태복음 20장 1~16절에서처럼 일당을 한 데나리온으로 잡는다면 이것은 평균을 상회할 것이다.

6. 예수의 성전 예언 *191*

나 우리에게 중요한 것은 그 액수만이 아니라 노동자들이 이해관계를 *157
의식하고 투쟁을 벌일 준비를 갖추고 있었다는 점이다.

이러한 성전 노동자들의 이해 관계를 고려한다면 성전 재화의 일부를 그들 임의대로 사용하려는 로마 지사 또는 지방 총독의 시도에 대한 격렬한 반발을 이해할 수 있다. 그래서 빌라도는 예루살렘으로 통하는 긴 수로를 세울 합리적인 계획을 세웠다. 이 계획의 재정은 성전 금고로 충당되었는데 이는 합법적인 일이었다. 그러나 이 계획은 민중의 분노를 일으켰다. 소요와 돌발사고가 일어나고 사망자가 생겼다(Jos. Ant. 18, 60~62). 물론 이 사실을 증명할 수는 없지만 내 생각으로는 누구보다도 성전 노동자들이 새로운 계획에 반대할 이유가 있었다는 점에는 찬성할 수 있다. 그들은 성전 금고가 오직 "신성한" 목적을 위해서 재정을 담당할 경우에만 거기에서 방해받지 않고 이익을 취할 수 있었다.[33]
두 번째 사건은 게시우스 플로루스(약 A.D. 66년경) 치하에서 발생했다. 유대 지방이 공세를 다 바치지 못하고 있을 때 지방 총독은 "황제가 돈을 필요로 한다는 핑계 아래" 성전 재화에서 그 밀린 돈을 취하려 했다. 민중들은 이에 격앙되어 성전으로 몰려들어 플로루스에게 욕을 퍼부었다. 몇몇 사람은 돌아다니며 "가난하고 불행한 플로루스를 위해" 기부금을 구걸했다(Jos. Bell. 2, 293f.). 이 사건에서도 역시 성전 금고로부터 직접 보수를 지불받는 자들의 이해 관계가 위기에 처하게 되었다——특히 그들의 고용과 갑작스런 해고(Ant. 20, 219f에 따라)가 분명히 그런 식의 로마의 "간섭"에 대한 공포에 근거하고 있던 건축 노동자들의 이해 관계가 그렇다.

따라서 누군가 성전에 반대하는 예언을 하며 나타나 그 파괴를 고지했을 경우 성전을 자신의 손으로 지었고 자신의 사회적 재산 상태가 이 성전 건축에 달려 있는 자들이 그것을 선전포고로 여겼을 것은 분명하다. 여기서 그들 노동의 정당성이 기본적으로 의문시되었던 것이 아닐

---

33) 이 계획에 반대했던 것은 성전 귀족일 수가 없다. 그들은 성전 금고로 수로 공사를 하는 데에 찬성했을 것이 분명하다. 빌라도가 돈을 강제로 지출했다면 그는 금지되어 있는 성전 구역에 발을 들여 놓아야 했을 것이다. 이런 일이 있었다면 분명히 기록되어 있을 것이다. 그밖에도 성전은 쉐카림(Schekalim) Ⅳ, 2항에 의해 도시의 물 공급을 담당할 의무가 있었다: Jeremias(A. 25), S. 16f A. 11 참조. 따라서 저항한 무리는 귀족이 아니라 민중 가운데서 찾아야 한다. 귀족들은 아마도 빌라도에게 그전에 있었던 시위를 일깨워 주었을 것이다. 최소한도 빌라도는 충분한 준비를 갖추고 있었을 것이다. 이에 관해서는 P.L. Maier, *Pilatus* (1970), S. 357 참조.

까? 성전이 놀랄 만하게 새로이 지어지리라는 예언도 그들의 이해상태에는 맞지 않았다. 적어도 "사람의 손으로 짓지 않은" 성전의 건축은 그러했다. 성전 예언을 성전 건축을 방해하려는 시도로 여기는 일도 어렵지 않았을 것이다. 그러나 이로써 예루살렘에 있는 많은 사람들의 실존적인 불안에 호소할 수 있었다.

*158   이러한 맥락에서 지적되어야 할 눈에 띄는 현상은, 예수에 대한 고발이 두 가지 근거를 가지고 있다는 점, 더우기 산헤드린에서의 심문뿐 아니라 십자가 처형 장면에서도 그렇다는 점이다. 전자에서나 후자에서 모두 첫째로는 성전 예언이, 둘째로는 예수의 메시아 주장이 그에 대한 고발의 근거로 제시되었다(마가 14 : 57~64 ; 15 : 29~32). 이 때 여러 무리들이 비난을 퍼부었다. 즉 대제사장(14 : 61), 또는 서기관들과 대제사장들(15 : 31)은 메시아라는 주장에 대해 비난했으며 반면 부정적인 성전 예언에 대해서는 무명의 화자들이, 즉 마가복음 14장 57절에서는 어떤 사람들(tines)이, 15장 29, 30절에서는 지나가는 자들(paraporeuomenoi)이 비난을 가했다. 15장 31절에서는 성전 귀족이 그들과 같이(homoios) "지나가던 사람들"과 뚜렷이 구별되기 때문에 우리는 두 번째 고발의 주체를 귀족이 아닌 소박한 민중으로 추측해도 무방할 것이다. 이러한 구별은 사회학적인 고려를 토대로 있을 수 있는 일로 나타나는 범위 안에서 유동적이다. 즉 국가의 수뇌들은 메시아 사상에서 파급되는 예수운동의 정치적 측면에 대해 일차적인 관심을 보였다. 모든 메시아 운동은 귀족이 통치하는 기구의 권위를 의심스럽게 만들 수 있었다(Joh. 11, 48 참조). 따라서 빌라도에게서 문제가 되었던 것은 메시아라는 주장이었다. 성전 예언에 관해서는 기록된 바 없다(마가 15 : 1~5). 반면 단순한 민중은 메시아라는 주장이나 예수에 대한 기대에 대해 거의 마음을 쓰지 않았다. 이들은 그들의 경제 토대를 이루는 성전과 성전 건축에 대해서만 불안해 했다. 스데반 역시 나중에는 성전에 대한 비판적인 그의 진술 때문에 흥분한 "민중"에게 사형(私刑)을 당했다(사도 7 : 54 ff.).³⁴⁾ 귀족들이 민중들을 선동하여 예수에게 반대하게 만드는 데 성공한 것(마가 15 : 11)이 조금이라도 옳다면, 그들은 그러한 선동의 두드러진 수단을 성전 예언에서 찾았을 것이다.

이 모든 점으로 미루어 이에 해당하는 귀절이 역사적이라고 말할 수

---

34) 스데반에 관해서는 M. Hengel, *Zwischen Jesus und Paulus*: Zs. Th. Ki. 72 (1975), S. 151~206, 특히 S. 188 ff. 참조.

는 없다. 다만 확실한 것은 그것이 역사적으로 가능하다는 것 뿐이다. 그렇다고 이것이 역사적으로 신빙성이 없는 텍스트라는 만연되어 있는 확신을 보증할 만한 근거도 확실히 없다. 그러나 다시 한 번 상기할 점은 앞에서 지적한 구조적인 요인들이 역사뿐 아니라 전승사에도 영향을 미쳤다는 점이다.[35]

어쨌든 예수 운동은 성전과 관계된 무리 전체를 홍분시켜 그 운동에 반대하게 만들었는데, 이 무리들은 최고 신분의 사람들로만 이루어진 것은 아니었다. 그리고 우리는 아마도 많은 사람의 애호를 받고 있는 생각, 즉 예수는 오직 성전 국가의 귀족과 로마인들과만 갈등을 빚었다는, 다시 말해서 하부계층에 속하는 자가 상부계층과 갈등을 빚었다는 생각을 수정해야 한다. 일반적으로 사회적 갈등은 하부계층과 상부계층 사이의 대립에서 비롯되는 것은 아니라고들 말한다. 이러한 기본적인 대립은 항상 다른 긴장――종족간의 공격성, 세대간의 갈등 권력, 엘리트 간의 경쟁 또는 이 논문에서 보는 것처럼 도시와 시골 사이의 사회 경제적 적대 관계――들과 겹쳐 있다. 도시 쪽에서는 민중의 지도자도 출현하지만 단순한 백성들도 출현한다. 바꾸어 볼 때 예수는 단순한 시골 주민에게서뿐 아니라 아리마대의 요셉이라는 "의회 의원"에게서도 동정을 받았다.

*159

내가 바라는 바는 이제까지의 요인 분석과 기능 분석을 통해, 성전 예언은 깊숙히 뿌리박고 있는 갈등이라는 긴장의 장에 자리잡고 있다는 점, 즉 성전 예언은 그 갈등에 뿌리박고 있을 뿐 아니라 이 긴장의 장에도 영향을 미친다는 사실이 밝혀졌으면 하는 것이다.

마지막으로 강조할 점은, 성전 예언이 그 영향에 따라 앞에서 개괄한 사회적 전후관계를 초월한다는 사실이다. 왜냐하면 그 예언에서는 하나님에게서 직접 비롯되었으며 인간의 이해 관계라는 그물에 얽혀들지 않는 성전에 대한 동경이 공공연하게 나타나기 때문이다. 그것은 하나님의 직접통치에 대한 철저한 신정정치적 동경으로 이는 왕국(basileia)선포에서는 정치적 비유로, 성전 예언에서는 예배의 비유로 분명히 나타났다. 그래서 우리는 이 전승에서 모든 종교 전승의 기본적인 이중성

---

35) 내가 지극히 자명한 역사적 회의 다음에 의문 부호를 붙인다면 그것은 형식사적 방법의 인식 배후로 복구하는 것은 아니다. 형식사적 회의는 사회학적 고찰을 통해, 즉 전통에 각인된 삶의 자리를 받아들임으로써 규정된다. 내가 사회학적인 고찰을 토대로 가끔 전승의 역사성에 대해 보다 큰 신뢰를 보인다면 내 논증은 형식사의 범주 안에서 움직이고 있는 것이다.

(Doppelcharakter)을 접하게 된다.36) 즉 종교 전승은 그 사회적 전후관계에 의해 규정되지만 (대부분 그 정도는 종교가 자기 이해를 통해 승인하는 것보다 훨씬 크다) 또한 동시에 그 전승 안에서는 "자유에의 외침"——즉 모든 이상한 제약으로부터의 자유에 대한 외침이 커진다. 그리고 이 외침은 비판적 분석이 그 실제적 예속성을 밝혀내면 낼수록 점점더 절박하게 들려 온다.

---

36) "이중성"이라는 개념은 아도르노 (Th. W. Adorno, *Ästhetische Theorie*, 1970, S. 334~387)에게서 받아들인 것이다. 미학적인 현상뿐 아니라 모든 정신 현상은 자율적이며 또한 규정되는 것이기도 하다는 것이다. 정신 과정의 제약에 대한 분석은 그 자율성을 파괴해서는 안 되고 자율성을 반대의 자율성으로 인식시켜야만 한다. 신약 해석을 위한 사회학적 문제 제기에서 비롯되는 이러한 결과와 또 다른 결과에 대해서는 유감스럽게도 여기서는 논의할 수 없다. 이론적인 논의보다도 앞에서 제시한 사회학적 분석의 예를 통해 사회학적 문제 제기들은 단지 역사 비판적 연구의 심화에 불과하다는 사실이 더 분명히 드러났을 것이다. 사회학적 문제 제기들은 전혀 과격한 새로운 실마리가 아니다. 이제까지 나는 주석에 있어서 사회학적 문제 제기의 합법성에 반대하는 논증으로서, 기본적으로 역사 비판적 연구에 반대하지 않는 논증을 본 적이 없다. 반사회학적 감정(정통 마르크스주의자와 정통 그리스도교도들에게서 찾아 볼 수 있다)은 역사·비판적 의식이 있음직하지 않은 것이며 결코 자명한 것이 아님을 입증한다.

7

폭력 포기와 원수 사랑에 대한 사회사적 배경[1]
마태복음 5장 38—48절과 누가복음 6장 27—38절의 사회사적 배경

폭력 포기와 원수 사랑에 대한 요구, 즉 "악한 사람들을 대적하지 말라" 그리고 "원수를 사랑하라"는 말은 우리의 일상적인 행태에 비추어 볼 때 많은 질문을 제기한다. 따라서 이러한 요구가 그들 편에서 계속 문제가 된다는 점, 그리고 오늘날에는 특히 이데올로기 비판적인 고찰에 의해 문제가 된다는 점은 이해가 된다. 이 요구에 대한 비판은 다

---

1) 이에 대한 심리학적 비판의 예로는 F. Nietzsche, *Zur Genealogie der Moral* I, 13 (Leipzig 1924, S. 273)가 언급된다: "억눌린 자, 짓밟힌 자, 피압제자가 무력한 상태에서 복수심에 가득 차 꾀를 내어, '우리를 악한 자들이 되지 않게 해달라, 선한 자들이 되게 해달라. 그리고 지배하지 않는 자, 남을 해치지 않는 자, 남을 공격하지 않는 자, 보복하지 않는 자, 복수를 하나님께 맡기는 자……등은 모두 선하다'라고 말한다면 이는 냉정하고 편견없이 들어 볼 때 본래 다음과 다를 바가 없는 말이다. 즉 '우리 약자들은 약하다. 우리는 아무것도 하지 않아도 좋다. 왜냐하면 우리는 충분히 강하지 못하기 때문이다.' 그러나 이러한 떫떠름한 상황은, 무기력에서 비롯된 화폐 위조와 자기 기만 덕분에 조용히 체념한 채 방관하고 있는 덕행이라는 화려한 의상을 옷입었다……" 그리고 이러한 요구에 대한 사회적 비판의 예로 나는 H. Adam, *Südafrika. Soziologie einer Rassengesellschaft*, ed. suhrkamp 343, Frankfurt 1969, 94를 들겠다. 이 책에서는, 그리스도교 교육을 받은 흑인 지도자들에게 깊이 뿌리박고 있는 비폭력 정신이 이 종족에게서 독재가 안정되도록 한 것에 대해 공동 책임이 있다고 지적한다. 더 나아가 Mao Tse-Tung, *Reden auf der Beratung über Fragen der Literatur und Kunst in Yenan*. Peking 1961, 49를 참고로 들겠다. 이 책에서는 계급 사회에 있어서 원수 사랑을 불가능한 것으로 설명하고 있다. 즉 "그러나 현재까지 아직도 그러한 사랑은 존재하지 않는다. 우리는 원수를 사랑할 수 없으며 사회에서 일어나는 역겨운 현상들을 사랑할 수 없다."(이 부분은 H. P. Hasenfratz, Die Rede von der Anferstehung Jesu Christi, *FThL* 10, Bonn 1975, 241에서 인용한 것임).

음과 같다. 즉 이러한 요구는 그리스도인들로 하여금 갈등을 겪게 하고 부끄러움을 느끼게 하며 정신적인 차원에서나 사회적인 차원에서 무익한 결과를 초래한다는 것이다. 자세히 말하자면 이러한 요구는 정신적으로는 현실에 부합되는 실천과 공격적인 충동의 통일을 방해하며, 사회적으로는 사실상 지배 계층에 도움이 된다는 것이다. 왜냐하면 지배층의 지위에 문제를 제기해야 하는 사회적 긴장이 원수 사랑으로 인해 완화되기 때문이라는 것이다.

이 논문은 이와 관련된 광범위한 문제들을 해결할 수 없으며 또 해결하려 하지도 않는다. 단지 이러한 문제들을 역사적으로 해명해 보고자 한다. 원시 그리스도교에 있어서 원수 사랑과 폭력 포기의 근원적인 동기와 역사적 상황에 관해 질문이 제기될 수 있다. 그렇다고 해서 우리의 윤리적 행위에 대한 책임을 과거에로 전가하려는 것은 아니다. 우리는 우리 태도 자체에 대해 책임을 져야 한다. 그러나 이러한 책임을 깨달을 수 있으려면 우선 우리의 윤리적 전통이 갖고 있는 역사적 배경에 관해 가능한 한 명확하게 이해해야 한다.

*161

이 논문은 두 부분으로 되어 있다. 첫부분에서는 원수 사랑과 폭력 포기에 대한 동기가 다루어지고, 둘째 부분에서는 그 사회 현장이 다루어진다. 따라서 첫 부분은 앞에서 약술한 문제의 심리학적 측면을, 둘째 부분은 그 사회학적 측면을 보다 상세히 다루게 된다. 그러나 이 두 측면을 완전히 분리할 수는 없다. 오히려 원래부터, 서로 상이한 구조의 동기 부여는 서로 다른 사회 구조와 관련된 것이라고 보아야 할 것이다.

I. 원수 사랑과 폭력 포기의 동기

원시 교단의 성서 본문에는 원수 사랑에 대하여 서로 다른 네 개의 동기가 나타나는데 그것은 다음과 같다. 1. 하나님을 본받으려는 모방의 동기, 2. 다른 집단에 대한 우월성을 드러내려는 대조의 동기, 3. 원칙적으로 인간 행태의 가역성(可逆性)을 고수하는 상호작용의 동기, 4. 종말론적인 보상의 동기가 그것이다. 이 외에도 동기들이 많이 있으나, 이것들은 여기에서 분명히 드러나지 않는다. 비록 위에서 언급한 네 개의 동기를 성서에서 찾아볼 수 있다 할지라도 이것들은 강조점이 서로 다르다. 즉 마태복음에서는 모방의 동기와 대조의 동기가 지배적인 반면, 누가복음에서는 상호성의 동기와 보상의 동기가 지배적이다.

1. 모방의 동기

마태복음에서는 하나님 모방(*imitatio dei*)이 원수 사랑에 대한 동기의 핵심을 이루고 있다. 원수 사랑은 인간을 하나님과 같게 만드는 위대한 행태이다. 이는 인간을 높이 끌어올려 마치 태양이 선한 사람이나 악한 사람 모두에게 골고루 비추듯이 모든 상황을 뛰어 넘게 한다.

> 원수를 사랑하고 너희를 박해하는 사람들을 위하여 기도하라. 그래야 너희가 하늘에 계신 아버지의 아들이 될 것이다. 아버지께서는 악한 사람에게나 선한 사람에게 똑같이 해를 비추어 주시고 의로운 사람에게나 불의한 사람에게 똑같이 비를 내려 주신다(마태 5:44—45).

원시 교단의 다른 성서 본문에 쓰여진 원수 사랑의 계명과 이것을 비교해 보면 두 가지 다른 점이 눈에 띈다. 첫째는 오직 여기에서만 "하나님의 아들"이라는 개념이 분명히 윤리적으로 이해되고 있다. 윤리적인 행태를 거점으로하여 인간은 하나님의 아들이 될 수 있다. 지혜서에 나오는 하나님의 아들 개념은 결국 하나님의 아들이 되는(시편 2:7, 삼하 7:14) 왕적인 요구를 일반화시킨 것인데, 그것은 권력뿐만 아니라 지혜와 의로운 행동을 통해서 하나님의 아들이 됨을 의미한다(시락의 지혜서 4:10; 솔로몬의 지혜서 2:18; 5:5). 그러나 언제든지 하나님 아들의 개념 가운데는 왕적인 색조가 담겨져 있다. 지혜는 왕적인 지혜요 솔로몬 왕의 지혜인데, 대부분의 지혜서들은 그의 이름으로 쓰여졌다. 즉 지혜는 왕적인 신분을 부여해주는 것으로서(잠언 4:8 이하; 솔로몬의 지혜서 6:31),[2] 스토아의 현자가 왕인 것과 같다.[3] 따라서 우리는 다음과 같이 말할 수 있을 것이다. 원수 사랑은 왕적인 태도의 표현이요 하나님의 아들이라는 징표이다. 누가복음은 이것과 다르다. 여기에서는 하나님의 아들은 윤리적인 개념이 아니라 종말론적인 개념이다.

---

2) 왕들은 지혜로 통치한다(잠언 8:15). 지혜가 왕으로 만들어 주며(잠언 4:8 f.), 왕에게 온화해지도록 가르친다(Aristeas 207). BL. Mack, Logos und Sophia. Untersuchungen zur Weisheitstheologie im hellenistischen Judentum, *StUNT* 10, Göttingen 1973, 87, 88, 참조. 산상수훈의 지혜 문학적 배경에 관해서는 U. Luck, Die Vollkommenheitsforderung der Bergpredigt, *ThEx* 150, München 1968.

3) 예를 들어 Epiktet Diss Ⅲ, 22, 72.

…그리하면 많은 보상이 있을 것이요, 너희가 지극히 높으신 분의 아들이 될 것이다. 그분은 은혜를 모르는 사람들과 악한 사람들에게도 인자하시기 때문이다. (누가 6:35)

누가복음 6장 36절 이하의 구절도 역시 종말론적 심판을 염두에 두고 있다. 그렇기 때문에 마태복음에서는 하나님의 아들됨이 인간 행태의 목표인 반면에 누가복음에서는 그 보상이다.[4] 하나님의 모방에 관해서 말하고 있는 후기의 성서 본문에는 일반적으로 하나님의 아들 개념이 나오지 않는다(디다케 1:5; 유스틴의 변증서 I, 15:13; 대화 96:3). 그럼에도 불구하고 유스틴(Justin)은 태양의 비유를 사용하고 있다.

이러한 마태복음의 특수한 귀결은 둘째 면을 관찰하면 분명하게 드러난다. 마태복음에서는 신의 모방(imitatio dei)이 원칙적으로 이해되고 있다. 우리가 예수를 따르고자 할 때는 하나님의 이런 행태 혹은 저런 행태를 흉내내는 것으로는 부족하고, 오히려 그리스도께서 하나님처럼 완전하신 것과 같이 특정한 행태에 국한됨이 없이 완전해야 된다. 이와 반대로 원시 그리스도교의 다른 표현들에서는 신의 모방에 관하여 구체적인 행태를 언급하고 있다. 상이한 표현을 열거함으로써 충분할 것이다.

 하늘에 계신 너희 아버지께서 완전하신 것처럼 너희도 완전하라(마태 5:48).

 너희 아버지께서 자비하신 것같이 너희도 자비를 베풀라(누가 6:36).

 네게 청하는 자에게 주고 그것을 되돌려 받으려고 하지 말라. 누구에게나 하나님께서 선물을 주실 것이기 때문이다(디다케 1:5).

 너희 아버지께서 친절하고 자비로운 것처럼 너희도 친절하고 자비를 베풀라 (유스틴의 변증서 I, 15:13; 비교, 대화 96:3).

마태복음에서는 일반화가 중요한 의미를 지닌다. 그는 일련의 반제들을 제시한 다음 완전할 것을 요구한다. 이로써 이 요구는 여섯 개의 반제에서 요구된 모든 태도와 관련된다. 이 반제들은 내적인 공격성의 극복 (마태 5:21 이하)에서부터 원수 사랑(5:43 이하)에 이르기까지 그 전

---

4) Ch. Dietzfelbinger, Die Antithesen der Bergpredigt, *ThEx* 186, München 1975, 46.

체가 율법의 완성(5 : 17), 보다 나은 의(義)(5 : 20), 요구되는 완전함(5 : 48)——이 부분이 분명히 절정을 이룬다——을 보다 분명하게 설명한다. [5] *163
따라서 마태복음에서 원수 사랑이 의미하는 바는 신을 모방함으로써 상황에 대해 우월한 위치에 서는 것이다. 이와 유비를 이루는 귀절들이 고대의 문헌에 많이 나오는데, 거기서는 호의와 사랑이 내적 우월성의 표현으로 평가된다.[6] 세네카는 그 의미를 다음과 같이 표현하고 있다 : "만일 당신이 신들을 닮고자 한다면, 악인들에게도 은혜를 베푸시오. 왜냐하면 죄인들에게도 똑같이 태양은 비추며, 해적들에게도 바다는 열려 있기 때문이오"(benef. Ⅳ, 26, 1). 또한 하나님은 받을 만한 가치가 있는 사람에게 많은 선물을 주기는 하지만 그때마다 반드시 받을 만한 가치가 없는 사람에게도 이 선물이 자동적으로 주어지게 한다는 것이다(benef. Ⅳ, 28, 1). 그러나 근본적으로 신의 모방에서 나타나는 사랑은 넘쳐 흐르는 행위라는 사고가 존재한다. 그래서 아우렐리우스 황제는 "인간을 사랑하라——신을 따르라"(Ⅶ, 31)고 자신에게 경고했으며, 이러한 사랑의 대상에다 원칙적으로 불쾌하고 적으로 여겨지는 사람까지 포함시켰다(Ⅱ, 1). 심지어 플리니우스는 "죽을 수밖에 없는 존재가 죽어야 할 존재를 돕게 하는 것은 오직 신 뿐이다"라고 정의한 바 있다(Nat. hist. 2, 7). 아리스테아스 서신에서는 지배자들에게 온화함(207), 동정(208), 의(209)가 문제되는 경우 주를 모방하도록 권면한다(§ 210). 왕에 해당하는 이러한 이상은 그리스도교에서는 어느 정도 모든 인간에게 관련된다 : "즉 이웃의 짐을 떠맡는 자, 자기보다 가난한 다른 사람에게

---

5) 마태복음에서는 원수 사랑이 의도적으로 구성상 맨 끝에 나오는 반면 평지설교에서는 원수 사랑이 구체적인 계명들을 끌어내고 있다(누가 6 : 27 ff.). 디다케의 경우에도 이와 비슷하다(디다케 1 : 3 ff.). 어디서나 원수 사랑은 문맥 구조상 두드러진 위치를 차지하고 있다. Q 자료의 순서는 논란의 여지가 있다. 마태복음의 순서를 전제로 하는 사람은 불트만(R. Bultmann, *Geschichte der synoptischen Tradition*, Göttingen ⁷1967, 100)과 슐츠(S. Schulz, Q. *Die Spruchquelle der Evangelisten*, Zürich 1972, 120, 121)이다. 그리고 누가복음의 순서를 본래의 것으로 보는 사람은 슈르만(H. Schürmann, Das Lukasevangelium, *HThK* Ⅲ, 1, Freiburg 1969, 341—366)과 뤼어만(D. Lührmann, *Liebet eure Feinde*〔LK 6, 27—36/Mt 5, 39—48〕, *ZThK* 69, 1972, 412—438)이다.

6) H. Kosmala, Nachfolge und Nachahmung Gottes Ⅰ, Im griechischen Denken, *ASTI* 2 (1963) 38—85. 더 나은 곳은 64, 56, 57 참조. H. Haas, *Idee und Idea der Feindesliebe in der außerchristlichen Welt*, Leipzig 1917과 M. Waldmann, *Die Feindesliebe in der antiken Welt und im Christentum*, Wien 1902는 나로서는 접근하기가 어려웠다.

자선을 베풀고자 하는 자, 하나님으로부터 받아 가지고 있는 것을 필요한 자에게 나누어 줌으로써 그것을 받는 자에겐 하나님과 같은 존재가 되는 자, 바로 이러한 사람이 하나님의 모방자다"(Diognetbrief 10, 6). 이 모든 비유의 귀절들은 비폭력과 원수 사랑의 요구가 강자의 덕행에 대한 반응이며 원한이라는 명제——즉 "무기력에서 비롯된 복수심에 불타는 책략"으로서 이는 도덕적 가치에 결코 도달할 수 없기 때문에 그 가치를 평가절하한다는 명제——를 반박한다. 원수 사랑은 니이체가 본 바와는 달리 억눌린 사람의 반응이 아니라 우월한 자의 행위, 즉 외적으로도 우월한 자가 받아들일 수 있는 왕다운 태도의 일반화이다. 그리스도교 윤리에 대해 예리한 비판을 가하는 니이체가, 원한이 따르지 않는 강자의 원수 사랑이라는 유토피아를 설계한 것은 바로 이것을 가리킨다. 즉 "이러한 원수 사랑은, 본래 원수에 대한 사랑이 일반적으로 지구상에서 가능하다고 전제하면 이곳에서도 가능하다. 탁월한 사람도 그의 원수 앞에서 얼마나 많은 경외심을 가졌던가!——그리고 그러한 경외심은 사랑에로 나아가는 교량이다.""

2. 대조의 동기

원수 사랑과 폭력 포기의 동기는 하나님뿐 아니라 다른 사람에 대한 관계에서도 나타난다. 다른 무리들과 대조를 이루는 것은 이러한 요구를 실현시키는 데 중요한 동인이 됨이 분명하다. 마태복음에서는 다른 무리를 이방인과 세리들로 언급하고 있다.

"너희가 너희를 사랑하는 사람들만 사랑하면 무슨 보상을 받겠느냐? 세리들도 그만큼은 하지 않느냐? 또 너희가 형제들에게만 인사하면 남보다 나을 것이 무엇이냐? 이방 사람들도 그만큼은 하지 않느냐?(마태 5 : 46, 47)

마태는 유대 내적인 관점에서 표현하고 있다. 여기에서 "형제"란 동족을 의미한다.[8] 이방인이란 타민족 전체를 가리킨다. 반면 성서의 다른

---

7) F. Nietzsche, *Zur Genealogie der Moral* I, 10, S. 266.
8) 세리——이 중에는 유대인들도 있었다——가 이와 대조되지는 않는다. 왜냐하면 5장 47절에서는 일단 형제들과 이방 사람들이 대조되어 있고, 세리들과 대조되어 있는 것은 형제들이 아니라 "너희를 사랑하는 사람들"이기 때문이다. 그밖에도 세리들과 이방 사람들은 서로 쉽게 관련된다. 형제들을 동족으로 보는 견해는 H. v. Soden, *ThW* I, 145 ; J. Jeremias, *Die Gleichnisse Jesu*, Göttingen ⁷1965, 108, A. 2가 있으며 J. Friedrich, *Gott im Bruder*, Stuttgart 1977, 233도 조심스럽게 이런 견해를 제시한다.

본문에서는 상이한 집단들을 말하고 있다. 즉 유스틴은 자기를 사랑 해 주는 사람을 사랑하는 창녀들과 공평한 돈의 보상을 고집하는 세리들을 말한다(AP I, 15, 9. 10). 누가복음에서는 "죄인들"이 세 번 언급되는 데, 이는 가장 일반적인 범주로서 막연한 표현이며 근본적으로 어떤 구체적인 사회적 무리를 가리키는 것이 아니다.[9] 누가복음과 유스틴이 말하고 있는 무리들은 이방인 그리스도인들과도 구별될 수 있는 집단들이다. 따라서 도처에서 대조의 모티브가 눈에 띈다. 그런데 특히 마태복음에서 그 모티브가 두드러지게 나타나는 이유는 폭력 포기와 원수 사랑을 구약성서의 계명들과 서로 반제형식으로 대립시켜 놓았기 때문이다. 이렇게 함으로 마태는 "옛" 의(義)와의 차이, 즉 바리새파 사람들과 율법학자들(5 : 20)——그는 여기서 이들의 계명에 대한 이해를 비판한다——과의 차이를 강조한다.[10] 그런데 옛 것은 사회학적으로 볼 때 구체적인 무리들로 파악된다.

다른 무리들과의 대조는 태도 자체에 기반을 두고 있거나 아니면 그 태도의 결과에 기반을 두고 있다. 그 태도 자체는 "특별한 것"(마태 5 : 47 ; περισσον은 여기에서 분명히 5장 20절의 περισσεύσῃ에 소급한다), 혹은 "새로운 것"(Justin Ap I, 15, 9 f.)으로서 다른 사람들의 태도와 뚜렷이 구별된다. 반면에 정도를 벗어난 일련의 행동들은 보상(마태 5 : 46 ; 누가 6 : 35)과 은혜(누가 6 : 32, 33, 34 ; 클레멘트 II서 13 : 4 ; IgnPol 2 : 1 ; Did 1 : 3)라는 개념을 통해서 표시되었다. 이 경우 "보상"은 종말시의 보상을 지시하고 있음이 분명하지만 "은혜"는 인간적인 칭찬으로도 이해될 수 있다.

바로 이렇게 인간적인 칭찬을 찾아내는 것이 대조의 모티브가 지니고 있는 이면이다. 이미 일찌기 주변 세계에서는 그리스도교적 태도의 모티브로서 앞서 말한 반응을 보여 왔다.[11] 이미 마태는 "이와 같이 너

---

9) 렝스토르프(K. H. Rengstorf, *ThW* I, 332)는 "죄인들"과 이방 사람들을 동일시한다(갈라 2 : 15와 마찬가지로). 그러나 누가복음의 병행귀절에서는 보다 더 일반적인 의미로 언급된다. 누가 5 : 8 ; 7 : 37, 39 ; 13 : 2 ; 15 : 1, 7 ; 18 : 13 ; 19 : 7을 참조하라. 이 귀절들에서는 항상 유대교 안에서 "죄인들"이 언급되고 있다. 아마도 누가는 의식적으로 보다 일반적인 표현을 선택했을 것이다(S. Schulz, Q. 129, 130에서 그렇게 지적하고 있다).

10) 이에 관해서는 특히 Ch. Burchard, Versuch, das Thema der Bergpredigt zu finden, in: *Jesus Christus in Historie und Theologie*, Festschrift H. Conzelmann, Tübingen 1975, 409—432, 그 중에서도 422 ff. 참조.

11) W. C. v. Unnik, Die Rücksicht auf die Reaktion der Nicht-Christen als Motiv in der altchristlichen Paränese, in; ***Judentum, Urchristentum, Kirche***, Festschrift J. Jeremias, Berlin 1964, 221—234.

희 빛을 사람 앞에 비추어 사람들이 너희 착한 행실을 보고 하늘에 계신 너희 아버지께 영광을 돌리게 하라"(마태 5 : 16)고 말했다. 원수 사랑과 사회적인 칭찬을 관련지은 것으로서 보다 직접적인 것은 클레멘스 Ⅱ서 13장 4절의 다음과 같은 표현이다.[12]

"너희가 너희를 사랑하는 사람을 사랑하면 보상을 받지 못할 것이요, 원수와 너희를 미워하는 사람을 사랑해야 보상을 받을 것이라'는 하나님의 말을 그들이 너희에게서 들을 때, 그들은 너희의 비범한 호의에 놀라게 될 것이다. 그러나 너희가 너희를 미워하는 사람들을 미워할 뿐만 아니라 너희를 사랑하는 자들까지도 사랑하지 않는 것을 그들이 본다면 (그리스도인들의) 이름이 욕될 것이다."

그리고 유스틴은 폭력 포기의 계명 바로 다음에 "너희의 선한 행실을 사람들 앞에 드러내 보이라…"는 요구를 내세운다(Ap Ⅰ, 16, 2). 초대 교회 당시 원수 사랑이 무엇보다도 변론서에 기록되었다는 점, 즉 변론서에서 새로운 "삶의 자리"를 발견했다는 사실은 우연이 아니다. 외부로의 영향은 이미 일찌기 결정적인 모티브였다. 즉 다른 사람들과 구별되고자 하는 자는 다른 사람에게 감동을 주고자 한다.[13] 이 경우에는 확실히 다음과 같은 모순에 빠지게 된다. 즉 마태가 원수 사랑을 바리새파 사람들이나 서기관, 세리 그리고 이방 사람들의 태도와 뚜렷하게 대립시켰다면 그는 내부 집단과 외부 집단의 구별을 없애려는 원수 사랑 계명의 목표에 역행한 것이다. 아마도 마태복음에 나타난 원수 사랑의 사회사적 배경을 좀더 분석해 보면 이러한 모순이 해소될 것이다.

3. 상호성의 모티브

원수 사랑과 폭력 포기에 대한 비판자들은 때때로 그것이 일방적인 태도라고, 즉 상대방의 사랑을 기대해서는 주어지지 않는 사랑이라고 불만을 표시한다. 원수 사랑——그것은 누가에 의하면 돈을 빌려주는

---

12) 쾨스터(H. Köster, Synoptische Überlieferung bei den Apostolischen Vätern, *TU* 65, Berlin 1957, 75—77)에 의하면 클레멘트후서 13장 4절은 누가복음을 따른 것인데, 이는 확실하지 않다(본서 제 5 장 참조).
13) 원수 사랑 계명의 후대 인용을 위한 "삶의 자리"로서의 변론서에 관해서는 W. Bauer, Das Gebot der Feindesliebe und die alten Christen, in: *Aufsätze und kleine Schriften*, Tübingen 1967, 235—252 참조.

경우와 마찬가지로 상대방의 사랑없이 이룩되어야 한다. 그런데 다름아
닌 누가는 원칙상의 상호성――원수 사랑과 폭력 포기에 있어서도――
을 강조하고 있다. 왜냐하면 그의 경우에는 이 계명이 황금율의 전조로
나타나기 때문이다. 마태가 이 황금율을 다른 문맥에 삽입시키고 있는
반면(마태 7:12) 누가의 경우에는 이 황금율이 짤막하게 구성된 예수
말씀 한 가운데 나오는데, 여기서 원수 사랑과 폭력 포기에 대한 말씀
이 선행하고 있으며 다음과 같은 귀절이 이어진다.

> 너희는 남에게 대접을 받고자 하는 대로 남을 대접하라(누가 6:31). [14]

구성뿐 아니라 언어상의 표현을 보아도 황금율은 전후 맥락에 들어
맞는다. "대접하라"는 말은 그 표현에 있어서, 즉 마태복음에 빠져 있
는 귀절에서 분명히 원수 사랑을 연상시키고 있다. 누가복음에서만 "원
수를 사랑하라"는 계명 다음에 "너희를 미워하는 사람에게 선을 행하
라"(누가 6:27)는 말이 이어진다. 누가만이 "너희에게 좋은 일을 하
는 사람들에게만 너희가 좋은 일을 하면 자랑할 것이 무엇이냐? 죄인
들도 그만한 일을 하고 있다"(누가 6:33)고 질문을 제기한다. 오직 누
가만이 "그러나 너희는 원수를 사랑하고 남에게 좋은 일을 하며, 또 받
을 생각은 말고 꾸어 주라"고 반복한다. 내 생각으로는 이것으로 분명
히 족하다. 누가는 원수 사랑과 폭력 포기를 궁극적으로 황금률, 다시
말해서 인간 행태의 원칙적인 상호관계의 표현으로 이해한 것이다. 인
간은 근본적으로 타인에게 그와 같은 행태를 기대한다. 상호성은 희망
이지 어떤 조건이나 타산이 아니다.

이러한 상호성의 모티브는 누가복음에서 다른 형식으로 두드러진다.
누가는 원수 사랑이 "보상"을 기대한다고 세 번씩이나 강조하고 있다. 보
상이 여기에서 하나님의 칭찬을 말하는 것인지 아니면 사람의 칭찬을
말하는 것인지, [15] 그리고 사람의 칭찬이라면 직접 참여하는 보상인지

---

14) 아마도 황금률은 Q문서에서 이미 이 부분에 위치했을 것이다. 다른 경우
에는 마태복음을 원래의 것으로 간주하는 슐즈(S. Schulz, Q. 121)도 그렇
게 생각한다.

15) 대부분은 하나님의 보상으로 생각된다. H. Conzelmann, *ThW* IX, 382;
W. Grundmann, Das Evangelium nach Lukas, *ThHNT* Ⅲ, Berline 19
69, 149, W. C. v. Unnik, *Die Motivierung der Feindesliebe in Lukas*
Ⅵ, 32—35, *NovText* 8 (1966) 284—300 참조. 특히 295면 이하에서는 인
간의 업적에 반대하는 행동이 최소한 의미를 가지는 배경으로 주어져 있다
고 보고 있는데 이는 옳다. 즉 그리스도인들이 죄인들과 똑같이만 행동한

아니면 제 3 자를 통한 일반적인 칭찬인지의 여부가 논란이 된다. 보상을 하나님의 보상으로 보려면 원수 사랑의 계명을 반복할 때(누가 6 : 35), 은혜와 대접을 바꾸어야 할 것이다. 여기에서 말하고 있는 것은 종말론적인 보상임이 자명하다.[16] 그러나 단어의 변화는 바로 다름아닌 내재적인 보상에서 초월적인 보상에로의 이행을 시사하는 것일 수도 있다. 보상을 인간을 통한 칭찬으로 보는 해석은 다음과 같다.

  1) "은혜"는 헬레니즘 문헌에서 선행에 대한 인간의 보상 행위를 일컫는 전문용어(terminus technicus)다 : $\chi\alpha\rho\iota\nu$ $\dot{\alpha}\pi o\delta\iota\delta\acute{o}\nu\alpha\iota$(Xen. mem. Ⅱ, 2, 1, 2) 혹은 $\dot{o}$ $\delta\rho\acute{\alpha}\sigma\alpha\varsigma$ $\tau\grave{\eta}\nu$ $\chi\acute{\alpha}\rho\iota\nu$(Thuc. Ⅱ, 40, 4) 참조.[17]

  2) "은혜"는 원시 그리스도교의 원수 사랑 계명에 대한 병행 귀절들에서 초월적 의미보다는 내재적 의미로 이해되었다. IgnPol 2, 1 참조 : "네가 착한 학생을 사랑한다면 네가 무슨 보상을 받겠느냐?"; 더대케 1장 3절에서는 다음 두 문장이 병행되어 상호 해석을 하고 있다 : "너희가 너희를 사랑하는 사람을 사랑한다면 무슨 보상을 받겠느냐?" 그리고 "너희를 미워하는 사람을 사랑하면 너희에게 원수가 없으리라." 여기에서 우리는 원수 관계에도 불구하고 사랑하는 사람들의 보상을 기대해서는 안 되는가?

  3) 누가는 "은혜"를 인간의 보상으로 이해하는 데 중점을 둔다. "명령한 것을 행했다고 해서 그(즉 주인)가 종에게 고마와하겠느냐?"(누가 17 : 9). 이러한 병행 절은 앞서 나온 주제, 즉 "원래 의무를 수행한 사람에게는 보상이 따르지 않는 것이다"와 일치한다.[18]

누가는 최소한 인간적인 보상을 생각하고 있다. 즉 "너희가 어떤 보상을 받을 것이냐?"라는 말이 이를 시사해 준다. 그러므로 사람은 하나님의 보상에 관해서 말할 수 없다! 그런데 우리는 누가가 인간이 모든 종류의 보상 행위를 포기할 것이라는 바로 그 점을 의도한 것이라고

    다면 그들은 오직 인간의 보상만을 기대할 수 있을 것이다. 그것도 보상이라 할 수는 있으리라! 그러나 여러가지 종류의 인간의 "보상"이 문제일 것이다. 빌린 액수를 모두 갚게 되면 인간의 보상 역시 그 반환을 전적으로 포기한 경우와는 질적으로 다를 것이기 때문이다. 누가가 두 빛장이를 들어 이 문제를 논하고 있는 누가복음 7장 40절 이하 참조.

16) 바로 앞에서(누가 6 : 23) "하늘의 보상"에 관해 언급했다.
17) W. C. v. Unnik, *Motivierung* 292 이하 참조.
18) 베드로전서 2장 20절은 $\chi\acute{\alpha}\rho\iota\varsigma$의 개념을 하나님의 칭찬과 관련시키고 있다. 그러나 "보상"이 오직 인간의 보상으로만 이해되었기 때문에 "하나님의 보상"이라는 말이 덧붙여졌음이 분명하다. W. C. v. Unnik, *Motivierung*, 296 참조.

이의를 제기할 수도 있을 것이다. 세 가지 수사적인 질문들이 목표하는 것도 이것인 것 같다. 그런데 누가에 의해 첨가되었을 것으로 보이는 세 번째 질문은 이러한 질문들의 의미를 분명히 해준다. 즉 동일한 보상행위에 대한 기대의 포기를 말한다(누가 6:34). 선행을 행하는 사람은 이에 상응하는 선행을 기대해서는 안 된다. 돈을 꾸어주는 사람은 그것을 돌려받을려고 해서는 안 된다. 그것은 그가 보상을 받을 것이라는 사실을 완전히 배제하지 않는다. 누가에게서 문제가 되는 것은 다른 사람들이 나타내는 반응의 성질이다. 즉 원수 사랑은 어떠한 형태로든지간에 보상을 기대한다! 그는 원칙적으로 상호성을 고수한다!

이로써 누가는 원시 그리스도교에만 토대를 두지 않고 있다. 디다케에서도 황금률, 원수 사랑 그리고 폭력 포기가 들어 있다(1:2—5).[19] 원수 사랑은 상호성을 목표로 하고 있거나 혹은 좀더 신중하게 표현하면 원수가 원수이기를 그치게 한다.[20]

"너희가 너희를 사랑하는 사람을 사랑한다면 너희가 무슨 보상을 받겠느냐? 이방인들도 그런 일은 하지 않느냐? 그러므로 너희는 너희를 미워하는 자들을 사랑하라. 그렇게 하면 너희에게 원수가 없어지리라"(디다케 1:3).

아마도 이러한 상호성의 모티브가 더 나아가 빌려준 돈을 돌려달라는 요구를 포기하는 데 대한 근거가 될 것이다. 즉 "너는 그것을 또한 할 수 없다."(디다케 1:4). 즉 요구되는 바를 돌려받을 수 없다. 그러나 여기에서는 달리 해석할 수 있는 가능성이 있다.[21]

---

19) 이것은 귀절에 대한 문헌비평적 판단과 무관하게 유효한 말이다. 아마도 디다케 1장 3절—2장 1절은 디다케 저자 자신에 의한 것이든 후대의 개작자에 의한 것이든 하나의 삽입구이다. 그러나 어쨌든 황금률 때문에 삽입이 이루어졌을 것이다. 따라서 삽입 가설은 황금률과 원수 사랑의 관련을 강조한다. 문헌비평적 문제에 관해서는 Ph. Vielhauer, *Geschichte der urchristlichen Literatur*, Berlin 1975, 730, 733과 그곳에 제시된 문헌들 참조.

20) 유대교에서는 이에 대한 병행귀들이 많이 있는데, 니쎈(A. Nissen, Gott und der Nächste im antiken Judentum, *WUNT* 15, Tübingen 1974, 312 ff.)이 이에 관해 언급하고 있다. 특히 *TESTBENJ* 4:2,3;5:1의 "선한 사람은 음울한 눈빛을 하지 않는다. 그는 비록 죄인들이라 할지라도 그들 모두를 동정한다. 그들이 그에게 악을 꾀하려 할지라도 선을 행함으로써 악을 이긴다…… 너희 내 자식들아 선한 생각을 품으라! 그리하면 악한 사람들도 너희와 화목할 것이다"라는 귀절 참조.

21) H. Köster, *Synoptische Überlieferung*, 229 ; R. Knopf, Die Lehre der zwölf Apostel, *HNT* Erg.—Bd I, Tübingen 1920, 9 참조.

반면에 마태복음에서는 상호성과 폭력 포기가 완전히 다른 방식으로 관련되고 있다.

"눈은 눈으로, 이는 이로 갚으라는 말을 너희는 들었다. 그러나 나는 너희에게 말한다. 너희는 악한 사람들을 대적하지 말라"(마태 5 : 38—39).

요구되고 있는 새로운 행태는 고대의 탈리온 법, 즉 보복에 있어서 실제적인 상호성의 요구와 뚜렷하게 대립된다. 이것은 마태에게 있어서만 나타나는데, 이러한 대립은 의도적인 것은 아니지만 상호성에 대한 포기를 부각시킨다. 이상적인 상호성 역시 나타나지 않는다. 오히려 새로운 행태는 하나님의 원상(原像), 즉 인간에 대한 그의 균형을 이루지 못한 행태와 일방적인 행태의 모방을 지향한다. 일방적으로 저항을 포기하는 사람, 그리고 원수를 사랑하고 박해자를 위해서 기도하는 사람은 인간의 반응에 상관하지 않고 악한 사람에게나 선한 사람에게 해를 비추시는 하나님을 모방하는 것이다. 바로 이러한 행태를 통해서 그는 다른 사람들보다 우월하게 된다. 누가는 다음과 같이 강조한다. 즉 이러한 새로운 행태는 하나의 새롭고 이상적인 상호성을 목표로 한다는 것이다. 이로써 인간은 사회적으로 파악할 수 있는 인간 집단과 구별되는 것이 아니라 일반적으로 죄인들과 구별되는 것이다. 그러나 누구나 죄인이며 그리고 죄인이 될 수 있다. 마태복음에 나타난 실제적이고 원초적인 상호성 타파는 누가복음에 나타난 새롭고 이상적인 상호성의 목표와 대립된다.

4. 종말론적인 보상 동기

요청되고 있는 상호성의 행태는 하나의 선취이다. 즉 원수 사랑이란 이러한 상호성을 원래부터 계산에 넣을 수 없는 것이며, 상대방으로부터의 반향(Echo) 없이 하나의 선취로 남아있을 수 있는 것이다. 여기에 하늘의 보상에 관한 표상, 즉 이 세상의 성취와 무관하면서도 어떤 종류의 상호성의 요구를 계산에 넣는 종말론적인 상호성에 대한 표상이 대두된다. 내재적이며 종말론적인 상호성은 서로 대립되어서는 안 된다. 시락서 12장 2절에는 이 둘이 상호 보완되고 있다. "경건한 사람에게 선을 행하라, 그리하면 너는 보상을 받을 것이다. 비록 그에게서 보상을 받지 못한다 할찌라도 지극히 높으신 분에게서 받을 것이다." 이와 유

7. 폭력 포기와 원수 사랑에 대한 사회사적 배경 207

사하게 누가복음은 큰 손상없이 내재적인 상호성에서 종말론적인 상호성에로 넘어가고 있다. 누가는 마태보다 훨씬 더 종말론적인 모티브를 강조하고 있다. 마태는 보상이라는 개념을 끌어들였는데(마태 5 : 46), 이 개념에서는 원수 사랑이 하나님의 모방으로서 그 자체 안에 가치를 가지고 있다. 누가는 신의 모방(imitatio dei)을 달리 삽입하고 있다.

"너희 아버지께서 자비하신 것같이 너희도 자비하라!
남을 심판하지 말라, 그리하면 너희도 심판을 받지 않을 것이다!
남을 정죄하지 말라, 그리하면 하나님도 너희를 정죄하지 않을 것이다!
남을 용서하라, 그리하면 하나님도 너희를 용서하실 것이다!
주라, 그리하면 하나님도 너희에게 주실 것이다!"…(누가 6 : 36 ff.).[22]

"자비를 베풀라!"는 용어는 "심판하지 말라!"는 용어와 병행을 이루고 있음이 분명하다. 누가는 현재에 작용하는 하나님의 행위에 대한 모방뿐만 아니라 하나님의 미래적인 심판에 대해서도 염두에 두고 있다. 이 귀절은 "종말의 심판 때에 너희 아버지께서 자비하신 것같이 너희도 자비하라"로 바꾸어 쓸 수 있을 것이다.

종말의 심판은 탈리온 법(jus talions)에 따라 수행될 것이다. 그 때 사람들은 다음과 같이 말할 수 있다 : "누가에서는 미래의 탈리온 법이 원수 사랑을 목표로 하고 있으며, 마태에서는 원수 사랑이 옛 탈리온 법과 마주 서 있다." 이로써 누가의 경우에는 상호성의 모티브가 현재뿐만 아니라 미래를 규제한다. 따라서 누가는 원시 그리스도교에만 거점을 두고 있는 것이 아님을 알 수 있다. 또한 클레멘트 1서 13장 2절에는 상호성의 모티브를 통해서 자비, 용서, 그리고 선이 작용하고 있다.[23] 아울러 여기에서는 종말론적인 심판을 염두에 두고 있다. 그러나 이러한 주(主)의 말씀을 수집해 놓은 것 가운데서 "황금률"이 연상된다면, 그것은 아주 소수의 사람들만이 미래와 현재를 구별할 수 있다는 것을 암시 한다 :

"예수가 이렇게 말씀하셨다! 자비를 베풀라, 그리하면 너희도 자비를 받을 *170

---

22) H. Schürmann, *Lukasevangelium*, 342—366. 이 말씀은 앞에 나온 원수 사랑에 대한 말씀과 뚜렷이 구분된다. 이미 누가복음 6장 35절에 나왔던 신의 모방(imitatio dei)에 관한 사고가 그러나 여기 36절에서 다시 떠오르게 되고 그 결과 35절과 39절 사이가 단절되었다고 말할 수 없다.

23) 1. Klem 13 : 2에 대해서는 H. Köster, *Synoptische Überlieferung*, 12~16 참조.

것이다! 용서하라, 그리하면 너희도 용서를 받을 것이다! 너희가 행하는 대로 받을 것이다! 너희가 주는 대로 받을 것이다! 너희가 심판하는 대로 심판을 받을 것이다! 너희가 선을 보인 대로 선을 받을 것이다! 너희가 남을 헤아린 대로 헤아림을 받을 것이다!

마태는 이것과 대응되는 말로 "남을 심판하지 말라, 그리하면 너희도 심판을 받지 않을 것이다!"라고 다른 귀절(7 : 1 ff.)에 기록하고 있다. 그는 이것을 원수 사랑과는 분리시키고 있다. 그가 원수 사랑과 연관시켜 언급하는 것은 종말론적 심판관이 아니라, 결과에 관계없이 가치있는 모방의 대상인 창조주와 선악에 대한 그의 주권이다. 마태적인 태양상을 상기시키는 유스틴의 경우는 이와 다르다. 그는 모방의 동기로 만족하지 않고 심판 때의 결과에 대한 언급을 덧붙인다.

"우리가 보는 만유의 주는 선하시고 자비로우며, 감사할 줄 모르는 자나 의로운 사람 위에 모두 햇빛을 비추시며, 경건한 자나 악인 모두에게 비를 내리신다. 그분은 그들 모두를 언젠가 그가 가르치신 대로 심판하실 것이다"(Dial 96, 3).

종말론적인 심판에 관한 이러한 언급은 시사하는 바가 크다. 유스틴은 종말론적인 보상에 관해서 뿐만 아니라 감사할 줄 모르는 자와 악인들에 대한 심판까지도 시사하고 있다. 이는 다른 곳에서 원수에 대한 용서를 준비하라는 권면과 관련하여 자주 등장하는 모티브인데, 폭력 포기와 원수 사랑에 관한 공관복음서의 귀절 가운데에서는 빠져 있는 것이다. 이 모티브는 두 개의 변형된 형태로 존재한다. 하나님의 심판에 대한 사상은 악인의 형벌에 관한 표상을 일깨우고, 외부인, 즉 다른 사람의 심판하는 공격을 포함하거나, 그렇지 않으면 자신의 죄를 상기시켜, 즉 죄 의식을 포함한 내면을 향한 공격을 강화시킨다. 첫번째 표상은 종말론적인 유예를 가능케 하고, 두 번째 표상은 자신이 용서받은 존재라는 의식을 첨예화시킨다.[24]

 1. 종말론적인 유예의 모티브는 바울의 이와 비슷한 문맥에도 나타난다 : "원수 갚는 일은 내가 할 일이니 내가 보상하겠다고 주님이 말씀하십니다"(로

---

24) 다음에 나오는 유대교의 귀절들에 관해서는 A. Nissen, *Gott und der Nächste*, 308 ff. 참조.

7. 폭력 포기와 원수 사랑에 대한 사회사적 배경 209

마 12 : 19). 여기에서는 의심의 여지없이 공격이 하나님에게 맡기어진다. 그는 보복하려는 욕망을 위임받고 따라서 인간을 공격의 압박으로부터 해방시킨다. 이 모티브는 널리 퍼져 있다. Test Gad 6장 3절 이하에는 다음과 같이 되어 있다 : "누구든지 너에게 죄를 짓거든 그에게 화평을 말하라고 증오의 영혼을 내쫓아라. 그리고 네 영혼에 어떠한 계략도 갖지 말라. 그가 돌아와 자백하면 그를 용서하라… 그러나 그가 부끄러워하지 않고 그의 잘못을 고집하거든 진심으로 그를 용서하고 하나님께 그의 보복을 맡겨라." 어러한 모티브는 slHen 50장 3절 이하에서 더욱 분명하게 드러난다 : "매 맞고 상처입고 화내고 그리고 모든 험담을 하는 것 등 주를 위한 공격과 상처가 너희에게 미치거든 주를 위해서 모든 것을 참아라. 너희가 수백배 보복할 수 있다 할찌라도 너희는 가까이 있는 사람은 물론 멀리있는 사람에게까지도 보복하지 말라. 왜냐하면 주가 보복자이시기 때문이다. 그리고 그가 최후의 심판 날에 너희 보복자가 되어주실 것이고, 그러면 너희는 이곳에서 인간에게 복수를 당하는 것이 아니라 그곳에서 하나님에게 복수를 당할 것이다."   *171

2. 다른 변형의 심판 모티브가 있다. 누구든지 하나님의 심판에 직면하여 자기의 죄를 의식하는 사람은 타인, 심지어 원수의 죄까지도 고집하거나 주장할 수 없다. 하나님의 형벌이 그들 자신을 위협한다 :

"보복하는 사람은 하나님으로부터 보복을 당한다. 그 분이 그의 죄를 틀림없이 계산할 것이다. 이웃이 너희에게 행한 잘못을 용서하라. 그리하면 네가 기도할 경우 네 죄도 용서를 받을 것이다. 인간이 다른 사람에 대하여 분노를 품고 하나님에게 용서를 구하려느냐? 자기와 같은 인간을 용서하지 않으면서 자신의 죄를 위해서 기도하느냐? 마찬가지로 육체를 입은 그 자신이 원한을 풀지 않는데, 누가 그의 죄를 용서하겠느냐?"(Sir 28 : 1—5).

이 두 가지 모티브 역시 복음서에서 발견된다. 마태복음 10장 11—15절에 나오는 보복에 관한 착상을 생각해보자. 그곳에서는 원수 사랑의 계명과 직접적으로 반대되는 적의를 품은 곳에 다음과 같은 종말론적인 형벌이 멀어진다 : 마지막 날에, 소돔과 고모라 땅이 그 도시보다 견디기 쉬울 것이다! 그러나 그러한 모티브가 예수 전승에 나타난다는 바로 그 이유 때문에, 원수 사랑과 관련하여 그 모티브가 빠져 있는 사실이 눈에 띄는 것이 분명하다——전후 문맥을 근거로 원수 사랑을 거의 틀림없이 요청해야만 하는 누가의 경우에 특히 그렇다. 앞에 나온 가난한 자와 배고픈 자와 슬피 우는 사람에 대한 축복과, 부자와 배부른 사람과 웃는 자들에 대한 화 선언은 대조를 이룬다. 마지막 때 박해받는 자들에 대한 축복에서는 박해자들에 대한 화 선언이 이와 상응할 것이다. 그런데 그 대신 우리는 박해받지 않는 자들에 대한 화 선언을 발견하게 된다. "모든 사람이 너희를 칭찬할 때 너희는 화가 있다. 그들의 조상도 거짓 예언자들에게 그와 같이 행했다"(누가 6:26). 화와 관련되는 종말 심판은 여기서 원수의 형벌에 관한 사고를 일깨우지 않고 자신의 태도에 관한 비판적 사고를 일깨운다. 즉 인간이 나쁜 평판을 일으키지 않으면 그것은 틀림없이 그릇되게 행동한 것이다! 이와 동시에 말할 수 있는 점은 "공격과 공격성의 억제로서의 자기비판"이라는 두 번째 모티브가 첫번째 모티브보다 훨씬 더 복음서의 진술에 일치한다는 것이다. 그런데 산상 수훈의 중심 부분에는 다음과 같이 씌여

*172 있다: "우리에게 죄지은 사람들을 우리가 용서한 것같이 우리의 죄를 용서하옵소서"(마태 6:12). 그러나 분명히 이 모티브는 원수 사랑과 관련되어 있지 않다. 그리고 그 사실은 중요하다. 여기서는 긍정적인 동기부여가 지배적이기 때문이다. 즉 신의 모방, 다른 사람보다 우월함, "보상"에 대한 희망, 그리고 종말론적 보상에의 기대가 그것이다. 미래의 부정적인 결과로 인한 위협이나 심판으로 인한 불안과 같은 부정적인 동기부여의 흔적을 전혀 찾아볼 수 없다. 이 계명은 위대하고 긍정적인 자의식에 의해 지켜지며——따라서 다른 것은 모두 우월한 자에 대한 약자의 원한에 찬 공격이라는 사실도 이러한 우리의 인상을 확증해준다.

마지막으로, 원수 사랑에 관한 고대의 병행귀들 가운데서 가장 최근의 것에서 두드러진, 그리고 부분적으로만 원시 그리스도교와 일치하는 두 개의 모티브를 언급하겠다. 그것은 적에게 대한 스토아적 선행 촉구,[25] 특히 견유학파에 대한 에픽테투스의 상론이다:

"그는 개처럼 짓밟혔으며, 짓밟히는 가운데 자신을 짓밟는 바로 그 자신들을 만인의 아버지처럼, 형제처럼 사랑하심이 분명하다"(diss III, 22, 54).

---

25) 인용된 귀절 이외에 *Seneca de ira* II, 32, 1 III, 24, 2 de otio 1, 4 참조. 스토아 학파의 원수 사랑과 원시 그리스도교의 원수 사랑을 비교하기 위해서는 R. Bultmann, *Jesus* 1926=*GTB* 17, Gülersloh ³1977, 77—84 참조. 원수 사랑을 자기 극기의 정점으로 보는 불트만의 해석은(79면을 보라) 전적으로 적당한 것은 아니다. 바로 이 동기가 원시 그리스도교의 텍스트에는 빠져 있기 때문이다. 불트만의 해석에 대한 비판으로는 쇼트로프(L. Schottroff, "Gewaltverzicht und Feindesliebe in der urchristlichen Jesustradition Mt 5:38—48; LK 6:27—36, in: *Jesus in Historie und Theologie*, Festschrift H. Conzelmann, Tübingen 1975, 197—221)를 참조하라. 내 생각으로는 이 견해가 옳다.

7. 폭력 포기와 원수 사랑에 대한 사회사적 배경 211

여기서는 다음의 두 모티브가 중요하다. 외부의 고난에서 자유한다는 스토아 학파의 모티브와 만인의 친화성 모티브, 그리고 비예속성은 진정한 견유학파에 관한 단락 전체에 걸친 주제다. 그 학파는 우리가 마음대로 할 수 있는 것에 집중해야 하고 영향을 미칠 수 없는 것으로부터는 자유로와져야 한다는 에픽테투스의 기본 사상을 실천하며 산다. 우리가 다른 사람의 모욕을 받고 겸손해지느냐 그렇지 않느냐 하는 것(ench. 20)은 바로 우리에게 달려 있다. 그리고 누군가 우리에게 부당한 행동을 하면 그것을 내적 비예속성의 촉구를 위한 시험으로 여겨야 한다(diss. Ⅲ, 20, 9 ff.). 이 주권적인 내적 통제의 모티브는 원시 그리스도교에서 다만 두 번 암시되어 있을 뿐이다. 저항의 포기는 공격적인 내적 충동의 억제를 전제한다 :

"육체적인 욕구를(그리고 몸의 욕구) 멀리하라. 누가 네 오른 뺨을 치거든 왼 뺨도 돌려대라. 그리하면 완전해질 것이다"(Did 1, 4).

"네 뺨을 치는 자에게 다른 쪽 뺨도 돌려대고 네 속옷을 달라는 자에게 외투도 거절하지 말라. 그러나 화를 내는 자는 불을 받아 마땅하다. 네게 강제로 1마일을 가라고 하는 자가 있거든 2마일을…"(Justin Ap Ⅰ, 16, 1).

원수 사랑과 저항 포기의 심리학적 전제가 심사숙고되고 있음이 여기에서 구조상 분명해진다. 즉 욕구와 분노가 억제되어야 한다. 이 모티브는 아주 드물게 그리고 암시적으로만 나타난다. [*173]

두 번째 스토아적 모티브는 첫번째 모티브와 확실히 긴장관계를 보인다. 다른 모든 사람들에게 대한 비예속성의 요구는 모든 사람――적대적인 사람까지도――과의 긴밀한 유대 의식을 통해 조절된다. 괴로움을 당하는 견유학파는 자신을 괴롭히는 자를 아버지처럼, 형제처럼 대해야 한다. 마르쿠스 아우렐리우스에게서 이 모티브가 분명히 드러난다 :

"아침 일찍 네게 말한다. 나는 건방지고 감사할 줄 모르고 뻔뻔스럽고 그릇되고 시기하고 친절하지 못한 사람들을 만날 것이다. 그들이 이러한 특성을 가지고 있는 까닭은 선악에 대해 분명히 알지 못하기 때문이다. 그러나 선의 본질은 아름다우며 악의 본질이 추한 것임을 인식했고 나와는 다른 성격의 사람도 나와 닮았다는 사실――그가 비록 나와 같은 피나 종족이 아닐찌라도 같은 영혼을 가졌으며 똑같이 하나님의 자손이다――을 인식한 나는 어느 누구의 손상도 감수할 수 없다. 어느 누구도 나를 손상시킬 수 없기 때문이다. 나는 또 나와 닮은 사람에게 분노하거나 그를 적대시할 수도 없다. 왜냐하면 우리는 발이나 손, 눈꺼풀, 그리고 아래, 윗 이빨처럼 협력하도록 정해져 있기 때문이다. 따라서 서로 대립하는 것은 자연에 어긋난다. 그러나 우리가 서로 화를 내거나 기피한다면 이는 서로 대립하는 것이다"(Ⅱ, 1. 그리고 Ⅸ, 27).

원시 그리스도교의 어느 곳에서도 모든 사람 사이의 자연적인 혈연관계를 끌어들여 원수 사랑의 근거로 삼은 곳은 없다. 단지 선한 사람이나 악한 사람에게 똑같이 햇빛을 비추시는 하나님 앞에서의 평등이 거론될 뿐이다.

우리는 이제 첫 부분을 다음과 같이 요약할 수 있다 : 마태는 분명하게 신의 모방의 모티브를 주장하고 있다. 여기에는 사회적인 우월감이 포함되어 있다. 따라서 신을 모방함으로써 하나님의 아들이 된 사람은 하나님의 아들이 아닌 사람보다 더 위대하다. 그런 한에서 모방의 동기와 대조의 동기는 서로 연관된다. 여기에서 이방인, 세리, 바리새파, 서기관들의 대조가 부정적인 모방으로 이해될 수 있다는 점은 제외되어야 한다. 하나님을 모방하는 것은 다른 인간 집단을 모방하지 않는 것을 의미한다. 이 두 가지 모티브는 불균형을 이루고 있으며, 요구되는 행태의 가치를 이러한 태도 자체에서 찾는다.

누가의 경우는 다르다. 여기에서는 행동의 결과가 결정적인 역할을 한다. 따라서 누가는 상호성의 모티브를 분명하게 강조한다. 현재적 보상과 종말론적 보상, 인간의 칭찬과 하나님의 칭찬은 요구되는 행태에 대한 상대적 가치로 기대된다. 사랑하고 용서하는 사람은 실제로 그것이 일어나지 않는다 할찌라도 사랑과 용서에 대한 반향(Echo)을 원칙적으로 기대한다. 누가복음에 있어서는 대칭을 주장하고 있음이 분명하다.

*174 그리고 이러한 상이한 동기 구조의 배후에서 서로 다른 사회 구조를 찾아 볼 수 있는가라는 질문이 제기된다.

Ⅱ. 원수 사랑과 폭력 포기의 삶의 자리

원수 사랑과 폭력 포기가 의미하는 것은 이러한 요구가 주어지고 실천되는 사회의 상황과 분리해서 생각할 수 없다. 마태의 전승과 누가의 전승이 상이한 종교사적 영역에 거점을 두고 있으며, 그 배후에는 두 개의 서로 다른 형태의 의(Gerechtigkeitstypen)가 있음은 전부터 증명된 바다.[26] 의(義)는 우수한 사람과 무기력한 사람 사이의 불균형 관계에 거점을 두고 있다. 즉 그것은 약자에 대한 강자의 도움을 요구하며, 고대 동방의 전통에서 비롯된 균형을 이루게 하는 의(iustitia salutifera)이다. 동시에 그것은 서방의 의의 전형에서 비롯된 것으로, 사회적 신분이 동등한 사람 사이의 균형과 호혜 평등성의 수립을 주장하는 평등의 의 (iustitia distributiva)이다. 두 타입의 의는 서로 다른 사회적 경험을 토대로 하고 있다. 전자는 동방의 군주국에서 비롯되고 있으며, 후자는 헬레니즘 공화국에 속한다.[27]

그러나 이것에 관해서는 거의 언급된 바가 없다. 공관복음서 기자들에게 있어서는 두 가지 의의 전형이 초월되고 있다. 불균형적인 원수 사랑이 약자에게 요구되고 있기 때문이다. 그는 왕의 주권적인 태도를 받아들여야 하고 내적인 우월 의식에서 남을 용서해야 한다. 권력을 잡은 자와 왕의 덕은 약자를 돕는 것인데, 이제 그것이 전도된다. 즉 박해당하는 자가 "하나님의 아들"이라는 왕의 역할을 떠맡는다.

그러나 헬라적인 상호성의 에로스도 변형된다. 원수 사랑은 바로 인간들 사이에서 존재하지 않는 상호성의 가능성을 감수하는 것이다. 일방적인 원수 사랑은 황금률을 통해서 위축되는 것이 아니라 오히려 철저해진다: 즉 황금률은 원수 사랑이 특수한 에토스가 아니라, 철저하게 모든 사람에게 기여되는 행태라는 것을 분명히 한다.

따라서 상이한 의(義)의 전형에 관한 언급과 그에 따른 상이한 사회적 배경에 관한 암시는 별로 언급되지 않고 있다. 두 타입의 의는 서로 관련되어 있고 서로 변형된다. 우리는 원수 사랑과 폭력 포기에 대한 삶의 자리를 보다 구체적으로 물어야 한다. 그러면 승자가 그에게 굴복한 적을 사랑하고 복수를 포기해야 하는지, 아니면 굴복한 자 스스로 이러한 태도를 취하는지에 대하여 윤리적으로 중요한 차이가 있음이 직접 드러난다. 쇼트로프(L. Schottroff)는 기초적인 연구에서 이러한 사고를 관철시켰으며 고대의 병행귀들을 찾아 납득할 만한 유형으로 분류해 놓았다. 이 유형은 삶의 자리를 구별의 기준으로 삼고 있다. 이에 따라 복수 포기, 원수에 대한 억제 혹은 심지어 원수에 대한 친절하고 호의에

[*175]

---

26) H.P. Hasenfratz, *Die Rede Von der Anferstehung*, 212—226에 나오는 대립을 참조하라.
27) H. Bolkestein, *Wohltätigkeit und Armenpflege im vorchristlichen Altertum*, Utrecht 1939, 418 ff, 참조.

찬 태도를 세 개의 맥락으로 고정시킬 수 있다.[28]

1. 무기력한 사람은 쓸개가 없는 사람이어야 한다. 그는 확실히 그리고 영리하게 주어진 상황을 받아들여야 한다. 불의에 대하여 복수하는 일은 쓸데 없는 짓이다(Sen. de ira Ⅱ, 33, 2). 그리고 동시에 고대에서 노예 근성의 표현으로서 상황에 굴복했다는 것을 비난했다는 것은 모순되지 않는다. 노예와 자유인에 대한 태도 규정은 지극히 공공연하게 구별되었기 때문이다(Sen. de ira Ⅱ, 34, 1 참조).

2. 강자는 복수를 포기한다. 이에 관해서 세네카는 다음과 같이 썼다 : "선행에 있어서 선을 선으로 갚는 일은 존경할 만하다. 그러나 악을 악으로 갚는 일은 존경할 만한 일이 못된다." 전자의 경우에는 승리가 주어지고, 후자의 경우에는 모욕적으로 승리를 얻을 뿐이다. 복수라는 말을 우리가 올바르게 파악할 경우 그것은 비인간적이라는 말이다. 그리고 보복은 그 결과를 제외하고는 불의와 크게 구별되지 않는다(de ira Ⅱ, 32, 1).

3. 철학자는 그가 불의를 행하기보다는 차라리 불의로 인해서 고난을 당한다. 소크라테스가 그 모범이다(Plato, Kriton 49 A ff). 철학자는 사회적인 계층에서 초월해 있으며, 상층이나 하층 어디에도 분명히 속하지 않는다. 모욕에 대한 그의 주권을 보여주는 많은 일화들이 있다 :

"그러나 소크라테스는 귀족이 그를 짓밟았을 때 그에게 보복하거나 그를 비난하지 않았다. 다만 지나가는 사람에게 이 사람이 노새의 병을 앓고 있다고 말했을 뿐이다. 그러나 플라톤은 어떤 사람이 그를 죽이겠다고 위협했을 때, 돌아서서 내가 너를 진정시키겠노라고 말하였다"(Themistios, περί ἀρετῆς 46).[29]

이제 우리는 폭력 포기와 원수 사랑 배후에서 드러난 원시 그리스도교 집단들이 어디에 거점을 두고 있는지 물어야 한다. 그 외에 마태 공동체

---

28) L. Schottroff, *Gewaltverzicht und Feindesliebe*, 207—213. 내가 이 연구로부터 결정적인 고무를 받은 것에 대한 감사함이 분명히 강조되었을 것이다.

29) Themistios는 약 317—388년 경에 살았다. 그의 "덕행에 관하여"라는 연설은 길데마이스터와 뷔헬어가 번역했다(in: Rhein. Museum f. Philologie NF 27, 1872, 438—462). 인용된 부분은 461면. 여기서는 옛 일화들을 재현해 놓았다. 마지막 일화는 플루타르크(de cohib. ira 14)도 유클리드에 관해 언급했으며, 데미스티오스 자신이 소크라테스에 관한 다른 귀절(7, 95a)에 옮겨 놓았다.

와 누가 공동체 사이에는 로기온 전승 배후에 있는 집단들을 구별하듯이 구분해야 한다. 그 다음 마지막으로 역사적 예수에 대한 물음이 제기되어야 한다.

1. 마태 공동체

*176

마태는 폭력 포기와 원수 사랑을 두 개의 분리되고, 반제적(antithetisch)으로 형성된 요구로서 나란히 열거한다. 그러나 또한 마태에게 있어서 두 계명은 밀접하게 연결되어 있다. 그것은 일련의 반제적으로 형성된 구조에서 비롯된다.[30] "옛 사람이 말하는 것을 너희는 들었다" (5 : 21 그리고 5 : 33)라는 상세한 도입형식이 두 번 나타난다. 그리고 일련의 반제들은 두 개의 커다란 덩어리로, 즉 마태복음 5장 35절에서 도입구 "더우기"로 나오는 부분에서 구분된다. 이 두 덩어리에 있어서 마지막 두 반제는 형식상, 내용상으로 밀접하게 연결되어 있다. 두 반제들은 오로지 압축된 도입 형식을 통해서 시작된다. 두 반제들은 상호 연결된 주제를 다룬다. 한 편에서는 간통을 다루고, 다른 편에서는 이혼을 다룬다. 한 편에서는 폭력 포기에 대해서 다루고, 다른 편에서는 원수 사랑을 다룬다. 따라서 우리는 폭력 포기와 원수 사랑의 독자성을 배제해서는 안 되며, 이들은 내용적으로 밀접하게 연결되어 있지도 않다.

다른 관점에서 볼 때, 구조의 분석도 시사하는 바가 있다. 첫 부분의 반제 덩어리는 결의론적(決疑論的)으로 형성되어 있다. 죄에 대한 설명이 "모든" + 관사에 이어진다. 긍정적으로 요구되는 것은 말해지지 않는다. 단지 비난받을 만한 행태만이 분명해진다. 반면 두 번째 반제 덩어리는 자명하게 형성되어 있다. 즉 요구되는 행태는 부정적 혹은 명령법을 사용하여 긍정적으로 기술되어 있다. 첫번째 반제 덩어리가 모든 사람을 향하는 반면, 두 번째 반제 덩어리는 일정한 집단을 겨냥한다. "그러나 내가 너희에게 말한다" 등과 같은 대언형식(Anredeformel) 이외에, 첫번째 부분에서는 어느 곳에서도 나오지 않는 2인칭 복수형이 여기에서 자주 나타난다. 모든 계명은 부정법으로서 "내가 너희에게 말한다"에 의존되어 있거나(2인칭 복수형으로 나타난다), 그것들은 직접 2인칭

---

30) 이에 관해서는 R. Guelich, The Antithesis of Matthew V, 21—48 ; traditional and or redactional? *NTS* 22 (1976) 444—457. 더 나아가 G. Strecker, Die Antithesen der Bergpredigt (마태 5 : 21—48과 병행구), *ZNW* 69 (1978) 36—72 참조.

복수형으로 표현되고 있다(5：44, 46, 47, 48 ; 5：37). 이러한 사실로부터 다음과 같은 결론을 끌어낼 수 있다 : 즉 부정적인 죄의 확증은 모든 사람에게 해당된다. 그러나 긍정적인 계명은 특수한 집단에게 향한다.

이제 우리의 과제는 마태의 특수성을 거점으로 하여 이 집단들의 상황을 해명하는 것이다. 마태 공동체의 상황은 마태가 누가를 거쳐서 물려받은 계명이거나 그렇지 않으면, 단지 마태를 특징짓는 독특한 특징들에서 유래한 것임이 분명하다.

1) 누가를 거쳐서 물려받은 마태는 "누가 너더러 억지로 오리를 가자고 하거든 십리를 같이 가주어라"(마태 5：41)는 요구를 내세운다. ἀγγαρεύειν은 페르샤어에서 유래된 단어로 국가에 대한 강제적 봉사를 나타내는 전문 용어이다. 마가복음 15장 21절에 나오는 유일한 병행귀는 시골에서 올라오는 시몬에게 강제로 예수의 십자가를 짊어지게 하는 군인들을 연상시킨다. 이와 마찬가지로 에픽테투스는 diss. Ⅲ, 1, 79에서 군인들에 관해서 말하고 있다 :

*177
"가능한 한 될 수 있는 대로, 너는 짐을 가득 실은 당나귀처럼 네 몸을 다루어라. 그러나 군인이 네 몸을 강제로 취하면, 그대로 두고 저항하지 말며 불평하지 말라. 그렇지 않으면 매를 맺고, 설상가상으로 당나귀조차 잃을 것이다.

또한 많은 랍비들이 말하고 있는 병행구들[31]도 국가의 강제 노역에 대하여 언급하고 있다. 생소한 단어 밀리온(μίλιον)은 로마인들이 사용하던 거리 단위로서 여기에만 나오며, 신약성서의 다른 곳에서는 그 대신에 스타디온(στάδιον)이 등장한다.[32] 이 모든 점으로 미루어 다음과 같이 추측할 수 있다. 마태 공동체에서는 로마인들(즉 로마 군인들)에 의해서 부과된 강제 의무가 실제적인 문제로 대두되었다.[33]

---

31) P. Fiebig: ἀγγαρεύω, ZNW 18 (1917/8) 64—72 : P. Fiebig, Jesu Worte über die Feindesliebe, ThStKr 91 (1918), 30—64 참조. 그중 S. 51 ff.를 보라.

32) W. Bauer, WB, sv. μίλιον 참조. 반면 마태 14：24 ; 누가 24：13 ; 요한 6：19 ; 11：18 ; 사도 14：20 ; 21：16에서는 이와 달리 στάδιον이 길이의 단위로 쓰였다. 그러나 바로 여기서 라틴어의 낯선 단어가 나타난다는 점은 인상적이다.

33) 나는 여기서 호프만의 중요한 상론(P. Hoffmann in: P. Hoffmann/V. Eid, Jesus von Nazareth und eine christliche Moral, QuDisp 66, Freiburg 1975, 147—167)을 따를 것이다. 그는 158면에서 "이러한 변화는 유대인 봉기

2) 마태에게 있어서, 부당함에 대한 비폭력적 반응의 네 가지 사례는 "너희는 악을 대적하지 말라"(마태 5 : 39)는 귀절로 시작한다. 그 다음에 이어지는 사례들은 물론 저항의 포기 이상을 원하고 있다. 그 사례들은 인간이 상대방에게 그가 원하는 이상을 자발적으로 인정해주도록 원한다. 그것들은 역설적으로 환대할 것을 요구한다. 마태의 본문은 이러한 "더 이상"을 암시한다 : 즉 저항을 포기하라는 계명 이후에 "그러나"라는 접속사로 다음 사례들이 계속된다. 저항하지 말라는 부정적 요구는 긍정적인 요구에 의해서 보완되고 능가한다.[34] 따라서 마태에게 있어서는 단순한 수동적인 처신만을 생각하고 있는 것은 아니다. 그러나 마태가 우선적으로 저항의 포기를 언급한 것은 특징적이다.[35] 여기에서 우리는 다음과 같은 질문을 제기할 수 있다 : 그것은 굴복당한 민중의 상황에 부합되지 않는다고. 요세푸스가 유다 민족과 동방의 다른 민족들이 로마 제국에 저항하는 것을 경고하기 위하여 쓴 『유대 전쟁사』(AD 75—79년 경에 쓰여졌다)는 이와 동일한 상황을 언급하고 있다. 요세푸스는 그의 사상을 전쟁 직전에 행한 아그립바 2세의 유명한 연설을 통하여 서술하고 있다.

"아무쪼록 우리는 권력자들을 지지해야 하며 그들을 노하게 해서는 안 된다. 그러나 너희가 격렬한 비방을 하고 사소한 잘못이라도 저지른다면, 너희는 비방의 대상을 폭로할 것이다. 그러나 그러한 행위는 이제까지 단지 은밀하고 조심스럽게 너희에게 가해졌던 화를 지금은 공개적으로 냄으로써 너희에게 해를 끼치게 된다. 묵묵히 참고 견디는 일 외에는 매를 멈추게 하는 방법이 없으며, 희생당하는 사람이 가만히 있을 때 채찍질하는 자가 변화된다. 만약 로마의 관리들이 실제적으로 대단히 가혹하다 할지라도 모든 로마인들과 황제 스스로가 너희에게 불의를 행한다고 말할 수는 없다. 그런데 너희는 그들에 대

*178

의 패배 이후에 봉착한 곤궁한 상황에 대한 답변인가 ?"라고 질문하는데, 이는 당연하다.
34) "격언들이 요구하는 바는 감수가 아니라 오히려——그리고 이 점이 바로 그것을 해석하는 데 있어서 어려운 점이다——역설적인 행동이다"라는 호프만의 견해는 옳다. P. Hoffmann, S. 159를 보라.
35) 저항의 포기는 법적인 영역에 국한되지는 않는다(Ch. Burchard, *Versuch*, 424 A. 62가 올바르게 강조했듯이). 다만 구체적인 경우 가운데 하나만이 권리의 포기를 의미한다. 대체로 구체적인 예들은 "저항의 포기"라는 표현 양식에 포괄되지 않는다. 오히려 여기서는 이러한 포기를 넘어서는 것이 언급되고 있다. 따라서 권유하라는 마지막 예를 전적으로 부적당한 것으로 볼 수는 없다. 비록 그러한 권유가 악(또는 악인)에 대한 저항의 포기와 무관하다 할지라도 그렇다.

항하여 전쟁을 일으키려고 한다"(bell 2, 350-352).

저항하지 말라는 마태의 요구 배후에는 요세푸스가 이러한 말을 했던 바로 그 상황이 자리잡고 있는데, 마태는 단지 침묵의 행동만이 아니라 역설적인 반응까지도 생각하고 있다는 점을 고려해야 한다. 그 배후에 자리잡고 있는 일반적인 분위기는 바로 이러한 것이리라.

3) 그 밖에 마태가 가지고 있는 특수한 것은 반제적인 표현양식인데, 거기에서는 새로운 에토스가 엄격한 탈리온 법(눈은 눈으로, 이는 이로 갚으라는 복수법-역주)과 그리고 원수 증오와 대립되어 나타난다. 전쟁과 전쟁 후의 시기를 거치면서 복수 사상과 원수 증오에 대한 충분한 실물교수재료(Anschauungsmaterial)를 제시해 주었는지 그 여부에 대해서는 질문을 제기할 수 있을 것이다. 이러한 전쟁이 유대인으로 하여금 다른 민족을 증오하게 한 선입관을 만연시키고 강화시킨 것이 아닌가 하는 질문을 제기할 수도 있다. 적어도 타키투스(Tacitus)는 이러한 선입관을 능란한 솜씨로 표현하고 있다.[36]

"모세는 자손들의 결속을 다지려고 새로운 규례와 모순되는 다른 규범을 제시하였다… 그들에 대해서는 믿음을 굳게 갖고 자비를 베푸는 데 민첩해야 하지만, 다른 민족에게는 미움과 적개심을…"(hist. V, 4 그리고 5).

마태의 진술과 비교해 보면 거기에는 다음과 같은 내용이 들어 있다. 유대 민족 상호간에는 사랑의 계명이 적용되지만 원수는 미워해도 된다. 이는 모두 모세의 율법에 근거한 것이다. 만약 여기에서 마태 공동체가 바리새파와 서기관들을 경원시한다면, 동시에 그들은 굴복당한 민족에게 가지는 선입관을 경원시할 것이다.

4) 끝으로 마태복음 5장 44절과 5장 9절 사이의 병행귀에 관해 언급해보자 : "네 원수를 사랑하고 너희를 박해하는 자들을 위해서 기도하라, 그리하면 너희는 하늘에 계신 아버지의 아들이 될 것이다"(5:44-45). 5장 9절에서는 이러한 약속이 "평화"라는 용어와 연결되어 있다 : "평화를 위해서 일하는 사람은 복이 있다. 그들은 하나님의 아들이라 불리워질 것이다. 양쪽에 모두 윤리적으로 규정된 "하나님의 아들"이

---

36) 부르카르트(CH. Burchard, *Versuch*, 425 A. 65)는 마태 5:44이 Tacitus Hist V 5와 같이 유대인들에게 그다지 친근하지는 않은 주제의 영향에 의해 표현된 것이라고 가정한다.

라는 개념이 기저에 깔려있는데, 한 번은 위대한 선물로(5:44) 또 한 번은 종말론적인 은사(5:9)로 나타나고 있다. 다시 우리는 평화를 위해서 일하는 것이 무엇인지 구체적으로 이해해야 하지 않는가라는 질문을 제기할 수 있다. 즉 화평케 하는 것과 원수를 사랑하는 것은 같은 맥락에 속하기 때문이다. 이들은 모두 하나님의 아들 칭호에 연결되고 있다. 평화는 원수에게도 적용되어야 하지 않는가? 원수 사랑은 유대전쟁 시대 이후에 평화를 위해서 일한 것을 의미할 수 있지 않을까?[37]

위에서 모아 놓은 네 가지 관찰을 통해서 나는 다음과 같은 점을 가정할 수 있다. 마태에서 형성된 원수 사랑 전통은 유대 전쟁 그리고 그 이후 시대의 경험들이 깔려 있다.[38] 이러한 삶의 자리로부터 마태에 표현된 특수한 것들이 올바르게 이해될 수 있다. 이렇게 함으로써 가끔 편집상에 나타난 특별한 것들이 말해지는 것은 아니다. 마태는 더우기 이 전통들을 유대—그리스도교 공동체에서 반복한다. 이 공동체에서는 굴복당하고 겸손하게된 민중의 상황이 원수를 사랑하라는 전통에 힘입어 표현되고 있다. 마태의 관찰에 의하면 원수 사랑과 비폭력의 동기 부여가 가지고 있는 불균형은 실제로 그들의 사회적인 행태(Verhalten)와 일치되었으리라 : 또한 이러한 사회적 행태들은 불균형을 이루고 있었음에도 불구하고, 그것은 엄연히 승자와 패자 사이의 행태였다. 여기에서 중요한 점은 마태 전승이 이러한 억눌린 상황에 대한 역습으로 비폭력과 원수 사랑을 통해서 상황을 초월하고 대적자와 이방인보다 그들이 우월하다는 의식(Bewußtsein)을 표현하고 있다는 것이다. 이러한 것을 전

---

37) 피비히(P. Fiebig, *Jesu Worte über die Feindesliebe*, 37, 38)는 마태 5:43—48에서 염두에 두고 있는 것이 민족적인 원수라고 지적했는데, 이는 옳다. 즉 마태 5:43—48에서 반대되는 상으로 사용된 "세리"와 "이방 사람들"은 유대 민족의 원수라는 것이다(S. 38). 뒤퐁처럼(J. Dupont, *Les Béatitudes* Ⅲ, Paris 1973, 633—664) 원수 사랑과 평화를 위하여 일하는 사람에 관한 말씀을 관련지으면서 원수 사랑이라는 말에서는 민족적인 원수를 연상한다면 다음과 같은 추론이 가능할 것이다. 즉 평화를 위하여 일하는 사람들이란 사적인 영역에만 관련되는 것이 아니다. 그것은 이웃 사랑과 자비 이상의 것이다(뒤퐁과는 다른 견해이다. J. Dupont, 644—654). 하나님의 아들 칭호——따라서 고대 메시야 전승의 일반화는 이 점을 가리키는 것이 아닌가? 왕의 임무는 평화를 이룩하는 것이다. Εἰρηνοποιός는 무엇보다도 권세가의 부가어로 쓰인 것이다(W. Foerster, *TnW* Ⅱ, 417, 418). 여기서 이 임무는 모든 사람에게 무리한 것이다. H. Windisch, Friedensbringer—Gottessöhne, *ZNW* 24(1925), 240—260 참조.
38) 이 가설은 내가 아는 바로는 호프만(P. Hoffmann, *Jesus von Nazareth*, 147—167, 특히 158 ff.)이 제일 처음 주장했다.

제함으로써 우리는 다음과 같은 것을 이해할 수 있다. 즉 원래보다 우월했던 상황을 내려다 보느냐, 아니면 약자가 스스로 승자보다 우월하다고 생각함으로써 그의 가치를 보존하느냐의 윤리적인 차이가 존재한다. 선한 사람과 악한 사람 위에 존재하는 하나님에 대한 사상은 이러한 행위를 복수로써 생각하지 못하게 한다.

개괄적으로 마태 본문을 어느 규정된 삶의 자리에 첨가시키는 것은 마태복음에 있는 광범위한 암시들을 통해서 뒷받침될 것이다. 그 안에 함유되어 있는 전승들은 의심의 여지없이 유대인의 봉기를 거부하고 있다: 마태복음 23장 35절은 젤롯당원이 부유한 예루살렘의 시민인 바라갸의 아들 사가랴(Sacharja ben Baruch)를 살해한 사건에 대하여 날카롭게 심판한다.³⁹⁾ 봉기를 일으킨 자들은 살인자로서 비방을 받는다(마태 22:7). 마태복음의 메시아 상은 "반젤롯당적"이라고 말할 수는 없지만, 전적으로 비정치적인 색채를 띤다.⁴⁰⁾ 즉 메시아는 "다투지도 않고 외치지도 않으며 거리에서 그의 소리를 들을 사람이 없을 것이다"…(마태 12:19 f.=이사 42:1 f.). 그는 힘이 없이 나귀를 타고 온다(마태 21:5=사가 9:9). 그는 다윗의 자손이지만, 정치적 야망을 통해서가 아니라 이적적인 치료를 통해서 스스로를 드러낸다(마태 12:23, 9:27, 15:22).⁴¹⁾ 아무리 다르게 표현되었다 할지라도 마태 전승에는 AD 70년 예루살렘 파괴 이후 유대교의 비참한 상황이 다양한 방법으로 기술되어 있다.

---

39) 슈테크(O. H. Steck, *Israel und das gewaltsame Geschick der Propheten*, WMANT 23, Neukirchen 1967, 33—40)의 연구 참조. 마태 본문만이 바룩의 아들 스가랴의 살인을 생각한 것 같다. 누가는 오히려 여호야다의 아들 스가랴를 생각하고 있다(대하 24: 20—22).
40) P. Hoffmann, *Jesus von Nazareth*, 163 : "마태는 로마에 대한 메시야 봉기의 좌절에 큰 인상을 받았다. 그렇기 때문에 그의 복음서에서 의식적으로 젤롯당의 메시야상과는 대조되게 예수를 겸손과 온화와 비폭력과 평화와 자기 겸양과 늠름함의 메시야로 묘사했다." 여기서는 비정치적인 메시아상이 가장 먼저 발견되는데, 이 전승은 베르거(K. Berger, Die königlichen Messiastraditionen des Neuen Testaments, NTS 20, 1973, 1—44 ; K. Berger, Zum Problem der Messianität Jesu, ZThK 71, 1974, 1—30)가 언급한 바 있다.
41) Chr, Burger, Jesus als Davidssohn, FRLANT 98, Göttingen 1970, 72 ff. 참조.

2. 누가 공동체

우리는 누가복음에서 관념적인 상호성이 강조되어 왔음을 살펴보았다. 그러나 그 상호성은 비록 다른 사람에게 있어서 실제적인 행태의 척도가 되지 못할지라도 그렇게 되어야 함을 강조했던 것이다.[42] 하나님은 어떠한 경우에도 화해를 원하신다. 우리는 이렇게 다양한 원수 사랑 전승의 배후에 있는 사회적 상황에 대해서 질문을 제기함으로써 누가의 특수성을 찾아내야 할 것이다. 즉 헬라적인 개념의 배후와 누가에 의해서 부각된 돈을 빌려주는 문제의 배후를 찾아내야 할 것이다. 인상적인 것은 누가가 예수의 윤리적 요구를 헬라의 세속윤리(Popularethik)의 전통과 개념으로 표현하고 있는 점이다.[43] 황금률은 AD 5세기 초에 궤변술 가운데서 형성되었는데, 물론 그 싹은 이미 AD 2세기 유대교에서 돋아나서(Aristeas 207 ; Tobit 4 : 15) 마태에게 있어서는 율법과 예언자의 종합으로 나타났다(마태 7 : 12). 누가는 이 황금률을 특수한 유대교의 전승이 아니라 일반적인 진술로 표현한다. 황금률이 일반적인 규율로 다루어지고 있음을 누가가 의식하고 있었는지에 대해서 판별하는 것은 어려운 일이다. 그러나 그렇다면 이 의식은 누가에게 있어서 가장 진정한 의식으로 신뢰할 수 있었을 것이다. 누가는 다른 귀절에서 헬라적 표상을 의식적으로 사용하고 있음을 볼 수 있다(사도 17 : 22 ff.의 아레오파고 연설 참조). 그러나 무엇보다도 그는 원수 사랑의 요구

[*181]

---

42) A. Dihle, Die Goldene Regel. Eine Einführung in die Geschichte der antiken und frühchristlichen Vulgärethik, Stud. z. Altertumswissenschaft H. 7, Göttingen 1962, 113 ff.에서는 상호성의 윤리와 원수 사랑 사이의 긴장을 언급하고 있는데, 이는 올바른 지적이다. 때문에 그는 누가 6 : 31의 황금률을 직설법으로 해석하려 한다. 그러나 그렇게 되면 그에 상응하는 관사로 인해 명령법의 문맥과의 대조가 더욱 두드러질 것이 분명하다. 그러나, 다른 사람의 실제 행동이 아니라 그에 의해 기대되는 이상적인 태도가 실제의 독특한 태도의 척도가 되어야 한다고 주장할 경우 이러한 긴장은 해소된다. 그러면 다음과 같은 결론이 나올 것이다. 근본적으로 인간은 다른 사람에게 원수 사랑, 복수 포기, 보상 포기를 기대한다. 그러나 그것이 이전부터 배척되지는 않았다. 고대에서는 점차적인 그리고 원칙적인 보복 관념의 극복을 알고 있었기 때문이다. 이는 디일레(A. Dihle)가 그의 기본적인 연구에서 밝혀낸 것이다(41 ff.; 61 ff.를 보라). 윤리 규범은 존재해 있었으며 실제적인 태도 역시 일반적으로 그렇듯이 배후에 머물러 있었을 것이다.

43) W. C. v. Unnik, *Motivierung*, 여러 곳 참조.

를 헬레니즘적 윤리 개념과 연결시키고 있다 : 선을 행하다, 선한 행위, (6 : 27, 33, 35), 칭찬(6 : 32, 33, 34)이 그것이다 : 결정적인 사실은 의식적이든, 무의식적이든 누가 공동체가 일반적인 척도에 호소하고 있다는 점이다 : 그리스도교의 에토스는 세계를 판단할 수 있다.

또한 누가의 두 번째 특성은 돈을 빌려줌을 강조한 점이다. [44] 우선 누가는 마태와는 다르게 "꾸고자 하는 사람에게는 누구에게든지 주라!" (누가 6 : 30)고 강조한다. 그것을 돌려받아서는 안 된다는 점을 누가는 마태보다 더 요구한다. [45] 나아가 누가는 마태에서 병행귀를 찾아볼 수 없는 세 귀절에서 이 주제를 다루고 있다. 세 번째의 수사학적인 질문은 다음과 같다. "너희가 도로 받을 것을 바라면서 남에게 빌려주면 자랑할 것이 무엇이냐? 죄인들도 도로 받게 될 줄 알면 꾸어주지 않겠느냐?"(누가 6 : 34). 첫 부분의 두 가지 수사학적 물음에 대한 유비를 통해서 "너희에게 빌려주는 사람에게만 빌려주지 말라!"는 귀절을 기대한다. 그러나 "너희가 돌려받기를 바라는 사람에게만 꾸어주지 말라"는 의미가 적합하다. 여기에서는 또한 상호성에 근거를 둔 빌려줌을 생각하고 있는 것이 아니다. [46] 오히려 여기에서는 빌려줄 수 있는 사람이 그 편에서 빌리는 일이 드물다는 소박한 사실을 나타내고 있다.

누가는 6장 35절에서 원수 사랑에 관한 권면을 반복한다. 6장 27—28절을 반복해서 받아들임에도 불구하고, 전체를 반복하고 있지는 않다 : 여기에서는 원수를 위한 축복과 기도가 나오지 않는다. 그 대신에 돈을 빌려줌에 관해서 다시 언급된다.

---

44) 다음 부분에 대해서는 슈테게만(W. Stegemann in: W. Stegemann/ L. Schottroff, *Jesus von Nazareth. Hoffnung der Armen*, Urban Tb 639, Stuttgart 1978, 144—148)의 중요한 상론 참조.

45) 양자의 차이는 디다케 1 : 5에서도 발견된다. 그러나 그렇기 때문에 누가의 예속성을 가정해도 무방한지(H. Köster, *Synoptische Überliferung*, 230 ff.), 혹은 예속되지 않은 전승의 변형으로 결론지어도 무방한지(H. Th. Wrege, Die Überlieferungsgeschichte der Bergpredigt, *WUNT* 9, Tübingen 1968, 82—94)는 논란의 여지가 있다.

46) 상호성에 근거한 대부의 동기는 다른 곳에서도 나타난다. *Sir* 29, 1 ff. 참조. 여기서는 돈을 꾸어주는 자에게 다음과 같은 약속이 주어진다. 즉 "그러면 너는 언제나 네가 필요로 하는 것을 손에 넣을 수 있을 것이다"(29,3). 또 Athenagoras, suppl. 12, 3의 "너희가 너희를 사랑하는 사람을 사랑하고 너희에게 꾸어주는 사람에게 꾸어준다면 너희가 무슨 보상을 받겠느냐?" 참조. 누가 전후 문맥으로 미루어 비슷한 이 표현 양식을 사용하지 않은 것은 그가 상호성에 근거한 대부를 생각하지 않았기 때문이다. 마샬(I. Howard Marshall, *The Gospel of Luke*, Exeter 1978, 257—267, 특히 263)은 이와 달리 생각한다.

그러나 그것으로 충분하지 않다. 누가는 이 문제를 세 번 강조함으로 써 마태를 앞서고 있다.[47] 마태복음 7장 1절에는 다음과 같이 쓰고 있다. "남을 심판하지 말라, 그리하면 하나님도 너희를 심판하지 않을 것이다. 너희가 심판하는 그 사람에게 너희가 심판을 받을 것이요, 너희가 헤아리는 그 사람에게 너희가 헤아림을 받을 것이다." 여기에는 어느 곳에도 재정에 관한 문제가 언급되지 않고 있다. 누가의 경우는 사정이 다르다. 심판을 단념하라는 요구 다음에, 그는 다음과 같이 말한다.

"(채무자를) 용서하라, 그리하면 너희가 용서받을 것이요! 주라 그리하면 너희에게 줄 것이요! 누르고 흔들어 넘치도록 후한 분량을 너희에게 안겨줄 것이다! 너희가 헤아리는 그 헤아림으로 헤아림을 받을 것이다!"(누가 6 : 37~38)

누가는 인간이 받아들여야 하는 척도를 네 가지 첨가어로 부각시킨다. 이 척도는 심판의 척도가 아니라 주었던 것의 배상을 위한 척도이다.

누가 공동체에서 원수 사랑과 돈 문제가 밀접하게 연결되어 있다는 것은 의심의 여지가 없다. 이미 시락서 29장 6절에는 채무자가 원수로 되고 저주와 비방을 돌려 준다고 말하고 있다. 또한 시락서 4장 3절은 선물을 받지 못한 사람의 분노에 관해 기록하고 있다. 따라서 누가는 마태와 다르게 민족의 적을 생각하지 않고 있다. 그러나 여기에서 개인적인 원수 관계로서 만나는 것은 결국 사회—경제적 차별의 타도이다. 누가는 사회—경제적으로 형성되는 긴장에 대해 아주 예민하다는 사실이 잘 알려져 있다. 이러한 사실은 히브리인들과 헬라인들의 투쟁(사도 6 : 1—6), 에페소인들의 소요(사도 19 : 23 ff.)에 관한 그의 보도에 잘 드러나 있다. 그 외에 공동체 내부의 긴장뿐 아니라 그리스도인과 비그리스도교인 사이의 긴장도 문제가 된다.[48]

---

47) 이 귀절이 변화된 것은 누가에게서 비롯된 것이다. 슈테게만(W. Stegemann, 148)은 올바르게 이렇게 지적했다. 이와 달리 슈르만(H. Schürmann, LK, 363)은 마태가 조화된 사고를 이룩하고 심판의 주제를 중심에 놓았으며 다른 모든 주제는 일소시켰다고 주장한다.

48) 반면 슈테게만(W. Stegemann, 148)은 다음과 같이 공동체 내부의 관계에 국한시킨다. "따라서 누가는 원수 사랑의 요구를 그리스도인 사이의 호의에 찬 태도와 관련시키고 있다." 그러나 누가는 분명히 누구에게나 주어야 한다(6 : 30)고 강조하고 있다. 여기에는 비그리스도인도 포함된다. 더 나아가 그는 6장 29절에서 강도에 관해 생각하고 있는데, 이러한 일은

그런데 돈 빌려주는 문제를 원수 사랑에 대한 계명과 연결시킨 것은
누가만의 독특한 것이 아니다. 디다케에서도 이와 유사한 점을 찾아
볼 수 있다.[49] 그러나 여기에서는 다른 것이 강조된다. 무엇을 빼앗겼
을 경우, 그것을 돌려달라고 요구해서는 안 된다. 인간에게는 그렇게 할
힘이 없기 때문이다(1 : 4). 그것은 곧 선을 행하고 영향력이 큰 인간
을 지칭하는 것은 아니다. 구하는 사람에게 돌려받을 생각을 하지 말고
주라는 요구 속에는 궁핍하지도 않으면서 받는 자, 즉 부자이면서 없
는 체하는 사람들에 대한 신랄한 저주가 핵심을 이루고 있다. 그들에게
서 자선을 돌려받을 요구를 한다는 것은 전혀 불가능한 일이기 때문에
그들에게는 종말의 심판이 더 큰 위협으로 느껴진다. 종말의 심판 시에
그들은 마지막 한푼까지 모두 갚아야 한다(1 : 5). 마지막 요구는 모든
사람에게 대하여 심지어, 원수에게 대해서까지 요구되는 풍성한 관용
을 다음과 같이 전도시킨다 : "네가 누구에게 주는지 알 때까지 네 자선
을 베풀라"(1 : 6). 누가의 경우는 다르다. 그는 돈을 빌려주는 공동체
에 호소한다. 누가의 당면 문제는 거지에 대한 자선이 아니라 가난한
사람들에 대한 신용이다(디다케서에는 "빌려주다"라는 말이 나오지 않는
다). 누가는 빌려주고, 또 빌려줄 수 있는 자들, 그리고 돌려받기를 단
념해야 하는 사람들을 전제하고 있다.[50]

헬레니즘적인 상호성의 윤리 동기에 대한 증거와 돈을 나누어주고 빌

그리스도인들 사이에서는 상상하기 어렵다. 누가는 계명을 아주 일반적으
로 표현하고 있다. 그렇다고 지극히 구체적인 사회적 관계가 배후에 있다
는 사실을 배제하는 것은 아니다. 그러한 나는, 누가는 선을 행하는 그리
스도인들에게 자신의 공동체에서 사회적 화해를 염려하도록 호소했다는 슈
테게만의 사회사적 해석이 적절하다고 본다. 이 문제가 누가를 감동시켰
을지도 모른다. 그러나 누가는 분명한 의도에 따라 지극히 일반적인 계명
을 표현하고 있다.

49) 이에 관해서는 J. P. Audet, *La Didachè. Instructions des Apôtres*, Paris 1958, 268 ff. 참조.
50) 평지 설교에서 청중이 바뀐 것을——6 : 20 ff.는 제자들에게, 6 : 27 ff.는
모든 청중에게 말씀하셨다——사회학적으로 평가해도 무방한지의 여부는 논
의가 될 것이다(W. Stegemann의 해석, S. 91 ff, 102, 104 참조). 다음
과 같이 보다 단순한 설명도 있다. 즉 축복의 설교는 제자들을 향한 것이
고(누가 6 : 20—23), 반면 화 선언은 부자와 배부른 자를 향한 것(누가 6 :
24—26)이라는 것이다. 그후 누가는 다시 제자들을 향하고 있다는 것이다.
그런데 부자들과 배부른 자들은 원수 사랑의 적절한 청중이 아닐 것이다.
그렇다면 6장 20절 이하와 27절 이하 사이에서 청중이 바뀌었다고 가정할
수는 없을 것이다. 오히려 누가는 청중이 바뀌고 난 24절 이후 다시 원래
의 청중을 향하고 있는 것이다.

려주는 그리스도인들에 대한 호소——이 두 관찰은 서로 조화를 잘 이루고 있다. 즉 누가 공동체는, 보다 높은 계층에 들어가 원칙적인 평등성을 요구함으로써 주변 세계와 맞설 수 있는 그리스도교를 대표하고 있다. 이러한 자의식은 누가의 작품 속에 철저히 스며들어 있다. 다만 한 가지 지적되어야 할 특징이 있다. 누가의 서문은 다른 작품들과 경쟁하려고 하고 따라서 일반적인 관례를 벗어난 까다로운 작품임이 입증된다는 점이다. 동시에 그것은 데오빌로 각하——아마 그는 상류 계층인 것같다——에게 바쳐졌다.[51] 따라서 누가복음의 사회적 상황은 마태복음과 전혀 다르다. 누가복음에서는 더 이상 굴복당한 유대 민족의 문제를 발견할 수 없다. 누가복음에서 원수 사랑의 동기부여에 관한 대칭적 특징이 그리스도인과 주변 세계의 상황에서 나타나는 보다 큰 사회적 대칭과 일치한다.

3. 말씀 전승의 주역들

누가와 마태는 아마도 하나의 기록된 원자료에서 비롯된 공통되는 전승을 재현하고 있는 것같다. 그런데 누가와 마태 사이의 모든 차이점은 편집상의 변화로 파악할 수 없고 독립적으로 변형된 전승이 끼친 영향으로 받아들여야 할 것이다.[52] 따라서 우리는 마태와 누가의 공통된 말씀 전승을 유대 전쟁 이전의 팔레스틴에서 유래한 하나의 전승층에 속한 것이라고 보아도 무방할 것이다. 한 편으로는 아마도 팔레스틴 지역에서 사용된 셈족 언어의 배경을 가지고 있는 것이 분명하고, 다른 편으로는 아직 성전 파괴가 전제되지 않고 있다(따라서 연대는 AD 70년 이전으

---

51) 누가는 상층계급의 사람도 공동체의 일원임을 어느 정도 자랑스럽게 시사한다. 데오빌로 이외에 헤롯의 시종 구사의 아내 요안나(누가 8 : 3)와 헤롯의 친지 마나엔(사도 13 : 1)과 백부장 고넬료(사도 10 : 1 ff.) 그리고 아테네의 판사 디오누시오 등의 이름도 언급된다. M. Hengel, *Eigentum und Reichtum in der frühen Kirche*, Stuttgart 1973, 69 참조.
52) 여기서는 어록집에 관해 상론할 수 없다. 이전이나 이후나 이에 관한 가장 격렬한 논박은 마태복음과 누가복음에 나오는 격언이다. 그러나 서로 독립된 전승 변형이 미친 영향을 고려하지 않고 어떻게 마태와 누가 사이의 차이점을 설명하려는지 내게는 수수께끼다(그러므로 슈람 [T. Schramm, Der Markus-Stoff bei Lukas, *SNTS* 14, Cambridge 1971]이 전승 변형이 누가복음 편집에 영향을 미쳤다고 본 것도 마찬가지다). 내게 더욱 수수께끼로 여겨지는 것은, 단지 가설적이고 재구성이 가능한 어록집 출처 안에서 전승과 편집을 구별하려 한다는 점이다.

로 잡을 수 있을 것이다).⁵³⁾ 삶의 자리를 추론해내기 위해서 우리는 세 가지 귀납적 방법을 사용할 수 있을 것이다. 분석적 방법, 구성적 방법 그리고 비교적 방법이 그것이다.

1) 분석적인 귀납적 방법은 연구할 성서 본문으로부터 삶의 자리를 추론할 수 있는데, 이것은 성서 본문을 사용하기 전에 마태와 누가 공동체에 놓여 있던 것이다. 그 이상의 것을 추측하는 것은 불가능하다. 누가복음 6장 29절은 철저하게 규정된 문맥 가운데서 "누가 네 뺨을 때리면 다른 뺨까지도 돌려대며, 누가 네 겉옷을 빼앗거든 속옷까지도 거절하지 말라"고 지시한다. 여기에서 누가는 강도를 염두에 두고 있음에 틀림없다. 강도는 먼저 겉옷을 빼앗고 그 다음에 속옷을 빼앗기 때문이다. 재판 과정을 염두에 두고 있는 마태는 반대 순서로 기술한다. 그러나 강도 사건이란 노상에서 일어나는 것이 관례이다. 즉 누가는 방랑자나 여행자의 상황을 고려하고 있다. 이로써 그는 전통적인 의미에 저항하고 있다고 볼 수 있다. 그에게 있어서는 전적으로 다른 문제, 즉 돈을 빌려 주는 문제가 대두된다. 마태에 있어서는 "누가 오리를 가자고 하면 십리를 가주어라"는 권면이 방랑하는 그리스도인의 입에서 특히 쉽게 이해될 수 있지 않을까 물을 수 있다. 국가의 강제 노역에서는 중요한 역할을 했지만,⁵⁴⁾ 방랑하는 선교사들에게는 전제될 수 없는, 노동에 사용되는 짐승에 대한 암시가 결여되어 있다. 그러나 이 권면은 기반이 잡힌 일정된 생활을 하는 그리스도인들에게는 중요한 의미를 지닌다.

더 나아가 태양의 비유에 관해서 언급해야 할 것이다. 이것은 의도적인 것은 아니지만 예수 전승에 있어서 또 다른 자연의 비유를 회상케한다. 즉 들의 백합화를 회상시킨다(마태 6 : 25—34). 이 두 비유에 있어서 자연은 인간이 해야 할 행태의 모본이다. 두 경우 모두 본래 염세적이었던 내용이 변형되어 나타나고 있다. 태양이 선한 사람에게나 악한 사람에게 동일하게 비추인다는 사실은 선과 악이 동일하게 취급되고 있는 세계의 윤리적 불합리성에 직면하여 체념케 만드는 동기가 될

---

53) 누가 13 : 34, 35와 마태 23 : 37, 38에 나오는 성전에 관한 말씀은 성전이 아직 붕괴되지 않았음을 전제한다. 여기서는 다만 성전이 버림받을 것이라는 위협이 가해지고 있을 뿐이다. 어록집의 출처의 연대를 규정하는 데 도움이 되는 내용은 더 이상 없다. 그것이 50년 경에 생겨났으리라는 사실을 많은 사람들이 어디서 알아내려고 하는지 내게는 수수께끼다.
54) Epiktet diss. Ⅳ, 1, 79, P. Fiebig, *Jesu Worte über die Feindesliebe*, 52 참조. "ἀγγαρεία는 죽음과 같다. 이것은 유대인들 사이에 통용되는 귀절이다. 더우기 로마인들 앞에서 남아나지 못하고 징발당한 짐승과 관련되었다."

것이다.[55] 마찬가지로 염려할 줄 모르는 짐승은 일용할 양식을 획득해야만 하는 인간에 대하여 염세적인 견해를 갖게 하는 동기가 된다.[56] 원래 염세적이었던 이 두 가지 교훈의 내용은 예수의 전승을 통해서 적극적으로 변형되었다. 즉 예수를 따르는 사람들은 씨를 뿌리지도 않고 거두지도 않으며, 모아들이지도 않고 일하지도 않으며, 길쌈하지도 않는 공중의 새나 들의 백합화처럼 염려할 필요가 없다(마태 6 : 26—28). 여기에서는 노동하는 인간, 혹은 일할 자리를 찾고 있는 인간에 관하여 언급하고 있는 것이 아님이 분명하다.[57] 오히려 여기에서는 일할 필요가 없는 제자들의 특권을 보여주는 것 같다. 하나님이 그들을 돌보아주시기 때문이며, 하나님 나라를 추구하는 것이 일하는 것보다 더 중요하기 때문이다. 이것은 원시 그리스도교의 방랑하는 카리스마를 지닌 지도자들을 염두에 두고 있다. 태양의 비유에서는, 백합과 새의 비유에서처럼, 원래 염세적 전승이 상당히 변형되어 각인되어 있기 때문에 다음과 같은 추측이 가능하다. 즉 태양의 비유와 연결되어 있는 원수 사랑의 계명은 마태복음 5장 25절 이하와 같은 역사적 맥락에 속하고 있으며 그들의 삶의 자리는 노동도 하지 않고 집도 없이 방랑하는 카리스마를 지닌 지도자들이다.

2) 분석적인 귀납적 방법은 단지 우리에게 하나의 추측을 가능케 할 뿐이다. 이런 추측은 구성적인 귀납적 추론 방법을 통해 근거가 뚜렷한 주제로 변형될 수 있다. 원수를 사랑하라는 계명은 마태와 누가에 선행

---

55) P. Hoffmann, *Jesus v. Nazareth*, 154 참조. 무엇보다도 설교가 솔로몬은 태양 아래서 일어나는 모든 불합리한 일들을 파낸다(전도 1 : 13 ; 2 : 11, 18, 22 등).

56) 마태 6 : 25 이하에 대한 랍비들의 병행귀 참조(Billerbeck, I, 435, 436) : "R. Schimeon b. Eleazar(190년 경)는 다음과 같이 말했다 : 너는 생전에 일거리를 갖고 있는 야수나 새를 본 적이 있느냐? 그런데도 그들은 괴로운 걱정없이 먹이를 얻느냐, 그리고 그들은 단순히 나를 위하여만 창조된 것은 아니냐? 나는 나의 창조주께 봉사하기 위해 창조되었다. 그러면 나는 괴로운 걱정없이 먹이를 얻어야만 하는가? 내가 내 행위를 그르쳤다는 그 이유만으로 나는 나의 생계를 침해했다"(Quid 4, 14). 병행귀의 전승은 보다 분명하게 기록하고 있다(pQuid 4, 66ᵇ, 38). "내가 내 생계를 마련할 걱정을 하도록 만든 것이 누구인가? 대답은 내 쾌로다. 내가 내 행위를 그르쳤기 때문에 나는 나의 생계를 침해했다."

57) 쇼트로프(L. Schottroff, *Jesus von Nazareth—Hoffnung der Armen*, 56 f.)는 다른 견해다. 그녀는 마태 20장 1절 이하의 일거리를 찾는 사람들에 관한 비유를 빌어 마태 6장 26절 이하를 해명한다. 그러나 마태 6장 25절 이하에서 구직에 관해서는 거의 아무것도 찾아볼 수 없다.

하는 전승 가운데서 최종적인 축복 선언과 연결되어 있다.

"나를 위하여 모욕을 당하고 박해를 받고 터무니 없는 말로 갖은 비난을 받으면 너희가 복이 있다. 기뻐하고 즐거워하라. 너희가 하늘에서 받을 상이 클 것이다. 너희보다 먼저 온 예언자들도 이와 같이 박해를 받았다"(마태 5:11—12).

마태는 박해받는 자들이, 누가는 미움을 받는 자들이 복이 있다고 한다. 원수 사랑의 계명은 종종 이에 일치하여 표현된다. 즉 마태는 너희를 박해하는 자들에 관해서 말하고(마태 5:12,44), 누가는 너희를 미워하는 자들에 관해서 말한다(누가 6:22,27). 도마복음서에는 두 가지 변형이 하나로 연결되어 있다. "그들이 너희를 미워하고 박해하면 너희에게 복이 있다!"(Lg 69). 이러한 용어의 연결은[58]——마태복음에서는 한 동안 계속된 후——여기에 구전 혹은 문자 전승에 의해서 직접적으로 연결되어 있다는 것을 지시한다. 원수 사랑은 박해받고 미움받는 자들의 문제이기 때문이다. 그렇다면 이들은 누구인가? 마태가 분명하게 말하고 있는 박해받는 그리스도교 예언자들이란 누구인가?[59] 여기에서 그리스도인 일반이라고 생각할 수는 없으리라. 예언자들에 관한 언급은 거의 쓸모 없으리라.[60] 마태에 있어서 그리스도교 예언자들에 관해 "박

---

58) 1) Lührmann, *Liebet eure Feinde*, 415 참조. 기록된 말씀 자료를 거부하는 자라도 이렇게 결합된 표현은 전승이 관련된 표시로 해석할 수 있다. 다름아닌 표현의 연결 때문에 말씀 자료의 실재에 대해 이의가 제기되었었기 때문이다(J. Jeremias, Zur Hypothese einer schriftlichen Logienquelle Q, in: Abba. Studien zur neutestamentlichen Theologie und Zeitgeschichte, Göttingen 1966, 90—92 참조).

59) 두 본문에 관해서는 O. H. Steck, Israel und das gewaltsame Geschick der Propheten. *WMANT* 23, Neukirchen 1967, 20—26 ; 257—260 ; J. Dupont, *Les béatitudes* I. Louvain 1958, 227—250 참조.

60) 내 생각으로는 슈테크(O. M. Steck. *Israel*, 259)의 다음과 같은 논쟁이 옳다 : "그러나 도대체 왜 상응하는 예언자의 운명 일반에 관한 언급이 나왔는가? 단순히 경건한 자, 공동체의 운명을 말한 것이라면 그것은 이해할 수 없다. 왜냐하면 단순히 경건한 자들에 관해서라면 이미 22—23b절이 아주 충분하고도 신학적으로도 더 할 수 없는 진술을 하고 있기 때문이다. dtr PA 전승(신명기적 예언자 진술 표상 전승 ; G.T.)에서 유래한 것이라면 대답은 쉽다. 즉 마지막 축복 선언은 단순히 고난받는 그리스도인들을 위한 훈계가 아니다. 그들이 설교자로서 이스라엘에서 활동하며 또 활동하는 중에 자기 민족인 유대 민족에게서 모욕과 중상을 당해 기피되는 한에 있어서 그러한 그리스도인들을 위한 훈계이다."

해하다"라는 표현을 사용한 모든 진술들을 모은다면, 한 가지 사실이 분명해진다. 그것은 어느 경우이든 일정한 거처없이 방랑하는 카리스마를 지닌 지도자들을 일컫고 있다는 점이다.

"예언자를 예언자로 받아들이는 사람은 예언자의 보상을 받을 것이다"(마태 10:41).

여기에서 염두에 두고 있는 것은 의심할 바없이 우리가 숙박시키고 돌보아 주어야 하는 예언자들이다. 이러한 예언자들은 당연히 그들의 집과 고향을 떠났던 것이다.

"예언자는 그의 고향과 집 이외에서는 어느 곳에서도 존경을 받는다"(마태 13:57).

보라, 내가 예언자들과 지혜의 교사들과 율법학자들을 너희에게 보내겠다 (누가 11:49: 예언자들과 사도들); 너희는 그들 가운데 더러는 죽이고 더러는 십자가에 못박고 더러는 회당에서 채찍질하고 이 동네 저 동네로 쫓을 것이다"(마태 23:34).

누가는 여기서 "박해하다"라는 말을 아울러 쓰고 있지만, 그는 박해를 이 동네에서 저 동네로 쫓겨가는 것으로 보지는 않는다. 그러나 마태에 있어서 염두에 두고 있는 점은 박해로 인해서 이곳에서 저곳으로 피해야만 하는 방랑하는 예언자들이다. 예언자의 개념이 나타나지 않은 채, 마 *187 태복음 10장 23절은 이러한 상황을 전제하고 있다.

"만일 그들이 너희를 이 도시에서 박해하면, 다른 도시로 피하여라! 진실로 내가 너희에게 말한다. 너희가 이스라엘의 도시를 모두 돌기 전에 사람의 아들이 올 것이다"(마태 10:23).

여기에 마태복음 5장 10절의 축복선언을 덧붙인다면 그리스도교 예언자들 혹은 박해자들에 관해 언급한 모든 귀절을 우리는 언급하게 된다. (마태복음 5장 10—12절을 제외하고) 도처에는 그리스도교 예언자들의 방랑하는 실존이 전제되어 있다. 따라서 마태복음 5장 10—12절에 대해서도 그러한 실존을 요청해도 별로 문제되지 않을 것이다. 반면 누가복음 6장 22, 23절의 병행귀는 아마도 이미 정착한 그리스도인과 관련되어 있을 가능성이 짙다. 이제 다음과 같은 이의가 제기될 수 있다. 즉 이러한 삶의 자리는 특히 마태에서 분명히 드러나는 바, 마지막 축복선언의 마태적 형태(마태 5 : 11 f.)와 마태 특수 전승(마태 10 : 41 ; 10 : 23)에서 두드러진다. 그러나 누가에도 방랑하는 카리스마를 지닌 지도자들에 대한 언급이 많이 있다. 실로 학자들은 가장 중요한 전승 담지자로서 방랑의 카리스마를 지닌 지도자에 대한 명제가 무엇보다도 누가의 귀절에 근거하고 있다[61]라고 비난했는데, 이는 근거가 없다. 원시 그리스도교의 방랑하는 카리스마를 지닌 지도자들의 규율을 전승해주고 있는 파송 명령은 마가복음(6 : 7 ff.)이나 Q자료에서도 발견되며, 최소한 부분적으로는 고린도전서 9장에도 전제되어 있고 또 부분적으로는 도마복음서에도 방랑하는 그리스도인들에 관하여 분명하게 언급하고 있다.

"너희가 어느 지방으로 들어가 그 주변을 돌아다니고 사람들이 너희를 받아주거든 사람들이 너희 앞에 내놓은 것을 먹으라! 그리고 그들 중에 병자들을 고쳐주어라!"(Lg 14).

카리스마를 지닌 지도자들의 방랑하는 생활 행태는 여러 가지 모습을 띠고 있기는 하지만 만연된 현상이었다.[62] 그것은 말씀 자료 혹은 이상

---

61) 슈테게만은 그렇게 본다(W. Stegemann, *Jesus von Nazareth*, 106. 더 나아가 아직 출간되지 않은 읽을 만한 가치가 충분한 그의 연구 "Wanderradikalismus im Urchristentum. Historische und theologische Auseinandersetzung mit einer interessanten These"——이 연구는 고맙게도 내 수중에 있다). 카리스마를 지닌 방랑자들의 명제에 대한 이 비판에서는 카리스마를 지닌 방랑자의 현상 자체가 논란되고 있지는 않으나 말씀 자료층에 국한되고 훨씬 더 경제적으로 설명된다. 그동안 이 연구는 W. Schottroff/W. Stegemann(Hrsg.), *Der Gott der kleinen Leute, Sozialgeschichtliche Auslegungen, Neues Testament* (Bd 2), München/Gelnhausen 1979, 94—120에 출간되었다.

62) 모두들 원시 그리스도교의 카리스마를 지닌 방랑자가 시리아 팔레스타인 지방에서 유래했다고 지적한다. 그러한 생활은 팔레스틴으로 이주하였을 말씀 자료의 사회적 배경을 이룬다. Q문서에 나타난 명백한 언급은 마태 10 : 5 ff. ; 8 : 18—22 ; 6 : 25 ff. ; 10 : 37 ff.(누가의 병행귀들)이다. 마태복음은 특수전승(마태 10 : 40—41 ; 10 : 23)에서 카리스마를 지닌 방랑자에 관해 언급하며 따라서 그것을 살아 있는 현상으로 전제한다(E. Schweitzer, *Matthäus und seine Gemeinde*, SBS 71, Stuttgart 1974, 142 ff.의 견해가 이렇다). 디다케에서는 그것이 현재의 현상으로 또 다시 분명히 나타난다(Did 10 : 7 ; 11 : 4 ff.) Q문서와 마태복음과 디다

7. 폭력 포기와 원수 사랑에 대한 사회사적 배경 231

적인 누가의 문학적 상(Bild)으로 국한시킬 수 없다. 원수 사랑의 사회 *188
적 삶의 자리에 관해서 우리가 경험할 수 있는 것은 마태와 누가에서
문자적으로 고정되기 전에 원시 그리스도교의 방랑하는 카리스마를 지
닌 지도자들의 생활을 입증하고 있다. 즉 이곳에서 저곳으로 원수들을
피해야만 했던 박해받는 예언자들을 지시한다. 이 예언자들이 원수 사
랑에 관해 언급했던 것이다.

3) 비교적인 귀납적 추론을 통해서 지금까지의 결과가 입증된다. 원
수 사랑과 폭력 포기에 관한 계명에 가장 가까운 유비는 에픽테투스가
상세히 말하고 있는 견유학파의 삶에서 발견된다(diss Ⅲ, 22). 에픽테
투스는 이러한 삶에 관심을 갖고 있는 청년에 대하여 말하고 있다. 그
는 **삶의 요구를** 고도로 이상화시켜 묘사함으로써 청년을 권면한다. 63)

케는 다양한 전승을 통해서만 관련되는 것이 아니라 아마도 팔레스틴 또
는 시리아 지역에 모두 속할 것이다. 따라서 여기서는 위클레멘트 서신에
로까지 이어지는 일정한 지속성이 암시된다(G. Kretschmar, Ein Beitrag
zur Frage nach dem Ursprung frühchristlicher Askese, ZThK 61, 1964,
27—67 참조). 마가와 누가복음은 약간 달리 판단된다——두 복음서는 사
정에 따라서는 시리아—팔레스틴 지역과 상당한 거리를 갖는다. 누가는
22장 35절 이하에서 예수 이후의 시간을 위해 몇몇 과격한 카리스마를 지
닌 방랑자의 금욕의 계명에 대해 거리를 취하며, 하나님 나라가 가까왔다
는 그들의 선포(누가 10 : 9)를 이 때를 위해, 예수의 이름으로 나타났음
으로 신자들이 따라서는 안 되는 예언자들(누가 21 : 8)의 그릇된 가르침으
로 판단한다. 다시 말해서 누가의 특수 전승 또는 편집상의 개정은 이전이
나 이후에나 존재하는 현상 또는 이 현상의 변형에 대한 비판적 거리를
드러낸다. 그러나 다른 경우 누가는 이상화된 과거의 상을 묘사함으로써
그 사회 비판적 전승을 계속시킨다. 카리스마를 지닌 방랑자에 대한 분명한
암시는 마가복음 1장 16절 이하, 2장 14절 ; 3장 13절 이하 ; 6장 7—13절 ;
9장 41절 ; 10장 28—30절에서도 찾아볼 수 있다. 카리스마를 지닌 방랑자
의 전승은 이렇게 만연되어 있기 때문에 이 전승을 오직 편집사적으로 평
가하기는 불가능하다. 복음서 기자들 각자는 거기에 특별한 강세를 두었
을 것이다. 이 현상을 Q문서에 국한시키는 것은 진술이 널리 퍼져 있는
사실에 상응하지 않는다. 쇼트로프와 슈테게만(L. Schottroff und W.
Stegemann, in: Jesus von Nazareth, 54 ff, 106 등등)의 카리스마를 지닌
방랑자에 대한 비판은 역사적 예수에서 Q문서를 거쳐 마태복음과 디다케
로의 발전을 거의 고려하지 않은 것이며, 누가가 원시 그리스도교의 카리
스마를 지닌 방랑자의 이상상을 초안했을 뿐 아니라 비판하고 있다고 오
해한 것이다.

63) Themistios, Über die Tugend kap. 22(각주 29 참조)에 나타난 다음의 이
상화된 묘사도 참조하라. "그들은 확신에 차고 기뻐하면서 또 선을 향유
하면서 이 선을 위해서는 지치지 않는다. 그곳에서는 은이 맞부딪치는
소리도 들리지 않고 그들의 가방에서는 황금이 번쩍거리지도 않으며,
이 방랑자들은 강도나 변화되는 상황이 두려워 피로와하지 않으며, 폭력

"일을 보다 신중히 생각하고 네 자신을 알라. 신에게 질문하라. 신 없이 아무것도 추구하지 말라! 신이 네게 충고하면 네가 위대하게 되길 원하거나 아니면 네가 많은 매를 맞을 줄 알아라. 왜냐하면 그것이 견유학파의 삶에서 생동하는 아름다운 특징이기 때문이다. 그는 개처럼 맞아야만 하고 그를 때리는 자를 만인의 아버지요 형제로서 사랑해야 한다"(diss Ⅲ, 22, 53—54).

에픽테투스는 견유학파에게 화를 내지 말고(Ⅲ, 22, 13), 모욕을 당할

*189 때 돌처럼 행동하라고 권면한다. "아무도 그를 모욕하거나 때리거나 부당하게 다루지 않는다. 그는 그의 육체를 내맡겼으며 그 결과 원하는 자는 누구나 그를 사용할 수 있다"(Ⅲ, 22, 100). 예수 운동에 관한 내용상의 유비는 비교가 가능한 삶의 자리와 마찬가지로 분명하다. 에픽테투스는 의심의 여지없이 실제로 떠돌아 다니며 사는 사람들을 언급한다 (Ⅲ, 22, 45ff). 그는 대화의 파트너에게 손님 후대의 풍습을 받아들이도록 권면한다 : "너는 포식하기 위해서 한동안 누구의 집에 가 있으려고 하는 것같다"(Ⅲ, 22, 66). 산문으로 된 귀절은 에픽테투스의 이상화시킨 묘사를 통해서 더욱 돋보인다(원시 그리스도교의 카리스마를 지닌 방랑자에 대한 경고, Did XI, 3ff 참조). 그는 더 나아가 견유학파의 방랑하는 철학자는 자신의 가족을 포기해야 한다는 점을 분명히 한다(Ⅲ, 22, 67). 그 대신 그는 만인을 가족으로 삼게 된다(마가 3 : 34, 35 ; 10 : 30 참조).⁶⁴⁾

　　이 성곽에서부터 그들에게 멀어지지도 않는다(실로 그렇다!). 그리고 폭력이 그들 위에 떨어진다 하더라도 아무것도 이기지 못할 사람을 덮친 것을 부끄러워 하며 돌아설 것이다." 이것은 안티스테네스와 디오게네스 그리고 크라테스의 방법으로 통용된다(kap. 21).

64) 슈테게만은 아직 출간되지 않은 연구(주 61을 보라)에서 마가복음 10장 28—30절에 대한 양자택일적 해석을 제안했다. 여기서 염두에 두고 있는 것은, 거주하는 생활방식에서 떠돌이 신세로의 전환이 아니라 전체적인 종교의 변화라는 것이다. 게다가 그는 Philo spec. leg. Ⅰ, 52를 언급하는데, 거기서는 특히 개종자를 친절하게 받아들이라는 권면이 다음과 같이 나온다 : "그들은 덕행과 경건을 위해 조국과 친구와 친척을 떠났기 때문에 새로운 도시와 같이 살 사람과 친구가 주어지지 않으면 안 된다." Tacitus hist V. 5에서는 그러한 태도를 신과 조국과 가족에 대한 의무를 위반하는 것으로 평가한다. 필로는 진정으로 집을 떠나는 것을 알고 있다. 카이우스 치하의 불안에 관한 묘사에서 그는 저항하는 사람들이 어떻게 집을 떠나는지(legGai 225) 이야기하며, 또 "우리는 도시에서 떠나고 집을 버린다. 그리고 토지와 가재도구와 돈과 보화 그리고 모든 소유를 자의로 가지고 올 것이다. 우리는 우리가 그것을 주지 않고 받을 것이라고 생각한다"(legGai 232)라고 설명한다. 그들은 계속해서 그들의 부인, 형제, 누

"선한 사람이여, 견유학파는 모든 사람을 그의 자녀로, 즉 남자들은 아들로 여자들은 딸로 삼았다. 견유학파는 이런 방식으로 만인에게 다가가며 이런 방식으로 모든 사람을 돌보아 준다. 혹은 그가 만난 사람에게 욕을 퍼부은 것이 사소한 동기에서 나온 행동이었다고 생각하느냐? 그는 아버지처럼, 형제처럼 그리고 공동의 아버지인 제우스의 사자처럼 그것을 행한다"(Ⅲ, 22 : 81—82). [65]

이러한 견유학파의 방랑 철학자들에게는 생활 양식과 사명이 분리되지 않는다. 그들은 사람들에게 선과 악을 가르치기 위해서 신으로부터 파견된 자들이다(Ⅲ, 22, 23). 그들은 진정한 자유와 독립성을 견지하는 데 대한 본보기를 손수 보이는 경우가 적지 않다(Ⅲ, 22, 45ff). 그리고 이러한 행위를 통해 그들은 신의 주권에 참여한다(Ⅲ, 22, 95). 원시 그리스도교의 방랑하는 카리스마를 지닌 지도자들에 대해서도 이와 비교할 수 있는 것이 적용된다. 이미 그들의 삶의 형식은 자유의 표지이다.

───────────────

이, 아들, 그리고 딸들을 희생할 준비가 되어 있다고 설명한다(legGai 234). 이 모든 것은 구체적으로 언급되고 있다. 그러나 문자 그대로의 이해는 마가복음 10장 28, 29절에서 가장 분명하게 나타난다. 마가복음의 문맥에서 방랑하는 무리에 관해 언급하고 있는 것은 의심할 바 없다. 이것은 전(前)마가 전승에도 해당된다. 왜냐하면 "보십시오, 저희는 모든 것을 버리고 주님을 따라왔읍니다"라는 베드로의 질문을 Perikope(낭독이나 설교에 쓰이는 성경 귀절)와 분리할 수 없기 때문이다(요한 6 : 66 ff.의 병행귀 참조). 버린다는 것은 글자 그대로 의미하며 우리가 알고 있는 모든 것으로 미루어 볼 때 역사적 실재와도 상응한다. 단어의 후반부는, 수백 가지로 보상을 받은 형제, 자매, 부모들이 애초부터 육체적 가족 구성원을 말하는 것이 아니라 신의 가족만을 말하는 한에 있어서 "전용"된 것으로 이해할 수 있다. 이로써 그리스도교 공동체 또는 예수 운동에 공감하는 무리를 말하는 것이라는 사실과, 이곳에서 저곳으로 그리고 이 공동체에서 저 공동체로 옮겨다니는 자는 한 곳에 머무르는 자보다 버리는 것의 "수백 가지" 보상을 받아누린다는 가정 모두에 찬성할 수 있다. 떠돌아 다니는 견유학파의 철학자도 자신의 청중을 가족으로――떠나온 가족에 대한 보상으로――여긴다(Epiktet diss. Ⅲ, 22, 81, 82)는 사실을 덧붙이더라도 이는 마가복음 10장 28, 29절을 카리스마를 지닌 방랑자에 관련시키는 것에 반대하는 것이 아니다(R. Pesch, Das Markusevangelium Ⅱ, HThK Ⅱ, 2, Freiburg 1977, 145, 146이 바로 그렇다). 비록 공동체 내의 복음서 독자들이 자기 자신을 생각했을지도 모르지만 말이다.

65) 이 귀절은 물론, 원시 그리스도교의 카리스마를 지닌 방랑자와 견유학파 철학자 사이의 중요한 차이점을 밝혀 준다. 즉 상대방에 대한 비판, 비방은 이 떠돌이 철학자들의 특징임이 명백하다. 분명히 산문 형태로 된 것으로 (Epiktet Ⅲ, 22, 10 참조) 떠돌이 철학자가 아버지의 우월한 역할을 떠 맡은 점도 특기할 만하다. 반면 예수 전승에는 "땅에 있는 자를 아버지라 부르지 말라"(마태 23 : 9)고 기록되어 있다.

사명과 삶의 양식은 여기에서도 분리되지 않는다.[66] 만일 우리가 원수 사랑의 계명과 폭력 포기의 계명을 이제까지 행한 세 가지 귀납적 추론 방식에 근거하여 원시 그리스도교의 방랑하는 카리스마를 지닌 지도자에 첨가시킨다면, 하나의 수수께끼가 해결된다. 즉 계명은──아직도 전적으로 방랑하는 카리스마를 지닌 지도자의 영향하에 있는 디다케서를 제외하고──고대 교회에서 무엇보다도 변증의 책에서 등장한다.[67] 다시 말해서 여기서 그 문헌상의 삶의 자리를 찾을 수 있다. 바우어(W. Bauer)가 입증했듯이 이 귀절들은 비교적 강력한 억제, 즉 공동체 내부에서 사용되도록 규정된 저술 속의 저항하는 진술들과 대면하고 있다. 인간을 증오하는 것을 비난하는 것에 동조할 수 있었던 이 계명으로 외부를 가장한 것이리라. 그러나 내면으로 시선을 돌리게 되면 클레멘트 2서 13장 4절과 같이 지극히 비판적인 판단에 이르게 된다. 다시 말해서 그 계명은 초기에는 방랑하는 카리스마를 지닌 지도자들 가운데서 생동하고 있었으나, 지역 공동체에서는 문헌에서 더욱 그 새로운 삶의 자리를 차지하게 되었다. 즉 반그리스도교적 선입관에 대항하는 변신론적 기능을 담당하게 되었다. 이러한 기능의 변화는 마태가 구약의 보복 사상이나 원수 증오(다시 말해서 여론의 비방을 받은 유대교)로부터 거리를 두려고 할 경우 이미 복음서에서 시작되었다고 볼 수 있다. 혹은 누가가 그 계명을 형식상 헬레니즘적 상호성의 윤리를 향하고 있다고 표현한 경우에 그렇다.

그런데 본래의 삶의 자리는 원수 사랑과 폭력 포기를 판단하는 데 있어서 더 큰 의미를 주고 있다. 기반을 잡은 그리스도인은 원수들과 타협함으로써 더욱 종속관계에 빠져든다. 그는 원수를 항상 새롭게 만나야 됨을 계산하고 있어야 한다. 여기에서 타협이란 속임수와 냉대를

---

66) 카리스마를 지닌 방랑자와 지역공동체는 서로 보완관계에 있다. "떠돌아다니지 않는 다수의 주민들은 카리스마를 지닌 방랑자의 풍습으로 아무것도 시작할 수 없다"는 견해를 내가 표명했다고 쇼트로프(L. Schottroff, *Jesus von Nazareth*, 67)는 주장하는데, 나는 이런 견해를 팔레스틴의 상황에 관한 어느 글에서도──또한 쇼트로프가 지적한 귀절에서도 표명한 바 없다. 여기에는 오해가 있다.

67) Justin Ap Ⅰ, 15, 9—13 ; Ⅰ, 16, 1—2 ; Dial 35. 85. 96 ; Aristides 15, 5 ; 17, 3 ; Athenagoras leg 11, 1 ; 12, 3 ; Theoph. ad Autol, Ⅲ, 14 ; Diognet 5, 11 ; 5, 15 ; 6, 6 ; Tertullian Ap 31. 37. 또한 참조할 곳은 W. Bauer, *Das Gebot der Feindesliebe*, 242. 그는 그곳에서 이러한 추측을 한다. "아마도 이미 누가의 저술에서 그 계명은 원수사랑이라는 새로운 종교를 변호하기 위해 사용되었을 것이다." 그러나 복음서에서는 변신론적 주제로의 발전이 두드러지게 나타나지 않는다.

계속하도록 촉구하는 것을 의미한다. 저항을 포기한 경우 간섭은 더욱 심화된다. 그럼에도 불구하고 그 앞에는 원수를 사랑하라는 위대한 요구가 놓여 있다. 방랑하는 카리스마를 지닌 지도자는 그 요구를 철저한 확신을 가지고 실현할 수 있다. 그는 실제로 자유하다. 그는 패배당하는 수모를 당한 장소를 떠날 수 있다. 그는 더 이상 그의 대적자를 만나지 않을 것을 생각할 수 있다. 그는 계속 옮겨다님으로써 그의 독립성과 자유를 보존할 수 있다. 이러한 자유를 위한 댓가는 엄격한 금욕 생활, 즉 최저 생활이다. 그러나 소득은 크다. 방랑하는 카리스마를 지닌 지도자는 지역 공동체에서 그의 친구를 대신해서 원수 사랑을 실천하는데, 이 사랑은 인간을 하나님의 사랑과 연결해준다.

4. 역사적 형성과정

우리가 전승의 삶의 자리를 발견했다면, 그것은 전승의 기능에 관해 진술한 것이지 전승의 형성에 관한 진술이 아니다. 전승의 기능과 형성은 구별되어 진술되어야 한다. 그 전승이 예수에게서 기인하지 않았을 확률이 크면 클수록, 입증된 삶의 자리와 예수의 선포 사이의 대립은 더욱 커진다. 그러한 대립이 확정된 것이 아니라면, 즉 발견된 삶의 자리를 궁극적으로 예수에게 소급시킬 때에만 그에 대한 설명이 가능하다면, 전승의 진정성을 확인하는 것은 그리 어려운 일이 아니다. 이 경우가 바로 그렇다. 즉 원시 그리스도교의 방랑하는 카리스마를 지닌 지도자는 예수의 활동과 대립되는 것이 아니라, 그의 부름을 통해서 제자가 되고 예수의 방랑 생활을 통해 그 원래의 모습이 실현되었다. 제자에로의 부름을 예수가 인정하지 않았을 이유가 없다.[68] 아마도 이러한 부름은 처음부터 부름받은 자가 예수의 선교에 참여하는 일과 관련되어 있었을 것이다. 가장 기본적인 윤리 원칙에 위배되는(마태 8:22), 요청되고 있는 가족과의 단호한 결별은 오직 이렇게만 정당화될 수 있다. 즉 이렇게 부름받은 자들이 이 세상의 다른 어느 것보다도 중요한 과제를 받았을 때에만 정당화된다.[69] 예수는 제자에로의 부름을 통해서 원

*192

---

68) 헹겔(M. Hengel, Nachfolge und Charisma, *BZNW* 34, Berlin 1968)은 제자사상을 유대교로부터 끌어낼 수도 없으며——특히 랍비의 사제 관계는 전혀 다른 구조이다——원시 그리스도교로부터 끌어낼 수도 없음을 입증했다. 인간은 높이 올리워진 자를 글자 그대로의 의미에서 "따를" 수 없기 때문이다.

69) M. Hengel, Nachfolge, 82 ff. 참조.

서 그리스도교의 방랑하는 카리스마를 지닌 지도자들의 기초를 닦았던 것이다. 원수 사랑과 폭력 포기가 이러한 방랑하는 카리스마를 지닌 지도자들의 정신을 담은 것이라면 그것은 결국 예수의 정신임에 틀림없다.[70]

그러나 우리는 다시 문제를 제기할 수 있다 : 원수 사랑과 폭력 포기 (특히 후자)는 예수의 시대사적 상황에 적합한가 하는 문제를 제기할 수 있다. 폭력 포기에 관해서 우리는 두 가지 역사적인 유비를 발견한다. 즉 하나는 AD 26—27년에 일어난 것이고, 다른 것은 AD 39년에 일어난 것이다. 이 두 시기 사이에는 예수가 활동한 공적인 시기가 가로놓여 있다. 이 유비들은 폭력 포기의 이념이 적어도 그 시대에 있어서 어느 정도 분위기를 형성하고 있었음을 암시해준다. 왜냐하면 곧이어 로마인과 유대인, 저항 운동과 귀족 정치 사이의 긴장이 고조되었으며 점증적으로 전쟁과 폭력 준비가 강요되었기 때문이다. 이제 그 유비를 살펴보자.

AD 26년에 빌라도가 유다의 총독으로 새로 임명되었을 때, 그는 곧 주변에서 전형적인 문제에 부딪치게 되었다. 그 문제를 그는 과소평가하고 있었음이 분명하다. 즉 그는 황제의 초상을 예루살렘으로 들여오려고 은밀한 시도를 했다.[71] 예루살렘에는 황제의 초상과 같은 어떤 우상도 세우는 것이 금지되어 있었다. 예루살렘 주민들은 격분했다. 이것은 처음부터 강자가 누구인가를 보여주려는 의식적인 도발행위였다. 그때 빌라도는 가이샤라에 있는 그의 저택에 체류하였다. 요세푸스의 기록에 의하면, 유대인들이 가이샤라에 몰려가서 빌라도의 궁전을 포위하고 그곳에서 밤낮 5일을 무릎 꿇고 앉아 있었다. 5일이 지나서 빌라도는 심판석에 앉아서 그들을 경기장으로 불러들였다. 모든 사람들은 그가 논란이 되고 있는 문제에 판결을 내릴 것으로 기대했다. 그 대신에 빌라도는 선동했던 유대인들을 군인들로 하여금 세 겹으로 포위케 하고 위협을 가하려고 했다. 그럼에도 불구하고 그들은 황제의 초상을 용납하려 하지 않았다. 빌라도는 흥분하여 그들을 죽이겠다고 위협하고 군인들에게 칼을 빼도록 명령하였다.

---

70) 역사적인 진정성의 문제에 관해서는 뤼어만의 고려할 만한 상론(D. Lührmann, *Liebet eure Feinde*, 427—436) 참조.
71) Die Berichte ant. 18, 55—59 ; bell 2, 169—174와 그밖에 E. Schürer, Geschichte des jüdischen Volkes im Zeitalter Jesu Christi I, Leipzig ⁵1920, 489 ; M. Stern, in; S. Safrai/M. Stern, The Jewish People in the First Century I, Assen 1974, 351 참조.

"유대인들은 마치 약속이나 한듯이 바닥에 몸을 던지고 목을 내밀면서 조상의 율법을 위반하느니 차라리 죽이라고 외쳐대었다. 그들의 경건함이 불타는 것을 보고 놀란 빌라도는 황제의 초상이 담긴 군기를 곧장 예루살렘에서 철수토록 명령하였다"(bell 2, 174).

유대인들의 비폭력 저항이 효과를 거두었다. 힘을 가진 로마인조차도 감동시킬 수 있음이 입증되었다. 이것은 당시의 동시대인들에게 강력한 인상을 주었음에 틀림없다. 바로 그 시기에(혹은 조금 후에) 예수의 공생애가 시작되었으며 예수는 "너를 때리는 원수에게 너희 뺨을 돌려대라"고 가르쳤다. 이 말은 그 당시 어떻게 이해되었는가? 여기에는 빌라도에 저항한 시위의 근저에 놓여 있는 그러한 행태 원칙이 표현되었다는 것은 의심의 여지가 없다. 대적자가 정신을 차릴 수도 있을 것이라는 희망 안에서 자의로 불리한 위치에 서야 한다는 것인데, 이것은 일상적인 반응방식과는 역설적으로 대립된다.[72] 그러나 정치적, 종교적 갈등의 영역 안에서 야기되는 문제가 예수에게서는 아주 일반적으로 표현되고 있다. 따라서 예수의 행태 규칙은 그런 종류의 갈등을 충분히 포괄할 수 있고, 그것을 넘어서고 있다. 물론 여기에서 예수가 가이샤랴에서 일어났던 사건의 영향을 받았을 것이라고 주장해서는 결코 안 된다. 그런 가능성이 있기는 하지만 증명할 수가 없다. 그러나 예수 시대의 사람들이 비폭력적인 시위를 통해서 대적자들로 하여금 "전투력을 잃게 하는 것"을 무의미하다고 생각하여 기본적으로 거부했던 것은 아니라는 점을 주장할 수 있을 것이다. 이러한 전략의 행태는 실효를 거두었다. 그러나 실효를 거둔 행태는 모방되곤 한다. 그것은 간접적인 방법으로

---

72) 다른 사람이 정신이 들 수도 있으리라는 희망은 예수 전승에서 직접 표현되지는 않지만 구성상 간접적으로 표현되기는 한다. 즉 누가복음에서는 첨가된 황금률을 통해 표현된다. 그러나 이미 어록집에서 단어가 결합된 것을 보면 단순한 양보를 생각한 것은 아니다. 주라는 촉구(마태 5:42)는 종종 부적절한 어록집으로서 분리되었는데, 그 까닭은 그것이 저항의 포기에 관해 언급하지 않고 다른 사람의 선물에 관해 언급하기 때문이다. 그러나 예수 운동이 폭력포기에 관한 말씀을 항상 다른 사람이 변화되어야 한다는 식으로 이해했다면 5장 40—41절과 42절 사이의 논리적 단절은 경미한 것이 된다. 누구에게 선사한다는 것은 그의 존재를 어떤 식으로 변화시킨다는 것을 의미하기 때문이다. 따라서 폭력포기의 목표가 비록 다른 사람에게서 무엇을 변화시키는 것이라 할지라도 말씀의 구성이 전적으로 불합리하지는 않을 것이다(요한복음 8장 1절 이하 전반에 걸쳐 하나의 삽화가 나오는데, 거기서 예수는 죄없는 자가 간음한 여인을 돌로 치라고 촉구하고 바로 이 때문에 모든 사람은 정신이 든다.)

우리의 정신 상태를 규정한다. 그것은 무엇이 의미있고, 무엇이 의미없는 지에 대한 인간의 의견에 영향을 끼친다. 그것은 후에 영향을 끼친다.

가이우스 칼리굴라(Gaius Galigula) 치하에서 후기에 일어났던 사건도 이 점을 보여주고 있다. 가이우스는 예루살렘 성전에 그의 석상(石像)을 세울려는 황당무계한 계획을 가지고 있었다. 또 다시 로마인들에 의해서 종교적 계명의 위반이 문제가 되었다. 이미 유대인들은 한번 사용했던 분쟁 전략을 다시 도입했다. 시리아 총독 페트로니우스(Petronius)는 조상(彫像)의 설치를 위임받았다. 그는 망설였다. 다시 민중은 총독에게 몰려들었고 총독은 권력으로 그들을 위협했다. 페트로니우스는 유대인들에게 다음과 같이 질문했다.

"너희가 얼마나 무기력한가를 생각치도 않고 황제와 전쟁을 하겠단말이냐' 라고 페트로니우스가 말했다. 그러나 그들은 '우리는 전혀 전쟁을 하려는 것이 아니오. 율법을 어기느니 차라리 죽음을 택하겠소'라고 대답했다. 이 말을 하자마자 그들은 땅에 몸을 던지고 목을 내밀었다. 그리고 그 순간 죽을 각오가 되어 있노라고 말했다. 이렇게 그들은 40일 동안 버티면서, 파종기인데도 밭을 갈지 않았다. 그리고 황제의 초상이 세워지는 것을 보느니 차라리 죽겠다는 그들의 결단과 말을 고수하였다"(ant 18, 271f, 참조. bell 2, 195—198).

*194

페트로니우스는 유대인들이 희생을 각오한 데 대해서 큰 감명을 받았다. 그는 드디어 공식적으로 명령의 철회를 요청했다. 다행히도 분쟁이 다시 심각하게 번지기 전에 가이우스는 살해되었다. 이 일들은 모두 AD 39, 40년에 일어났다. 빌라도 시대에 사건이 일어난지 13년 후이다. 바로 이 시대에 비폭력적 저항 사상이 생생하게 살아 있었음을 짐작할 수 있다. 타키투스가 팔레스틴 주민에게 "티베리우스 치하에서는 잠잠하라"고 기록한 것은 우연이 아니다(higt V, 9).[73] 비록 완전한 평화가 지배

---

73) P. W. Barnett, "Under Tiberius all was quiet", NTS 21 (1974/5) 564—571 : "…후대의 사건과 비교해 볼 때 그 당시는 조용한 시기였다. 다만 우리가 언급한 그 사건에 의해서 파괴되었을 뿐이다"라는 올바른 지적 참조(S. 571). 그러나 이 돌발사건은 지극히 무해하다. 바네트는 568면에서 빌라도 치하의 세 가지 불안으로 다음을 꼽는다. 즉 빌라도의 성전보화 침해(bell 2, 175—177 ; ant 18, 60—62), 갈릴리인들에 대한 학살(누가 13 : 1, 2), 바나바가 얽혀 있던 반란(마가 15 : 6—7). 그것은 거의 불가능하다. 그러나 이러한 긴장에도 불구하고 폭력을 사용하지 않고 문제를 해결할 수 있으리라는 희망이 있었다. 그렇지 않았다면 이미 39—40년에 유대전쟁이 발발했을 것이다.

하지는 못한다는 사실을 알지만, 그 시대의 분쟁은 지극히 적은 것이었음이 분명하다. AD 6년 로마의 직접 통치가 시작된 후에 발생한 저항 운동과 아그립바 1세의 죽음 후 쿠마누스 치하에서 고조되었던 긴장을 생각해 보라(AD 44년). 대체로 그 당시 사회—정치적 긴장으로 점철되었던 팔레스틴에서 비폭력을 선포하기에 적당한 시기가 있었다면, 그것은 바로 예수 시대였다.

만약 폭력 포기에 대한 예수의 말씀이 이 시대에 형성된 것이라고 보는 것이 옳다면, 우리는 이 시점에서 예수에 대한 우리의 상(像)을 바로 잡아야 할 것이다. 폭력 포기에 대한 예수의 선포는 종종 그 시대와는 대립되는 피상적인 것으로 보이기 때문이다.[74] 그것은 확실히 틀리지 않는 추측이다. 폭력 포기에 대한 예수의 선포는 젤롯당적인 폭력 저항에 대한 하나의 대안이었으며, 미래의 대전쟁을 꿈꾸는 엣세네파의 환상 (1 QM)에 대한 대안이었다. 그러나 예수와 그의 운동은 유대교와 별개로 존립하지 않는다. 분쟁을 비폭력적으로 해결하려는 또 하나의 힘들이 있었기 때문이다. 그리고 이 힘들은 단지 서로 믿고 협력할 수 없는 귀족 정치에서 추구되는 것은 아니다. 가이우스 치하에서 일어났던 사건의 경우, 귀족 정치가 시위를 벌인 민중들을 손 안에 완전히 장악했다는 인상을 주지는 않는다.[75] 오히려 예수처럼 타협의 경향을 띤 힘들이 로마인들에게 협력하는 것이라고 말할 수는 없을 것이다. 그는 정치범으로 로마인에 의해서 처형당했다. 비폭력에 관한 그의 평화적인 입장에 대해서 빌라도는 일반적으로 행사할 수 있었던 영향을 전혀 끼치지 못했다. 빌라도는 다음과 같은 사실을 몸소 경험했다. 폭력적인 저항 못지 않게 정치적으로 위험한 거대한 힘이 비폭력에서 나올 수 있다는 것이다.

*195

다름 아닌 예수에게서 우리는 세 가지의 모범적인 형태를 발견한다. 이

---

74) 예를 들어 헹겔(M. Hengel, *Victory over Violence*, London 1975, 71—83)이 그렇다. 여기서 그는 예수가 일종의 지하 젤롯당이었다는 견해를 반박했는데 이는 옳다.

75) 몇몇 사건은, 예수 운동이 "평화당"에 속한다(P. Hoffmann, Studien zur Theologie der Logienquelle, *NtlAbh* 8, Münster 1972, 74—78, 332가 그러한 견해다)는 명제를 입증한다. 다만 이 "평화당"을 귀족정치에 국한시키거나 조직화되고 사회적으로 동질적인 "당"으로 생각해서는 안 된다. 언급된 바는 오직 예수 운동이 전쟁보다 평화를 촉구하고 열세한 힘에 속했다는 점이다. 젤롯당이 사가랴를 죽인 데 대한 판결(마태 23:35)은 반란을 일으킨 자들과 예루살렘에 있는 그들의 군사적 핵심 세력에 대한 반대 입장을 분명히 하고 있다. 쇼트로프(L. Schottroff, *Jesus von Nazareth*, 80—81)는 이러한 호프만의 명제에 비판적이다.

힘들이 결합되면 위협적일 수 있다. 첫째는 공개적으로 비판할 수 있는 용기(와 이에 상응하는 반향이다), 둘째는 기존 질서에 위협이 되는 선동적인 행위를 할 마음의 자세, 셋째는 시위적인 무저항이 그것이다. 예수는 빌라도로 하여금 그러한 조처를 철회하도록 만들었던 그 시대의 사람들처럼, 비폭력적인 분규 해결책을 위해서 이러한 행태 요소를 조직적인 전략으로 내세우지 않았다. 그러나 강자에게 굴복치 않고 폭력을 취하지도 않은 행태가 항상 반복해서 등장하였다. 그리고 우리가 사회 변혁의 임박성을 확신하는 것처럼 내적, 외적 평화 보존의 필연성을 확신하는 경우 남게 되는 유일한 길을 보게 된다.

이제 요약을 해 보자. 예수는 그의 요구가 결실을 맺을 수 있는 때에 폭력 포기와 원수 사랑의 계명을 말했다. 비폭력적 분규 전략은 로마인들에게 아주 효과적인 것으로 입증되었다. 그럼에도 불구하고 예수의 요구는 구체적인 상황을 넘어서고 있다. 그것은 보편적인 성격을 띤다. 그것은 효과가 있고 없음에 대해서 개의치 않는다. 그것은 폭력 포기뿐 아니라 제한이 없는 원수 사랑을 요구한다. 그것이 보편적, 다름 아닌 필연적으로 말해졌기 때문에 항상 반복해서 현실화될 수 있는 것이다. 예수의 제자들, 즉 유랑하는 카리스마적 지도자들은 그들의 상황에 예수의 계명을 관련시킬 수 있었다. 즉 박해당하는 예언자들은 박해자에 대한 증오에서 해방되었다. 마태복음 배후에 있는 공동체는 유대 민중해방전쟁 실패 이후 시대에 이 계명을 실천하였다. 그렇게 함으로써 그들은 겉으로 보기에는 패자였으나 내적인 승자로서 우월한 입장을 취할 수 있었다. 누가 공동체는 채권자와 채무자 사이의 갈등에 원수 사랑을 연결시키고 있다. AD 2세기에 이 계명은 변증적인 논쟁으로 되었고, 그리스도인들은 종파간의 인간 증오에서 해방되었음을 미심쩍게 여기는 여론에 확신을 주었다. 원수 사랑과 폭력 포기의 계명은 여러가지 구체적인 사회의 맥락 속에서 분명하게 드러난다. 이 계명은 일정한 영역에 제한되어 있지 않다. 그것은 경제적, 정치적 원수뿐 아니라 종교적 원수까지도 말하고 있다. 그것은 개인적, 사회적 긴장, 즉 소수에 의한 박해와 한 민족 대다수의 탄압 속에서 분명히 드러난다. 모든 상황 가운데서 원수 사랑의 계명은 가치가 있다. 그것은 보편적이다.

그러나 다른 의미에서도 보편적이다. 그것은 한 민족의 사고 속에서 항상 반복해서 부딪치게 되는 것, 즉 수고, 보복과 증오를 극복하려는 것을 아주 명확하고 절실한 방법으로 표현하고 있다. 이미 바빌론의 지혜는 "너의 대적자를 악하게 대하지 말라. 너희에게 악을 행하는 사람들에게 선으로 갚아주라"⁷⁶⁾고 권면하고 있다. 에집트의 지혜 격언은 이와 동일한 방향에서 "보복하지 말라, 그러면 하나님이 네게 정의로 갚아주실 것이다"⁷⁷⁾라고 말하고 있다. 중국의 현인은 "분노를 덕으로 갚으라"⁷⁸⁾고 했다. 구약성서에 나오는 유대 민족의 지혜 격언은 "네 **원수가** 굶주리거든 먹을 것을 주고, 목말라 하거든 마실 것을 주라"고 보복 사상의 극복을 말하고 있다(잠언 25 : 21).⁷⁹⁾

그러나 보복 사상의 극복이 철저하게 그리고 원칙적으로 나타나는 곳이 두 곳 있는데, 희랍 철학자들과 예수에게서 그렇다. 이것은 유대교와 그리스도교의 분깃점이다. ⁸⁰⁾ 플라톤에게 있어서는 대적자를 사랑하라는 적극적인 요구가 결여되어 있는데, 우리는 이와 같은 것을 에픽테투스에게서도 발견한다(diss. Ⅲ, 22, 54). 모든 경우에 단지 보복 사상의 점진적인 극복은 원칙적인 지양을 통해서 대치되고 있다. 보복은 단순히 경감되는 것은 아니다. 왜냐하면 그것이 예상할 수 없는 결과를 가져오고, 행위의 동기에 대해서 새로운 빛으로 조명해 보며, 인간에게 스스로 복수를 포기하도록 지시하기 때문이다. 보복은 필연적으로 배타적인 성격을 띠고 있다. 불의를 행하는 것보다 당하는 것이 낫다(Platon, Kriton 49aff ; Gorgias 474bff ; Politeia 332eff). 그리고 그것은 원수 사랑과 폭력 포기의 계명처럼 절대적인 것이다. 이러한 병행성은 신학적으로 큰 의미를 지닌다. 원수 사랑의 배경과 보복 금지의 전체적인 배경이 서로 다르다는 것에 대해서 이의를 제기해서는 안 된다. 플라톤 학파, 스토아 학파와 원시 그리스도교 현실 해석 사이에 큰 차이가 있다는 것은 의심의 여지가 없다. 그러나 그들 사이의 차이는 현대 그리스도인의 해석 지평과 원시 그리스도인의 확신 사이에 있는 차이보다 크지 않다.

*197

---

76) H. Gressmann, *Altorientalische Texte zum Alten Testament*, Berlin/ Leipzig ²1926, 292. Spruch Nr. 21 und 22.

77) W. v. Bissing, *Altägyptische Lebensweisheit*, Zürich 1955, 116=Pap. Insinger (Das demotische Weisheitsbuch des Phibis) kap. 23.

78) Laotse, Tao-te king, Reclam UB Nr. 6798/98a, S. 94(=kap. 63) 다른 번역판은 "Vergilt Feindschaft mit Wohltun,"

79) 잠언 24 : 17 ; 24 : 29 ; Sir 28 : 1—7 ; Ps.-Phokylides 140—142 참조.

80) 다음에서 점진적인 보복사상의 극복과 원칙적인 보복사상의 극복을 구별한 것은 디일레(A. Dihle, *Die Goldene Regel*, 41 ff.)에서 유래한 것이다. "이 원칙적인 보복사상의 극복은 우리와 관계있는 지리적, 역사적 영역에서 두 번 각기 다른 방식으로 완수되었다. 즉 플라톤 철학에서는 선과 악의 존재 성격을 규정함으로써, 그리고 신약에서는 경험적인 인간은 종말론적 실존의 특별한 조건 아래서 산다는 가르침과 함께 완수되었다"(S. 60).

원시 그리스도교의 실체를 현대적 의미에서 새롭게 해석하는 것이 원칙적으로 합법적인 것이라고, 즉 강제되어진 것이라고 여기는 사람은 원시 그리스도교의 개념에서 스토아적인 개념에로의 가능한 번역을 애당초 불법적인 것으로서 거부할 수 없다. 그렇다! 원시 그리스도교는 온 인류가 친척이라는 심오한 스토아 사상을 그의 것으로 받아들여, 윤리, 종교적 의식을 풍부하게 만들 수 있었을 것이다.

그러나 하나의 계시 종교가 철학에 참여하는 종교처럼 유사한 결과를 초래하는 분명한 현상을 생각해야 할 것이다. 여기에서 양자가 서로를 근본적으로 의존하고 있는가라는 질문은 제기되지 않는다. 즉 한 편으로는 통용되고 있는 행동 양식에 대한 철학적 사고의 저항이 있고, 다른 편으로는 계시의 저항이 있다. 우리는 원수 사랑에서 보복의 극복에 대한 희망을 가질 수 있을 것같다. 그러나 우리가 이 희망에 사로잡히면 잡힐수록, 그리고 그것을 구속력있는 의무로 깨달으면 깨달을수록, 우리는 더욱 더 해결책이 없는 문제에 얽매이게 될 것이다. 우리가 스스로를 이 새로운 척도로 평가해야 한다면, 은총의 경험이 존재하는 한 그 척도를 부정하거나 경시해서는 안 될 것이다.

제Ⅲ부

바 울

8. 사도적 정당성과 생계
    ——원시 그리스도교 선교자들에 관한 사회학적 연구
9. 고린도 교회의 사회계층
    ——초기 헬레니즘적 그리스도교의 사회학에 관한 연구
10. 고린도 교회의 강한 자들과 약한 자들
    ——하나의 신학적 논쟁에 대한 사회학적 분석
11. 사회학적 통합과 성례전 행위
    ——고린도전서 11장 17~34절에 대한 분석
12. 그리스도론과 사회적 경험
    ——바울 그리스도론의 지식사회학적 고찰

8

사도적 정당성과 생계
—— 원시 그리스도교 선교자들에 관한 사회학적 연구 ——

원시 그리스도교 운동이 과거에 우리의 전 문화를 변화시키고 형성시켰다는 것을 아무도 의심할 수는 없지만 원시 그리스도교의 선교자들은 그리스도교의 주요 설립자들이 아니라, 집도 없으며, 생계의 수단이나 거주지가 없는 방랑하는 선교자들이었다. 그들은 사회의 근본적인 규범이나 필요성과는 동떨어진 사회적으로 다른 행태의 양식을 구체화했다. 한 가지 필요한 것은 집과 재산, 안정과 가족을 버리라는 제자들에 대한 명령을 회상하는 것이었다. 그렇게 함으로써 그들은 끊임없는 근로생활의 안정시키고 길들이는 영향력으로부터 스스로를 멀리했던 자들에 의해서만 실행되어질 수 있었던, 일종의 기본적인 사회의 의무로부터의 자유를 설교하고, 그런 생활을 했다. 이런 생활은 소유의 특권에서가 아니라, 방랑하는 견유철학자들과 비교될 수 있는 불안정한 주변적 존재인 금욕주의적인 빈곤한 사람들을 통해서 가능했다.[1] 그러나 가장 위대한 금욕주의자조차도 생계는 필요하기 마련이다. 그가 스스로 일하지 않는다면, 그때에 그는 그를 위해서 일하는 다른 사람을 의지하게 된다. 그러한 방법으로 그는 이 세상과 밀착되어 살아가든가 그렇지 않으면 그는 이 세상으로부터 거리를 둘 수도 있다. 그리하여 생계 문제는 그의 영적 생활의 뿌리에까지 소급되고 그가 드러내는 생활 양식의 신실성에 닿게 된다.

---

* 본 논문은 D. Ph. Vielhauer 교수의 60회 생신(1974. 12. 3)을 위한 기념 논문임.

1) 내 논문, Wanderradikalismus. Literatursoziologische Aspekte der Überlieferung von Worten Jesu im Urchristentum, Z. Th. K. 70 (1973), 245—271. 거기에서 전개된 사상은 본 논문에서 더욱 발전되었다.

— 245 —

그러므로 이 문제가 원시 그리스도교의 방랑하는 설교자들에게 대한 명령 안에 넓은 공간을 가지고 있다는 것을 추측케 하거나(cf. 파송연설, 누가 10:3ff와 병행구) 혹은 이 문제가 카리스마를 지닌 방랑자와의 관계를 위해 공동체의 규칙에서 지배적으로 나타나며(마태 10:40—42, 디다케 11), 경쟁하는 방랑의 설교자들 사이에서 중심 논제가 될 수 있었던(고전 9—11장; 고후 10—13장) 것은 결코 우연한 일이 아닌 것이다. 즉 방랑하는 설교자들의 사회적인 정당성은 실제로 그들이 어떻게 자신의 생계를 위해 조달하였는가에 달려 있는 것이다.

*202
본 논문에서 이 주제는 원시 그리스도교의 방랑하는 설교자들의 두 유형, 즉 카리스마를 지닌 방랑자와 공동체 조직가들로 구별되어 있다는 것을 분명하게 다룰 것이다. 이 둘 사이의 가장 중요한 차이점은 각자가 취한 생계 문제에 대한 상이한 태도이다. 전자의 유형은 팔레스틴 지방의 사회적 상황에서 발생했고, 후자의 유형은 바울과 바나바에 의해 대표되는 헬라 영역 안의 선교 운동에서 발생했다. 이 두 형태는 나란히 발전되어 고린도에서 갈등을 일으키게 된다.

A. 카리스마를 지닌 방랑자

예수 운동은 유대교를 상대로 했던 갱신 운동이었다. 예수 운동은 모든 유대 공동체들에게 전해졌으나 본래는 유대교로부터 분리되는 그룹을 형성할 의도는 전혀 없었다. 그리하여 가장 초기 시기의 원시 그리스도교 공동체들에 관하여 언급한다는 것은 사실을 오해한 것이리라. 후에 "그리스도교"로 이해될 수 있었던 것의 담지자(Träger)는 오히려 방랑하는 선교자들, 사도들, 예언자들이었고, 그들을 동조하는 작은 그룹들을 가지고 있었다. 그들은 사회에서 벗어나는 강한 태도를 나타냈던 유일한 유대교 내의 갱신 운동은 아니었다. 그당시 다른 형태의 생활을 붙잡기 위하여 이제까지의 자기의 사회 생활을 포기하고자 했던 사람들은 여러가지 가능성들과 맞부딪치게 되었다. 즉 그는 거지, 도둑, 게릴라, 엣세네파 혹은 사도, 예언자, 전도자가 될 수도 있었다. 때때로 그들은 열심당원 시몬(Simon)이 했든 것처럼(누가 6:15) 이런 것들을 하나하나 수행할 수 있었다.[2] 물론 도처에 강도들과 거지들이

---
2) 확실히 '열심당원'(Cananaean)이란 말은 마태복음 10장 4절과 마가복음 3장 18절에서 나온다. 그 말은 "ha kannai(the Zealot)"을 고쳐 쓴 말임

있었다. 그러나 특별한 것은 밖으로부터 약탈과 거지 행위로 보여진 운동들이 사회 전체의 종교적, 사회적 갱신 운동의 담당자들이 되었다는 사실은 비상한 일이다.[3]

당시의 팔레스틴적 사회에서 사회를 벗어나는 태도의 이런 비상한 의미는 유대전쟁에서 폭발했던 저 심각한 사회적 위기와 연결되어진 것이 확실하다. 우리는 여기서 그러한 위기를 개별적으로 분석할 수는 없고, 원시 그리스도교의 카리스마를 지닌 방랑자의 발생과 형성을 위하여 의미가 있는 몇몇 요인들을 밝힐 수 있을 뿐이다.

a. 사회―정치적 요인들

여러 통치기구들을 균형된 관계로 설명하는 것은 팔레스틴에서는 불가능한 것 같다. 한 편엔 로마 제국의 근거가 된 서구적인 정치기구들이 있었다. 즉 지중해 연안의 헬라적 도시들과 요르단 동쪽 지역들 안에서만 시행된 도시국가(die Polis)[4]와 자국의 왕들의 통치로 대치된 로마의 지방분권이 그것이다.[5]

*203

에 틀림없다. 별명에서의 이런 변화는 "열심당원"이 "가나안 사람"으로부터 유래하였다는 것 보다는 오히려 본래 "zealot"에서 유래된 것 같다는 것이 더 정확한 것이다. 열심당과 예수 운동 사이의 결합은 유대 전쟁 후에 적절치 못한 것이 되었다. cf. Klausner, *Jesus of Nazareth: His Life, Times, and Teaching*(New York, 1929), p. 206.

3) 사회적으로 다른 태도는 모든 사회에서 발생되고 매우 "정상적인" 현상이다. 절대적인 억압만이 그 발생을 막을 수 있다. 사회적으로 상이한 태도의 비상한 상승은 사회적인 불일치와 "아노미"현상이라 설명할 수 있다. cf. R. König, "Anomie," in *Fisher-Lexikon Soziologie* (Frankfurt, 1958), p. 17―25. 종교사회학을 위한 아노미 개념의 중심적 의미를 위해 cf. Berger, *The Sacred Canopy: Elements of a Sociological Theory of Religion*(Garden City, N. Y., 1967).

4) 팔레스틴의 도시공화국들에 관하여는 cf. A. H. M. Jones, "The Urbanization of Palestine", *JRS*, 21(1931), p. 78―85 ; idem, *The Cities of the Eastern Roman Provinces*(Oxford, 1937), p. 248ff ; A. Alt, "Hellenistische Städte und Domänen in Galiläa", Galiläische Probleme 3, in *Kleine Schriften zur Geschichte des Volkes Israel*, (München, 1953), II : p. 384~95 ; V.A. Tcherikover, "Was Jerusalem a 'Polis'?" *IEJ* 14 (1964) : pp. 61―78. 그밖의 문헌 ; M. Hengel, *Judaism and Hellenism* (Philadelphia, 1974), II : 17n, 149를 보라.

5) 사회적이고 정치적인 불안정은 제도의 잦은 변화에 의해 증명된다. 기원전 63―40년 유대, 갈릴리, 베뢰아는 로마의 지방분권(provincial administration) 아래 있었다. 그 기간 동안 국제관계에 두 번의 변화가 일어났다. 기원전 57년에는 가비니우스(Gabinius)에 의해, 기원전 47년에는 가이사(Ca-

다른 한 편엔 두 개의 "자국의" 통치 형태들이 있다. 즉 제사장들(혹은 평신도)의 귀족 정치인 신정정치[6]와 하스몬 왕가(Hasmonäer)와 헤롯 왕가(Herodäer)에 의한 군주정치가 그것이며, 후자는 귀족과 평민 모두와 어떤 긴장관계에 있었다.[7] 이런 통치기구들이 안정된 정치 질서의 토대를 형성하는 것이 왜 불가능하였으며, 유대―팔레스틴 사회의 로마 제국에로의 통합이 왜 실패하였는가를 여기에서 물을 수는 없다. 그러한 노력이 실패하였다는 것은 분명하다. 유대 전쟁은 그것을 증명한다. 이런 실패의 징후는 1세기 벽두에 일어났고 옛 전통들이 배경이 되고 있는 하나님의 통치로써 모든 통치형태들을 대신할 것을 선포한 급진적 신정정치 운동들인 것이다. 이 급진적 신정정치 운동들은 행동주의자―율법주의자(열심당과 같은 게릴라 투쟁자처럼)의 형태에서 나타난다.[8] 그러나 그들은 하나님의 기적적인 개입을 기다리는 열광적 메시야 예언자의 형태로도 나타난다.[9] 예수 운동은 정적 당파(quietistischer Flügel)로서 특성을 부여할 수 있다. 그 중심에는 폭력적 행동들을 유발하지 않고 기적적인 방법으로 나타나며, 이미 귀신 축출과 치유를 통하여 선포되어진 임박한 하나님 나라가 서 있다(누가 10:8—9, 11:20).

b. 사회―경제적 요인들

사회―경제적인 요인들 역시 그 지역을 정치적으로 안정시키는 데 실패하고 그렇게 함으로써 급진적 신정정치 운동의 발생을 초래한 것에 대해

---

　　esar)에 의해 기원전 40—기원 6년까지는 자국 군주가 통치했다. 기원 6년―41년까지는 로마의 총독이 통치했고, 갈릴리에서만은 자국 영주가 기원전 40년―기원후 44년까지 계속 다스렸다.
6) Jeremias, *Jerusalem in the Time of Jesus* (Philadelphia, 1969), p. 181 ff에서 이 신정정치 사회의 기구와 관습을 분석했다.
7) 유대 군주정치에 대한 문제들은 A. Schalit, *König Herodes*, SJ 4(Berlin, 1969), 특히 146ff, 298ff. ; idem, "Herodes und seine Nachfolger," *Kont.* 3(1966) : pp, 34—42.
8) M. Hengel, *Die Zeloten: Untersuchungen zur jüdischen Freiheitsbewegung in der Zeit von Herodes* I *bis* 70n. *Chr.* (Leiden, 1961).
9) *Ibid.* p. 235ff. 그러나 나의 견해로는 이들 메시아적 예언자들은 열심당원들과는 보다 자세하게 구별되어야만 한다. 후자는 특수한 메시아적 주장자들과는 무관하게 수행될 수도 있는 종교적이고 사회적인 강령들을 소유하고 있었다. 반대로 메시아적 예언자들의 운동은 지도자의 죽음으로 붕괴되었다. Cf. R. Meyer, *Der Prophet aus Galiläa* (Leipzig, 1940= Darmstadt, 1970).

한 연대 책임이 있는 것이다. 몇몇 암시들은 종교적으로 고무되어 사회에서 벗어나는 행태들의 형식들이 사회—경제적인 압박 아래에서 고통을 받고 있던 그룹들과 계층들 사이에 가장 쉽게 확산되었다는 것을 나타낸다.[10]

그리하여 장로 프리니(elder Pliny)는 엣세네파들이 무엇보다도 "불행한 운명을 통하여 그들의 삶의 방식에 순응하도록 강요당한" 삶에 지친 "도피자"들을 받아들였다는 것을 보도하고 있다(*Historia naturalis* V, 17, 4). 열심당원들에게서 우리는 혁명적인 사회 개혁 프로그램을 분명히 보게 된다. 그들은 로마에 의한 정기적인 세금 징수에 항거의 기치를 올렸다. 그들은 부채의 말소를 약속하였고 부채 문서 보관소들을 파괴하였다(Josephus, *Bellum Judaicum*, Ⅱ, 127). 예수 운동에서 부에 대한 혹독한 비평들이 발견된다. 그 운동의 추종자들은 부유한 자가 가입하는 것은 어렵다고 이해했고, "부유한 젊은이"는 집없는 존재가 되라는 제자들에 대한 요구 앞에서 물러섰다(마가 10 : 17ff).

그러나 사회를 벗어나는 행태의 출현을 하위 계층(lower strata)에서만 찾으려는 것은 잘못된 것이다. 사회—경제적인 압력은 모든 계층들에서 찾을 수 있고, "보다 나은" 생활의 가능성이 인식되거나 사회적인 퇴보에 대한 생각이 지배하는 곳에서 실지로 가장 강하게 느낄 수 있는 것이다. 부유한 가문의 자녀들이 모든 세대의 불량배들 사이에서 언제나 발견된다.[11]

원시 그리스도교의 카리스마를 지닌 방랑자를 전적으로 극빈자 계층으로 생각할 수는 없다. 즉 야고보와 요한의 아버지는 그의 두 아들 외에도 고용된 일군을 가지고 있었다(마가 1 : 20). 사회—경제적 압박은 전적으로 특수한 계층 문제는 아니다. 왜냐하면 그것이 최하위 계층에 가장 잘 적중된다고 하지만 그런 압박은 전사회를 불안하게 할 수 있기 때문이다. 어떤 경우에나 사회—경제적 압박의 원인들은 사회 전체에 퍼진 큰 문제이었다. 우리들은 여기서 헤롯 대왕의 파멸적인 토지 정책

---

10) 또한 Klausner, *Jesus*, p. 189 ; 실업자들은 점점 더 가난해지고 구걸하게 되고 파산하고 억압받게 되었으며, 기적에 대한 희망을 가진 거지와 경건주의자로 마을과 도시의 거리는 메워지거나 혹은(더 많은 강도들이) 약탈과 산적 행위와 폭동으로 메워졌다. 부랑자들이 산골짜기나 사막, 갈라진 바위 틈 속에, 동굴에서 나왔다.

11) 예수운동이 사회적 혼란에서 일어났다는 가설은 보다 더 잘 살게 되는 몇몇 기독교인들에 대해 언급함으로써 반박당하지는 않는다. R. Schumacher, *Die soziale Lage der Christen im apostolischen Zeitalter* (Paderborn, 1924)와는 대립된다.

에 의해 벌어진 일들에 대한 문제들은 남겨둔다.[12] 즉 국가와 제사장의 귀족정치에 의한 이중 과세 정책,[13] 소수의 토지 소유자(혼히 외국인) 에 의한 토지 소유 집중, 그리고 수확 감소와 극심한 한발 등이다.[14] 우리의 주제의 틀 안에서 관심을 일으키는 또 하나의 현상이 있다. 팔레스틴에서 종교적으로 고취된 사회를 벗어나는 행태의 가장 중요한 운동들이 생계 문제를 이교도의 방법으로 해결할 수 있었다는 것이다.

예를 들면 쿰란 공동체는 사유재산을 허락치 않는 협동 공동체로 사회와 분리되어 살았다.[15] 열심당원들은 강제로 그들의 농산물 몫을 차지하였다. 그 당시에 널리 퍼져 있는 약탈 행위를 종교적—사회적 강령의 높은 위치에 등용시켰던 것[16]과 똑같이 예수 운동도 퍼져가는 걸식 생활들을 높은 위치에 올려 놓았다. 실제로 예수 운동의 전도자들은 설교와 치유의 댓가로 숙식을 제공받을 것을 기대하였다(누가 10:17ff). 그들은 구체적으로 도움을 줄 수 있는 것을 많이 소유하지 않았다. 모든 사람이 치유받을 수도 없었고 설교는 말로 하였다. 한 공관복음서의 말씀은 누구든지 그들을 대접하는 자는 하늘의 보상을 받을 것을 약속했다(마태 10:40—42). 하늘 보상은 이런 후원이 보상에 대한 기대없이 주어졌다는 것을 의미한다. 이런 일은 분명히 평범한 거지 생활 (mendicancy)이 아니었고 하나님이 그의 선교자들을 살게 해준다는 것을 믿는 카리스마적 지도자의 구걸이었다(마태 6:25ff).

c. 사회—생태학적 요인들

사회의 자연적 환경과 사회의 사회적 형태와 관련된 사회의 갈등도 사회를 벗어나는 행태의 발생과 형성을 위해 고려되어야만 한다. 즉 이

---

12) 또한 특히 Klausner, *Jesus*, p. 135ff. cf. 그러나 A. Schalit, *König Herodes*, pp. 322—28.
13) F.C. Grant, *The Economic Background of the Gospels* (Oxford, 1926), pp. 87—110에서 특히 이 점을 지적한다.
14) 궁핍한 시대에 대한 목록(list)은 Jeremias, *Jerusalem*, p. 140ff에서 발견된다.
15) Cf. W.R. Farmer, "The Economic Basis of the Qumran Community," *ThZ* 11(1955): 295—308; 12(1956): 56—58; L.M. Pakozdy, "Der wirtschaftliche Hintergrund der Gemeinschaft von Qumran," in *Qumran-Probleme*, ed. H. Bardtke (Berlin, 1963,). pp. 167~91.
16) M. Hengel, *Zeloten*, pp. 26—35는 강도가 만연된 점에 대해 지나치게 강조한다. 그렇게 함으로 그들의 특징을 부정하지 않고 보다 일반적인 위치에 열심당원들을 올려 놓는다.

당시에 팔레스틴이 인구 과잉지역이었다는 가정을 확증할 가능성이 있다면[17] 이것도 예수 운동의 발생에 관한 한 요인이었으리라. 그 지역에서 삶의 기대가 불만족했던 사람들은 이주할 수 있었다. 즉 놀랄 만큼 많은 디아스포라 유대인은 부분적으로는 그런 이주에 의해 설명될 수 있다. 그러나 그들은 열심당이나 엣세네파에 가입할 수도 있었고 그리스도교의 카리스마를 지닌 방랑자가 될 수도 있었다. 주목해야 할 것은 사회를 벗어나는 이와 같은 다른 유형의 각 행태들을 특징짓는 사회 환경에 대한 특수한 관계이다. 아인 페슈카(Ain Feshka) 같은 사막의 오아시스 없이 쿰란 공동체를 생각할 수 없고, 요단강 없이 세례자 운동을 생각할 수 없듯이 은신할 수 있는 산이 없이는 젤롯당원들을 생각할 수 없다. 예수 운동의 한 가지 특성은 식민지 팔레스틴의 농촌 세계(혹은 보다 큰 시골)에 뿌리를 밖고 있다는 것이다.[18] 세상에 대한 비유들의 구상에서 반영되는 세계가 시골이라는 것이다.[19] 실향의 에토스가 여우, 새, 백합의 비유에서 묘사되고 있다(마태 8:20; 6:25—34). 밀이삭을 잘라먹는 이야기는(마가 2:23~28) 시골에 자리잡고 있는 방랑하는 카리스마적 지도자들 자신이 식량을 얻기 위해 어떻게 할 수 있었는가를 보여주고 있다.

대체로 이 원시 그리스도교의 방랑하는 카리스마적 지도자의 모형의 규범들은 시골 환경을 전제로 하고 있다. 누가복음 10장에서 우리는 확실히 "도시"(RSV, "town")에 대해 읽을 수 있다. 그러나 공관복음서에

---

17) Cf. Grant, *Economic Background*, pp. 81—87; Hengel, *Judaism and Hellenism*, I, p. 16, 47. S. W. Baron, *A Social and Religious History of the Jews* (New York, 1952) 1:370—72는 그 당시의 팔레스틴의 인구 밀도에 대한 토론에 관해 개관하고 있다.
18) Cf. A. Deissmann, *Light from the Ancient East* (London, 1927), pp. 246—47; idem, *Das Urchristentum und die unteren Schichten* (Göttingen, 1908²), p. 23ff; A. N. Sherwin-White, *Roman Society and Roman Law in the New Testament* (Oxford, 1963), pp. 120—43; E. A. Judge, *The Social Pattern of the Christian Groups in the First Century* (London, 1960), pp. 10—17.
19) M. D. Goulder, "Characteristics of the Parables in the Several Gospels," *JThS* 19 (1968): pp. 51—69는 마가의 비유에서만 전제되었던 마을과 자연의 세계가 나타난다. 그러나 특히 누가에서는 뚜렷한 도시의 특징들이 나타나기 시작한다. 그러나 누가의 특수한 전승에서 온 많은 비유들은 또한 시골 풍경에 자리를 잡고 있다. 예를 들면 누가 10:30—37; 13:6—9; 16:1—8; 17:7—10이 그것이다. 비유들이 시골 세계에 근거하고 있다는 사실은 예수 자신이 수공업 직공(artisan)이었던 것보다 더욱 주목할 가치가 있다. 즉 이 영역으로부터의 비유들은 철저하게 결핍되어 있다.

서 작은 지방들이 흔히 도시로 부적당하게 불려지고 있는 것을 도외시하더라도 이런 예에서 나타나는 지역들은 넓은 지역이 아님이 분명하다. 전 도시가 방랑하는 선교자들을 거절함으로써 그 도시들은 심판의 날에 책임을 지고 소돔과 고모라성과 같이 멸망하게 될 것이기 때문이다. 집단적 멸망에 대한 고대의 관념이 여기에서 작용하고 있다는 것을 우리가 전제하지 않는다면 전 도시는 최소한 방랑하는 카리스마적 지도자들에 대한 몇가지 인식을 갖지 않으면 안 된다. 생계 형태에 대한 이와 동일한 구절에서 하나의 암시가 또 나타나고 있다. 돈이나 식량 없이 여행하고 아무런 준비를 하지 않은 사람이었음에도 불구하고 그날 저녁에 동조자 (sympathizer)들에게서 숙소를 찾는 것을 고려하고 있다. 대부분의 경우에 큰 도시들은 한 도시에서 다른 도시까지 하루 여행길 이상의 거리만큼 떨어져 있다. 그러나 디다케는 제자들이 그날의 ($\dot{\epsilon}\omega\varsigma$ $o\dot{v}$ $a\dot{v}\lambda\iota\sigma\theta\tilde{\eta}$) 식량만을 제공받도록——"다음날 밤의 숙박시까지" 먹기에 충분한 것을 제공받도록——권고하고(11:6—7) 있으며 다른 곳으로 옮기기에 멀지 않은 마을들을 나타내고 있다. [20]

d. 사회—문화적 요인들

종교적으로 고취되어 사회를 벗어나는 행태의 다양한 형식들은——사회 안으로 더 잘 통합된 바리새파 운동과 마찬가지로——정치적 예속과 종교적, 문화적 독자성 상실의 위협에 직면하여 유대 사회의 문화적 동일성을 보존하려는 다양한 시도들로서 파악되어야 한다. [21]

이런 독자성의 본질은 우리가 율법이라 부르는 전통들, 규범들, 제도들의 복합성에서 발견할 수 있는 것이다. 기원 1세기 유대 사회 내부

---

20) W. Bauer, "Jesus der Galiläer," in *Aufsätze und kleine Schriften*(Tübingen, 1967) pp. 91—108에서 예수에 대해 논증했던 것은 또한 초기 예수 운동에 대해서도 적용된다. 그는 "처음부터 예수는 도시들에서는 근거를 얻을 수 없었다. 나사렛은 그에 대해 아무것도 알려고 하지 않았으며, 고라신, 벳세다, 가버나움은 그를 배격했다. 그러나 그 전승은 세포리스 (Sepphoris) 티베랴, 가베(Gabae), 다리게아(Taricheae)에 관해서는 침묵을 하고 있다"는 것을 주목시킨다(106).
21) 예수 운동은 그것이 정치적으로 우위의 문화에 대립하여 어떤 의미의 자만심을 보존하려는 문제가 있는 곳의 두 문화들 사이에 직면하여 일어난 메시아 운동의 한 유형에 속한다. Cf. W. E. Mühlmann, *Chiliasmus und Nativismus*(Berlin, 1961); R. Linton, "Nativistic Movements," *American Anthropologist* 45(1943), pp. 230—40.

의 다양한 그룹 형성과 운동들은 이 율법을 유효화하려는 다양한 시도들로 이해될 수 있다. 여러 방면의 변화된 삶의 상황들에 대해 해석의 적용을 통해서든지 (바리새파), 혹은 사회로부터 분리된 특별히 훈련된 공동체 안에서 율법의 지속적인 실행에 의해서든지(쿰란 공동체), 혹은 율법을 위반한 것으로 보여지는 이들에 대한 테러 행위를 정당화한 급진적인 제1계명의 정치적 실행 방법에 의해서든지(열심당원)[22] 각각의 경우에서 우리는 율법이 첨예화된 것을 볼 수 있다.[23] 유대 사회의 특징인 이들 규범들을 강화시킴으로써 정치적으로 강요되는 이방 문화에 대항하는 반항이 일어나고 있었지만, 그러나 매우 시류에 맞게, 그리고 본의 아니게 행동하는 사람들은 이 사회의 종교 문화적인 통일성에 이의를 제기하였다. 이렇게 된 것은 강화된 규범들이 사회의 적은 부분의 사람들에 의해서만 실현될 수 있기 때문에 그렇다. 그러나 다른 사람들은, 즉 율법을 알지 못하는 땅의 사람들인 "아얌—하렛즈"이든지, 혹은 타락한 "어둠의 자식들"이든지간에 필히 타협하지 않으면 안 되었고 사회의 존경을 잃어야만 하였다. 따라서 율법을 강조하고 강화함으로써 문화적이고 종교적인 동일성을 보존하려고 하는 시도는 바로 이런 동일성의 상실을 초래하였으며, 그대신에 오직 참 이스라엘을 대표한다고 주장한 많은 그룹들이 생겨나게 되었다.

세례 요한파와 예수 운동의 출현으로 이런 내적 모순으로부터 나타난 하나의 적대적인 세력이 형성되기 시작하였다. 또 다른 갱신운동에서처럼 우리는 여기서도 율법의 강화를 발견하게 된다. 그러나 그것은 다른 사람을 정죄하지 않고 모든 인간성을 파기하는 판정에로 인도하며, 은혜에 의존하는 자들의 연대성인 새로운 연대성을 창조한다. 무엇보다도

---

22) 사두개인들은 이 관점에서 또한 이해될 수 있다. 그들은 자신들이 상위계층의 구성원으로서 이익을 얻는 유대의 신정정치 기구를 보존하기를 원했다. 유대적 팔레스틴 사회의 다양한 조류들에 대한 사회학적인 배경에 대하여는 P. Alfaric, *Die Sozialen Ursprünge des Christentums*, ed G. Pätsh and M. Robbe (Darmstadt/Berlin, 1963), pp. 45~75. 이 위에다 M Robbe, *Der Ursprung des Christentums* (Leipzig/Jena, 1967) pp. 57—71는 그의 마르크스주의 해석의 기초를 두었다. 그리스도교 운동에서 엣세네파를 독립적으로 인식하지 못한 것이 두 저자의 중대한 잘못이었다.

23) 올바르게 Hengel, *Zeloten*, p. 233—34에서 예수 운동, 바리새파와 열심당원들이 "종말론적 토라 첨예화의 동기"를 통하여 비교적인 방법으로 해석되어지고 있다. cf. H. Braun, *Spätjüdischhäretischer und frühchristlicher Radikalismus*, BHTh 24 (Tübingen, 1957)에 의해 이 현상에 대한 보다 자세한 연구가 진행되었다.

그런 운동은 사회의 다른 그룹들과 자신을 구별하고 따로 자신을 조직하는 운동과는 반대되는 것이었다. 그 대신 여기에서는 모든 사람이 용납받게 된다. 이런 운동이 사회적으로 멸시받는 자들에 의해서, 곧 율법에 직면하여 그들의 생계비 때문에 스스로 타협해야만 하는 자들에 의해서 특별한 지지를 받았다는 사실은 우연이 아니다. 이런 사람들은 분명히 세리들, 창녀들이었음이 분명하나 또한 다른 모든 "죄인들", 즉 유대 사회의 규범에 맞을 수 없는 모든 사람들이었다.

이러한 것은 생계 문제를 위해서 매우 중요한 것이다. 쿰란 공동체나 젤롯당원들과는 다르게 예수 운동의 담당자들은 그들의 메시지가 전해진 사람들에 의해 자발적으로 부양받는 것을 신뢰하였다. 하나님은 그의 카리스마를 지닌 지도자들이 죽도록 내버려두지 않으리라는 그들의 신뢰는(마태 6 : 25ff) 그들이 자신들을 후원하는 사람들을 언제나 발견할 수 있는 사회에 대한 확고한 신뢰인 것이다(마태 10 : 40—42). 가령 그들은 나라를 착취하는 조세 제도 안에서 자신들의 위치로 인해 타협했던 세리들에 의해 후원받았음에 틀림없다. 예수와 같이, 예수의 제자가 되었던 이들 방랑하는 카리스마적 지도자들은 이들과 함께 먹고 마셨다(마태 11 : 19, 마가 2 : 15ff). 혹은 보다 정확히 말하면 지도자들은 이들의 환대(hospitality)를 받아들였다. 그녀의 사회적 지위에 의해 특성이 부여된 새 운동의 한 후원자인 구사(Chuza)의 아내 요안나(Joanna)가 헤롯 정부의 관리와 결혼한 것은(누가 8 : 3) 우연한 것이 아니다.[24] 그 여자는 확실히 백성들로부터 가장 사랑받는 사회 계층에 속하지는 않았다. 그 여자의 분명한 부각은 사실은 물론 이 상류 계층으로부터 온 후원자들이 예외이었다는 것을 의미한다.

후원을 얻는 데 대한 이들 카리스마적 지도자들의 신념은 또 하나의 그리고 보다 더 근본적인 면에서 정당화되었다. 숙박과 생계는 예언자($\pi\rho o\phi\acute{\eta}\tau o\upsilon$), 의인($\delta\iota\kappa\alpha\acute{\iota}o\upsilon$), 혹은 제자($\mu\alpha\theta\eta\tau o\upsilon$)의 이름으로($\epsilon\acute{\iota}\varsigma\ \check{o}\nu o\mu\alpha$) 그들에게 보장되었음이 틀림없다(마태 10 : 40—42). 이런 사실은 그들 자신이 가난하고 곤궁했기 때문이 아니고 하나님과의 특별한 관계에서 있었기 때문이었다. 우리는 이것을 "카리스마를 지닌 방랑자의 구걸"이라고 일컬었다. 그러나 이러한 "구걸"은 보다 일상적인 구걸을 해야만 했던 것과 동일한 동기에 의해, 그리고 하나님이 가난한 사람들을

---

24) 누가에서 그 여자의 부각은 상류 계층의 여자들과 원시 그리스도교를 연결시키려는 저자의 의도와 일치한다 ; cf. M. Hengel, "Maria Magdelana und die Frauen als Zeugen," in *Abraham unser Vater: Festschrift für O. Michel* (Leiden, 1963), pp. 243—56, 특히 pp. 245—46.

특수한 방법으로 다른 사람들이 돌보아주도록 위탁한 것에 의해서 가난에 헌신함으로써 그런 부양을 요청할 수 있었다. 즉 "하나님은 세상의 가난한 자들을 택하시지 않았읍니까……?"(야고 2:5). 볼케슈타인(H. Bolkestein)은 가난에 대한 이런 경건이 동방의 특수한 정치적 사회적 구조와 어떻게 관계되어지고, 팔레스틴에서와 마찬가지로 에집트에서도 그렇게 널리 퍼져 있었나에 대해 설명해 주었다.[25] 그리이스와 로마의 민주주의적이고 공화국적인 정부 기구 안에서 자선(charity)은 보편성을 가지고 있었는데 그 수취인은 모든 시민이었다. 이와는 대조적으로 하위 계층들이 상위 계층의 "정의"에 전적으로 의존하고 있는 곳에서는 정의는 자비와 은혜가 되었다. 특히 이스라엘에서 가난한 자는 특수한 방법으로 하나님의 보호에 맡겨진 자로서 자격이 주어졌다. 이러한 배경에서 가난한 자라는 용어는 종교 그룹을 위한 존칭이 될 수 있었다.[26] 이런 배경에서 예수는 가난한 자에게 축복이 있을 것을 선언할 수 있었다(누가 6:20). 그러므로 이런 배경에서 초대 그리스도교의 카리스마를 지닌 방랑자들이 가난을 나타내 보임으로써 하나님의 "사자"로 자신들의 위치를 확증하고 그렇게 함으로써 후원을 받은 것은 가능한 일이었다. 그들을 후원하는 것에 대한 동기는 그 시대 사회—문화적 여건 안에 잠재해 있었다.

카리스마를 지닌 방랑자들에 의해 최초로 시작됨으로써 확산되어진 예수 운동의 기원과 양상은 1세기 유대—팔레스틴적 사회의 정치, 경제, 생태, 문화적인 여건 및 모순들과 관련되어져 있다는 사실은 의심할 수 없다. 이런 관련은 이 운동을 그 사회의 여건들에로 환원시키는 것이 정당하다는 것을 결코 의미하지 않는다. 젤롯당원들과 엣세네파의 예들은 동일한 여건들에 직면하여 다른 대답이 가능했던 것을 보여준다. 비록 지배적인 생활 형태에 대해 급진적이고 초월적인 태도를 취하거나

---

25) H. Bolkestein, *Wohltätigkeit und Armenpflege im vorchristlichen Altertum*, (Groningen, 1967=Utrecht, 1939).
26) K. Holl의 논문, "Der Kirchenbegriff des Paulus in seinem Verhältnis zu dem der Urgemeinde," *Gesammelte Aufsätze* (Tübingen, 1928), Ⅱ, pp. 44—67. "가난한 자"가 원시 공동체의 교회론적 주제였다는 것은 L. Keck에 의해 비판적으로 검토되어 부정적인 결론이 내려졌다: "The Poor among the Saints in the New Testament," *ZNW* 56 (1965): pp. 100~137; idem, "The Poor among the Saints in Jewish Christianity and Qumran," *ZNW* 57(1966), pp. 54—68. 그러나 "가난"이란 용어는 여기서 순전히 사회학적인 용어가 아니고 사회적 조건에 대한 종교적인 해석과 상통한다 (resonate)는 것을 부정해서는 안 된다.

혹은 이의를 제기하는 것을 의미한다 할지라도 이들 모두는 기존의 여
건들 아래서 의미있는 생활을 형성하려 하였다. 팔레스틴 안에 종교적
으로 고무된 사회를 벗어나는 다양한 행태들에 대한 흐름들은 의미있는
인간적인 사회 생활을 위한 이런 요구를 떠나서는 이해될 수 없다. 카
리스마를 지닌 방랑자로서 이곳저곳을 방랑하기 위해 집이나 가정, 아
내와 자녀들을 버린 자들은 사회적 모순들의 압력에 의해 이끌려질 뿐
만 아니라 새로운 삶의 약속을 추구했다. 그들은 부름에 응했다. 이 두
동기들은 거의 분리될 수 없는 것이다.

B. 공동체의 조직가들

예수 운동에서 시작된 율법에 대한 상대화는 곧 이방인과 유대인 사
이의 경계를 상대화하는 것과 관련되어졌다. 왜냐하면 율법의 경계는
또한 유대교의 경계이기도 했기 때문이다. 주전 2세기 초에 일어났던
헬레니즘적인 운동[27]과는 달리 이것은 유대교 자체의 중심지에서 발생
하고 유대교의 보편주의적 경향을 전면에 나타냄으로써 유대인들과 이
방인들 사이의 문화적 경계에 대한 외적인 정복이 아니라 내적인 정복
이었다. 헬라적 유대 그리스도인들은 이방인에게 선포한 첫번째 사람이
었다(사도 11:20). 그러나 헬레니즘적 선교의 주역들은 지중해 세계의
헬라적인 도시들에서 계획적인 선교를 시작한 바울과 바나바이었다. 이
두 사람은 후원받는 그들의 특권을 포기하였다(고전 9:26).[28] 이 포기

---

27) Cf. Hengel, *Judaism and Hellenism*에서 이처럼 시도된 개혁에 대해 종
교적이고 사회적인 관점에서 자세히 분석했다. 그는 원시 그리스도교에
대해 바르게 결론지었다. "이 점에서 기원전 175년 후에 개혁이 매우 다
른 방법으로 시도되었지만 그 문은 실제로 '백성들'에게 공개되어졌다"
(1:313).
28) H. Conzelmann, *History of Primitiv Christianity* (Nashville, 1973), p.
159는 어느 정도 정당하게 바나바가 이 점에 있어서 바울의 선생이었다
는 것을 가정한다. G. Dautzenberg, "Der Verzicht auf das apostolische
Unterhaltsrecht: Eine exegetische Untersuchung zu 1 Kor. 9," *Bib.* 50
(1969): pp. 212—32에서 그는 또한 이 결론에 대한 사회학적 배경을 연
구하였다. 바울이 그가 메여 있기를 원치 않았던 하류 계층의 사람들에게
향하였다는 정보는 바울이 상류 계층을 향해 또한 의심없이 향하였기 때문
에 매우 만족할 만한 설명이 아니다(아래를 보라). Ch. Maurer, "Grund
und Grenze apostolischer Freiheit; Exegetisch-theologische Studie zu
1. Korinther 9," *Antwort. K. Barth zum 70 Geburtstag* (Zurich, 1956),

8. 사도적 정당성과 생계   *257*

는 그들의 선교의 변화된 사회적 여건들과 어느 정도 연결되어졌는가?
바울 선교의 다른 특색들이 이것과 연결될 수 있는가?

a. 사회—정치적 요인들

헬레니즘적 선교는 로마 제국의 권력에 종속되어 있을 뿐만 아니라 그 *210
로부터 혜택을 입고 있는 공화국적인 구조를 가진 도시들 안에서 거의
배타적으로 활동하였다. [29] 도시화와 로마화, 혹은 헬라화는 서로서로 제
휴하였다. 여기서는 팔레스틴의 정치적 상황의 특성을 나타내는 이런
구조적인 모순들은 없다. 그리하여 원시 그리스도교 운동의 급진적 신
정적 요소들이 거의 완전히 후퇴한 것은 놀라운 일이 아니다. 팔레스틴
적 카리스마를 지닌 방랑자들의 설교의 중심 주제인 하나님 나라의 선
포(누가 10:9)는 바울에게서는 거의 전적으로 나타나지 않는다. 하나
님 나라($\beta\alpha\sigma\iota\lambda\epsilon\iota\alpha$) 개념은 단지 4번 나타나고 있다. 그렇지만 정치적인
구조는 유보없이 받아들여지고(로마 13:1ff) 다소(Tarsus)와 로마의
시민이 된 바울은 로마 제국의 정치적인 구조 안으로 완전히 통합된
다.[30]

b. 사회—경제적 요인들

1세기의 팔레스틴은 점증하는 경제적 어려움에 사로잡혀 있었지만 도
시 지역인 지중해 세계는 경제적인 호황을 맞고 있었다.[31] 어느 정도
번영을 이루기 위해 최상층에 속하는 것이 필요하지는 않았다. 이런 상
황에서 원시 그리스도교는 사회의 보다 높은 계층들에 빠르게 침투해
들어갔다. 그들은 비록 소수이기는 하지만, "지혜 있고, 권력 있고
명문에서 태어난 자들"을 포함했다(고전 1:26). 바울과 바나바 자신
이 그것에 대한 예이다. 즉 바울은 확실히 "직물 수공업자"였으나 다
소와 로마 시민권을 가지고 있었다. 그 시민권이 일반적으로 직물 수공

---
pp. 630—41은 완전히 사회학적인 관점들을 무시한다.
29) Cf. Jones, *The Cities*, passim; Judge, *Social Pattern*, p. 10ff,
30) 사도 17:7은 "하나님 나라"에 대한 설교로부터 생긴 몇몇 난점들을 제
시 한다.
31) N. Brockmeyer, *Sozialgeschichte der Antike*(Stuttgart, 1972), 110: "제
국의 보다 넓은 도시화와 전성기의 제국시대 동안에는 고대에 유일하였고
현대에서만 다시 이룩할 수 있는 문화적이고 문명적인 발전을 일으켰다."

업자들에게는 보류된(withhold) 것이었다는 것을 다소 사람들에 대한 크리소스톰(Dio Chrysostom)의 한 연설에서 우리가 보기 때문에 바울은 진귀하게 특권을 가진 신분을 소유했다고 볼 수 있다.[32] 예루살렘 공동체에 대한 그의 헌금은 바나바의 신분을 증명한다(사도 4 : 36). 즉 헌금은 대단히 큰 액수였거나 혹은 기념할 만한 가치가 있는 것이었음에 틀림없다. 덧붙여 말하면 가이사랴의 백부장과 자포(紫袍)장수 리디아(Lydia)와 같은 경제적으로 부유한 "하나님 경외자들"이 있었고, 결국 그리스도교는 모든 계층들을 포함하고 있었던 것을 비시니아(Bithynia)의 행정관(Pliny, *Epistulae X*, 96, 6)이 보여주고 있다. 여자와 아이들과 종들의 순종에 높은 가치를 부여하고 공관복음 전승의 반 가족적인 윤리적 급진주의에는 가치를 부여하지 않는 가족적인 사랑의 가부장주의가 이런 사회적 계층화로 이루어진 공동체들의 특성이었다.[33] 이러한 상황에서 카리스마적 지도자의 구걸은 부적절한 것이었다. 가장들은 다른 것들에 관심을 가졌을 것이다. 즉 "누구든지 일하지 않으면 먹지도 말라"(데후 3 : 10)가 그것이다. 이런 것들은 이와 같은 한 공동체로부터 생겨난 서한 형식의 충고이며, 바울의 예에서 명확하게 나타나는 일종의 조언이다. 이런 명확한 관계의 결과가 다른 방향으로 작용하는 것을 또한 볼 수 있다. 연대성(solidity)을 존중하는 가정 지향적인 가부장주의가 방랑하는 카리스마적 지도자들의 구걸에 대해 거의 감정이입(empathy)을 하지 않았기 때문에 바울과 바나바가 존경받을 만한 일을 하는 사람으로 나타난 것이 적절하게 보였을지도 모른다.[34]

---

32) Cf. W. Bienert, *Die Arbeit nach der Lehre der Bibel* (Stuttgart, 1954), p. 302ff.

33) 서신 문학에서 공관복음 전승이 나타나지 않는 것은 나의 견해로는 팔레스틴에서 일어난 이들 전승이 지중해 도시 세계로 보급되지 못한 사회학적 문턱에 의한 것이다. 사람들이 (a) 급진적-신정 정치의 사상 자료를 가리키는 모든 말씀들, 하나님의 나라에 대한 모든 말씀들, (b) 팔레스틴의 카리스마를 지닌 방랑자의 반가족적 윤리적 급진주의에 의해 형성되었거나 (c) 이 영역의 문화적(언어적인 것을 포함한) 상황과 연결되어진 모든 말씀들을 모은다면 많지 않을 것이다. 전승이 없어진 것을 어느 편에서나 바울 개인에 돌릴 수는 없는 것이다. 그러한 사실은 W. Schmithals, "Paulus und der historische Jesus," *ZNW* 53(1962) : pp. 145—60에 의해 정확히 강조되었다. 그리고 H. W. Kuhn, "Der irdische Jesus bei Paulus als traditionsgeschichtliches und theologisches Problem," *ZThK* 67(1970) : pp. 295~320.

34) 물론 팔레스틴에는 가부장 제도가 있었다. 그러나 그것이 예수 운동을 형성하지 않았다. 여기서는 카리스마를 지닌 방랑자들이 형성되고 있었다. 반면에 도시에서 거주하는 그리스도인들은 곧 원시 그리스도교의 결정적

그러나 이러한 것이 전체의 이야기는 아니다. 알려진 바와 같이 후원을 받았던 다른 선교사들은 바울 교회에서도 영접을 받았다. 선교사들 자신의 신분이 선교를 받은 자들의 사회—경제적인 신분보다 더 결정적인 것이었다. 바울은 장인(匠人)이고, "다른 사도들과 주의 형제들, 게바(Cephas)는 (고전 9 : 4) 어부들이거나 (게바와 같이) 농부들이었다." 우리는 헤게시푸스(Hegesippus ; Eusebius, *Historia Eccelesiastica* Ⅲ, 18, 4--20, 7)에 의하여 메시아 사칭자로 도미티안(Domitian) 앞에 섰고 그들의 소유에 대해 의심을 받았던 주의 형제들에 대해 회상한다.

그들은 자신들이 함께 소유했던 것이 9천 데나리온이었고, 그 반은 각자의 소유였다고 말했으며, 그들은 이것을 돈으로 소유한 것이 아니고 그들이 세금으로 지불하고 자신의 노동에 의하여 살았던 39프레트라(plethra)의 땅값이었다는 것을 설명하고 있다. 그리고 그들은 그에게 자기들의 손을 보여주었으며, 그들이 노동한 증거로써 그들은 쉴새 없는 노동으로 그들의 손으로 수공을 했던 단련된 근육과 거친 피부를 증거로 보였다(19. 2—3).

방랑하는 설교자로 전향한 어부들과 농부들이 시골 지역에서 선교하게 될 때 그들의 일을 포기했다는 것은 매우 분명하다. 그들은 짐을 꾸릴 수 없었고 자기의 연장(tool)들을 가지고서 그들의 농장이나 호수(lake)에서 일할 수 없었다. 어부 베드로는 "후원 받는 특권"을 불가피하게 받아들여야만 했다. 장인인 바울은 그 특권을 포기할 만한 여유가 있었다.[35]

c. 사회—생태학적 요인들

*212

시골적 운동으로부터 도시 세계의 선교로 이동함에 따라 시골 운동과는 큰 간격들을 가져 왔다. 바울은 도시에서 도시로만 움직였고 시골

담당자가 되었다. 여기서 공동체들은 보다 크게 발전된 자신의 권위 구조들이었다. 팔레스틴의 동조자(마태 18 : 20) 소그룹들이 방랑하는 권위자들에게 더 의존하였다.

[35] 물론 어부도 고용될 수 있었다(마가 1 : 20). 그러나 팔레스틴의 카리스마를 지닌 방랑들은 시골에서 주로 활동했다(마태 10 : 5—6). 더우기 바다 위에서의 생활은 선교적 의도와는 연결될 수 없다. 그러나 직공의 일은 다른 사람들과 접촉되는 보다 많은 기회가 주어진다. M. Weber, *The Sociology of Religion*, (Boston, 1963), p. 95에서는 "방랑하는 제자(apprentices)"를 원시 그리스도교의 널리 퍼진 특수한 담당자로 설명한다.

마을에서는 선교사로서 일하지 않은 것 같다. 희랍 자체에서 다음과 같은 구별은 물론 적절한 것일 수는 없지만 부분적으로 바울이 도시에서만 일한 것은 시골 지방에서는 고대 종족의 언어가 아직도 쓰이고 있었고 헬라어는 도시 안에서만 쓰여졌기 때문이다.[36] 또 하나의 이유는 바울 자신이 도시 문화에 뿌리를 내리고 있다는 것이다. 그에게서 도시들은 전세계를 대표한다. 즉 예를 들면 고린도는 아가야(고전 16 : 15)를, 에베소는 아시아(16 : 19)를 대표한다. 바울처럼 그당시 잘 알려진 세계에 선교하기 위하여 도시에서 도시로 여행하기를 원했던 사람은 선교 계획과 전망에 대한 철저한 단념을 파견사에서 명령된 대로 실행할 수 없었다. 즉 선박 운임이 지불되어야만 하였다. 돈 없이 도시에 머무르려면, 자구책을 찾는 것이 매우 어려웠다. 즉 밀이삭을 비벼먹는 기대도 할 수 없었다. 바나바와 바울은 그들의 선교를 수행하기 위하여 돈이 필요했다. 그들이 필요로 하는 것을 제공받았다는 사실은 공동체들에 의해서 된 것을 의미할 뿐만 아니라 그런 것이 방랑하는 카리스마적 지도자를 지배하는 문자적 규범을 어겼다 할지라도 그들 자신의 노동을 통하여 카리스마적 지도자의 금욕과 일치된 행동을 했다는 것을 의미한다.

더우기 선교의 새 상황에 따라 선교를 조정하려는 다른 가능성들이 있었다. 이것은 그들 자신이 공동체들에 의해 후원받는 것을 허락하는 바울과 바나바와 경쟁하고 있던 선교사들의 활동에서 나타난다. 그들은 또한 깊은 거리감을 해소시켜야만 하는 문제에 직면하였으며, 고린도후서 3장 1절에서 언급된 "추천장"의 도움으로 일을 성취해 갔다. 그러나 이 추천장들은 수신인이 있다면 유용한 것들이다. 따라서 그들은 무엇보다 이미 기존해 있는 공동체들을 방문했다. 바울이 공동체를 설립한 곳은 어느 곳에서나 조금 지나면 다른 방랑하는 설교자들이 어이없게 중구난방식으로 나타나 혼란을 일으켰다. 우리는 그들이 공동체들에게 그들의 도시들 사이의 여행비를 지불하도록 했다고 생각해야만 한다. 더다케도 다음 목적지에 닿을 수 있는 충분한 식량을 선교사들이 공급받는 것을 그리고 있다(11 : 6). 이러한 종류의 규정들은 그들 자신을 고심하도록 만들었다. 그러나 새로운 공동체를 설립하려는 바울과 바나바에게는 이런 추천장들이 거의 필요없었다.

---

36) Cf. K. Holl, "Das Fortleben der Volkssprachen in Kleinasien in nachchristlicher Zeit," in *Gesammelte Aufsätze* (Tübingen, 1928) II. pp. 238—48.

d. 사회—문화적 요인들

팔레스틴의 카리스마를 지닌 방랑자들이 전 백성들에게 향했고 그들을 후원하기 위한 현존하는 잠재적인 동기를 고려할 수 있었지만 바울과 바나바는 그들 민족의 영역 밖인 이방인들의 선교사가 된 것으로 자신들을 이해하였다. 한 편 이것은 그들이 이방인의 전통과 관습, 자기이해를 가진 사람들을 상대하고 있었다는 것을 의미한다. 즉 그들은 새로운 지역으로 나가고 있었고 바로 그런 이유 때문에 경제적인 자립이 바람직하게 생각되었던 것이다. 다른 한 편으로 그들은 그들의 동포들과 충돌이 일어날 것을 고려하여야만 했다(참조, 사도 13:50). 이렇게 되어 그 지방에서 받는 후원의 기회가 많이 감소되었다. *213

공교롭게도 이때 헬레니즘적 세계에는 견유학파적 방랑하는 설교자들의 유형이 있었다. 바울과 바나바는 어떤 사회적 범주들이 자신들과 관련되는가를 예상할 수 있는 충분한 교육을 받았다. 즉 사람들은 그들을 그 지역을 방랑하는 "철학자들"로 보았을 것이다. 이들 철학자들 가운데는 진실로 진지한 사람들이 있었다. 그러나 협잡꾼들과 사기꾼들도 있었다.[37] 이 두 형태를 구별하는 하나의 유용한 표준은 돈에 대한 그들의 자세였다. 소크라테스 이래 진실한 현자는 그의 지혜를 댓가로 돈을 취하지 않는다는 것이 정통한 것이었는데, 바울은 고린도후서 10—13장에서 이 표준을 사용하고 있다. 바울은 그의 경쟁자들에게 탐욕에 빠졌다고 함으로써(참조, 고후 2:17) 자동적으로 그들을 소피스트들의 계열에 몰아넣는다. 참된 현자들은 이 소피스트들에 대하여 언제나 반대를 표명했었다.[38] 바울은 또한 여기에서 적극적인 면으로 견유학파적인 방랑하는 철학자들의 자세들을 사용한다. 그들과 마찬가지로 바울은 $\dot{\epsilon}\lambda\epsilon\upsilon\theta\epsilon\rho\acute{\iota}\alpha$(자유-)에 대한 권리를 주장한다(고전 9:1; cf. Epictetus, *Dissertationes* 22, 48). 또 그들처럼 바울은 자족하는 것에 대한 권리를 주장한다. "나는 어느 위치에 처하든지 자족하는 것을 배웠노라" ($\alpha\dot{\upsilon}\tau\acute{\alpha}\rho\kappa\eta\varsigma$ $\epsilon\tilde{\iota}\nu\alpha\iota$: 빌립 4:11). 여기서 현자의 자족에 대한 철학적 전

---
37) 살전 2:1—12에서 바울은 아마도 자신을 이 유형들에서 구분하고 있다 ; 그의 수공업 노동에 대한 암시가 없지 않다(2:9). 견유학파의 방랑하는 철학자들과 거지들의 기풍에 관하여는 H. Bolkestein, *Wohltätigkeit*, p. 212—13을 참조하라.

38) Cf. H. D. Betz, Der Apostel Paulus und die sokratische Tradition, *BHTh* 45(Tübingen, 1972), pp. 100—117.

통과의 연결은 명백하다. 소크라테스도 역시 자족하고 훌륭한 자로서 간주되었다(Diogenes Laertius Ⅱ, 24).

바울과 바나바가 원시 그리스도교의 방랑하는 카리스마적 지도자의 규범에서 벗어난 것은 그의 선교가 헬라적 도시 세계에서 만났던 변화된 사회—경제적, 사회—생태적, 사회—문화적 여건들과 크게 관계되어진 것이다. 그러나 이 변화가 이들 여건들과 관계되어졌다는 것이 이 변화가 그것들에 의해 결정된다는 것을 의미하지는 않는다. 다른 선교사들은 같은 여건들 아래서 다르게 행동하였다. 더욱이 우리는 경제적 후원의 포기가 꼭 "인과율적으로" 결정된 것이 아니라 원칙에 근거하여 있고 의도적으로 원했던 것으로 추정해야 한다. 참으로 중요한 것은 전승된 규범들을 변화된 여건에 맞게 응용하는 것이다. 후원의 포기 배후에는 신중한 선교 계획이 발견되어진다. 후원의 포기는 근본적 원리가 아니라 그 자체가 보다 더 포괄성있는 목적에 예속되어 있는 것이다. 고린도전서 9장 15—18장에서 바울은 특히 복음 선포를 위해 그가 어느 보상도 받지 않은 것에 그 자신의 구원을 종속시키고 있다. 그러나 그러한 일이 그가 마게도니아의 공동체들로부터 후원을 받는 것을 방해했다는 것은 아니다(빌립 4 : 10—20 ; 고후 11 : 9). 후원의 포기는 이 새 지역에서 가능한 한 효과적으로 개척 선교를 하기 위한 구체적인 여건들로부터 생겨났다. 이런 여건들이 결여된 곳에서는, 즉 이미 창설된 공동체들에서는 그런 포기가 취소될 수 있었다. 그때에 바울은 또한 그의 근본적인 자유와 독립성, 즉 그의 자족(빌립 4 : 11)을 필히 강조하였다.
*214 그리하여 바울은 새로운 지반을 마련하고, 현존하는 동조자 그룹들을 이용하기 보다는 차라리 유대교와 분리된 독립적인 그룹들을 설립함으로 목적에 맞는 공동체 조직가로 기술될 수 있는 선교사들의 한 유형을 대표한다. 이러한 형태로 스페인(Spain)에 이르는 모든 지역의 세계를 선교하려는 것이 그의 의도이었다. 모든 다른 고려는 이 위대한 선교 사업에 종속되고 있다.

C. 카리스마를 지닌 방랑자와 공동체 조직가의 충돌

고린도에서 바울과 다른 적대적인 선교사들 사이의 충돌은 개인적인 적개심들에 소급되지 않는다. 그 충돌은 개인들이 가지고 있는 독특한 성향을 과시하는 다른 유형의 선교사들 사이의 싸움이다. 고린도전서에

8. 사도적 정당성과 생계 263

서 바울이 베드로의 추종자들과 아볼로(Apollo)와 논쟁하든지 또는 고
린도후서에서 새롭게 도착한 선교사들과 논쟁하든지간에 언제나 바울은
그가 진정한 사도처럼 행동하지 않았고 공동체들에 의하여 후원받는 것
을 거부했다는 비난에 대해서 자신을 변호하여야만 하였다(고전 9 : 3ff;
고후 11 : 7ff, 12 : 13). 바울의 경쟁자들은 그들 사이에서 서로 다른 신
학적인 관점을 나타냈던 사실과는 별도로 그들은 사도적 부양의 권리에
대한 요구에서는 의견을 같이 하였다. 바울이 자기에게 부과된 바로 개
인적인 "불가피성"에 호소함으로써 이러한 후원을 포기한 것을 정당화
한 것과는 무관하게(고전 9 : 16) 그는 지중해 연안 세계의 선교를 함께
담당했으나(사도 13 : 1ff) 신학적인 견해 차이로 헤어졌던 바나바와 함
께 이 운명을 함께 나누었다(갈라 2 : 13). 상황, 인물들, 신학의 다양
성에도 불구하고 선교사들의 두 유형이 사도 후원권에 대한 그들의 다
른 입장으로 말미암아 고린도전서와 후서에서 충돌한다.
 이렇게 말하는 것이 두 서신 안의 상황의 차이들을 부정하는 것은 아
니다. 우리가 신학적 표상에서 출발하지 않고 두 서신 안에서 서로 작용
하는 그룹들과 개인들의 사회적 역할에서 출발하였다면 고린도전서와
후서에서 바울이 똑같은 전선을 향해 싸우는지의 여부는 구분하여 대답
되어야 한다. 즉 고린도전서에서 바울의 의도는 그의 선교 경쟁자들과
대립되어 나타나지 않고 고린도에 있는 그들의 추종자들에 대립되어 나
타난다(고전 1—4). 반대로 고린도후서의 적대자들은 고린도에 거주하
지 않으나 고린도인들로 하여금 그들의 추천장을 소지한 자들에게 필
요한 것을 공급하는 것을 허락한 카리스마를 지닌 방랑자들이었다(고후
3 : 1). 카리스마를 지닌 방랑자들에 대해 말하고 있는 고린도후서의 구
절들을 해석하는 데 있어서 고린도에 거주하고 있는 "영지주의자들"
(고전 8 : 1—11 : 1)에 대한 진술들을 사용하는 것은 방법적으로 허락
될 수 없다. 때때로 비교될 수 있는 것들은 (1) 고린도 지역 공동체
안의 그룹들에 대한 고린도전서와 후서 안의 언급과, (2) 두 서신들 안   *215
에 나오는 방랑하는 선교사들에 대한 언급들인 것이다.³⁹⁾ 물론 공동체
에 거주하는 그룹들은 방랑하는 선교사들의 견해들을 반영할 것이라
는 것을 기억하여야만 한다. 반대로 이들 방랑하는 선교사들은 지역에

---

39) W. Schmithals, *Gnosticism in Corinth*(Nashville, 1971)는 바울을 고린도
전, 후서 모두에서 같은 면에서 싸운 것으로 간주한다. 이것은 전적인 잘
못은 아니다. 고린도전서의 "영지주의자"와 최근에 도착한 방랑하는 설교
자들의 추종자들은 필히 같은 범주에 속한다. 비슷하게 고린도전, 후서에
서 방랑하는 설교자들은 비교할 만한 사회학적인 유형에 속한다.

거주하는 그리스도인들의 빛을 통하여 이해될 것이라는 것도 기억해야만 한다.[40]

선교사들과 그 추종자들 사이의 투쟁에 게재해 있는 문제는 사도직의 정당성에 대한 문제이다. 그 투쟁을 분석하기 위하여 우리는 정당성에 대한 세 유형들을 구분할 수 있다. 어느 경우에나 선교사는 그의 삶의 방식(그의 생계 문제를 포함하여)을 신적인 계명들, 사건들, 특징들과 관련시켜야만 한다. 그렇게 함으로써 그는 그의 실존이나 혹은 그의 혈통이나 그의 활동들을 전면에 내세울 수 있다. 그리하여 우리는 (1) 카리스마적 정당성은 특수한 방법으로 자격을 부여한 삶의 형태에 근거하고, (2) 전통적인 정당성은 혈통에(떠맡겨진 과제들과 전승들을 통하여) 근거한다는 것과, (3) 기능적인 정당성은 수행했거나 아직도 수행하고 있는 업적에 근거한다는 것을 구분해야만 한다. 대부분의 경우에 이런 다양한 정당성의 방식들은 결합되어 나타난다. 그럼에도 불구하고 이런 것들은 고린도에서 경쟁 관계에 있던 선교사들이 그들의 자기 이해의 전형적인 특성들로써 추구하는 실천적 범주들을 제공한다. 이러한 자기 이해의 재구성을 위해 우리는 주로 바울의 말에 의존한다. 다른 사람들이 말한 것을 반복함으로써 그의 객관성은 의문시되고 있다. 거짓 사도와 사탄의 종으로 그의 경쟁자들을 심하게 비방할 수 있고 그들의 영원한 심판을 기대하는 자는(고후 11:14f) 많은 것에 대해 왜곡된 관점을 가질 것이다. 그러나 생계의 문제는 언제나 문제가 되기 때문에, 우리는 본래 논란이 되는 후원권의 일부였던 사상들과 입장들을 재구성하는 다른 본문들을 살펴볼 수 있다. 그렇게 함으로써 어느 정도까지 이 사상들과 입장들이 바울의 변론 배후에서 나타나고 있는가를 조사할 수 있다.

a. 카리스마적 정당성

공관복음서의 파견사는 원시 그리스도교적 선교사들에게 금욕주의에 대한 의무를 부여하고 있다. 그들은 삶을 위한 최소한의 준비도 하지 않았으나 공중의 새들과 들의 백합화들처럼 단순하고 철저하게 하나님의 은혜를 신뢰해야만 한다. 미래에 대한 준비를 하는 것은 하나님의

---

40) Cf. C. K. Barrett, "Christianity at Corinth," *BJRL* 46(1963/64), pp. 269—97, 특히 p. 287; idem, "Paul's Opponents in 2 Corinthians," *NTS* 17(1971), pp. 233—54, 특히 p. 251의 방법론적인 언급들.

8. 사도적 정당성과 생계 265

은총을 불신하는 것이다. 그는 카리스마적 가난에 대한 요구 아래 서 있다. 이런 빛에서 우리가 고린도전서 9장 안의 바울의 "후원권"에 대한 진술을 읽는다면 그의 주목할 만한 논증을 이해하게 될 것이다. 주목할 만한 것은 바울이 후원권을 포기하였기 때문에 고린도에서 심하게 공격받고 있었지만, 그가 그의 후원권을 매우 자세히 확증하여야만 한다는 것을 느꼈던 것이다.

바울은 어느 누구도 보수 없이 일하지 않는다는 일반적인 경험으로 *216 시작한다. 그는 이것을 인간적인 권위(고전 9:8)로 말하나 계시된 율법은 "타작 마당에서 일하고 있는 황소에게 망을 씌우지 말라"는 명령을 하고 있다. 여기서 "황소"는 사도들을 지칭하는 비유적인 이야기로 읽어야 한다(9:9—11). 그러나 이 논법은 아주 충분치는 않다. 9장 13절에서 바울은 희생 제사의 몫을 받는 제사장의 일반적인 권리를 언급함으로써 그가 말하는 것을 더 보충하고 공관복음서 전승으로부터 예수의 말씀을 인용함으로 결론을 짓는다(9:14). 후원의 특권을 이렇게 길게 그가 정당화하려는 이유는 무엇인가? 왜 그는 그와 고린도인들과 일치하는 문제에 이런 논법을 삽입하고 있는가? 결국 논란이 된 것은 이 특권의 사용이 아니라 그것의 포기이다.[41]

예수의 말씀은 주의깊게 읽어야만 한다. "이와같이 복음을 전하는 사람들도 그 일로 먹고 살 수 있도록 주님께서 제정해주셨읍니다"(9:14, 강조점 첨가). 이 말씀이 바울에게서 변형되었지만 이 말씀은 사도직의 특권이 아니라 사도의 의무이며, 공동체로 하여금 그들의 사도들을 후원하라는 명령이 아니라 카리스마적 가난, 즉 정규적인 구걸을 포기하고——"사도" "예언자" 등등으로서 자기 자신의 사회적, 종교적 신분을 의지함으로써——미리 예측할 수 없는 다른 사람들의 희사에 의존하는 가난을 실천하는 선교사들의 의무를 말한다. 그리하여 후원의 특권에 대한 바울의 포기는 아주 다른 방법으로 이해되었을 것이다. 즉 바울이 카리스마적 가난에 대한 계명을 고의로 회피했고, 그의 수공업 노동으로써 그의 선교사들의 필요한 물질을 공급할 하나님의 은혜에 대한 불신을 보이는 데 대한 비난이 그에게 가해지고 있었다. 이런 점에서 나타나는 대로 바울은 그의 노동에 의존하여 살았다. 그는 자유인이 아니

---

41) Schmithals, *Gnosticism*, p. 228 n. 152는 그 문제를 알고 있다 : "그러나 사람들은 사도가 권리를 가지고 있다는 사실로부터 직접 발생한 비난에 대해 자신을 변호할 수 없었다." 그는 바울의 사도권이 비난받지 않았다는 잘못된 결론을 내리고 있다.

없고 진실한 사도가 아니었다(9:1). 왜냐하면 그는 예수 자신에 의해 설정된 방랑하는 카리스마적 지도자에 대한 원시 그리스도교의 이상적인 규범을 어겼기 때문이다.

그에 반하여 바울은 카리스마적 가난의 계명이 실재로 선교사의 특권이라는 것을 보여주려고 노력하고 있다. 그러나 그렇게 함으로써 그는 일반적인 경험과 구약성서 해석의 도움으로 예수의 말씀을 재해석하여야만 하였다.[42] 제사장이 희생 제물의 일부를 얻는 특권을 누린 것과 꼭같이 주님도 또한 이렇게 명령하셨다 : οὕτως καὶ ὁ κύριος διέταξεν ……(9:14). 바울이 다른 경우에 비록 주의 말씀의 본래적 의미를 정확하게 재현하였다 할지라도 바울은 이와 같은 개론적 설명으로써 그것을 오해하고 있다. "이와 같이"(οὕτως)란 말로써——즉 구약성서의 특권에 유추하여(analogy)——주의 말씀(logion)이 완전히 이해된 것을 의미하지는 않았다. 우리가 가정하는 바울이 특권을 거부했기 때문이 아니라 원시 그리스도교의 카리스마를 지닌 방랑자 운동의 규범을 어김으로써 비난받았다는 것은 세 가지 면에서 검증될 수 있다. (1) 바울에 대한 비난들이 이런 방향에서 되어졌는지, (2) 바울의 경쟁자들의 자기 이해가 그들이 원시 그리스도교의 카리스마를 지닌 방랑자 운동의 규범들을 완수한 사실에 의해 규정되었는지 (3) 바울의 변호가 어느 곳에서나 이런 종류의 비난에 대한 응답으로 이해될 수 있는지를 검증할 수 있다.

1. 바울에 대한 비난들

"내가 자유인이 아니냐? 내가 사도가 아니냐?"는 고린도전서 9장 1절의 외침은 모든 종류의 비난들을 함축하고 있다. 그런 비난 배후에는 통속 철학에서 그 유추를 가지는 사상들이 틀림없이 있다. 소유, 가족, 생계에 대한 염려로부터 또한 자신을 자유롭게 한 견유학파에 속한 방랑 설교자는 "자유하고" "파송된 자"의 양면적 자격이 주어진다. 에픽테투스(Epictetus)는 견유학파적 생활방식으로 인간이 행복해질 수 있는지에 대해 질문을 던지며 대답한다.

보라, 신은 그것이 가능하다는 것을 실천해 보일 사람으로 너를 보냈다. "나를 보라, 나는 도시나 집, 재산과 종이 없다. 나는 땅위에서 자고, 아내나 아

---

42) 확실히 이것은 강력한 인위적인 논쟁으로 흔히 보여진다. cf. W. Schrage, *Die konkreten Einzelgebote in der paulinischen Paränese*(Gütersloh, 1961) pp. 234—35의 논쟁을 비교.

이들을 갖지 않고 보잘 것 없는 처소마저 없다. 땅과 하늘과 한 벌의 외투만이 있을 뿐이다. 그러나 내게 무엇이 부족한가? 내게 고통과 두려움이 있는가? 내가 자유인이 아닌가?"(Diss. Ⅲ, 22, 46—48).

견유학파에 속한 방랑 설교자가 또한 자기를 자유로운 자, 신이 보낸 자로 이해한 것은 분명한 사실이다. 그는 또한 그의 생활을 걱정하지 않았고 "위엄있는" 구걸을 하며 살았다. 바울이 자유인이 아니라는 이유로 비난받았다면 그것은 그의 비난자들이 유념했던 장인으로서의 그의 수공업 노동이었음에 틀림없다. 이런 사람들은 몇가지 점에서 자유인이 아닌 것으로 간주될 수 있다 ; $βαναυσία$ $ἦθος$ $αποτρέπει$ $ἐλεύθερον$ (기술[mechanical art]의 사용은 영혼이 자유한 인간을 배격한다 ; Plato, Leges 741e). [43]

고린도후서 10장 2절에서 우리는 바울이 "육을 따라"($κατὰ$ $σάρκα$; RSV, "세상적인 방식으로 생활한다") 살고 속된 싸움을 한다는 비난을 발견한다. [44] 이것은 또한 그가 그리스도를 거의 신뢰하지 않음으로써 그가 너무 생계와 세상적인 것에 관심을 가지고 있다는 것을 의미하는 것이다.

---

43) 고대의 수공업자의 천박한 생활에 관하여는, cf. Bolkestein, *Wohltätigkeit*, p. 191ff. 그는 그 부정적인 판단이 손으로 노동을 하지 않았던 상류 사회의 사람들에게서 왔다고 설명한다. 그러나 하류 계층의 육체 노동자들은 자신들을 그렇게 부정적으로 생각하지 않았음이 분명하다. 육체 노동자에 관한 Socrates의 견해는 그의 귀족적인 제자 플라톤보다 더 적극적이다. cf. 더욱 F. v. d. Ven, *Sozialgeschichte der Arbeit*, Bd. I, *Antike und Frühmittelalter* (München, 1971).

44) 이런 비난은 다음 논문에서 많이 논쟁되었다. (1) R. Reitzenstein, *The Hellenistic Mystery-Religions* (Pittsburgh, 1978), p. 459는 당파들은 바울이 그에 대한 비난을 반박함에 의해 공격받았다는 견해이다(그들의 싸움은 육적인 면을 드러냈다[고전 3:1—3]); 바울 자신이 싸움을 야기시켰다. 그런 이유에서 육적으로 산다. (2) Betz, *Paulus* p. 96: 사탄의 사자가 바울에게 병을 일으키면서 그 안에서 살고 있었다 ; 그리하여 그는 육적으로 행동했다. (3) 대부분의 사람은 비그리스도교적인 동기들을 일반적으로 매우 소홀하게 생각했다. H. Lietzman, *An die Korinther* Ⅰ/Ⅱ, *HNT* 9(Tübingen, 1949⁴), p. 140. H. Windisch, *Der zweite Korintherbrief* (Göttingen, 1924), p. 295는 보다 정확하다 : 바울은 마술사로 여겨졌다. D. Georgi, Die Gegner des Paulus im 2. Korintherbrief; *Studien zur religiösen Propaganda in der Spätantike*, *WMANT* 11(Neukirchen, 1964), p. 232 n. 13은 동의한다. (4) Schmithals, *Gnosticism*, p. 165은 순수한 신화적인 의미로 "육을 따라"를 이해하려 한다 ; 바울은 영지주의적 기원신화에서 볼 때 영적이 아니라 육적인 사람이다.

"싸움을 한다"(στρατεύεσθαι)라는 용어는 바울이 "자기 비용을 써가면서 군인 노릇을 하는 사람이 도대체 어디 있읍니까?"라는 질문을 한 고린도전서 9장 7절에만 나타난다는 것에 주목해야만 한다. 물론 바울은 인간적인 권위(κατὰ ἄνθρωπον)로 말하고 있다는 것을 강조한다. 그러나 인간의 방법으로 행했던 것과 같은 인간적인 권위로 말하고 있는 것은 아니라는 것을 강조한다. κατὰ ἄνθρωπον(인간적으로)과 κατὰ σάρκα(육적으로)라는 것은 서로 부합된다. 더 나아가 바울은 그의 독자들에게 그의 싸움의 무기는 "육적인"것이 아니라는 것(σαρκικά, 고후 10:4)을 확신시킨다. 그것은 그가 그의 후원을 "물질적인 자선"(τὰ σαρκικά)으로 설명한 고린도전서 9장 11절을 상기시킨다. 고린도전서 9장과의 유사점은 더욱 심화된다. 고린도후서 10장 8절에서 바울은 주님이 그에게 공동체를 파괴하기 위해서가 아니라 건립하기 위해서 주신 그의 "권위"(ἐξουσία)에 대해 말한다. 바울은 그가 가진 "먹고 마시는 권리"를 생각하고 있다(고전 9:4, cf. 9:5,6,12,18에서 ἐξουσία). 즉 그것은 그의 공동체의 후원에 대한 주장인 것이다. 끝으로 두 귀절에서 "권위"(ἐξουσία)의 개념이 "자랑"(καύχημα; 9:15, 16, ; cf. 고후 10:8)의 개념과 관련해서 나타나고 있다는 사실에 주목해야만 한다. [45] 아마도 바울이 그의 권리였던 것을 포기한 그의 "자랑"에 의해, 즉 카리스마를 지닌 방랑자에 대한 원시 그리스도교 성직의 규범을 바울이 위반했다는 사실 때문에 사람들은 화가 났는가?

바울이 대체로 방해받지는 않았으나 사도로서 그의 신분에 대해 이의를 제기한 특수한 비난에 의해 고통을 받았다는 것은 아주 분명한 것 같다. 바울이 지극히 높은 사도들에 대해 말한 곳에서는 어느 곳에서나 (고후 11:15, 12:11) 그는 후원에 대한 그의 권리를 포기한 것에 대해 계속 언급한다. [46] 그리고 ἁμαρτία(죄), 혹은 ἀδικία(부정)에 대한 비난으로부터 자신을 변호하기 위해 이처럼 말한다. 즉 "여러분을 높이려고 내가 나 자신을 낮추면서 하나님의 복음을 아무 댓가도 받지 않고 전한 것이 죄(ἁμαρτίαν)가 된단 말입니까?"(고후 11:7). "내가 여러분에게 폐를 끼치지 않았다는 것 외에 다른 사람들보다 여러분을 덜 생각한 것이 무엇입니까? 이런 일이 잘못이었다면(ἀδικία) 나를 용서하

---

45) Cf. Barrett, "Opponents," p. 246.
46) Barrett, ibid.: 후원에 대한 포기의 논제는 항상 바울이 대사도 (οἱ ὑπερλίαν ἀπόστολοι)로 부족하지 않다는 그의 강한 주장에 거의 직접적으로 수반된다.

십시요!"(고후 12 : 13). ἁμαρτία라는 말은 이 경우에 고린도 공동체로부터 유래한 것이다. 왜냐하면 바울은 특수한 죄(transgression)보다는 오히려 포괄적인 죄의 세력을 말하기 위해 그 단어를 항상 사용하기 때문이다. 여기서 하나의 구체적인 규범이 전제되고 있다. 그리고 지극히 높은 사도들이란 아마도 이 규범에 대한——카리스마를 지닌 방랑자의 필수적인 빈곤에 대한——그들의 열정적인 순종에 의해 자신의 명성을 떨치고 있는 자들이다.

고린도전서에서도 바울은 그가 편지를 쓸 때에 특수한 비난을 예상했다. "내가 여러분에게서 판단을 받든지 사람들에게서 판단을 받든지 나는 아무 거리낌이 없읍니다. 또 내가 나 자신을 판단(ἀνακρίνω)하지도 않읍니다. 나는 양심에 거리끼는 일이 조금도 없읍니다. 그렇다고 해서 나에게 죄가 없다는 말은 아닙니다. 나를 심판하시는 분은 주님이십니다"(고전 4 : 3—4). 여기서도 "그리스도의 일군"과 "하나님의 신실한 청지기"(4 : 1)로서 바울의 사도적 자격이 논란되고 있다. 여기서 그는 또한 다른 사도들과 비교되고 있다(3 : 22—23 ; 4 : 6ff). 그가 마음에 둔 것은 정상적이고 합법적인 방식이 아니라——ἡμέρα, 즉 심판의 날은 은 *219 유적인 표현이다——그 정황이 형식적인 고발, 즉 구체적인 "비판한다" (ἀνακρίνειν)와 비교되는 것이다. 이런 모든 요소들이 바울이 편지할 때 고린도전서 9장 1절 이하에서 나타난다. 즉 "이것은 나를 비판하는 (ἀνακρινουσιν) 사람들에 대한 나의 답변(ἀπολογία)입니다"(9 : 3)가 그 것이다. 바울은 그 자신의 생계에 대해 관심을 가지고 있었기 때문에 (9 : 1ff) 그가 올바른 사도가 아니라는 비난을 생각하고 있다. 즉 "나 자신이 답변한다"(ἀπολογεισθαι)는 말은 바울이 고린도인들로부터의 후원을 받을 수 없다는 "공평치 못함"을 변호한 후에 고린도후서 12장 9절에서 한번 더 나타난다. 나의 생각으로는 하나의 구체적인 규범이 비난과 변호 배후에서 언제나 발견된다는 것은 의심할 수 없는 사실이다. 즉 그것은 카리스마를 지닌 방랑자의 금욕의 의무, 즉 "후원의 특권"에 대한 것이다.

2. 경쟁자들의 자기이해

고린도후서 10장 7절에서 바울은 그의 적대자들의 자기이해에 대해 언급한다. 그들은 그리스도에 속했다(Χριστοῦ εἶναι)는 것을 믿는다. 매우 난해한 Χριστοῦ εἶναι라는 구의 평행구가 원시 그리스도교의 카리스마를 지닌 방랑자에 대한 접대를 권고하는 내용에서 발견되어진다.

즉 "진실로 이르노니 누구든지 너희를 그리스도의 예언자라 하여 물 한 그릇을 주면(ὅτι χριστοῦ ἐστε, RSV; "그리스도의 이름을 전함 으로") 그는 결코 상급을 잃지 않을 것이다"(마가 9:41). 방랑하는 설교자들은 그리스도에 속한 사람으로 자격을 부여하고 그 이유 때문에 대접을 받게 되는 것이다. 그리스도의 가족에 속했다는 것은 그들이 의지할 수 있는 어떤 것이다. 그것은 선교사들로서 자신들에게 숙소와 생계를 제공하는 사람들을 의지할 수 있는 것을 의미한다. 결국 그들은 다른 걱정에 의해 피로움을 받지 않고 전적으로 자신들의 임무에 헌신할 수 있다. 그의 경쟁자들만이 그리스도를 신뢰한다(즉 "영을 따라 산다)는 주장과 함께 바울이 자기가 "육을 따라" 행동한다는 비난을 반박했을 때 각각의 주장은 다른 주장을 해명하는 데 사용되었음에 틀림없다. 바울에 대한 비난은 그가 또한 그리스도에게 전적으로 속한 것을 의지하는 대신에 물질적인 생활에 너무 관심을 가진다는 것을 나타내 준다.

이들 경쟁자들의 전제된 자기 이해는 다른 구절에서도 역시 증명된다. 고린도후서 11장 23절에 의하면 그들은 χριστοῦ εἶναι와 근본적으로 같은 뜻을 나타내는 διάκονοι χριστοῦ(그리스도의 종)라는 주장을 한다.[47] 에픽테투스는 방랑하는 견유주의적인 설교가들을 역시 "신의 종"으로 말하고 이렇게 요구한다.

견유주의자는 전적으로 마음을 혼란케 말아야 하며 하나님에 대한 봉사(διακονία τοῦ θεοῦ)로 헌신하고, 사람들 가운데서 자유롭게 활동할 수 있고 사적인 일과 개인적인 관계에 구속되지 말아야 하며, 그가 이것을 어기면 선한 사람이 가져야 되는 성품을 갖지 못하게 되고 그가 이런 사적이고 개인적인 것들에 매어 있으면 신의 말씀을 전하는 자(ἄγγελος)와 밀사와 전령자(κῆρυξ)를 파멸시키게 될 것이다……(Diss. Ⅲ, 22, 69).

모든 일상적 의무들로부터 떠나 견유주의자는 하나님의 은혜를 믿음으로 산다. "하나님은 그 자신의 피조물이나 그의 종들(διάκονοι), 그의 증인들을 버려두실 분인가?"(Diss. Ⅲ, 26, 28). 견유주의자는 또한 전적으로 신의 의지에 근거하여 산다. "나는 지금 일어난 일만을 항상 더 좋아한다. 왜냐하면 나는 내가 하는 일보다 하나님이 하시는 것이 더 훌륭하다고 생각하기 때문이다. 나는 나 자신을 그의 사역자(διάκονος)와 따르는 자(ἀκόλουθος)로서 그에게 의탁한다. 나의 의도와 소망은 하

---
47) 따르는 것에 대하여는 cf. Georgi, *Gegner*, p. 31—38.

나님과 하나가 되는 것이다. 간단히 말해 나의 의지는 그의 의지에 따를 뿐이다"(Diss. Ⅳ, 7, 20). 여기서 또 우리는 하나님의 뜻을 따르려는 무조건적 신뢰에 근거하여 세상적인 것들에 의존하지 않는 고상한 기풍을 발견한다. 팔레스틴으로부터 기원하는 원시 그리스도교의 카리스마를 지닌 방랑자 운동의 기원은 헬라 세계 안의 견유주의적 방랑하는 설교자의 기풍과 연결할 수 있다. 이 기풍은 또한 고린도 교회 안에서 존중되었다. 이것은 고린도후서 10장—13장에 나오는 통속철학적 영역에 속한 구절들을 설명해 준다.[48]

"종"이라는 용어가 공관복음서의 카리스마를 지닌 방랑자들에 대해 사용되어지지 않았을지라도 우리는 바울의 고린도 경쟁자들에 의해 사용된 또 다른 자기 칭호를 거기에서 발견한다. 즉 ἐργαται(고후 11:13, 일군)라는 용어가 그것이다.[49] 원시 그리스도교의 방랑하는 선교사들은 아주 특별한 의미에서 "일군"(laborer)이었다. "일군들이 그의 식량을 얻는 것은 당연하다"(마태 10:10; 누가 10:7). 확실히 그 일군들은 조건 없이 복음을 제공하였음이 분명하다(마태 9:9). 그러나 그러한 일은 답례로 그가 숙식을 보장 받을 것이라는 약속 없이 일어난다. 고린도에서 주장된 "거짓 사도들"과 사탄의 종들(고후 11:13, 15)은 이와 비슷한 의미로 생각된 것이다.[50]

3. 바울의 변호

여기서 관심을 갖는 것은 오직 바울이 자신을 정당한 카리스마적 지도자라고 주장한 내용들이다. 우리는 이미 카리스마를 지닌 방랑자들의 금욕에의 의무를 그가 한 특권이 되도록 재해석하였다는 것을 밝혔다(고전 9:7ff). 이와 유사하게 그는 사도적 규범에 대한 그의 위반을 특권의 포기로 해석할 수 있다. 그러나 바울이 윤리적인 의미에서 이 포기를 이해시키려고 하지 않은 것에 주목하는 것이 중요하다. 비록 그것이 고린도의 "강한" 자들의 태도를 위한 한 유형으로서 사용되어지는

---

48) Cf. the fundamental investigation of these topoi in Betz, *Paulus*.
49) Cf. Georgi, *Gegner*, pp. 49—51.
50) 사람들이 거짓 사도들과 대사도(superlative apostle) 사이를 구분해야만 하고, 그리고 후자는 예루살렘에 살았다는 것은——E. Käsemann, "Die Legitimität des Apostel," *ZNW* 41 (1942). pp. 33—71과 Barrett, "Opponents," p. 252ff의 입장——나의 견해로는 있음직하지 않다. Cf. R. Bultmann, *Exegetisohe Probleme des zweiten Korintherbriefes* (Darmstadt, 1963), pp. 20—32).

것이 사실일지라도 말이다. 오히려 그의 주장의 숨은 의도는 그의 부양에 대한 포기를 그들 개인적으로 구별시켜주는 신의 뜻으로서, 즉 종교적인 자격부여로서——실제로 카리스마를 지닌 자로서——서술하는 것이다. 하나님 자신이 원시 그리스도교의 카리스마를 지닌 방랑자 운동의 평범한 규범을 벗어나도록 바울을 촉구하셨다.[51] 그는 달리 할 수 없었다. 그는 거룩한 의무 아래 있었다. 그는 선별된 사람이었다(고전 9:15—18). 이런 모든 이유에서 그는 그리스도의 명령을 완수한다. 그리고 그는 그리스도의 율법 안에(ἔννομος Χριστοῦ) 있다(9:21). 그는 그리스도의 "법"에 대항하는 사람이 아니었다. 바울이 포기한 그 명령은 물론 카리스마를 지닌 방랑자는 복음전파로 봉사하는 선교에 자신을 완전히 헌신할 수 있다는 의미를 가지고 있으며, 그러나 이것까지도 바울은 그 자신의 행태를 위해 요구할 수 있다. 자유인으로서 바울이 종들에게는 종이 되고 약한 자에게는 약한 자가 된 것은 그가 다만 복음을 전파하기 위함이었다. 바울은 다른 모든 것을 복음전파에 종속시켰다(고전 9:19ff). 그가 아마도 율법의 조문을 위반하였다 하더라도 여전히 그는 그런 모든 일에서 역시 그리스도의 율법 안에 사는 사람(ἔννομος Χριστου)인 것이다(9:21).

이런 부류의 주장은 분명히 고린도에서 납득되지 않았다. 고린도후서에서 비판들이 다시 일어났다. 바울이 "그리스도의 종"이 아니다, 즉 그는 사도의 실존적 위험에 자신을 완전히 복종시키지 못했다는 비난에 대해서 그가 어떻게 대처하는가를 아는 것은 매우 유익하다. 그는 격분하여 외친다. "그들이 그리스도의 일군입니까? 내가 정신빠진 사람같이 말합니다만…나는 더 심한 고역을 했으며 감옥에도 더 많이 갇혔고 매는 수없이 맞았으며 여러 번 죽을 뻔했읍니다"(고후 11:23). 그 다음에 바울이 겪었던 모든 위험을 열거하고 있는 감명적인 위험 목록이 뒤따르고 있다. 그후에 선교사로서 그의 의무를 완수하기 위해 그의 생명이 항상 위험(σάρξ)에 처하였다는 것은 어느 누구도 의심할 수 없다. 고린도전서 4장 9—13절에 나오는 이와 필적할 만한 목록에서 바울이 그가 당한 시련들(4:12) 가운데 그의 손으로 일한 것을 나열하고 있는 것은 주목할 만한 것이다. 고린도후서 11장 23절 이하에서는 이

---

51) Cf. E. Käsemann, "A Pauline Version of the 'Amor Fati'" in *New Testament Questions of Today* (Philadelphia, 1969), pp. 217—35. 물론 우리는 윤리적 해석을 완전히 거부할 수 없다. 그러나 바울은 무엇보다 먼저 그가 후원을 포기한 것은 하나님에 의해 부과된 운명이었다는 것을 보여주려 하였다.

중요한 점이 간과되고 있다. 그것은 우연한 일이 아니다. 바울이 전적으로 복음을 위해서 그리고 복음에 의해서 살기보다는 오히려 "육을 따라" 살았다는 비난이 일어난 것은 이 문제 때문이다. 그의 변호의 논증으로서 이 고소 항목을 다시 언급하는 것은 현명한 일이 아니었다.

전체적인 면에서 볼 때 바울의 관점은 완전히 납득할 수 있는 것이다. 카리스마를 지닌 방랑자의 금욕에 대한 의무는 실제로 단지 하나의 특권이었으며, 점점 초기 기독교 공동체가 커가면서 확대되었다. 이 "특권"의 포기는 예수의 명령을 자귀적으로 범한 것임에 틀림없다. 그러나 그것은 예수의 명령의 정신에는 일치한다. 그리고 그와 대립된 관점도 이해될 수 있다. 바울은 분명히 그 규범을 위반하였다. 그의 경쟁자들은 바울이 비난한 것과 같은 "거짓 사도들, 사기군" 그리고 사탄의 종들은 아니었다(고후 11 : 13, 15). 그들은 정상적인 초기 그리스도교 선교사들이었다. 그들은 바울보다 카리스마를 지닌 방랑자들의 규범들을 더 잘 지키고 있었다. 그들이 이런 규칙들과 너무 빗나가 있었던 것은 다음에 다룰 추천장들에서 볼 수 있다.

b. 전통적 정당성

카리스마적 정당성 다음으로 바울의 경쟁자들은 두 번째 구절에서 나타나는 대로 그들의 전통적인 정당성을 강조한다. 그들은 자신들을 "히브리인들…이스라엘인들…아브라함의 후손"이라고 말한다(고후 11 : 22). *222
바울이 유대인이었다는 것은 고린도서에 나오고 있다. 그도 역시 히브리인, 이스라엘인, 아브라함의 자손이었다. 문제는 그가 "진정한" 히브리인, 이스라엘인, 아브라함의 후손이었는가에 있다.[52] 이런 용어의 반복은 사람들이 모든 유대인들을 다 유대인으로 생각하지 않았고 특수한 의미에서 유대인을 생각하고 있다는 것을 나타내 준다.

이런 의미에서 바울은 결점이 있었음이 분명하다. 바울이 로마 시민권을 가진 다소(Tarsos)에서 온 디아스포라 유대인이었음은 잘 알려졌었다. 그의 유대교와의 긴장 관계는 숨겨질 수 없었다. 팔레스틴적 유대교와 관련하여 생각할 때 그는 신분상——공간적 거리에선 아주 멀리 멀어진——고린도에 살고 있는 유대인들의 그것과 비교될 수 있었다. 더 나아가 로마와 다소의 시민권은 대단히 깊이 비유대 사회에로 통합된 것을 가리킨다. 어떤 면에서 그는 유대교로부터 소외된 유대인을 대

---

52) Cf. 이 문제에 관해서는 Georgi, *Gegner*, pp. 51~82.

표했을 것이다. 그러므로 그의 적대자들은 디아스포라 유대인이 아니라 예수 자신이 살았던 땅인 팔레스틴으로부터 온 사람들이라는 사실은 가능성이 있는 말이다.⁵³⁾ 그들이 다른 예수(고후 11:4), 즉 공관복음서의 전승에 가까운 그리스도론을 전했다는 바울의 비난은 가능한 것이다. 왜냐하면 그는 특히 고린도후서 5장 16절에서 "육을 따라" 그리스도를 생각지 않았다는 것을 분명히 했기 때문이다. 최소한 파견사에 가까이 접근하고 있는 전통들은 바울의 적대자들 사이에서 유포되었을 것이다.⁵⁴⁾

---

53) 바울의 반대자들에 대한 사회학적인 분석을 위하여는 그들이 유대적 그리스도인들인지 혹은 헬라적 유대 그리스도인들인지가 비판의 문제는 아니다. 그들이 팔레스틴에서 온 사람들인지조차도 비판의 문제가 아니다. 문제가 되는 것은 그들이 팔레스틴에서 발생한 원시 그리스도교의 카리스마를 지닌 방랑자의 유형을 나타내고 있느냐 하는 것 뿐이다. 그런 사실과 독립하여 그들의 팔레스틴 기원은 가능한 것이다; Käsemann, *Legitimität*, pp. 33—71; Barrett, "Opponents," p. 251이 그렇다. 그들을 헬라적 유대 그리스도인들로 간주한 이들 주석가들도 팔레스틴에서 기원된 것으로 단정한다: Georgi, *Gegner*, p. 58; G. Friedrich, "Die Gegner des Paulus im 2. Korintherbrief," in *Abraham unser Vater*(Leiden/Köln, 1963), pp. 181~215. Schmithals, *Gnosticism*, pp. 289—93은 팔레스틴 기원을 반박한다.

54) 이것이 공관복음서의 기적 사화의 그리스도론과 일치하는 신—인 그리스도론($\theta\varepsilon\hat{\iota}o\varsigma\,\dot{a}\nu\acute{\eta}\rho$)과 일치한다는 가정은 신빙성이 없다. 이 주제는 Georgi, *Gegner*, p. 213 이후 자주 시도되었다; 다른 사람들 가운데 G. Bornkamm, "Die Vorgeschichte des sogenannten zweiten Korintherbriefes,"i n *SHAW. PH* (1961) p. 15—16(abridged Eng. trans. in *NTS* 8 (1962): pp. 258 —64): Friedrich, "Gegner," pp. 181ff; Kuhn, "Jesus bei Paulus," pp. 295 —320을 보라.
  (1) 신-인($\theta\varepsilon\hat{\iota}o\varsigma$-$\dot{a}\nu\acute{\eta}\rho$) 그리스도론은 선교사들에 의한 기적수행으로부터 추론될 수는 없다(고후 12:12). 어록 자료에서 선교사들은 기적 수행을 위임받았다(누가 10:9). 유혹 설화는 이런 그리스도론과 확실히 멀리 떨어져 있음을 증거한다(누가 4:1ff).
  (2) 누구든 "다른 예수"(고후 11:4)의 언급에서 신—인 그리스도론을 추론할 수는 없다. 바울은 그런 구절을 고린도인들이 그러한 선포에 "복종한다"는 그의 비난과 연결시킨다. 우리는 또한 이런 비난을 고후 11:20 에서 발견한다: 고린도인들은 적대자들에 의한 특권의 요구에 "복종한다." 반대로 바울은 그들에게 짐을 지우지 않았다. Barrett, "Opponents," p. 242는 옳게 결론지었다: "표면에는 복음서와 일치하거나 혹은 일치하지 않는 행위에 관한 윤리적인 시험——고린도인들이 적용하기를 등한시한 시험——이 존속한다."
  (3) "이것은 그리스도께서 내 안에서 말씀하시는 것의 증거"($\delta o\kappa\iota\mu\grave{\eta}\,\tau o\hat{\upsilon}\,\dot{\varepsilon}\nu\,\dot{\varepsilon}\mu o\grave{\iota}\,\lambda a\lambda o\hat{\upsilon}\nu\tau o\varsigma\,X\rho\iota\sigma\tau o\hat{\upsilon}$ (고후 13:3)에 대한 추구는 우리가 어록 자료와 요한복음 안에서 그것을 발견한 대로 나—문체(I-Style) 안의 말

그러나 두 번째 점에서 바울의 적대자들은 전통적인 정당성에 호소한다. 그들은 추천장을 소지하고 있었고 고린도 공동체로부터 이 추천장들을 받았다(고후 3：1). 그리하여 그들은 항상 특수한 기독교 공동체들을 대표했다. 바울은 그렇지 못하였다. 처음에 물론 바울은 안디옥 공동체에 의해 바나바와 함께 급파되었다(사도 13：1ff). 그러나 그의 서신에 나타나는 안디옥과의 이런 관계는 더 이상 아무런 역할도 하지 못하였다. 어떤 불화가 있었음이 분명하다. 바울은 하여간 바나바와 헤어졌고 아마도 동시에 그의 본고향 교회와 헤어졌다(갈라 2：13).

바울의 경쟁자들이 낯선 지역에 들어왔다는 바울의 비난은 이들 추천장들과 관계가 있다. 추천장들은 그들이 보내려고 했던 어떤 사람을 전제한다. 그리고 이들 추천장들이 일반적으로 통용되어졌다 할지라도 그것은 어떤 특정한 사람들이 그 추천장들이 자기들에 보내진 것이라고 생각할 때에만 그것은 유용한 것이다. 당연히 추천장을 가지고 있는 선교사가 낯선 지역에 들어 왔음이 분명하다. 한편 그러한 것은 카리스마를 지닌 방랑 운동의 본래 규범(original norm)과 일치하지 않는 것이다. 어떤 사람이 돈을 가지고든 추천장을 가지고든 준비를 할 때 실제로 그것은 마찬가지이다. 다른 한편으로 팔레스틴의 카리스마를 지닌 방랑자들은 새 공동체를 세우는 것을 원하지 않았다는 사실을 기억할 필요가 있다. 그들은 그들의 관심을 "이스라엘 집의 잃어버린 양"에게 두었다(마태 10：6).

c. 기능적 정당성

바울은 기능적인 정당성과 관련하여 그가 모든 경쟁자들을 능가하고

씀 형태를 보다 잘 가리키고 있는 것이다. 적대자들은 말씀, 즉 설교의 전달자들이었다(고후 11：4).
(4) 경쟁하는 방랑하는 설교자들의 그리스도론에 대한 문제는 그들의 자기 이해와 분리되어야만 한다. 나의 생각으로는 여기에서는 역시 적대자들이 그들 자신을 신-인으로 이해하였다는 암시가 없다. 사람들은 보다 적절히 견유적인 방랑 철학자들의 기풍을 생각해 본다. 나의 견해로는 신-인 개념을 그렇게 널리 확장시키는 것은 적절치 않으며, 그러한 것은 이들 선전자들을 또한 포함하는 것이다. 왜냐하면 전반적으로 이 개념은 매우 정확한 것은 아니기 때문이다. Cf. 어거스틴(Augustus)으로부터 은자 안토니우스(Anthony the Hermit)까지의 다양한 유형들을 연구한 M. Smith의 통찰을 참조하라 : "Prolegomena to a Discussion of Aretalogies, Divine Men, the Gospel and Jesus," *JBL* 90(1971) : pp. 174—99.

있다는 것을 잘 알고 있다. "나는 그들 중의 누구보다 더 열심히 일했다"(고전 15 : 10). "그것은 내가 아니라 나에게 준 하나님의 은혜다"(15 : 10)고 덧붙였을 때 그는 바로 자기 인식을 겸손으로 표현했다. 바울이 공격당한 곳에서는 어데서든지 그는 그의 "활동"(일)에 대해 말한다. 이것은 그가 정당한 사도라는 것을 증명하는 것이다. "여러분은 내가 주 안에서 일하며 얻은 열매가 아닙니까? 다른 사람에게는 내가 사도가 아닐지라도 여러분에게는 내가 사도입니다. 여러분이 주 안에서 사는 것이 내가 곧 사도라는 표입니다"(고전 9 : 1—2). 그는 고린도후서 3장 2절에서 비슷한 방법으로 이런 추천장에 대해 말한다. "우리의 추천장은 바로 여러분 자신들입니다. 그것은 우리 마음에 쓰여져 있으며 모든 사람에게 알려지고 읽혀지는 추천장입니다."

기능적인 면에서 가장 중요하게 바울이 후원 받을 권리를 포기한 것을 정당화한다면 그는 모순이 없는 것이다. 그는 "그리스도의 복음을 전하는 데 방해가 되기보다는"(고전 9 : 12) 차라리 후원을 받지 않겠다고 말한다. 그가 마음에 둔 어떤 장해가 데살로니가전서 2장 5절에 나타난다. 바울은 그가 다른 사람이 한 것처럼 욕심 때문에($\dot{\epsilon}\nu\ \pi\rho o\phi\acute{a}\sigma\epsilon\iota\ \pi\lambda\epsilon o\nu\epsilon\xi\acute{\iota}\alpha\varsigma$) 일했거나 복음의 "행상"(peddle)으로 일했다는 혐의를 피하기를 원했다(고후 2 : 17). 그러한 것이 그가 밤낮으로 일한 이유이다(살전 2 : 9). 후원의 권리에 대한 그의 포기에 의해 그는 가능한 한 많은 사람들을 구원하기를 원한다(고전 9 : 23). 그것이 복음 안에서 그가 받을 "몫"인 것이다. 그는 그의 물질적인 몫을 포기했다. 그러나 좋은 성과에 대한 몫을 포기하지는 않았다. 그의 보상은 물질적인 후원에서 보다는 차라리 구원받은 사람들에게 있었다. 고린도전서 9장 23절의 내가 나누어 가지려는 것($\sigma\nu\gamma\kappa o\iota\nu\omega\nu\grave{o}\varsigma\ \gamma\acute{\iota}\gamma\nu\epsilon\sigma\theta\alpha\iota$)은 정확히 9장 13절의 희생 제물을 나누어 갖는 것($\tau\hat{\wp}\ \theta\nu\sigma\iota\alpha\sigma\tau\eta\rho\acute{\iota}\wp\ \sigma\nu\mu\mu\epsilon\rho\acute{\iota}\zeta\epsilon\sigma\theta\alpha\iota$)과 상응한다.

*224

이런 종류의 기능적인 정당성은 바울에게 있어서 결정적인 것이라는 것이 고린도후서 10장 12—18절에 특히 분명하게 나타난다. 여기서 그는 하나님이 그에게 설정해준 "표준"("한도"), 즉 율법의 표준($\mu\acute{\epsilon}\tau\rho o\nu\ \tau o\hat{\nu}\ \kappa\alpha\nu\acute{o}\nu o\varsigma$, 10장 13절)에 관하여 분명한 어조로 언급하는데, 이 규범은 그가 이것을 향해 행동하고 그런 행동을 성취시킴으로써 그 자신이 합법적이라는 사실을 알게 해주는 것이다. 바울은 이 규범으로 인해 그의 자랑이 정당하다고 주장하는 것이다. 그 규범의 내용은 무엇보다도 먼저 당신들에게까지 이르렀다는 것($\dot{\epsilon}\phi\iota\kappa\acute{\epsilon}\sigma\theta\alpha\iota\ \ddot{\alpha}\chi\rho\iota\ \kappa\alpha\grave{\iota}\ \acute{\nu}\mu\hat{\omega}\nu$, 고후

10:13), 즉 고린도인들에게까지 그의 선교를 하는 데 성공했다는 것이다. 그러나 그의 선교는 더 확대된다. 그는 그의 "표준"에 일치하여 (κατὰ τον κανόνα ἡμῶν) 그의 선교의 장이 확대되기를 원했다. "그리하여 우리는 당신들 이외의 지역들에 복음을 전파했다"(10:16). 그의 "표준"은 전 이방 세계에 선교하는 것이었다(cf. 갈라 2:9; 1:16). 반대로 바울은 자기들 스스로의 표준을 세우는 그의 적대자들을 비난한다(고후 10:12). 여기에서도 그는 "표준"을 전제하고 있다. 그리고 그의 적대자들이 사도들의 길(vita apostolica)에 대한 예수의 전승된 말씀을 그들의 행동지침으로 삼았다고 생각하는 것은 정당한 것이다. κατὰ τὸ μέτρον τοῦ κανόνος(율법의 표준을 따라)라는 구는 카리스마적 지도자의 금욕에 대한 사도들의 의무의 내용인 디다케 11장 3절 안의 κατὰ τὸ δόγμα τοῦ εὐαγγελίου(복음의 진리를 따라)와 일치한다. 그는 완전히 필요한 것만 접대받아야 한다(Did. 11:4—6). 이 δόγμα τοῦ εὐαγγελίου는 사도들의 삶의 방식에 대해 말하는 것이지 그들의 업적에 대해 말하는 것이 아니다. 삶의 방식의 규범에 호소함으로 자신을 정당하다고 주장하는 사람은 누구든지 그가 자신을 자신에 의해——즉 그의 사도들의 길의 규정적인 표식에 의해——측정한다는 비난을 면할 수가 없음이 분명하다.

물론 바울의 적대자들은 또한 업적(일)에 호소했다. 바울은 "여러분 가운데서 모든 일에 참고 견디며, 표징과 기사와 이적으로 나의 사도된 표적을 나타냈읍니다"라고 강조하였음이 분명하다(고후 12:12). 이것은 분명히 그가 어떤 그런 표징도 나타내지 못했다는 비난에 대해 자신을 변호하는 것이다.[55] 아마도 그의 적대자들은 이러한 점에서 우위에 있었다. 기적은 공관복음서의 파견사에 따르면 선교의 기본적인 도구인 것이다(마태 10:8). 그리고 어느 곳에서든지 그것은 "사도들의 표징"으로서 간주되었다(마가 3:15; 16:15ff). 바울은 스스로 기적을 행했지만——고린도후서 12장 12절에 나오는 것처럼 사람들이 그를 거짓말장이라고 비난하지 않았다면——그러나 그는 로마서 15장 18—19절의 증거대로 그의 선교의 성취와의 관계에서 기적을 이해한다. "이방인들을 하나님께 복종시킨 분은 그리스도이시고 나는 다만 그분의 일군 노

---

55) 우리는 물론 이것이 경쟁하고 있는 방랑 설교자의 장소가 문제가 아니라 존경받는(evaluating) 선교자들을 위한 표준을 찾고 있는 고린도에 거주하는 교인들에 의해 발생했다는 가능성을 평가하여야만 한다——Barrett, "Opponents," p. 245.

룻을 했을 따름이라는 것을 강조하고 싶습니다. 나는 그분에게서 기적과 이적을 할 수 있는 힘, 말씀과 활동, 성령의 능력에 의해 예루살렘에서 일루리곤까지 나는 그리스도의 복음을 충분히 전파하였읍니다." 그의 일은 이방인에 대한 선교이다. 그는 이런 과제와 무관한 다른 기적에 대해 바보스럽게 말한다(고후 12 : 1ff). 바울은 기적들에 의해서가 아니라 그의 선교 업적에 의하여 정당화되는 것이다. 다른 사도와 다르게 업적에 의한 정당성의 이상을 거절하는 바울 사도가 구체적인 상황에서는 그의 업적들로서 정당성을 찾는다는 것은 고려할 만한 가치가 있는 것이다.[56]

결론적으로 바울의 적대자들은 전승된 정당성에 의하여 보장된 카리스마적 지도자의 정당성을 주장한다. 그러나 반대로 바울은 사도적 정당성의 다른 형태, 즉 카리스마적 형태의 요소와 연결된——그 점에서 그는 카리스마의 결핍, 즉 "약점"(weakness)을 가졌고 그것을 그의 사도적 실존의 표징의 상태에로 부각시키는——기능적 형태를 주장한다. 이들 두 형태의 정당성은 생계의 문제에 대한 논쟁을 하는 데 있어서 두 가지 다른 방향으로 나아간다. 공동체 조직가에게 있어서 이 문제는 효과적인 선교에 속하게 되는 것이지만, 반면에 카리스마를 지닌 방랑자에게 있어서는 사도들의 생활규범으로 향하는 것이 고유한 권리로 가치있는 것이 된다. 이들 두 형태의 선교사들 사이의 싸움은 이와같이 어떤 원리를 따르고 있는 것이다. 고린도에 도착한 카리스마를 지닌 방랑자는 공동체로부터의 후원을 요구했다. 공동체의 구성원들은 먼저 바울을 가리키면서 반박한다. 우리의 사도 바울은 이런 어떠한 요구도 하지 않았다는 것이다. 카리스마를 지닌 방랑자들은 그들의 입장을 정당화하기 위하여 예수의 말씀들을 지적함으로써 대답한다. 그러나 바울에 관하여서는 두 가지 가능성만이 남아 있었다. 즉 그들이 자

---

56) E. Käsemann, *Legitimität*, p. 59—60은 바울이 그의 노동에 의해 정당하게 되었다는 견해에 반대하여 논박한다. 바울이 모든 것을 하나님의 은혜에 돌렸고 그가 "어리석음"만을 그 자신의 헌신으로 자랑했다는 것은 사실이다. 그럼에도 불구하고 그는 그의 업적에 의해 정당화되었다—하나님의 업적은 그를 통해 행해졌다. 하나님의 은혜에 대한 언급은 독특한 설교자로, 즉 전세계의 절대적 진리의 설교자로 바울의 이루 형용할 수 없는 자기 이해에 제한을 두고 있지 않은 것을 나타낸다. 더 나아가 그러한 언급은 이 자기 인식의 비대화이다 ; 그는 실재로 εἰς τὰ ἄμετρα (헤아릴 수 없이 ; 고후 10 : 13)하게 자랑한다. 그 배후에 적대자의 비난이 숨어 있는 경우에 사람들은 바울의 적대자가 또한번 적절한 관찰을 했다는 것을 선험적으로 배제해서는 안 된다.

신들의 삶의 방식으로 바울을 개심시키거나 바울의 사도성을 부인하거나 하는 것이 그것이다. 아마도 그들은 첫번 것을 시도하였던 것같다. 하여간 바울은 항변한다 : "나는 앞으로도 내가 해온 대로 해 나가겠읍니다. 그것은 우리와 같은 방식으로 일을 하고 있다고 자랑할 구실을 찾는 자들에게 그 구실을 주지 않기 위한 것입니다"(고후 11 : 12). [57] 그러나 무엇보다도 그들은 바울의 사도권을——개인적인 악의에서가 아니라 자기 변호를 위해——논박한다. 바울이 사도적 생활에 대한 이해에 있어서 결국 우세하게 되었다면 그것은 카리스마를 지닌 방랑자의 *226 원시 그리스도교 공동체의 기초가 되는 물질적 기금에 의한 것임이 분명하다. 20년 동안 혹은 그 이상 필수 생계비의 압력에서 벗어나 살은 후에 누가 일하기를 즐기겠는가——극단적인 궁핍 가운데서도 그러하겠는가? 사도의 정당성에 대한 신학적인 문제는 사도의 생계에 대한 물질 문제와 영속적으로 연결되어 있다. 확실히 카리스마를 지닌 방랑자적인 생활의 선택 배후에는 종교적인 동기가 있었다. 그러나 선택은 어느 사람이 그의 신학적인 논증에서까지 의존하게 되는 어떤 생활의 조건들을 초래했다. 마찬가지로 바울의 물질적인 독립은 확실히 그의 신학적 논증을 위해 보다 넓은 여지를 또한 제공해 주었다.

부록 : 고린도 교회 당파들의 사회학적 구조에 관하여

경쟁적인 선교사들 사이의 이런 싸움은 공동체에 대한 그 의미를 우리가 연구하지 않는다면 이해하기 어려운 문제에 봉착하게 된다. 바울은 두 서신을 통해 자신이 직접 교회에게 말한다. 충돌의 원인은 논쟁과 분파적인 그룹을 야기시키면서 다양한 선교사들이 공동체 안에 영향력을 행사했다는 사실에 있다.[58] 선교사들 자신은 떠돌아다니는 사람들이었다. 아볼로는 고린도전서가 쓰여질 때 고린도에 있지 않았다(고전 16 : 12). 고린도후서의 선교사들은 그들의 보다 많은 여행에서 도움을 받도록 추천장을 받았다(고후 3 : 1). 그들의 행적에서 그들은 고린도 교회 안에서 발생할 수 있었던 문제들을 남겼다. 무엇이 교회 가운데

---

57) Cf. Betz, *Paulus*, p. 102.
58) 베드로가 전에 고린도에 있었는지는 확실치 않다 ; cf. C. K. Barrett, "Cephas and Corinth," in *Abraham unser Vater* (Leiden/Köln, 1963), pp. 1—12. 그러나 최소한 베드로에게 속했던 고린도의 선교사들이 있었다.

분파적인 그룹을 야기시켰는가?[59)]
 바울 자신은 세례 준 사람과 세례받은 사람 사이의 특별한 결속에서 분파의 발생을 찾는 것 같다. "바울파"와 같은 어리석은 생각을 지적하기 위하여 그는 분명히 고린도에서 두 세 사람에게만 세례를 주었다고 그의 독자들에게 확실히 말한다(고전 1:12—17). 고린도의 분파 그룹들은 그들의 사도들과 신비적인 관계에 있는 것으로 알고 있었다는 것이 대체로 가정된다.[60)] 이러한 해석은 바른 해석일 수 있다. 그러나 그

---

59) 그리스도파의 존재가 논쟁된다 ; cf. Schmithals, *Gnosticism*, p. 117ff 안의 견해에 대한 논평과의 비교 :
 (1) 이러한 파는 클레멘트서 47:3에는 언급되지 않았다. 그러나 그런 것으로부터 그것은 기껏해야 클레멘트서의 저자가 자신이 "그리스도파"에 대해 고린도전서에 대한 그의 해석에서든지 고린도 교회와의 논쟁에서든지 아무것도 설명하지 않았다는 것을 말할 뿐이다.
 (2) 이 파는 바울, 아볼로, 게바가 공동체에 속해 있던 곳인 고전 3:22에서 생략된다. 그러나 이 공동체는 결국 그리스도에게 속하게 된다. 그리하여 그 구절은 그리스도파가 있다는 것을 가정케 하는 매우 좋은 의미를 준다 : 꼭 어느 몇 사람이 아닌 모든 사람이 그리스도에 속한다.
 (3) "그리스도가 나뉘었느냐?"는 질문 안의 암시적인 논증이 그리스도파를 겨눈 것이라고는 할 수 없다. 그러나 나도 그리스도의 당($\dot{\epsilon}\gamma\grave{\omega}\ \delta\epsilon\ X\rho\iota\sigma\tauο\hat{\upsilon}$)이라는 구는 바울의 논증에서 부적당하게 나타나지만 그때 바울이 자신을 그것으로 소개하지 않았다는 것은 더욱 더 있음직하다. 그리고 당파가 아니라 슬로건이 고린도에 있었음이 분명하다.
 (4) 세례에 의한 결속이 당파들을 성격화하는 한 이것들은 매우 이질적인 그룹들로 이해되었음이 분명하다. 바울, 아볼로 그리고 베드로는 고린도에서 세례줄 수 있었거나 혹은 실제로 그렇게 했다. 그리스도파는 유비적인 아무것도 지적할 수 없다. 그리스도파는 당파가 아니든지 혹은 신중하게 분당에 반대한 그룹이든지인 것이다. 그러한 경우에 우리는 여기서 어떤 개인적인 그리스도인들의 슬로건을 얻을 수 있다.
  그러나 그렇다 하더라도 바울은 고린도 안에서 "그리스도" 슬로건을 인정하고, 그가 조롱에 자신을 맡겨둘려고 했다면 상황에 맞지 않는 어떤 것을 고의로 넌지시 말하였을 것이다. 나의 견해로는 결정적인 질문은 누가 이 슬로건을 퍼뜨렸는가이다. 그리고 그것에 고후 10:7이 관련되어 있는가이다. 그 슬로건은 지방 그리스도인들에게서 발생된 것이 아니고 (최소한 근본적으로) 방랑하는 선교사들에게서 나왔다(cf. 마가 9:4). 사도들은 그리스도의 대표자들이었고 그에게 "속한 자"이었다. 고린도 당파는 결국 자신들이 사도에게 매여 있다고 이해했고 그를 통하여 또한 그리스도에게 매여 있다고 이해하였다. 고전 3:22—23에서 우리는 바울이 이런 관계를 전도시키는 것을 본다 : 모든 사도는 공동체에 속했으나 그 공동체는 그리스도에게 (직접) 속한다.
60) Cf. U. Wilkens, *Weisheit und Torheit* (Tübingen, 1959), p. 12. Schmithals, *Gnosticism*, p. 289—92는 몇개의 매우 무게있는 반증(counter-argument)을 제시한다.

것은 보다 더 포괄적인 분석을 배제하지 않는다. 확실한 것은 분파 그 룹들이 스스로를 자신들의 사도들과 특별한 관계에 있는 것으로 생각했다는 것이다. 이것은 공동체 안에서 누가 방랑하는 사도들과 특수한 관계를 맺었는가의 문제를 제기하는가? 먼저 생각할 수 있는 것은 선교사들에게 숙식을 제공한 사람들이 있다는 것이다. 이러한 경우에 선교사들과 그들의 관계는 분명히 신비적인 관계는 아닐 것이다. 왜냐하면 그들은 분명히 물질적인 기반을 소유하고 있기 때문이다. 공동체의 어떤 사람들이 그들의 선교적 활동을 찬양하였다면 그것은 그들의 관대함을 격찬한 것보다는 그들이 하고 있는 일을 더 격찬한 것이 아닌가? 물론 제 2 급의 선교사를 위해 돈을 쓰기를 원하는 사람은 아무도 없다. 그러한 이유 때문에 모든 사람은 그들이 후원했던(그들이 확실히 신학적으로 영향받았던) 사람을 가장 중요한 선교사로 생각한다. 선교사가 중요한 문제였다면 더 중요한 것은 공동체 안에 있는 그의 추종자들임에 틀림없다. 그러므로 다양한 당파들 사이의 투쟁은 공동체 내의 세력의 서열을 위한 알력일 수 있을 것이다. 고린도인들이 어떤 사람에 대해서는 반대하고 어떤 사람은 좋아함으로써 "우쭐대는" 사실에 불화의 원인이 있는 것을 바울은 알고 있다(고전 4 : 6).

우리는 공동체내의 세력을 위한 이런 싸움의 사회학적 배경에 대해 여전히 어떤 것을 말할 수 있는가?

적어도 우리는 여러 당파들의 주역들이 바울이 고린도전서 1장 26절에서 말한 상류 계층인 소수의 "지식인들", "유력한 사람들", "가문이 좋은 사람들"인 그리스도인들이었다는 사실을 말할 수 있다. 다음의 숙고들은 이러한 것이 사실이라는 것을 설명해 준다.

1. 우리는 바울이 세례를 주고 아마도 그의 당파에 속한 사람들의 이름을 안다. 왜냐하면 바울 자신은 이 세례를 통한 결속을 당파에 속하는 것과 연결시키고 있기 때문이다. 그들은 확실히 가난한 사람들이 아니었다. 그리스보는 그리스도인이 되기 전에 회당장이었다(사도 18 : 8—9).[61] 그의 개종은 많은 사람들에게 영향을 주었기 때문에 그는 다른 사람에게 존경받고 있었음이 분명하다. 로마서 16장 23절에서 우리가 발견하는 가이오는 바울과 전 교회의 집주인 역할을 하고 있었고, 그것은 그가 큰 숙박시설을 가지고 있었다는 것을 의미한다. 더더오는 가이

---

61) 나는 "Social Stratification in the Corinthian Community; A Contribution to the Sociology of Early Hellenistic Christianity"에서 유력한 고린도인의 사회 계층을 분석했다.

오의 집에서 로마인들에게 편지를 쓴다. 이것은 이런 종류의 봉사가 그런 곳에서 이루어지는 것을 찾는 것은 희귀한 일이 아니라는 것을 암시한다. 고린도전서 16장 15—18절에 의하면 스데바나는 자신이 "성도를 섬기는 일"에 헌신하였고, 그의 가족(혹은 종) 중 두 사람과 함께 에베소에 있는 바울을 방문한다. 그리하여 바울이 공동체의 영향력있고 중요한 사람들에게만 세례를 준 사실이 나타난다. 그에게는 적어도 당파 싸움과 관련하여 관심을 기울인 것이 그들이었으며, 세례를 주었을지라도 스데바나 가정의 식구들 이름을 언급하지 않은 것을 주목하는 것은 흥미있는 일이다. 그는 가장에게만 관심을 갖는다. "바울파"의 중요한 인물은 비교적 사회적으로 높은 위치에 있던 사람이다. 특히 우리가 두 번째 논증을 고려한다면 다른 당파들에 대해 유사한 추론을 이끌어내는 것이 합리적일 것 같다.

2. 가이오는 바울파에 속한 사람으로 바울에 의해 특별히 부름받은 사람 중의 하나이다. 후에 바울은 그의 집에 머물렀다(로마 16：23). 그러나 바울과 경쟁관계에 있던 선교사들은 숙박 이상의 것을 필요로 했다. 그들은 후원을 요구했고, 그리하여 경제적으로 부유했던 이런 그리스도인들에게 모든 것을 더욱 의존하였다. 그들의 집주인들은 그들을 숙박시켜야만 했고 회합 후에 자신들에게 필요한 것을 쓸 수 있는 돈이 있어야만 했다. 이들 경쟁적인 선교사들이 또한 그들의 여행을 계속하기 위해 돈을 받았다면 그러한 일은 더욱 사실이었음이 분명하다. 그들의 노동을 제외한 다른 어떤 방법으로 그들은 자신들이 필요로 했던 식량과 돈을 얻을 수 있었을까? 그러나 과거에 존경받았던 "집주인"[62]들은 아볼로나 베드로의 추종자들이 되었고, 그들의 집들은 공동체 안의 적은 그룹의 회합 장소와 중심지가 되었다. 물론 공동체는 여전히 한 장소에서 함께 모였다(고전 11：20). 그러나 로마서 16장 23절에서 바울은 가이오가 온 공동체의 집주인이었다는 것을 강조한다. 그리고 그런 사실에서 다른 곳에 몇몇 교인만이 모였던 집들이 있었다는 것을 추론할 수 있다.

3. 여러 사도들의 추종자들 사이의 충돌이 공동체 내에서의 세력을 위한 싸움이고, 본래 사회적으로 높은 위치에 있는 사람들에 의해 수행되어졌다면 그때 고린도전서 1—4장의 사상의 흐름은 특히 더욱 포괄적으

---

62) 고전 11：22은 집 주인의 존재에 대한 증거가 있음이 분명하다. 공동체를 형성하는 데 있어 그들의 중요성은 F.V. Filson, "The Significance of the Early House Churches," *JBL* 58(1939), pp. 103—12에 의해 연구되었다.

로, 즉 종파분리의 주제(1：10—17)가 십자가 사건의 설교의 주제(1：18ff)로 변화될 수 있다. 십자가 사건의 설교로부터 바울은 사회적 지위에 대한 모든 규범의 재평가를 하고 있는 것이다. 하나님은 천한 자들, 멸시받는 자들, 약한 자들을 선택하셨다. 대체로 공동체는 바로 그러한 계층, 즉 그들의 세계인 고대 사회에서 어떤 지위도 갖지 않았던 사람들이 모였다. 그러나 당파에 관한 충절의 문제에 있어서 바울 자신은 지식있고 유력하며 가문이 좋은 몇 사람들을 언급하고 있다(1：26). 그리고 그는 고린도인들의 사회적 상황――보다 정확히는 "지식 있고" "유력하고", "덕망이 있는"(RSV에는 "명예를 가진") 고린도인들(4：10) ――을 고린도전서 4장 9—13절에서 자기 자신의 사회적 상황과 대조시킬 때에 바울이 그가 말한 사람들 가운데 그들 자신들의 생계를 유지하기 위해 손으로 일할 필요가 없는 고린도인들이 있었다는 것을 주장하면서 그의 수공업 노동을 언급하는 것은 우연이 아니다. 문맥에서 나타나듯이(고전 3：18—4：9), 바울이 분파에 책임있는 사람들에게 말하고 있다는 것은 분명하다.

4. 고린도전서 9장에서 바울은 강한 자들에게 권리를 포기하라고 호소하면서 이 호소를 후원받을 권리의 포기 때문에 생긴 공격에 대한 변호와 결부시킨다. 여기에서 또 그는 다른 사도들과의 불리한 비교에 대항하여 자기를 변호하여야만 했다. 그리고 그렇게 함으로써 그는 "사람의 판단"이라고 말할 때에(4：3) 마음에 두었던 저 변증을 하게 된다(9：3). 바울에 대한 비난은 다른 당파의 사람들에 의해 일어났다. 이제 그의 수공업 노동이 그를 자유롭게 하지 못하게 하였다는 비난(고전 9：1)이 그들에게서 나왔다면, 우리는 이로써 또한 그들을 자신들의 부자유를 힐책하였던 그룹의 사람들로 생각할 수 없다. 동시에 강한 자들에게 말해진 것이 마찬가지로 우리의 주제에도 유익하다. 즉 이들은 아마도 상류계층에 속해 있었다.

5. 당파 싸움에 대한 바울의 보고자들은 "글로에 사람들"이다. 공동체로부터 온 서신은 그 문제에 대한 암시를 거의 포함하고 있지 않으며, 어느 정도의 교양을 소유했던 사람에 의해 아마도 작성되었을 것이다. 이유는 그러한 것이 통속철학의 영역을 포함하기 때문이다(고전 8：1 ; 10：23). 반대로 구전적 보고들은 "하류 계층"으로부터 고린도 공동체의 문제를 보는 사람들에 의해 전달된 것 같다. 고린도전서 11장 17절—34절에서와 마찬가지로 1장 12절 이하에서 바울은 하류 계층 출신의 고린도 교인들 편에 영향력이 없고 존경받지 못한 그리스도인들

*229

편에 그리고 "가난한 자"편에(11 : 22) 단호히 서 있다. 아마 그의 문제들은 스스로가 하류 계층에 속해 있었고 그러나 적어도 이 관점으로부터 사태를 볼 수 있었던 교인들에 의해서도 서술되었을 것이다. 당파 싸움에 관련하여 우리는 보고자들의 이름으로부터("글로에의 집 사람들", 1 : 11) 노예들이 문제였을 개연성이 높다는 것을 추론할 수 있다. 즉 가족들은 아버지가 죽었을지라도 자신들의 아버지의 이름을 따라 언급되었을 것이다. 당파 싸움은 분명히 이들에게는 부정적으로 보여졌고, 당파 싸움이 공동체 안에서 가장 큰 영향력을 위해 경쟁적이었던 공동체의 몇몇 유력한 사람들이 포함된 사건이었다면 어느 것도 놀라운 것은 아닌 것이다.

고린도후서에서 우리는 당파 싸움에 관하여 아무것도 듣지 못한다. 여기서는 오히려 거의 모든 고린도 교인들은 바울을 반대하는 공동의 입장에 서 있었던 것 같다. 그러나 싸움의 구조에서 이 새 싸움은 옛 싸움과 비교해 볼 만하다. 바울에 반대하는 입장은 새로이 도착한 "대사도들"의 평가로부터 결과된다. 이들 사도들은 고린도의 주의 만찬 때 "가난한 자"들로서 서 있었던 사람들에게 숨어들어 왔을 것이다(고전 11 : 17ff). 그들을 유혹한 사람들은 교육이 낮은 사람들이 결코 아니었다. 그들은 편지들을 이해할 수 있었고 바울의 출현과 수사학에 어떤 반대를 할 수 있었다. 바울은 누구도 이해할 수 없는 통속철학자로부터 인용한 말들을 사용하여 논박함으로써 대답한다.

이상과 같은 연구들은 고린도 당파의 주동자들이 상류 계층의 사람들이었다는 추정을 정당화하는 것이다. 물론 이들은 하류 계층에서도 그들의 추종자들을 가지고 있었다. 사회적으로 높은 지위의 사람은 다른 사람의 생각을 형성하는 데 혼히 영향을 주었다. 싸움의 원인이 된 것은 다른 사람보다 자신이 우쭐대고자 하는 그들의 욕심에서 온 것이다(고전 4 : 6). 대개 우리는 "지혜있는 자", "권력있는 자", "가문이 좋은 자"에게 그런 욕심을 돌려야 한다(고전 1 : 26 ; 4 : 10).

우리는 지금까지의 결론들을 요약할 수 있다. 카리스마를 지닌 방랑자와 공동체 조직가로 구분되는 원시 그리스도교의 방랑하는 설교자의 두 가지 다른 형태는 고린도에서 충돌하였다. 싸움의 발생은 카리스마를 지닌 방랑하는 설교자의 카리스마적 빈곤에 대한 문제와 공동체로부터 후원받는 것에 대한 서로 다른 입장에서 왔다. 바울의 경쟁자들은 팔레스틴 영역에 근거하였었고 파견사의 기풍에 의해 규정된 유형이나 입장을 대표한다. 반대로 바울과 바나바는 헬레니즘 영역에 근거하였고, 이 영역에서의 초기 선교의 요구들에 부합하는 한 유형을 대표하였다.

이 둘 사이에서 나타나는 사회—생태학적, 사회—경제적, 사회—문화적인 요인들은 사도적 생활의 변경과 그의 규범들을, 특히 후원의 *230 포기에로 인도하였다. 그들에 의하여 개척된 선교 영역들 안에 다른 형태의 대표자들이 이차적으로 침투하였는데, 이 경우 이들도 만찬 가지로 변화를 겪었다. 원시 그리스도교의 방랑하는 설교자들의 이 두 유형 사이의 싸움은 전 그리스도교 공동체를 포함할 수 있다. 이유는 그 싸움이 특수한 계층적 차이로 채색되어 있고, 그 경향성은 이미 고린도 교회 안에서 나타났기 때문이다. 그러나 이런 싸움에서 양측은 근본적으로 같은 종류의 사회적인 입장(posture)를 지닌 당파라는 것을 잊지 않고 있음이 분명하다. 양쪽은 종교적으로 고무된 특수한 형식, 사회를 떠나는 행태를 구현한다 : 양쪽의 실례에서 국외자(outsider)들이 문제이다. 이 사실은 바울 자신의 초상(self portrait)을 그리게 된다. 그는 자신을 사회 계층 조직의 하층 말단에 위치시키었다(고전 4 : 13). 실지로 그는 결국 자신을 "세상의 폐물과 만물의 찌꺼기"라고 말함으로 전체 사회의 외곽에 자신을 위치시켰다(고전 4 : 13). 이런 점에서 바울은 별명 "바요나"(Barjona)가 실지로 "불량배"(outlaw)와 동의어가 되는[63] 그의 적대자 베드로와 아마도 자신을 동등한 위치에 놓은 것 같다.

이 모든 사람들은 그들이 과거에 살았던 사회 세계를 버리고 떠났다. 그 시대의 사회적인 충돌과 확실히 연결되어 큰 종교적인 불안이 그들을 거리로 세차게 몰아 넣었고, 그들을 유리 방황하는 설교자, 국외자, 불량배로 만들었다. 여기 사회의 변두리에서 그들은 자주 별난 생각과 통찰력, 말과 행동을 가지고 삶의 새 형식을 추구해 갔다. 그들은 자신이 "세상의 소금"이 되는 것으로 이해했고 실재로 그들은 충돌에 의해서 지배받는 사회의 "쉬지 않는 영혼"(restless soul)이었다. 그들은 "생명력이 없는 상태의 생명력있는 정신"(Karl Marx)이었다.[64] 그들은 세계사가 침묵으로 간과해버렸던 그룹들의 정신이었다. 그 그룹들

---

63) Cf. Hengel, *Zeloten*, p. 57.
64) "Introduction. Contribution to the Critique of Hegel's Philosophy of Right," *Karl Marx: Early Writings*, trans. and ed. T. B. Bottomore, Foreword by E. Fromm (New York/Lodon, 1964), p. 44.

을 연구하면서 우리는 최소한 이것을 배운다. 한 종교가 한 사회의 쉬지 않는 정신(cor inquietum)이기를 그친다면, 삶의 새 형식에 대한 요구가 그 안에서 더 이상 생동감이 없다면, 그것이 정신을 잃고(dispirited) 정신적인 상태의 반정신적(antispirit)이 된다면, 그때에 이런 종교는 끝이 난다는 가정에 대해 언급할 수 있는 중요한 것이 있는 것이다. 그러한 일이 일어날 때에 어떤 해석학적인 기술도 그것을 다시 불붙일 수는 결코 없는 것이다. 그리고 그렇게 되면 다음 질문이 그만큼 더 자주 제기된다. "만일 소금이 그 맛을 잃으면 무엇으로 다시 짜게 하겠느냐?"(마태 5:13).

9

고린도 교회의 사회계층
──초기 헬레니즘적 그리스도교의 사회학에 관한 연구──

팔레스틴 밖에 있는 헬레니즘적 회중인 그리스도인들은 사회적으로 어떤 계층에 속했는가? 이 문제에 관해서는 여러 가지 의견들이 지금까지 거론되어 왔다. 다이스만(A. Deissmann)의 견해에 의하면, 원시 그리스도교는 하류 사회계층에서 일어난 일종의 운동이었다고 한다: "신약성서는 아무런 특색도 없이 꾸며진 상류 사회계층의 산물이 아니다. 그와는 전연 반대로 신약성서는, 인간적으로 말하자면, 하느님의 현존에 의하여 손상되지 않고 더욱 강화된 것으로서, 하류 사회계층으로부터 나온 집단적 세력의 산물이다(마태 11 : 25 ff. ; 고전 1 : 26~31). 이러한 이유로 해서 신약성서는 인류의 복음이 될 수 있었던 것이다."[1] 져지 (E.A. Judge)는 이에 대하여 반대 의견을 표명해 왔다: "원시 그리스도교인들은 당시 사회적으로 결코 하층계급이 아니었다. 만일 고린도 교인들이 아주 전형적인 그리스도교인들이었다면 그 당시 그들은 대도시인 중에서 사회적으로 뽐내는 부류들보다 더 우세했을 것이다."[2] 이 두 가지 판단은 고린도 교회 회중의 구조에 대해서 흥미를 끌고 있는데, 양자는 이 회중에 대한 모든 지식을 사회학적으로 분석할 때 정확히 증명될 수 있을 것이다. 이 두 가지 의견은 모두 옳다고 할 수 있다. 왜냐

---

1) A. Deissmann, *Light From the Ancient Near East*(London, 1927), p. 144.
2) E. A. Judge, *The Social Pattern of Early Christian Groups in the First Century*(London, 1960), p. 60. Judges는 분명히 다음과 같은 사실을 강조한다. 하류계층에 속하는 구성원들은 상류계급에 속하는 구성원에 예속된 자들로서 그리스도교 공동체에 속했다. R. Knopf, "Über die soziale Zusammensetzung der ältesten heidenchristlichen Gemeinden," *ZThk* 10 (1900) : 325~47 ; E. von Dobschütz, *Christian Life in the Primitive Church* (New York, 1904), 14 ; J. Weiss, *Der erste Korintherbrief* (Göttingen, 1910), xvi 참조.

하면——이 문제는 우리가 여기에서 논의되어야 할 중심과제이다——고린도 교회의 회중은 사회내의 계층에 의해서 특징지워지기 때문이다: 대다수 하층계급 출신들은 소수 상층계급 출신들과는 전혀 다른 상황에 처해 있다. 이러한 사회내에서의 사회적 위치는 우연히 형성되어지는 것이 아니라 구조적 인과법칙에 의하여 형성된 결과이다. 그러므로 고린도 교회 회중의 사회적 구조는 헬레니즘적 교회의 회중이 갖는 사회적 구조의 특징을 갖게 된다.

이와 같은 테제를 증명하기 위해서는 고린도인 공동체에 대해서 이야기 되어진 모든 사실에 대한 구조적 분석이 요구된다. 특히 1. 회중 전 *232 체에 대한 진술, 2. 회중 개개인 구성원에 대한 진술, 그리고 3. 회중 내의 그룹에 대한 진술. 이러한 결과들은 고린도 교회 회중의 사회적 위치를 부여할 수 있는 구조적 제반 요소를 연구하고, 또한 그러한 요소들은 고린도라는 도시 그 자체의 사회적 구조에 기인하는 것인가, 아니면 사도 바울의 선교구조에서 야기되는 것인가를 연구함으로써 규명될 수 있다. 그 결과는 본 논문 제2장에서 판명되어질 것이다. 마지막으로 우리는 여기에서 원시 그리스도교의 역사와 교회 자체의 이해를 더하기 위하여 원시 그리스도교의 사회적 계층의 중요성을 논의하게 될 것이고, 아울러 종교사회학 연구를 보다더 진작시키기 위한 몇 가지 연구가설을 간략하게 스케치하게 될 것이다.

I. 고린도 교회의 회중에 대한 사회학적 증거와 평가

A. 공동체 전체에 대한 진술

바울은 스스로 고린도 교회 회중의 사회적 구조에 대해서 기술하고 있다: "형제들이여, 여러분이 부르심을 받았을 때의 일을 생각해 보시오. 인간적으로 볼 때 지혜있는 사람이 많지 않았으며 권력있는 사람이나 가문이 훌륭한 사람도 많지 않았읍니다. 그런데 하나님께서는 지혜있는 자를 부끄럽게 하시려고 세상의 어리석은 자들을 택하셨읍니다. 그리고 유력하다는 자들을 무력하게 하기 위하여 세상에서 천한 자들과 멸시받는 자들과 존재없는 자들을 택하셨읍니다. 그래서 한 사람도 하나님 앞에서는 자랑하지 못하게 하시려는 것이었읍니다"(고전 1:26~29).

이러한 구절은, 우리가 얼핏 보아서 분명히 프롤레타리아트 그리스도인 공동체, 즉 하층계급의 종교운동에 대한 소박한 관념이라고 확실시 할 수 있을 것 같다. 우리가 좀더 세밀하게 분석해 본다면 어쨌든 바울은 민중의 3가지 범주에 대해서 언급하고 있음을 알 수 있다: 즉 지혜 있는 사람, 권력있는 사람, 가문이 훌륭한 사람이 그것이다. "지혜"와 "권력있는"이라는 말은 지혜와 어리석음, 강함과 약함에 대하여 앞서 진술한 관념과 연결되어 있다. 그런데 가문이 훌륭함(εὐγενεῖς)은 바울이 특별히 강조하고 있는 바 아주 새로운 어떤 것, 다시 말하자면 사회학적 특별 범주로 이용되고 있다. 고린도전서 1장 27~28절의 말씀을 다시 한 번 살펴본다면, 바울은 "가문이 훌륭함"과 "비천함"과를 대조시키고 있을 뿐만 아니라, 더 나아가서 바울은 "가문이 훌륭함"(εὐγενεῖς)과 "비천함"(ἀγενῆ) 사이의 대조를 두 가지 명칭인 "멸시받는 자들"(τὰ ἐξουθενημένα)과 "존재없는 자들"(τὰ μὴ ὄντα)로 부름으로써 더욱 가문이 훌륭함과 비천함의 의미를 첨예화시키고 있다. 비록 이러한 명칭을 사용함으로 이 두 가지의 사회적 관계가 신학적 시각[3]에서 보여진다는 것이 사실이지만 이 두 가지 개념이 갖고 있는 사회학적 의미가 부정될 수는 없다.[4] 비존재(οὐδενία)는 철학적 냉소주의 영역에서 나온 어떤 지위를 뜻한다.[5] 이러한 의미에서 참으로 지혜로운 소크라테스는 "무"로 규정되고 있다 (Plato, Phaidrus 234 E, Theatetus 176 C). 무에 이른다는 다른 사람의 의견을 예기할 때, 에픽테투스는 위와같은 선례를 따르고 있다(Epictetus, *Dissertationes*, III, 9, 14 ; cf. IV, 8, 25 ; *Enchiridion*, 24, 1). 그러므로 사회와 세상(κόσμος, 고전 1 : 28)에서 무(존재없는 자들)로 간주되고 있는 바로 그 사람들이 그리스도 안에 포함되어 있는 참된 지혜의 대표자들이라고 바울이 기록할 때, 바울이 사용하고 있는 어법은 그가 말하고 있는 사람들의 사회적 신분에 대해서 다른 사람들이 어떻게 이해하고 있는지를 나타내주고 있다. 이와 같은 사실은 보충자료, 즉 동격구인

---

3) 의문제기도 없이, 바울은 여기에서 무에서의 창조이념을 사회상황에 적용시키고 있다. 무로부터의 창조에 관해서(*on creation ex nihilo*, 마카베오후서 7 : 28 참조 ; Philo, *De opificio mundi* 81 ; *De specialibus legibus* IV, 187 ; 2 *Baruch* 21 : 4f.; *Hermas, Mandata* I.1; *Hermas, Visiones* L1. 6 ; 2 *Clem*, 1 : 8 ; ἐκάλεσεν γὰρ ἡμᾶς, οὐκ ὄντας καὶ ἠθέλησεν ἐκ μὴ ὄντος εἶναι ἡμᾶς. μη와 μηδέν의 구별은 전혀 관련이 없다. 고린도전서 11 : 22, 고린도후서 6 : 10과의 관련을 참고해보라.

4) J. Bohatec, "Inhalt und Reihenfolge der 'Schlagworte der Erlösungsreligion' in I kor 1 : 26~31," *ThZ* 4 (1948) : 252~71 참조.

5) 이 *Topos*에 관한 자세한 토론은 H.D. Betz, Der Apostel Paulus und die sokratische Tradition, *BHTh* 45 (Tübingen, 1972), 123~30를 보라.

존재하지 아니하는 것(τὰ μὴ ὄντα)를 보아서도 보다더 분명해진다. 유리피데스(Euripides)에서, 헤쿠바(Hecuba)는 고귀한 자들을 비천하게 하시고 비천한 자들을 고귀하게 하시는 신의 행위에 대해서 불평한다 : ὁρῶ τὰ τῶν θεῶν, ὡς τὰ μὲν πυργοῦς ἄνω τὰ μηδὲν ὄντα, τὰ δὲ δοκοῦντ' ἀπώλεσαν ; "아무것도 아닌 것을/높이 고양시키시며/거만한 자의 이름을 낮추시는/제신의 활동하심을 나는 보도다". 안드로마케 (Andromache)는 그녀의 대답중에서 위와 같은 사실을 확증시킨다 : ...τὸ δ' εὐγενὲς εἰς δοῦλον ἧκει μεταβολὰς τοιάσδε ἔχον ; "명문출신은 노예 신분으로 전락되었도다——아! 변화무쌍함이여, 변화무쌍함이여!" (Trojan Women 612ff). 이와 같은 비천함과 가문이 좋음(μηδὲν ὤν und εὐγενές) 사이의 대조는 소포클레스(Sophkles)에서도 나타난다(Ajax 1094~7): οὐκ ἄν...θαυμάσαιμ' ἔτι, ὃς μηδὲν ὢν γονοῖσιν εἶθ' ἁμαρτάνει, ὅθ' οἱ δοκοῦντες εὐγενεῖς πεφυκέναι ; "가문이 좋다는 것을 빙자하여 오만한 자들 스스로가 상도에서 벗어난 언사로 법도를 어길 때, 어떤 비천한 자가 그들의 과오에 대해서 화를 내고 공박한다고 해서 놀랄 일은 아무 것도 없다". 사회계급에 대한 견해를 표현하고 있는 존재없는 자=비천한 자(μηδέν)에 대한 동일한 관용적 사용은 헬레니즘적 유대교에서도 입증되고 있기 때문에, 우리는 바울이 사용한 존재없는 자들(τὰ μὴ ὄντα)이란 말 역시 분명히 사회학적 의미로 사용하고 있음을 알 수 있다. 특히 존재없는 자들이란 구가 가문이 훌륭한 자들과 대조시켜 사용되고 있음으로 이미 언급된 세 가지 범주의 마지막 말들(지혜롭고, 권력이 있고, 가문이 좋은)은 명백히 사회학적 의미를 갖고 있다고 추정할 수 있다. 이와같은 일련의 단어들은 앞 문맥에 나타나는 표제어의 범위를 넘어선 말들이기 때문에 바울은 이 새로운 단락(고전 1 : 26 ff.)에 그의 심중에 있는 사회적 요인을 갖다 놓고 그리고 아마도 처음 두 가지 범주를 분명히 사회학적으로 이해하려고 했을 것이다. "권세있는 자들"은 당대 그 사회의 영향력있는 사람들이고 지혜가 역시 사회적 신분을 나타내는 일종의 표시이기 때문에 "지혜있는 자들"은 교육을 받은 계급 (즉 "세상의 표준으로 볼 때 현명한 자들")에 속하는 자들일 것이다. 바울이 만일 사회학적 기준하에서 이러한 실예들을 생각하고 있지 않았다면 분명히 그는 이 세 가지 단어를 짝맞추어 사용하지 않았을 것이다. 바울은 세 가지 단어들을 집합적인 개념으로 사용하고 있으며 이 세 가지 단어를 존재없는 자들의 선택과 대조시켜 사용하고 있다. 필로(Philo)도 이 용어들을 강한 자와 권세 있는 자에 관련시켜 사용하고 있으며 그가 다음과 같은 것을 쓸 때에도 비슷한 면으로 이해하고 있다(de somniis 155). "시민 개개인은 계속 공무원으로, 공무원들은 일반 시민으로, 부자는 가난한 사람으로, 가난한 사람들은 풍부한 재력을 가진 사람으로, 찬양받지 못하고 신분이 낮은 사람들은 신분이 높은 사람으로, 힘이 약한 사람들($ἀσθενεῖς$)은 힘센 사람($ἰσχυροί$)으로, 천한 사람들은 세력있는 사람($δυνατοί$)으로, 어리석은 사람들은 지식이 풍부하고 현명한 사람으로, 기지가 없는 사람들은 건전한 이성을 갖춘 사람들로 계속 변화되어가고 있지 않은가?" 본인의 의견으로 말할 것 같으면 고린도전서 1장 26~29절에 나타나고 있는 언어는 사회학적 의미를 갖고 있다고 믿어 의심치 않는다.

만일 바울이 고린도 교회 회중 가운데 지혜있고, 권세있고, 가문이 좋은 사람들이 많지 않았다고 말하고 있다면, 여기에서 말하는 많지 않다는 표현은 분명히 얼마가량 있었다라는 의미로 쓰였을 것이다. 오리겐 (Origen) 시대에는 이미 이와 같은 구절은 그리스도인 모임에서는 하층계급사람들만 있었다고 하는 셀수스(Celsus)의 의견에 대한 반론으로 인용되고 있었다.[6] 만약 실제적으로 그러한 사람들의 수효가 적었다면, 그들의 영향력은 대단히 컸을 것이다. 그렇지 않다면 바울은 편지의 중심적인 내용을 하층계급 사람들의 "지혜"로 충당시키는 것이 필요하다고는 거의 생각치 않았을 것이다. 바울은 "우리는 그리스도를 위하여 어리석은 자가 되었고, 여러분은 그리스도 안에서 지혜있는 자가 되었읍니다. 우리는 약하나 여러분은 강합니다. 여러분은 영광을 받고 있으나 우리는 천대를 받고 있읍니다"(고전 4:10)라는 말을 기록할 때, 이 사람들을 전체 모든 회중과 동일시하지 않았을 것이다. 여기에서 다시 세 가지 용어는 제한되어 있지만 세 가지 동일한 범주——지혜있는 사람, 권세있는 사람, 존경 받는 사람——가 발견된다. 게다가 여기에서 사용되고 있는 이 단어들은 사회학적 의미를 갖고 있다. 왜냐하면 바울은 자기 처지와 분명히 사회학적인 내용을 담고 있는 고린도 교인들의 처지를 대비시키고 있기 때문이다. 예컨대 바울은 손으로 일하고, 배고픔을 체험하고, 집없는 자로서 박해를 받는다. "그는 세상의 폐물이며 모든 것의 찌꺼기이다"(고전 4:11~13).[7] 바울은 자기 자신을 사

---

6) Origen, *Contra Celsum* Ⅲ, 48.
7) $Περικαθάρματα$는 사회학적 의미로 이해되어져야 한다. Philo의 *De virtutibus* 174에 나오는 $κάθαρμα$와 마찬가지로 "화해의 희생"(propitiatory sacrifice)의 의미는 후기 자료에서만 증명된다. H. Conzelmann, 1 *Corinthians* (Philadelphia, 1975), 90과 49 참조.

회적 위치에 있어서는 맨 밑바닥에 둔다. 그러나 그는 고린도 교인들을 가장 높은 자로 파악하고 있다. 즉 여러분들은 영리하며 굳세고 명예롭습니다고. 그렇게 함으로써 바울은 일찌기 지혜로운 자도, 권세 있는 자도, 가문이 훌륭한 자도 "많지 않다"고 말했지만, 고린도 교회 회중이야 말로 가장 완전한 회중이라고 이야기하고 있다. 여기에서 "많지 않다"라는 말은 매우 많다라는 의미는 아니라고 일단 결론내릴 수 있겠다. 고린도전서 1장 26절 이하에서 바울은 상층계급 출신인 회중 구성원에 대하여 논의하려고 하지 않지만, 솔직히 그는 상층계급 신분에 대한 그들이 갖고 있는 너무나도 잘 개발된 그들의 의식에 대해서 반대하는 것이다. 분명히 그의 주장은 옳다. 이와 같은 상층계급의 대표자들은 회중내에서는 소수이었다. 그러나 그들은 지배적인 소수인 것이 분명하다. 최소한 고린도 교회 회중에서 아주 활동적으로 보이는 몇몇 사람은 소수 지배 그룹에 속했을 것이다.

B. 교인들 개개인에 대한 진술

우리는 회중 구성원 개인에 대한 진술을 평가함에 있어서는 세심한 주의를 요한다. 위경 설화는 신약성서가 이야기하고 있는 것보다 신약성서의 특징에 대해서 더 알려고 한다. 그러나 현대 성서주석은 위와 같은 경향을 진척시키지 않아야 할 것이다. 그 대신 현대 성서주석은 (완전히 주석의 고유한) 주석이 갖는 분석적 호기심을 방법론적으로 어떤 정연한 표준에 맞춰나가야 할 것이다. 다음의 예에서 보는 바와 같이 직무에 대한 진술, "주택"에 대한 진술, 회중을 위한 봉사에 대한 진술, 그리고 여행에 대한 진술은 모두 높은 사회적 신분에 맞는 표준으로 될 수 있다. 위의 진술 중에서 처음 두 가지는 분명히 사회적 지위와 관련되어 있으며, 나머지 두 가지는 활동과 관련되어 있다. 이러한 표준의 하나하나는 독특한 문제점을 야기시킨다.

1. 직무에 관한 진술

사도행전 18장 8절에서 우리는 최초의 그리스도교인 중의 한 사람인 그리스보(Krispus)가 회당장이었다는 사실을 알 수 있다. 그리스보가 그리스도교에로 개종함으로 약간의 파장을 일으킨 점으로 보아 그는 공동체의 기반을 닦는 데에 아마도 지대한 의미를 부여해 주었다고 볼 수 있다("그리고 많은 고린도 사람도 바울의 말을 듣고 믿어 세례를 받았웁니다", 사도 18 : 8). 바울은 고린도전서 1장 14절에서 바울이 세례를 준 회중의 구성원들의 짧은 명부 서두에서 그리스보(Krispus)를 언급하고 있을 뿐, 그리스보가 회당에서 무엇을 했으며 그의 전직이 무엇이었던가에 대해서는 아무것도 언급하고 있지 않다.

회당장[8]은 공동체의 우두머리가 아니라 유대교 예배의식상의 안내자였다. 회당장은 성서봉독을 관장하고, 설교를 관행한다(예컨대 사도행전 13장 15절에는 몇몇 회당장이 나타나 있다). 우리들의 연구 목적을 위하여 회당장이 회당건물에 대해서 각별한 책임을 지지 않으면 안 되었던 사실을 주지하는 것은 대단히 중요하다.[9] 회당유지를 위하여 돈이 필요했기 때문에 어떠한 불상사가 발생할지라도 공동체 기금을 자신의 기부금으로 보충할 수 있는 위치에 있는 부유한 사람에게 회당장의 직무를 맡기는 것은 타당한 일이었다. 이러한 일은 회당장이 유대인 예배의 집에 소용되는 비용을 청원했던 수많은 비문을 통해서도 확증된다. 에지나(Aegina)에서 (고린도에서 과히 멀지 않은 곳) 테오도로스(Theodoros)는 자기가 공언한 바대로 모금에 의해서 모아진 돈과 회당의 자산으로 4년 이상의 공사기간 끝에 준수하게 회당을 세웠다(Frey Nr. 722=CIG 9894 ; IG, Berlin, 1873ff. Ⅳ, 190). 그러나 포르토(Porto, Frey Nr. *236 548)와 에모니아(Aemonia, Frey Nr. 766)에서 회당장은 자기 재원($\dot{\epsilon}\kappa$ $\tau\hat{\omega}\nu$ $\dot{\iota}\delta\dot{\iota}\omega\nu$, using their own resources)을 들여 회당보수도 떠맡았다. 지데(Side, Frey Nr. 781)에서 한 비문은 아마도 다음과 같은 방식으로 이해될 수 있을 것이다. 즉 "가장 성스러운 첫 회당의 감독자"(A $\phi\rho o\nu$-$\tau\iota\sigma\tau\dot{\eta}\varsigma$ $\tau\hat{\eta}\varsigma$ $\dot{\alpha}\gamma\iota\omega\tau\dot{\alpha}\tau\eta\varsigma$ $\pi\rho\dot{\omega}\tau\eta\varsigma$ $\sigma\upsilon\nu\alpha\gamma\omega\gamma\hat{\eta}\varsigma$)는 회당보수도 했다. 분명히 가장 잘 알려진 비문은 예루살렘의 테오도투스(Theodotus)의 것이

---

8) 회당장의 직무에 관해서는 E. Schürer, *Geschichte des jüdischen Volkes* (Leipzig, 1907⁴), Ⅱ : 509~512, 영문번역, *The History of the Jewish People in the Age of Jesus Christ* (175 B.C.~A.D. 135), (Edinburgh, 1886~90), Ⅱ : 433~36, 그리고 G. Vermes and F. Millar (Edinburgh, 1973~1979)와 J.B. Frey, *Corpus Inscriptionum Iudaicarum* Ⅰ (Rome, 1936), xcvii~xcix 참조. 회당장인 소스데네는 소송대리인인 갈리오 앞에 서(사도행전 18 : 17) 유대인 공동체의 소송사건의 실예를 보여주고 있다. 왜냐하면 소송사건은 통상 회당장($\ddot{\alpha}\rho\chi o\nu\tau\epsilon\varsigma$)의 소관 업무이었기 때문이었다. 아마도 그는 두 개의 직무를 맡고 있었을 것이다.

9) 고린도에 회당이 있었다는 사실은 비문을 통해서 나타난다. B. D. Merritt, *Greek Inscriptions*, 1896~1927 : *Corinth, Results of Excavations conducted by the American School of Classical Studies at Athens VIII*, 1 [Cambridge, 1931.], no. 111). 어쨌든 비문의 양식은 회당이 후기에 되어진 것으로 지적하고 있다(79 참조).

다(Frey Nr. 1404 ; cf. Deissmann, *a.a.O.*, 378-380) :

"베테누스(Vettenus)의 아들, 회당의 사제, 회당의 주제자, 회당의 주제자의 아들, 회당 주제자의 손자인 테오도투스(Theodotus)는 율법을 봉독하고 계명을 가르치기 위하여 회당을 건립했다. 또한 그는 나그네의 거처와 숙소를 지었고, 나그네들이 거처할 집에 소요되는 식수와 비품과 나그네들이 밖에서 필요한 것을 마련했다. 그의 아버지와 형인 시모니드(Simonides)는 회당의 기초를 놓았다."

유대인 공동체 자체의 영역을 넘어서까지 이들 회당장들은 존경받는 사람들이라는 사실은 로마의 한 스타필루스(Staphylus)의 장례식 비문을 통해서도 추론될 수 있다(Frey Nr. 265=E. Diehl, *Inscriptiones latinae christianae veteres* [Berlin, 1925~31], Nr. 4886 : *Staf(f)ylo arc(h)onti et archisynagogo honoribus omnibus fu(n)ctus restituta coniux benemerenti fecit.* 'Εν εἰρήνῃ ἡ κοίμησις σου). "*Omnibus honoribus functus*"라는 말은 가끔 장례식 비문에서 발견된다. 그리고 이 말은 고대 로마 자치시, 식민지, 폴리스 또는 연합체에서 고위 직무를 담당했던 사자임을 표시한다.[10] 제사장들은 이들 대다수의 비문을 보존해 두었다. 그 비문들은 회당에서 직무를 맡은 사람들은 자발적으로 관대하게 유대 회중을 섬겼다는 사실을 역설적으로 말해주고 있다. 회당에서 직무를 맡은 사람들은 확실히 공동체내에서 가장 가난한 사람들은 아니었다. 그래서 우리는 회당장 그리스보의 경우를 통해서 볼 때 그는 사회적으로 높은 신분에 속해 있었으며 그의 이야기는 다른 사람들에게 커다란 영향력을 발휘했다는 사실을 추정해 볼 수 있다.[11]

로마서 마지막 부분에서 "시의 재무관"(οἰκονόμος τῆς πόλεως, 16 : 23)으로 기술되어 있는 에라스도(Erastos)의 사회적 위치는 더욱 논의의 여지가 있다. 그는 선출된 시정 고급 공무원직을 맡고 있었든가, 또는 어쩌면 시의 소유물로 간주될 수 있는 노예로서 시의 재무행정에 고용된 보잘 것 없는 사람이었든가[12]이다. 이 문제는 세 가지 표준에서 논의되

---

10) Frey, *Inscriptionum*, 188 참조.
11) E. Haenchen, *The Acts of the Apostles* (Philadelphia, 1971), 535 참조.
12) H. J. Cadbury("Erastus of Corinth," *JBL* 50, 1931 : 42~58)는 후기의 가능성에 대해서 찬성하고 있다. 속격인 τῆς πόλεως은 아마도 이 경우에 소유 속격으로 사용될 가능성이 있다.

어져야 할 것이다. 첫째, 신약성서의 모든 진술은 검토되어져야 한다. 둘째, 신약성서 외의 병행기사를 검토해야 한다. 세째, 가장 중요한 것으로서 고린도인이 맡은 직무에 관한 비문과 거기에 나타난 증거물을 분석 검토해야 한다.

a) 신약성서에 나타난 진술 *237

재무관(οἰκονόμος)이란 단어는 보호자(ἐπίτροπος)란 말과 함께 갈라디아서 4장 2절에 나타나고 있고, 그리스도의 일꾼(ὑπηρέτης)이란 말과 함께 고린도전서 4장 1절에 나타나고 있다. 이와 같은 사실만으로는 우리가 재무관(an οἰκονόμος)이 갖고 있는 사회적 신분에 관해서 거의 알 수가 없다. 재무관은 다른 사람을 봉사(아버지의 일꾼, 또는 그리스도의 일꾼)하는 입장에 있기 때문에 부여된 어떤 위대한 권위를 갖고 있는 것이다. 또 다른 관찰은 더욱 중요하다. 로마서 16장 23절에서만 바울은 회중의 구성원의 세속적 신분에 관해서 언급하고 있다. 바울이 언급하고 있는 사람, 즉 그리스보는 회당장이었다는 사실에 대해서 바울로부터 알 수 있는 것이 아니라, 사도행전으로부터 몇 가지를 알아낼 수 있다. 아굴라(Aquila)와 브리스가(Priscilla)는 기술공(천막 만드는 사람)으로 자기들의 생계를 꾸려나갔다는 정보도 사도행전에서 나왔다는 것이 사실이다(사도 18:3). 노예의 경우에 있어서도 분명히 바울은(로마서 16장 10절, τοὺς ἐκ υῶν Ἀριστοβούλου : 아리스도불로의 가족), 16장 11절, 그리고 빌립보서 4장 22절에서와 같이 넌즈시 요약해서 사회적 신분에 관해서 언급하고 있다. 이 문제와는 별도로 바울은 때때로 그 사람은 유대인의 후손이라는 사실을 환기시킨다. 어쨌든 바울은 회중을 위하여 바쳐지는 일(봉사)에 대해서만 관심을 갖고 있다. 에라스도(Erastus, 로마 16:23)를 언급하는 경우에 있어서만 바울은 지금까지의 "관례"와 달리하고 있다. 그래서 바울은 특별히 바울의 뜻에 따라서 자기의 집과 전체 회중을 충분히 잘 보살폈던 가이오(Gaius)에 대해서 이미 언급했기 때문에, 에라스도는 전혀 솜씨가 없었던 사람이었고 그 결과 그의 사회적 신분은 노예에 속한 것이었다고 강조하고 싶었던 것이다. 그러므로 한 공동체 구성원의 세속적 신분을 예외적인 예에서 언급했는데 아마도 그 예는 상대적으로, 즉 높은 신분이라고 말할 만큼 가치가 있는 신분이라고 지적하고 있다.

이와같이 서로 상이한 신약성서의 두 개의 예에서 에라스도는 언급되었다. 디모데후서 4장 20절에서 제2 바울적인 저자는 "에라스도는 고린도에 머물고 있고"라고 기록하고 있다. 에라스도라는 이 인물은 사도행전 19장 22절에 나타나 있는 바울과 함께 한 여행동반자일 수 있다. 바울은 디모데와 함께 에라스도를 마게도냐로 보낸다. 그리고 나서 바울 자신은 마게도냐를 경유하여 아가야와 예루살렘으로 간다. 이 복수명칭 "에라스토이"(Erastoi)는

한 사람으로서 그와 동일한 사람이라는 주장은 확실하지 않다. 또 어떤 사람
은 바울의 선교지에는 이처럼 동일한 이름을 가진 사람이 몇 사람 있다고 주
장하기도 한다. 그래서 바울로서는 로마서 16장 23절과 마찬가지인 제한 수식
구를 사용해서라도 그들 사이의 구별을 지을 필요가 있었다. 바울 자신은 전
혀 어떤 다른 에라스도를 언급하지 않는다. 이 모든 "에라스도들"(Erastoi)과
공통적인 동일성을 나타내는 것은 고린도와의 공통적인 관계에서이다. 에라스
도가 한 때 에베소에(사도행전 19:22이 추정하는 바와 같이) 있었다면 로마
서 마지막 장에서 그가 하는 문안의 인사는 적절하다. 왜냐하면 이 마지막 장
(章)은 가능한 대로 원래 에베소 회중에게 보내는 인사말이기 때문이다. 우리
가 취급하고 있는 문제와 관련하여 다음과 같이 결론을 내릴 수 있을 것이다.
자주 다니는 여행에서 빠져 있는 에라스도는 노예인 것 같지가 않다. 또한 이
러한 여행이 전설적인 것으로 고려된다고 할지라도 그러한 전설은 노예 주변
에서 생겨났다고 할 수는 없다. [13]

신약성서의 주요 자료들은 에라스도가 사회적으로 하층 신분에 속했다고 하
는 사실을 뒷받침한다. 그것을 옹호할 수 있는 가장 강력한 논거는 여전히
불가다(*Vulgata*) 역본이다. 시(市)의 재무관(*arcarius civitatis*)은 통상 노예이
고 하위계층에 속하는 재정관료를 뜻한다. 이러한 번역은 고린도전서 1장 26절
이하에서 영향을 받을 수 있었다. 그러나 그 중에 어느 것에 의해서도 회중 구
성원 사이에서 고위 관리를 찾기를 기대할 수는 없을 것이다. 또한 라틴어 관용
어의 특수성을 눈여겨 보아야 할 것이다. 로마인들은 때때로 재무관($oi\kappa ov\acute{o}\mu o\varsigma$)
이란 말을 어떠한 특정한 목적을 위해서 사용했는데 그 말은 낮은 계급을 지칭
할 때 사용되었다. [14] 이 문제는 다음과 같은 점에서 지적될 것이다.

b. 일반 언어 사용법

재무관($oi\kappa ov\acute{o}\mu o\varsigma$)이란 말의 의미는 시간과 장소에 따라서 다르게 나타난다.

---

13) Cadbury, *ibid.*, 42ff., 한 편으로는 신약성서에 나오는 세 명의 Erastoi(에
라스도들)는 동일인물로 간주되고 있다. 또 다른 한 편으로는 Erastus(에
라스도)는 아마도 노예였을 것이라고 주장하고 있다. 본인의 견해로는 우
리가 한꺼번에 두 가지 견해를 주장할 수는 없다고 본다.

14) So U. Wilcken, *Griechische Ostraka aus Aegypten und Nubien*: *Ein
Beitrag zur antiken Wirtschaftsgeschichte*, Bd. Ⅰ (München, 1899=
Amsterdam, 1970), 499 : "이 오래되었지만 순수한 희랍 타이틀은 $oi\kappa ov\acute{o}-\mu oi$와 같은 $\kappa \rho \acute{\alpha} \tau \iota \sigma \tau o\iota$ 밑에 있었던 하급 신분에만 붙여졌다." 그것은
에짚트의 명칭에 있어서도 대체로 그렇다. Strabo xvii, 1, 12 참조(에짚
트에 관해서) : $\pi \alpha \rho \acute{\epsilon} \pi ov\tau \alpha \iota$ $\delta \acute{\epsilon}$ $\tau o\acute{v}\tau o\iota \varsigma$ $\dot{\alpha}\pi \epsilon \lambda \epsilon \acute{v}\theta \epsilon \rho o\iota$ $K\alpha \acute{\iota}\sigma \alpha \rho o\varsigma$ $\kappa \alpha \grave{\iota}$ $oi\kappa o-\nu \acute{o}\mu o\iota$, $\mu \epsilon \acute{\iota}\zeta \omega$ $\kappa \alpha \grave{\iota}$ $\dot{\epsilon}\lambda \acute{\alpha}\tau \tau \omega$ $\pi \epsilon \pi \iota \sigma \iota \epsilon \nu \mu \acute{\epsilon}v o\iota$ $\pi \rho \acute{\alpha}\gamma \mu \alpha \tau \alpha$. 바로 이 인용구는
때때로 보다 무거운 책임은 역시 $oi\kappa ov\acute{o}\mu o\varsigma$에게 맡겨졌다는 사실을 시사
해주고 있다.

비명 용어 조사 연구에서 란드보그트(P. Landvogt)는 희랍시대와 그 이후 시기에서 재무관이란 이 용어는 임명된 정식 공무원이거나 또는 선거에 의해서 당선된 희랍 제도시의 공무원이거나 또는 높은 지위에 속하는 직무를 뜻했다고 결론짓고 있다. [15] 원래 서부 소아시아(western Asia Minor)와 연유되는 후자에 대한 증거만은 우리들의 연구 목적을 위해서 대단히 흥미로운 것이다. 여기에서 도시의 재무관(οἰκονόμος τῆς πόλεως)이라는 표현이 뜻하는 바가 무엇인지 충분히 증명된다.

필라델피아(Philadelphia ; Landvogt, 26~27) : 도시의 재무관(τῆς πόλεως οἰκονομός)은 하나의 돌비(Stele)를 세웠다. 그 비문은 제국의 치세시기로부터 날짜를 적고 있다.

스미르나(Smyrna ; BM [London 1874~1916], Ⅲ/2, 448 469 ; Landvogt, 28~29) : 기원전 4세기 말경, 재무관(οἰκονόμος)이라는 말은 사제(priests)라는 말과 함께 사용되었는데, 재무관이 기금을 마련하기 위해 바친 봉헌물을 뜻했다. 그는 고급 공무원으로서 높은 직책을 맡았다. 로마시대에 사용되었던 관리인(ταμίας, 창고지기)는 에베소에서 입증이 되고 있다(BM Ⅲ, 636).

마그네시아(Magnesia; O. Kern, *Inschriften von Magnesia* [1900], Nr. 98, 99, 100, 101, 103, 97, 94, 89, 12 ; Landvogt, 31~36) : 기원전 2세기경 문화적 임무와 정치적 임무를 지고 있는 재무관들(οἰκονόμοι)을 위한 특수 전문기관이 있었다. 이 기관은 시의 재정을 관리했다.

프리에네(Priene; F.J.W. Hiller v. Gaertringen, 프리에네의 비문(*Inschriften von Priene* [Berlin, 1906], Nr. 6, 18, 83, 99, 107, 108, 115, 117, 119 ; Landvogt, 36~44) : 도시의 재무관(οἰκονόμος τῆς πόλεως)은 기원전 4세기에서 1세기까지 매년 선출되었다(Nr, 83, 99, 107, 108, 115, 117). 재무관은 법률 집행관(νεωποίης)과 함께 시(市)의 재정을 관장한다. 기원전 1세기 경에는 임대인의 기능까지도 떠맡는다.

아프로디시아(Aphrodisia ; CIG 2811 ; Landvogt 44) : 시민의회의 재무관은 시의 재무를 관리했다. 이런 내용의 비문은 로마시대부터 나온다.

스트라토니케아(Stratonicea : CIG 2717 ; Landvogt, 44) : 황제 발레리안(Valerian) 시대에(기원전 3세기경) 전진적인 야만인들이 도시를 파괴할지도 모르기 때문에 재무관은 지배자에게 자신의 위임을 문의하였다. 재무관은 역

---

15) P. Landvogt, "Epigraphische Untersuchungen über den οἰκονόμος: Ein Beitrag zum hellenistischen Beamtenwesen" (diss., Strasbourg, 1908). 관련된 모든 비문은 거의가 소아시아에서 나왔다. 내가 볼 수 있었던 비문은 그냥 그대로 그림이 보존되어 있었다. 여기에서는 다만 소아시아에서 나온 두서너 가지 비문만이 첨가된다. 이것들이 공무원과 공공기능에 관계되어 있는지 또는 관계가 없는지 분명하지가 않다 : MAMA Ⅶ : 1 ; Ⅷ : 136, 386, 399.

시 고급 시정공무원이기도 했다.
  히에라폴리스(Hierapolis ; W. Judeich, *Altertümer von Hierapolis*(1898), Nr. 34 ; *IGRom* 813 ; Landvogt, 47) : 시(市)의 두 재무관은 로마시대에 지방장관에게 경의를 표시하기 위하여 하나의 기둥을 세웠다. 시의 재무관은 프리기아(Phrygia)에 있는 한 알려지지 않은 곳에서 모신(Göttermutter)에게 맹세를 하였다(*CIG* 6837 ; Landvogt, 48).
  아폴로니아(Apollonia, *SIG*² 545 ; Landvogt, 49) ; 재무관들(οἰκονόμοι)과 아마도 공무원들을 위한 특수 전문기관은 비석에 글자를 새기는 데 소요되는 비용을 부담한다.
  위와 같은 실례에서 볼 때 도시의 재무관이라는 용어는 높은 지위를 표시하고 있음을 알 수 있다. 재정문제와 건물을 건축하는 일을 취급하는 일은 공무원들이 맡는다. 그러나 다른 도시에서는 또 다른 책임을 맡는다. 재무관들 뿐만 아니라 그들과 함께 일하는 관리인도 자주 발견된다. 란드보그트(P. Landvogt)는 재무관과 관리인 사이의 관계를 기술하고 있다 : "관리인과 재무관의 구별을 일정한 기능과 명칭으로 판단해 보건대 그들의 근본적인 차이점은 다음과 같다 : (a) 관리인(ταμίας)은 오직 기탁물과 현금 회수를 취급하는 국고관리 공무원이었다. (b) 재무관(οἰκονομος)은 국가 자원, 재원, 귀중품 등을 실제적으로 취급했던 관리인 신분의 공무원이었다. 예컨대 아테네에서 또는 다른 도시에서 재무관은 여러 종류의 공무원들 사이에서 나누어져 있던 제 기능을 아울러 가졌다. 행정 공무원으로서의 특징을 가졌고, 그 위치에 있는 재무관은 재정적인 문제에 깊숙히 관여하게 된다. 그렇기 때문에 재무관의 직권에 의하여 들여온 물건값을 관리인은 부분적으로라도 지불해야 하는데 이러한 과정에서 재무관의 직무가 쉽사리 관리인의 직무에 관여하게 되는 일이 생긴다. 그래서 재무관은 관리인과 대체될 수 있다. 그러나 서로 일치시키지는 못한다."[16] 재무관의 직무는 로마시대(필라델피아, 스미르나, 아프로디시아, 스트라토니케아, 히에라폴리스에서 ; 프리에네에서의 비문은 제국시대로부터 그리 멀리 떨어져 있지 않다)에 잘 증명된다. 고린도에서 유사한 직무의 가능성도 제외될 수 없을 것이다.
  그럼에도 불구하고 우리는 위와 같은 사실을 토대로 단순히 에라스도가 사회적으로 높은 신분을 가졌었다고는 추리할 수 없다. 왜냐하면 이미 기술한 바와같이 재무관들(οἰκονόμοι τῆς πόλεως)에 해당하는 것은 확실히 (매우 개연적으로) 노예도 될 수 있고 자유인도 될 수 있는 제 3의 인물이 있을 수 있기 때문이다. 니코메디아(Nicomedia)에서는 분명히 유복했지만 한 때 자유가 없었던 가이우스 트리폰(Gajus Tryphon)이라는 사람에 대한 장례식 비문이 나왔다(*CIG* 3777 : Landvogt, 26). 코스(Kos)에서는 두 개의 비문이 나왔다(W.R.

---

16) *Ibid.*, 21.

Patton and E.L. Hicks, *The inscriptions of Cos* 1891, Nr. 310 ; Landvogt, 24, cf. *CIG* 2512). 그 비문에는 부친의 이름이 기록되어 있지 않은 코스 시(市)와 재무관(οἰκονόμος τῶν Κώων πόλεως)에 대해서 언급되어 있으며, 그 시(市)의 재무관의 직무는 매년마다 선거의 결과에 의해서 맡겨지는 것이 아니라고 되어 있다. 그 직무의 수임자들은 아마도 노예일 수도 있고 또는 해방된 자유인일 수도 있다. 그 비문 자체는 제국시대 후기에 나왔다. 부친의 이름은 칼게돈 (Chalcedon)에서 나온 비문에서도 빠져 있다(*CIG* 3793 ; Landvogt, 26 : Διονύσιος, οἰκονόμος Καλχηδονίων, und in Philadelphia(*IGRom* 1630). 스파르타 출신의 공무원들의 목록 중에는(*CIG* 1276 ; Landvogt, 23) 주인을 사랑하는 자(φιλοδέσποτος οἰκονόμος)라는 이름을 가진 자가 *CIG* 1239에서는 노예로 기술되어 있다.

언어 용법에만 기초를 두고서는 우리가 로마서 16장 23절에 대하여 분명한 결론에 도달할 수가 없다. 스파르타에서 지리적으로 가장 가까운 곳에서 발견된 비문에 의하면 시(市)에서 근무하는 재무관은 노예인 것을 알 수 있다.[17] 우리는 고린도내에서의 상황을 고려해 볼 때, 스파르타 가까운 곳에서 발견된 비문에서 추론하기에 앞서 무엇인가 그밖의 다른 문제를 고려해봐야 할 것이다. 고린도는 로마의 식민지였고 고린도의 정치적 분위기는 희랍 도시의 일반적인 정치적 분위기와는 비교할 수 없었다. 또 다른 한편 바울은 소아시아 다소 (Tarsos) 출신이고, 또한 그는 재무관이 명성있는 직무를 맡았다는 사실이 증명된 곳인 소아시아 바로 그 곳에서 많은 세월을 보냈다. 만일 로마서 16장이 에배소 회중에게 전해진 인사문이라면, 아마도 바울은 언어학적 의미에서 에배소의 관행을 따르고 있는 듯하다.[18] 또한 바울은 고린도에서 라틴 이름으로 표기된 직무에 해당되는 용어, 즉 똑같은 의미의 희랍어를 사용할 수 있었을 것이다. 에베소에서 재무관에 대한 증거물은 기원전 4세기경에야 비로소 나온다. 그러나 일반적으로 에베소와 이웃에 있는 지방에서는 좀더 늦은 서기에 가서야 재무관에 대한 증거물이 발견된다. 마그네시아에서는 기원전 2세기경에, 프리에네에서는 기원전 1세기경에, 그리고 스미르나에서는 기원전 2, 3 세기 경에 증거물이 발견되었다. 그러나 고린도에 과연 바울이 재무관이라고

*240

---

17) 이러한 이유 때문에 Cadbury("Erastus," 49)는 소아시아에서 나온 유사한 모든 것을 배제한다.
18) 역시 W.A. McDonald, "Archaeology and St. Paul's Journey in Greek Lands, Part Ⅲ : Corinth," *BA* 4 (1942) : 36~48 ; 그는 아마도 소아시아에 있는 οἰκονόμος의 직무에 착안하고 있다. "oikonomos는 Vulgata 역에서 *arcarius*로 번역되고, 로마시에 있는 *arcarius*들은 일반적으로 노예 태생이었으며, 한편 *aedile*는 사회적으로 높은 위치에 속했다는 논증은 그 논지를 잃고 있다. 왜냐하면 바울과 같은 동양인에게 있어서 oikonomos가 로마의 *aedile*에게는 사회적으로 아주 유사한 지위 중의 하나를 의미할 수 있다고 우리가 상정할 때 그렇다"(42와 2).

언급한 사회적으로 높은 신분을 가진 사람으로 볼 수 있었던 현직자의 직무가 있었던가?라고 하는 물음은 아직도 남아 있다.

c. 고린도에 있는 직무들

고린도는 2개 국어를 병용하는 식민지였다. 시이저는 이 식민지에 해방된 자유인들을 거주케 했다.[19] 식민지 시대 초기부터 거기에는 희랍인들이 있었다. 왜냐하면 고대 발굴물이 증명해 주는 바와 같이 오래된 도시가 완전히 파멸되지 않았기 때문이었다. 그 도시의 구조는 로마식이고 도시의 공용어는 라틴어이다.[20] 희랍에서 발굴되는 대다수의 비문들은 하드리안(Hadrian)시대 전까지의 것들이다. 바로 이 2개의 언어를 병용하는 곳에서의 언어적 대등성이야말로 우리가 다루고 있는 문제에 관하여 중요성을 갖는다. 직무에 해당하는 라틴어법적인 명칭은 공식적으로 위임통치를 받는다는 의미가 있다. 그러나 이러한 사정하에서 희랍어와 동일한 말에 대하여 보다 융통성 있는 언어 사용을 기대해 볼 수 있다.

식민지의 총독은(식민지의 구조는 자치도시[21]의 구조와 의미상으로 차이점이

---

19) 시이저의 식민지 정책에 있어서의 정치적 목적에 관해서, F. Vittinghoff, *Römische Kolonisation und Bürgerrechtspolitik unter Caesar und Augustus*, *AAWLM*. G14 (Mainz, 1951). 고린도에 관해서는 페이지 85~87을 보라. 또한 A.H.M. Jones, *The Greek City from Alexander to Justinian* (Oxford, 1940), 61~64.

20) J.H. Kent의 주의깊은 의견에 관해서는 *The Inscriptions* 1926~1950 : *Corinth, Results of Excavations Conducted by the American School of Classical Studies at Athens* Ⅷ, 3 (Princeton, 1966), 18~19를 보라. 4개의 희랍 비문은 아우구스투스 때부터 트라얀(From Augustus to Trajan)까지의 시기의 것으로서 Kent에 의하여 출간되었다(그 중에 두 가지는 정확한 시기를 계산할 수 없다). 101개의 라틴 비문과 비교해 볼 수 있다 (101개의 비문 중에서 43개의 비문은 정확하게 시기를 계산할 수 없다). 대조적으로 하드리안(Hadrian)에서부터 갈리에누스(Gallienus)까지의 기간 동안의 것인 17개의 라틴 비문만이(그중 5개는 정확한 시기를 계산할 수 없다) 35개의 희랍 비문과 비교해서(그중 13개는 정확한 시기를 계산할 수 없다) 그 신원을 파악할 수 있다. 라틴 비문은 그 정체를 이해할 수 있었고 파악될 수 있었다. 왜냐하면 기타 여러 가지 이유 중에서 고린도가 B.C. 27년경 이래로 아카이아(Achaia)의 지방수도이었기 때문이다.

21) W. Liebenam, *Städteverwaltung im römischen Kaiserreich* (Leipzig, 1900), 460~61 ; Vittinghoff, *Kolonisation*, 41~43 참조. 식민지와 자치시 (*municipium*)와의 차이는 원래 로마 건설이란 사실에 기인한다. 이러한 사실 이외에는 어떤 중요도의 차이의 문제보다 법률적 구조의 차이 문제는 별로 없었다. 식민지는 국가를 건설한 로마백성에게 속했다. 특히 식민지는 특권을 부여 받았다. 그러한 이유로 인해서 자치시는 식민지가 되기를 바랐지만, 식민지는 자치시가 되기를 원치 않았다. 식민지에 관해서는 E. Kornemann, s.v. "coloniae," PRE f. 511~88 참조. 고린도의 정치적 구

없다) 매년마다 선출된 두움비리(로마의 2인 정치)[22]가 된다. 두움비리 퀸퀜 날리스(5년 임기의 2인 정치가)는 특별히 중요한 역할을 하는 사람으로서 5년 마다 한 번씩 선출되며, 그 사람의 책임은 인구조사를 하는 일이다. στρατηγὸς πενταετηρικος는 두움비리 퀸퀜날리스에 해당하기 때문에(Meritt, Nr. 80, 81), 우리는 여기에서 4번씩이나 발견된(Kent, Nr. 371, 468 ; Meritt, Nr. 95, 110) στρατηγός는 두움비르(duumvir)로 해석할 수 있을 것이다. 평의회와 의회를 소집하고 회의와 선거를 주재하며 일반적으로 시의 이해관계를 대표하는 것이 그의 의무로 되어 있다. 비문과 주화를 통해서 얻어진 정보에 기초하여 우리는 일련의 고린도인 두움비리의 이름들을 알게 된다. 기원전 50/51년 경(말하자면, 고린도 교회가 설립되었을 때) 푸플리시우스 레굴루스(Cn. Puplicius Regulus)와 파코니우스 플람[미니우스](L. Paconius Flam[inius]가 두움비리이었다(Edwards, Nr. 51~53) ; 여기에는 불확실한 점이 몇가지 있지만 기원전 52/53년에는 클라우디우스 디니푸스(Ti. Claudius Dinippus)와 클라우디우스 아낙시라스(Ti. Claudius Anaxilas [west, Nr. 54])가 두움비리 (duumviri)이었다.[23]

두움비리 다음으로 가장 평가를 받는 공무원들은 두움비리와 함께 때때로 콰투오르비리(Quattuorviri: 4인 정치가)라고 불리워지는 두 조영관(造營官)[24] 이다. 그들의 의무는 공공장소와 건물을 유지·감독하는 일을 포함하여 식량 비축과 경기를 거행하는 일이다. 고린도인들이 거행한 이스트미안(isthmian) 경기들은 그들 자신의 아고노테타이(Agonothetai)를 (라틴 비문에 의하면) 위하여 굉장한 명성이 있는 일로 불려졌다. 식량 조달이 곤란할 때에는 식량 관리인(curator annonae, Gr. επιμελητὴς εὐθυνιας; cf. Meritt, Nr. 76,94)도 선출되었다. 정상적인 경우에는 그 직무는 조영관(Aedile)에게 속했다. 그런데 우리가 관심을 갖고 있는 문제의 맥락에서 이 직무는 대단히 의미있는 일이다. 왜냐하면 식량 조달이 곤란한 경우가 생길 때 에라스도가 고린도의 조영관으로 일했던 증거가 있기 때문이다. 증거가 되는 그 비문은 1929년에 발견되었다. 그 비문은 1928년부터 1947년까지 발굴을 착수한 이래 계속 보완되어 왔다.[25] 켄트(Kent)가 재구성한 비석(Nr. 232)에는 다음과 같이 기록되어 있

조에 대해서는 포괄적이나마 Kent의 *Inscriptions*, 23ff.에 논의되고 있다.
22) *duumvivi*에 관해서는 Liebenam의 *Städteverwaltung*, 255 ff. 참조 ; 상응 되는 στρατηγοί에 관해서는 289~90 참조.
23) A.B. West, *Latin Inscriptions*, 1896~1927 : *Corinth, Results of Excavations Conducted by the American School of Classical Studies of Athens* Ⅷ, 2. (Cambridge, 1931), 31~35 참조. 그러나 Kent, *Inscriptions*, 25는 C. Julius Laconis f.의 Spartiaticus를 제안한다.
24) W. Liebenam, Städteverwaltung, 263~65 ; Kubitschek, s. v. "Aedilis," PRE 1, 448~64 : Kent, *Inscriptions*, 27 참조.
25) Erastus 비문에 관한 논의는 F.J.M. de Waele, *Mededeelingen v.h. Neder-*

*242 다 : [*praenomen nomen*] Erastus *pvo* aedilit[*at*]e s(*ua*) p(*ecunia*) stravit("에라스도는 조영관이 된 보답으로 자기 자신의 비용을 들여서 [도로]를 포장했다"). 원래 이 비문은 2세기 중엽에 두 개의 판에 기록되었던 것으로써 비문의 내용은 도로에 관한 것이었다. 여기에 언급되어 있는 에라스도는 그의 신분이 알려지기 바로 얼마 전에 죽었다고는 볼 수 없다. 왜냐하면 그의 신분이 알려졌을 때 사람들은 그의 치적에 대한 위와 같은 기념물을 부숴버릴 정도로 그의 신분이 경멸적이었기 때문이었다. 에라스도가 만든 도로는 어떠한 이유에서인지는 모르지만 파피되었다가 상당한 시간이 경과한 후에야 다시 그럴듯하게 포장된 것 같다. 도로를 다시 포장한 때는 1세기 중반쯤인데 그 때는 바로 고린도 교회가 구성된 때이었다.[26)]

에라스도가 그리스도교인 에라스도인지 또는 조영관 에라스도인지 그 신분이 확실치 않은 근거들이 있다. 도시의 재무관(οἰκονόμος τῆς πόλεως; 로마 16 : 23)이 용어상에 있어서 또는 사실상에 있어서 고린도인 조영관에 해당되는지 어떤지는 결정적으로 의문점이 있다. Aedilis(조영관)은 통상 고린도인 그 자체를 나타낼 수 있는 희랍어 ἀγορανόμος(시장의 서기)로 번역된다.[27)] 기원전 170년경에 지금까지 남아있는 몇몇 비문(Kent, Nr. 199∼201, 306 ; *IGIV*, 203)에 기재되어 있는 프리스쿠스(Priscus)라는 사람은 자기가 조영관으로 선발된 보답으로──1세기 전 에라스도가 조영관이 된 보답으로(*pro aedilitate*) 도로들과 광장들을 포장했던 바와같이──이스트미안(고린도 지협) 제사기념관을 보수했다. 바울이 조영관 에라스도를 통하여 문안의 인사를 전하기를 원한다면 어째서 그는 아고라노모스(ἀγορανόμος ; 시장의 서기)라고 쓰지 않았는가? 그것은 희랍어가 얼마 동안 공식언어로 되어 있었기 때문에 그 이후 기원전 2세기 하반기에 희랍어 직함인 아고라노모스(ἀγορανόμος)란 말이 제일 먼저 나타난다는 사실이 찬성을 받지 못할 수도 있기 때문일 것이다. 기원전

---

land. histor. Institut de Rom 9 (1929) : 40∼48 ; 같은 저자의 "Die Korinthischen Ausgrabungen 1928∼1929," *Gn.* 6 (1930) : 52∼57 참조. 후자의 p. 54에 관해서 그는 고린도의 비문에 나타난 Erastus와 그리스도교인 Erastus를 동일한 인물로 보고 있다. de Waele은 R. Carpenter의 *Ancient Corinth*(1933)에 대한 그의 연구결과 그의 책 *Gn.* 10(1934) : 223∼30에서는 자기의 의견을 철회한다(226). 그 이상으로는 A.G. Roos, "De titulo quodam latino corintho nuper reperto," *Mn.* 58 (1930) : 160∼65. Cadbury는 "Erastus"에서 부정적인 결과로 Erastoi라는 두 인물의 동일성을 상세히 논하고 있다. 이에 대한 반대의견으로서는 McDonald, "Archaelogy" 42와 2 ; O. Broneer, "Corinth: Center of St. Paul's Missionary Work in Greece," *BA* 14 (1951) : 78∼96 ; Kent, *Inscriptions*, 99∼100, 27 참조.
26) Kent(*Inscriptions*, 100)도 역시 이 시기를 받아들인다("기원후 1세기 중엽경"), 그러나 그에 대한 어떠한 정당성도 제공하고 있지 못하다.
27) Cadbury, "Erastus," 54 참조.

1세기경에는 라틴어가 분명히 공용어이었기 때문에 그 때에 사용된 조영관 (aedilis)이란 말이 아고라노모스(ἀγορανόμος; 시장의 서기)에 해당된다는 것은 아무리 봐도 확실성이 없다. 어쨌든 아고라노모스(ἀγορανόμος; 시장의 서기) 는 통상 조영관(aedilis)의 번역이냐라는 데에서는 논의의 여지가 있다.

바울의 입장에서 보면 고린도의 언어적 관행이 소아시아에서의 그의 체험에 의하여 영향을 받았던 그의 어휘보다도[28] 분명하지 못했다고 하는 것은 논의 의 여지가 있다. 그래서 논지는 확실하지 못하다. 왜냐하면 아고라노모스(시 장의 서기)는 필라델피아(Philadelphia, IGRom, Nr. 1631, 1637, 1640), 스미 르나(Smyrna IGRom. Nr. 1438,) 그리고 히에라폴리스(Hierapolis, IGRom Nr. 810, 818, 820)에서와 마찬가지로 οἰκονόμος [τῆς πόλεως](시(市)의 재무관) 의 증거물이 있는 소아시아의 바로 그 도시들에서 알려진 직무이기 때문이다. 좀더 길게 예를 들자면 아크모니아(Akmonia, IGRom Nr. 654, 657, 658), 티 아티라(Thyatira, IGRom Nr. 1210, 1244, 1248, 1250, 1255, 1257), 페르가몬 (Pergamon, IGRom Nr. 452, 461, 477, 그리고 기타)으로 목록을 잡을 수 있 다.[29] 간단히 말해서 소아시아 태생인 바울은 아고라노모스(시장의 서기)라는 직무를 적어도 도시의 재무관(οἰκονόμος τῆς πόλεως)으로 알고 있었다.

이와 같은 언어학적 논쟁은 문제의 한 면밖에 다루지 못한다. 그래서 우리는 조영관이란 고린도인의 직무가 그 직무에 관한 한 재무관이란 말로 사실상 번역 될 수 있다는 그런 식으로 정의할 할 수 있는지 어떤지에 대해서 질문을 제기 해야 할 것이다. 켄트(Kent)는 이렇게 생각하고 있다 : "고린도는 유일한 식민 지였다. 식민지 상태하에서 고린도는 국제적으로 유명했던 경기경영을 감독했 다. 그러므로 고린도는 직무와는 완전히 분리된 기구로 이스트미안 축제(The Isthmian festivals)를 베풀었다. 그리고 공공 연회의 모든 책임을 면제받은 고 린도인 조영관은 사실상 지방 경제문제에 대해서만 그들의 활동을 펼 수 있도 록 제한받았다. 이러한 이유 때문에 사도 바울은 고린도인 조영관으로 묘사할 수 있는 관습적인 말인 아고라노모스(ἀγορανόμος)라는 말을 사용하지 않고 그를 재무관이라고 부르고 있다(로마 16 : 23)."[30] 그러나 이 논지도 확실하지 못하다. 왜냐하면 아고노테타이(Agonothetai)는 고린도 뿐만 아니라 예컨대 아크모니아(Akmonia, CIG 3858), 아프로디시아스(Aphrodisias, CIG 2766, 2812, 2785, 2789), 에베소(Ephesus, CIG 2961b, 2987b), 그리고 기타 여러 도시에도 있었기 때문이다.[31] 고린도는 경기를 지휘 감독할 수 있는 직무를 창출해내었다는 점에서 특기할 만한 도시가 아니라, 고린도의 경기가 국제적

*243

---

28) 또 McDonald, "Archaeology," 42와 2.
29) 더 이상의 것으로(역시 다른 기타의 직무에 관해서)는 Liebenam, Städt-everwaltung, 539ff.에 있는 증거에 대한 편집물 참조.
30) Kent, Inscriptions, 27.
31) 역시 Liebenam, Städteverwaltung, 542~45 참조.

으로 유명하다는 사실로 인해서 특기할 만했던 것이다. 또한 조영관의 책임은 "지방 경제문제"에 국한되어 있지 않았다. 그들의 주된 의무는 공적을 감독하고 유지시키는 일이었다. 그들은 위와 같은 책임을 수행하면서 그들의 영향력을 공적으로 인식시켰다.

우리가 반대논지를 좀더 무게있게 고려한다면, 시의 재무관(οἰκονόμος τῆς πόλεως)은 고린도의 조영관에 해당하는 직무라고 하는 가능성을 전혀 배제시킬 수 없을 것이다. 그러나 그러한 가능성은 만족할 만하게 증명될 수도 없을 것이다.

지금까지 우리는 비문에 나타나고 있는 에라스도와 고린도인 에라스도의 신원을 밝히려는 논의 때문에 문제의 중요한 면을 빠뜨려버렸다. 조영관은 일년을 단위로 선정된다. 바울이 고린도에 있을 동안 로마인들에게 편지를 쓴 바로 그해에 에라스도가 조영관이었을 가능성이 있을 수 있을 것이다. 시정의 직무의 피택된 대부분의 사람들은 피택되기 전에 이미 어떤 다른 직책을 맡고 있었다. 시의 지도자의 직위(조영관은 4명의 사법관, 즉 도시의 최고 계층에 속한다)가 좀더 하위 직위에 속하는 스스로가 능력을 이미 인정받지 못한 자들에게 넘어가리라는 것은 거의 상상도 할 수 없는 일이다. 그러므로 시의 재무관은 "로마"의 직무에 동등한 희랍의 직무이고 또한 재무관은 그때 당시 고린도에서 희랍식 명칭을 가졌던 직무에 해당되며 사람들은 조영관이란 직무에 앞서 시의 재무관 직무를 맡았다고 보는 것이 가장 타당하다고 생각한다.

이러한 가능성 중에서 제일 먼저 일어나는 문제는 형사 재판관에 관한 문제이다.[32] 두 명의 형사 재판관은 법률적인 의미로 말해서, 조영관과 동등한 위치에 있다. 그러나 조영관의 직무가 더욱 고귀한 직책이다.[33] 이것은 이해할 만하다. 왜냐하면 공공의 존경을 고려하는 한에 있어서 재무관이 공공건물을 지을 수 있는 어떤 사람과 경쟁한다는 것이 어려운 일이라고 보여지기 때문이다. 비문에서 이름이 빠져있는 것을 고려하지 않고서라도, 고린도에서는 5명의 명예직 조영관과 함께 11명의 조영관들의 이름이 보존되어 있었다는 것이 그것이 사실이었다고 추정할 수 있는 것이다.[34] 숫적으로 비교해 보면 자치 도시의 형사 재판관 직무는 3(또는 4)번밖에 언급되어 있지 않다(West, Nr. 104a ; Kent, Nr. 168, 170 ; Kent, Nr. 119, 지방 형사 재판관을 언급할 수 있다).

우리는 비문안에서 직무를 놓고 싸우는 명예직 다툼을 보게 되는데 이것들이 비문에 나타나는 특징이다. West, Nr. 104a에는 일연의 직무들로서는 4명의 재판관, 형사 재판관, 재무관(Argyrotam[ias])이 나타나 있다. Kent, Nr. 168에는 형사 재판관, 조영관, 2인 정치가, 임기 5년의 2인 정치가, 아고노테트(Ago-

---

32) *Ibid.*, 265~66, 269, 298, 328ff. 참조.
33) *Ibid.*, 299 참조.
34) Kent, *Inscriptions*, 27~28에 있는 편집물 참조.

nothet)가 나타나 있고, Kent, Nr. 170에는 우리가 잘아는 플루타크 영웅전에 등장하는 안토니우스 소스페스(Antonius Sospes)의 이력이 소개되어 있다(*Quaestiones Convivales*, VIII, 4, 1~4 ; IX, 5, 1~2). 안토니우스 소스페스는 형사 재판관이었으며 호민관이었다. 그는 계속 아고노테트이었고 마지막에는 2인 정치가이었다. 일반적으로 명예직 다툼은 하위 직책에서 먼저 발생했다[35]. 그렇지만 일반적인 경향을 깨고 명예직 다툼이 일어나는 예는 얼마든지 있다. "형사 재판관"의 경우가 명예직 쟁탈전의 벽두에 두 번이나 등장한다(어쨌든 명예직 쟁탈전은 비문의 성격상 단편적인 특징인 것을 주의하기 바란다). 또 다른 경우에 형사 재판관의 직책이 조영관이란 직책 다음에 있는 것을 발견하게 된다 (West, Nr. 104a에서는 조영관은 분명히 자기 자신을 4인의 재판관 만큼이나 자랑스럽게 높여 소개하고 있다 : 그가 만일 2인 정치가이었다면 이 사실에 대해서 침묵을 지키지 않았을 것이다. 그리고 후에 얻어진 지위들은 거의 똑같은 위치로 해석하게 할 것이다. 왜냐하면 형사 재판관과 재무관, 이 두 직책은 행정과 재정의 책임을 맡는 지위이기 때문이다). 우리는 위와 같은 사실을 통해서 2인 정치가는 전에는 조영관이었고, 많은 조영관들은 형사 재판관들이었으며, 많은 형사 재판관들은 이미 다른 어떤 직무을 맡고 있었다고 결론지을 수 있을 것이다. 다만 예외적인 직업의 경우에만 또는 과도한 자존심 때문에 모든 명예직 쟁탈전은 제기된다. 조영관 에라스도는 거의 확실히 이미 몇몇 하위 직무를 맡았던 것이 가능했다면 형사 재판관 직책을 맡았을 것이다.

그런데 형사 재판관이란 직무가 시의 재무관에 해당되는 직책인가 하는 문제가 제기된다. 여기에서도 역시 언어의 문제가 있다. 통상 형사 재판관에 해당되는 말은 관리자(ταμίας: 감독)란 말이다. 그러나 금세기까지는 아직도 이 말이 증명되지 않고 있는 실정이다. Meritt, Nr. 5에서 나오는 관리자(ταμίας)란 말은 다른 비문에서 유추된 말이다. 그러나 그 비문 자체는 희랍시대부터 나온다. Meritt, Nr. 106에는 희랍 비문이 원래 글자가 지워진 라틴 비문에 포

---

35) Liebenam, *Städteverwaltung*, 269는 *Digesta*, 4. 11을 인용하고 있다 : "*ut gradatim honores deferantur, edicto, et, ut a minoribus ad maiores preveniatur, epistola divi Pii ad Titianum exprimitur.*" 직무계열의 변천에 관해서는 269 n. 5 참조. 여러 가지 종류의 "직업"의 실예들은 Kent의 *Inscriptions*에서 찾아 볼 수 있다. no. 150, *agonothet*, twice *duovir*, twice *pro duumviri* (= "prefect") ; no. 152, *praefectus fabrorum*, priest of Jupiter, honorary aedile, *duovir, duovir quinquennalis, agonothet*; no. 153, aedile, *praefectus iure dicundo, duovir, duovir quinquennialis, agonothet;* no. 154, aedile, *praefectus iure dicundo, duovir,* pontifex, *agonothet;* no. 156, *augur, praefectus fabrorum,* aedile, *duovir,* priest, *isagogeus, agonothet;* no. 158, *duovir, duovir quinquennalis, augur,* priest, military tribune, *praefectus fabrorum, curator annonae* three times, *agonothet;* no. 166, honorary aedile, *duovir, agonothet, duovir quinquennalis* 참조. 더 이상은 nos. 160~63 참조.

개져 있었다. 그러니까 이 희랍 비문은 좀더 후기에 나오는 것으로 보아야 한다. 다만 재무관($\dot{\alpha}\rho\gamma\nu\rho o\tau\alpha\mu\acute{\iota}\alpha\varsigma$)이란 직무만이 증명되어 있다. 재무관은 형사 재판관이란 직무와 병행하여 사용된다.[36] 우리는 소아시아의 제도시에서 재무관은 관리인의 의미에 가깝고, 때때로 관리인의 기능을 맡았다고 알고 있다. 희랍어 용어법에서 어미변화를 빼지 않고 고린도의 희랍어 사용 관례와 소아시아에서 바울의 입장에 따르면 로마서 16장 23절에 나타난 시의 재무관($o\emph{i}\kappa o$-$\nu\acute{o}\mu o\varsigma\ \tau\hat{\eta}\varsigma\ \pi\acute{o}\lambda\varepsilon\omega\varsigma$)의 직무는 형사 재판관의 직무에 해당되었다고 할 수 있을 것이다.

*245
그러나 우리는 결정적으로 이러한 가능성에 동의할 수 없다. 경제적이며 상업상의 중심지인, 그리이스의 고린도는 행정적인 일과 균형거래 문제에 과다한 행정적 책임을 가지고 있었다. 가능한 대로 하위 직책은 초기에는 희랍식 명칭을 사용했다. Went, Nr. 104a인 라틴 비문에서 우리는 아르기로타미아스(*argyrotamias*, 재무관)를 발견할 수 있다. 아마도 그것이 *oekonomos*(회계원, 출납계, 경제가)이었을 것이다.

그래서 나중에 조영관으로 선출된 에라스도는 로마서가 기록된 바로 그해에 공공직책으로서는 최고의 직책이었다고는 할 수는 없었지만 그에 준할 만큼의 직책인(아마도, 형사 재판관의 직책) 시(市)의 재무관이란 직무를 차지할 수 있었다. 본인은 바로 이 사람이 그리스도교인 에라스도라는 판단에 반대할 만한 강력한 반론을 찾을 수 없다. 다른 이름들보다도 비문이나 문학작품에 의해서 덜 혼돈을 일으키는 이 두 사람 중에서 그리스도교인 에라스도라는 이름은 고린도 사람이라는 사실이 비문이나 문학작품을 통해서 증명된다. 에라스도는 세력가($o\dot{v}\ \pi o$-$\lambda\lambda o\grave{\iota}\ \delta\upsilon\nu\alpha\tau o\acute{\iota}$)에 속했다고 추정할 수 있다. 그는 조영관으로 선출되기 위해서는 완전한 시민이어야 했었다. ──즉 로마 식민지 하에서 완전한 시민이란 로마 시민권을 가졌다는 것을 뜻한다. 그가 공공비용을 쓸 수 있었다는 것은 개인적 부(재산)의 축적을 위하여 일정량을 요구할 수 있었음을 뜻한다. 그는 비문에 자기의 아버지의 이름을 기재하지 않을

---

36) $\dot{\alpha}\rho\gamma\nu\rho o\tau\alpha\mu\acute{\iota}\alpha\varsigma$에 관해서는 J. Oehler, PRE 2, 802 참조. 본문의 수집에 대해서는 Liebenam, *Städteverwaltung*, 565를 보라. West는 직무들을 기술하고 있다. "*argyrotamias*는 아마도 라틴에 위치하고 있는 지방을 뜻하는 자치도시 당국에서 일하는 관리인, 즉 *Kalendarii*라고 불리워졌던 공무원이었을 것이다. 그의 기능은 그가 공동체의 생산기금을 책임지고 있었다는 사실로 봐서 *quaestor* ($\tau\alpha\mu\acute{\iota}\alpha\varsigma$)의 기능과 구별되었다. 그는 토지수익을 모았고 기타 다른 직무로는 돈을 대부하는 일, 여러 가지 기록들을 적당히 정리하는 일, 바쳐진 담보물을 검사하고 목록을 만드는 일, 그외에도 시의 기부금을 관리하는 일 등이었다." *Inscriptions*, (85) 참조.

정도로 해방된 노예였다고 추정할 수 있다. 또한 그가 희랍식 이름을 쓴다고 하는 사실은 특이할 만한 일이다. 아마도 그는 라틴 태생 중에서 가장 유명한 지방 유지의 계급까지 올라간 성공한 사람이었다고 상상할 수 있을 것이다.

2. 집안에 관한 진술

"집안"은 공적인 상태보다는 사적인 생활형편에 대한 정보를 제공해 준다. 그 정보는 특별히 두 사람 각자에 대한 것이었다. 즉 그들 "집안 식구"들은 세례를 받았고 두 사람, 즉 그리스보(Krispus, 사도 18 : 8)와 스데반(Stephanas, 고전 1 : 16, 16 : 15 ff. 참조)과 더불어 그리스도교인이 되었다는 정보이었다. 그런데 이 정보는 이들 두 사람이 노예를 소유했을 것이라는데 기인하고 있는 것인가? 스트로벨(A. Strobel)은 로마의 법률적 용어에 기초를 두고 있는 위와 같은 생각에 대해서 이의를 제기하고 있다.[37] 스트로벨에 따르면, 희랍어로 οἰκος란 단어는 실제적으로 집안에 속하고, 법률적으로 집안에 속할 자격을 갖는 가족의 성원이라는 의미를 나타내는, 말하자면 라틴어의 *domus* (집, 가옥, 주택)에 해당한다. 반면에 가족(familia, 일가, 가족, 가정, 가문, 혈통)이란 단어는 노예들과 가재(家財) 모두를 포함하는 말이다. 로마서에서 말하는 집안이란 단어는 노예와 가재 모두 포함한다는 의미로 사용되는 단어의 경우이다. 그래서 신약성서에 나타나는 로마법적 어법은 세 가지 종류의 추론에 바탕을 두고서만 이해될 수 있다. 즉 법률적 어법으로부터 비법률적 어법에 대한 추론, 한 단어에 대한 라틴어적 의미로부터 희랍어적 의미에 대한 추론, 그리고 고대 세계에 대한 일반적 언어 사용으로부터 유대와 그리스도교인 언어 사용에 대한 추론이 그것이다.

로마의 법률적 용어가 바울을 규정하는 판단기준이었다고 하는 것은 의심스럽다. 왜냐하면 이 용어 자체가 통일성이 없기 때문이다. 울피안(Ulpian, *Digest*, XXXIX, 4, 12. 2)은 분명히 말하고 있다 : "가족 노예는 여기에서 가족(familiae)이란 용어에 포함되는 것으로 이해 된다. (*"familiae autem appellatione hic servilem familiam contineri sciendum est"*). 울피안은 가족(familia)이란 용어가 원래 용어 그 자체의 의미로 *246

---

37) A. Strobel, "Der Begriff des 'Hauses' im griechischen und römischen Privatrecht," *ZNW* 56 (1965) : 91~100, 결론(96~100) 참조. "집안은 오로지 법률적 자격을 갖춘 자인 성인이 한 단위(가정)로 이들 텍스트에는 나타나 있다. 집안에서 법률적 역량과 사업상의 역량은 집안의 아버지가 겸비하기로 되어 있다."

서는 노예라는 의미를 포함하고 있지 않다고 전제하고 있다.[38] 비록 법률적인 영역에서 조차도 우리는 분명히 고정된 용어를 기대할 수 없을 것이다. 심지어 법률적인 영역에서 조차도 고정된 용어를 기대할 수 없는데, 하물며 일상생활의 영역에서 고정된 용어를 기대할 수 있을 것인가?

또한 라틴어 단어로부터 시작하여 희랍어의 말뜻까지 추론한다는 것은 문제가 있다. 단어의 의미는 감각-연상개념의 모든 분야에 의해서 구성된다. 희랍어에는 라틴어의 집(domus)과 가족(familia)이란 말과 상응하는 말이 없다. 오히려 희랍어는 가족($\varphi\alpha\mu\iota\lambda\iota\alpha$)이란 말을 외래어 그대로 채용하지 않으면 안 되었다(ECH 14, 370 ; Inscr. Cos. 141, I, IGRom IV, 1454). 그래서 집($o\hat{\iota}\kappa o\varsigma$)/집안($o\hat{\iota}\kappa\iota\alpha$)이란 말은 라틴어 가족(familia)이란 말에 상응하는 희랍어 단어와 대조시켜 한정시킬 수 없다. 이와 같은 사실을 우리는 아리스토텔레스의 정의에서도 찾아 볼 수 있다 : "그리고 완전한 형태의 가문은 노예들과 해방노예들로 이루어진다" ; $o\hat{\iota}\kappa\iota\alpha$ $\delta\hat{\epsilon}$ $\tau\acute{\epsilon}\lambda\epsilon\iota o\varsigma$ $\hat{\epsilon}\kappa$ $\delta o\acute{v}\lambda\omega\nu$ $\kappa\alpha\hat{\iota}$ $\epsilon\lambda\epsilon\upsilon\theta\acute{\epsilon}\rho\omega\nu$" (Politica I, 2, I). 아리스토텔레스가, 마치 집안이란 말의 좁은 의미를 알고 있는듯이, "완전한" 집안에 대해서 특별히 말하는 사실에 대해서 주의를 기울이는 것은 흥미로운 일이다. 실로 "온전한" 집안에 대한 우연한 강조는 노예를 포함시켜야 한다고 의도적으로 계획한 것은 아닌지 어떤지에 대해서 다시 물어봐야 한다(사도 18 : 8).

결국 이러한 용어들을 유대교적이거나 그리스도교적으로 사용할 때 아프리오한 요소들을 배제시키지 아니했을 가능성이 있다. 그리스도교적인 비문에 나타나는 가족(familia)이란 말은 때때로 현대인들이 사용하는 "가족"을 뜻한다.[39] 하나의 비석에서 우리는 자기의 노예들에 대해서

---

38) 노예의 "가족"에 관해서는 F. Bömer, *Untersuchungen über die Religion der Sklaven in Griechenland und Rom* I, AAWLM. G.7 (Mainz, 1957), 57 이하 참조. familia와 domus라는 말에 대한 그의 연구에서 그는 Strobel의 주장에 반대하는 몇 가지 논증(65와 1에서)을 편다. Domus는 때때로 노예들을 포함할 수도 있었다는 사실에 대한 그의 증거는 설득력이 약하다. 나의 의견으로 그것은 CIL III 7380(=*Inscriptiones Latinae selectae*, ed. H. Dassau [Berlin, 1892~1916], 5682)에 있는 증거를 따르는 것이 아니다. "...*populo et familiai Caesaris...*"는 여기에서 예외로, 시이저의 가족으로 불려진 종속된 사람을 의미한다. 왜냐하면 이 경우에, 그들은 분명히 황제의 "개인 소유물"이었기 때문이다(Dessau, 비문, 참조). 나의 견해로는 CIL 9023과 Dessau의 1091는 다른 의미로 사용되어진 것이 아니다.

39) Bömer, *Sklaven*, 65 n. 1.

친절했으며, 애정에 넘친 어머니였고 부지런한 아내였던 한 여인에 대한 기록을 볼 수 있었다 : "…*haec bona familiis, mater pia, sedula coniux, hic corpus posuit*…" (Diehl, Nr. 190 ; Nr. 168). 여기에서 말하는 가족(Familia)이란 말은 자녀들과 배우자의 의미를 이중적으로 함축하는 중복 개념으로 사용되고 있다. 집안 식구들이 노예들과의 친밀한 관계를 끊음과 동시에 노예들이 "집안식구"의 한 성원으로 간주받는 것은 보다더 중립적인 것으로 되기 때문에 노예들에 대한 새로운 마음가짐이 언어학적으로 고려될 수 있을까? 결국 모든 그리스도교인은 "형제" *247 라고 불리어진다. 그래서 그것은——적어도 언어학적으로——어떤 영향력을 발휘할 수 있었다.

이러한 모든 관점에서 초기 그리스도교 내에서 언어 사용방법은 결정적인 요인이 되어야만 한다. 누가 집안에 속하는가? 무엇보다도 자녀들은 종종 특별히 "집안"과 나란히 명명된다(Ignatius, *Ad Polycarpum* 8 : 2 ; Hermas, *Mandata* 12, 3, 6 ; Hermas, *Similitudines* 5, 3, 9 ; 딤전 3 : 12). 자녀들이 집안과 함께 명명된다는 것은 자녀들이 집안에 속하지 않는다는 것을 뜻함인가? 그것은 일관성있는 주장이라고 할 수 없을 것이다[40] : "집안"을 잘 다스린다는 것은 자녀들을 잘 교육한다는 것을 뜻한다(딤전 3 : 4). 그리고 우리가 유대의 비문인 집안과 자녀들(τὸν οἶκον καὶ τέκνα τέκνων; Frey, Nr. 765)을 읽어 보면, 실제적으로 자녀들은 가문에 부속되어 있다. 또한 특별히 유대 비문에 언급된 자녀들의 존재는 매우 미미했었다. 동일한 논지로 아내들은 집안에서 제외되어야만 했다 : ἀσπάζομαι τοὺς οἴκους τῶν ἀδελφῶν μου σὺν γυναιξὶ καὶ τέκνοις, Ignatius, *Ad Smyrnaeos* 13 : 1). 집사는 한 아내의 남편으로 자녀와 자기 집안(καὶ τῶν ἰδίων οἴκων)을 잘 다스려야 한다(딤전 3 : 12). 자연히 아내들은 집안에 부속되어 있었다. 한 미망인은 "그녀의 온 집안 식구와 그녀의 자녀들과 더불어" 문안의 인사를 받는다(Ign, *Ad Pol.* 8 : 2).

---

40) 어린아이들이 "집안"에 속했느냐 속하지 않았느냐에 대한 물음은 유아세례에 대한 논쟁에서 격론되어 왔다. Jeremias (*The Origins of Infant Baptism*, SHT Ⅰ, London, 1963)은 어린아이들은 집안에 속한다는 의견에 찬동을 표하고 있다. 이에 대하여 반대하는 입장에 서는 사람은 K. Aland, (*Die Säuglingstaufe im NT und in der Alten Kirche*, TEH 85, München, 1963²)이다. 더욱 깊게 연구하기 위해서는 P. Weigand, "Zur sogenannten 'Oikosformel," *NT* 6 (1963) : 49~74 참조. 주의깊게 그리고 균형있게 연구한 결과 얻어진 G. Delling의 수집된 증거는 여기에서 되풀이할 필요가 없다.

여자들과 어린아이의 문제를 강조하는 것은 그들이 집안 식구라는 개념에는 이미 포함되지 않는다는 것을 의미하는 것이 아니다. 그와는 반대로 이러한 강조는 의심할 여지없이 자녀들을 보다 넓은 의미의 가정적 배경과 구별짓는 것이고 실제적인 가정구성원을 언급한다는 의미가 전제되고 있다. 그래서 이러한 가정적 배경에는 먼 친척들——또는 종들과 노예들도 속할 수 있었다. 후자에 관해서는 "집안 식구"와 함께 갖는 그들의 권리 안에서는 전혀 언급되어 있지 않기 때문에 그들은 의심할 여지없이 일반적인 전 가족적 배경의 일부가 된다. 그렇지만 여자들과 자녀들은 때때로 특별한 주의를 요하기 때문에 가정적 배경에서 제외시킨다고 추정될 수 있을 것이다. 노예들과 종들을 하인($οἰκέται$)이라고 부르는 것은 우연이 아니다(로마 2:18; 벧전 2:18; 누가 16:13). 다른 친척들이 족보에서 아무런 역할을 하고 있지 않는데 노예와 종들이 아내들과 자녀들과 함께 언급되어 있다는 것은 전혀 우연이 아니다. 결과적으로 아내와 자녀들 그리고 노예들과의 관계는 디모데전서 3장 12절에서도 대개 추정할 수 있을 만큼 잘 인증되고 있다(골로 3:18 ff.; 에베 5:22 이하). "집사들은 한 아내의 남편으로서 그들의 자녀들과 집안, 즉 종들을 잘 다스리는 사람으로 해야 할 것입니다."[41]

우리들의 연구목적을 달성시키기 위해서는 누가와 바울의 어법을 주의깊게 연구하는 것이 매우 중요하다. 누가는 사도행전에서 공동으로 그리스도교로 개종한 "집안"을 다섯 번 언급하고 있다 : 가이사랴의 백부장의 집안(사도 10:2; 11:14), 빌립보의 자색옷감 장수인 루디아의 집안(16:15), 빌립보의 간수장의 집안(16:31), 고린도의 회당장인 그리스보의 집안(18:8). 위와 같은 집안들이 상대적으로 잘 확인된 그리스도교인들로 언급되는 것은 우연일 수 있을까? 백부장과 자색옷감 장수는 사회적으로 높은 신분임이 확실하다. 그 외에 노예들을 "집안 식구"의 범주에 포함시키는 것은 아마도 사도행전 10장 2절과 11장 14절에서 찾을 수 있을 것 같다. 백부장은 경건하고($εὐσεβὴς$) ... 온 집안과 더불어($σὺν\ παντὶ\ τῷ\ οἴκῳ\ αὐτοῦ$) 있다(10:2). 그는 "그의 하인 두 사람과 또 자기 부하 가운데 경건한 군인 하나를 불러" 자기의 비전을 말한다(10:7).——백부장이 믿지 않은 자들인 노예들에게 자기의 비전을 말할 수 있었던 바와 같이, 비록 군인은 하느님을 두려워 하는

---

41) 역시 Delling의 "Taufe", 294에 따르면 여기에서 우리는 "어린 아이들이라고 명명된 이외에 친척이나 혹은 더 특칭적으로 종들 또는 양쪽 모두를 포괄하는" 포괄적인 의미를 발견할 수 있다.

자들에 속하지만 노예들은 경건했었다고 누가는 분명히 말하고 싶어한다. 그래서 오히려 "경건한"(εὐσεβής)이라는 서술어는 군인에게만 필요한 것이다. 왜냐하면 노예는 10장 2절에서 하느님을 두려워하는 자로 이미 그 성격을 규정하고 있기 때문이다. 노예들은 하느님을 두려워하는 자의 집에 속하고 있으며 특히 강조하고 있는 "온 집안과 더불어"라는 말 속에 포함되어 있다. 노예들은 빌립보의 자주옷감 장수의 가문에 속해 있었다고도 할 수 있다. 그리스도교 전파자들은 강가에서 "여자들"을 만났고, 그 여인들 중에서 자주옷감 장수인 루디아가 있었는데 그녀는 강가에서 제자들의 소문을 들었고(적어도 한 번 이상) 그녀의 "집안 식구들과 함께" 세례를 받았다는 사실을 우리는 듣는다. 스트로벨(A. Strobel)은 노예는 거기에 있었던 것 같지 않다고 생각한다.[42] 어쨌든 본인의 견해로는 노예들이 거기에 있었던것 같다. 여자들이 자기들의 집안을 떠났을 때 그들은 일단 가능하면 남자 노예와 여자 노예들과 함께 했었을 것이다. 누가가 특정한 집안 식구들을 뽑아내어 말할 때는 언제나 그 집안 식구들 중에서 노예들과 종들도 역시 고려에 두고 있다. 이것은 그리스보에 관해서도 아마 사실일 것이다.[43]

바울은 스데바나의 집안(οἶκος 고전 1 : 16)과 가정 (οἰκία, 고전 16 : 15)에 대해서 말하고 있다. 여기에서 말하는 집안(οἶκος)과 가정 (οἰκία)이란 말은 분명히 동의어인 듯하다. 적어도 한 가지 예에서 바울은 이러한 범주들 속에 노예들을 포함시키고 있다. 왜냐하면 가이사의 집 사람들(οἱ ἐκ τῆς καίσαρος οἰκίας, 빌립 4 : 22) 이 분명히 황제의 가족에 속하지 않기 때문이다. 빌레몬(Philemon)에 돌아온 노예인 오네시모(Onesimus)는 한때 집에서 모이는 교회의 일원이었을 것도 역시 자명하다. 그래서 스데바나의 집안은 노예를 갖고 있었을 가능성이 농후하다. 포르투나투스와 아카이쿠스(Fortunatus und Achaicus)는 반드시 그런 경우인 것은 아니다.

어떤 사람의 집안에 대한 논급은 사회적으로 높은 신분에 대한 확실한 기준이 못 된다. 특히 동일한 방면에서 다른 기준이 지적된다면, 그 기준은 개연적일 수 있다. 그리스보(Krispus)는 회당장이라는 그의 지위 덕분에 어떤 지위를 가진 사람으로 이미 알려져 있다. 스데바나의

---

42) Strobel, "Hauses", 99.
43) 또한 역시 Delling, "Taufe" 299 : 여기에서 "우리는 고넬로, 리디아, 빌립보의 간수의 집안에 노예들이 있었다고 가정할 수 있다(사도 10 : 2 ; 16 : 15, 31) ; 노예들은 가버나움의 Βασιλικος의 집안에 역시 속해 있다(요한 4 : 53 ; 역시 v.51을 보라). "

경우에서 우리는 그가 공동체의 일(성도들을 섬기는 일)에 몸바쳐 온 사람이었다는 사실을 알게 된다(고전 16:15). 이와 같은 사실은 다음의 기준을 우리들에게 시사하고 있다.

3. 부여받은 직무에 대한 진술

διακονεῖν, διάκονος εἶναι, 또는 διακονία와 같은 말들은 켄그레아 (Kenchreae), 스데바나(Stephanas) 그리고 그의 집안의 뵈뵈(Phoibe) 를 나타내곤 했고――예루살렘 모금에 관련하여――모든 회중(고후 8: 4, 9:1, 12; 로마 15:31; 성도들 참조)을 묘사하곤 했다. 모금의 경우에서 우리는 물질적인 경비문제를 다루고 있으며 그것은 아마 다른 예에서도 마찬가지로 그럴 것이다. 스데바나와 그의 집안은 성도들(εἰς διακονίαν τοις ἁγίοις, 고전 16:15)을 섬기는 일에 헌신했다. 마찬가지로 회중은 성도들을 위한 구호사업을(τῆς διακονίας τῆς εἰς τοὺς ἁγίους, 고후 8:4) 위하여 모금을 해야 한다. 우리는 언어상의 대비로부터 사실상의 대비를 유추할 수 있을 것이다. 스데바나와 그를 따르는 자들은 바울이 다하지 못한 고린도 교인들의 부족한 것을 메꾸어 주었다(메꾸었다, 보충했다=ἀνεπλήρωσαν, 고전 16:17). 이와 동일한 표현이 빌립보서에서 발견된다: 에바브로디도(Epaphroditos)는 바울을 물질적으로 지원했다("나의 쓸 것을 공급한 일군"; λειτουργὸς τῆς χρείας; 빌립 2:25, 4:10~20 참조). 바울이 병에 걸렸을 때 그가 바울을 방문하는 동안 그는 "여러분들이 봉사하지 못한 분량을 보충하기 위하여"(ἵνα ἀναπληρώσῃ τὸ ὑμῶν ὑστέρημα τῆς πρός με λειτουργίας) 죽음의 위험을 무릅쓰고 그의 생명을 내던졌다(빌립 2:30). 고린도전서 16장 17절에서와 마찬가지로 바울은 여기에서, 비록 문제에 대한 가장 타당한 이해의 측면에서 보면 부족한 것은 바로 바울 자신의 문제인데도, "여러분의 부족한 것"으로 말을 바꾸어 그것에 대하여 말하고 있다. 그러나 이와 같은 역설적 표현들은 바울에 있어서는 흔히 있는 것이다. ὑστέρημα(부족한 것)도 역시 헌금(모금, 고후 8:14:9:12)과 관련하여 사용되고 있기 때문에 에베소에서 바울이 스데바나로부터 얼마가량의 물질적 지원을 받았다고 추정하는 것도 일리가 있다. 고린도후서 11장 9절에서 바울은 자기는 고린도에 있는 어느 누구한테서도 누를 끼친 일이 없다고 기록하고 있는 것은 사실이다. 그러나 그는 분명히 "내가 여러분들과 함께 있었을 때"라는 말을 덧붙이고 있다. 이 말을 통해서 유추해 본다면 그가 고린도에서 멀리 떨어져 있었을 때 그

는 고린도 교인들에게 자기를 도와달라고 했다고 거의 결론지을 수 있을 것이다. 그럼에도 불구하고 우리는 또한 사실은 그렇지 않았을 가능성에 대해서도 고려해 봐야 한다. 고린도전서 16장 18절에 따른다면 스테파나와 그의 동역자들은――반드시 물질적인 기부를 반영하지 않은――바울의 마음과 회중의 마음을 즐겁게 해주었다.

로마서 16장 1절에서 뵈뵈는 바울과 많은 사람을 도와준 인물로서 (로마 16:2) 고린도 켄그레아 항구 도시의 "교회의 봉사자"(διάκονος τῆς ἐκκλησίας)로 묘사되고 있다. 이러한 이유로 인해서 바울은 "그가 여러분에게 요구하는 것은 무엇이든지"(ἐν ᾧ ἂν ὑμῶν χρῃζῃ πράγματι. 그가 여러분에게 청하는 모든 필요한 것은) 아낌없이 도와주어야 한다고 공동체를 향해서 부탁하고 있다. πρᾶγμα(일)이라는 말은 종종 경제적 의미로 쓰여지며 그 말의 뜻은 "일"을 뜻한다. 그리고 더욱더 이 총칭관계 절은 회중의 일, 그것 이상의 일이 포함된다는 것을 암시해 주고 있다. 적어도 이 진술은 뵈뵈에 "세상적인" 일(사업)에 있어서도 그녀(Phoibe)를 지원하여야 한다는 권고로 이해될 수 있을 것이다. 이러한 지원은 바로 곧 바울과 다른 사람들을 위한 뵈뵈의 봉사로 전환할 것이다. 그래서 그녀의 봉사는 역시 "세상적인" 일, 육적인 일로 이루어져 있었다. *250

그런데 우리는 위와 같은 논거에 대해서도 역시 주의를 기울이지 않으면 안 된다. 우리는 여기에서 봉사하다(διακονεῖν) 혹은 봉사자(διάκονος)와 같은 표제어로부터 사회적 고위 신분을 유추하기는 힘들다. 노예조차도 그리스도인들의 회중내에서는 봉사자로 불려질 수 있었다. 플리니(Pliny)는 그리스도교인들의 이상한 "미신행위"에 대한 보다더 정확한 정보를 얻기 위하여 그리스도교인들 중에서 두 사람을 고문했다("*ex duabus ancillis, quae ministrae dicebantur*" : 여자집사로 불려지고 있던 두 여종으로부터 ; *Epistulae* X, 96). 그의 질문의 형식은 전적으로 확실하지는 않지만 이들 두 사람은 자유인이 아니라는 사실을 암시하고 있다.[44] 그리이스어 διάκονος(봉사자)라는 말이 라틴어 *minister*(하인, 종)에 상응했었는지도 확실하지 않다. 이러한 제반 고찰은 어쨌든 우리들이 다루고 있는 문제의 해결에 결정적인 열쇠는 아니다. 고린도 교인 뵈뵈와 스테파나의 경우에서 그 이상의 어떠한 기준이 언급될 수 있을 것이다. 그들 두 사람은 같이 여행을 한다.

고린도 교인들 사이에서는 봉사라는 말이 그들에 관해서만 사용되고

---

44) Bömer. *Sklaven*, 13.

있지만 이들 두 사람만이 바울과 회중을 위하여 봉사해 왔다고는 보고 있지 않다. 바울에 대한 환대가 봉사 그 자체라고 한다면 그러한 경우는 적어도 바울이 함께 머물렀던 고린도 그리스도인 4 사람에 대해서는 우리가 알고 있다 ; 즉 가이오, 아굴라, 브리스가, 그리고 디도 유스도. 바울은 "나와 온 교회의 집주인인"(ξένος μου καὶ ὅλης τῆς ἐκκλησίας, 로마 16 : 23) 가이오의 집에서 로마인들에게 편지를 쓴다. 이 가이오라는 인물은 바울 자신이 세례를 베푼 몇몇 사람들 중의 한 사람이다. 가이오의 "봉사"는 빌레몬의 봉사와 대비된다. 빌레몬의 경우에서도 ──"집에서 모이는 교회"(ἐκκλησία κατ' οἶκον ; 빌레 1 : 2)──회중은 그의 집에서 만나고, 거기에는 역시 방이 하나 마련되어 있어서 바울은 그 방에서 머문다(빌레 1 : 22). 빌레몬은 지금은 도망쳐버렸지만 노예을 소유하고 있다는 사실만으로는 그의 부(富)를 증명하지는 못할 것이다. 그러나 그것은 부에 대한 반증도 결코 되지 않는다. 어쨌든 바울은 오네시모(Onesimo)의 일 때문에 당한 어떠한 손해를 보상할 것에 대해서 언급할 때 이 일은 심각하게 고려되어질 것이 아니라는 사실을 암시하고 있다. 그래서 우리는 그 도망쳐버린 노예로 인해서 역시 빌레몬은 그리 크게 타격을 받지 않았다는 인상을 받게 된다. 가이오에게로 돌아가 보자. 가이오의 경우에 있어서 바울은 "집에서 모이는 회중"(빌레 1 : 2에서와 같이)에 대해서 말하는 것이 아니라 "전체 회중"에 대해서 말하고 있다는 사실을 관찰하는 일은 흥미있는 일이다. 이러한 사실을 통해서 회중은 역시 다른 장소에서 만났고 그리고 소집단에서 서로 만났다고 결론지을 수 있을 것이다. 예를 들자면 켄그레아(Kenchreae)의 그리스도교인들은 뵈뵈의 집에서 만났을 수 있다. 여하튼간에 전체 회중은 가이오의 집에서 만났다. 그리고 이와 같은 사실은 그의 의사대로 충분한 장소를 마련했다고 가정할 수 있다.⁴⁵⁾ 왜냐하면 고린도에 있는 회중은 규모가 컸기(λαὸς πολύς=많은 백성, 사도 18 : 10) 때문이었다. 그래서 우리는 가이오는 사회적으로 신분이 높은 사람이었다고 추론할 수 있다. 또한 덧붙여 말한다면, 그 집을 자주 방문한 것으로 나타난 다른 사람들의 문제가 있다. 이 집에서 더디오(Tertius)

---

45) F.V. Filson, "초대 집에서 모이는 교회의 의미," *JBL* 58 (1939) : 105〜12 참조. 듀라・유로포스(Dura-Europos)에서 세워진 그리스도교 교회는 개인 집 바로 그 장소에서 생겨났고, 교회의 크기도 살림이 넉넉한 그리스도교인의 집으로 보여진다. 그 당시 그리스도교인들은 아마도 그의 집에서 처음으로 보였고, 나중에 그 집을 교회로 개조하여 다시 지어진다. E. Dinkler, s.v. "Dura-Europas", *RGG*³ II, 290〜92 참조.

는 로마인들에게 보내는 편지를 쓴다. 다른 일이 있을 때 관례적으로 이 집에서 행했던 것처럼 그 편지는 묘사하고 있다. 그 편지는 에라스도가 그 집에 바로 머물렀던 것처럼 묘사되어 있으며 로마서 제일 마지막에서 문안의 인사를 받은 "시(市)의 재무관"인 에라스도와 접촉이 있었던 듯하다. 왜냐하면 이 문안의 인사들은 나중에 첨가된 인상을 주기 때문이다.

선교 시초에 바울은 아굴라와 브리스가(Priscilla)와 함께 유했다.[46] 아굴라와 브리스가는 글라우디우스 황제의 칙령포고 때문에 바로 그 전에 로마를 떠날 필요가 있다는 사실을 알고 있었던 유대인 무리였다. 그들은 거의 파산되지 않았다고 자료들은 암시하고 있다. 후에 에베소에서 그들은 그들 자신을 중심으로 "집에서 모이는 회중"을 모았다(고전 16:19, 로마 16:3) 그리고 사도행전 18장 26절에 의할 것 같으면, 아볼로는 그들의 환대를 받았고 나중에 고린도 공동체로 추천받게 되었다. 우리는 오직 그들이 왜 그렇게 빨리 고린도를 떠났던가에 대해서만 숙고할 수 있을 뿐이다. 사업상의 고려들은 어떤 역할을 했을 가능성이 있다. 왜냐하면 바울이 기부금 때문에 마게도냐에서 내려온 후로는(사도 18:5, 고후 11:8 참조) 선교사업에만 온전히 자기 자신을 전념하기 위하여 한 때 있었던 장소인 고린도에 있는 그들의 집을 떠난다는 사실은 주목할 만한 사실이기 때문이다. 그가 일하면서 머물렀다는 사실은 이해할 수 있다. 그러나 왜 그는 브리스가와 아굴라와 함께 머무르지 않는가? 논쟁은 문제점에서부터 나오는 것 같다. 나중에는 그들의 관계가 매우 양호해 보인다. 아마도 문제에 대한 대답은 집의 위치에 달려있다. 바울이 옮겨가 머물렀던 그 집은 회당 가까이에 있었다고 분명히 말해지고 있다. 연대를 추정할 수 있는 발굴물에서는 회당은 발견되지 않았다. 그러나 "히브리인의 회당"이라는 비문이 집회소 근처에서 발견되었는데[47] 바울의 선교에 매우 적합한 장소일 수 있었기 때문에 회당은 아마도 중앙에 그 위치를 두었을 것이라고 비문은 암시해주고 있다. 또한 선교를 돕든지 방해를 하든지 그러한 것들은 무엇이거나 간에 보다더 세상적 거래를 추구하는 데 있어서는 유사한 영향을 미칠 것이다. 예를 들자면, 집회소 부근에 개인이 경영하는, 공예가들이 온갖 종류의 상품센터를 차려 놓은 가게들이 있었다는 것을 발굴물들은 보여 주었다. 고린도에 새로운 사람으로서 아굴라와 브리스가는 그들의

---
46) 그 상황에 관해서는 W. Bienert, *Die Arbeit nach der Lehre der Bibel: Eine Grundlegung evangelischer Sozialethik* (Stuttgart, 1954), 310~11.
47) Merritt, *Inscriptions*, no. 111.

*252 사업시설을 설비할 적당한 장소를 찾을 수 없었음이 분명하다. 물론 위와 같은 것은 단지 추측이지만 그러나 집회소 근처에서 발굴된 상점중의 하나에서 바울은 아굴라와 브리스가의 "종업원"으로서 일할 가능성이 있었다고 할 수 있다.

바울의 세 번째의 주인은 디도 유스도(Titius Iustus)이다. 헨첸(E. Haenchen)은 그 집의 위치가 어떠하든 위치와는 별도로 그 집은 일정한 이익을 제공했다고 추정하고 있다. 아굴라와 브리스가의 사업장과는 달리 이 장소는 바울이 아무런 방해를 받지 않고 하루 종일 이야기할 수 있으며 개인 방으로 사용할 수 있었던 곳이다. 분명히 이 이상 이 문제에 관해서는 이야기된 것이 없으며 우리는 그저 아무것도 모르고 있는 실정이다.[48] 우리는 디도 유스도의 사회적 신분에 관해서는 아무런 정보도 갖고 있지 않다. 바울은 어떤 사람들이 그들이 갖고 있는 집보다 더 큰 집을 지고 있다고 하는 사실을 알게 되면 그들에게 어떠한 요구도 하지 않았다. 이러한 사실을 미루어 보아서도 디도 유스도의 사회적 신분은 아굴라와 브리스가의 그것보다는 낮지 않았다고 추정할 수 있을 뿐이다. 또한 반대 현상도 가능할 것이다.

집을 제공하는 것과 같이, 선교 사업이나 회중에게 제공된 이와 같은 봉사가 어떤 절대적인 신분적인 기준의 요소가 되지 않는다. 이와 같이 희생하려는 새로운 회중들의 자발적인 정신이 과소 평가 되어서는 안 된다. 그럼에도 불구하고 만일 그러한 봉사가(가이오의 경우와 같이) 특정한 전제를 수반하고 또한 보다더 높은 기준에 의하여 평가받게 된다면 희생하려고 하는 자발적인 희생정신의 좋은 사표인 것이다. 예컨대, 푀뵈, 아굴라와 브리스가는 스데바나와 함께 여행을 하고, 스데파나는 "집"을 관리했다.

4. 여행에 관한 진술

우리는 "여행" 중에 몇몇 고린도 사람들을 우연히 만났다 : 아굴라와

---

48) Haenchen, *Acts*, 539, F.J. de Waele, *Corinthe et Saint Paul, Les antiquités de la Grèce* (Paris, 1961), 94, 부자 로마인 디도 유스도(Titius Iustus)를 보라. 불행하게도 그는 어떻게 해서 그러한 결론에 도달하게 된다는 사실을 우리들에게 말해주고 있지 못하다. 바울이 그의 집에 머물게 된 것은 디도 유스도가 본토인이였기 때문이였고, 그가 바울로 하여금 고린도인들과 보다더 좋은 관계를 맺을 수 있도록 배려한 사실에 기인한다고 할 수 있으며 또 다른 면에서 볼 것 같으면 이민자인 아굴라가 바울과 가타 고린도인들을 위한 적당한 교제센터(center of communication)을 마련해 줄 수 없기 때문이었다.

9. 고린도 교회의 사회계층 317

브리스가(로마 16:3; 고전 16:19; 사도 18:18~19); 뵈뵈(로마 16: 1~2); 에라스도(사도 19:22); 아가이고와 보드나도와 함께 스데바나 (고전 16:15~18); 글로에의 집사람들(고전 1:11). 아마도 만일 소스데네(고전 1:1)가 고린도인 회당장과 동일한 이름(사도 18:17)의 인물이라면 그도 여기에 첨가되어져야 할 것이다. 뵈뵈의 경우에, 그의 로마여행은 문제가 되지 않는다. 다른 한편 에베소와 고린도 사이의 왕래의 문제가 있다. 우리는 여행하는 사람들의 사회적 신분에 관해서 어떠한 결론을 내릴 때는 반드시 주의를 기울이지 않으면 안 된다. 상업여행은 예속 노동자들과 함께 할 수 있다. 즉 그 때 함께 여행하는 다른 사람들은 선원들, 돈 많은 동료들 등등이다. 글로에의 집사람들은 노예들이었거나 해방된 노예이었을 것이다. 여기에서도 우리는 역시 보충자 *253 료와 몇가지 복합기준에 의존할 수밖에 없다. 이러한 보충기준은 글로에의 집사람들의 경우 외에는 어쨌든 항상 주어져 있다.

적어도 고린도의 그리스도교인 중의 몇몇 사람은 상인이었다고 우리는 추정할 수 있을 것이다. 아굴라와 브리스가와 같이 그밖의 사람들은 사업상의 이유 때문에 그들의 거주지를 옮겼을 것이다. 어쩌면 그들중의 몇몇 사람은 여행을 할 만큼 시간과 경제를 투자할 수 있었고 생계에 필요한 모든 것은 넉넉했었다. 예컨대 바울은 고린도 사람들의 공동체는 예루살렘에 보내는 모금을 할 수 있다고 단순히 생각하고 있다(고전 16:3). 비록 그러한 여행이 평가기준이 아닐지라도, 여행하는 사람들의 숫자는 주의할 가치가 충분히 있다. 이름이 밝혀진 열일곱 사람(또는 사람들) 중에서 여행에 참여한 사람이 아홉 사람이라는 것을 우리는 알고 있다.[49] 그것은 우연한 일일 수 없다.

한때 우리는 상류사회 신분에 속하는 일군의 고린도 그리스도교인을 발견했는데 이제 우리가 "권세도 없고 가문도 좋지 못한" 많은 사람들 중에서 그들의 이름이 보존되었는지 또는 그렇지 않았는지에 대하여 물어보는 것은 더 한층 중요하다. 증거는 불충분하다. 스데바나의 동반자들이 노예였다고는 말할 수 없다.[50] 바울이 노예들에게 종속된 공동체

---

49) 여행은 역시 돈이 든다. 그러한 이유로 인해서 Pliny의 *Epistulae*, x. 45, 46을 통하여 추론될 수 있는 바와 같이 황제의 허락이 대단히 요청된다. 살림이 넉넉한 비티니아(Bithynia)의 총독인 젊은 Pliny는 그의 부인이 할아버지의 임종을 보기 위하여 소아시아에서 로마까지 가려고 총독의 허락을 불법적으로 받는다. 황제인 트라얀(Trajan)은 그의 친구를 봐주었다 (Pliny, *Epist.*, X, 120~21).

50) Weiss의 *Korintherbrief*, 386에 따르면, 보드나도와 아가이고는 자유인의

를 받아들이고 있다고 가정하기는 어렵다.⁵¹⁾ 분명히 그는 일반적으로 "동료 일군들과 노동자들"에 관해서 이와 같은 요구를 하고 있다(고전 16 : 16). 그리고 그 후에 그는 아가이고와 보드나도만 언급한다. 그럼에도 불구하고 그들은 가족 성원일 가능성도 분명히 있을 것이다.

더디오(Tertius) 경우에 그는 "노예서기"(로마 16 : 22)라고 가정할 수 있다. 그러나 그것은 어디까지나 가정에 불과하다. 3세기 후반부터 우리는 3세기 후반에 기록된 서기 니키아스($\mathrm{\grave{o}}\rho\theta\acute{o}\gamma\rho\alpha\varphi o\varsigma$ Nikias)의 장례식 비문을 얻게 된다(Kent, Nr. 305) : "본인은 군대내에서(또는 : 경쟁시에?) 최대의 문필가임을 알았다; 그러나 본인은 나의 신방을 무덤과 바꾸고 말았다."⁵²⁾ 더디오는 분명히 노예는 아니었다. 그는 그의 아버지에 대해서 언급한다. 그는 그의 아버지가 사망하자 곧 결혼을 했다. 이러한 사실은 훨씬 뒤에 나타난 비문의 내용이기는 하지만 더디오가 주님 안에서($\mathrm{\grave{\epsilon}\nu}$ $\kappa\upsilon\rho\acute{\iota}\omega$) 로마인들에게 편지를 쓴 서기라고 하기에는 의심이 간다(그는 육적으로 편지를 썼다고 말할 수 있다). 아마 주님 안에서라는 표현은 그가 바울에게 자유스럽게 편지를 했다는 것을 지적한다. 여하튼간에 더디오가 프롤레타리아트 또는 그러한 부류에 속할 수 있는지에 대해서는 아무런 언급이 없다. 아마 그는 로마제국의 지방행정기관에 고용된 서기였을 것이다.

글로에의 집사람들은 하층사회의 대표자이다. 바울이 그의 편지의 마지막 부분에서 글로에의 집사람들을 빠뜨려 버리고 있기 때문에 그들이 고린도 출신인지 아닌지에 관해서 물론 토론이 있어 왔다. 그래서 그들이 편지를 썼을 때는 바울과 함께 있지 않았다고 추정된다. 그들은 거의 에베소에 있지 않았다——로마서 16장이 에베소에 있는 사람들에게 문안하는데 문안하는 사람들의 명부를 알고 있다고 가정했다면. 왜냐하면 노예들의 두 집단은 있지만 글로에 집사람들은 거기에서 언급되어 있지 않기 때문이다. 여하튼간에 그들은 고린도에 알려져 있다. 바울은 그들을 "소개"하고 있지 않다. 그리고 그들에 대한 정보에 기초하여 바울은 회중에 반대하는 심각한 의의를 제기하려고 하고 있다. 그러면 어떤 사람들이 "글로에의 집사람들"이었던가? 이 문제에 대해서

이름이다. 그것은 어쨌든 자유인에 의해서 발견된 식민지에서는 거의 아무런 의미가 없다.
51) 역시 Strobel, "'Hauses'", 99.
52) De Waele는 (*Corinthe*, 101), *orthographoi*의 학교라고 가정할 수 있다. 이러한 해석은 $\sigma\tau\rho\alpha\tau\tilde{\eta}\sigma\iota$를 "경쟁"으로 번역한 데 기초를 두고 있다. 그러나 Kent의 *Inscriptions*, 119는 달리 번역하고 있다.

9. 고린도 교회의 사회계층 319

는 세 가지 가능한 대답이 있을 수 있다.
글로에의 집사람들은 가정의 성원일 수 있다. "글로에 집사람들"(Οἱ Χλόης)이란 표현은 "세베대의 아들들"(οἱ τοῦ Ζεβεδαίου ; 요한 21 : 2)이란 표현과 상응될 수 있다. 이와 같은 표현은 여자가 어떤 사람의 아내 (요한 19 : 25 ; 마가 15 : 40, 마태 1 : 6)로 사용되는 것과 같다. 가족들은 아버지의 이름을 따서 쓰고 글로에는 여자이다라고 하는 이와 같은 설명에는 어딘지 모르게 곤란한 점이 있다. 그 여자가 과부이었다면 그 여자의 아들들은 아버지의 이름을 계속 지닐 수 있었을 것이다. 실제적으로 어머니는 그 여자의 아들의 이름을 통해서 파악될 수 있었다("요셉의 마리아"[Mary of Joses, 마가 15 : 47], "요셉의 어머니 마리아"[마가 15 : 40]). 바울이 루포(Rufus)와 "그의 어머니이며 나의 어머니"에게 문안의 인사를 드리고 있는 로마서 16장 13절에서 바울이 사용하기를 좋아 하는 언어는 남자계열에 속한 말들이라는 사실을 시사해 주고 있다. 본인의 의견으로는 우리가 글로에의 아들들과 다른 가족 성원들을 취급하고 있는데 그 가능성을 의도적으로 배제할 수 있을 것이다.

바울은, 신약성서에서 가장 가까운 병행기사에서와 마찬가지로, 넓은 의미에서 글로에 집안의 성원들에 대해서 아마도 언급하고 있는 것같다. 사도행전 16장 33절에 나타나 있는 "그와 온 가족"(οἱ αὐτοῦ ἅπαντες)이라는 말은 "집안"(οἶκός, 16 : 31)이란 의미와 같은 사실을 뜻하고 있다. 가족 성원들은 물론 가족범위에 모두 포함된다. 가족 성원들은 전체 가문에 포함되며(사도 16 : 33, 34), 종들과 노예들을 포함해서 넓은 의미의 집안으로 아마 쓰여진다. 바울의 편지에서 가장 그에 가까운 병행어구는 간단히 요약해서 표현한다면 노예의 그룹일 수 있을 것이다(로마 16 : 10, 11 ; 빌립 4 : 22). 바울이 ἐκ이라는 말을 사용할 때는 언제나 소유격으로 사용하고 있는 것은 이해될 수 있다. 아리스토불로(Aristobul), 나깃수(Narzissus), 가이사(Kaiser)의 노예나 자유인들은 전부 그리스도교인은 아니었다. 바울은 주님 안에 있는 모든 나깃수의 모든 사람들 (τοὺς ἐκ τῶν Ναρκίσσου τοὺς ὄντας ἐν κυρίῳ)에게 (즉 그들이 그리스도교인인 한 특별히 문안의 인사를 보낸다. 글로에의 집사람(οἱ Χλόης) *255
들은 아마 노예이거나 또는 예속된 일군들일 것이다.[53] 그들이 에베소

---
53) 이들은 역시 자유인일 수 있다. 그래서 어떠한 사람이 파트로누스(Patronus)라는 이름을 기대할 수 있을 수도 있다. "한 여인의 *liberti*는 그들의 *Patrona*의 아버지의 *nomen*과 *praenomen*을 취했다"(J. Marquardt, "Das Privatleben der Römer," *Handbuch der römischen Altertümer*, ed. J.

를 방문한 것은――바울에게 소식, 아마도 회중의 편지를 가지고 왔을, 그리고 심부름을 마무리 하기 위해 고린도로 돌아갔을――스데바나의 방문과는 그 성질이 매우 다르다. 바울이 전혀 글로에의 집사람들을 다시는 언급하고 있지 않으며 그들의 방문에 대해서 전혀 사의를 표하고 있지 않은 것은 그들의 다른 사업 관계로 우연히 에베소에 머물렀던 것 뿐이라는 사실을 암시할 수도 있다. 그러나 물론 그것은 가정이다. 글로에의 집사람들이 하층계급을 대표하는 사람들이었다면 바울이 그들의 보고에 대한 대답으로 고린도에는 지혜있는 자들도, 권세있는 자들도 가문이 훌륭한 자들도 많지 않다고 강조해서 말할 수밖에 없었던 것은 이해될 수 있다(고전 1 : 26).

세 번째 해석은 있을 수 없다.[54] 글로에의 집사람들이란 병행어구는 여러 선교사들 주위에 있는 무리와 "나 그리스도의"(ἐγω δε Χριστοῦ)란 어구에 기술되어 있는 사람들과 대비할 수 있기 때문에 힛치코크(F.R. Hitchcock)는 그들을 신비종교를 따르는 성원들이었다고 가정한 바 있다. 사실상 글로에(Χλόη)는 디미터(Demeter=그리스 신화의 농업, 풍요, 결혼의 여신 : 역자주)에 해당되는 다른 이름인 것으로 보여질 수 있다. 그리고 고린도에서는 디미터 숭배가 있었다. 바울이 그러한 사람들에 연루되는 보고를 하곤 했으며 그 보고는 그리스도교인 회중에 반대되는 것이라는 것은 전혀 터무니 없는 일이다. 어떠한 의미에서 바울이 공동체의 사건을 처리할 때, 고린도전서 6장 4절에서 그가 단호히 거절한 입장에 서 있는 것으로 봐서도, 공동체의 사건을 처리하기 위한 재판관으로 이방인을 세우는 일이 있었을런지도 모른다. 그런데 그러한 이유 때문에 나오는 불평들은 고린도인들에게 그다지 큰 문제가 되지 않을 것이다.

우리는 지금까지 이름을 통해서 우리들에게 알려진 고린도의 그리스도교인들에 대하여 우리가 알고 있는 바를 요약 정리할 수 있을 것이다. 글로에의 집사람들 외에 우리는 (최대한) 열여섯 사람의 이름을 갖고 있다. 여쨌든 이름으로 밝혀진 그 사람들이 모두 고린도 출신이었다고 확언할 수는 없다. 루기오(로마 16 : 21)는 빈번히, 누가와 유사한 모양의 이름이기 때문에, 누가와 동일시하고 있다. 마찬가지로 소시바더(Sosipatros=로마 16 : 21)는 사도행전 20장 4절에서 언급된 뵈뢰아 사람 부로의 아들 소바더라고 지금까지 추정되어 왔다. 고린도 사람에게,

---

Marquardt and T. Momsen [Leipzig, 1886²], Ⅶ, 1 : 22).

9. 고린도 교회의 사회계층 *321*

보낸 첫째 편지 서두에서 바울과 나란히 언급되고 있는(고전 1:1, 역자주) 소스데네(Sosthenes)는 확실하지는 않지만 사도행전 18장 17절에 있는 회당장 소스데네(Sosthenes)와 동일한 인물이라면 고린도 사람으로 간주될 수밖에 없다.

아가이고(Achaicus) : 고린도전서 16장 17절 ; 스데바나의 동역자.
아굴라(Aquila) : 로마서 16장 3절, 사도행전 18장 2절, 18장 26절, 고린도전서 16장 19절 ; 집에서 모이는 회중과 작은 사업시설, 여행 제자들을 지원.
에라스도(Erastos) : 로마서 16장 23절 ; 시(市)의 재무행정관, 아마 후에 선발된 조영관이며, 그 결과 공공기부금을 만들었고, 여행. *256
보드나도(Fortunatus) : 고린도전서 16장 17절 ; 스데바나의 동역자.
가이오(Gaius) : 로마서 16장 23절, 고린도전서 1장 14절 ; 그의 집은 온 교회와 바울을 섬겼다. 에라스도와의 관련 ?
야손(Jason) : 로마서 16장 21절.
그리스보(Krispus) : 고린도전서 1장 14절, 사도행전 18장 8절 ; 회당장 "집" 관리인, 그의 그리스도교에로의 개종은 다른 사람들에게 영향을 미친다.
누기오(Lukius) : 로마서 16장 21절.
브리스가(Priscilla) : 아굴라 참조.
뵈뵈(Phoibe) : 로마서 16장 1~2절 ; 바울과 교회에 봉사를 했다, 여행.
구아도(Quartus) : 로마서 16장 23절.
소시바더(Sosipatros) : 로마서 16장 21절.
소스데네(Sosthenes) : 고린도전서 1장 1절, 사도행전 18장 17절(?) ; 회당장, 여행.
스데바나(Stephanas) : 고린도전서 1장 16절, 16장 15절 ; 집관리인, 교회에 봉사, 여행.
디도 유스도(Titius Iustus) : 사도행전 18장 7절 ; 바울에게 숙소를 제공.
더디오(Tertius) : 로마서 16장 22절 ; 서기
글로에 집사람들 : 고린도전서 1장 11절.

위에 기재된(하나의 그룹을 포함해서) 17명 중에서 9명은 위에서 논

의된 기준에 따라서 상류계급에 속한다. 세 가지 예에서 세 가지 기준은 아굴라, 브리스가, 그리고 스데바나를 위한 집, 그들에게 제공한 봉사, 그리고 그들의 여행이다. 네 가지 예에서 두 가지 기준은 에라스도와 소스데네의 직무와 여행 ; 그리스보의 직무와 그를 위한 "집" ; 븨븨를 위하여 제공된 봉사와 그의 여행에 적용된다. 두 가지 경우에서 한 가지 기준은 가이오와 디도 유스도를 위하여 제공된 봉사에 적용된다. 어쨌든 그들의 성격에 기초해서 본다면, 생활에 있어서의 어떤 일정한 위치는 분명히 그 자체를 규정하는 타당한 귀결이 될 수 있다. 이들 아홉 사람 중에서 소스데네는 아마도 고린도인은 아니었을 것이다. 이들과는 대조적으로 아마도 사회적으로 하층신분에 속하는 작은 그룹은 오직 하나밖에 없다. 그들이 바로 글로에 집사람들이다. 이와 같은 사실은 아가이고, 보드나도, 그리고 더디오의 경우에도 사실일 것이다. 그러나 이 사실은 결코 확실한 것은 아니다. 야손, 누기오, 그리고 소시바더의 사회적 신분은 미해결된 문제로 남아있다. 그리고 마지막 두 사람은 고린도인 공동체에 속했는지 어떤지는 확실하지 않다. 결과는 분명한데, 이름을 통해서 우리들에게 알려진 고린도인들의 대다수는 아마도 사회적인 높은 신분을 차지했었다. 이러한 이유 때문에 우리가 고린도인 중에서 사회적으로 상류계층에 속했던 사람들은 "많지 않았다"(고전 1 : 26)라고 하는 바울의 진술에 대해서 의문을 제시할 필요는 없다. 바울의

*257 편지 안에서 이름을 통해서 언급되어 있는 대부분의 사람들, 바울과 접촉하고 있는(말하자면, 자유로 여행할 수 있는)사람들, 그리고 희중내에서 영향력을 행사할 수 있는 사람들은 중요한 사람들이다는 것은 이해될 수 있다. 그래서 우리는 이러한 모든 가능성 안에서 가장 활동적이고 가장 중요한 희중의 성원들은 지혜도 많지 않으며, 권세도 많지 않으며, 가문도 훌륭하지 않은 많은 사람들(οὐ πολλοί σοφοί, δυνατοί und εὐγενεῖς)에 속했었다고 결론지을 수 있을 것이다. 이처럼 하류계층에 속하는 사람들은 고린도인들과 상응하여 개인적으로 등장되는 일은 거의 없다. 위와 같은 연구는 희중내에서의 계층 구분에 대한 진술 분석연구를 보다더 중요하게 만든다.

C. 고린도내에서의 계층 구분에 대한 진술

1. 가장 표면적으로 나타나 있는 언급은 주의 만찬에 등장하는 무리들에 대한 언급들이다.[55] 몇몇 그리스도교인들은 분명히 자신들의 "음

식"을 가지고 오는 반면에 다른 사람들(고전 11 : 22에서 아무것도 가지지 않고 [μὴ ἔχοντες]라고 기술된)은 아무것도 가지지 않고 배고파하고 있다. 바울은 고린도에 있는 사람 중에서 누가 집을 가지고 있었던가를 질문하면서, 첫째 그룹에게 "너희에게 먹고 마실 집이 없읍니까?"라고 묻는다. 바울은 단순히 자기 집에서(ἐν οἴκῳ, 고전 11 : 34, 14 : 35) 또는 자기 스스로(παρ' ἑαυτῷ, 16 : 2)와 같은 표현을 하곤 했던 바와같이 각자는 혼자 힘으로 벌어서 먹을 수 있어야 한다는 사실을 권면하고 싶어했다. 더우기 우리는 적어도 조소적인 암시처럼 한 말, 즉 바울이 "배고픈 자"에게 집에서 배고픈 배를 채우도록 하라고 권면했다면 오해 받을 소지가 다분히 있다고 생각된다. 그러나 그와는 반대로 바울이 제기한 질문은 충분히 먹을 수 있고 마실 수 있는 자에게 직접 던진 질문인 것이다. 그래서 "집을 갖는다"(οἰκίας ἔχειν)라는 말은 집 소유자의 개념을 나타내고 있다는 데에 의심의 여지가 없다. 그러나 분명히 확실하지는 않다. 분명한 것은 주의 만찬에 "가진 자"와 "못가진 자" 사이에 사회적 차별, 즉 균열이 나타났다는 사실이다.

2. 고린도인들의 물질적·재정적 성취에 대한 직접적인 언급들이 있다. 모금을 권함에 있어서[56] 바울은 개인의 재정적 차이와 환경에 대해서 고려하고 있음이 분명하다. 각자는 매주 안식일마다 여러분이 할 수 있는 대로 저축해야 할 것이다(고전 16 : 2). 본인의 생각으로는 고린도의 그리스도인들이 그들의 의사에 따라 그들이 갖고 있는 방식대로 어떻게 사도적 지원을 할 수 있는가에 대한 논쟁에서 연유한 것이다. 왜냐하면 고린도 교인들은 분명히 몇몇 선교사들 즉 아볼로, 베드로 (또는 베드로의 이름과 함께 연루되어 나타나고 있는 선교사들), 고린도후서에 등장되고 있는 바울 반대자들과 위대하다는 사도들(고후 11 : 5)을 후하게 대접해 왔다. 그러한 관대성은 희생을 각오한 비범한 자발성이라고 가정해 볼 때 가장 비천한 환경 가운데서조차도 가능하리라고 상상할 수 있겠다. 그러나 후한 환대를 받아들이지 않기 때문에 다른 선교자들을 비난하는 사치 속에 빠질 수 있는 사람들과 그리고 한 번이

*258

---

55) 고린도전서에서 그렇게도 눈에 두드러지게 나타나 보이는 긴장들은 부자와 가난한 사람들 사이에서 생기는 긴장들이었다고 하는 것은 통상 논의되고 있지 않다 ; 예컨대 Weiss, *Korintherbrief*, 293 ; G. Bornkamm, "Lord's Supper and Church in Paul." *Early Christian Experience* (New York, 1969), 123~60, 특히 126과 128 ; von Dobschütz, *Christian life*, 19 참조.
56) Von Dobschütz는 (*Christian Life*), 생활이 넉넉한 많은 그리스도교인들이 그리스도교 공동체에 속했다는 논지로서 모금사항을 인용하고 있다.

아니라 계속적으로 비난할 수 있는 사람들(고전 9:1 ff., 고후 10~13)
은 자기들이 소유할 수 있는 상당한 액수를 가져야 한다. 그러한 반대를
이야기하는 자들은 분명히 전체 회중은 아니다. 고린도전서 9장 3절에
서 바울은 자기를 비판하는 사람들(τοῖς ἐμέ ἀνακρίνουσιν) 앞에서 자
기 자신만을 방어하고 있다. 본인의 견해로는 고린도 파의 대표자들,
즉 다른 선교사를 추종하는 사람들 가운데 있는 주역자들은 상층계급에
속했다고 추정될 수 있을 것이다. 그러나 그 문제를 여기에서 추적하지
는 않겠다.

3. 고린도전서 6장 1~11절에서 우리는 고린도 그리스도교인 사이에
서 제기된 소송문제에 대해서 듣는다. 소송의 대상은 세상적인 일(βιωτι-
κά), 아마도 재산과 수입이다.[57] 그러한 소송은 재산이 없는 사람들에
의해서는 도저히 이루어지지 못할 것이다. 일반적으로 상류계층 사람들
은 법원으로부터 법적 정당성을 획득할 수 있고, 법률 해석에 있어서도
유력한 영향력을 행사할 수 있다는 대단한 신뢰심을 갖고 있다. 왜냐하
면 상류계층 사람들은 유리한 변호사를 선임할 수 있으며[58] 복잡한 법
률적인 문제를 자기에게 유리한 방향으로 보다더 잘 이해하고 있기 때
문이다. 바울이, 조소적으로 "여러분 가운데는 형제들 사이에 생기는
분쟁 사건을 해결해 줄만큼 지혜로운 사람이 하나도 없읍니까?"(고
전 6:5)라고 질문했을 때, 그는 소송을 제기하는 그리스도교인의 신
분[59]에 대해서 아마도 넌지시 암시하고 있는 것이다. 스스로 "지혜롭다"

---

57) F. Preisigke, *Wörterbuch der griechischen Papyrusurkunden* (1925),
1:270, 더 나아가서 Epictetus, *Diss.*, I. 26, 1~7 참조.

58) 법률가들은 언제나 협정료를 받지 않았다. 글라우디우스는 법률가들도 일
정한 한도내에서 요금을 청구할 수 있다는 것을 수립했다. (Tacitus, *Ann-
ales* XI. 7.8). U.E. Paoli, *Das Leben im alten Rom*(Bern/München,
1961²), 219~35 참조.

59) A. Stein는 "Wo trugen die Korinthischen Christen ihre Rechtshändel aus?
(*ZNW* 59, 1968, 86~90)에서 법률적 의미에서 καθίζειν을 가지고, 로마
시민소송에서는 재판장은 "지명되지" 않았다는 것을 주목하면서, 재판은
유대인 재판관 앞에서 이루어졌다는 것으로 믿고 있다. 그러나 바울은 공
동체는 근본적으로 어떠한 재판관에게도 예속되지 않는다고 결론내리고 있
다. 사람들은 아주 넓은 의미에서 즉 그리스도인들이 그들의 재판관을 만
들고자 하여 재판관을 찾을 때, 재판관을 "임명할" 수 있다. 재판관 앞에
나타내 보이기 위하여 일행이 가능한 한 영향력 있는 많은 친구들과 함께
법정에 출두하는 것은 대단히 중요했다(Paoli, *Leben*, 231). Bohatec,
"Inhalt und Reihenfolge"는 부자인 그리스도인들은 사회적으로 "약한 자"를
재판관 앞에 데리고 갔다고 믿고 있다. 그러나 우리는 그러한 사실에 대해
서 아무것도 아는 바가 없다. Von Dobschütz (*Christian Life*, 19)이 어

고 하는 사람은 누구나 적어도 이와 같은 분쟁 사건을 해결할 만큼 충분히 지혜롭지 않으면 안 된다.

4. "지혜"와 "지식"은 신학적으로 구원에 대한 지식임을 드러낸 바와 같이, 바울과 고린도 교인들에 의해서 분명히 파악되고 있다. 어쨌든 "지혜"도 역시 일반적인 상식으로는 교육을 통해서 이루어진다는 가능성을 전혀 배제하지 않는다. 가끔 우리는 종교사에서 교육받은 계급들은 구원하는 지식의 형식의 필요성에 대한 사고에 가장 개방되어 있다고 충분히 관찰할 수 있다.[60] 교육을 받은 사람들 또는 실물 교육을 받은 사람들 가운데서 종종 관찰될 수 있는 바와 같이 고린도에서도 동방인의 지혜를 구하는 지적 열정과 같은 그러한 현상이 있었을 것이다. 아마도 바로 이것이 바울이 강조하고 있는 것이다. 즉 이러한 지혜는 동양인이나 서양인, 유대인이나 헬라인, 모든 백성들에게 걸림돌이 된다는 것이다. 사실상 이것은 고린도인들이 적어도 평균적 문화배경을 결여하고 있지 않았다는 사실에 대한 구체적인 암시인 것이다. 이것은 고린도인에게 보내는 첫번째 편지에서 말해지고 있는 바와 같이 당시의 일반철학의 공통적 경향을 암시하고 있는 것이다 : 즉 "지혜로운 자는 왕이다," "모든 것은 지혜로운 자에게 속한다," "지식은 우리를 자유케 한다."[61] 그것은 역시 일반 철학으로부터 취해진 주제(Topoi)들로 가득차 있으며 독자들이 인정하리라고 추정되는 고린도후서 10장 13절에서의 바울의 변호에 의해서도 지적되어지고 있다.[62] 이교도 제의에 참여하는 것에 대한 거리낌은 "우리 모두는 지식을 갖고 있다"(고전 8:1, 우리가 다 알고 있다)와 같이 말하고 그러한 "철학적" 수단에 의하여 멀쳐낼 수 있다고 할 때, 그것은 그러한 말을 할 수 있은 독특한 삶의 자리(Sitz im Leben)를 지적하고 있는 것이다. 시(市)의 재무관 에라스도, 또는 조영관 에라스도는 원칙적으로 이방 제의나 우상에게 바쳤던 음식은 용납될 수 없다 하여 잔치에 초대받는 것을 원칙적으로 거절하므로, 그의 공무에 고별을 고할 수 있었다.[63] 사회적으로 상류 계층에 속하는

*259

쨌든 재산에 관계된 소송은 결코 노예나 가난한 어부들에 의해서 제기되지 않았다고 보는 것은 옳다.
60) M. Weber, *The Sociology of Religion* (Boston, 1963), 80 ff. 참조.
61) Conzelmann, 1 *Corinthians*, 15n. 114. 고린도전서 가운데서 공동체의 편지에서 인용된 부분으로 추정된 부분에 대한 연구를 위해서는 J.C. Hurd, *The Origin of 1 Corinthians* (London,1965), 68 참조.
62) 이 topos에 관해서는 Betz, *Paulus* 참조.
63) 주 35에서 언급된 고린도인의 직무계열 중에서 이방종교의 성격을 가

사람들은 그러한 우상의 제물을 먹는 것에 대해서 "자유스런 입장을 가 대할 수 있으며, 사회적으로 하류 계층에 속하는 사람들은 우상의 제 물에 대해서 단호하게 거절하는 입장을 취한다──이것은 여기에서 충 분히 토론할 수 없는 가설이다. 우리들의 연구 목적상 여기에서는 "지 혜있는 자"와 그러한 그룹에 속하지 못하는 사람들은 서로 반대 입 장에 있으며 "지혜있는 자" 그리고 "지식이 있는 자"는 대체적으로 상 류 계층에서 더 많이 발견되는 듯하다는 정도를 이해하는 것으로 충분 하다.

*260
5. 고린도전서 7장 21절 이하에서 노예들에 대한 충고는 그들이 그리 스도인인 주인의 구성원의 일부로써 존재하든 아니면 독립적으로 존재 하든 역시 회중에 속했다는(고전 12：13 참조) 것을 지적하고 있다. 이 후자의 가능성은 그리스도교인들이 이방인의 집에서 산다는 것과 그리 스도교인 회중은 단순히 몇몇 가문의 연합체는 아니다라는 것을 가정 하고 있는 고린도전서 7장 8절 이하에서 여러 가지 결혼에 대한 바울의 충고와 일치한다.

회중내에서의 여러 분류에 대한 논급에 대한 분석은 사회내적 계층에 대한 우리들의 가정을 확증하고 있다. 이름을 통해서 알려진 고린도 교 회 그리스도교인들의 경우 그 당시에 그들은 분명히 상류계층에 속하며 사회적으로 두드러지게 나타나고 있다. "지혜있는 자"는 지식과 통찰력 이 결여되어 있는 약한 자들보다 사회적으로 뚜렷한 모습을 갖는다. 자기들 자신의 식량($\emph{ἴδιον}$ $\emph{δεῖπνον}$)을 갖고 있는 부유한 사람들은 자신 의 식량을 갖고 있지 못한 자들($\emph{μὴ}$ $\emph{ἔχοντες}$)보다 더욱 직접적으로 각 광을 받는다. 그리고 비판은 바울의 삶의 양식에 그 초점을 맞추었다는 것을 우리는 알 수 있다 하더라도 바울이 지원을 거절하는 그의 전략에 동의했던 사람들은 침묵을 지키고 있다.

상류계급에 속했던 그룹의 성원들은 그들 자신이 가장 영향력있는 사 람이라고 알고 있다는 사실을 우리는 다시 한번 추정할 수 있다. 그러 나 분명히 그들은 표면에 나서지 않고 있는 다른 그룹들, 그러나 고린 도전서 1장 26절에 나타나 있는 대다수의 사람들과 구별되어 있다. 거

진 직무가 분명히 발견된다 ; Kent, *Inscriptions*, nos. 152, 154, 156, 158. 참조. 고린도에서 자치의 직업을 얻으려고 열망했던 사람은 누구나 헬라 적인 관례와 의식에 공적인 거리를 유지하기가 대단히 힘들었을 것이다. F.J.M. de Waele, "Ausgrabungen," 54는 공상에 가까울지만 에라스도는 "그의 종교적 신심에서 야기된 적개심에 대응하여 아마도 네로(Nero) 시 대에 자기의 직무와 호의를 베풀었을 것"이라고 가정하기조차 한다.

기에는 고린도인 회중에서 관찰될 수 있는 사회계층의 구조적 원인들, 다시 말하자면 고린도시(市)의 사회적 구조와 바울 선교에 뿌리를 박고 있는 구조적 원인들이 있기 때문이다.

II. 실상에 대한 사회학적 해석

1. 고린도 시의 사회구조

B.C. 146년 고린도 시가 파괴된 후 시이저는 B.C. 약 44년경에 고린도시를 로마의 식민지로 재건했다.[64] 그는 그곳에 전부는 아니지만 거의 대부분의 해방노예들을 정착시켰다 : "대부분 자유민 계급에 속하는 사람들을 보냄"(ἐποίκους πέμφαντος τοῦ ἀπελευθερικοῦ γένους πλείστους, Strabo. VIII, 6, 23). 아마 퇴역 군인들도 식민지 이주민에 속했었을 것이다. 어쨌든 거기에 정착하는 사람들은 로마 시민이었으며 시민권을 가지고 있는 한 로마의 식민지인이었다. 이러한 여건하에서, 예컨대 해방노예 가운데 그리이스인 노예들이 있었다 할지라도 로마적 요소가 지배적이었다. 그래서 고린도 그리스도교인으로 남아 있는 열일곱 명의 이름 중에서 여덟 개, 즉 아굴라, 보드나도, 가이오, 누기오, 브리스가, 구아도, 디도 *261 유스도 그리고 더디오가 라틴어로 되어 있다는 것은 분명히 우연한 일이 아니다. 아굴라와 브리스가가 분명히 유대인이었던 만큼 이러한 사실이 민족적인 출신에 대해서는 거의 문제시 되지 않는다는 점은 확실하다. 유대인은 로마인, 그리이스인 다음으로 세 번째 그룹으로 되어 있었다(West Nr. 111 ; Philo, *De legatione ad Gaium* 281f ; 사도 18 :

---

64) 발굴물에 기초하여 고린도의 역사에 대해 일견해보려고 하면 Waele의 *Corinth*을 보라. Roman Corinth의 정치 경제적 상황에 대해서 자세히 다루고 있는 Kent의 *Inscriptions*, 17~31를 참조. 고린도의 경제적 상황에 대한 간략한 논문으로서는 U. Kahrstedt, *Das wirtschaftliche Gesicht Griechenlands in der Kaiserzeit: Kleinstadt, Villa und Domäne, Dissertationes Berneses* I, 7 (Bern, 1954), 116~17 참조. [포괄적인 저서목록을 갖추고 있는 깊이 있는 연구를 위해서는 다음과 같은 것을 보라. J. Wiseman, "Corinth and Rome I : 228 B.C.~A.D. 267," in H. Temporini and W. Haase, eds., *Aufstieg und Niedergang der römischen Welt: Geschichte und Kultur Roms in Spiegel der neueren Forschung*, II (Principat), 7/1, (Berlin/New York, 1979), pp.438~548-Trans.] 로마의 고린도에 관해서는 역시 Waele, *Corinthe*, 85~103 참조.

1ff. 참조). 아풀레이우스(Apuleius, *Metamorphoses* XI)에 의하면 이
시스(Isis) 제의가 2세기 경까지만 해도 고린도에서 볼 수 있었다고 한
다. 그래서 알렉산드리아인인 아볼로(Apollos)는 아마도 그곳에서 1세
기경에 동료인 이집트인들을 만났던 것이다.

이 도시가 전통에 있어서 전혀 지속성을 갖고 있지 못했다는 사실은
회중 설립에 있어서 대단히 중요하다. 고린도에서는 제도, 건물, 가문,
혹은 제의 중 어느 것 하나도 1세기 이상 지속된 것은 아무것도 없었다.
이 기간 동안 많은 가문은 그들의 할아버지와 증조 할아버지가 아마 꽤
많은 노예들을 소유하고 있었기 때문에 사회적으로 우세한 입장에 있었
다. 그러한 도시가 새로운 열정에 대해서 오히려 더욱 감수성이 예민하
다.[65] 상대적으로 "기존" 집단들은 새로운 이념에 설복당할 수도 있다
는 것은 쉽게 상상할 수 있다. 왜냐하면 "새로운" 고린도인들은 그때까
지만 해도 신화적인 문화를 가진 국가의 중심부에서 살고 있었기 때문이
다. 사실상 그들은 지금까지 이러한 문화 속에서 살지 않았다. 생활의
여러 가지 측면에서 그들이 그리이스 전통과 일관된 입장에 있었다면, 비
문이나 원형 경기장 건조물에 라틴어를 사용한다는 것은 바꿔 말하면 여
러 면에서 그들의 생활양식이 얼마나 비(非) 그리이스적이었던가를 보여
주고 있다. 그러한 상황은 사회적 계층의 일부가 되는 문화(실제적 또는
상상적)를 갖고 있는 사회의 여러 계층을 현저하게 해체하고 있다. 이
러한 이유로 인해서 아마도 그들 구성원 가운데서 어떤 사람들은 지혜
와 지식을 통해서 그들의 모든 요구 조건의 달성을 추구하고 있었기 때
문에 동양의 새로운 지혜에 각별히 예민한 반응을 보였다.[66] 사도행전
17장에 의하면 바울이 전통의식을 가진 도시인 아테네에서 성공을 거두
지 못하고, 고린도에서 "많은" 그리스도교인들을 얻은 것은 분명히 우
연한 일이 아니다. 새로운 문화적·사회적 동질성에 대한 요구는 기존
문화의 중심지인 아테네에서보다도 새로 건설되는 문화적으로 이질적

---

65) Broneer, "Corinth," 78 : "··· 새로운 도시는 수천년 동안의 깨지지 않은 문
화적 역사를 가진 아테네와 같은 곳에서 보다더 새로운 종교적 신앙을 받
아들이기를 기대할 수 있었다. 아마도 보다더 중요한 것은 수많은 방문
객들은 Isthmus에 있는 코스모폴리탄의 도시로 갔고 미래의 선교사업을 가
장 신심깊게 추종했던 사람들은 제자들과 같은 도시내의 외국인들이었다
는 사실이다."

66) 고린도후서에서의 바울의 적대자들은 비슷한 선전으로 성공을 거둔 것으
로 되어 있다. D. Georgi, *Die Gegner des Paulus im 2. Korintherbrief:
Studien zur religiösen Propaganda in der Spätantike*, WMANT 11(Neukir-
chen, 1964), 51 ff. 참조.

인 도시에서 훨씬 쉽게 일어난다.

고린도의 시민들은 사회적으로 상승일로에 있었을 뿐만 아니라, 그 도시는 또한 탄탄대로를 달리는 것처럼 경제적으로 급속한 성장을 경험했다.[67] 아주 오래된 건물들은 그 때까지만 해도 아주 단조롭게 지어져 있었지만, 반면에 나중에 가서 그 건물의 구조는 보다 호화로운 골격을 갖추고 있다. 고린도인들이 분주하게 건설에 참여하여 지은 건물을 기증하고 유흥에 열중했던 때가 바로 1세기 무렵이다. 비문에 의해서 입증되는 스물일곱 가지의 사례 중에서 일곱 가지는 아우구스투스와 네로 시대의 짧은 기간 동안에 세워진 것이다.[68] 대부분의 실예에서 기증자들은 고린도 외부지역의 출신자들이 아니라는 사실을 알 수 있기 때문에, 지방민들이 지방 자치운영에 책임을 졌다고 추정할 수 있다. 그리스도교인 에라스도는 바로 그러한 점에서 유명했었다.

고린도 시의 경제성장은 기원전 7세기~3세기 사이에 있었던 고린도 지협(地狹)의 경기 대회의 새로운 답습에 기인한다. 옛 고린도 시가 파괴된 이후로는 이러한 경기들은 시시온(Sicyon)에서 계속되었다. 그 경기의 개최자와 경기 지도자로 피선된 심판관들(Agonothetai ; 경기의 목적에 따라 재정적 지원은 심판관들에게 요청된다)은 모두가 고린도인들이었던 것 같다. 수 많은 사람들이 경기에 참가했다. 디오 크리소스톰(Dio Chrysostom, *Orationes*. 37, 8)은, 축제의 순례라고 불려지는 데오론(θεωρόν)은 "상인"들에게 도움이 되었으며, 상인들에게 도움이 되는 일을 하는 것은 경기와 상행위 사이에 밀접한 관계를 의미하는 행위라고 말하고 있다.

고린도의 부(富)는 일차적으로 무역에 그 기반을 두고 있었다 : "고린도는 상업에 의해서 풍부하게 되었다고 말해진다(ὁ δὲ Κόρινθος ἀφνειὸς μὲν λέγεται διὰ τὸ ἐμπόριον Strabo, Ⅷ, 6, 23). 이러한 증언은 고린도 시가 생겨났을 무렵부터 아리스티데스(Aelius Aristides)가 고린도를 그리이스 상업의 중심이라고 칭송할 때까지 기원전 2세기 동안 보존되었다(Aelius Aristides, *Orationes* XLVI, 22~23). 디오 크리소스톰(Dio Chrysostom, *Or*. 37, 8)이 고린도를 방문하는 사람 목록의 첫머리에

---

67) 그리이스의 폴리스 몰락에 대해서 당시에 불평을 토로했던 사람들은 분명히 고린도에 속하고 있지 않다. 이것이 바로 그리이스의 현 상태와 위대한 과거에 대한 기억과의 비교에서 나온 것(topos)이다. J.A.D. Larsen, "Roman Greece," in *An Economic Survey of Ancient Rome*, ed. T. Frank (Baltimore, 1938), Ⅳ : 465. 참조.

68) Kent의 *Inscriptions*, 21에 나오는 리스트 참조.

상인을 놓았던 것은 옳았다. 따라서 그것은 그리스도교인 공동체 구성원들이 사업문제로 자주 여행했던 사실과 연관시키는 고린도의 일반적인 묘사와 잘 맞아 떨어진다.[69]

상업과 불가분리의 관계에 있었던 고린도의 부의 두 번째 요인은 금융이었다. 플루타크(Plutarch, *Moralia* 831a)는 파트래(Patrae), 고린도 그리고 아테네를 그리스에서의 3대 금융 중심지로 명명하고 있다.[70]

고린도의 부에 대해서 고려되어야 할 세 번째 요인은 기술공에 의해서 만들어진 공예품이다. 스트라보(Strabo)는 고린도인의 "장인(匠人)의 기술"(τέχνας τὰς δημιουργικὰς ; Ⅷ, 6, 23)에 특별한 주의를 기울이고 있다. 금속 세공술은 쇠퇴되었지만(Strabo, Ⅷ, 6, 23) 고린도의 독특한 청동, 청동합금은 여전히 선망의 대상이었다. 세계를 지배하고 있는 로마인들의 탐욕의 실예로서 로마 군인은 다른 무엇보다도 고린도인의 청동 제품을 소중히 여긴다고 페트로니우스(Petronius, *Satyricon* 119에서)는 언급하고 있다. 그래서 청동 제품은 당시에 유명했음이 분명하다. 지금은 사라져버렸지만 옛 그리이스의 고린도는 도자기로도 대단히 유명했다. 그리고 새 고린도도 공예기능면에 있어서 상당한 수준을 보였다. 왜냐하면 1세기 말에는 수 많은 양의 램프가 다시 수출되고 있었기 때문이다.[71]

마지막으로, 정치적 행정이 고린도의 번영을 가져온 네 번째 요인으로 제시되어야 할 것이다. B.C. 27년 이래로 고린도는 도시로 사람들을 모이게 하는 요인을 갖고 있었다. 아카이아(Achaia)의 총독이 그러한 위치에 있었다. 디오 크리소스톰은 세 번째의 전권사절(πρεσβυτής)에 대해서 언급하고 있다. 그리고 그는 전권사절을 여행자(διερχόμενος)와 구별하고 있으므로, 여기에서 우리는 지방행정부가 때때로 전권사절의 목적지였을 것이라고 추정할 수 있다. 그리스도교인인 더디오와 같

---

69) 고린도의 지리—경제적 상황은 주화의 발견에 의해서 밝혀졌다(K.N. Edwards, *Coins* 1896～1929 ; *Corinth, Results of Excavations Conducted by the American School of Classical Studies at Athens*, Ⅵ [Cambridge, 1933]; and Kahrstedt, *Gesicht*, 116). 892개의 주화 중에서 39%는 지방에 근거를 두고 있지 않고 있다. 630개는 서구에서 나온 것이고, 77개는 Argolis에서, 66개는 Peloponnesus, 51개는 중앙 북부 그리이스에서, 28개는 동양에서 나온 것이다. 고린도가 서구와의 특별한 정치적·경제적 관계로 인해서, 이 도시는 서구 선교를 준비하는 데 가장 적격인 장소로 등장되었다. 그리고 이 도시는 로마 공동체와의 관계의 시발이 된 도시인 것이다(로마 15 : 24).
70) Larsen, "Rome Greece," 259～498, 472 참조.
71) Kahrstedt, *Gesicht*, 116 참조.

은 서기들(로마 6 : 22)은 분명히 중앙정부에 의해서 요청받은 사람들이었다. 이와같이 모든 사람들에게 선망의 대상이 되는 도시에 있어서의 사회적 계층은 옛날부터 부유한 가문과 가난한 사람들의 그룹으로 분명히 구분되어 온 사회에서의 사회적 계층과는 확연히 차이가 있다는 사실은 있을 법한 현상이다. 수학자인 알키푸론(Alciphron, *Epistulae* Ⅲ, 24)은 2세기경에 가난한 자와 부유한 자와의 현격한 차이가 있었다는 사실에 대한 증거를 제시하고 있다 : "나는 그곳에서 부자들의 탐욕스러움과 가난한 사람들의 불행을 알아내었기 때문에 곧바로 고린도에 들어가지 않았다"(οὐκ ἔτι εἰσῆλθον εἰς τὴν Κόρινθον. ἔγνων γὰρ ἐν βραχεῖ τὴν βδελυρίαν τῶν ἐκεῖσε πλουσίων καὶ τὴν πενήτων ἀθλιότητα). 다양한 그룹과 계급으로 구성되어 있는 고린도에 있는 그리스도교 회중과 같은 공동체는 공동체내의 내적 계층분화 때문에 아마도 특별한 통합의 문제에 직면하고 있었다.

2. 바울 선교의 사회적 제조건

고린도 교인들의 대부분은 하류 계층 출신들이었다는 사실을 바울이 분명히 밝히고 있다면 그가 세례를 베푼 그리스보, 가이오, 스데바나와 같은 사람들 모두 상류 계층에 속하는 사람들이라는 사실은 주목할 만하다. 상류계층에 속한 그 사람들은 바울 선교를 위해서 대단히 중요한 인물이었음이 분명하다. 또는 바꿔 말한다면 풍요한 토양인 그들 위에 바울 선교의 씨앗은 떨어졌다고 말할 수 있다. 바울 선교 자체가 본래부터 가지고 있는 이점에는 사회학적 이유가 있다. 이점을 확신시킬 만한 자료로서 사도행전에 따를 것 같으면, 바울은 첫째는 유대인에게, 다음으로는 이방인에게 향했다고 되어 있다.[72] 더 정확하게 말한다면 바울은 유대교로 완전히 개종하지 않았지만 할례를 받고(σεβόμενοι oder φοβούμενοι τὸν θεόν) 유대교의 신앙과 도덕적 원리에 동정적인 이방인들, 즉 "하느님을 두려워하는 자들"에게로 향했다. 사도행전은 고린도 선교 기간중에 바울이 지방 유대교 회당으로부터 거절을 당하자 "나는 지금부터 이방인들에게로 가겠다"는 사실을 천명했음을 말해주고 있다. 사도행전은 계속해서, "그리고 그는 거기를 떠나 하느님을 두려워하는 디도 유스도라는 사람의 집으로 갔읍니다"(σεβομένου τὸν θεόν, 사도 18 : 7)라고 말하고 있다. 이 사람은 아마도 재산을 가

---

72) R. Liechtenhan, "Paulus als Judenmissionar," *Judaica* 2(1946) : 56~70.

치고 있던 사람이었을 것이다. 왜냐하면 몇 가지 증명으로 보아서 "하느님을 두려워하는 자들"의 주위에는 재산을 가진 사람들이 있었다고 보통 간주되어 왔다. 바로 이러한 사람들의 일과 사회적 신분은 이방 세계와의 사회적 관계를 맺고 있었다는 것을 암시해 주고 있다. 이방 세계와의 사회적 관계는 유대인으로서 상당한 노력을 기울여야만 가능했던 관계이다.[73] 그들은 내적으로는 유대교 신앙에 찬동하고 있었음에도 불구하고, 유대교 공동체에 완전히 귀의하지는 않겠다는 충분한 이유를 갖고 있었을 것이다. 사람들은 금기시하는 음식물과 또는 "결혼시장"의 현격한 감소로 야기되는 문제에 대해서 생각해야만 한다. 또 다른 한편, 유대교로 완전히 개종한다는 것, 즉 개종자가 된다는 것은 하류 사회계층 사람들에게는 실제적으로 유리한 점이 될 수 있었다. 이와 같은 가정은, 비록 지금까지 남아 있는 수많은 비문의 성격이 오히려 위에서 언급한 가정에 대한 가치를 평가하는 데 곤란하게 만들지 모르지만, 이탈리아에서 발견된 디아스포라 유대교에 근거를 둔 여러 가지 비문을 통해서 지지를 받을 수 있다.[74] 총 731개의 비문 중에서 8개는 개종자에 대해서 언급하고 있으며, 7개(아마도 8개)는 "신을 두려워하는 자들"에 대해서 언급하고 있다. 개종자 중에 우리는 두 명의 노예와 한 명의 양자가 있다는 사실을 알 수 있다. "신을 두려워하는 자들" 중에서 우리는 노예는 없지만 기마사 계급을 가진 로마인 한 명을 발견할 수 있다. 우리가 알기로 그 신분은 부의 수준에서 볼 때 어떤 사람에게 종속되어 있던 신분이었다.[75] 이와 같은 증거에 의하여, 쿤(K.G. Kuhn)과 슈테게만(H. Stegemann)은 다음과 같이 결론을 내리고 있다. "유대적 희랍 디아스포라 가운데서 "하느님을 두려워하는 사람들 중에는 사회적 신분이 높은 사람들의 비율이 가장 미천한 계층 출신의 사람들 (예컨대 노예들)인 개종자들보다 높다."[76] 신약성서의 독자는 이 사실

---

73) 특히, H. Gülzow, *Christentum und Sklaverei in den ersten drei Jahrhunderten* (Bonn, 1969), 12~15, 22~28. 하느님을 두려워하는 자들의 그리스도교에로의 영입에 관한 논지는 Filson의 "Early House Churches," 112에 상세히 나타나 있다.

74) 수반되는 문제는 K.G. Kuhn과 H. Stegemann의 "Proselyten", *PRE*. Suppl. IX 1248~83에 기초를 두고 있다.

75) 만일 어떤 사람이 40만 세스터스(sesterces 란 옛 로마의 화폐 단위—역자 주)만 가지고 있으면 기사도 될 수 있었다. 비문을 통해서 증명된 개조자 중에는 하나님을 두려워하는 사람들(4) 중에서 보다 여자들(5명)이 더 많았다는 것은 타당성 있는 묘사이다.

76) Kuhn and Stegemann, "Proselyten," 1266~67.

을 확증할 수 있을 것이다. 하느님을 두려워 하는 사람이 이제 다시 유대인과 그리스도교인의 지도자로 나타난다. 우리가 빌립보의 자색 옷감 상인(사도 16:14 ff.)이나 또는 가버나움의 백부장을 생각해 볼 수 있다. 적어도 누가의 표현은 무엇인가 전형적인 모습을 묘사하고 있다. 누가복음 7장 5절에서 신앙심이 깊은 백부장은 회당을 짓게 했다——그 리고 우리는 가이사랴의 백부장(사도 10:1 ff.)을 상기해 볼 수 있다. 바로 이 사람들이야말로 그리스도교를 받아들일 수 있다는 사실을 스스로 보여주고 있는 인물들이다.

*265

위의 사실에 대한 이유를 발견하는 것은 어려운 일이 아니다. 하느님을 두려워하는 사람들은 이미 그들의 고유한 전통과 종교에 관하여 독립적인 입장을 표명했다.[77] 그들은 상이한 문화영역에 위치했으며, 민족적, 문화적 변경지대를 교차했으며, 상속받은 전통과는 다른 독립적인 신원을 제공해준 그리스도교 신앙을 특별히 받아들였다. 유대교는 그럴 수가 없었다. 유대교내에 속한 사람들은 충분히 자기들 자신의 권리를 부여 받을 수가 없었다.[78] 그런데 그리스도교는 바울의 양심에 따라서 하느님을 두려워하는 사람들에게 유일신 정신과 고등 도덕원리를 알 수 있는 가능성을 제공해 주었다. 동시에 그리스도교는 하느님을 두려워하는 사람들에게 조건없이, 제의적 요구없이, 그들의 사회적 신분에 악영향을 미칠 수 있는 어떠한 제약도 가함 없이, 종교적으로 충분히 평등관계를 유지할 수 있는 가능성을 제공해 주었다.

이러한 관점에서 살펴볼 것 같으면, 그리스도교와 유대교 사이에서 일어나는 갈등은 쉽게 이해될 수 있다. 그리스도교 선교는 바로 유대교의 영향하에 있었던 이방인을 겨냥하고 있었다. 사도행전의 보고에 의할 것 같으면 바울은 고린도의 유대인에 의하여 갈리오 총독 앞에까지 인도된다.[79] 유대인들은 율법을 어겼다는 명목으로 하느님을 두려워 하는 사람들을 박해하도록 바울에게 의무를 부여한다. 사도행전 18장 13절에 있는 "하느님을 두려워 하다"($\sigma\acute{\epsilon}\beta\epsilon\sigma\theta\alpha\iota\ \tau\acute{o}\nu\ \theta\epsilon\acute{o}\nu$)라는 구는 말과 내용에 있어서 여기에서는 단순히 다른 동사형으로 표현된 "하느님을 공경하다"($\sigma\epsilon\beta\acute{o}\mu\epsilon\nu o\iota\ \tau\grave{o}\nu\ \theta\epsilon\acute{o}\nu$)라는 전문용어와 일치하는 말이다. 이것은 바

---

77) Filson, "Early House Churches," 112.
78) Liechtenhan, "Paulus," 64; H. Kasting, *Die Anfänge der Urchristlichen Mission* (München, 1969), 26.
79) 총독의 $\beta\hat{\eta}\mu\alpha$(rostra)는 Corinthian agora에서 발견되었다(de Waele, *Corinthe*, 95). 한편 비문이 발견되었는데(Kent, *Inscriptions*, no. 322) 고고학의 해석은 $\beta\hat{\eta}\mu\alpha$라고 확실시 하고 있다(사도 18:16 참조).

울이 법률적 규율과 제한을 무시하고 법률위반을 수반함이 없이 하느님을 공경하는 방법을 가르쳤다는 것을 뜻한다고 할 때 이해될 수 있는 내용이다. 이것은 교양있는 유대인들에게 바울이 헐값으로 유대교 교리를 팔고 있었다는 것을 의미했다. 또 다른 면에 있어서도 역시 바울이 하느님을 두려워하는 자들과 더불어 성공을 거두었다는 사실은 디아스포라의 유대인 회중들에게는 쓰디쓴 사건이 아닐 수 없었다.[80] 현실적으로 유대인 회중들의 기부는 그리스도교 공동체에 유익했었던 것만은 아니었다. 소수인 유대인들은 반유대주의 편견으로 가득찬 이방세계인 외국에 있는 사람들의 인정이나 지지에 따를 수밖에 없었다.

바울의 공동체에는 상류계층 사람들이 참여했다는 사실에 대한 구조적 근거에서 보면, 전적으로 선교의 대상으로 된 사람들에게 한정되지는 않는다. 그들은 선교사와 어떠한 관계를 가질 수도 있다. 바울 자신은 상류계층 출신이었다.[81] 직업으로 말할 것 같으면 바울은 단순한 장인(匠人)이었고 아마도 다소(Tarsos) 태생으로서 천막의 천을 만드는 사람이었음이 분명하다. 그럼에도 불구하고 로마 시민이었다(사도 21 : 39 ; 22 : 28).[82] 그런데 일반적으로 크리소스톰의 이야기에서도 나타난 바와 같이(Or. 34, 21~23) 천막제조업자는 어떠한 사회적 특권도 갖고 있지 못했었는데, 바울이 로마시민권을 소유했다는 사실은 대단히 주목할 만한 일이다.[83]

"예를 들자면, 의회와 장로회의 사이의 의견의 불일치와 청년과 장로들 사이의 일견의 불일치를 해소하기 위한 어떠한 그룹도 자체내에는 없는 실정이다. 그래서 몇몇 사람들은 "천막제조업자들"(Leineweber, λινουργούς)을 부르곤 한다. 그런데 때때로 시민들은 그들 때문에 화를 낸다. 시민들은 그들은 쓸모없는 하층사회 출신이고 그들이 다름아닌 다소(Tarsus)에서 일어나는 소동과 무질서의 책임을 져야 할 자들이라고 주장한다. 또 다른 한편 어떤 때는 다소의 시민들이 천막제조업자들을 시의 성원으로 간주하기도 하고 그들의 반대

---

80) Gülzow, *Christentum*, 24.
81) Judge, *Pattern*, 56 ff. 참조.
82) T. Mommsen, "Die Rechtsverhältnisse des Apostles Paulus," *ZNW* 2(1901) : 81~96 ; G. Kehnscherper, "Der Apostel Paulus als römischer Bürger," in TU 87 (=*Studia Evangelica* Ⅱ Berlin, 1964) : 411~40. Kehnscherper에 대한 정당한 비평을 위해서는 O. Kuss, *Paulus: Die Rolle des Apostels in der theologischen Entwicklung der Urkirche, Auslegung und Verkündigung* Ⅲ(Regensburg, 1971), 40 주 2 참조.
83) Bienert, *Arbeit*, 302 ff. 참조.

의견을 받아들이기도 한다. 만일 그들이 여러분들에게 해가 되고, 폭동을 선도하고 혼란을 야기시키는 자들이라고 믿는다면, 여러분들은 그들을 전적으로 추방해야 하며 여러분들의 전체모임에 받아들여서는 안 된다. 그런데 다른 한 편 그들이 다소에 거주하고 있을 뿐만 아니라 가장 좋은 예로서 그들이 이곳에서 태어났고 다른 도시를 알지 못할 경우에는 여러분들이 그들을 진정한 시민으로 간주한다면, 그때에는 그들의 공민권을 빼앗거나 여러분과의 관계에서 끊어버리는 것은 분명히 온당치 못하다. 그러나 사실상 천막제조업자들은 감정적으로 일반의 관심에서 소원해질 수밖에 없고 배척받으며 국외자로서 간주되었다… 자 그러면 여러분들은 우리에게 무엇을 하라고 명령하는가? 본인은 여러분 모두가 시민으로 등록하기를 명한다. —물론 나는 명령한다— 여러분은 여러분 스스로가 바로 가치가 있으며 아무도 여러분을 비난하거나 배척할 수가 없다. 그래서 여러분은 그들을 현재 있는 상태 그대로 그들을 정치 구조의 성원으로 간주하여야 한다."

바울 가문은 다소에서 대부분의 천막제조업자들과의 경쟁에서 성공을 거두었으며 다소에서 시민권을 행사할 수 있는 권리를 얻었다고 표현된다. 게다가 바울 가문은 역시 로마인의 시민권을 갖고 있었다. 그래서 의심할 나위도 없이 바울 가문은 특권적 신분을 향유했다. 바울은 자기의 특권적 신분에 맞먹는 사회적 신분을 가진 사람들에게 호감을 살 수 있었음은 이해할 만하다. 아마도 그가 로마시민이었다는 사실은 바울이 사람들에게 돋보였으며 존경을 받았다는 사실을 보여주는 것이었다. 또한 법률적인 견지에서 보아도 그가 그렇게 된 것은 고린도 시민과 동등한 입장에 있었기 때문이었다.

마지막으로 이제는 선교의 구체적인 요구사항에 대한 언급이 있어야 하겠다. 바울은 장인으로서 일했기 때문에 상대적으로 독립할 수 있었다는 사실은 옳다. 그러나 선교사업으로 인해서는 바울은 기거할 장소와 회중이 모일 방의 문제는 도움을 받을 수밖에 없었다.[84] 회중이 모일 수 있을 만큼 큰 방은 합리적으로 사업이 잘 되어가고 있었던 사람들이 마련할 수밖에 없었다.

*267

바울이 고린도와 기타 그밖의 지역에서 상류계층에 속했던 사람들을 그리스도교로 끌어들일 수 있었던 배경에는 몇 가지 구조적인 이유가 있다. 그런데도 그러한 구조적인 이유가 고린도인 회중 가운데에 있는 대

---

[84] Filson은 특히 이점을 강조하고 있다("Early Houses Churches," Ⅲ). 내 의견으로는 그는 올바른 결론을 내리고 있다: "사도교회는 때때로 우리가 생각했던 것보다 더 사회의 단면(a cross section)에 가까웠다"고 볼 수 있다.

부분의 그리스도교인들이 하층계급 출신이었다는 사실을 전복시킬 수 없다. 아마도 그들 중의 몇몇 사람들은 한 가족의 구성원으로, 종으로, 또는 노예로서 사회적으로 높은 신분에 속하는 어느 개인에게 종속되는 사람들이었다. 그럼에도 불구하고 고린도인 회중내의 사회적 계층은 절대적으로 그렇게 구분할 수는 없다.[85] 예를 들자면, "결혼"(고전7 : 8 ff.) 중에 있는 사람들에 행해진 충고는 그리스도교와 이방종교 또는 유대교와의 한계를 집이나 가문을 통해서 명확히 할 수 있으며 부부, 부모, 그리고 자녀들의 한계는 분명히 구분될 수 있다는 사실을 전제로 하고 있다. 노예에게 한 충고도 마찬가지로(고전 7 : 21 ff.) 그리스도교인을 주인으로 모시는 노예들에게 한정시켜 한 충고는 아니다. 왜냐하면 제 2 의 바울 편지(골로 3 : 18 ff. ; 에베소 6 : 5 ff.) 또는 빌레몬에서와는 달리, 여기에서는 주인들은 노예와의 관계에 대한 충고를 받아들이지 않기 때문이다. 마지막으로 고린도전서 11장 20~2절은 회중내의 사회적 계층은 대체로 그리스도교인 집안 내에 있는 서로 상이한 사회적 신분에 기인한다는 주제와 상호 모순된다. 왜냐하면 여기에서 특별히 상이한 집은 상이한 사회적 신분을 갖는다는 사실을 추정할 수 있다. 부유한 사람들은 집에서 "자기가 가지고 온 양식"을 먹을 것이다(11 : 22, 34). 아무것도 가진 것이 없는 자들($μὴ$ $ἔχοντες$, 11 : 22)은 부유한 집안의 구성원이다. 또한 "가진 자"와 "못 가진 자"와의 사이의 관계 문제는 단순히 집안에서만 생길 수 있는 문제라고 가정하기는 매우 어렵다.

결론적으로 희랍 초대 그리스도교는 하층 계급에 속하는 사람들 사이에서 일어난 프롤레타리아 운동도 아니며 상층 계층에서 일어난 운동도 아니었다. 그와는 반대로 초대 그리스도교의 사회구조적 특징은 여러 계층과 여러 가지 관계, 관습, 그리고 여러 가지 가설들이 포괄되어 있었던 것이 그 특징이다. 져지(E.A. Judge)는 정확하게 다음과 같은 사실을 강조했다. "모든 관계는 일반적으로 사회 경제적으로 가능한 동질성을 갖는 기타 비공공적 관계로부터 그리스도교인을 구별지었던 방식에서 나왔다. 분명히 이러한 현상은 그리스도교인들 가운데서 끊임없는 구별을 야기시켰다."[86] 특별히 내 견해로는 고린도에서 괄목할 만한 차이점들이 여기에서 관찰될 수 없다고 본다. 어쨌든 결과적으로 비록 우

---

85) Judge (*Pattern*, 60)는 편향적이다.
86) *Ibid.*

9. 고린도 교회의 사회계층

리가 이 연구를 더 진척시켜나가기 위하여 실제적으로 도움이 될 만한 어떤 가설을 더 이상 스케치할 수 없다 할지라도, 고린도인 회중에 대한 정보를 분석해 온 우리들의 사회학적 연구 결과는, 그리스도교 고대 사회의 발전에 대한 역사적 준거내에서 구체화 되지 않으면 안 된다.

희랍인의 공동체는 초대 그리스도교의 발전 과정에서 진보된 단계를 보여주고 있다. 가장 오래된 공동체는 팔레스틴 지역에서 발견된다. 그리스도교가 시골의 구조를 가진 팔레스틴의 세계로부터 도시화된 지중해 세계의 희랍 문화에로의 변이는 아마도 사회적 고위 계층의 침투에 의해서 이루어졌을 것이다. 초기 회중이 자기 자신들을 가난한 자들 ($\pi\tau\omega\chi o\acute{\iota}$, 갈라 2:10, 로마 15:26)로 명명하는 것은 "순수한 종교적" 자기 이해를 나타낼 수 있을 뿐만 아니라, 문자적 해석도 내릴 만하다. 어쨌든 바울은 예루살렘에 있는 "가난한 사람들"을 위하여 모금을 걷는다. 그래서 그것이 실제적으로 지원이 되고 있음을 알고 있다(로마 15;27; 고후 9:12 참조). 예를 들자면 예루살렘으로 이주해온 갈릴리 어부들과 농부들은 문자 그대로 가난한 사람들이었다. 사실상 갈릴리 사람들은 자기 고향을 떠나면서 그들의 생계의 모든 수단을 포기했다. 그리고 내 생각으로는, 예루살렘에 살고 있는 디아스포라 유대인들 사이에 공동체내의 갈등이 있었다는 사실은 분명히 감지할 수 있다고 본다. 추측컨대 잘 사는 사람들과 "토박이" 유대인들 사이에서 일어났던 갈등은 물질적인 문제 때문에 고조되었다(사도 6:1~6)고 본다. 초대 그리스도교의 역사는 첫번째 세대에서 희랍화, 도시화, 그리고 사회내 상류계층의 침투과정을 통해서 사회문화, 사회생태, 사회경제적 중요한 제요인을 변화시킨 근본적 사회변이에 의해서 윤곽이 드러났다. 우리가 이 문제를 생각해 본다면, 희랍적 회중이 완전히 그들의 사회와 다른 사회에서 나온 팔레스틴 전통을 조심스럽게 받아들였던 것은 한갓 우연이라고 생각될 수 없다. 일반적으로 우리가 아는 바와 같이 바울은 주께서 하신 말씀 중에서 몇 가지밖에 알지 못한다, 그리고 비록 그가 좀더 안다고 해도, 가족, 재산, 집을 포기해야만 하는 정신으로 이루어진 예수 전통의 윤리적 급진주의는 바울이 세워놓은 회중내에서는 살아남을 여지가 전혀 없음을 발견하게 된다.

그래서 이러한 바울주의적 회중내에서는 공관복음 전통정신, 즉 초대 그리스도교 사랑의 가부장제의 정신과 현격하게 다른 정신이 발전되었다.[87] 우리는 이러한 정신을 특별히 제 2 의 바울적 사상과 목회 서신

---

87) 사랑의 가부장제의 정신은 E. Troeltsch, *The Social Teaching of the*

*269
에서 만날 수 있다. 그러나 이것은 바울에서 분명히 나타난다(즉 고전 7：21 ff.；11：3～16을 보라). 이 사랑의 가부장제도는 사회적 상이점을 고려한다. 그러나 그것은 존경과 사랑의 임무, 사회적으로 보다 강한 자들에게 부여된 임무를 통해서, 사회적 상이점들을 고쳐 나간다. 약한 자들로부터는 복종, 성실성, 그리고 존경이 요구된다. 이러한 정신에 자양분을 제공하는 지적 자원이 어떠한 것이든지간에, 희랍적 초대 그리스도교의 많은 사람들은 그러한 지적 자원을 가지고 한 편으로는 공동체 성원에게 높은 수준의 연대 정신과 형제애를 요구했던 공동체 내에서의 사회적 관계를 형성하는 직무를 연마시켰다. 또 다른 한 편에서는 여러 가지 사회적 계층을 포괄한 사회적 관계를 형성하는 직무를 연마시켰다. 온건한 사회 보수주의와 더불어 이러한 초대 그리스도교의 사랑의 가부장제는 그리스도교에 끊임없이 영향을 미쳤다. 그것은 2세기에 있었던 몬타니즘(Montanism)과 영지주의를 극복했다. 또한 그리스도교의 사랑의 가부장제도는 교회의 기본적인 규범을 낳게 했다. 그리고 영원한 구조를 만들어냈다. 그것은 조직의 제문제를 해결했고 그리스도교로 하여금 대중을 받아들이도록 준비시켰다. 그리스도교의 사랑의 가부장제도의 역사적인 영향력은 상이한 계층의 구성원을 통합시킬 수 있는 자체 능력에 뿌리를 두고 있다. 상층계급에 속하는 사람들은 풍부한 활동무대를 찾을 수 있었다. 그래서 초기 그리스도교는 바울을 비롯해서 탁월한 지도력의 특징을 결핍하고 있지 않았다. 그러나 하류계층은 집안 바로 거기에 있었던 것이다. 사람들은 하느님 앞에서 모든 사람들의 신분은 본래적으로 평등하다는 사실과 연대 그리고 삶 속에서 높은 신분을 향유했던 그리스도교인들로부터 삶의 구체적인 문제에서의 도움을 받을 수 있다는 사실을 발견했다. 그리스도교인의 형제애 정신은 아마도 사회적으로 동질성을 갖는 집단내에서 보다 근본적으로 실천되어 나갔을 것이다. 형제애의 정신은 첨예하게 사회적으로 계층분화된 공동체내에서 그 정신의 척도를 실현시키는 것보다 사회적으로 동질성을 갖는 집단내에서 실현하는 것이 훨씬 용이하다. 원시 그리스도교의 사랑의 가부장제도가 실제적인 해결을 보게 한 곳이 바로 사회적으로 동질성을 가진 집단내에서였다.

Christian Churches (New York, 1931), Ⅰ：69～89에서 얻어지며, 그 정신은 사랑의 이상에 대한 열기(78)로부터 정의의 독특한 색채를 받은 그리스도교인의 가부장제도로 언급된다. Troeltsch의 개념은 "고정된 불평등의 의지적 수용에 대한 기본적 의견에 반대되며, 고정된 불평들을 인간관계의 윤리적 가치를 위하여 이용하려는 의견"에 반대된다(78).

고대 풍습·제도의 맥락에서 이 사랑의 가부장제도는 전체적으로 사회를 위해서 뜻깊은 제도가 되었다. 바로 이 사랑의 가부장제는 그리스·로마의 고대 사회제도와는 현저하게 다른 제도로서, 사회적 제관계를 지도하고 구체화시키는 데 새로운 방식을 제공했다.[88] 후자는 사회적 통합의 제문제를 신분의 평등을 좋아하는 시민의 고상한 비젼에 의해서 그 해결책을 찾았다. 이 사회신분적 평등은 정치적·사회적 갈등의 중심부에 놓여 있는 문제였다. 거듭된 노력을 통해서 시민권을 보다 더 많은 사람들에게 확대시킴으로써 사회적 긴장관계를 원만한 수준으로 끌어내릴 수 있었다. 우리는 디오 크리소스톰이 다소 사람들에게 제시한 제안 중에서 (Or. 34, 21 ff.) 하나의 실예를 찾아 볼 수 있었다. 다소 사람들은 사회적 갈등을 해소하기 위하여 천막제조업자 모두에게 시민권을 확대한다. 제국의 모든 사람들에게 시민권을 주었던 또 다른 실예는 217년 카라칼라(Caracalla) 칙령이 발령될 때까지 로마인의 시민권은 점차적으로 확대되었던 것이다.[89] 어쨌든 정치적인 평등은 언제나 제한받아 왔다. 모든 노예들은 제외되었을 뿐만 아니라, 외국의 거류민들과 외국인들도 마찬가지였다. 더욱더 시민권은 로마 제국에 있는 모든 사람에게 확대되는 추세가 계속되어감에 따라서, 새로운 법률적 차별을 제정하는 경향을 보이기 시작했다. 실예로서 하드리안(Hadrian) 이후로 형사적 처벌에 대한 등급이 소개되게 되었다. 어쨌든, 무엇보다도 정치적 사회적 발전은, 특히 제3세기[90]의 대단한 위기 가운데서 정치적 평등을 위한 이 사회적 통합유형에 사회적 기본이 되는, 즉 권리와 책임에 대한 시민의 폭넓은 의식을 부정하게 되었고 대중의 빈곤화와 상류계층의 초기적 봉건화 현상을 야기시키고 말았다. 이러한 시민집단의 유약성은 2세기의 계몽 군주제로부터, 4세기의 절대 지배체제에로 변화되는 과도기에는 아무런 도움이 되지 못했다. 오히려 그것은 제국 국경지역에서 사회 내적으로 압력이 되어 점증하는 극심한 군사적 위협의 원인이 되었다. 그 결과 군사적 위협에 완강하게 저항하기

---

88) H. Bolkestein의 책(*Wohltätigkeit und Armenpflege im vorchristlichen Altertum*, Utrecht, 1939=Groningen, 1967)의 제목이 제시한 주제를 휠씬 넘어선 그 중요성은 이 변화에 있어서 매우 유익하다. 특히 사회학적 해석(438~84) 참조.

89) 이 문제에 관해서는 Vittinghoff, *Kolonisation*, Passim 참조.

90) 이 위기에 관해서는, M. Rostovtzeff, *Social and Economic History of the Roman Empire*, 2d ed. (Oxford, 1957), 393ff., and F. Millar, *The Roman Empire and Its Neighbours* (London, 1967), 239~48.

가 어렵게 되고 말았다.

이렇게 근본적으로 변화된 사회 제관계에 직면한 고대 사회는 로마 제국내에서 작은 종교적 공동체의 그리스도교인의 사랑의 가부장제도를 발전시켜 온 새로운 통합유형을 채택하게 되었다.[91] 이러한 그리스도교인의 사랑의 가부장제도에서의 신분의 평등은 모든 사람, 즉 여자, 외국인, 노예들에게까지 확대되었다. 그리스도 안에서 "유대 사람이나 헬라 사람이나… 종이나 자유인이나… 남자나 여자의 차별이 없읍니다. 그것은 여러분이 그리스도 예수 안에서 다 하나이기 때문입니다" (갈라 2:28). 동시에 이 모든 것은 어쨌든 내면화되었고 "그리스도 안에서" 사실화되었다. 그러나 정치적 사회적 영역에서는 명확한 계급 구분이 기본적으로 용납이 되었고 확증되었고, 종교적으로 조차 정당화되었다. 그래서 평등권 투쟁은 더이상 없어지게 되었고 그 대신 존경, 관심 그리고 책임감의 정도에 따라 특징지워질 수 있는 여러 가지 계층의 구성원 가운데서 관계유형을 규정지으려는 투쟁이 있었다. 사회 제 환경에 어려움이 봉착됨에도 불구하고 고대 사회가 점증하는 사회적 압력기에 접어들게 되면, 폐쇄적인 사회로 돌입하게 되며, 따라서 사회적 통합의 새로운 형태가 유효했던 것이다. 그래서 고대사회는 지금까지 언제나 종속적인 상태에 있던 사람들에게 확실한 인간성의 기회를 제시

---

91) Bolkestein (*Wohltätigkeit*, 483~84)는 모든 시민의 권리평등에 기초를 둔 $\varphi\iota\lambda\alpha\nu\theta\rho\omega\pi\iota\alpha$의 사랑(*caritas*)에로의 이 변형을 3세기의 사회정치적 위기의 역사적 맥락으로 본다. $\varphi\iota\lambda\alpha\nu\theta\rho\omega\pi\iota\alpha$가 $\varphi\iota\lambda\sigma\pi\tau\omega\chi\iota\alpha$에로의 변형은 "3세기부터 점점 인류를 삼켜버린 극심한 빈곤의 불가피한 결과이었다. 이러한 어려운 시기에, 그리스도교 교회는 사랑(*caritas*)의 설교를 통하여, 구제기구를 통하여, 국가가 가난한 사람들의 운명을 방치해버렸기에 고통받는 가난한 사람들을 위한 지원의 일을 떠 맡았다. 그리스도 교회는, 제일 먼저, 비참이 대중들을 괴롭혔기 때문에 세상이 사경을 헤메고 있을 때, 위로자의 역할을 다했던 것이다"(484). F.G. Maier (*Die Verwandlung der Mittelmeerwelt*, Frankfurt, 1968, 97)은 3세기에 등장한 변형된 사회내에서는 강제노동이 중요하다고 강조하고 있다. "사회행태의 구체화를 위한 교회의 역할과 사회 변형과정에서의 교회의 역할은 원래부터 소극적이었다…. 오히려 교회는 강제노동의 이념을 인식시키는 데 결정적으로 공헌했다. 그래서 새로운 사회의 도처에 편재해 있는 교회는 그렇게 해서 간접적으로 그러나 본질적으로 기존의 권위와 종속양식을 조장하는 결과가 되었다"(97). H. Bolkestein과 F.G. Maier는 두 개의 상호 다른 관점에서 사랑—가부장제로 특징지워진 사회양상을 여기에서 조명하고 있다. 한 편으로는 이 이념은 약자의 사회복지를 위한 강자의 의무가 사회의 원리로 되고, 또 다른 한 편에서는 약자를 위한 강제노동이 사회의 원리로 된다.

하게 되었고 근본적 신분 평등사상을 굳게 지속시켰다. 콘스탄틴과 그의 종교적 정책과는 원만한 상태를 유지시킬 수 있었다. 왜냐하면 급진적인 사회 변화에 대한 창조적 대응책으로서의 그리스도교인의 사랑의 가부장제도는 그리스도교 소수파의 한계를 넘어서까지 영향력을 발휘할 수 있었기 때문이었다. 만약 초기 그리스도교인의 사랑의 가부장제도의 기본적 유형이 오늘날 사회 제관계를 형성시키는 데 부적당하다면 그것의 역사적 타당성이 제시되어야 할 것이다. 그것은 사회 제관계를 실현하기 위한 하나의 인간적 시도였다. 그것은 그리스도교로부터 공관복음의 전통에서 나온 윤리적 근본주의나 혹은 요한복음에서와 같이 사랑의 계명에 의해서 묶여진 형제와 친구들로 구성된 영적 공동체의 비전을 완전히 질식시키지는 결코 못했다. 고대 폴리스에서 나오는 정치적 평등정신은 거듭거듭 윤리적 전통과 같은 것과 연합조화될 수 있었다. 실로 정치적 평등정신은 자유와 평등에 대한 근본적인 요구가 모든 민중들의 이익을 위하여 제창되었다는 점에서 강화될 수 있었다. 그리고 그 정신은 형제애에 대한 그리스도교인들의 독특한 요청과 맞아 떨어졌던 것이다. 그리스도교는 우리들이 갖고 있는 윤리적이고 정치적인 의식을 결정적으로 구체화한 고대 민주주의 전통의 근본적인 개혁에 무관심할 수는 없을 것이다.

10

고린도 교회의 강한 자들과 약한 자들
── 하나의 신학적 논쟁에 대한 사회학적 분석 ──

　사회학적 분석은 인간의 사회적 행동의 전형적인 특징들과 초개인적인 조건들을 연구하는 것이다. 사회학적 분석이 관심하는 것은 많은 개인들과 많은 상황들에 들어맞는 것, 즉 전형적인 것(das Typische), 일상적인 것(das Normale)이다. 그런데 과거의 전승들은 원래 비일상적인 것과 유일회적인 것에 집착한다. 그러므로 과거의 전승들을 사회학적으로 분석·평가하는 일은 불가능하지는 않다 하더라도 대개의 경우 대단히 어렵다. 그런데 사회적 집단들의 상이한 습관들이 서로 충돌하는 갈등도 비일상적이고도 유일회적인 사건들에 속한다. 바로 이 경우에는 비일상적인 것은 일상적인 것을, 극적인 갈등은 대단치 않은 것이라 보고 무시했던 것을 드러내 주게 된다. 사정이 그렇다면 우리는 우리들이 취급하려는 전승들의 사회적 배경을 분석함으로써 그 진상을 밝혀 보려고 한다.

　고린도 교회의 약한 자들과 강한 자들간에 벌였던 논쟁 역시 서로 다른 습관들을 그 대상으로 삼고 있다. 약한 자들은 도축할 때면 반드시 제사 행위가 수행되었기 때문에 모든 "우상제물의 고기"를 멀리 했다. 반면 강한 자들은 하나님 한 분 외에는 신이 없고 우상은 도대체가 신이 아니며, 그렇기 때문에 "우상제물의 고기"도 전혀 있을 수 없다는 "지식"을 근거로 했다(고전 8 : 4ff). 이에 대해 바울은 전혀 다른 주장을 한다. 그는 공석에서의 제의연회(8 : 10)와 가정에서의 식사(10 : 25ff.)를 구별한다. 신당에서 베풀어졌던 공식적인 제의연회에 대한 바울의 판단은 결코 일관된 것은 아니지만 그 경향에 있어서는 분명하다. 그래서 바울은 사도행전 8장 10절 이하에서 마음속으로는 내키지 않으면서도 (reservatio mentalis) 신당의 제의연회에 참석하는, 더 이상 논의의 여

10. 고린도 교회의 강한 자들과 약한 자들 343

지가 없는 권리를 포기하라는 일반적인 하나의 원칙을 제시하고 있다. 그리고 사도행전 10장 1~22절에서는 그리스도교의 주의 만찬과 신당의 제의연회가 근본적으로 모순되는 것으로 간주하고 있다. 바울이 이렇게 그 역점을 옮기고 있는 배후에는 다음과 같은 상황이 있을 수 있을 것이다. 우선 수동적인, 즉 초대받은 사람으로 이교의 제의연회에 참석했던 사람은 누구나 곧 비슷한 형식의 답례초청을 해야 하지 않을까라는 문제에 봉착했었다. 누구든 신당의 제의연회에 초청받고 그에 대한 답례로 비슷한 형식의 답례초청을 할 경우 "우상숭배"의 주모자가 되었다. 그러나 우리는 이 문제를 미결로 남겨 둘 수 있을 것이다. 극히 명백한 사실은 시장에서 구입한 고기를 자기 집에서 먹는 경우이건——이 경우에는 전혀 문제가 되지 않는다(10 : 25f.)——낯선 집에 초대받아 차려 내놓은 고기를 먹는 경우이건(10 : 27ff.), 어느 경우에나 바울이 10장 23절 이하에서 가정에서의 식사문제를 취급하고 있다는 점이다. 여기에서 바울은 고기의 "제의적" 성격이 명확하게 언급될 때만을 신중히 고려하고 있다. 신당에서는 제사지냈던 고기만 제공되었다는 사실은 자명할 것이다. 그러나 가정에서의 식사 역시 문제되었음이 틀림없다. 바울은 원칙적으로 공개적인 행동과 비공개적인 행동을 구별하고 그 행동의 사회적 상황에 의존하여 자신의 입장을 취하고 있다고 말할 수 있다. 그는 육식(Fleischgenuß)이 공적인 성격을 지닐 때는 (연회 장소에 의해서건, 혹은 "이것은 우상 앞에 놓았던 고기입니다"라는 선언에 의해서건) 약한 자들과 논쟁하며, 사적인 문제에 관한 것일 때는 강한 자들과 논쟁하고 있다.

*273

이 논문에서의 우리들의 과제는 강한 자들과 약한 자들이 상반된 태도를 취하게 된 이유가 어디에 있었는지를 분석하는 것이다. 그 신학적 근거들을 추구해 보면 인간, 세계, 하나님에 대한 서로 다른 확신 때문에 상이한 태도를 취하고 있다고 보는 게 의심할 나위없이 옳다. 그러나 이것은 사회학적 분석을 배제하지 않는다. 확신과 표상들은 대개 사회 집단들이 그 확신들과 표상들에 활성화할 수 있는 힘을 제공해 줄 때에야 비로소 현실적이 된다. 게다가 우리가 추구하려는 고린도 교회의 두 집단간의 갈등에서는 사회적 관계가 곧 바로 논의의 대상이 된다. 연회는 사회적 교제의 중요한 형태이며, 식생활 습관은 종종 사회적 제약을 받는다. 그러므로 그 갈등을 사회학적으로 해석할 수 있는지 혹은 해석해도 좋은지라는 점에 대해서는 논의의 여지가 있을 수 없다고 나는 생각한다. 다만 그 갈등이 사회학적으로 어떻게 해석될 수 있을지, 즉 그러한 갈등을 일으킨 사회적 요인들이 어떤 것들인지에 관해 서만은 논의의 여지가 있을 수 있다. 즉 단지 이미 태도를 규정하는 유대인 집단, 혹은 이방인 집단의 전통 또는 각 계층들의 특수한 습관 혹은 입장에 관해서만은 그렇다. 이와는 별도로 신학적 텍스트의 참 뜻을 해명하기 위해 사회학적 분석을 하는 의의에 대한 판단이 크게 다를 수 있다는 것은 자명하다. 내 생각으로는 신학적 논쟁을 사회학적으로 분석하는 것이 이 논쟁을 사회적 요인들에로 격하시키는 것을 뜻하지는 않는다고 본다.

I. 사회문화적 요인

성서주석서들은 철저하게 양자택일의 사고에서 약한 자들은 유대인 그리스도인들이 아니면 이방인 그리스도인들이라고 생각하고 있다.[1] 바울 자신은 이 문제를 보다 일반적인 문제로서 보았던 것 같다. 어쨌든 그는 자신의 태도를 어떤 민족집단에 국한시키지 않고 있으며, 당시 약한 자들을 고려하도록 요청되었던 바, 그에 대한 모범으로 자신의 태도를 내세우고 있다. 즉 그는 유대인들에게는 율법없는 자가 되는 등(9 : 12—22). 이것은 구체적인 삶의 상황을 의식적으로 벗어나는 하나의 보편화일 수도 있을 것이다. 그러나 우상제물로 사용한 고기에 대한 상론의 끝에 가서 바울은 다음과 같은 말로 다시 한번 강한 자들을 설득시키고 있다 : "유대인에게나 헬라인에게나 하나님의 교회에나 거침이 되지 마시오"(10 : 32). 유대인들과 이방인들에게 걸림이 될 수 있다면 걸려 넘

---

1) 이 문제에 대한 여러 의견들을 개관하려면 M. Rauer, *Die 'Schwachen' in Korinth und Rom nach den Paulusbriefen*(BSt 21, 2, 3), 1923, 36ff. ; K. Maly, *Mündige Gemeinde*, 1967, 96~99를 참고하라. 대개 고전 8 : 7을 근거로 약자들을 이방인 그리스도인이라고 보고 있다. 그러나 특히 L. Batelaan, *De Sterken en Zwakken in de Kerk van Korinthe*, Wageningen, 1942, 21~26 ; M. Coune, "Le problème des idolothytes et l'éducation de la syneidêsis," *RSR* 51, 1963, 497~534 ; W. Th. Sawyer, "The Problem of Meat Sacrificed to Idols in the Corinthian Church," The Southern Baptist Theol. Seminary, 1968(*Dissertation Abstracts* 29, 4~6, 1968/9, Nr. 1285~A)는 유대인 그리스도교인으로 보고 있다. H. Conzelmann, *Der erste Brief an die Korinther*, 1969, 175는 유대인 그리스도교인이 아니면 이방인 그리스도교인이라고 하는 양자택일에서 벗어난 몇 사람 안 되는 주석가 가운데 한 사람이다.

어지고 있는 약한 그리스도인들은 역시 이전의 유대인들과 이방인들이 었을 수도 있다. 또한 약한 자들이 민족적으로나 사회문화적으로 동일 집단이었다는 다른 암시는 없다. 약한 사람들 가운데 얼마는 확실히 이 방인 그리스도인이었다. 왜냐하면 우리가 8장 7절에서 "습관 때문에" ($συνηθεία$)로 읽든, 혹은 의식 때문에($συνειδήσει$)로 읽든(역자 주 : 본문 비평의 문제가 되어 있는 귀절로서 어떤 사본들은 전자로 또 어떤 사본들은 후자로 읽고 있다. 어느 것이 원래의 것인지에 대해서는 논란이 많다.) 상관없이, 어느 경우에나 전제되어 있는 사실은 "지금까지" 몇몇 사람들이 우상제물의 고기를 먹고 있다는 점이다. 그러나 한편으로는 오히려 그 반면이 8장 10절에서 추론될 수 있다. 누군가가 어떤 강한 자의 태도를 보고 우상제물의 고기를 먹을 유혹에 빠질 위험이 있다면, 그는 지금 그럴 수 있는 유혹을 받고 있지만 그 고기를 먹고 있지는 않다는 가정을 쉽게 할 수 있다. 8장 10절에서는 먹을 수 있는 유혹을 받고 있고, 8장 7절에서는 그것이 사실로서 전제되고 있다. 모순되고 있는 이 두 언급이 물론 조화를 이룰 가능성은 있다. 그러나 철저하게 상이한 유형의 약한 자들이 있었을 수 있다. 즉 하나의 유형은 이방인 그리스도인으로 과거에는 언제나 제사지냈던 고기를 먹었지만 그리스도교로 개종한 후에는 고기를 먹을 때 양심에 거리낌(약한 양심)을 가지고 있던 사람들이고, 다른 또 하나의 유형은 유대인 그리스도인으로 과거에는 언제나 제사의식이 동반된 도살된 고기를 멀리 했으나 개종한 후에는 편협한 제사계명으로부터의 익숙치 않은 자유를 단지 약한 양심을 가지고서만 향유할 수 있다고 생각했던 사람들이다.

마지막으로 언급되어야 할 사실은 고린도의 그리스도인들 중 일부는 양자택일의 방식으로, 즉 유대인 그리스도인들이 아니면 이방인 그리스도인들이라는 식으로 분류될 수가 결코 없다는 점이다. 다시 말해서 저들은 예전의 "하나님을 공경하는" 이방인들로서 개종하기 전에 유대교에 호감을 가졌었으나 아마 제물에 대한 금령과 같은 편협한 제사 계명 때문에 완전히 유대교로 전향하지 않은 사람들일 수 있다. 이 하나님을 공경하는 사람들에게는 바울의 그리스도교가 "개방적인(entschränkt) 유대교"[2]로 보였다. 특별히 고린도에서는 저들이 그리스도 교회에 대해

---

2) 이 개념의 출처는 A.v. Harnack, *Die Mission und Ausbreitung des Christentums in den ersten drei Jahrhunderten*, 1906², 1ff이다. 이들 하나님을 공경하는 자들에 관해서는 K.G. Kuhn/H. Stegemann, *Art.* "Proselyten, PW Suppl. IX, Sp. 1248~1283을 참고하라. 저들은 강자들에게

대단히 큰 의의를 가지고 있었다 다시 말해 "하나님을 공경하는 사람"
의 집은 바울에게 있어서 효과적인 선교활동의 거점이다(사도 18 : 7f.).
아마 이들은 다름아닌 강한 자들 중에 속했었을 것이다.
    서로 다른 민족집단들의 사회문화적 습관들, 전통들, 관점들은 제사
고기에 대한 태도에 확실히 영향을 주고 있다. 그러나 상이한 문화적
전통들이 비슷한 태도를 취하게 했다고도 볼 수 있다. 그러므로 또 다
른 요인들이 있는지를 찾아 보아야 한다.[3)]

Ⅱ. 사회경제적 요인

    바울 자신은 약한 자들이 하층 계급에 속하고 있다는 흔적을 남기고
있다. 이미 고린도전서 1장이 강한 자들과 약한 자들간의 대립을 주제
로 삼고 있고, 이 대립도 교회의 사회구조와 연결시키고 있다는 사실은
결코 우연일 수 없다. 바울은 1장 26절 이하에서 고린도 교회에는 "지혜
있는 사람들, 세력가들, 상류 가문 출신자들이 많지 않다고 밝히면서——
$\delta\nu\nu\alpha\tau o i$를 그는 로마서 15장 1절에서 강한 자들을 부를 때처럼 세력가들
(Einflußreiche)이라 부르고 있다——계속하여 다음과 같이 말하고 있
다 : "…오히려 하나님께서는 강한 자들을 부끄럽게 하시려고 세상의 약한
자들을 택하셨읍니다." 바울은 여기에서 이미, 앞에서 인용했듯이, 지혜
없는 약한 자를, 바로 그들을 하나님께서 택했다는 사실을 말하려고 하지

서도 추측될 수 있는 상당히 높은 사회적 지위를 가지고 있었다(아래를 참
조하라).
3) 종종 약자들은 사도 훈령을 고린도에서 구속력있는 것으로 만들려고 했던
게 바파였을 것이라고 가정되고 있다 : T.W. Manson, The Corinthian Cor-
respondence Ⅰ, in: *Studies in the Gospels and Epistles*, Manchester,
1962, 190~209, 특히 200면 ; C.K. Barrett, Things Sacrificed to Idols,
NTS 11, 1964/5, 138~153, 특히 146면 ; 같은 저자, Cephas and Corin-
th, in: *Abraham unser Vater, Festschrift für O. Michel*, Leiden, 1963,
1~12, 특히 7~8면. 고전 9 : 5에 있는 베드로에 대한 언급을 그에 대한 증
거로 내세울 수 없다 ; 베드로는 자신의 전권을 포기하지 않고 있다. 오히
려 다름아닌 강자들이 베드로에게 의존했을 수 있다. 고전 8~10장이 고린
도의 강자들에게 보내지고 있다면, 아마도 다름아닌 강자들과 친밀한 무리
가 베드로 및 다른 사도들을 바울과 반목시키는 역할을 했다고 볼 수 있을
것이다. 그러나 약자들은 1 : 12에 언급된 파벌들 가운데 하나와 동일시할
필요가 없다. 저들의 염려는 그 어떤 파벌의 자의식과도 맞지 않는다. —
Rauer, 67 ; Conzelmann, 175가 그렇다.

않는가? 또 4장 10절에서 그가 "우리는 약하나 여러분은 강합니다"라고 하면서 고린도 사람들에게 비양거리고 있다면, 여기에서 이미 고린도의 약한 자들과 맺고 있는 바울의 연대성의 메아리를 들을 수 있지 않는가? 까닭은 우상제물의 문제와 관련하여 바울은 자신이 약한 자들에게는 약한 자가 되었다(9:22)는 사실을 분명히 반복하고 있기 때문이다. 고린도전서 자체가, 또한 1장 26절 이하의 사회적으로 약한 자들이 제사고기에 대해 약한 양심을 가졌던 자들과 일부는 동일하다는 가정을 암시하고 있다. 이 가정은 현재 식별할 수 있는 강한 자들과 약한 자들의 태도에서 각 계층적 특징들, 즉 재산, 직업, 교양과 관련이 있고 또 높거나 낮은 사회적 지위를 가리켜 주는 사회계층적 태도의 특징들을 추구함으로써만 검증될 수 있다.

1. 식생활의 사회계층적 특징

우리는 여기에서 오늘날과 마찬가지로 그 당시에도 부유한 사람들이 그렇지 못한 다른 사람들보다 더 많은 양의 고기를 먹을 수 있었을 것이라는 약간 평범한 추측에서 출발할 수 있을 것이다. 우리는 일반 사람들에게 있어서 전형적이었을 주연(Gelage)보다 규모가 더 큰 향연들[*276] (Gastmähler)에 관한 문학적 서술(Petronius, sat. 52ff; Juvenal, sat. 5; Martial, Epigr. Ⅲ, 60)에서 고대의 식생활 습관들에 대한 우리들의 판단을 이끌어 낼 필요는 없다.[4] 우리가 고려하지 않으면 안 될 사실은 대부분의 서술들이 극소수의 상류계층 및 그들 계층 사람들의 작품이라는 점과 이들 증언들에서조차도 고기가 반드시 축제적 식사에 속하고 있지 않다는 점이다. 셉티치우스(Septicius)가 식사를 준비하고서 그의 친구 플리니우스(Plinius)를 초대했을 때 플리니우스는 그가 즐기지 못하는 음식물들을 친구에게 보낸 불평의 편지에서 열거하고 있다: 채소, 달팽이 요리, 계란 등. ──고기에 대한 언급은 없다(*epist.* Ⅰ, 15). 이 때 플리니우스는 매우 검소하게 살았으며 그렇기 때문에 그는 아마도 그의 친구의 식사 때까지 눌러 앉아 있었을 것이다. 왜냐하면 플리니우스는 편지에서 그의 친구가 자기보다 더 나은 식생활을 언제나 해

---

4) M. Rostovtzeff, *Gesellschafts- und Wirtschaftgeschichte der hellenistischen Welt* Ⅱ, 1955, 941: "빵과 물고기, 게다가 올리브 기름과 포도주는 고대에 있어서 대중 음식의 주종을 이루었으며, 이것은 가난한 사람에게 있어서나 부자에게 있어서 동일하였다." H. Blumner (Die römischen Privataltertümer, in: *HAW* Ⅵ, 2, 2, 1911, 173)은 다르게 보고 있다.

왔을 것이라고 암암리에 암시하고 있기 때문이다.

보통 사람의 식생활 습관에 대해 우리는 또 다른 자들로부터도 알 수 있다. 헬라의 도시들은 로마와 꼭 마찬가지로 공급기관에서 생필품을 배급(öffentliche Lebensmittelversorgung)해 주었다.[5] 이러한 배급에 곡물은 들어 있었으나 고기는 없었다. 이것은 가이우스 그락쿠스(Gaius Gracchus) 이후 법률로 제정되었던 로마의 곡물류 배급에 있어서나, 사모스(Samos)의 공공기관의 식량배급에 있어서나(SIG³ 976) 꼭 마찬가지였다. 셉치미우스 세베루스(Septimius Severus, 주후 193—211)가 처음으로 곡물에다 매일의 1일분 기름을 첨가하게 했으며, 아우렐리안(Aurelian, 주후 270—275)은 국가의 식량배급을 늘려 돼지고기와 포도주를 싼 값으로 팔도록 했다. 낮은 사회적 신분을 갖고 있는 로마 시민은 국가의 명령에 의해 그에게 제공되었던 것보다 더 많은 것을 얻지 못했다.

그리이스에서는 민중이 주로 곡물 음식물로 생계를 이어 나갔다. 다시 말하여 음식물은 보릿가루로 조리된 죽($\check{\alpha}\lambda\phi\iota\tau\alpha$)과 밀가루로 만든 빵($\check{\alpha}\rho\tau o\varsigma$)이었다. 밀가루($\sigma\hat{\iota}\tau o\varsigma$)와 죽($\check{\alpha}\lambda\phi\iota\tau\alpha$)은 단순한 "호구지책"을 의미할 수 있다는 데 대해 두말할 여지가 없다. 뿐만 아니라 우리가 델로스(Delos, 그리이스 Kirlades군도에 속하는 하나의 섬. 고대 그리이스에서 Delphoi와 더불어 Apollon의 성지이다 : 역자 주)로부터 아는 바는 세 사람의 석수가 30드라크마 (Drachme, 고대 희랍의 은화로서 화폐단위 : 역자 주)뿐인 그들의 월급 중 보릿가루를 구입하는 데 19드라크마 4오볼라(obolus, 고대 희랍의 작은 은화로서 드라크마의 6분의 1의 가치를 지닌 화폐단위 : 역자 주), 즉 그들 수입의 거의 3분의 2를 지불했었다는 사실이다.[6] 그 밖의 다른 식품을 더 구입하는 데 필요한 돈은 얼마 남지 않았다.

이것은 로마에 있어서도 꼭 마찬가지였다. 군인들이 (곡물이란 전혀 없을 때라는) 예외적인 경우에만 고기를 먹었다는 보고들로부터 귀결될 수 있는 점은 보통의 경우 고기가 그들의 음식물에 속하지 않았었다는 사실이다(Tac. ann. 14 : 24; Caesar bell. gall. 7 : 17). 볼케쉬타인(H.

---
5) 이에 대해서는 H. Bolkestein, *Wohltätigkeit und Armenpflege im vorchristlichen Altertum*, Utrecht 1939 (=Groningen 1967), 251~267, 364~378 ; F. Millar, *Das Römische Reich und seine Nachbarn* (Fischer Weltgeschichte 8), 1966, 24를 참조하라.

6) BCH 1890, 481, Bolkestein 251f.에서 재인용. 델로스의 생계비에 관해서는 J.A.O. Larsen, Roman Greece, in: T. Frank(Hrsg.), *An Economic Survey of Ancient Rome* Ⅳ, Baltimore 1938, 259~498, 특히 379ff.를 참고하라.

Bolkestein)의 판단에 의하면 "그리이스에서와 꼭같이 이탈리아에서도 민중은 주로 밀가루 식품, 보다 이전에는 죽(죽모양의 것)으로, 후에는 구운 빵으로 생계를 이어 나갔다."[7]

사회계층적 신분과 식생활 습관의 관계에 관해서는 *b. Hullin* 84a에 있는 다음과 같은 서술 역시 시사하는 바가 많다 : "어떤 사람이 한 므나(Mine, 고대 희랍의 화폐단위, 약 4파운드 : 역자 주)를 가지고 있다면 그는 한 리트라(Litra, 고대 희랍의 중량단위로서 12온스, 즉 약 340 g의 무게에 해당함 : 역자 주)의 야채를 살 수 있고, 10므나를 가지고 있다면 한 리트라의 물고기를, 50므나를 가지고 있다면 한 리트라의 고기를 살 수 있다. 100므나를 가지고 있을 때만 매일 풍성한 고기식사를 준비할 수 있다고 한다. 마지막 경우를 제외한 나머지 경우의 사람들은 얼마나 자주 가능한가? ──안식일 전야부터 그 다음 날 저녁까지(즉 그 주일에 단 한 번뿐)."

이제 고린도의 그리스도 교회에서 육식의 문제가 상이한 집단간의 심리적 논쟁점이었다면, 이 갈등은 결코 낮은 사회적 신분을 갖고 있던 그리스도인들의 태도에 의하여 발생되지는 않았다. 다시 말하면 원래 고기는 전혀 먹지 않은 사람이 제사지냈던 고기를 먹는다고 해서 양심에 거리낌이 일어날 수는 전혀 없다.[8] 시장에서 구입한 고기는 모두 먹어도 되는지(10 : 25)라는 물음은 시장에서 고기를 살 돈이 원래 없는 낮은 신분의 사람들에게는 순전히 이론적인 문제다. 그 갈등의 원인이 가정에서의 식사에 있을 경우라면 그 갈등은 상이한 계층들의 식생활 습관에 의해 설명될 수가 있다. 그러나 이 경우(10 : 25ff.)가 본래의 문제는 아니다. 바울로는 의심할 여지없이 공적인 제의 연회의 문제에 대단히 고심하였다. 그 때문에 사정은 더욱 까다로워진다.

8장 7절에서 우리가 추론해 낼 수 있는 사실은 약한 자들이 양심에 거리끼면서도 고기를 먹었던게 확실하다는 점이다. 8장 10절 이하에 의

---

7) Bolkestein, 365. Barrett, *Things sacrificed*, 145는 Caesar bell. civ. Ⅲ, 47을 지적하고 있다. 그에 따르면 군인들은 고기를 대단히 먹고 싶어했다.
8) Barrett, *Things sacrificed* 146과 A. Ehrhardt, Social Problems in the Early Church, in: *The Framework of the New Testament Stories*, Manchester 1964, 275~312, 특히 280~281면도 고린도 교회에서 제기된 고기문제의 사회계층적 성격을 보고 있다. 두 사람 모두 고린도 교회가 사회적으로 동질적이었을 것이라고 가정하고 있다. 이들과 반대의 입장을 참고하려면 나의 논문 "Soziale Schichtung in der korinthischen Gemeinde, *ZNW* 65, 1974, 232~272를 보라.

하면 제의석상에서 고기를 먹는 것이 그들에게는 심각한 유혹이다. 사실상 제의석상에서 고기를 먹는다는 것은 그 도시의 모든 시민들과 주민들에게 있어서는 하나의 문제거리였다. 그들의 사회적 신분과는 상관없이 공식적인 축제에는 모두가 참여할 수 있었다. 하충계급의 사람들도 고기를 먹을 수 있는 기회를 가졌었다. 하충계급의 사람들이 고기를 먹을 수 있는 기회들을 간단히 약술해 보자.

1. 그리이스와 로마에서는 특별한 일이 있을 때 모든 시민들에게 공공기관에서 고기를 나누어 주는 일이 있었다.[9] 특별한 일이란 승전 축하식(Plut. Demetr. 11 ; Suet. Caes. 38)이나, 장례식(Liv. Ⅷ, 22, 2,4 XXXIX, 46, 2 XLI, 28, 11) 같은 것이다. 특히 치체로(Cicero)는 고기배급을 공공기관의 호의로 간주하고 있는데, 사람들은 각기 공직을 지망할 경우 그 공공기관의 호의를 얻으려고 했었다(Cic. de off. Ⅱ, 52ff.).

2. 이러한 비정기적인 경우 외에 특정한 날을 위해 그리고 종종 한정된 일단의 사람들을 위해, 그러나 또한 한 도시의 모든 시민들을 위해서도 공적인 축제일을 제정했다. 예를들면 크세노폰은 스칠루스(Scillus)에서 축제일을 제정하고 다음과 같이 그것을 규정했다 : 모든 시민들과 시 근처에 사는 사람들과 여인들까지 축제에 참여하여라(Anab. Ⅴ., 3 : 7ff.). 모든 사람이 밀가루, 빵, 포도주 그리고 고기를 배급받았다. B.C. 2세기에 아모르고스(Amorgos : 엘로스를 둘러싸고 있는 에게해 군도 중의 하나)에서 발행된 한 기관의 창립문서는 모든 시민들 뿐만 아니라 모든 외국인들, 로마인들, 여인들까지(!) 고기 대접을 받을 것이라고 예견하고 있다(IG XII, 515).[10]

3. 큰 종교 축제들은 창립기념제보다 더 오래 계속되었으며 그 축제 때는 국가에 의해서나 몇몇 부유한 시민들의 기부를 통해 일반인들에게 나누어 주었던 고기배급이 종종 있었다. 예를 들면 아테네에서는 디오니소스 축제, 범 아테네 축제 때 고기배급이 있었다. 국제적 성격을 갖고 있던 고린도 지협의 축제에도 공공의 제의연회가 있었을런지 모른다.[11]

---

9) W. Eisenhut, Art. visceratio, PW Ⅱ, 17, Sp. 351~353 ; P. Stengel, Die griechischen Kultusaltertümer, in: *HAW* Ⅴ, 3, 1920³, 106ff. 참조. 치체로의 작품에 나오는 논의에 대해서는 Bolkestein, 314ff. 참조.

10) B. Laum, *Stiftungen in der griechischen und römischen Antike*. 2 B de., 1914 참조. 아모르고스에서 발행된 이 문서는 Laum의 책 제2권, 50항에서 발견된다. 축제 과정에 대한 이 문서의 상세한 보도는 매우 시사적이다. 그 내용에 대해서는 Bolkestein, 233f.를 참조하라.

11) O. Broneer, The Apostle Paul and the Isthmian Games, *BiblArch* 25, 1962, 1~31 ; 같은 저자, Paul and the Pagan Cults at Isthmia, *HThR* 64, 1971, 169~184. 유감스럽게도 고기배급이 있었다는 증거가 없다.

4. 제의적—축제적 육식을 즐길 수 있는 또 하나의 가능성은 많은 단체들에서 제공되었던 축제행사 때인데, 여러 단체들은 그들의 회칙에 일정한 축제행사들을 규정해 놓았었다. 그러나 이 때 하층계급 사람들이 언제나 육식을 즐길 수 있었는지는 의문이다. 왜냐하면 노예까지 부리고 있는 라누비움(Lanuvium)의 친목단체(A.D. 136)는 1년에 여섯 번 열리는 축제행사를 위해 육식을 전혀 준비하지 않았기 때문이다(CIL XIV 2112=Dessau 7212). 단지 포도주, 빵, 인초비(작은 멸치)만 준비했다.[12]

5. 마지막으로 사람들은 개인적 초청에 의해서도 신전에 초청될 수 있었다는 점이다. 옥시린코스에서 발견된 초청장들은 유명하다. 그 중의 하나를 보면 다음과 같다 : "카이레몬은 내일, 즉 15일 9시부터 세라피스(Serapis ; 지하세계를 지배하는 에집트 신) 신전에서 열리는 식사연회에 당신을 초대한다" (Pap Ox I, 110). 가난한 사람들에게도 그러한 초청장이 전달될 수 있는지는 물론 의문이다.

결론을 내리면 하층계급에 속한 사람들은 평상시의 생활에서 육식을 거의 하지 못했다.[13] 그들은 이 점에서 축제적 성격의 행사 때만 실시되었던 공공기관의 고기 배급에만 철저하게 의존하고 있었다. 종교적 축제들 역시 어느 한 단체에 속한 회원들만의 공동식사였다. 이들은 또한 고기를 이방종교의 축제행사의 필수요건으로 알고 거의 배척했다. 그러므로 육식을 즐기는 것과 우상숭배가 이들에게는 일상 고기를 먹는 습관이었던 상류계층 사람들에게 있어서 보다 훨씬 더 밀접하게 관련되어 있는 것으로 보일 수밖에 없었다. 가난한 사람들에게 있어서는 육식이 실제로 어떤 특별한 것이었다. 그것은 일상의 삶에서 벗어난 신성한 시기에 속하는 것이었다. 즉 그것은 누미노제의 성격을 띠고 있었다.

*279

---

12) 단체의 회칙은 Lietzmann, An die Korinther I/II, in: *HNT* IX, 1949⁴, 91~93에 수록되어 있다. J. Carcopino, *Das Alltagsleben im Alten Rom zur Blütezeit des Kaisertums*, 1950, 423f.
13) 하층계급의 그리스도교인들도 고기를 살 수 있었다는 사실을 우리는 Plinius의 *epist.* X, 96,10에서 추론할 수 있을 것이다. 널리 퍼진 그리스도교를 근거로 하여 제물 고기를 판매한 것 같지는 않다. 그럼에도 불구하고 다음의 사실들은 고려되어야 할 것이다 : 1. 플리니우스는 그리스도교가 모든 계층의 사람들을 모두 포괄하고 있다는 사실을 분명히 강조하고 있다(X, 96 : 9). 보다 많은 구매력이 있는 그리스도교인들만이 어쩌면 고기시장을 필요로 했을 것이다. 2. 원주민 사제귀족은 그들의 이해관계에 따라 판매의 어려움을 대단히 과장했을 것이다. 플리니우스는 여기에서 아무 문제도 더 이상 밝혀내지 않고 있다. 그리스도교인들은 고대의 고기시장을 진정으로 원했을 것이라고 추측하는 Ehrhardt의 282ff.의 의견은 개연성이 없다.

그리스도교에로의 개종은 그와 동시에 하층계급 출신의 유대인에게나 이방인에게 똑같은 어려움을 가져왔다. 즉 이전의 이방인들은 육식을 그것의 제의적 성격과는 상관없이 완전히 어떤 자연스러운 것으로 간주하기가 어려웠다. 반면, 그들은 동시에 이방축제와 창립기념제 때 제공했던 약간의 육식이나마 받아먹으려는 유혹을 크게 받게 되었다. 그들은 더욱 고기를 먹었다. 양심에 꺼리면서도 그것을 먹었다(8장 7절). 그러나 이전의 유대인들은 그리스도교에로 개종함으로써 유대교의 제약으로부터 해방되었다. 그러면 이제 공공기관의 고기 배급에 참여하는 것은 결국 유혹이 아니라고 보아야 했던가?(8장 10절). 그러나 고기의 부정적 타부화를 포기하는 것이 유대인들에게는 쉽지 않았을 것이다. 하지만 그들에게는 개종 전인 과거나 개종 후인 현재에 제의를 위해 도살되지 않은 고기를 살 수 있는 기회가 적었다. 이와 반대로 우리는 보다 상류계층의 강자들의 "편견이 없는" 태도를 추적해 보면, 종종 긍정적 타부나 부정적 타부나 고기를 먹음으로써 타파할 수 있는 사람은 탈없이 고기를 먹을 정도로 악마가 침범해 들어오지 않을까 하는 두려움을 떨어버릴 수 있었다.

2. 사교형태의 사회계층적 특징

제의연회에 초청하는 것은 우선 상호교제에 도움을 주었다. 가족들, 단체들, 시민들은 여기에 모여 그들의 결집성을 제의로 표현했다. 이 사교적인 측면은 엘리오스 아리스티데스(Aelios Aristeides)에게서 특별히 아름답게 나타난다.

> 더 나아가 사람들은 오직 이 #神과만 참 의미의 교제를 축하한다. 사람들은 神을 연회에 초청하고 연회의 주인으로서 그에게 가장 좋은 자리를 준다. 그래서 또 다른 연회에, 혹은 이 神이, 혹은 저 神이 참여하는 동안, 이 神은 어느 경우에나 꼭같이 영예의 왕관을 차지하며 그의 이름으로 모인 한가운데서 연회의 주인으로 군림한다. 호머에 의하면 아테네 여신 자신이 ##獻酌하고 하나하나의 소원을 들어주었던 것처럼, 이 神은 헌작하는 분임과 동시에 헌작받는 분이고, 기념축제에 오시는 분임과 동시에 연회 참여자들을 자기에게로 초청하는 분이며, 그의 지도하에 사람들은 행여 화를 입을까 하는 두려움 없이 축하의 춤을 추며, 꽃다발을 들고 진정으로 즐거워하며 집으로 돌아온다. 그리고 노래의 가사를 되풀이하면서 답례의 초대를 한다(or. 45 : 27).

#신 ##헌작(술잔을 올림/바침)

이상에서 본 바와 같이, 여기에서 언급하고 있는 것은 순수한 사교, *280
즉 고대의 파아티와 마지막 부분에서 언급되고 있는 답례초대는 일상의
사교 및 친교 의무와 관계 있음을 나타내준다. 우상제물 고기에 제한을
두는 것은 친교에 제약을 가하는 것과 다름이 없다. 이 제약 때문에 그
리스도교인들은 고대 사회에 대하여 어떤 관계를 가져야 하는가라는 문
제가 대두되었다. 고린도 교회의 논쟁은 원래 이와 같은 보다 일반적인
문제에 속하는 것이며 육식의 문제는 부차적인 것이었다. 5장 1절에서
바울은 분실된 고린도서신을 언급하고 있는데[14], 거기에서 그는 음란
한 자들, 탐욕자들, 사기군들, 우상숭배자들과 사귐을 갖는 것에 경고를
했다. 우리는 이것을 바울이 비그리스도교인들과의 모든 접촉을 피해
야 한다는 것으로 이해해야 할 것이다. 그러나 그는 적어도 자신의 견
해를 수정하고 있다. 즉 그는 교회 밖의 비그리스도교인들과의 접촉이
아니라 교회 안의 죄인들과의 접촉을 생각하고 있는 것 같다. 교회 밖
의 사람들과의 관계가 제한되어서는 안 된다. 이 관계는 천박한 사귐이
라 하여 배제되어서는 안 된다. 교회내의 죄인들과 접촉하지 말라는 금
령에, 바울은 곧 누구나 그들과 같이 식사해서는 안 된다고 첨가하고
있다. 여기에서 간접적으로 도출되는 결론은 비그리스도교인들과의 승
인된 접촉은 공동식사를 포함했다는 점이다. 여기에서 이미 고린도전서
8—10장의 문제가 약간 다른 측면에서 나타나고 있다. 즉 공동식사의
종교적 측면이 언급되고 있는데, 그러나 우상숭배자들과의 접촉은 네 번
째 가서야 세상 일반에 대한 사회적 접촉의 특수한 경우로 언급되고 있
다. 고린도전서 8—10장에서 이 사회적 측면이 퇴색되고 있다면, 그
이유는 신학적 논쟁이 가장 쉽게 일어날 수 있었던 한 가지 점, 즉 우
상제물의 문제에 고린도 교회의 논쟁이 집중했다는 데 있다.

이 문제에 갈등이 있었다면, 그것은 부유한 그리스도교인들이 어느
편에 서야 했던가라는 문제였음이 분명하다고 나는 생각한다. "시 재무
관"(로마 16 : 23)인 에라스도는 그의 공직을 곧 바로 포기할 수 있었
을 것이고, 또 제물로 사용했던 고기가 반드시 나오리라 기대되었던 모
든 초청을 거절했을 것이다. 만일 그가 비문에서 확인되는 에딜렌 에라
스도(Ädilen Erastus)와 동일인이라면[15], 또한 우상제물을 파는 공공

---
14) 이에 대해서는 다음을 참조하라 : N.A. Dahl, Der Epheserbrief und der
   verlorne erste Brief des Paulus an die Korinther, in: *Abraham unser
   Vater*, Leiden 1963, 65~77 ; J.C. Hurd, *The Origin of I Corinthian*,
   London 1965, 213~239.
15) H.J. Cadbury, Erastus of Corinth, *JBL* 50, 1931, 42~58 참조. Erastos

시장과 건물을 관리하는 감독자로 그 어느 때인가 발탁되었다면, 그는 제물고기에 대해 사양하는 태도를 거의 표명하지 않았을 것이다. 그렇지 않으면 그는 그의 직책에 전혀 부적합한 인물이었을 것이다.

지위가 높은 사회적 신분과 우상숭배가 관련이 있음을 초대 그리스도교의 교훈에서 쉽게 읽을 수 있다. 부자의 악덕인 탐욕, 즉 더 많이 가지려고 하는 것이 우상숭배와 밀접하게 관련되어 있으며, 뿐만 아니라 그것과 동일시되고 있다(골로 3:6; 에베 5:5; 비교 고전 5:10 ff.). 부자가 될려고 하는 사람, 그리고 부자인 사람은 이방인과 교제하려고 노력해야 되고 또 그런 습관을 가져야만 했다. 폴리캅의 서신에서 이 사실이 분명하게 표현되고 있다. "어떤 사람이 탐욕에서 멀지 않다면 그는 우상숭배에 떨어진다. 말하자면 이방인들 가운데 처하게 된다…" (2. Phil 11:2). 탐욕자는 이방인 한가운데 서 있다. 그는 이방세계와의 수많은 사회적 접촉을 갖고 있다. 헤르마스의 목자서는 부자들이 이방인들과 함께 산다고 비난했다(sim Ⅷ, 9:1). 또 이 목회서는 부자들의 이방인들과의 사귐을 기록해 두었다(mand X, 1:4). 고린도 교회에 세력가와 가문이 높은 사람이 많지 않았다면(1:26), 우리는 그들이 가장 먼저 이방세계와 접촉을 가짐에 있어서, 가난한 그리스도교 형제들의 양심을 별로 고려치 않았고, 또 고려할 수 없었던 영지주의자들을 그들 가운데서 찾을 수 있을 것이다.

고린도전서 10장 27절 이하에 의하여 약한 그리스도교인과 강한 그리스도교인이 모두 이방인 손님들과 사회적 접촉을 가졌다고 말할 수 있을 것이다. 하지만 제사고기라는 말은 그리스도교인들에게서 나올 수 있는 말이 아니다. 오직 이방인만이 제의적으로 도살된 고기라는 말을 할 수 있다. 그의 양심을 고려하는 것은 8장 11절 이하에서 언급되고 있는 그리스도교인 형제의 양심을 고려하는 것과는 더 말할 필요없이 전혀 다른 동기에서다. 그의 양심은 결코 약하다고 할 수 없다. 이것은 그에게 가치가 있는 규범들이 양심보다 앞서 있음을 전제한다. 양심은 말뿐이 되고 있다. 그리고 8장 11—13절에서는 그리스도의 죽음이 사람으로 인한 권리포기의 동기로써 언급되고 있는 반면, 10장 27—30절에는 이러한 특수한 그리스도교적 동기가 전혀 없다. 또한 약한 그리스도교인들과 강한 그리스도교인들이 동일한 연회에서 만나고 있음이 전제되고 있지 않다.

…와 Ädilen Erastus를 동일시하는 데 대한 Cadbury의 반증은 약하다고 생각된다. H.J. Kent, *The Inscriptions. Corinth* (Results of Excavations 8:3), Princeton 1966, 27, 99~100이 동일시하는 것을 변호하고 있다.

공적인 그리고 직업상의 의무들은 높은 사회적 신분을 지닌 그리스도교인들이 가난한 형편의 그리스도교인들보다 더 많이 이방사회에 동화되는 결과를 가져왔다. 하류계층에 속한 사람들도 이방인 단체들의 축제에 참여하기 위해 그들 단체에 계속하여 소속하고자 하는 동기가 없었는가 하는 의문을 물론 가질 수 있을 것이다. 물론 바울은 약한 자들도 우상제물을 먹었음을 전제하고 있다. 그러나 여기에서 고려해야 할 사실은 많은 단체들이 그리스도교의 주의 만찬이 제공했던 빵과 포도주보다 더 나은 것을 제공할 수 없었다는 사실이다. 그리고 그리스도교인들은 가령 일년에 여섯 차례에 걸쳐 검소한 연회를 열었던 라누비움의 친목단체(Collegium von Lanuvium)보다 훨씬 자주 공동식사를 위해 회집했다는 점이다. 하류계층은 다른 곳에서 포기해야 했던 것을 교회 안에서 다른 대용품으로써 완전히 보충했다. 나아가 그들은 더 많은 것을 교회에서 얻었다. 고대의 단체들은 사회적으로 대부분 동질적이었던[16] 반면, 그리스도교인들은 교회에서 교회의 봉사와 사회적으로 약한 사람들을 위해 재산을 기부할 수 있었던 높은 신분의 사람들과 교제했다. 따라서 우리는 약한 자들을 오히려 하류계층에서 찾아야 할 것이다. 세상적인 교제를 가짐으로써 잃어버릴 것이 많지 않은 사람은 오히려 그 세상적인 교제로부터 자유로울 수 있다. 이 경우 세상적인 교제를 부정적으로 평가함에 따라 철두철미 어떤 증오심이 개재될 수 있다. 즉 세상을 악마화하고 금기화하는 사람은 바로 자신의 신념에 대한 순수한 저항을 함으로써 그가 실제로는 얼마나 강하게 세상에 미련을 두고 있는지를 나타낸다.

*282

3. 신분 공인의 사회계층적 특징

강한 자들은 그들의 행태의 거점을 지식에 두고 있다. 바울은 그들의 주장 가운데 몇 개를 파악하고 있는 것 같다.[17] "우리가 모두 알고 있다"(8:1); "도대체 우상은 신이 아니다"(8:4); "오직 하느님 한 분 외에는 신이 없다"(8:4); "모든 것이 허락되어 있다"(10:23). 아마

---

16) E.A.Judge, *Christliche Gruppen in nichtchristlicher Gesellschaft. Die Sozialstruktur christlicher Gruppen im ersten Jahrhundert*, 1964, 59 ; F. Bömer, *Untersuchungen über die Religion der Sklaven in Griechenland und Rom* Ⅳ (AAMz 10), 1963, 236~241 참조.

17) Hurd, 68은 여러 주석가들에 의해 교회서신의 인용문으로 추정된 귀절들을 개관하고 있다.

약한 양심이람 개념(8 : 7, 10, 12)과 "음식은 배를 위한 것이요, 배는 음식을 위한 것이다"(6 : 13)라는 주장은 강한 자들에게서 나왔을 것이다. 이러한 모든 주장들 가운데는 시대에 뒤떨어진 종교적 속박들을 지식에 근거하여 극복해 보려는 의지가 분명히 있다. 또한 우리가 후기 영지주의자들의 사변적 표상을 고린도 교회의 영지주의자들에게 결코 돌릴 수 없다 할지라도 후기 영지주의자들의 사변적 표상들과 일치하는 것들은 무시될 수 없다. 왜냐하면 우상제물에 대해 비교적 자유스러운 태도를 취할 수 있었던 집단은 그리스도교내에서는 영지주의 집단밖에 없기 때문이다. 다음에 제시하는 유비들은 영지주의 집단에서 발견되는 것들이다.[18]

영지주의자 일반에 대하여 유스틴은 *Dial.* 35 : 1에서 다음과 같이 기술하고 있다 : "그러나 내가 들어 아는 바로는 예수를 시인한다고 고백하고 그리스도교인이라고 불리우는 사람들 가운데 상당수가 우상에게 바쳤던 음식을 아무 거리낌없다고 주장하면서 먹고 있다 한다…35 : 6…저들 가운데 일부는 마르시온파이고, 또 일부는 발렌티니안파이며, 바실리데스파, 사토르닐파들이다…"

발렌티니안파에 대해서 이레네우스는 *adv. haer.* Ⅰ, 6 : 3에서 다음과 같이 기술하고 있다 : "그렇기 때문에 그들 가운데 가장 온전한 사람들까지도 금령을 부끄럼 없이 행하고 있다. 왜냐하면 그들은 제사고기를 주저함 없이 먹고 있으며, 우상을 예배하기 위해 마련한 모든 축제에 가장 앞서 참석하고 그들 중 어떤 사람은 하나님과 사람들의 미움을 사고 있는 동물들이 사냥과 사람을 죽이는 검투사 시합을 주저없이 구경하고 있기 때문이다. 그들은 또 정욕을 한없이 좇는 사람에게 육에 속한 것은 육에게, 영에 속한 것을 영에게 돌려주고 있다는 말까지 하고 있다."

바실리데스파에 대해서 이레네우스는 *adv. haer.* Ⅰ. 24 : 5에서 다음과 같이 기술하고 있다 : "그러나 그들은 우상제의까지 업신여기며 그것을 아무것도 아닌 것으로 여길 뿐 아니라 오히려 아무 두려움 없이 우상제물을 먹고 있다. 그들은 또한 다른 우상제의들과 정욕을 즐기고 있다(Euseb. *hist. ecc.* Ⅳ, 7 : 7 참조). 바실리데스와 카르포크라데스에서 유래한 집단들에 대해서 이레네우스는 *adv. haer.* Ⅰ, 28 : 2에서 다음과 같이 말하고 있다 : "또 다른 사람들은 …부인들의 공유와 일부다처제를 가르친다. 이방인들의 제의연회에 참여하는 것은 하나님과 아무 상관이 없다고 한다."

니콜라파에 대해서는 요한묵시록 2장 6, 14절 이하와 Hippolyt *adv. haer.*

---

18) W. Schmithals, Die Gnosis in Korinth (*FRLANT* 48), 1965, 212~217, 336, Ehrhardt, 277f는 또한 ThomEv. 14와 Mani―단편을 증거로 내세우고 있다. 그러나 ThomEv. 14에서는 고기에 대한 언급이 전혀 없다.

Ⅶ, 36을 참조하시오. 이레네우스는 *adv. haer.* Ⅰ, 26 : 3에서 저들에 대해 다음과 같이 기술하고 있다 : "저들의 삶은 무절제하다. 저들은 남녀가 부정한 행위를 하고 우상제물을 먹는다 해도 아무 상관없다고 가르친다…."

시몬파에 대해서는 오리게네스가 *C. Cels.* Ⅵ, 11에서 다음과 같이 기술하고 있다 : "그러나 시몬이 보다 많은 추종자를 얻기 위해 우상숭배를 전혀 중요하지 않은 것으로 보도록 그리스도교인들을 가르침으로써 그리스도교인들이 선택하도록 가르침을 받았던 생명의 위협으로부터 그의 제자들을 보호했을지라도 세상 어디에서도 이제 더 이상 시몬파를 찾아볼 수 없다."

후기의 자유주의적 영지주의자들에 대해서 에피파니우스는 *Panar.* XXVI 9 : 2에서 다음과 같이 보도하고 있다 : "우리는 고기, 채소, 빵, 혹은 그밖의 다른 것을 먹음으로써 피조물들에게 자비를 베풀고 있는 것이다. 즉 우리는 무엇보다도 그 영혼들을 모으고 그것들을 우리와 함께 천국으로 옮기고 있는 것이다. 그렇기 때문에 저들은 모든 고기를 먹으며, 또 그렇게 함으로써 우리들에게 자비를 베풀고 있다고 말한다."

우리는 물론 이러한 자료들을 가지고 모든 영지주의 집단들이 우상제물을 먹었다는 결론을 내려서는 안 될 것이다. 이와는 반대의 금욕적인 경향도 있었다(Iren. *adv. haer*, Ⅰ, 24 : 2 ; Ter. *adv. haer.* Ⅰ, 14 참조). 우상제물을 먹는 것은 영지주의자들의 유일한 전형적인 태도가 아니라 하나의 전형적인 태도이다. 정통 그리스도교는 거의 배타적으로 제사고기를 먹지 않았다.[19] 비영지주의 집단에서는 육식이 금지되었음을 알려주는 다음과 같은 증거가 있다. 루키안은 페레그리누스에 대하여 보고하기를 그는 그리스도교의 카리스마적 인물이었는데 음식계명을 범할 때 그 현장에서 발각되었다고 한다. "그때 그는 법에 어긋나는 행위를 했다—그가 그들에게 금지된 음식을 먹는 것을 사람들이 보았다고 생각한다…"(*de morte Pereger*, 16). 그로 인해 그는 그리스도교 공동체 안에서의 모든 영향력을 상실했고 견유학파로 전향했다고 한다. 앞에서 본 바와 같이 우상제물에 대한 자유로운 태도는 오직 영지주의와 그리스도교인들에게만 있었다.

고린도의 영지주의자들과 A.D. 2세기 그리스도교 영지주의자들 사이의 관계에 대해서는 물론 논의의 여지가 있다. 이들 사이에는 직접적인 관련이 거의 없다. 따라서 이들 사이에 분명히 드러나는 유비들을 어떻게

---

19) 사도 15 : 10. 29 ; 21 : 25 ; Did. 6 : 3ff.; Minucius Felix, Octavius 30 ; Tert. Apol.9 ; Euseb. hist. eccl. Ⅴ, 1 : 26 ; Ps. Clem. Rec. 4 : 36 ; Hom 7 : 4, 8 ; Hom. 8 : 16, 23. 참조.

이해하여야 하는가의 문제가 대두된다. 고린도 교회에서 문제되고 있는 것이 초기의 영지주의라는 주장을 그대로 받아들이기에는 문제가 있다. 영지주의의 발단은 그것이 체계화되기 훨씬 이전의 최초의 사상표현에서 이해한다면 그보다 훨씬 앞설 것이다. 발전사적 관점에서 사회학적·구조론적 관점이 첨가되어야 한다. 고린도의 영지주의자들과 후기 그리스도교 영지주의자들 사이의 유비는 이들이 보다 높은 단계를 지향할 때 그리스도교 신앙의 하나의 전형적인 변형이 있다는 데까지 소급될 수 있을 것이다. 그리스도교 영지주의를 고린도 교회의 영지주의자까지 소급시키는 것은 대비되는 사회적 상황으로부터 밝혀질 수 있는 양자의 특성에 한정될 것이다. 고린도 교회내의 지적 수준, 지식구원론, 엘리트 의식은 이방세계에 대한 사귐으로 인한 즐거움과 결합했다. 고린도의 영지주의자들의 표상에 대한 의문시되는 추측들은 고려하지 않고 남겨둘 수 있을 것이다.[20]

1) 영지주의 사유체계들은 높은 지적 수준을 요구하고 있다. 그 사변들은 대단히 고도의 체계이고 논리이며, 바로 그 때문에 민중에게 접근하지 못했을 것이다. 그 사상체계들은 많은 책에 수록되어 있는데, 숫자적으로 보면 A.D. 2세기의 정통교회 문서들보다 아마도 훨씬 많았던 것 같다.[21] 바실리데스는 많은 저술을 남겼다. 그는 시편(무라토리 경전 83f.)과 복음서(Orig. hom. Lc 2) 그리고 스물 네 권의 복음서 해설서를 썼다고 한다. 발렌티니안파에 의해서 보다 많은 영지주의 문서가 보존되었다. 영지주의 문서가 엄청나게 쏟아져 나온 것은 비교적 부유한 지위에 있는 층에서였다. 예를 들자면 발렌티니안 파의 부호 암브로시우스를 들 수 있는데, 그는 오리게네스로 하여금 일곱 명의 속기사를 기용하여 그의 강연을 기록하고 간행토록 하였다(Euseb. hist. eccl. Ⅵ, 18 : 1 ; 23 : 1~2). 고린도의 영지주의자들은 아무런 책도 간행하지 않았으나 기록물을 이용하고는 있다. 교회서신은 전적으로 그들의 입장에서 기록되고 있다. 그들의 주장은 일정한 지적 수준을 전제하고 있다.

---

20) 고린도 교회의 영지주의 문제에 대해서는 R. McL. Wilson, How Gnostic were the Corinthians?, *NTS* 19, 1972, 65~74를 참조하라. H.G. Kippenberg, Versuch einer soziologischen Verortung des antiken Gnostizismus, *Numen*, 7, 1970, 211~231은 신화적 표상들로부터의 귀납적 추론에 근거하고 있다. Kippenberg에 대한 비판에 대해서는 P. Munz, The Problem of "Die soziologische Verortung des antiken Gnostizismus," *Numen* 19, 1972, 41~51을 참조하라. 영지주의의 기원이 상류 계층이라는 것을 Kippenberg는 정당하게 보고 있다.

21) W. Bauer, Rechtgläubigkeit und Ketzerei im ältesten Christentum(*BHTh* 10), 1964², 150~197 참조.

2) 사회계층적 계기가 지식구원론, 즉 구원의 수단으로서의 지식의 힘을 신뢰하는 것일 수 있다. 구원이 어떤 신성(神性)에의 관여에서라기보다 지식의 내적 사건에 의해서 성취된다고 하면 구원을 갈망하는 근본 동기 또한 물질적 사정에 있지 않을 것이다. 베버는 이러한 구원 희망의 유형을 상류계층의 사람들에게 돌렸다: "후기 헬라 및 로마 세계의 사회적 지위가 높은 사람들에게 있어서는 구원의 제의와 철학적 구원론의 선전효과가 이 계층의 정치적 관여로부터의 결정적 기피와 일치하고 있다."[22] 교양 계층의 사람들이 세계를 더이상 능동적으로 개혁하려고 하지 않거나 할 수 없을 때에는 그들은 통상 파멸로부터 구원에로의 변화가 참 지식으로부터 생긴다는 사상에 의해 더욱 세계를 초월하려고 한다. 이 밖에 그리스도교의 영지주의자와 고린도의 영지주의자의 지식 사이에 대조할 수 있는 특성들이 있다. 여기에서 지식은 우상의 허무성(Nichtigkeit)을 인식하는 것, 즉 신화화된 이 세계의 집착성(Appellqualität)을 탈출하는 것, 세계의 탈마법화를 뜻한다. 후기 영지주의에서는 이 지식이 철저화되고 있다. 즉 구약성서의 창조 신은 이 세상을 구속하는 계명과 금령의 근원인 신화적 존재로서 정체가 폭로되고 있다.

*285

3) 세상을 초연하게 볼 줄 아는 사람은 구체적으로 그 세계를 구속하고 있는 것을 초연하게 볼 줄 안다. 영지주의 문서들에서는 인간을 3등급으로 구분하는데, 특히 그리스도교인을 신자(Pistiker)와 영지주의자(Gnostiker)로 구별하는 것은 영지주의권의 냉정한 엘리트 의식을 나타낸다. 즉 평범한 그리스도교인들은 2등급에 속한 인간으로 간주되고 있다. 이러한 등급 분류에는 헬레니즘계 그리스도교인 공동체의 내적 분류가 반영되고 있는데, 이 공동체에서는, 가령 로마에서와 같이[23] 상류층 그리스도교인들을 영지주의자로서 일반 그리스도교 민중들과 구별했다. 이와 같은 성향이 고린도 교회에도 있었다. 고린도 교회에서도 강한 자와 약자가 구별되고 있으며, 더우기 영의 사람(Pneumatikoi)과 육의 사람(Sarkikoi)이라는 술어가 이미 나타나고 있다(3:1). 여기에서도 몇몇 그리스도교인들이 지혜와 지식을 근거로 하여 그들을 보다 무식한 다른 그리스도교인들로부터 구별하려고 한다.

---

22) M. Weber는 Wirtschaft und Gesellschaft, in: *Grundriß der sozialökonomik*, 3. Abt., 1947³, 289에서 "영지주의적 밀의"를 말하기도 한다.

23) K. Langerbeck, Zur Auseinandersetzung von Theologie und Gemeindeglauben in der römischen Gemeinde in der Jahren 135~165, in: *Aufsätze zur Gnosis* (*AAG* 3:96), 1967, 167~179. 로마교회에 있어서는 후대에 와서 교회로부터 이탈한 발렌티니안파 사람들이 우상제물을 먹었음이 증명되고 있다(Iren. adv.haer. I,6:3). 부자들에 대한 헤르마스의 논쟁은 아마 발렌티니안파 사람들에게도 해당되었을 것이다. 2세기 전반에는 고린도 교회에서와 비슷한 문제들이 있었다. 1세기에 있었던 로마교회의 강자들과 약자들 사이의 논쟁은 비록 의견이 다르다 할지라도 고린도에서와 비슷한 배경을 갖고 있는 것이 아닌가?

4) 마지막으로 언급되어야 할 것은 영지주의자들이 고대 문화를 비교적 폭넓게 수용하고 있다는 것이다. 나아쎄파(Naassener : A.D. 2세기 영지주의의 한 파)의 이방 신화론과 문헌 수용을 그 예로 들 수 있다(Hipp. haer. V. 6 : 3∼11 : 1). 교회 교부들이 행한 도덕적 비난은 근본적으로 오직 그 당시 교인들의 일상적 행태를 겨냥하고 있다. 영지주의자들은 그 시대의 오락장, 즉 축제, 극장 상연, 사교계에 참여했다. 많은 사람들은 성도덕으로도 일반적으로 엄격하지 못했다. 사람들은 허식의 순교를 경고했다. 그러나 다름아닌 발렌티니안과 바실리데스 자신에게서 그들의 윤리적 관념의 진지성과 동정적 우월성이 있다고 보아야 한다. 안드레센은 정당하게 판단하고 있다. "이들은 교제를 좋아하는 계층에 속했는데 이와 같은 계층은 초기 정통교회에서는 발견되지 않는 것이 없다. 초기 정통교회의 독특한 전통을 배려한 공동체 신앙의 엄격한 제한을 깨뜨리는 일종의 자유분방한 정신의 흐름은 발렌티니안파와 바실리데스파 영지주의의 증언을 입증하고 있다."[24] 바로 이 집단이 우상제물을 먹었다는 사실이 입증된다. 이것은 그들의 자유분방한 태도와 일치한다. 이것은 그 당시 사회와의 광범위한 동화의 표징이며, 이러한 사회적 동화는 이 세상에 대한 철저한 이론비판과 조화될 수 있다. 이론적으로는 세상을 부정하면서도, 실제로는 세상적인 것을 향유하는 것이다. 이것이 사회적 상류계층에게서 흔히 볼 수 있는 말에서 그치는 래디칼리즘이다.

A.D. 2세기 그리스도교 영지주의는 대부분 상류계층의 신학이었다. 따라서 모든 영지주의 집단들이 사회적 지위가 높은 그리스도교인들이라고 할 수는 없을지라도, 우상제물을 먹었던 발렌티니안파와 바실리데스파가 사회적 신분이 높았다는 것을 추론할 수 있다. 고린도의 영지주의자들에 대한 귀납적 추론은 가능하다. 왜냐하면 그 근거가 해명된 신화적 표상들의 일치에 있지 않고 앞에서 언급된 네 가지 표준에 있기 때문이다. 즉 그리스도교 영지주의자들에게 있어서도 우리는 이방 세계와의 교제에 있어서 일반화되어 있는 자유분방함과 결부된 교회내의 엘리트 의식, 즉 에토스 및 구원에 대한 지식과 지혜의 큰 의의, 그리고 그에 대한 모종의 형태를 볼 수 있다. 이 모든 표징들은 고린도 교회의 영지주의자들, 혹은 그 이외의 영지주의자들에게서나 사회적 신분이 높다는 것을 지칭한다.

이러한 추론은 그 자체가 자명한 것이다. 사회적 신분이 높은 사람들은 계층적 갈등에 있어서 그들의 우월한 지식에 근거했었다는 것이 명백하지 않는가? 그렇지 않은 경우에도 그들은 가난한 사람들에 대해

---

24) C. Andresen, *Die Kirchen der alten Christenheit*, 1971, 103f.

그들의 보다 우월한 식견을 내세우는 습관이 있지 않았는가? 반대로 다른 사람들과의 사귐을 저해하는 미신적인 표상들은 사회적 신분을 근거로 더 넓은 지평을 자유자재로 구사할 수 있었던 저 사람들에게서 보다 그 이전 하층계급의 제한된 경험지평에서 추정될 수 있다.

4. 교제 형태의 사회계층적 특징

고린도전서는 그 자체가 바울과 고린도 교회 간에 있었던 **교제의 한 사회적 사실이요 증거다.** 우리는 여기에서 우선 이 교제에 참여한 교회 내의 관여자들의 입장에 대한 것과 간접적으로는 그 사회 일반에 있어서의 그들의 입장에 대한 몇 가지 암시를 이끌어낼 수 있다. 세 가지 측면, 즉 바울, 그의 수신인, 그의 비판자의 실상은 이것을 해명하는 데 시사하는 바가 많다.

바울은 분명히 강자의 입장에서 작성된 교회서신을 통해 고린도 교회의 문제가 무엇인지를 알고 있다. 다른 의견들은 반영되지 않고 있다. "우리 모두가 알고 있다"(8:1)는 선언은 다른 의견을 위한 여지를 거의 허락하지 않는다. 교회서신의 작성자들은 공동체를 대표한다는 의식을 갖고 쓰고 있다. 그들은 지도자들이다. 바울은 여기에서 상류계층의 시각에서 정보를 얻고 있다. 그와 반대로 그가 하류계층의 시각에서 보고 있는 고린도 교회의 문제에 대해서는 구두로 알고 있는데 (1:11, 11:18) 이것은 결코 우연일 수 없다. 이러한 상이한 교제형식에는 사회계층적 성격이 반영되어 있지 않은가?

또한 흥미를 끄는 것은 바울이 강자들에 대해서만 대답하고 있다는 점이다. 2 인칭이 나오는 귀절들 거의 모두가 강자들을 지칭하고 있다. 예를 들면 "당신들의 자유가 약한 자들의 걸림이 되지 않도록 조심하십시요"(8:9; 비교 8:10, 11:10, 10:5, 31). 라우어(M. Rauor)는 여기에서 약한 자들이 교회내에서 지도적인 위치를 차지하지 못하고 있음을 지적한다.[25] 나아가서 우리가 주목할 것은 바울이 강자들에게 보내는 그의 논술에 하나의 긴 변론을 삽입하고(9:1~27), 거기에서 그가 두 개의 집단을 염두에 두고 있다는 점이다. 그 하나의 집단은 생계유지 방법 때문에 그를 공격하고 있는 몇몇 비판자들이고(9:3), 또 다른 집단은 강자들로서 바울은 저들에게 자기의 생계방법을 모범으로 제시하고 있다. 그렇다면 비판자들과 수신자들이 부분적으로 일치된다는

---
25) Rauer, 67.

가정이 분명하지 않은가? 바울이 자신들로부터 아무런 물질적 지원 도 받지 않고 있다고 비판하고 있는 자들은 결코 경제적으로 가난한 사 람이 아니었다. 그들은 동시에 다른 전도자들의 생계를 돌보고 있다. 바울의 비판자들이 적어도 부분적으로나마 강자들과 동일시된다면 이것 은 그들의 사회학적 위치를 증명하는 것이다. 즉 물질적 특권의 포기는 물질적 특권을 가진 사람들에게 바울이 호소하고 있다고 할 때 대단히 설득력 있게 작용하고 있다. 식생활 형태, 사교 형태, 신분 공인 형태, 교제 형태에 대한 이상의 모든 고찰은 강자들이 소수의 지혜자, 권력가, 가문이 훌륭한 사람들(고전 1 : 26)에 속하고 있음을 보여준다. 강자들 의 편견없는 태도는 원래 상류계층 가운데 그 사회적 자리를 잡고 있 다. 물론 그들의 태도는 상류계층의 범위를 넘어서 널리 확산되었을 것 이다. 높은 사회적 신분을 갖고 있는 그리스도교인들은 물론 그 배후에 보다 큰 가문을 갖고 있었을 것이다. 그들은 집단적 사고를 형성한 사 람들이었을 것이다. 이방인의 전통이나 유대인 전통을 고수하고 그 영 향을 끼치려고 했던 약자들이 물론 있었다. 그러나 이들은 그들의 전통 이 사회계층적 태도의 근거를 제공했을 때 비로소 영향력을 발휘할 수 있었을 것이다.

마지막으로 강자들과 약자들 간의 논쟁에 대한 바울의 입장을 살펴보 자. 현대 주석가들이 어려움을 느끼는 것은 바울이 강자들의 입장에 기 본적으로는 동의하면서도, 그들의 진보적 입장을 철저하게 관철시키지 않는 데 있다. 우리가 바울의 논증──이 논증에 내재하는 자기이해를 넘어서까지──을 상류계층의 사람들이 그보다 못한 사람들을 고려해야 한다는 데 대한 변론으로 이해한다면 바울의 논증이 일관성이 없음을 나 타낸다. 왜냐하면 사회적 계층과 사회적 우월성──보다 높은 지식과 지 혜의 우월성을 포함하여──을 재는 모든 척도들의 가치전도가 바울에게 있어서는 십자가 설교에서 곧 바로 나타나기 때문이다(1 : 18 ff.). 이 경우 우리가 강조해야 할 점은 이 가치전도가 사회적 영역에서는 아무 런 혁명적인 결과를 가져오지 못하고 있다는 점이다. 즉 상류계층이 그 들의 습관을 하류계층의 그것에 사랑으로 순응시키는 것은 이들의 상이 한 습관을 그대로 존속시키고 그 대립만을 완화시킬 뿐이다. 상류계층 의 실질적인 신분특권은 여전히 보존되고 있는 것이다. 즉 제사고기를 차려 내놓은 가정에서 초청받고 그것을 먹는 것은 원칙적으로 허락되고 있다(10 : 23 ff.). 그리고 제의연회에 참석하는 것도 원칙으로는 금지 되지 않고 있다. 양심이 약하지 않은 사람만이 거기에 참여하고 싶은 충동을 받을 수 있다. 모든 것이 대단히 배타적인 사교계에서 이루어지고 있음에 틀림없다. 상류층에 있는 사람들에게 그러한 가능성이 개방되어 있다는 것은 말할 필요도 없다. 그런데 그리스도교 공동사회를 위한 규범들이 강력하게 주장되었다. 이 규범을 위반할 가능성이 하류계층보다 상류계층이 훨씬 크다는 것은 자명하다. 실제문제에 부딪혔을 때 이러한 규범은 아무 소용이 없었다. 왜냐하면 다른 사람들의 태도를 감시할 수 있는 공적인 제의연회들, 즉 가난한 사람들도 약간의 고기를 먹을 수 있는 기회들은 우상숭배에 저촉되기 때문이다. 바울이 제시한 해결책은 하나의 절충안이다. 이 절충안은 약자들의 소원(편견)과 강자들의 지식(사회적 특권)을 똑 같이 고려하고 있다. 바로 이 때문에 해결방안은 현실주의적이고 실행할 수 있는 것이다. 고린도전서 11장 17절 이하에서 볼 수 있는 갈등의 해결방안은 이와 대조된다. 부유한 그리스도교인들은 집에서 그들이 만든 식사를 배불리 먹을 수 있지만(11:33~34), 교회에서 베푸는 주의 만찬에서는 공동으로 마련한 빵과 포도주에 만족해야 한다.

여기에서 제시되고 있는 해결방안은 바울서신들이 보여주고 있는 사랑의 가부장주의의 특징을 나타낸다. 사랑의 가부장주의는 사회의 불평등을 해소시킨다. 그러나 다른 사람의 양심을 개인적 차원에서 고려하고 존경하고 배려하도록 하는 정신을 주입시킨다. 타인의 양심을 고려한다는 것은, 비록 그 양심이 시대에 뒤떨어진 규범에 속한 것일지라도 의심할 나위없이 사랑의 가부장주의의 특성에 속하는 것이다. 비록 바울이 제시하고 있는 사랑의 가부장주의가 오늘 우리가 직면하고 있는 사회적 현실문제를 해결하는 데 도움이 안 될지라도, 그것이 없으면 안 될 것이다. 비판적인 질문을 제기한다면 지식에 구애받음 없이 사랑과 의식이 결합될 수 있는가 하는 점이다. 고린도 교회의 강자들이 우상의 제물을 먹는 데 동의했을 때에만 그들의 본을 따라 약한 자들이 우상제물을 먹는 것이 아닐까?(8:10). 하층계급은 그렇지 않아도 제한된 삶의 가능성들을 종교에 의해서까지 빼앗겨서는 안 된다는 것을 강자들은 그의 선한 양심으로 동의할 수 없는가? 우리는 바울과 영지주의자들 사이의 논쟁에서 오직 한 편의 주장만을 듣고 있다. 이것은 영지주의자

---

26) E. Troeltsch는 Die Soziallehren der christlichen Kirchen und Gruppen, *Ges. Schriften* I, 1923, 67~83에서 이 사랑의 가부장주의를 성격화하고 있는데, 이것은 여전히 적절하다고 본다. 이 용어 자체가 여기에서 등장하지는 않고 있지만 내용상으로 볼 때 그것이 나타난다.

*289 들 모두가 비사회적 태도를 가지고 있다고 일축하는 사람들에게 경고가 될 것이다. 우리는 영지주의자들의 주장이 어떠했는지 정확히 모른다. 약간 후대에 쓰여진 후기 영지주의적 빌립보 복음서는 사랑과 지식의 관계를 규정하고 있다. 거기에서는 지식과 사랑이 갈등을 일으키지 않고 있다. "사랑은 사람을 교화시킵니다. 지식으로 인해 자유를 얻은 사람은 아직 지식으로 자유를 얻지 못한 사람들에게 사랑의 종이 되어야 합니다. 지식은 그들에게 자유롭게 작용함으로 유용합니다"(PhEv 110). 바울도 원칙적으로는 아마 이와 아주 다르게 생각하지 않았을 것이다. 한걸음 더 나아가서 고린도의 영지주의자들은 아마 그의 충실한 제자들이었을지도 모른다. 그러나 우리는 그를 비난해서는 안 된다. 왜냐하면 그는 사회적 약자에 반대하는 역할을 했던 원칙에서 초월하고 있기 때문이다. 여기에서 우리가 배우는 교훈은 자기에게 주어진 권리를 극단적으로 주장하면 바로 그 때문에 오류를 범하게 된다는 것이다.

11

사회적 통합과 성례전 행위
───고린도전서 11장 17~34절에 대한 분석───

 전승되어온 성서본문에 대하여 인문주의적인 해석을 하는 것을 못마 땅하게 여기는 경향이 근년에 와서 심심치 않게 나타나고 있다. 이같은 불만은 어떤 특정한 결과를 두고 하는 것이 아니라 과거를 이해하는 데서 취하는 기본적인 해석학적 입장을 겨냥하고 있다. 전래되어온 것의 의미가 발전되어져야 할 뿐만 아니라 그것 자체의 경험적인 현실들과 대결해야 한다고, 다시 말해서 그 자체에 대한 과거의 해석과 그 해석에 대한 비판적 분석 사이의 갈등이 명백히 밝혀져야 한다는 주장이 여러 가지로 표출되어 오고 있다.[1] 이에 못지 않게 현재의 자기해석으로부터 더욱 자유로워질 것이 기대된다.
 전승된 본문을 해석하는 데서 사회학적 물음들이 차지하고 있는 위치에 대한 오늘날의 관심은 이러한 견지에서 보여져야 할 것이다. 신약성서 주석에서 이러한 관심은 고전적 양식비평의 핵심적 통찰, 즉 본문은 "삶의 자리"(Sitz im Leben)를 가지고 있으며 그 양식은 사회적 관계들에 의해서 형성되었다는 통찰과 결합될 수 있다. 그러한 통찰을 좀더 규명해 볼 수 있을 것이다. 출발에서 명심해야 할 것은 전해져온 본문을 형성한 사회적 관계라는 것이 우리가 이해하는 본문 내용에 단편적인 흔적밖에 남기지 않았다는 사실과 또 이러한 관계들은 그것들이 본문 자체내에서 해석되어진 것과는 달랐을지도 모른다는 사실이다. 이러한 가능성들을 염두에 두고 주의 만찬에 대한 논쟁을 분석하려고 한다. 이

---

[1] P. Ricoeur(*Freud and Philosophy: An Essay on Interpretation*, New Haven, 1970)는 전통적인 종교적 본문들에 대한 정신분석학적 해석을 통해 이 "해석학상의 대립"을 지적하고 있다. 사회학적 분석은 그것과 비교되는 해석학상의 대립에 도달케 한다.

주의 만찬에 대해서는 바울이 고린도전서 11장 17절 이하에서 그의 견해를 말하고 있다. 주석상의 초점은 고린도에서 일어난 의견의 불일치가 지니고 있는 신학적 측면에 주로 집중되어 왔다. 여러 가지 문제점에 관련하여 의견의 일치를 보지 못하고 있다. 보통 식사처럼 취급함으로써 주의 만찬이 부정하게 되었는가?[2] 영적으로 되어가는 영지주의자들은 자신들이 외적인 형식들로부터 독립되어 있음을 보여주고자 했는가?[3] 소박한 성례주의자들은 그것의 의무적 특성을 일시 중지시켰는가?[4] 왜 바울이 이러한 신학적 동기들에 대해서 침묵을 지켰으며 주석자들이 이 문제를 놓고 어둠 속에서 헤매게 내버려두었는지도 해명되지 않은 채로 있다. 단지 그 대립의 사회적 원인만이 보다 뚜렷하게 대두되고 있을 뿐이다. 그러므로 이 분쟁에는 사회적 배경이 있으며 고린도전서 11장 17절 이하의 신학적 논쟁과 사회적 조건을 연관지을 때 비로소 더 잘 이해할 수 있다는 명제가 제시될 수 있다고 하겠다.

초기 헬레니즘 그리스도교 공동체는 주변 세계의 공동체들과는 다른 법적 구성을 이루고 있었을 뿐만 아니라[5] 그들의 사회적 구성면에서도

---

2) 예를 들자면, J. Weiss, *Der erste Korintherbrief*(Göttingen, 1910, 283) : "고린도인들은 만찬의 종교적 성격에 대하여 무관심했다." E. von Dobschütz, *Christian Life in the Primitive Church*, New York, 1904, 21 : "고린도인들은 만찬을 보통 식사처럼 대했다."

3) W. Schmithals, *Gnosticism in Corinth* (Nashville, 1971), 250~56, 특히 257.

4) H. von Soden, "Sakrament und Ethik bei Paulus," *Urchristentum und Geschichte* (Tübingen, 1951), 239~75=*Das Paulusbild in der neueren deutschen Forschung*, ed. K.H. Rengstorf (Darmstadt, 1969), 338~79, 특히 364 ff. ; 영문초역, *The Writings of St. Paul*, ed. W.A. Meeks (New York, 1972), 257~68 ; G. Bornkamm, "Lord's Supper and Church in Paul," *Early Christian Experience* (New York, 1969), 123~60.

5) 이 문제는 전세기에 누구보다도 G. Heinrici가 제기했다. "Die Christengemeinde Korinths und die religiösen Genossenschaften der Griechen," *ZW Th* 19(1876) : 465~562 ; idem, "Zum genossenschaftlichen Charakter der paulinischen Christengemeinde," *ThStKr* 54, 1881, 505~24. J. Weiss (Korintherbrief, xx~xxix)는 이에 관한 논쟁을 결론지어 말한다. 이러한 초기의 고린도 교인 공동체는 외부인들에게 놀이군의 한 작당과 같은 인상을 주었을 것이다. 그러나 한편으로는 디아스포라 유대인 공동체와도 비슷하게 보였을 것이다"(xxiv~xxv). 연합이라는 헬레니즘적 사상이 유대 전통에 얼마 만한 영향을 주었는지는 쿰란 공동체와 이러한 고대의 연합들 사이의 유사성에서 알 수 있다 ; 비교, H. Bardtke, "Der gegenwärtige Stand der Erforschung der in Palästina neu gefundenen hebräischen Hand-

달랐다. 고대 세계의 이러한 모임들은 상당한 정도로 사회적 동질성을 지니고 있었다. 종교적 단체의 경우에도 전문직을 가진 사람들이 그들의 공통된 직업에 의해 서로 다른 사회적 계층에 상관없이——가령 상인들이 그들의 부의 다소에 상관없이 단합하듯이——단합하는 것보다도[6] 더 많은 계급적 특유성을 지닌 형식의 사회성을 뚜렷이 보여주고 있다. 이와는 대조적으로 초기 그리스도교의 헬레니즘 공동체는 고린도나 로마에서 볼 수 있는 바와 같이 뚜렷한 내적 계층화 현상을 나타내고 있다.[7] 고린도 교회에는 "지혜롭고" "유력하며" "가문이 좋은" 사람들이 소수에 불과했는데(고전 1 : 26) 이들이 보다 하층 계급에서 나온 대다수의 사람들과 반대해서 지배적 위치를 차지하고 있었던 것 같다. 이같이 구성된 공동체는 계급적 특성을 지니는 상이한 기대나 관심, 자기 이해들을 조정하는 데 매우 어려움을 겪게 된다.

그러므로 하나의 배제할 수 없는 가능성이 있는데 그것은 신학적 논쟁들에서도 이러한 내적인 사회적 계층은 고려되어져야 할 한 요인이라는 것이다. 즉 공동체내에서의 그러한 여러 가지 분쟁들도 역시 사회적으로 조건지워져 있다는 것이다. 같은 이유로 해서 이같은 분쟁에 관계되는 사람들이 지니는 많은 신학적 사상들이 사회적 관계들을 형성할 때 어떤 이해관계를 표출하게 되고 눈앞의 의도를 넘어선 사회적 기능을 갖게 된다는 것을 염두에 두어야 한다. 이제 우리는 고린도전서 11장 17절 이하를 분석함에 있어서 두 가지 방향에서 접근할 수 있다. 첫

---

schriften: Die Rechtsstellung der Qumran-Gemeinde," *ThLZ* 86, 1961, 특히 93~104.

6) 비교, F. Bömer, *Untersuchungen über die Religion der Sklaven in Griechenland und Rom*. Ⅳ, AAWLM.G, 10 (Mainz, 1963), 236~41 : "특히 상업적으로 조직된 집단에 있어서 경제적 성공을 거두어 발전하는 것이 종교적 집단에서보다 흔히 더 쉬운 것으로 종교적 집단은 그 본질상 옛날부터 전통에 강하게 뿌리박고 있었으며——고대에도——국가종교의 양식은 보수적 영향을 끼치기도 했다"(240).

7) E.A. Judge, *The Social Pattern of Christian Groups in the First Century* (London, 1960), 60 : "이런 식으로 뭉치게 된 이해 관계가 아마 다른 비공식적 단체들과 그리스도교인을 다르게 특징지어주었을 것이다. 다른 단체들은 대체적으로 사회적으로나 경제적으로 보다 동질적이었다. 그러한 현상은 또 교인들 사이에서도 차등을 끊임없이 발생하게 했다." 공동체 내의 사회계층 형성에 관하여는 다음을 참고, R. Knopf, "Über die soziale Zusammensetzung der ältesten heidenchristlichen Gemeinden," *ZThK* 10(1900) : 325~47 ; H. Gülzow, *Christentum und Sklaverei in den ersten drei Jahrhunderten* (Bonn, 1960). pp.69~119. 고린도 공동체의 사회적 구조에 대해서는 필자가 이미 분석한 바 있다.

째는 지금까지 말한 것으로 분간할 수 있는 사회적 조건의 방향이고 둘째는 의도의 방향이다. 이 두 가지의 관점은 모두가 다 합당한 것으로서 하나로 합쳐지더라도 하나의 특정한 시각에서 본문을 분석하게 되는 만큼 결코 결정적 해석이라고 주장하지는 않는다.

I. 고린도전서 11장 17~31절에 나타난 분쟁의 사회적 조건

인간 행위를 둘러싼 사회적 조건을 분석함에 있어 우리는 이같은 행동을 아주 명확하게 서술할 수 있다고 미리 전제하는 것이 통례지만 우리의 경우 많은 것이 분명하지 않은 채 남아 있다. 해답이 필요한 문제점이 네 가지가 있다. (1) 주의 만찬을 축하하는 데 여러 당파가 있었는지, 혹은 공동체와 그 개별적인 구성원 몇몇 사이의 대립이 문제가 되었는지? (2) 식사가 시작된 시점이 여러 갈래로 나뉘어졌는가? 그리고 고린도전서 11장 17절 이하에 거술된 여러 가지 행위의 순서는 어떻게 되는지? (3) 식사시 제공된 음식에 양적인 차이가 있었는가? 혹은 (4) 상이한 그룹들에 따라 음식의 분량도 달랐는가? 이러한 질문들에 답하려면 같은 시기의 다른 원전들을 사용하여 당시의 사람들이 어떤 종류의 행동을 취할 수 있었는지를 보다 잘 이해하지 않으면 안 된다.

1. 주의 만찬에서의 상이한 당파들

주의 만찬에 대립이 있었음은 "…주의 만찬을 먹을 수는 없을 것입니다. 여러분이 먹을 때에 각기 제 멋대로 자기 음식을 먼저 먹기 때문에…"(고전 11:20~21)라는 말에도 나타나 있다. 이 말은 과장된 개인주의가 분쟁의 원인으로서 마치 각 개인이 다른 사람들과 따로 떨어져서 먹었던 것처럼 해석할 수가 있다. 그러나 바울은 개개의 그리스도인들을 두고 말할 뿐만 아니라 당파들(σχίσματα)과 분파들(αἱρέσεις)에 대해서도 말하고 있는데, 그의 용어로 보아 일련의 개인들이 아니라 집단을 지칭하는 것처럼 들린다. 그는 이미 고린도전서 1장 10절에서도 σχίσμα라는 같은 말을 그러한 집단들을 언급하는 데서 사용하고 있다. 그러나 복수형인 σχίσματα를 씀으로써 주의 만찬을 둘러싸고 일어난 분쟁에 가담한 파당이 과연 얼마나 되느냐는 문제를 남겼다. 서로 반대하는 파당이 둘이 있었다는 것을 우리는 단지 고린도전서 11장 22절에서만 알 수 있다. 이들은 음식을 갖지 못한 자들($\mu\dot{\eta}$ $\ddot{\epsilon}\chi o\nu\tau\epsilon s$)과 자신의 음식을 마련할 수 있는 자들($\ddot{\iota}\delta\iota o\nu$ $\delta\epsilon\hat{\iota}\pi\nu o\nu$)이었다. 그러나 이것이 보다 "개별적인" 해석[8]을 절대적으로 배제하는 것은 아니다. 그 이유는 "각자"($\ddot{\epsilon}\kappa\alpha\sigma\tau os$)라는 말과 "자기 자신"($\ddot{\iota}\delta\iota o\nu$)이라는 말로 미루어 그러한 해석이 가능하기 때문이다.

모두($\ddot{\epsilon}\kappa\alpha\sigma\tau os$)가 개별적으로 자신의 음식을 가졌으리라는 생각을 고집할 수는 없다. 여기는서 분명히 "모두"라는 뜻을 가리키는 것이 아닌데 그것은 "아무 것도 갖지 않은" 사람들이 있었기 때문이다. 마찬가지로 고린도전서 14장 26절에서 뜻하는 것은 회중의 모든 구성원 개개인이 찬송을 하거나 가르치거나 계시를 말하거나 또는 방언을 말한다는 것이 아니다. 만일 이 반대의 뜻이라면 그와 같은 두드러진 영적 선물을 받지 못한 사람들에게는 지나친 말이 될 것이다(고전 12:4 ff.).[9] 그러나 바울은 또한 "모든" 그리스도인에 대해서 말하고 있다. 고린도전서 1장 12절에서도 마찬가지인데 여기서 고린도 교회의 모든 성원($\ddot{\epsilon}\kappa\alpha\sigma\tau os$)이라는 것은 여기에 언급된 한 파당의 성원을 가리키는 말이 결코 아님이 분명하다. 그런 이유에서 "각기 제 멋대로 자기 음식을 먼저 먹기 때문에"($\ddot{\epsilon}\kappa\alpha\sigma\tau os$ $\gamma\dot{\alpha}\rho$ $\tau\dot{o}$ $\ddot{\iota}\delta\iota o\nu$ $\delta\epsilon\hat{\iota}\pi\nu o\nu$ $\pi\rho o\lambda\alpha\mu\beta\dot{\alpha}\nu\epsilon\iota$ $\dot{\epsilon}\nu$ $\tau\hat{\omega}$ $\phi\alpha\gamma\epsilon\hat{\iota}\nu$)라는 문귀를 바울이 각 개인의 행동을 가리켜서 한 말이라고 결론짓더라도 그것은 전후 사정으로 보아 한 특정한 파벌에 국한되는 행동인 것이다.

"자기 자신의 음식"($\ddot{\iota}\delta\iota o\nu$ $\delta\epsilon\hat{\iota}\pi\nu o\nu$)이라는 개념은 무엇보다도 그 댓귀인 "주의 만찬"($\kappa\upsilon\rho\iota\alpha\kappa\dot{o}\nu$ $\delta\epsilon\hat{\iota}\pi\nu o\nu$)이라는 말과 대조되는 것으로 정의할 수 있다. "자기 자신의"($\ddot{\iota}\delta\iota os$)라는 말과 "주인의"($\kappa\upsilon\rho\iota\alpha\kappa\dot{o}s$)라는 말은 "주의 말씀"($\kappa\upsilon\rho\iota\alpha\kappa\dot{o}s$ $\lambda\dot{o}\gamma os$)과 "자신의 말"($\ddot{\iota}\delta\iota os$ $\lambda\dot{o}\gamma os$)이라는 어구에서 보는 바와 같이 소유권 문제를 언급하는 것인데 각각 황실재산과 개인재산을 가리켜 쓰던 말들이다(OGIS 669).[10] 특히 "자기 자신의 것"

---

8) H. Conzelmann, *I Corinthians* (Philadelphia, 1975), 194: "상이한 집단 뒤에는 신학적 경향…개인주의적 영주의(Pneumatism)가 있었는데 이런 것들이 파당 지도자를 중심으로 뭉치도록 했다."
9) 같은 의미에서 고전 14:23에 나오는 $\pi\acute{\alpha}\nu\tau\epsilon s$(모든)이라는 말도 문자대로 해석할 수 없다. H. Greeven, "Propheten, Lehrer, Vorsteher bei Paulus: Zur Frage der 'Ämter' im Urchristentum," *ZNW* 44(1952/53): 6 참조.
10) 비교 A. Deissmann, *Light from the Ancient East* (New York, 1927), 357ff. 프톨레미 왕 시대의 에집트에는 개인 왕실 자료를 관리하는 특별직 문관(*idiologos*)이 있었다. 이 직책을 로마 총독이 물려받았다. 비교: J.

이라는 뜻을 지닌 ἴδιον이라는 말은 하나의 고정된 비명(碑銘)문구인 "자비로"(ἐκ τῶν ἰδίων)라는 용어를 생각나게 하는데 이 문구가 쓰여져 있는 물건은 기증자가 그것을 자비로 부담했다는 것을 나타낸다(Frey, CIJ, nos. 548, 766 참조). 이같은 이유에서 "자기 자신의 만찬"(ἴδιον δεῖπνον)은 무엇보다도 신도 각 개인이 지참하는 음식을 말하는 것이라고 할 수 있겠다. 신도들 중 더러는 자신의 음식을 갖지 못했다면 그것은 주의 만찬에 모두가 다 음식을 기부하지는 않았다는 것을 말하는 것으로서 보다 부유한 신도들이 모두를 위해 음식을 자비로(ἐκ τῶν ἰδίων) 제공했음을 말해 준다. [11] 이와 관련해서 축사는 개인이 한 기부를 공동재산으로 탈바꿈시키는 부가적인 기능을 가지고 있었다. 기부한 떡을 놓고 "이것은 너희를 위하는 내 몸이니"라고 말하는 데 실제적 의미가 있었기 때문이다. 즉 이 떡은 너희들 모두를 위해 여기에 있다는 것이다. "자비로" 낸 것에 그 출처를 가진 떡이 이같이 하여 주 자신의 것으로 공식 천명되어서 "주의 만찬"(κυριακὸν δεῖπνον)으로 되는 것이다. [12] 바울이 여기에서 다시 한 번 주의 말을 분명하게 인용하는 것도 이러한 이유에서 이해될 수 있다.

형용사 ἴδιος는 이에 못지 않은 두 번째 의미가 내포되어 있다. 이 말

Marquardt, *Römische Staatsverwaltung* Ⅱ (Leipzig 1884², 311 n, 1, 여기에 인증된 비명의 증거도 참조할 것).

11) E. von Dobschütz, *Christian Life*, 61~62 ; "그리이스인들의 조합이 가졌던 관습은 식사의 경비를 조합경비로 지불하든가, 또는 각자 개인이 부담하는 것이었는데 이와는 달리 그리스도교인들은 각자가 자기 음식을 지참했다. 그러나 여기서 주의해야 할 것은 모두가 제출한 것을 한 곳에 모았다가 다시 똑같이 나누어 먹었다는 점이다. 이러한 방법으로 선물을 받은 주(Lord) 자신이 식주로 보이게 되었던 것이다"(κυριακὸν δεῖπνον, Ⅰ, 11 ; 20). 그러나 모두가 만찬에 기부하지는 않았다는 것도 다음에 강조하는 것처럼 사실이다. J. Weiss., *Korintherbrief*, 293 ; "잘사는 사람들은 음식을 아주 넉넉하게 가져왔는데 이것은 아무 것도 없는 가난한 사람들도 만찬을 같이 할 수 있게 기부로 제공하는 것이었다."

12) 헬레니즘적 제물 식사의 경우 제물의 양도가 있었다 ; 참조 Aelius Aristides 의 Sarapis 찬미, 45, 27 ; "사라피스를 제단에 불러 주빈 겸 제주로 모신다. 그러나 그는 제물을 나누어 갖게 되는 동시에 제물을 받는 사람이 되었도다." 여기에 대해 A. Höfler, *Der Sarapishymnus des Aelios Aristeides*, Tübinger Beiträge zur Altertumswissenschaft 27 (Stuttgart/Berlin, 1935), 96 참조 ; "사라피스의 추종자는 자기 친구들을 식사에 초대한다. 그가 신에게 바치고 난 다음 다시 신에게서 선물로 되돌려가지는데 그후에 사라피스와 그의 신관 몫으로 약간 떼어준다. 그리고 식사가 시작되는 데 사라피스는 주빈이자 제주가 되는 셈이다.

은 개인의 소유물로 음식을 특징지을 뿐만 아니라 그것을 소비하는 방식에 대해서도 무언가를 말해 준다. 에라토스테네스(*FGH* 241 fgm. 16)는 공중 잔치(δυνοίκια)를 비판하고 있는데 그 까닭은 참가자 각자가 자기가 사용할 술잔을 지참하고 개별적으로 모두를 위해 마련된 것에서 따라 마셨기 때문이다: "각자 자기가 가져온 잔으로 마셨다"(καὶ ἐξ ἰδίας ἕκαστος λαγύνου παρ' αὐτῶν φέροντες πίνουσιν). 플루타크도 그의 이야기 가운데서 같은 문제를 언급하고 있는데 각자 자신의 분량을 따로 받아야 하는가, 그렇지 않으면 모두가 잔 한 개로 받아 마시든가 고기도 한 그릇에서 받아 먹어야 하는가를 묻고 있다.

"내가 고향에서 지방행정을 관장하고 있을 때는 대개의 경우 연회(τῶν δείπνων)는 음식을 분량대로 나누어 먹는 식의 잔치여서 제사에 참가한 사람은 각자 자기 분량의 식사를 배정받았다. 이런 식으로 식사하는 것을 매우 좋아한 사람들도 있었으나 몇몇은 비사교적이고 천박하다고 이 관습을 비난했으며 내 임기가 끝나면 옛날 관습대로 돌아가야 한다고 생각하는 사람들도 있었다. 하기아스는 이렇게 말하기도 했다. '내 의견을 말한다면 우리가 서로를 초대하는 것은 먹고 마시기 위한 것이 아니라 같이 마시고 같이 먹는 데 있는 것으로 고기를 여러 몫으로 이렇게 나누는 것은 우의(κοινωνία)를 해치는 것이요. 각자가 마치 고기간에서 자기 몫을 달아서 고기를 사 가지고 와서 자기 앞에 놓고 먹는 것 같아서 많은 연회나 손님들도 시들해지지 않소? 또 손님마다 한 상씩 차려서 포도주 한 주전자에 잔 하나씩을 저마다 차려주고(데모폰티데가 오레스테스에게 한 것처럼) 남을 걱정할 것 없이 마시거나 하라고 한다면 이것이 각자가 자기집 여물통에서 가져온 고기나 먹을 주면서 대접하는 요사이의 방식과 다를 것이 무엇이 있겠는가? 한 가지 다른 점이 있다면 오레스테스를 대접한 사람들은 손님에게 조용하라고 말할 수 있었으나 우리는 그렇게 강요할 수 없다는 점뿐이요.'" [*Quaestiones Convivales* Ⅱ, 10, 1].

*296

조금 뒤에는 하기아스의 견해를 요약한 문장이 나온다(Ⅱ, 10, 2): "그러나 손님마다 각자 자기의 몫을 따로 갖는다면 우의가 사라지고 만다"('Αλλ' ὅπου τὸ ἴδιον ἐστιν, ἀπόλλυται τὸ κοινόν). 각자 자신의 음식을 먹는 것과 공동식사를 하는 것 사이의 관계를 논의하는 것은 다른 곳에서도 나타난다. 토론 제목의 첫머리에 공동체 의식을 내세우는 것은 그리스도인들의 전통에 부합하는 일이라 하겠다. "친구는 모든 것을 공유한다"(κοινὰ τὰ τῶν φίλων. Plato, *Phaedrus*, 297c)라는 플라톤의 문구가 떠오르기도 한다. 이처럼 그리스도인의 잔치는 어떤 동질성을 전제로 하는데 반해서 로마인의 식민지였던 고린도가 문화적으로 비그리이스적 전통의 영향을 많이 받았으리라는 것은 말할 것도 없다. 플루타크가 논한 것 같은 그리스도인들이 벌이는 연회가 지니고 있는 여러 문제들은 따지고 보면 공동체에 대한 개인의 관계에 내포되는 문제들인 것이다. 그러므로 여기서 문제가 되는 것은 개인의 행동이지 파벌관계가 아니다. 고린도에서는 문제가 다르다.

자기 자신($ἴδιον$)이라는 말이 갖는 두 가지 의미를 함께 생각해 보기로 하자. 고린도 교회의 신도 일부가 자비부담한 음식을 모임을 위해 가지고 와서 적어도 일부나마 각자의 식사($ἴδιον\ δεῖπνον$)로 그것을 먹는다고 하자. 만일 이 행동에 어떤 개인주의적 성향이 있다면 그것은 한 특정 파당의 개별적 행동으로 경우에 따라 계급적 특성을 갖게 된다. 개인 음식을 먹게 되는 교인들은 아마 높은 사회적 지위를 누리고 있었을 것이다. 그것은 비단 저들이 다른 신도들과는 대조적으로 자신들이나 다른 사람들을 위한 음식을 가져올 수 있었기 때문만은 아닐 것이다. "너희가 먹고 마실 집이 없느냐?"라는 바울의 질문에서도 저들의 사회적 지위가 역력히 나타난다. 이 말은 바꾸어 말하면 고린도에 사는 신도들 중 몇몇은 집을 소유하고 있었던 것처럼 들린다. 바울이 말하고 싶었던 것이 단지 각자 혼자서 먹어야 한다는 것이었다면 "집에서"($ἐν\ οἴκῳ$, 고전 11:34; 14:35)나, 혹은 "각자 자기대로"($παρ'\ ἑαυτοῦ$, 16:2)와 같은 문구를 더 썼음직하다. 그런데 지금 있는 그대로의 문장을 보면 그의 질문은 공동체의 일부에만 해당하는 것으로서 집에서 먹고 마시라는 그의 충고(11:34)는 먹고 마실 것을 가진 자에게만 적용될 수 있는 것이다. 집에 먹을 것이 전혀 없는 사람들에게 그런 충고를 한다면 그것은 도가 넘는 조롱이 될 것이다. 그러느니 차라리 집에서 굶는 것이 나을 것이다.[13] 바울의 서신들을 읽었을 때 고린도 교인들은 22절에 나오는 그 질문이 누구를 마음에 두고 하는 말인지 금방 알 수 있었으므로 이 질문은 그 질문을 받는 당파의 특성을——적어도 이 파당이 어느 정도 부유층이라는 사실을——읽는 사람으로 하여금 머리에 그리게 했을 것이다. "집을 가진 사람들"($οἰκίας\ ἔχειν$)이라는 문구만이 거

---

13) 사회적 하부계층을 흔히 고전 11:33에 나오는 $μὴ\ ἔχοντες$(갖지 않은 자)라고 불렀다. 이들은 만찬에 늦게 왔었기 때문에 시간에 여유가 없었다. H. Lietzmann, *An die Korinther*, I/II, HNT9 (Tübingen, 1949⁴), 59; Bornkamm, "Lord's Supper," 126; 그리고 Conzelmann, *I Corinthians*, 195 n, 26.

기에 대한 대답일 것이다. 그렇기 때문에 전적으로 확신하진 못해도 타당성은 있는 것으로, 이 문구에는 집을 소유한다는 의미가 들어 있다. 이와는 별도로 고린도인들 중 일부는 자기 마음대로 처분할 수 있는 집을 가지고 있었음을 알 수 있다: 가이오는 "나와 모든 교우를 잘 돌보아주었고"(ξένος μου καὶ ὅλης τῆς ἐκκλησίας, 로마 16:23) 디도 유스도는 바울을 손님으로 대접했다(사도 18:7).

주의 만찬을 두고 일어난 분쟁은 가난한 신도와 부유한 신도 간의 대립이라고 상정할 수 있다. 이 대립의 원인은 부자들의 유별난 습관에 있었다. 부자들이 음식을 장만하여 회원들의 식사를 차려놓고 같이 먹는데, 문제는 다른 사람들과는 떨어져서 자기들끼리 따로 상을 차려놓고 먹었던 것 같다.[14] 그런데 우리는 이들이 말하는 "사적(私的) 식사"의 방법이나 수단에 대해서 별로 아는 것이 없다.

2. 식사를 시작하는 여러 가지 방법

식사를 시작하는 데는 분명히 여러가지 문제가 있었다. 바울은 서로를 위하여 기다리라고 권했다(고전 11:33). 더우기 21절은 각자가 제각기 "즉시" 먹기 시작했다는 뜻으로 이해될 수 있다(προλαμβάνειν). 그러나 이 두 귀절은 서로 곧바로 뜻이 맞아 떨어지지 않는다. 33절에 따르면 공동식사가 너무 일러서 늦게 온 사람들은 자기 분량보다 적게 차지하게 된 것 같다.[15] 21절은 어떤 교인들이 자기들의 개인 식사를 일

---

14) J. Weiss, *Korintherbrief*, 293 ; "교인들이 떼를 지어 더러는 따로 떨어진 상을 받고 앉는 것은 불가피했을 것이다. 그러나 참석자들은 파당으로 갈라져서 앉거나 부자와 가난한 자가 따로 떨어져서 앉는 따위의 짓은 해로운 것으로 피했어야 했다". 여기에서 말한 것처럼 파당별로 갈라진다는 것은 당연한 것으로 생각할 수밖에 없다. 다음의 두 가지 사실이 이를 뒷받침하고 있다. (1) 고린도 교회가 아주 컸었다(사도 18:10). (2) 주의 만찬을 나누는 그림이 있는데 이것에 의하면 여러 파당이 함께 먹는다. H. Lietzmann, *Petrus und Paulus in Rom*(Berlin/Leipzig, 1927²) 참조하라. 그러나 이 그림이 실제로 기적적 급식사화의 모습을 보여주는 것이 아니라고 말할 수 없다.

15) A. Ehrhardt, "Sakrament und Leiden," EvTh. 7(1947/48) : 99~115과 H. W. Bartsch, "Der Korinthische Missbrauch des Abendmahls: Zur Situation and Struktur von I Korinther 8~11," *Entmythologisierende Auslegung: Aufsätze aus den Jahren* 1940~1960(Hamburg, 1962), 169~83. 특히 182. 여기서는 고전 11:33~34을 아주 다르게 해석하는데 이에 따르면 33절이 공통체 집회를 말하는 것이 아니라 가난한 교인들이 초대되는 각자들의 개인식사를 취급한 것이다. 그러므로 말하고자 하는 것은 이러한

찌감치 시작하고 난 뒤에 회중식사가 있었다는 것을 강력하게 시사해주고 있다. 고린도전서 11장 21절은 하나의 진술이지만 33절은 권유라는 것을 알 수 있다. 이러한 이유에서, 분쟁이 있었을 경우 11절에서 상황을 정리하여 기술한 것은 수긍이 가며, 특히 33절의 경고는 자기들의 개인 식사를 먼저 먹어치우는 자들이 들었을 때 의미가 깊다고 하겠다. 여하간에 주의 만찬을 시작하는 법에는 규정이 없었다.

주의 만찬은 떡을 놓고 축사를 하는 것으로 시작되었는데 이것을 통해 개인의 기부가 집단에까지 퍼져갔다. 관례적인 말을 하기 전에는 가져올 음식은 개인의 소유물에 지나지 않는다. 이 시점까지는 개인 식사 밖에 있을 수 없다. 주의 만찬을 두고 대립하게 된 하나의 외적 이유는 고린도 교회의 예배에 일정한 질서가 없었다는 점이다. 그렇지 않으면 질서를 정할 만한 사람이 없었다는 사실이다.[16] 너무나 심한 무질서($\dot{α}καταστασία$, 고전 14:33)가 있었다.

흔히들 짐작하기를 고린도 교회에서는 예배의 식사에 앞서 요기를 하기 위해 보통 식사를 먼저 했다고 한다. 그렇다면 (떡에 대한 말, 식사, 술잔에 대한 말로 이어지는) 의식적 축사에 있는 일정한 순서는 이미 없어진 관례를 생각나게 하는 것이 된다.[17] 이 견해에 따르면 교인들 중 일부가 보통 식사에 너무 늦게 와서 먹을 것이 하나도 남지 않았다는 데서부터 분쟁이 생겼다고 한다. 그러나 주의 만찬에 앞서 보통 식사가 있었다고 가정하는 것은 불가능하다.

필자의 견해로는 바울이 성스럽고 의식적인 형식을 인용해서 다른 형식은 안 되고 이 형식으로만 그가 받아들임을 분명히 밝히는 동시에 한편으로는 그 순서를 굳이 따를 필요가 없다고 속으로 생각했으리라고 가정할 수는 없을 것 같다. 이 형식은 떡에 대한 축사와 술잔에 대한

사람들을 기다리라는 것이다. 그렇다면 20절과 34절에 있는 "함께 모여서" "먹는다"는 말이 다른 뜻을 지니게 되는데 아무래도 납득이 가지 않는다. 다음에 나오는 34절에 처음으로 개인 집에서 먹는 식사에 관한 말이 나오고 있다.

16) E. von Dobschütz, *Christian Life*, 61~62 : 여기서는 공동체의 집회에 책임있는 권한자가 없었다는 사실에까지 주의 만찬에 관계되는 문제를 추적하고 있다. 이러한 권한을 행사할 수 있었던 바울과 아볼로가 없었던 것이다.

17) Bornkamm, "Lord's Supper," 142. 여기서는 바울에게 $μετὰ τὸ δειπνῆσαι$ (식후에)라는 말이 "단지 하나의 옛날 구두 제사양식"이었다고 믿고 있다. 다음 사람도 그 견해에 동의한다 : P. Neuenzeit, *Das Herrenmahl. Studien zur Paulinischen Eucharistieauffassung*, StANT 1 (München, 1960), 71~72, Conzelmann, *1 Corinthians*, 199.

축사 사이에 식사가 있었다고 가정하게 한다. 각자 만찬 후에 (μετὰ τὸ δειπνῆσαι, 고전 11 : 25) 잔을 든다. 만일 고린도 교회의 예배에 이미 잘못된 점이 있었다면 그 경우 바울은 그것을 조장한 것밖에 되지 않는다. 만일 그가 어떻게든지 바로잡아 보려고 했다면 케케묵은 낡아빠진 지시를 되풀이하여 그렇지 않아도 어지러운 교회를 더 욕되게 하지는 않았을 것이다(고전 14 : 33).

고린도 교회에서 성찬의식 전에 보통 식사를 했다는 노이엔차이트(P. Neuenzeit)가 수집한 자료는 설득력이 별로 없다. [18]
1. 고린도전서 10장 16절에 의하면 잔과 떡이 아주 밀접하게 관련되어 있는데 그렇다고 식사 후에 떡과 잔이 함께 제공되어졌다고는 도저히 볼 수 없다. 더우기 고린도전서 10장 16절에서 바울은 관례적인 순서(떡/잔)를 바꾸어놓고 있어서 이 귀절을 가지고는 실제 예식에서 밟은 순서가 어떠했는지 전혀 알 수 없다.
2. 고린도전서 11장 21절을 보아서는 주의 만찬에 앞서 공동식사가 있었는지 전혀 알 수 없다. 여기서는 단지 각자의 식사가 있었으리라고 추측하게 할 뿐 공동식사에 대해서는 말하지 않고 있다. 노이엔차이트는 다음과 같이 주장한다. "만일 떡을 드는 것이 축연의 시초에 있었다면 나중에 오는 사람들은 잔의 성찬예식밖에 참여하지 못했을 것이다. 그렇다면 바울은 떡의 성찬예식에서 가난한 사람이 그렇게 제외되는 것을 나무랬을 것이다."[19] 이 주장은 옳다. 이 떡의 성찬예식을 축연의 시초에 하지는 않았다. 그렇다고 바울이 묵인한 어떤 보통 있는 일반적인 식사 뒤에 있었던 것도 아니다. 그것은 바울이 용납하지 않은 개인 식사 후에 있었다.
3. 노이엔차이트는 더 주장하기를 고린도전서 11장 34절의 내용은 "보통 식사를 성찬에서 완전히 분리시키는 길을 터놓았다"고 한다. 그러나 다만 개인 식사만이 공동식사에서 분리되었을 뿐이다.
4. 고린도 교회에서 있었던 만찬의 순서에 대한 결론을 사도행전 20장 7절이하나 마태복음 4장 17~21절, 그리고 요한복음 6장 52절에서 얻어낸다는 것은 불가능하다. 이러한 귀절들에 나타나는 순서가 보통식사에서 시작해서 의식적인 성찬예배로 되어 있더라도 그렇다.

부유한 교인들은 자신들이 장만한 음식을 따로 떨어져서 먹었을 뿐만 아니라 그것도 교인들의 전체 식사가 시작되기 전에 그렇게 했던 것이

---

18) Neuenzeit, *Herrenmahl*, 71~72.
19) *Ibid.*, 71.

*300 다.[20] 그런데 저들의 괴상한 행동은 이것만이 아니었다. 그들의 개인식사는 단순한 요기를 위한 식사가 아닌 것 같았다는 점이다. 이것이 다음의 문제를 제기한다.

3. 먹을 것과 마실 것의 상이한 분량들

각자의 음식(ἴδια δεῖπνα)이 주의 만찬에까지 연장되어진 것 같다고 할 만한 몇 가지 증거들이 있다. 바울도 "각자가 자신의 음식을 먼저 먹기 때문에"라고 말했다. 미리 갖다(προλαμβάνειν)라는 말은 구태어 "예기하다"라는 뜻으로 생각할 필요는 없고 단순히 "먹다"라고 해석할 수 있다.[21] 식사와 먹음이라는 말, 즉 δεῖπνον과 φαγεῖν이라는 말을 겹쳐서 사용한 것을 쓸데없는 중복만으로 볼 수는 없다. 오히려 φαγεῖν이라는 말은 앞절에 있는 주의 만찬을 먹는 것(κυριακὸν δεῖπνον φαγεῖν)이라는 귀절을 생각케 하는 것으로 33절에 있는 먹기 위하여(εἰς τὸ φαγεῖν)라는 귀절에 대응하는 것이다. 이 두 가지 경우 모두 이 동사는 주의 만찬을 두고 말하는 것이다. 정식 식사는 ἐν τῷ φαγεῖν, 즉 "주의 만찬 중에" 일어나는 것으로 그 시작 이전에만 있는 것이 아니다. 제아무리 양보하더라도 21절을 보면 이 가능성을 배제할 수 없다.

그러므로 축사를 하더라도 장만한 모든 음식을 다 전체 교인들이 나누어 먹은 것이 아니라 일부는 여전히 "개인 것"으로 남았으리라고 볼 수 있다. 이럴 경우 부유한 자들이 남보다 더 많은 분량을 차지하게 되

---

20) Bornkamm, "Lord's Supper," 128 : 여기서는 식사를 먼저 먹는 데 가능한 근거들을 뚜렷이 묘사하고 있다. 가난한 사람들이 올 때까지 "저들은 가족, 친구, 같은 계층의 사람들과 어울려 앉아서 거리낌없이 먹고 마실 수 있었다. 이같은 경우 어떤 그럴듯한 이유가 사람들 마음 속에 있었는지는 누구나 쉽게 짐작할 수 있다 ; 즉 사람들은 자신과 동등한 계층의 사람과 사귀려는 경향이 있다는 점과 한 식탁에 부자와 가난한 자가, 자유인과 노예가 자리를 같이하게 되면 서로 계면적은데 이같은 불편에 대한 혐오감, 다시 말해서 진정한 의미에서 식탁을 같이한다는 것은 멀리서 자선을 베푸는 것과는 아주 다르다는 점, 그리고 성만찬을 받는 분위기가 가난한 자들과 쑥스럽게도 몸을 부벼대면 망친다는 생각들이다. 가진 자들은 모두가 자신들의 식사를 먼저 먹어치우게 되어 있었다."

21) προλαμβάνειν(기대하라, 먹다)이라는 말은 Apellas(ca. 160 n. Ch.)의 입석에 나타나는데 당시의 의미를 알아볼 수 없다(*IG* N² 126, *SIG*³ 1170) 참조. J.H. Moulton과 G. Milligan, *The Vocabulary of the Greek Testament* (London, 1963²), 542. 입석에 관하여는 R. Herzog, *Die Wunderheilungen von Epidauros. Ph. S* XXII, 3 (Leipzig, 1931), 43ff. 그는 여기에 의학적 표현이 있다고 한다.

없을 것은 당연하다. 고린도전서 11장 29절의 바울의 경고는 주의 만찬에 부가된 그러한 "추가 식사"를 지적하는 것이다 : "주의 몸을 분별없이 먹고 마시는 사람은 자기에게 내릴 심판을 먹고 마시는 것입니다." 이 말은 무엇보다도 주의 만찬에서 만찬에 속하는 음식과 자기 개인 음식을 구별하지 못하는 사람이 있었음을 뜻하는 것으로 해석되어야 할 것이다. 결국 남보다 더 많이 가진 자가 있었다는 것이다. *301

애당초 기부한 사람들 덕분에 만찬을 차릴 수 있었으며 그런 사람들이 더 많은 분량을 차지한다는 것은 생각하지 못할 것도 아니다. 옛날에는 여러 단체나 친목회들도 배분할 때 그런 특별한 고려를 했는데 특정한 성원에게는 공식적으로 물질적 특권을 베풀었다. 주로 공직자나 간부에게 연회시 더 많은 몫을 나누어주는 형식으로 되어 있었다. 이같은 특별한 몫은 보통의 1.5배, 2배, 또는 3배까지 되었는데 여러 층의 관리들에 따라 1.5배분(*sesquiplicarii*) 2배분(*duplicarii*), 3배분(*triplicarii*)이라는 용어가 생겨나기까지 했다.[22] 라뉴비움의 단체(136. n. Ch.)[23]의 경우 여기에는 노예도 있었는데 실례로 하나의 확정된 규정이 있었다 (*CIL XIV* 2112=Dessau 7212). 이 규정에 따르면 "5년 임기의 관직을 정직하게 수행한 자에게는 그 보상으로 모든 것을 배분할 때 1.5배의 몫을 줄 것이다"라고 했다. 또 다른 예를 보면 서기나 사신의 직무를 일생 동안 수행한 관리에게도 특별한 배정을 해주었다. 연회 때 정상적으로 나누어주는 분량은 떡 약간과 네 마리의 작은 정어리, 그리고 포도주 한 암포라(Amphora—양쪽에 손잡이가 달린 오늘날의 큰 쇠컵 같은 것)로 되어 있었다.

고린도 교회에도 같은 규정이 있었으리라고는 생각할 수 없다. 반대로 고대에 있었던 여러 단체들과는 판이하게 고린도 교회의 경우 뚜렷한 정식 규정이나 관습법이나 절차에 의해 분쟁을 피하는 법이 없었던 것 같다. 누가 특별한 고려를 받을 자격이 있는지를 정한 적이 없었다. 다른 단체들에 그와 같은 규정이 존재했다는 것은 그 단체내의 자격을 인정받은 사람이 남보다 더 많은 배정을 받는 데 대하여 조금이라도 반감을 가질 사람이 없었다는 점에서 그 의의를 찾을 수 있다. 사실 이러한 차별 대우를 공정하고 마땅한 것이라고 여겼었다.

고린도 교회의 부유한 교인들이 교회를 위해 부인하지 못할 공헌을 하지

---

22) E. Kornemann, s.v. "Collegium," PRE 7. 380~480, 특히 441.
23) 이 관습법의 원문은 Lietzmann, *Korinther*, 부록 91~93에 재수록되어 있다.

*302 앉았던가?²⁴⁾ 저들이 바로 공동식사를 마련했던 것이다. 저들의 기부가 있었기 때문에 누구나 공동식사(만찬)에 참가할 수 있었다. 만일 저들이 전체 만찬 외에 저들 자신의 개인 식사를 가졌다면 그것은 당시의 습관화된 행동양식을 답습한 데 지나지 않았을 것이다. 다른 단체들의 특유한 규정들은 고린도 교회의 카리스마적이고 무절제한 생활에 비해서 적어도 이러한 이점을 가졌는데 그것은 막노동밖에 할 수 없는 사람이라도 기회를 주어서 특별한 임무를 수행하여 공을 세울 수 있도록 했다는 점이다. 이와는 대조적으로 영의 자유로운 움직임에 모든 것을 맡겨 버릴 경우 특권층에 속하는 자들이 만사를 저들 마음대로 하게 되는 것은 어쩔 수 없는 일이었다.

그러므로 부유한 고린도 교인들은 정상적 주의 만찬이 시작되기 전에 자기들끼리만 먼저 먹었을 뿐만 아니라 또한 남보다 더 많이 먹게 되었던 것이다. "어떤 사람은 배고프고 어떤 사람은 술취합니다"(고전 11:21)라고 바울이 쓴 것은 개인 음식의 보다 많은 분량을 비유한 것이다. 그런데 식사와 술의 분량이 고르지 않았다는 이 가정만 가지고는 주의 만찬에 관련된 분쟁을 다 이해할 수 없다. 그 까닭은 그런 경우라면 모두 똑같이 나누어 먹으라고 바울이 권하면 그만이기 때문이다. 그런데 사실은 그는 집에서 개인식사를 차려 먹으라고 권하고 있다. 이 말을 성급하게 바울이 핀잔하는 듯으로 말했다고 생각해서도 안 된다. 마치 바울이 먹을 것이 넉넉한 사람은 집에 가서 먹으라고, 또 가난한 사람들이 남들이 얼마나 부유한지에 대해서 지나치게 신경쓰지 않는 한 주의 만찬을 먹을 때 굶주린 사람이 좀 있다 해서 대수로운 것이 없다는 듯이 말한 것으로 생각해서는 안 된다. 그러나 부유한 교인과 가난한 교인들이 차지하는 음식의 분량에 차이가 있어서 생긴 일이라고만 생각한다면 바울이 제시한 해결책은 이상하게 보일 것이다.

---

24) 공동체를 위해 공을 세운 사람이 초기 그리스도교에서 특별한 권한을 갖게 된다는 것은 고전 16:15~16에서 바울이 스데반을 천거하는 말에도 보인다. "우리가 여기서 볼 수 있는 것은 흔히 있는 생활현상으로 공동체에 공을 세운 사람이 그것으로 말미암아 당연하게 권위의 자리에 서게 된다는 사실이다"(Weiss, *Korintherbrief*, xxvi). 교회 내에서 직책을 가진 자가 물질적 특권을 누리게 된다는 생각이 옛날 그리스도교에도 있었다. 고전 9:1, 딤전 5:17, 디도 13:3.

4. 질적 차이가 있는 식사

개인 식사를 집에서 먹으라는 바울의 지시를 보통 떡이나 술보다 더 좋은 음식이 있었다고 가정한다면 쉽게 납득할 수 있다. "모두 내가 짐 작컨대 형편이 닿으면 떡과 더불어 고기를 먹느니라"(크세노폰, *Memorabilia* Ⅲ, 14, 2)라는 글에서 보는 바와 같이 관습에 따라 때로는 별미를 먹었다고 생각하면 쉽게 이해가 간다. 라뉴비움 지방의 하층계급 출신 성원으로 구성된 단체도 떡과 술 외에 생선을 제공했었다. 고린도 교회에서 교인들 중 일부가 떡과 술만으로 만족하지 않았으리라는 것은 납득할 만하다. 그런데 이것이 사실이었다면 바울도 이 과외의 음식까지도 나누어 먹으라고 주장할 수는 없었을 것이다. 이것은 정해진 축사에는 그것에 대하여 일언반구도 없다는 어쩔 수 없는 이유 때문이다. 그에게 이 정해진 행사의 축사는 의심할 여지없이 성스럽고 함부로 바꿀 수 없는 것이었다. 그런데 문제는 이 축사들은 떡과 술만을 두고 하는 것이라는 데 있다.

이러한 축사는 고린도 교인들에게도 역시 성스럽고 불변의 것이었다. 교인들의 편지에서도 바울에게서 물려받은 전통을 지키고 있다고 분명하게 천명하고 있다. 바울도 이 사실을 고린도전서 11장 2절에서 확인하며 고린도 교회가 그렇게 하고 있는 것을 칭찬해주고 있다. 우리가 검토하고 있는 귀절에서 바울은 뒤에 이 생각으로 돌아와 놀리는 것처럼 말한다 : 이래도(즉 개인식사와 주의 만찬을 구별해도) "내가 여러분을 칭찬한 것입니까? 칭찬할 수 없읍니다"(11 : 22). 여기서 우리는 고린도 교인들이 주의 만찬과 관련된 문제에서도 바울의 전통에 충실했다고 주장했으리라고 생각할 수 있다. 예식의 축사가 떡과 술의 배급에만 해당하는 것이므로 여파의 것은 모두 "개인 식사"로 간주해야 한다고 주장하는 사람도 있었을 것이다. 그들은 이같이 전통을 엄격하게 고수해 왔다. 그래서 바울이 칭찬해야 했을까?

주의 만찬이라는 전통을 그렇게 교묘하게 해석하는 것도 당시에 보급되어 관습이 되어버린 격식에 비추어 본다면 도저히 교묘한 것이라고 말할 수 없다. 고린도 교인들 중 더러는 사회계층이 여러 가지로 다른 만큼 공동식사의 질에 차이가 있어도 별로 이상할 것이 없다고 생각할 것이기 때문이다. 이같은 관습이 당시에 있었다는 것이 잘 증명되고 있다.[25] 우리가 가지고 있는 문헌들에 이런 관습에 대한 비판밖에 없다고

---

25) J. Carcopino, *Daily Life in Ancient Rome* (New Haven, 1940), 270~71.

해도 의외의 일은 아니다. 어떤 관습에 대해서 이에 찬성하는 사람들은
그 문제에 관해 별로 말할 까닭이 없었을 것이다. 우리의 목적에서 재
미있는 것은 그 비난이 다른 면에서 나오고 있다는 점이다. 상류계급에
속하는 한 사람이 아주 인간다운 재치를 보이자 젊은 플리니(Pliny)가
그 관행을 비판하고 나섰고 한편 마샬(Martial)과 유베날(Juvenal)은
대조적으로 그같은 식사에서 관시를 받은 사람들의 상처입은 자존심을
보여주고 있다. 플리니는 다음과 같이 썼다.

*304
어떤 일로 해서 (사교적 활동을 좋아하지도 않는) 내가 자기 말로는 화려하
지만서도 검소한 마음으로 살고 있다지만 내가 보기에는 추잡하고 난잡한 꼴
로 살고 있는 작자와 근자에 저녁식사를 같이 하게 되었는지를 여기서 자세하
게 되풀이한다면 이야기도 길 뿐만 아니라 그럴 가치도 없는 일이라 하겠다. 그
사람과 회식자들 중의 약간명에게 아주 훌륭한 요리가 제공되었는데 나머지 다
른 사람들 앞에는 보잘것 없는 싸구려가 놓여졌다. 주인장은 세 가지 다른 종
류의 포도주가 담긴 작은 술잔을 나누어 주었다. 그런데 여기서 손님들에게 술
을 골라잡게 했을 것이라고 여긴다면 큰 잔못이다. 반대로 손님들에게는 전혀
마음대로 골라잡지 못하게 되어 있었다. 그 중 한 가지는 주인 자신과 나를 위
한 것이었고 다음 것은 자기만 못한 친구들에게 줄 것이었는데(여러분에게 밝
혀두지만 이 친구는 지위나 재산에 따라 우정을 재서 주었다) 세 번째 종류의
것은 자신과 나의 종들에게 줄 것이었다. 내 옆에 앉아 있던 친구가 이것을 눈
치채고 내게 용납하느냐고 물었다. "천만에"라고 내가 대답했더니 "이런 경우
당신이라면 어떻게 처리하겠읍니까?"라고 물었다. 나는 "나라면 손님들에게
똑같은 대접을 하겠소"라고 대답했다. 내가 손님을 초대하는 것은 식사를 같
이 하자는 것이지 사람들을 저울질하자는 것이 아니니까요. 나와 식사를 같이
하자고 초대했다면 그 사람은 나와 동등하게 여기는 것이니 손님은 누구나 다
모든 점에서 똑같이 대접하지요." "자유시민도 말인가요?"라고 그는 또 물었
다. "그들도 같지요"라고 나는 대답했다. "이런 경우 나는 자유시민으로 여기
지 않고 같은 친구로 여기지요." "그렇게 대접한다면 비용이 많이 들텐데요"라
고 그는 다시 말했다. 비용이 많이 들 것도 없다고 내가 말하자 그는 물으면
서 그럴 리가 없다고 했다. 그래서 나는 이렇게 대답했다. "자유시민이 내가
마시는 것과 같은 술을 어디 마시나요? 저들이 마시는 것과 같은 술을 내가
마시지요" (*Epistulae* II, 6).

흥미있는 것은 한 가지 문제에서 플리니가 제시한 해결책이 바울이 제
시한 것과 견줄 만하다는 사실이다. 즉 공동식사 때보다 높은 사회적 신
분을 가진 자가 그의 식생활 습관을 보다 낮은 사회계층의 식사 관습에

11. 사회적 통합과 성례전 행위 381

맞추어서 적응하도록 하는 것이다. 한편 마샬이나 유베날의 글에서 "아래서부터"의 비판을 읽어보면 그 의도를 이해할 수는 있는 데 보다 높은 계층의 식사수준으로 보다 낮은 계층의 수준을 끌어올리자는 것이다.

"식사에 나를 불러놓고, 그것도 전처럼 돈주고 사온 손님도 이젠 아닌데 왜 당신이 받은 상과 똑같은 음식을 내게는 안 주는 거요? 당신은 류크린호에서 자란 통통하게 살찐 굴을 먹는데 나는 고막을 빨아먹고, 당신이 송이를 먹는데 나는 끄리버섯을, 당신이 커다란 참가재미를 먹는데 나는 막가재미를 먹지 않소? 노란 기름이 흐르는 산비둘기의 살찐 엉덩이를 당신은 포식하는데 내 앞에는 새장 안에서 죽은 까치가 놓여 있소. 여보게, 폰티쿠스, 내가 당신과 식사를 같이 하지만 자네 없이 혼자 먹는 것만도 못하잖아? 근심걱정도 사라졌으니 이젠 그 덕이나 좀 보지 그래, 음식이라도 같은 것을 먹어보세!"
(Martial, *Epigrammata*, Ⅲ, 60)

다른 귀절에서 마샬은 더욱 더 가혹하게 자신을 드러내며 모든 사람들 앞에서 자기의 높은 사회적 지위를 뽐내는 "주인장"을 저주하고 있다.

"그래, 이게 무슨 미친 짓이란 말이요? 초대받은 손님들이 모여 앉아 보고 있는 가운데서 키킬리아누스, 그래 당신만 혼자서 송이버섯을 막 처먹기요? 그따위 창자나 염통에 내가 뭐라고 말해야 좋지? 그래 클로디우스가 먹은 따위의 송이나 처먹어라!"(로마 황제 클로디우스는 송이로 독살당했다 : 역주).
(*Epigrammata*, Ⅰ, 20 ; Ⅳ, 85 ; Ⅵ, 11 ; Ⅹ, 49)

유베날은 비로(Virro)의 연회를 상세하게 기술하고 있다(*Satura*, V). 주인 자신만이 좋고 오래된 포도주에 금방 구워낸 떡, 통통한 간에 온갖 진미를 즐기는데 손님들은 쓰디쓴 포도주에 곰팡이 낀 떡, 호롱불 기름같은 냄새가 나는 배추 조각에 미심적은 송이, 늙어빠진 암닭, 썩은 사과를 먹는 것만으로 참고 견뎌야 했다. 그러니 초대된 손님들 사이에 거센 시비가 벌어지는 것은 뻔한 일이었다.

대부분의 자세한 증거는 라틴계 저자들로부터 나오고 있는데 이러한 이유에서 고린도의 당시 사정을 알아보는 데 매우 귀중하다고 하겠다. 서기 1세기경의 고린도는 새로 로마가 창설한 것이었다. 공용어는 라틴어였는데 이 시기 이후 대부분의 명문은 라틴어로 쓰여지게 되었다. 많은 경우에 있어서 보다 오랜 그리이스 문화의 전통을 찾으려고 노력했지만──예를 들어서 고린도 지방 경기대회의 재개──원형투기장 같은

*305

것을 건설한 것을 보면 비그리이스적인 로마의 영향이 얼마나 컸는지를 알 수 있다.[26] 나아가서 가장 있음직한 일로는 당시 고린도 교회에 라틴계 출신의 사람이 있었으리라는 점이다. 기록에 남아 있는 17명의 고린도 교인 중 8명이 라틴계통인데 다음과 같다. 아굴라(Aquila), 보드나도(Fortunatus), 가이오(Gaius), 누기오(Lucius), 브리스가(Priscilla), 구아도(Quartus), 디도 유스도(Titius Iustus), 더디오(Tertius)이다. 이들 중 가이오는 로마서 16장 23절에 의하면 전체 교회의 주인이었다. 이 말은 무엇보다도 공동식사를 그의 집에서 했다는 것을 말해 준다.

다시 말해 둘 것은 위에서 말한 로마인들의 나쁜 버릇이 고린도 교회안에 널리 퍼져 있었다고 생각해서는 안 된다는 점이다. 앞에 인용한 귀절들은 공동식사에서 주인이 손님의 사회적 지위에 따라 차별 대우하는 당시의 행동 양식을 예증하기 위한 것에 지나지 않는다. 자유시민이나 단골손님들은 주인이 후원자로 권력을 과시하는 대상으로서 둘러리를 서는 역할을 했다 하겠다. 플리니, 마샬, 유베날이 말하는 잔치들은 물론 개인이 사적으로 차리는 것이다. 그러나 고린도 교회의 공동식사도 그와 비슷한 것이었을 것이다. 가이오로 말하자면 자기 집에 교인들을 초청했던 만큼 교회의 식주 역할을 수행했을 것이다. 공동식사를 마련하기 위해 기부한 사람들은 자기들에게 달라붙는 손님들을 돌봐주는 상전 같은, 사실상의 개인적 식주같이 행세했을 것이다.

그러므로 자신 있게 다음과 같이 결론지을 수 있다. 고린도의 공동체가 공동으로 모여서 "주의 만찬"을 차릴 때 몇몇은 별도로 떡과 술 외에 다른 음식이 들어 있는 "개인 식사"를 했으리라는 것이다. 이러한 별도 음식에는 구운 음식, 생선, 그리고 고기가 들어있었을 수 있다. 필자의 견해로는 무엇보다도 육류를 먹었을 듯싶다. 고린도전서를 읽으면 알 수 있지만 고린도에서는 초대한 손님에게 내놓는 음식에 육류가 있었다. 초대받아서 가는 사람은 의례 고기가 나오려니 하고 생각했다(고전 10 : 28). 플루타크도 공동식사에서 고기를 먹었다고 생각하고 있다(Quaest. conv. Ⅱ, 10,1). 고린도전서 11장 17절 이하에서 명백한 것은 개인의 식사가 고형음식이었다는 것이다. "주의 몸을 분별없이 먹고 마시는 사

---

26) 문화적 상황에 관해서는 다음 비교, J.H. Kent, *The Inscriptions* 1926〜1950 : *Corinth, Results of Excavations Conducted by the American School of Classical Studies at Athens VIII*, 3(Princeton, 1966), 17〜31 ; F.J. de Waele, *Corinthe et Saint Paul* (Paris, 1961), O. Broneer, "Corinth: Center of St. Paul's Missionary Work in Greece," *BA* 14 (1951): 78〜96.

람은 자기에게 내릴 심판을 먹고 마시는 것입니다"(고전 12:29). 흥미있는 것은 바울이 "몸과 피를 분별하지 못하고"라고 말하지 않고 "몸을 분별없이"($\mu \grave{\eta}\ \delta \iota \alpha \kappa \rho \acute{\iota} \nu \omega \nu\ \tau \grave{o}\ \sigma \hat{\omega} \mu \alpha$)라고만 말하여 문제는 "예수의 몸", 즉 고형음식인 떡만을 시사하고 있다는 것이다.[27] 여기에는 이 음식을 다른 종류의 몸과 구별하지 않을 위험이 있다는 것이다. 여기에 짐승들의 몸에 대한 암시가 들어있다고 해서 그렇게 맹랑한 이야기는 아닐 것이다(야고 3:3).

고린도 사람들 중 약간이 개인적인 식사로 가끔 고기를 먹었다는 것을 인정한다면 더 나아가서 또 하나의 가정이 가능해진다. 고린도전서 10장 14절과 11장 17절 이하는 같은 문제, 즉 교회 모임에서 고기를 먹는 문제를 다른 관점에서 다루고 있다고 말할 수 있다.[28] 이 두 귀절을 보면 다같이 주제가 주의 만찬에서 별도의 식사를 하는 것이 어긋난다는 것이다. 처음 귀절에서 말한 것은 "우상의 제물"($\varepsilon \grave{\iota} \delta \omega \lambda \acute{o} \theta \upsilon \tau o \nu$, 10:19)의 문제였으나 나중 것은 각자의 만찬($\check{\iota} \delta \iota o \nu\ \delta \varepsilon \hat{\iota} \pi \nu o \nu$)에 관한 것이다. 이 두 가지 문제가 부분적으로 동일한 것이며 고린도의 경우 한 조각의 고기가 이미 예식 절차 속에 들어 있었다는 사실을 아무도 절대적으로 배제할 수는 없는 것이다. 사온 고기들은 모두가 우상에 바쳐졌던 제물이었을 것이며 일부 교인들이 먹어치운 고기들도 예외는 아니었을 것이다. 이 가설의 신빙성에 관한 문제는 고린도전서 8~10장을 어떻게 해석하느냐에 달려 있는데 이 문제는 이 책의 한계를 넘어서는 일이다. 따라서 이 가설은 하나의 가능성으로서 주목할 뿐 앞으로 전개될 내용의 전제는 결코 아니다.

공동체 모임에서 자신들의 식사를 한 교인들의 행동을 검토한 바 있는데 이를 다시 한 번 요약하고자 한다. 몇몇 부유한 교인들이 너그러

---

27) 여러 가지 음식을 구분하는 것에 근거를 둔 구체적 해석이 아직까지 제일 그럴듯한 것 같다. 같은 견해가 다음의 저서에도 나온다. Lietzmann, *Korinther*, 59. 다른 견해는 J. Moffatt, "Discerning the Body," *ET* 30 (1918/19) : 19~23 ; W.G. Kümmel (Lietzmann을 보완), *Korinther*, 186 ; 그리고 A. Ehrhardt, "Sakrament." 사실 바울도 $\sigma \hat{\omega} \mu \alpha$에 "그리스도의 몸"이라는 의미를 연관시키지만 이 문장은 먹고 마시는 것에 관해 말하므로 먹는 대상으로서의 뜻이 더 적합한 것 같다. Ehrhardt의 번역은 합당치 않다. "누구나 먹고 마시는 자는 자기 자신을 예외로 할 수 없는 만큼 자신에 대한 정죄를 먹고 마시는 것이다."

28) H.W. Bartsch, "Missbrauch." 저자는 고전 8~10과 11:17 이하에서 같은 문제점을 보고 있는데 이것은 아마도 옳은 것 같다. 그러나 그 공동요인이 금식이라는 것은 맞지 않는다.

운 마음으로 떡과 술을 제공하여 식사를 같이 할 수 있게 했다. 여기서 나누어 먹는 음식은 주의 만찬이며 공동체에 주어진 것이라고 성찬축사를 통해 선언된다. 그래서 이 공동식사와 관련하여 개별적인 식사가 생겨날 수 있었는데 그 이유는 주의 만찬의 시작 시간이 정해져 있지 않았기 때문이다. 이 시작 시간까지, 즉 성찬축사가 선언되기 전에는 부자들이 가져다 제공한 음식이 개인 재산이었기 때문이다. 보다 중요한 것은 이러한 구분이 부유한 교인들이 떡과 술 외에 다른 음식을 먹었고 성찬축사에 이것을 형제들과 나누라는 말이 없었으므로 가능하다는 것이다.

이같은 행동이 비판을 유발시켰다. 문제의 핵심은 부유한 교인들이 공동체 모두에게 자신들 없이는 안 된다는 것을, 즉 부자인 자신들에게 교회가 달려 있다는 것을 뚜렷이 보여주었다는 사실이다. 식사의 종류에 차이가 있었던 것은 비교적 오랫 동안 전해져온 지위와 부귀의 상징이며 그다지 넉넉치 못한 사람들은 기본적인 수준에서 자신들의 사회적 열등성을 직감하게 되었다. 이리하여 이들은 사회계층의 밑바닥에 자신들이 놓여져 있음을 통감하게 되었던 것이다. 이것이 나아가서는 공동의식을 해치게 되는 배타의식을 가져왔다. 여기서 생각나는 것은 마샬이 공격했던 말인데 그는 단골손님으로 식사에 초대되어 가서도 이등 손님의 대접밖에 받지 못했던 것이다. 바울도 부유한 교인들을 다음과 같이 소리높여 나무라고 있다. "그렇지 않으면 하나님의 교회를 멸시하고 가난한 사람들을 부끄럽게 하려는 것입니까?"(고전 11 : 22). 이와 같이 주의 만찬에서 나타난 분쟁의 근거는 순전히 물질적인 것도 아니고 순전히 신학적인 것도 아니었다. 그것은 무엇보다도 사회적인 것으로 사회적 계층을 형성한 공동체의 문제들이며 이런 곳에서는 공동체의 주의 만찬이 사회적 지위를 나타내는 개인적 식사로 전락할 위험이 있었으며 주의 만찬도 그리스도의 몸의 동일성을 위한 기반을 제공하는 것이 아니라 사회적 차이를 보여주는 기회로 전락할 위험에 처하게 되었다.

부자들에 대하여 도덕적 반대론을 제기하는 오류를 범해서는 안 되는데 그것은 역사적, 사회학적 분석을 함으로써 보다 공정한 평가가 가능하기 때문이다. 부유한 교인들에 대해서 도매금으로 판정을 내리기에 앞서 여러 가지 점들을 생각해 보아야 한다.

a. 공동체의 모임이 아마도 부유한 교인들의 개인 집에서 있었던 것 같으며[29] 부자들의 기부로 가능했을 것이다. 이러한 사정 하에서 부자

---

29) 비교, F.V. Filson, "The Significance of the Early House Churches," *JBL*

들은 내색을 하지 않으려고 해도 자연히 자신들의 사회적 지위를 과시하게 되었을 것이므로 그것은 주의 만찬이 지니는 특정한 내용과는 별개의 것이었다.

b. 부유한 교인들은 단순히 전체 교인들만을 초대하는 것이 아니라 그럴 경우에 교회에 속한 저들과 같은 부유한 사람들도 동시에 초대하게 된다. 같은 계층의 교인들이 서로 간에 사회적 접촉을 하는 데 있어서 교회생활을 떠나 사회적으로 주고 받는 배려나 후의의 일상적 기준을 갑자기 무시할 수는 없는 것이었다. 말하자면 고기를 먹게 되는 것도 그러한 관례에서 나왔을 것이다(고전 10 : 27∼28). 사회적 지위에 밀접하게 연관된 여러 기대감은 개인적 태도와는 상관 없이 자체의 힘을 지니고 있는 것이다. 한 가지 실례를 말하자면 가이오가 자기 집에 회중을 모이게 해서 대접할 때 현자이며 권세 있는 귀족계급에 속하는 고린도인들도 약간 명 동시에 초대하여 대접했다(고전 1 : 26). 이런 사람들이 서로 간에 특권을 주고받는 것은 당연한 일이었다.

c. 저들 자신의 식사에 다른 신도들을 참가시키지 않는 것을 정당화하는 데 부유한 교인들은 떡과 술에만 국한되는 주의 만찬 전승문(*paradosis*)에 호소한다. 이 범위를 넘는 것은 무엇이든 "개인 식사"에 속하는 것이라고 주장될 수 있었다.

d. 더우기 그런 사람들은 자기들의 행동규범을 주변 문화에서 찾았는데 거기서는 공동 식사에 초대된 사람 외의 손님들에게 특별한 대접을 하지 않는 것은 말도 안 되는 것으로 여겨졌다. 앞에서도 나왔지만 어떤 단체에서는 그 규정에 특별한 공을 세운 사람을 축연에서 우대할 것을 정하고 있으며, 한편 로마의 세도가들은 자신들이 베푸는 연회에서 손님이나 자유시민을 2등 손님으로 취급했다. *309

아무리 보아도 부유한 신도들이 이 문제 전반에 걸쳐 죄의식을 느낀 것 같지는 않다. 오히려 그들은 식사를 마련하는 따위의 호의를 베풀어 빈궁한 신도들을 먹여주었다고 자신들을 생각했을 가능성이 더 많다. 그렇기 때문에 이들 사이에 있었던 대립은 그 근원을 한 편으로는 공동체가 지니고 있는 일관된 이론과 다른 한 편으로는 사회적 차이에서 연유하는 행동, 즉 비단 그리스도교 전통뿐만 아니라 그리이스 문화 전통에 존재하는 행동 양식의 차이 사이에서 생겨난 충돌이라고 볼 수 있다. 야와 관련하여 플루타크가 말하는 공동식사의 본질(*Quaest. conv.* Ⅱ, 10), 초대한 손님을 푸대접하는 데 대한 플리니의 비난, 즉 공동체의 이념에

---

58 (1939) : 105∼12.

입각한 하나의 비판(*Epist.* II, 6), 친구는 모든 것을 공유한다는 플라톤의 말(Plato, *Phaedrus*, 279c : *Diodorus Siculus* 5, 9, 4 ; Iamblichus, *Vita Pythagorae* 30, 168 ; Porphyry, *Vita Pythagorae* 20) 등을 생각해 봄직하다. 이 점과 관련하여 초기 그리스도교 전통과 헬라 전통 사이에 밀접한 연관이 있었음은 누가(사도 2 : 44)가 제시한 원시 공동체의 이상형에서 잘 볼 수 있다. 그러므로 이 대립은 두 개의 상이한 행동양식 사이에서 일어난 대립으로 이해해야 하며 이 두 가지 양식은 모두가 부유한 교인들에 의해서 사회적 현실에 뿌리박고 있는 기대감으로 표현되어졌다. 이 대립은 또 한 편에서는 계급 특유의 기대감과 다른 한 편에서는 상이한 사회적 지위에 있는 사람들을 포함하는 사랑의 공동체가 내세우는 규범과의 사이에서 생기는 것이다. 이 역할상의 대립이 어떠한 형태였는지 그 상세한 부분에 관해서 재구성할 수는 없지만 적어도 다음과 같은 사실은 명백한 것이다. 즉 대립 자체가 그리스도교 공동체의 구조에서 연유한다는 것이다. 내부적 계층화를 보여주고 있으면서 또 상호간의 호의를 통해서 지탱되어질 수 있는 집단내에서 가장 많이 기부하는 사람이 상전의 자리를 차지하게 되는 것은 이것이 비록 집단의 자기이해에 부합되지 않는다 해도 어쩔 수 없는 일이었다.

 마지막으로 이 대립의 사회적 측면을 밝히기 위해 한 가지를 더 관찰하기로 한다. 상류계급에서 교회에 참여하는 신도들은 바울의 발언에서 보면 좀 덜 유리하게 말해지고 있다. 그는 대립을 부자들의 관점에서 보지 않고 있다. 따라서 바울이 교회가 보낸 서신에서 내부사정을 알게 된 것이 아니라는 점을 주목해야 한다.[30] 그것은 그 서신을 쓴 사람은 상류계층의 사람이라고 생각할 수 있기 때문이다. 세속 철학의 몇몇 논점들이 이 사실을 보여주고 있는데 그 논점들 자체가 앞에 말한 서신에서 연유하는 것은 거의 확실하다.[31] 그런데 그 서신을 쓴 사람들이 자

---

30) 구전과 문서화된 정보 사이의 상호관계가 주석에서 기본적 중요성을 지니고 있는 것으로 다음 저자들이 보는 것은 옳다. J.C. Hurd, *The Origin of I Corinthians* (London, 1965). N.A. Dahl, "Paul and the Church at Corinth according to 1 Corinthians 1 : 10~4 : 21," in *Christian History and Interpretation: Studies presented to J. Knox*, W. Farmer et al, eds. (Cambridge, 1967), 313~35, 특히 323 ff.=*Studies in Paul*(Minneapolis, 1977), 40~61, 특히 50ff. 이들은 서신에는 고린도 교회에 관하여 유리한 소식이 들어 있었으나 구두보고는 고린도 교인을 아주 나쁘게 말했다고 주장한다.

31) Hurd, *Origin*, 65~74 : 여기서는 공동체가 보낸 편지를 자세하게 논하고 있다. 없어져버린 공동체의 편지에 인용사항이나 적기사항이라고 일반적으

11. 사회적 통합과 성례전 행위 *387*

신들에게 불리하게 드러냈을 리는 없기 때문이다. 그러므로 다른 사람들이 알려주었음이 틀림없다. 바울은 사람의 입을 통해 주의 만찬에서 분열이 있음을 들었다(고전 11 : 18). 바울은 마치 자기가 들은 얘기 중 일부만을 믿은 듯 제보자들과는 애써 거리를 유지했는데 이것은 아마 단순히 외교적인 이유에서였을 것이다.³²⁾ 이같은 맥락에서 볼 때 그가 이러한 분열의 기본적 합법성을 강조하는 데 급했던 것은 당연한 것으로서 그는 마치 그러한 보고를 합법적인 대립이라는 범주에서만 믿으려고 하는 것 같으며 그와 같은 대립이 교회가 시험받는 데 피할 수 없는 것이라고 믿은 것 같다(11 : 19). 사실상 바울은 이 문제에 대하여 꽤 잘 알고 있었다. 우리는 누가 그에게 고해바쳤는지 알 수 없다. 아마도 글로에의 집 사람일 가능성이 있는데 이들은 여주인의 이름을 딴 피부양자들이었을 것이다.³³⁾ 이 사람들이 아마 다른 사도들을 추종하는 자들 간에 생긴 당파 사이의 분쟁에 대해서 뿐만 아니라 주의 만찬을 둘러싼 대립에 대해서도 보고했을 것이다. 그래서 바울이 고린도전서 1장 18절 이하와 11장 17절 이하에 나오는 고린도인들의 문제에 대하여 "아래로부터" 보는 관점을 취했음이 사실이라 할 수 있다. 스데바나가 제보자였을 가능성은 보다 적다고 하겠다. 어떤 사람을 전적으로 천거해 놓고 *311
(고전 16 : 15 ff.) 동시에 그 사람의 보고를 일부만 믿는다고 할 사람은 없다. 그 외에 바울에게 정보를 준 사람이 있었을 것이다. 여하간 이 문제를 바울에게 알려준 자의 관점은 "아래로부터"였다. 그리고 또 당연하게도 교회에서 보낸 편지도 당연한 문제를 다루고 있는데 여기서는 그러나 아주 다른 관점에서 우상에게 제물로 바쳐진 고기를 언급하고 있다.³⁴⁾

로 추정되는 것을 포함한 온갖 귀절을 보여주는 일람표가 pp.67~68에 나온다. Conzelmann은 그의 저서 *I Corinthians*, 15에서 다음과 같은 것을 공동체의 관심 항목으로 받아들인다. "현자가 왕이다." "현자에게 모든 사물이 속한다." "지식은 자유케 한다."

32) 다른 견해로는 Lietzmann, *Korinther*, 56 ; "이같이 바울은 보고서의 많은 부분을 과장으로 여겼다."

33) 가족의 구성원들은 부친이 죽은 뒤에도 부친의 이름을 계속 지닌다. 필자의 견해로는 다음의 F.R. Hitchcock의 해석은 적합하지 않다("고전 1 : 11에 나오는 '글로에의 사람들'은 누군가?" *JThS* 25, 1923, 163~67) : 우리가 여기서 말하는 것은 데메델의 추종자들로서 한 때 "글로에"라고 알려졌었다(비교, 상게서 92~95).

34) 필자의 견해로는 고전 11 : 2~34을 지금의 맥락에서 옮겨서 고전 5 : 9에서 말하는 바울의 편지에 귀속시켜야 한다는 문헌비판적 근거에 입각한 주장에는 설득력이 없는 것 같다. 반대로 (1) 고전 11 : 1, 2는 밀접하게

Ⅱ. 고린도전서 11장 17～34절의 사회적 의도

고린도전서 11장 17절 이하에 나타난 바울의 사상은 단순히 고린도 교회내의 어떤 사회적 관계를 미리 전제하고 말하는 것만은 아니다. 무엇보다도 그의 생각을 사회적 의도, 즉 한 방향으로 개인간의 상호관계를 인도하려는 의욕을 보여 주고 있다. 바울의 발언이 고린도 교회의 행동에 대해 아주 구체적인 시사를 주게 되는 것도 우연한 일이 아니다. 바울은 개인 식사의 문제를 개인 집에서 먹게 하여 해결하기를 원했다. 누구나 자기 집에서라면 마음대로 먹고 마셔도 된다. 최종적으로 얻고자 하는 결과는 부유층의 교인들이 행세하는 역할 분쟁을 줄이는 데 있었다. 자기 집 울타리 안에서는 각자 자신의 사회계급의 규범에 따라 행동하면 그만인데 반면 주의 만찬에서는 교회의 규칙이 절대적 우선권을 갖는 것이다. 두말할 것 없이 이것은 하나의 타협이다. 이 개인 식사도 나누어 먹으라고 요구하는 것이 공동체 이념에 보다 합당한 처사라 하겠다. 단순히 공동체내의 특정계급 간의 차이를 인정하는 한편 그것들이 발현되는 것을 축소화하려는 바울의 타협은 부자들에게—— 그들의 의도와는 반대되게——특별한 지위를 부여하게 되는 사회적으로 계층화된 교회의 현실에 상응하는 것이었다. 그러한 공공체 내에서는 바울이 제시한 타협안은 현실적이고 실제적이었다. 그것은 바울을 추종하던 교회에서 일어났던 초기 그리스도교인들의 가부장적 사랑의 정신의 좋은 예를, 그리고 제2 바울서신의(골로 3 : 18 ff. ; 에베 5 : 22 ff.) 가정규범(Haustafeln)에서도 분명히 볼 수 있는 사랑의 가부장주의의 정신의 좋은 예를 보여준다.

그러나 이 타협은 두 가지의 아주 다른 영역에서 생겨난 생각의 결과이다.[35] 이 대립에 대한 바울 자신의 분석은 사회학적 인식에서 오는

연결되어 있다. 바울을 모방하려고 애쓰도록 권장한 것과 바울에게서 물려받은 모든 전통을 순종하는 공동체에 대한 칭찬은 조금도 서로 떼어서 생각할 수 없다. (2) 고전 11 : 34은 고전 4 : 19에서와 같은 사정을, 즉 바울이 곧 고린도에 오게 된다는 것을 전제로 하고 있는만큼 고전 1～4장과 14장을 다른 편지로 배정한다는 것은 있을 수 없다. 문헌비판적 문제에 대한 논의에 관하여 다음을 참조. W. G. Kümmel, *Introduction to the New Testament*, 개정판 (Nashville, 1975), 275 ff.

35) J. Weiss, *The History of Primitive Christianity* (New York, 1937), Ⅱ : 648～89. 저자는 성찬예식의 개념과 사회적 개념간의 상호관계 속에서 다음 귀절의 주요 문제점을 옳게 보고 있다. "고전 11 : 20～34에 있는

것이지만 깊이 파고 들어가 보면 신학적 분야에서 기인하는 것이다. 바울에게 고린도 교회의 분쟁은 교회가 받게 되는 종말론적 시험의 일부였다(11 : 19). 부유한 신도와 가난한 신도 사이의 사회적 긴장이 일상생활의 현실성을 초월한 상징적 세계[36]로 옮겨간 것이었다. 이런 것들이 종말론적 드라마의 일부가 되었으며 종말에 보게 될 세계에서 의롭지 않은 자로부터 의로운 자를 구별하는 일에 귀속되는 것이다. 같은 뜻에서 바울이 제시한 해결책의 근본에 깔려 있는 것은 단순히 집에서 먹으라는 실용적 지시가 아니라 주의 만찬의 진정한 의미에 대한 호소이다. 공동체가 언약으로 바치는 희생제물(*Bundesopfer*)을 여기서는 미래의 세계지배자라고 선언하고 있다. 그의 죽음을 기념하는 식사에서 취하는 행동이 후일에 있을 심판의 근거가 되는 것이다. 이와 같은 만찬에 헛되게 참가하는 자는 누구나 죽음을 당하게 될 것이다. 성찬예식은 금기 영역에 속하는 것으로서 취급되고 있는데 여기서는 규범을 위반하게 되면 헤아릴 수 없는 재난을 가져오게 된다. 이 증거를 바울은 교회내에 질병과 죽음이 발생한 사례를 들어 말한다. 고린도전서 11장 17절 이하에 예견된 바와 같이 교회의 대립된 상황을 사회학적으로 분석하고 있는 점과 간접, 직접으로 관여된 자들의 자기이해의 범위에서 그 대립을 그가 해석하는 점은 서로 모순된다. 여기서 우리는 해석학적 대립을 보게 된다. 이 점을 감추는 것보다 분명히 집고 넘어가는 것이 낫다. 그렇지 않으면 바울의 의도가 사회적 대립을 규제하는 데 있지 않았다는 (잘해야 한계적 범위를 벗어나지 않았다는) 것을 깨닫지 못하게 된다. 그의 의도는 또 다른 차원에서도 찾아보아야 한다. 그는 사회적 현실을 해석하여 부유한 신도와 가난한 신도가 하나의 역할을 수행하는 상징적 세계 속으로 옮겨 놓지만 주역이 하나님인 연극의 테두리 안에서 희생

*313

전체 이야기는 밖에서 보았을 때 두 가지의 상이한 목표를 골자로 하고 있다. 20~22절과 33~34절은 사회적 목표이고 23~32절은 성찬예배상의 목표이다. 이러한 결과 배열상의 문제점을 찾는 비판학자들은 23~32절에 있는 이 후자의 귀절들을 제거하려는 생각을 갖게 되었던 것이다. 사실상 주의 말씀을 따르라는 호소와 성찬예식의 의미에 대한 설명이 고린도인들의 빗나감을 퇴치하는 데 얼마나 도움을 줄 것인지에 대하여 명백하게 말한 것이 전혀 없다. 이 의문이 귀절의 특별한 문제를 이루고 있다.

36) "상징적 세계"라는 개념에 대하여는 다음을 비교: W.E. Mühlmann, "Umrisse und Probleme einer Kulturanthropologie" in W.E. Mühlmann, *Homo Creator*(Wiesbaden, 1962), 107~29. 이것은 다음에 재수록 됨: W. E. Mühlmann and E.W. Müller, *Kulturanthropologie* (Köln/Berlin, 1966), 15~49. P. Berger and T. Luckmann, *The Social Construction of Reality* (Garden City, N.Y., 1967) 참조.

예배와 성례전과 세상은 지나가는 것이 된다. 사회적 현실을 해석하고, 심화하며 초극하는 것이다. 그럼에도 불구하고 이러한 모든 해석이나 심화는 그 자체의 의도를 넘어 이 사회적 현실과의 기능적 관계를 갖게 된다. 바울의 말에 깊숙이 깔려있는 것이 주의 만찬의 예로 밝혀지고 있다.

주의 만찬이 지니는 의미를 단 하나의 공식으로 요약할 수는 없다. 그러나 그 의미 속에 들어 있는 여러 가지 서로 다른 뜻을 따져보는 것은 가능하며 특히 여러 가지 요인이나 제물, 심판 개념들은 검토할 수 있다. 이런 것들은 각기 사회적 기능을 가지고 있다.

바울이 왔을 때 그 요인들은 시각적 표현 이상의 것이었다. 떡과 술은 주의 만찬에서 특별한 것이 된다. 이 두 가지는 다른 음식들과 구별되지 않으면 안 된다. 그것들은 초자연적 성격을 지니고 있다. 이 사실을 무시하면 질병과 죽음이 있게 된다.[37] 고린도전서 10장 17절에서 바울은 초자연적 성격을 지닌 요소들에 대한 생각과 사회적 목표를 연결시켜 놓고 있다: "떡이 하나이므로 우리가 여럿일지라도 한 몸입니다. 그것은 우리가 한 떡덩이에 함께 참여하였기 때문입니다." 이 말은 매우 현실적으로 다음과 같은 것을 의미한다. 우리 모두가 같은 요소의 음식 일부를 먹었으니 하나의 통일체가 되었는데 여기서 각자는 서로가 접근하여 같은 몸의 일부가 되어버렸으며 마치 사람들 사이에 있는 육체적 경계를 넘어선 것과 같다는 것이다. 교의학적으로 떡과 술이 어떻게 정해진 요소로 변모하는지에 대해서는 여러 가지로 고찰할 수 있겠으나 여하간 사회적 상호관계에 변화가 일어났음은 틀림없다. 여러 사람이 있음으로 해서 통일성도 생긴다. 이 변화는 또한 구성 물질의 차원에서도 보여진다. 떡이 그리스도의 육신이 되고 술이 새 언약의 피로 된다.

제물사상도 역시 사회적 동력을 나타낸다. 그러나 이것들이 나타나는 것은 무력한 내적 요소의 차원에서가 아니라 살아 있는 존재의 차원에서이다. 화해의 제물이 사회적 긴장들을 극복한다. 속죄양이 미해결의 대

---

37) 바울의 성례전 사상에 대하여 개신교의 주석보다 가톨릭의 주석이——그 이유를 이해할 만하지만——덜 편견적이다. 참조. O. Kuss, *Paulus: Die Rolle des Apostels in der theologischen Entwicklung der Urkirche, Auslegung und Verkündigung* Ⅲ (Regensburg, 1971), 416: "그 음식은, 즉 먹고 마시는 것은 기적의 음식으로 권능에 차 있으며 이 구체적 삶의 어디에서나 효력이 있는 음식이다. 누구나 '값지게' 먹는 자는 구원을 받게 되는데 반대로 누구나 '값싸게' 먹는 자에게는 어김없이 찾아가는 파멸이 기다리고 있다."

립을 지고 가버린다. 어느 공동체든지 희생자를 내지 않고는 살아남을 수 없게 되어 있다. 인간의 단결은 저들의 공격이 어떤 공통된 외부적 물체에 집중될 때 비로소 강력해진다. "내 피로 세운 새 언약"(고전 11 : 25)도 다를 것이 없다. 모두의 죄가 하나로 옮겨간 것이다. 인간의 잠재적인 살해욕구도 다른 사람들을 대표하는 한 사람에게 실제화하는 것이다. 그리스도교의 제물 사상에서 새로운 것은 공동체에서 그 희생자를 쫓아내서 사막으로 보내는 것이 아니라 대신 세상의 주가 되고 세상의 궁극적 지배자로 인정받게 된다는 것이다.[38]

심판 사상의 중심에서는[39] 요소적, 혹은 유기적 은유를 찾을 수 없다. 오히려 사회적 은유가 있다. 제물이 된 자가 심판자가 되고 지배자가 된다. 여기서도 종말론적 심판을 기다리는 것이 무엇인지를 끝없이 생각해 볼 수 있지만 이 문제와는 별도로 새로운 사회관계에 적합한 봉사의 자세를 주입하는 것임을 쉽게 알 수 있다. 종말론적 형벌은 규범을 위반하는 것에 상응한다. 상징적으로 해석되고 변모된 사회적 세계에서는 형벌도 심화된 형태로 나타난다. 이미 일어난 죽음이나 질병까지도 이렇게 해석된 세계 속에 가산된다.

이러한 상이한 상(요소, 제물, 심판)들은 서로 억지로 떼어놓고 볼 수 없다. 이것들은 서로 중복하는데 경험적, 유기적, 또는 사회적 차원에서 나타나는 사회적 동력을 보여주고 있다. 물론 바울에게도 이것들은 단순한 형상 이상이었을 것이다. 그것들은 현실적인 것이었다. 우리는 바울이 주장하는 무게있는 성례주의를 너무 "원시적"이라고 비난하는 "언어학적인 문화 프로테스탄티즘"에서 벗어나지 않으면 안 된다. 여기에 어떤 원시적인 것이 작용하고 있다면 그것은 바울의 무게있는 성례주의라기보다는 공동체 내에서 각 개인의 지배욕구에 출구를 마련해 주고자 하는 보다더 무게있는 인간적 경향일 것이다. 성례전적 활동은 여러 가지로 볼 수 있겠지만 사회적 과정의 극적인 표현이라고 말할 수도 있다 : "우리가 나누는 먹이 어찌 그리스도의 몸에서 생기는 우의가 아니겠읍니까?"(*RSV*; 그리스도의 몸에 참여하는 것). 주의 만찬의 성례전적 행위

*315

---

38) 이것이 교회가 속죄양을 계속해서 찾는 것을 막지 못했다. 그러나 제물에 대한 초기 그리스도교의 사상에 "속죄양 의식"(Scapegoat Complex)을 극복하려는 노력이 내포되어 있었다는 가능성을 배제해서는 안 된다. 신약성서의 의미는 그것에서 파생되는 결과를 초월한다.
39) 이 개념은 E. Käsemann이 다음의 저서에서 특별히 탐구했다. "The Pauline Doctrine of the Lord's Supper," *Essays on New Testament Themes*, SBT 41 (London, 1964), 108~35.

는 사회적 통합의 상징적 실현인 것이다. 많은 사람들로부터 하나의 통
일체가 생겨난다. 인간 상호간의 긴장이 제물로 표현되었다가 극복된다.
형벌이라는 것도 도입된다. 이러한 사회적 동력은 뚜렷이 알 수 있는 행
동으로 표현된 것이다. 여기서 형제애가 세워지는 것이다.
 성례전적 통합의 사회사적 의의를 평가하는 것이 우리의 과업은 아니
다. 뮬만(Mühlmann)에 의하면 사회적 계층을 초극하는 연대감을 불러
일으키는데 있어서 그것은 하나의 중요한 요소이다. 그는 다음과 같이
말한다.

> 유럽에서는 중산계급이 고대 도시국가의 전통으로부터 그리스도교의 상호적
> 종교성과 결합하여 일어났는데 이것은 그 뿌리를 성례전적 공동체사상에 두고
> 있다. 그러한 사상은 가령 힌두교도들에게는 생소한 것이었는데 그 이유는 사회
> 적 계급이 다른 자와 형제적 사랑으로 식사를 같이 한다는 것은 협오스럽기 짝
> 이 없다고 생각되었기 때문이다. 간디처럼 진보된 사람도 식탁을 같이 나누거
> 나 결혼과 같은 사회제도에서 서로 어울릴 수 있는 자유로운 기회가 민주주의
> 정신을 발전시키는 데 절대적으로 불가결한 것은 아니라고 선언했다. 먹고 마
> 시는 데에는 아무런 사회적 의의가 없는 것으로 단지 물질적 문제에 지나지 않
> 는다고 했다. 그래서 간디는 서방 문화에서 계급과 의식으로 확정된 온갖 경
> 계를 초월하는 공동체 의식을 정착시키기 위한 주의 만찬이 지니는 역사적 의
> 의를 이해하지 못했음을 보여주고 있다. [40]

 이와같이 광범위한 논제가 정확한지 아닌지를 판단할 수는 없지만 그
것이 고린도 교회에 맞는 것은 사실이다. 계급 사이의 특성에서 생기는
사회적 대립에 직면하여 바울은 성만찬을 중심에 내세워 보다 큰 사회적
통합을 이룩하려고 한다. 비록 주의 만찬과 결합된 그 의미가 사회적 현
실성을 넘어 있다고 해도 그러한 현실 속에 기능상 근거하고 있는 것이
다. 그래서 성만찬은 신학적 자체이해와는 다른 빛에서 나타나는 것이
다. 그러나 이것은 물론 어디까지나 사회학적 관점에서 본 목적일 뿐이
다. 트뢸취가 다음과 같이 쓴 것은 정당하다 : "누구든지 사회학적 연구
를 하거나 사회학에 관계되는 문헌을 연구하는 사람은 모든 역사적 사물
과 역사적 삶에서 발생하는 객관적 문화적 가치에 대하여 하나의 새로운
태도를 얻게 될 것이다. 규범이나 가치의 설정에서는 물론, 모든 인과
율적인 이해가 새로운 빛 아래 놓여지는 것이다. [41] 이 새로운 관점은 무

---

40) W. E. Mühlmann, "Okzident und Orient," *Homo Creator*, 411.
41) E. Troeltsch, *Gesammelte Schriften*, Bd. Ⅳ, ed. H. Baron, *Aufsätze zur*

엇인가? 여러 가지 사회적 상황을 다루는, 우리에게 전해져온 본문을 다루는 데 새로운 것이라고는 없지만 사회학적 관점이 그러한 상황을 더 잘 이해하는데 도움을 주는 것만은 틀림없다. 그러나 최종적 분석을 하자면 당시 사람들이 직면했던 것이 단지 사회적 요인의 것만은 아니였다. 오히려 그들이 자신들의 목표를 추구하려는 과정에서 형성된 요인들이 제기하는 문제였던 것이다. 문학사회학은 육에 따른($κατὰ$ $σάρκα$) 주석일 뿐이다. 바울이 역겨워하는 것, 즉 고린도인들이 너무나 육의 인간이라는 것(고전 3·4), 그들이 육적($σαρκικοί$, 3:3)이라는 것이 바로 그들이 당연한 것으로 받아들인 출발점이었다. 그런데 사실상 그것이 또한 하나의 매우 인간적인 상황이었다.

초기 그리스도교 교회에 있었던 싸움과 종말론적 사랑의 공동체로 자신들을 이해하는 것 사이에는 뚜렷한 모순이 있다. 현실을 자체이해에 견준다는 것은 하나의 비현실적인 파오를 나타내는 것이다. 그렇지 않으면 누구나 초기 그리스도교의 급진적인 자기이해를 받아들이고는 그 관점에서 현실을 비판하게 될 것이다. 그러나 고린도 교회의 빈부 간의 대립이 사회구조 자체내에서 연유하는 것임을 알게 된 이상 어느 쪽으로 가든 우리는 보다 많은 조심을 하지 않을 수 없다. 내부에 사회적 계층을 가지고 있는 집단보다 사회적으로 동질적인 집단 내에서 사랑의 공동체를 보다 쉽게, 그리고 일관성 있게 이룩할 수 있음은 말할 나위도 없다. 모든 사회계층 속으로 형제애[42]가 침투해 들어가기를 바라는 사람은 누구나 계급에 따르는 상이한 자기이해, 기대감, 규범, 그리고 이해관계 같은 것을 합치는 데서 생기는 대립을 고려하지 않으면 안 된다 : 분파는 필요한 것($δεῖ$ $αἱρέσεις$ $εἶναι$)이라고 바울은 말하고 있다. 그러나 사회적 당위($δεῖ$)는 고린도전서 11장 19절에서 말하는 종말론적 당위와는 다른 질서를 갖고 있다. 그러므로 이 말의 사실적 현실성은 그것이 지니는 신학적 의도와 구별되어야 한다. 그렇지만 사실적 현실과 신학적 의도를 떼어낼 수는 없다. 이것들은 사회적 행동의 기능적 맥락에서 하나로 결합되어 있는 것이다.

*317

Geistesgeschichte und Religionssoziologie, (Tübingen, 1925), 705.
42) 참조. F. Bömer, *Sklaven*, 178~79 : "실제로 그리스도교만이 유일하게 종교적 영역에서 종교적 형제애라는 사상을 시종일관 주장해오고 있다. 이 사상의 선례를 고대의 정신세계에서는 찾을 수 없으나 유대교에서 유래한 것이다. 신약에는 이 사상이 이미 새로운 세계적 종교의 공동 소유가 되고 있는데 신약에서와 같이 일찌기 그리고 꾸준하게 모든 사람의 동등성과 형제애를 내세운 신앙단체는 고대에 없었다.

12

그리스도론과 사회적 경험
―― 바울 그리스도론의 지식사회학적 고찰 ――

우선 그리스도교에 대한 사회학적인 연구들은 종종 그 목적에 반해서 종교적인 신앙을 비종교적인 요인으로 환원시키려고 한다는 의혹에 빠진다. 이러한 의혹은 무엇보다도 지식사회학적인 연구들에서 고조된다.[1] 지식사회학적인 연구들은 종교적 신조(Überzeugung)들이 규정된 사회적 구조들의 맥락에서 비로소 납득되고 또 다양한 사회적인 구조들은 종교적인 신조들의 선택과 획득에 영향을 준다는 사실에 거점을 두고 있다. 지식사회학적 연구들은 종교적 신조들의 사회적인 "용인성의 구조" (Plausibilitätsstruktur) 또는 "용인성의 기초"(Plausibilitätsbasis),[2] 즉 하나의 신조를 명백한 것으로 나타나게 하는 모든 사회적인 조건들과 요인들을 연구한다. 동시에 종교적인 신조들이 사회적인 현실에 영향을 주는 것과 마찬가지로 종교에 영향을 주는 사회적인 조건들도 고찰

1) 신약성서에 대한 지식사회학적 연구의 원칙적인 문제에 대해서 참조; K. Berger: *Wissenssoziologie und Exegese des Neuen Testaments, Kairos* 19 (1977) 124~133 ; ders: Exegese des Neuen Testaments, *UTB* 658, Heidelberg 1977, 8. Kap. Soziologische Fragen, 218~241. 환원설의 문제에 대해서 L.L. Schücking에서부터 적절한 논거(Datum)가 발견된다. 즉 "아리스토텔레스가 생각하듯 진흙이 뱀장어를 산출하지 않는다. 그러나 진흙 없는 곳에 뱀장어도 없다는 견해는 진리에 훨씬 더 접근한다"(ebd. S. 218).
2) "용인성의 구조"라는 개념은 P. Berger: *Auf den Spuren der Angel, Frankfurt* 1970(engl. 1969), 57ff에서 유래한다. 다음에 "용인성의 기초"라는 개념이 선택된다면, 종교적 표상의 용인은 아마 그 표상의 내적인 구조에만 의존하지 않고 비종교적인 사실에 의해 제한된다는 사실을 분명히 하기 위함이다. P. Berger가 사용하고 있는 "용인성의 구조"라는 용어는 바로 그것을 의미한다. "용인성의 기초"라는 개념과 환원설이 결합되지 않는다. 사실은 특별히 강조될 필요가 없을 것이다. 즉, 집의 기초는 집의 원인은 아니다. 그리고 "용인성"이라는 말은 진리와 동일하지 않다.

한다. 왜냐하면 정적인 사회란 전혀 없기 때문이다. 모든 사회는 변화한다. 그리고 모든 사회 속에는 변화하는 과정이 발생한다. 이제 종교적인 표상이 사회적인 변화 속에서 그 "용인성의 기초"를 갖는다면, 어디까지 종교적인 표상들이 이러한 변화의 표현, 혹은 추진기인지, 어느 정도 전자가 후자에 의해 제약되는지, 그리고 어느 정도 전자가 후자에 영향을 주는지 아무도 정확히 저울질할 수는 없다. 단지 확정지을 수 있는 것은 종교와 사회와의 상호작용——이것은 대개 모든 시도들이 경시하고 있다——은 하나의 특정한 면을 사회적이고 종교적인 사건의 제일원인으로 "지칭하는" 일이다.

스스로 변화하는 사회는 다양한 미시사회학적 또는 거시사회학적 사각에서 다음과 같이 고찰될 수 있다.

1. 역할 분석은 종교적 신조를 소지한 사람들에 대한 행동의 양태와 지위, 그리고 역할과 신조 사이의 상호작용에 대해서 질문한다. 이러한 고찰의 지평 위에서 거론되는 지식사회학적인 논제의 실예로 "인자 그리스도론"(Menschensohnchristologie)을 들 수 있다. 그 "삶의 자리"는 거처가 없이 떠돌아다니는 카리스마를 지닌 방랑자들에게 근거하고 있다. 즉 인자는 사회의 규범들에 대하여 우월한 위치에 서 있었지만 동시에 그 규범들로부터 "배척받게" 되었다.[3]

2. 그룹 분석과 제도 분석은 포괄적인 사회의 통일성을 연구한다. 그 분석은 광대한 사회의 통일성을 역할과 지위의 그물망(Netzwerk)으로서 분석하며 다른 그룹과 제도와 맺고 있는 그의 관계를 규정한다. 여기에도 종종 사회의 운동, 공동체 그리고 교회와 그의 종교적인 신조 사이에 하나의 일치점을 발견할 수 있다. 이러한 지평 위에서 지식사회학적인 연구를 시도한 책으로는 엘리오트(J.H. Elliotts)의 베드로 전서에 대한 사회학적 주석이다. 즉 고대의 "가문들"의 구조와 기능은 베드로전서의 신학을 위한 용인성의 기초가 된다.[4]

3. 사회 분석은 사회제도 전체를 포괄한다. 즉 사회의 성층(成層), 사회의 충돌 가능성, 사회의 유동성의 기회, 그리고 합법성의 문제를 포괄한다. 사람들은 사회 전체에 퍼져 있는 종교적인 운동이 사회전체를 고찰하는 데 용인성의 기초를 이룬다고 추측해도 좋다. 고대 그리스도교도

---

3) 필자의 책: *Soziologie der Jesusbewegung*, TEH 194, München 1977, 26 ff에서 이 주제를 스케치했다.

4) J.H. Elliott: *A Home for the Homeless. A Sociological Exegesis of 1 Peter. Its Situation and Strategy*, Philadelphia 1981.

역시 사회전체적으로 의미심장한 이러한 운동에 속한다.

이로써 우리는 원시 그리스도교에 대한 사회학의 흥미있는 문제에 가까이 다가선 셈이다. 즉 원시 그리스도교의 신앙은 어느 정도 고대 사회 전체를 고찰하는 데 용인성의 기초를 제공하고 있는가? 이제부터 우리는 바울의 그리스도론에 접근하여 사회 전체의 변화과정과 원시 그리스도교 신앙 사이에는 상호 관계가 있다는 것을 심사숙고하여 보여주고자 한다. 이것과 함께 정적인 사회구조와 종교적인 내용 사이의 상호 관계가 아니라 사회의 변화와 신앙행동 사이의 관련이 문제되기 때문에 필자의 생각으로는 사회학적 "환원주의"의 문제는 처음부터 도외시된다. 왜냐하면 인간 의식 속에 있는 사회 변화의 표현은 이러한 변화에도 항상 반응하기 때문이다.——그리고 그것은 사회의 과정이 강화되고 요청되는 방식에서만 그렇게 될 것이다.

연구의 대상은 바울의 그리스도론이다. 더 자세히 말하면 두 가지 그리스도론의 상이다. 한 편에서는 바울이 그리스도를 기꺼이 노예의 지위를 떠맡았던 주인으로서 표현하며, 또 한 편으로는 모든 그리스도인들이 참여하는 "신비적인 몸"으로 표현한다. 우리는 이 두 가지 그리스도론을 지위 그리스도론(Positionschristologie)과 참여 그리스도론(Partizipationschristologie)이라 부른다.[5]

지위 그리스도론은 그리스도 사건을 사회의 철저한 지위 전환의 유비에 따라 해석한다. 지위 그리스도론은 "사회 형태의 형상"과 관계한다. 그리스도는 노예이면서 주인이고, 피고인이면서 재판관이며, 적으로서 간주된 인물이면서 화해자이다. 그리스도는 자신을 계급적으로 상호 종속시키게 하는 보충적인 역할을 차례차례로 떠맡는다. 주인은 노예 "이상"이다. 재판관은 피고자에 대해 우월한 위치에 있다. 화해자는 (대개) 우월자이다. 삶 속에서 불가능한 것——동일한 상대의 인간에 관하여 인간이 양자의 역할을 떠맡는 것——이 그리스도의 형상 속에서는 현실적인 사건으로서 설명된다. 즉 노예는 주인이 되고, 피고인은 세계 심판관이 되며, 사람들에 의하여 적이 된 자는 화해자가 된다.

그에 반해 참여 그리스도론은 "신체 형태"(physiomorphe)의 은유와 관계한다. 우리는 여기에서 몸의 상(像), 즉 고대에서 널리 퍼졌던 사회

---

5) 그리스도론적 상을 두 개의 그룹으로 구별하는 것, 즉 여기에서 지위 그리스도론과 참여 그리스도론이라고 부른 것을 필자는 다음의 책에서 더 상세히 기초를 두었다 : *Soteriologische Symbolik in den paulinischen Schriften. Ein strukturalistischer Beitrag, KuD* 20 (1974) 282~304.

의 통합을 위한 은유, 특히 국가를 위한 은유에 제한한다. 이 형상은 은유라기보다는 공동체의 의식 속에 존재한다. 왜냐하면 공동체는 어떤 "몸"이 아니라 그리스도의 몸이며, 그리스도의 몸은 부활자로서 기적적인 방식으로 공동체 속에 현재하기 때문이다. 성례전 의식은 이러한 몸의 마디를 나눈다 : 우리는 "유대사람이든 헬라사람이든, 종이든 자유인이든, 한 성령으로 세례를 받아 한 몸이 되었읍니다"(고전 12 : 13). 성만찬은 하나의 빵을 떼는 식사를 통하여 결합시킨다 : "떡이 하나이므로 우리가 여럿일지라도 한 몸입니다"(고전 10 : 17). 이러한 그리스도론의 상은 역시 삶의 저편을 붙잡는다. 확실히 도처에서 통합과정이 발생한다. 그러나 아무도 하나의 다른 인간에게 광대한 유기체의 지체처럼 그렇게 지속적으로 결합될 수는 없다.

지위 그리스도론과 참여 그리스도론의 상들이 사회의 현실을 초월할지라도, 그것들은 아주 제약된 사회의 상황 속에서 납득되었다. 그 형상들이 고대 사회 속에서 어떤 용인성의 기초를 갖는가?

A. 지위 그리스도론과 그 용인성의 기초

하나님의 아들이 후에 권능의 주인으로 오르기 위해 노예로 몸을 낮추게 된다면 그것은 무의식적으로 사회의 유동성의 과정, 즉 상승운동과 하강운동(Auf- und Abwärtsbewegung)을 상기시킨다. 상승운동과 하강운동은 물론 원시 그리스도교 신앙의 상징적인 세계 속에 있을 뿐 아니라——그렇게 극단의 형식은 아니지만——사회 속에서도 있다. 비 *321 록 사회의 현실과 종교적 상징과의 관계가 "일치"라는 개념으로는 단지 불충분하게 표현된다 할지라도, 현실적인 상승과 하강의 과정은 높여지고 몸을 낮추신 주인에 대한 신앙을 위한 용인성의 기초를 제공하고 있다는 생각이 분명하다.

황제시대의 로마권 속에서 우리는 사회의 유동성에 관하여 일반적인 것을 알고 있는가?[6] 우선 현대 사회의 유동성의 경험을 고대로 소급

---

6) 참조. G. Alföldy : *Römische Sozialgeschichte*, Wiesbaden ²1979, 83~138, bes. 133ff ; H.W. Pleket : *Sociale Stratifie en Sociale Mobiliteit in de Romeinse Keizertijd, Tijdschrift voor Geschiedenis* 84(1971) 215—251 ; H. Castritius: Die Gesellschaftsordnung der römischen *Kaiserzeit und das Problem der sozialen Mobilität, Mitteilungen der TU Braunschweig* 8. (1973) 38~45 ; K. Hopkins : Elite Mobility in the Roman Empire, in : M.I. Finley (ed.), *Studies in Ancient Society*, London 1974, 103~120.

하여 투사하는 일을 우리는 경계해야 한다. 상승의 가능성은 제한되어 있었다. 더구나 그 가능성은 다른 시대보다 더 컸다. 즉 사회의 유동성은 도시에 묶여 있었다. 헬레니즘과 로마권에서는 중세 도시국가 문명의 번영과 함께 오름의 과정을 위한 기회도 증가되었을 것이다.

이러한 상승은 더 많은 세대가 지나서 사라졌다. 즉 노예는 해방될 수 있었다. 노예는 자유인으로서 여전히 하나의 결점을 가지고 있었다. 그러나 그의 아들은 이미 도시의 10인 조장(組長)의 귀족으로 진급할 수 있었다. 상승의 서열에서 가족역사가 검열받은 실례로는 뷔텔리어(Vitellier) 일가를 들 수 있다. 뷔텔리어 일가는 수에톤(Sueton) 이후로 자유인의 혈통을 이었다. 수에톤은 구두장이였다(Suet. vti. 2, 1ff). 그의 아들은 재산을 장만했다. 재판을 근거로 하여 그 자손은 기사계급으로 가입되었다. 증손은 원로원의 의원(Senatoren)이었다——그들 중에 하나는 시리아의 총독으로서 유대와 사마리아의 지방장관인 본디오 빌라도(Pontius Pilatus)를 관직에서 파면시켰다. 더우기 그의 아들은 짧은 기간 동안 황제로 있었다(69n. Chr.). 확실히 번쩍하는 출세도 있었다. 그러나 그것은 예외였다. 페르티낙스(Pertinax)는 해방된 노예의 아들로서 기사, 원로원 그리고 나중에 황제가 되었다——그는 기원 후 193년 코모두스(Commodus)의 후계자로서 석 달 동안 통치했다.

이와 같이 제한된 오름의 기회는 있었다. 그것이 종종 어떻게 현실화되었는가는 그렇게 중요한 것이 아니다. 결정적인 것은 인간의 기대가 그것으로 인해 각인될 수 있었다는 것이며, 각자는 자기의 삶 속에서 "위를 향해"(nach oben) 한 발자국 내딛을 수 있었다는 점이다. 황제 시대에 도시에는 대부분의 노예들에게 거의 적용되는 규칙이 있었다. 즉, 그들이 자유로운 몸이 되기 위해서는 대략 30년이——그러나 더러는 30년까지 걸리지 않는 경우도 있었다——걸려야 했다.

상승의 기회가 있다는 사실이 결정적인 것은 아니다. 결정적인 것은 오름의 역동성이다. 확실히 개인적인 수완이 보다 중요한 요소였다. 그러나 주인에 대한 충성은 현대 사회보다 훨씬 중요했다. 그것이 주인의 오름에 동참했든, 주인으로부터 요구받았든, 보다 신분 높은 새로운 주인을 받들었든간에 사람들은 자신의 상승을 주인에게 감사해야 했다. 상승은 개인적인 그리고 개인적으로 관련된 충성에 대한 댓가였다. 그러므로 비록 사회적 유동성의 역동성이 "상승의 충성"으로서만 설명되지 않을지라도, 사람들은 그것을 "상승의 충성"(Aufstiegsloyalität)이라 말할 수 있을 것이다. 필자의 생각으로는 이러한 상승의 충성이 원

시 그리스도교의 그리스도론을 이해하기 위하여 결정적이기 때문에, 그
것은 몇 가지 예를 들어 증명해야 할 것이다.

1. 노예가 자신의 신분에 머물러 있다면 스스로 사회적으로 상승할
수 있다.[7] 그의 지위는 주인의 지위에 달려 있다. 노예가 보다 나은 지
위에 있는 주인에게 팔리면 그만큼 그의 지위는 개선된다. 황제의 노예
로서, 다시 말하면 유명한 카이사르(Caesars) 집안의 成員이 된 노예는
지위와 세력에 있어서 그의 전 주인조차도 능가할 수 있었다. 전 주인
에파프로디토스(Epaphroditos)의 노예에 대한 에픽테투스(Epiktet)의
다음과 같은 이야기가 있다.

"에파프로디토스는 무능력한 한 구두장이를 소유하고 있었다. 그래서 그는
구두장이를 노예로 팔았다. 이 사람은 지위높은 황제의 관리와 기묘한 연결을
통하여 팔렸기 때문에 황제의 구두장이가 되었다. 그렇다면 에파프로디토스가
어떻게 그의 환심을 사려고 했는지 당신은 보고 싶겠지! "뛰어난 페리시오
(Felicio) 잘 지내고 있나?" "나는 너를 사랑한다." 그 다음에 어떤 사람이 "주
인(에파프로디토스)은 뭘 하지?"라고 우리에게 묻는다면 "그는 페리시오와 상
의하고 있소!"라고 했다――물론이다. 그러나――그는 페리시오를 쓸모없다
고 팔지 않았는가? 누가 그를 그렇게 갑자기 정신차리게 했는가?"(Epikt diss,
Ⅰ, 19, 19~22).

2. 사회적인 상승의 유동성 중에 가장 널리 퍼졌던 현상 가운데 하나
는 노예의 해방이었다.[8] 대개 도시에 있는 노예들은 노예의 해방에 희
망을 걸어도 좋았다. 대부분의 경우에 35세 이전에 얻은 해방은 보다
완전한 자유와 동일한 의미를 갖는 것은 아니었다. 오히려 해방된 노예
는 그 후 자기가 관계하는 귀족과 의존관계하에 있어야 했다. 즉 귀족
은 정해진 행위의 의무를 해방노예에게 지게 했다. 그리고 노예의 크리
엔텔(Klientel; 역주: 로마 귀족과 그의 피보호자와의 관계)을 증가시
켰다. 그러므로 해방은 처음부터 주인의 이해관계 속에 있었다. 즉 충

---

7) P.R. V. Weaver : Social Mobility in the Early Roman Empire : The Evidence of the Imperial Freedmen and Slaves, in : M.I. Finley(ed.), *Studies in Ancient Society*, London 1974, 121~140. 황제의 노예 중에 다시 분명한 계급이 있었다. 통솔하는 일은 당연히 우두머리가 맡았다.

8) 참조. G. Alföldy : *Die Freilassung von Sklaven und die Struktur der Sklaverei in der römischen Kaiserzeit, Rivista Storica dell' Antichità* 2(1972) 97~128=H. Schneider (ed.), *Sozial- und Wirtschaftsgeschichte der römischen Kaiserzeit*, WdF 552, Darmstadt 1981, 336~371.

성된 행동으로 해방받으려는 열망은 노예의 마음에 동기를 부여했다. 주인들은 해방된 자유인(libertus)이 하는 일과 그 지지로 이익을 얻고 있었다. 그러므로 사람들은 다음과 같이 말할 수 있다. 즉 이러한 체계는 "해방 없는 노예상태로서, 노획품의 정제된 형식에 불과하였다"고.[9] 그러나 그 체계는 다음과 같은 효과가 있었다. 즉 그것은 노예를 주인에게 결속시켰고 권리를 박탈당한 노예들에게 모든 희망을 빼앗지는 않았기 때문에 가능의 여지를 내포하고 있는 사회의 갈등을 제거했다. 네로 시대 때에 사람들은 원로원에서 귀족에 대한 자유인의 의무를 처벌 규정의 위협을 통해서 강화시키지 말아야 할지 어떨지를 논의했다.

한 편은 다음과 같이 논증했다.

"그것은 해방인을 위해서 심하고 무리한 요구는 아닐 것입니다. 해방인으로 하여금 한결같이 복종하게 함으로 자유를 소유하게 하며 자유를 획득하게 했읍니다. 이와 반대로 공공연한 악인에게는 두려움을 줌으로써 노예의 신분으로 되돌려야 했읍니다. 그것은 그가 선행을 지속시킬 수 있는 분수를 지키도록 하기 위함 입니다"(Tac ann XIII, 26, 3).

반대 편은 해방된 노예를 다시 노예의 신분으로 재전환시키는 것을 경고했다. 그리고 해방의 사회전체적인 중요성을 논증했다.

"해방인의 신분은 널리 퍼져 있기 때문입니다. 원칙상 호민관(Tribus), 10人組(Dekurie), 최하부의 행정 사환, 그리고 사제, 로마의 보병대 역시 해방인으로 구성되었읍니다. 그리고 대부분의 기사계급과 매우 많은 원로원들은 해방인의 혈통과는 다른 출신이었읍니다. 만일 해방인을 도태시킨다면, 자유인(Freigeboren)의 손실은 분명히 나타날 것입니다"(Tac ann XIII, 27, 1).

뒤에 인용된 견해를 관철시켰던 이 논쟁은 다음과 같은 것을 보여준다. 즉 더 중요한 요소는 그 세대에 편만한 유동성이었다. 여기에서도 자유인은 그의 주인이 높은 지위를 점유하면 큰 이익을 얻었다. 즉 로마 시민으로부터 해방된 자유인인 그는 원칙상 로마의 시민권을 얻었고, 페레그린(Peregrine)의 자유인인 그는 역시 언제까지나 "이방인"(peregrinus)이었다.

3. 자유로운 시민도 보다 더 세력있는 자에 대한 충성을 통해서 자신

---

9) 참조. G. Alföldy, *Römische Sozialgeschichte* (s.o. Anm, 6), 125.

의 지위를 개선할 수 있었다. 즉 그는 저명한 귀족의 피보호자가 될 수 있었다. 양편이 상대방의 종에게 무슨 의무를 부과하든지. 그러므로 젊은 플리니우스(Plinius)는 그의 세 피보호자들을 위해서 트라얀(Trajan)에게 다음과 같이 완전한 시민권을 요구했다.

"주인이시여, 발레리우스 파울리누스(Valerius Paulinus)는 나에게 그의 아들 파울리누스의 범죄 중에 라틴인의 권리를 갖고 있는 자신의 해방인들에 대해서 비호하는 귀족임을 유증했읍니다. 그래서 나는 당신에게 우선 그들 중 세 사람에게 완전한 시민권을 주시기를 간청합니다. 나는 모든 사람들이 동시에 당신의 은총을 간청하는 불손함이 있을까 염려스럽습니다. 내가 더욱더 풍성한 당신의 은총을 경험하면 할수록 더욱더 신중하게 내가 요청해야만 할 것입니다. 제가 간청하는 사람들의 이름은 다음과 같습니다. 발레리우스 아스트레우스(C. Valerius Astraeus), 발레리우스 디오니시우스(C. Valerius Dionysius) 그리고 발레리우스 아페르(C. Valerius Aper)."(Plin. d.J. ep. X, 104)

4. 마지막으로 군인 계급은 보다더 중요한 유동성의 요소라 부를 수 있다.[10] 한 관구장이 그의 제대와 함께 25년간의 복무기간으로 로마의 시민권을 얻을 수 있었다. 단순한 병사들은 백부장(Centurion)이 될 수 있었고, 신중히 고려된 백부장의 고위계급에서 프리미필루스(Primipilus)에 이르기까지 진급할 수 있었으며, 이러한 방식으로 기사 계급의 지위에 도달할 수 있었다. 확실히 이러한 가능성은 제한되었다. 즉 2백년 사이에 대략 2천명의 백부장이 있었으니! 그러나 단순한 병사들은 사회적으로 자신의 군인복무를 통하여 다음과 같이 진전할 수 있었다. 노병으로서 그들은 얼마 안 되는 특권의 이익을 얻었고, 보수로서 돈 혹은 땅을 받았다. 그러므로 사람들은 다음과 같이 말할 수 있다. "만일 시민이 군대, 혹은 다른 '시민의 부대'(Bürgertruppe)를 위해 징집된다면, 그는 지위를 개선시킬 수 있는 아주 좋은 기회, 또는 대체로 유일한 기회를 얻었다고."

주인, 귀족 그리고 (군의 총사령관인) 황제에 대한 충성은 의심할 바 없이 로마—헬레니즘의 사회에서 보다 중요한 유동성의 요소였다.

---

10) 참조. B. Dobson : The Centurionate and Social Mobility during the Principate, in : *Recherches sur les structures sociales dans l'antiquité classique*, Paris 1970, 99~116 ; ders, : The Significance of the Centurion and 'Primipilaris' in the Roman Army and Administration, *ANRW* II, 1, Berlin 1974, 392~434.

평범한 사람들은 항상 다시 자신과 타인에게서 다음과 같은 사실을 경험했다. 즉 개인을 위한 진전의 기회는 좋은 주인을 만나거나 더 좋은 주인을 얻을 경우에만 주어졌다. 상승은 충성에 대한 댓가였다. 이러한 충성은 상관에 기초를 두었다. 즉 부유하고 권세있는 자는 그에게 종속된 사람들과 일반인을 위해 보호할 의무를 지녔다. 놀라운 "설립자의 정신"(Stiftermentalität)이 얼마 안 되는 공공연한 수입에도 불구하고 도시의 임무를 성취시키는 일을 도시공동체에게 가능하게 했다.

사회 현실의 구조는 종교에서 종종 상징적인 상승의 형식으로 반복된다. 현실 속에서는 단지 부가적인 방식으로 전개되고 많은 제한이 깔려 있는 것이, 상징적으로 의미부여된 종교의 "세계" 속에서는 훨씬 더 방해받지 않고 전개될 수 있다. 현실적으로 부딪치는 사회적 상승의 충성은 무의식적으로 종교적인 체험과 사고의 근본구조를 형성한다. 그리스도인이 된 자는 다른 모든 주인들보다 그 이상인 새로운 주인을 얻었다. 이전에 그는 죄의 노예였다. 이제 그는 가장 권세있는 주인의 노예이다(로마 5 : 12). 이전에 그는 세계의 힘에 복종했다. 이제 그는 성숙한 "아들"이다(갈라 4 : 1~6). 이전에 그는 인간의 노예였다. 이제 그는 값비싸게 산 "그리스도의 해방인"이다(고전 7 : 21ff.). 현실적인 상승의 유동성에서부터 유래한 종교적 신앙의 은유들은 사회와 종교 사이에 실질적인 관련을 암시한다. 즉 사회적 상승의 충성은 높여진 주인에 대한 신앙의 용인성의 기초였다. 이와 동시에 종교적 상징은 네 가지 경향에서 보이는 바 현실 저편을 붙잡았다.

*325 높여진 주인에 대한 신앙은 모든 사람들을 위해 상승의 충성을 제공하였다.──사회에서 현존하는 지위에 관계없이 그리스도 안에는 "유대사람이나 헬라사람이나, 종이나 자유인이나 남자나 여자의 차별이" 없다(갈라 3 : 28). 그리스도와의 연결은 가장 낮은 자에게조차 하나의 기회를 주었다. 왜냐하면 그리스도 사건은 모든 경험에 뛰어난 상승의 과정을 나타내기 때문이다. 즉 법정에 소환된 자가 세계의 지배자로 되었고, 심판받은 자가 신적인 심판자가 되었으며, 속죄양이 대제사장이 되었다!

사회와 종교 사이의 두 번째 구별은 지위의 가치를 개인적인 수완과 관계시킨다. 고대에서 개인적인 성과는 근대에서(또는 근대의 의식에서)처럼 그렇게 지배적인 역할을 하지 않는다. 그러나 개인적인 수완 없이는 전혀 상승의 기회가 없었고, 개인적인 충성이 의심스러운 경우에도 진폭이 있었을 것이다. 이러한 상황 속에서 바울의 認義의 사신은 표현된다. 바울의 사신은 철저하다. 즉 도대체 업적과 행위가 하느님 앞에

12. 그리스도론과 사회적 경험   *403*

서의 지위를 결정짓는 것이 아니라, 오직 믿음으로만(allein die $\pi\iota\sigma\tau\iota\varsigma$), 다시 말해서 현재의 모든 주인을 능가하는 십자가에 달리신 주인에 대한 충성만이 결정짓는다.

신앙의 세 번째 특징은 "지위의 불일치"¹²⁾(Statusdissonanz)의 철저화이다. 지위의 불일치는 유동성의 과정의 결과이다. 즉 동일한 인간이 여러 가지 점에서 다양하고 높은 계단을 오를 수 있다. 다시 말해서 펠리시오는 자기의 전 주인 에파프로디토스보다 낮은 황제의 노예로서 있었고, 황제의 노예로서 그리고 유명한 카이사르의 집안의 성원으로서 그는 전 주인을 능가했다. 고대는 현대 사회보다 훨씬 이미 주어진 혈통과 신분의 한계에 고착되어 있었으나 동시에 그 세대에 편만한 유동성을 허용했기 때문에, 모든 사람들은 대체로 어떤 점에서 "지위의 불일치"에 빠졌다. 현실적으로 부딪치는 이러한 지위의 불일치는 다음과 같은 신앙을 위한 용인성의 기초이다. 즉 그리스도는 하느님과 세계 앞에서 정반대로 대립하여 설정된 지위를 가지고 있다. 다시 말해서 하느님의 독생자는 세계 속에서 굴욕적인 십자가의 죽임을 당한 "노예"였다(빌립 2:6ff.). 하느님의 독생자는 가능한 한 자기 자신과 큰 지위의 불일치를 만들었다. 마지막으로 원시 그리스도교 신앙의 최후의 특색을 지시할 것이다. 현실적인 상승의 기회는 그 세대에 편만해 있었다. 삶의 긴장 속에서 모든 사람은 적어도 다음과 같이 보조를 맞추기를 희망할 수 있었다. 자유인은 경제적으로 상승할 수 있었고 아우구스투스 단체의 일원이 될 수 있었다. 페레그린인(혹은 라틴인)은 로마의 시민권을 얻을 수 있었다.¹³⁾ 그러나 원시 그리스도교의 신앙은 한 번의 조치로 모든 것을 선물하는 상승의 충성을 제공하였다. 즉 세례와 함께 그리스도인은 "하느님의 아들"이었으며 해방인이면서 그리스도의 병사이며, 하늘나라의 시민이었다.

*326

---

11) F. Vittinghoff : *Soziale Struktur und politische System der hohen römischen Kaiserzeit* HZ 230 (1980) 30〜55, dort S. 38.

12) "지위의 불일치"라는 개념에 대해서 P.R.C. Weaver, *Social Mobility* (s.o. Anm. 7), 122, 125, 129f. W.A. Meeks : *The First Urban Christians. The Social World of the Apostle Paul*, New Haven 1983, bes. 70ff. 참조. 헬라의 그리스도교적 공동체에서는 "지위의 불일치"를 지닌 많은 사람들이 발견되며, 이것은 저자가 상승의 유동성이라는 기호로서 의미하는 바라고 추측하는 것은 정당하다(S.73).

13) 점진적인 상승의 유동성에 대해서 : F. Vittinghoff, *Soziale Struktur*(s.o. Anm. 11), 52 그리고 G. Alföldy, *Römische Sozialgeschichte*(s.o. Anm. 6), 134f.

우리는 다음과 같이 요약한다. 로마—헬레니즘의 사회에서 현실적인 상승의 과정은 바울의 지위 그리스도론을 위한 용인성의 기초이다. 높여진 주인에 대한 신앙은 모든 사람을 위해 상승의 충성을 제공한다. 그 신앙은 충성만을 요구할 뿐, 업적과 행위를 요구하지 않는다. 그 신앙은 철저한 지위의 불일치로 이끈다. 즉 세계와 하나님 앞에서 그리스도인의 지위는 서로 정반대로 대립하여 설정될 수 있다. 그 신앙이 다른 경우에는 그 세대에 편만한 과정에 불가능한 결과를 행동 속에 선사한다.

B. 참여 그리스도론과 그 용인성의 기초

다음의 연구는 참여 그리스도론의 은유, 즉 몸과 몸의 지체들에 대한 형상에 국한된다. 이 형상은 고대에서 널리 퍼져 있던 정치공동체에 대한 상이다.[14] 그 상은 우선 도시국가가 내적인 분열로 인해 위협받고 있는 상황 속에서 사회적 단결을 위한 권면에서 발생했다(Menenius Agrippa Liv의 우화, Ⅱ, 32).[15] 그 형상은 그 후 헬라 시대에는 그 범위를 넓힐 수 있었다. 많은 민족들과 그들의 문화가 혼합되어 있는 헬레니즘 국가들은 세계주의(Kosmopolitismus)에 실질적인 기반을 제공했다. 모든 인간은 그들이 어떤 국가나 민족에 속해 있든, 우주적인 공동체의 지체로서 간주될 수 있었다. 우리의 흥미를 끄는 로마—헬라 시대의 스토아 철학에서 이러한 의미로서 몸의 은유를 사용한 예를 볼 수 있다. 이 철학은 제국을 지배하는 엘리트 계층을 사로잡았던 철학이다. 우리가 우주적인 몸과 지체의 형상을 발견할 수 있는 작가들 중에는 이러한 지배 계급의 엘리트에 스스로 속하고 있는 사람들도 있었다.[16]

시세로(Cicero)가 바로 이에 해당된다. 그는 기사 계급에서부터 원로원으로 오르는 일에 성공하였다. 그에게 있어서 자기 국가의 시민뿐만 아니라 모든 인간은 전 인류를 포함하는 몸에 속한다(de. off, Ⅲ, 19~20 ; fin Ⅲ, 19, 64). 세네카는 시세로와 동일한 지위였다. 그도

---

14) 개관을 주는 책 : H. Schlier : *Art. Corpus Christi*, RAC Ⅲ (1957) 437~ 453 ; E. Schweizer : Art. σῶμα, *ThW* Ⅶ (1964) 1024~1091.
15) W. Nestle : *Die Fabel des Menenius Agrippa*, Klio 21. (1927) 350~360.
16) 가장 중요한 텍스트(A. Wikenhausen. : *Die Kirche als mystischer Leib Christi nach dem Apostel Paulus*, Münster 1940, 130~143)가 편집되고 번역되어 있다.

12. 그리스도론과 사회적 경험   405

기사 계급에서부터 원로원의 신분으로 올랐다. 기원후 54년 이후에 그는 로마권에서 가장 강력한 인물인 부루스(Burrus)와 협력하고 있었다. 그는 여러 번 감동적인 말로 모든 인간의 밀접한 결합을 선언한다. "개체마다 전체의 부양에 의존하고 있기 때문에, 모든 지체 사이에 동정(Mitgefühl)이 일어나듯이, 우리는 사회를 위해 태어났기 때문에 인간은 모든 개체마다 보살펴야 하는 것입니다"(de ira II, 31, 7). 모든 사람들은 "거대한 신체의 지체들"입니다(Sen, ep. 95, 51f 92, 30 참조). 마르크 아우렐(Mark Aurel)은 황제였다. 그는 몸의 은유에서 우리 모두는 공동작업으로 규정되어 있다는 생각을 추론했다(II, I, 3). 황제에게 있어서 모든 인간이 사랑의 지체로서 공속(共屬)한다는 것은 인간을 사랑하는 일이다(VII, 13). 여기 저기에서 몸과 지체의 형상을 우주적인 의미로 사용하고 있는 해방인 에픽테투스만은(diss, II, 5, 24ff 10, 3f 참조) 제국의 상층부에 속하지 않았다. 게다가 우리는 그의 문하생 아리안(Arrian)——그는 후에 원로원까지 올랐던 관리이면서 장군이다——에게 에픽테투스의 이야기를 우리에게 전해준 것에 감사한다. 그의 가르침은——대개 스토아 철학처럼——로마권을 지배하는 엘리트 계급에서 공감을 느꼈다.

스토아 철학의 세계주의적 몸의 은유 사용은 필자의 생각으로는 로마—헬라 사회에서 명백히 인식할 수 있는 용인성의 기초를 갖고 있다. 로마제국은 동질적인 사회가 아니라 보다 이전에 통일된 정치적인 탁월한 구조가 밀어 붙인 다양한 "사회"의 통합이었다.[17] 황제시대는 지방 귀족을 점점더 제국의 상층부에 통합시키거나 상층부에 밀접히 결속시키는 일을 성공시키는 것으로 특징지어진다. 동시에 황제는 다음과 같은 결정적인 역할을 했다. 즉 그는 특권을 부여하여 도시 귀족의 결정적인 사람들 또는 소수의 크리엔텔의 군주〔헤롯 왕가처럼〕들은 개인적인 충성을 하게 함으로 자신에게 결속시켰다. 인류의 세계주의적인 "몸"의 스토아적 형상은 10인 조장, 기사계급과 원로원의 상층부에 그 "삶의 자리"를 갖는다. 사람들은 상층부에서 백성과 문화들의 한계를 넘어서는, 황제에 의해 강요된 세계주의적인 통합과정을 경험한다.[18]

17) F. Vittinghoff, *Soziale Struktur* (s.o. Anm. 11.), 30 : "세계 제국에는 이 교문화의 통일성으로서 광대하게 많은 그리고 서로 다른 기초를 가진 사회가 존재했기 때문이다." 그리고 "로마 사회는 외국에서 볼 때 마치 거대한 구조 같았다.

18) 상층부의 상대적인 통합은 G. Alföldy : *Die römische Gesellschaft— Struktur und Eigenart*, Gymnasium 83 (1976) 1~25에 의해 강조된다.

*328 〔세계주의적〕 정치적인 몸의 은유 사용과 황제에 의한 엘리트 지배계급의 통합 사이의 이러한 관련성은 본문에서 다음과 같이 직접 말해진다. 즉 황제는 국가의 머리와 집결의 보증인이 된다. 그러므로 세네카 네로(Seneca Nero)는 다음과 같이 연설한다.

"당신의 정신적인 자비가 나라의 모든 신체〔제국의 신체〕에 점차로 이야기 되고 퍼져나가고 있으며, 많은 것이 당신을 닮음으로 형성됩니다. 좋은 건강의 상태는 머리(우두머리)에서부터 생겨납니다"(Sen clem Ⅱ, 2, 1).

다른 장소에서 그는 동일한 수취인에게 재치있게 다음과 같이 말한다. 네 영혼은 너희 국가요, 그것들은 네 몸이다(clem Ⅰ, 5, 1). 황제와 로마국가들에 비교할 수 있는 진술들은 타키투스(Tacitus, ann Ⅰ, 12, 3과 13, 4), 쿠르티우스(Curtius, hist Ⅹ, 9, 1ff)와 플루타르크(Plutarch, Galba 4)에 의해서 발견된다. 황제는 결정적인 통합의 요소이다. 왜냐하면 "통합의 머리가 없다면 지체〔영토를 의미한다〕는 투쟁으로 인해 분열되고 말 것이기 때문이다."

〔세계주의적〕 정치적인 몸의 은유 사용이 그 "삶의 자리"를 갖고 있는, 로마—헬라를 지배하는 엘리트는 원시 그리스도교를 거부하고 그들에 대립하였다. 로마의 원로원과 총독에 대해서 타키투스(ann ⅩⅤ, 44)와 젊은 플리니우스(Plinius)는 원시 그리스도교 신앙을 미신과 같이 취급하고 있다 : 어느 누구도 그렇게 사악하고 극악한 미신을 믿지 않았다(Plin. ep, Ⅹ, 96, 8). 또한 원시 그리스도교에서도 이와 비교할 수 있는 몸의 은유를 사용하고 있음을 알 수 있는데, 이 사실은 이러한 은유 사용이 상층부에서 용인성의 기초를 갖고 있다고 받아들인 첫번째 견해와 모순된다. 더 자세히 살펴 보면 이러한 수용은 다음과 같이 확인된다. 즉 바울의 그리스도의 몸에 대한 형상은 분명히 우주적인 몸의 은유와 구별된다.

즉 로마 사회의 안정은 "옛적 외국의 지도층은 로마 사회의 상층부에 통합될 수 있다"는 데에 근거를 둔다. 거기에 대한 비판을 시행하는 책 K. Christ : Grundfragen der römischen Sozialstruktur, in : *Studien zur antiken Sozialgeschichte*, FS F. Vittinghoff, Köln/Wien 1980, 197~228, dort S.215. 그는 다음과 같은 사실을 받아들인다. 즉 10인 조장은 지방을 통치하고 원로원과 기사들만 황제에 의해 통제된 제국의 상층부를 형성했다. 또한 제국의 상층부에 충실한 이러한 도시의 10인 조장을 결속시키는 일에 성공했다. 즉 로마는 도시공화국 기구의 우두머리로서 나타났다.

12. 그리스도론과 사회적 경험   407

1. 몸과 몸의 지체들에 관한 스토아적 형상은 우주적이다. 그 형상은 모든 인류를 포괄한다. 모든 인간의 통일이 주장된다. 그리스도교는 그에 반해서 그 형상을 원시 그리스도교의 작은 집단에 국한시킨다. 그 집단에서는 인간 사이에서 이미 항상 현존하는 친척 관계가 나타나는 것이 아니라, 세례와 성만찬을 통하여 이전에는 전혀 현존하지 않은 결합이 생긴다. 세례는 "유대인과 이방인, 노예와 자유인"(고전 12 : 13)을 결합시킨다. 성만찬은 가난한 자와 부자를 화합시킨다(고전 11 : 17 ff.).

2. 신약성서 밖에 있는 증거문서에는 모든 지체들이 동일한 가치를 지니고 나타나거나 그 지체들은 지배하는 지체(위, 머리)에 종속된다(Liv Ⅱ, 32 참조). 바울에게서도 하나의 지체는 특별한 위치를 차지하나, 가장 강력한 지체가 아니라 가장 약한 지체가 특별한 위치를 차지한다. 가장 약한 지체에 대한 고려는 사랑의 통일을 위한 표준이 된다.

이러한 두 가지 특색은 원시 그리스도교의 특수한 용인성의 기초에 상응한다. 말하자면 상층부는 황제로 인해 강요된 통합과정에 서 있는 반면에, 비교할 수 있는 통합과정에는 하층과 중간층은 없다. 여기서 개별적인 사회 집단은 상층부의 구성원들에게 차별을 나타내는 충성의 태도——노예, 해방인, 평민으로서——로 존립하고 있지만, 구별적인 이해관계를 갖고 있는 다양한 집단 사이에 공동체의 의식은 없다.[19] 오로지 변두리의 소집단(Randgruppe)인 원시 그리스도교에서만 그러한 경향이 비로소 나타난다. 그러므로 몸과 그 지체의 형상이 원시 그리스도교 내에서 작은 집단에 국한되어 나타났고, 그것은 아직 현존하지 않은, 그 기원을 파악할 수 없는 새로운 통일이 형성되는 경우에도 이해할 수 있는 것이다.

*329

이러한 새로운 사회적 통일은 황제에 대한 충성을 통하여 이루워지는 것이 아니라 전혀 다른 주인, 즉 국가의 힘에 의해 처형당한 주인에 대한 충성을 통하여 이루워진다. 또한 이러한 새로운 사회적 통일은 지배권 행사의 목적적—기능적 욕망으로 강제되는 것이 아니라 그러한 지배권의 희생을 동반함으로, 즉 가장 약한 지체를 동반함으로 공통의 관련성을 갖는다. 가장 강한 지체이며 모든 신체의 통합을 보증하는 자 대신에 고통당하는 이웃사람(Mitmensch)이 형상에 나타난다(고전 12 : 22ff).

지배 엘리트를 통합하는 것과 병행해서 작은 변두리 집단의 영역에서

---

19) G. Alföldy, *Römische Sozialgeschichte* (s.o. Anm.6), 135.

는 지배권에 참여하지 못한 사람들 중에 통합과정이 이루어졌다. 상층부가 충분한 응집력을 점유하여 통일되지 않은 하층의 집단들을 자기에게 결속시킬 수 있었다면, 상층부와 양자택일하면서 스스로 성취하는 원시 그리스도교의 통합운동은 변두리 집단의 현상에 머물렀을 것이다. 그러나 3세기의 커다란 위기는 사회구조를 변경시켰다. 상류계층은 무너졌다. 즉 원로원, 10인 조장 그리고 군대는 냉담하고 불신임하여 서로 대립했다. 그에 반해 하층부는 일치되었다.[20] 노예, 해방인 그리고 자유인 사이에 옛 구별이 사라졌다. 이제 그리스도교가 비로소 지도적인 영적 세력으로 될 수 있었다는 것은 우연이었겠는가?

우리는 다음과 같이 요약할 수 있다. 바울의 지위 그리스도론과 참여 그리스도론은 로마—헬라 사회의 유동성의 과정과 통합의 과정 속에서 하나의 사회적 용인성의 기초를 갖는다.[21] 사회의 구조와 역동성은 종교적 체험과 사유의 형식을 결정한다. 그러나 동시에 종교적 신앙은 사회를 초월한다 ; 즉 높으신 그리스도에 대한 신앙은 상승의 충성을 모든 사람들에게, 가장 천한 자들에게까지 제공했다. 그리스도 몸의 지체화 (Eingliederung)는 모든 사람을 통합시켰다. 상층부에 비해 너무나 미미할 정도로 적은 에큐메니칼한 통합의 과정에 관여했던 하류계층까지 통합시켰다.

여기에서 제시된 지식사회학적 분석은 바울의 그리스도론을 빠짐없이 다룰 것을 요청하지는 않는다. 이 분석은 결코 지식사회학적 고찰 밑에서 모든 맥락을 파악하지 않는다. 단지 원시 그리스도교의 그리스도론은 유동성 그리고 통합과의 상관 관계 속에 있을 뿐 아니라 사회적 갈등과 명백한 관련이 분명해진다는 사실만을 여기에서 암시할 뿐이다. 즉 십자가는 본질적으로(in sich) 지배계층과의 갈등의 표현이다. 그리고 이것은 아직 더 폭넓은 고찰을 요청하고 있다.

여기에서는 단지 그러한 연구의 해석학적 중요성만을 결정적으로 암시할 뿐이다. 로마 사회에서는 더 좋은 주인을 섬기게 되면 자유와 행동의 가능성이 직접 경험할 수 있을 정도로 증대했다. 상승의 충성은

---

20) G. Alföldy, *Römische Sozialgeschichte* (s.o. Anm. 6), 153ff 참조. 저자는 "하층부가 훨씬 더 통일적인 구조를 지향했다"고 강조한다.

21) H. Gülzow는 필자와 상관없이 로마 사회의 사회적 유동성과 새로운(동양적) 예배의 확장 사이와의 관련성에 관한 주제를 전개시켰다. 그리고 1983년 4월 1일에 하이델베르그에서 "Patristischen Arbeitsgemeinschaft"를 강연했다. 필자의 생각으로는 흥미 있는 주제를 동시에 다루고 있다.

12. 그리스도론과 사회적 경험 *409*

지위를 높였다. 현대에 사는 사람들은 그러한 개인적인 의존관계를 전혀 달리 경험할 것이다. 현대인은 성취 의욕(Leistungs- und Durchsetzungswillen)——이것은 종종 윗사람과 동료에 대한 불성실과 결합된다——으로 "상승선상"의 경주장에 나서는 일을 다시 목격한다. 사실상 윗사람에게 의존하는 것도 큰 역할을 한다. 하지만 사람들은 이러한 의존성에 대해 애매모호한 태도를 취한다. 이러한 의존성은 조용히 수긍되지 않고 자주 큰 감정적인 문제를 야기시킨다.[22] 달리 이렇게 말할 수 있다. 현대 인간은 새로운 주님을 받아들이기 위해서 왜 그렇게 자유롭게 되어야 하는지 전혀 이해할 수 없을 것이다. 현대 인간은 그리스도교의 설교 배후에 들어 있는 하나의 위협적인 "권위에 대한" 의존성을 믿지 않는다. "세력의 교체"를 구원이라고 선포하는 것은 현대 상황에서 하나의 권위적인 의도로 보일 수 있다. 그리고 그 권위적인 의도는 원시 그리스도교 신앙의 본래적인 의향을 표현하기 이전에 은폐시킨다.

그 때문에 지위 그리스도론은 다음과 같은 현대인에게 접근하기 어렵지 않다. 즉 가장 높은 자리에 있는 사람이 가장 낮은 지위를 차지하고 가장 낮은 사람이 가장 높은 지위를 차지할 수 있는 사회, 그리고 모든 인간과 사회의 가장 약한 사람들과의 연대성이 보장되는 사회를 갈망하는 현대인들에게는 의미가 있다. 지금까지 그러한 종류의 사회는 존재하지 않았다. 그것은 종교의 상징적인 세계에서 존재했을 뿐이다. 종교적 상징을 현실화시키려고 하는 사람은 공허한 꿈을 꾸고 있는 사람과는 다른 방식으로 그러한 사회를 전망하게 된다.

---

22) 고대에도 "주인들"에 대한 태도가 매우 애매모호하지는 않았을 것이라고 말해져서는 안 된다. 젊은이와 군인은 자각적이고 지적인 평민의 여론을 대변한다. 그러나 그들은 귀족들에게 굴종적인 취급을 받는다.

부　　록

13. 게르트 타이센의 성서해석 방법론(존 슈츠)

선별된 게르트 타이센 저술 목록

신약과 사회학적 연구 방법론과 그 역사에 관한 짧은 자료 목록

13

게르트 타이센의 성서해석 방법론

존 슈츠

　신약성서 문헌에 대한 최근 연구는 신약성서가 쓰여진 사회적 상황에 강조점을 두고 있다. 물론 이전에도 이러한 연구가 진행되지 않은 것은 아니지만, 현재 다양한 측면에서 추구되고 있는 이러한 연구는 신약성서의 비판적인 해석을 위해서 새롭게 강조되고 있다. 이러한 강조는 열광주의가 지배하고 있는 지역에서는 찾아볼 수 없을 뿐만 아니라, 성서 연구의 방법과 목적에 있어서 경직된 정통성을 주장하는 곳에서도 나타나지 않고 있다.
　이러한 성서연구를 하는 데 있어서 나타나고 있는 가변적인 상황의 징후는 연구가 진행될 때 시도되고 있는 다양한 용어에서 비롯된다. 어떤 학자들은 "초대 그리스도교의 사회학"을 연구의 지상 과제로 생각하고 있다. 한 편 다른 학자들은 원시 그리스도교의 "사회적 서술"을 목표로 하는 대신, 원시 그리스도교가 형성되는 과정에서 도움을 주었던 사회적 실체들에 새로운 관심을 쏟고 있다. 실례를 들자면, "사회적 세계"라는 용어는 가장 빈번하게 사용되는데, 이것은 지식사회학에서 나온 전문화된 개념으로서 상징적이고 상호 인지된 실체의 구조와 관련되어 있다. 기본적인 절차에 관하여 동의하기 곤란한 점들이 있다. 어떤 학자들은 사회학의 이론적 개념의 발굴에 열심을 내고 있다. 그리고 특히 반문화 연구를 통해서 발전시켰던 것처럼, 그들은 사회과학의 테두리를 벗어나 해석의 모형(interpretive Model)을 찾는 데 열심을 내고 있다. 어떤 학자들은 보다 전통적인 역사가의 취향을 가지고 등장한다. 성서 본문 가운데 있는 사회·경제적 자료에 대한 그들의 관심은 여러 분야에 걸쳐서 갖는 현대의 많은 역사가들의 관심과 병행을 이룬다.
　분명한 것은, 다양한 쟁점과 접근에 대한 비판의 시도가 "초대 그리스도교의 사회적 세계"의 연구에 활력을 불어넣어 준 것은 오래되었다는 점이다. 그럼에도 불구하고, 이러한 논문들 가운데는 시기에 대해 토론하거나, 다양한 노력의 범위를 개관할 때, 그리고 용어와 절차를 제시하는 데 유용한 것들이 있다.[1]

그동안, 흥미롭고 혁신적인 작업에 대한 진지한 연구가 게르트 타이센의 손에 의해서 주도되어 왔다. 필립 필하우어(Phillip Vielhauer)와 함께 연구에 종사하였던 젊은 학자 타이센은 초대 그리스도교의 사회적 세계에 관한 많은 논문들을 알기 쉽게 쓰고 있다.[2] 그의 저서는 석의학적 통찰력과 상세한 부분까지 파고드는 인내력을 가진 대담한 가설을 통해서 쓰여졌다. 이러한 특징은 이미 영어로 번역된 그의 책 『초대 팔레스틴 그리스도교의 사회학』[3]을 통해서 영어 독자들에게 입증되고 있다. 그러나 원시 그리스도교의 사회적 배경 연구에 관한 그의 핵심적인 공헌은 다른 논문들에서 찾지 않으면 안 된다. 이 책에서는 고린도에 관한 네 논문 그리고 고린도에 있는 그리스도교 공동체에 보낸 바울의 서신에 관한 논문을 싣고 있다. 이 논문들은 바울 공동체를 구성하고 있는 사회 계층의 실상과 공동체의 구체적인 조직 그리고 윤리 문제를 함께 다루고 있으며, 그리스도교인들의 일상적인 도시생활을 취급하고 있다.

이 책에 모아진 논문들은 해석학적인 것들을 일관성있게 선택한 것이며, 신약성서를 새로운 통찰력을 가지고 해석하는 타이센의 치밀한 관점을 보여주고 있다. 다섯 번째 논문은 "종교적 전통의 사회학적 해석; 초대 그리스도교에서 드러난 방법론의 문제"이다. 여기에서 타이센이 중요하게 주장하고 있는 것이 두 가지 있는데 그 중의 하나는 기본적인 방법론 문제이다.[4] 그것은 다른 네 가지 논문에 의해서 야기된 해석학적 쟁점의 열쇠를 조직적인 양식으로 보도한다. 문헌들의 내적 기준에 의해서 주변적인 관심으로 밀려나게 된 쟁점들에 관한 정보를 제공해 주

---

1) R. Scroggs, "The Sociological Interpretation of the New Testament; The Present State of Research," *NTS* 26(1980) : pp. 164~79 : A.J. Malherbe, *Social Aspects of Early Christianity* (Baton Rouge and London, 1977), pp. 1~28 ; L.E. Keck, "On the Ethos of Early Christians," *JAAR* 42 (1974) : pp. 435~52 ; W.A. Meeks, "The Social World of Early Christianity," *CSRB* 6(1975) ; J.Z. Smith, "The Social Description of Early Christianity," *RelStR* 1(1975) : pp. 19~29.
2) 타이센의 주요 저작 목록은 이 서론 뒤에 첨부할 것이다. 여기에서 우리는 그의 저작들을 연대순으로 기술할 것이다.
3) Theissen, 1978b.
4) 타이센의 다른 논문은 1974b를 참조하라.

고 있는 고대 종교의 문헌들을 어떻게 읽을 것인가? 타이쎈은 종교 문헌들에 의해서 제기된 특수한 문제점들에 관찰을 집중하고 있다. 그러나 타이쎈의 관찰들은 문헌의 확증을 근거로 하여 사회적 배경을 이해하려고 하는 고대 역사가들에게 적합하다. 이러한 더욱 이론적인 진술은 독자들에게 실천에 의해서 산출된 타이쎈의 전문적 개념들을 비교하도록 한다. 규범과 주석 사이의 관계성을 찾아보는 것은 상호간에 활력의 요소를 북돋아주는 일이 된다.

I

우리가 초대 교회의 사회적 세계에 대한 최근의 관심과 초기의 학문적 작업 사이의 연속성을 강조할 것인가, 그렇지 않으면 불연속성을 강조해야 할 것인가의 문제는 자료의 선택에 달려 있는 것 같다. 고린도전서 1장 26절에서 바울 자신에 의해서 제기되었던 쟁점은 그리스도인의 배경에 관한 셀수스(Celsus)의 비평과 바울 문서에 근거한 오리겐(Origen)의 응답에 의해서 입수된 것이 그 좋은 예이다. 혹자는 초대 그리스도교의 사회학에 더욱 많은 관심을 쏟고 있는 최근의 연합이 근본적으로 과거의 그러한 관심과는 다르다고 반대 의견을 내세울지도 모른다. 어떤 방법이든지 간에, 최근의 연구 상황을 간추려 보는 것은 많은 도움을 줄 것이다.

역사의 "사회적 요인"——헥스터(J.H. Hexter)는 이 용어를 사용하지 말도록 거듭 경고하였다——은 헥스터가 지적하고 있는 바와 같이, 언제나 역사를 결정하는 한 요인이었다. 이러한 이유 때문에 역사적 방법과 연구는 종종 사회적 자료와 그 물음을 수반하게 된다. 역사와 사회학 사이에 커다란 차이점들, 심지어 반대 명제가 있다 하더라도 이것은 사실이다. 논문들에서 나타난 타이쎈의 결론은 이들의 동일성과 차이성을 파악하는 일이었다. 동일성 가운데는 소그룹과 집단들, 행태의 일반적 유형, 구조적인 유사성에 대한 사회학자의 본원적인 관심이 언급되어져야 할 것이다. 이 모든 것들은 특수한 것, 개별적인 것, 변화의 요소와 차이점에 대한 역사가의 관심에 대조를 이루고 있다. 그러나 구분할 수 있는 선은 명확하지도 않을 뿐더러 모호할 뿐이다. 문제점이 많은 이론을 다루는 문서[5]가 이러한 사실을 언명하고 있다. 초기에 쓰

---

5) 문서는 확대되고 있다. 립셋(S.M. Lipset)은 "History and Sociology: Some

여진 노작(勞作)들 가운데는 초대 그리스도교의 사회적 차원에 대한 전경(前景)을 다루는 것들이 있다.

명시적인 사회 이론에서 잠정적으로 이끌어낸 이러한 시도들을 하고 있는 많은 저작들은 역사가들의 전통적 관심의 영역 안에 머물러 있다. 그럼에도 불구하고, 그들은 이러한 사회적 배경을 인지하는 과정에서 결정적인 충격을 받았다. 아돌프 다이스만(Adolf Deissmann)은 하나의 분명한 사례를 제공하고 있다.[6] 사전 편찬자인 다이스만은 금세기 초에 발견한 수많은 파피루스를 소지하고 있는데, 이 자료들은 두 가지 문제점들을 분명하게 밝히는 데 도움을 준다. 이 자료 가운데 첫번째 것은 신약성서에서 사용되고 있는 희랍어의 특성에 관계되고 있다. 그것이 어떠한 분명한 성격을 띠고 있음은 분명하다. 어떤 주석자들은 성령이 어느 면에서는 알려지지 아니한 특수한 희랍어로 사용되었음을 가정한다. 파피루스로부터 풍부한 증거를 제시하면서, 다이스만은 "신약성서가 대체적으로 후기 구어체 희랍어로 기록된 문서임과 신약성서의 대부분은 어느 정도 일반 대중이 사용한 구어체 언어로 사용되었다는 것을 증거할 수 있다"[7]고 선언할 수 있었다. 이것은 창조적인 시기에 그리스도교가 비문서적(nonliterary) 운동을 전개하였음을 의미할 것이다. 더우기 그것은 우리가 확신을 가지고, 일반적인 것이기는 하지만, 최초로 그리스도교의 세력 확장을 담당했던 사회 계층에 대해서 말할 수 있게 한다. 파피루스와 패각(貝殼)의 방대한 부분은 "그들에 의해서 끊임없이 지위를 상실당했던 중하계층에 대한 증거를 제공하고 있다. 그들 언어의

Methodological Considerations"에서 미국 역사에 관심을 기울이는 역사적 사회학자들에 대한 전망을 토론하고 있다. S.M. Lipset and R. Hofstadter, *Sociology and History: Methods* (New york, 1968), pp. 20~58. 코크란(T.C. Cochran)은 이 연관성에 대해서 자주 기술하고 있다(*The Inner Revolution: Essays on the Social Science in History*, New york, 1967). 독일에서 힌체(O. Hintze)는 일찌기 이런 주장을 하였다. 이것은 오늘날도 유용하다(*Soziologie und Geschichte: Gesammelte Abhandlungen zur Soziologie, Politik und Theorie der Geschichte*, ed. G. Oestreich, *Gesammelte Abhandlungen*, Bd. Ⅱ, Göttingen, 1964²). 슐츠(W. Schultz)는 그 문제의 여러 가지 면을 소개하고 있다(*Soziologie und Geschichtswissenschaft; Einführung in die probleme der Kooperation beider Wissenschaften*, München, 1974). 이 책에는 풍부한 목록이 수록되어 있다.

6) A. Deissmann, *Light from the Ancient East: The New Testament Illustrated by Recently Discovered Texts of the Graeco-Roman World*, trans. L.R.M. Strachan from the "fourth" German edition(London, 1927).

7) *Ibid.*, p. 69.

내용이나 특성을 통해서 즉시 인식할 수 있는 대부분의 사례 가운데서 또한 중하계층에 대한 증거를 찾아볼 수 있다. 이것들은 민중의 연설을 기록한 것이요, 별볼일 없는 사람들에게서 일어난 일상적인 일들에 관한 기록이다. 농부, 직공, 군인, 노예, 그리고 어머니들은 일반 민중에 속한 사람들로서 우리에게 그들의 염려와 노동에 관해서 말해준다." 이러한 기록들은 "사도 바울과 원시 그리스도교 공동체가 바로 이러한 계층의 중심을 형성하고 있다는 것을 확신케 해준다."[8]

다이스만의 두 가지 제안은 불변하는 진리가 아니다. 원시 그리스도교가 사회의 하류층에 기원을 두고 있다는 다이스만의 낭만적인 통찰력은 더욱 연구되어야 할 여지가 많다. 언어학적인 측면에서 볼 때 전문적인 산문의 형식으로 신약성서의 역할을 분석하는 최근의 경향은 많은 문제점들이 지적되고 있다. 해설서들의 이러한 비문학적이고 비고전적인 형식은 학교에서 희랍어를 배운 전문가들에 의해서 사용되었고 또한 동시에 그러한 사실을 전달하려고 하는 전문가들에 의해서 사용되었다. 다이스만이 일상적인 형식을 강조하는 데 반해서, 신약성서에 있는 이러한 산문형식의 존재는 적어도 신약성서의 저자들에 대하여 상응하는 고도의 사회적·경제적 지위를 제시하고 있다.[9]

이러한 견해는 언어의 문제에 관심을 집중하는 것이 아니라 사회 계층의 문제에 대결하는 최근 연구에 동의한다. 져지(E.A. Judge)는 예루살렘, 안디옥, 고린도 등과 같은 여러 지역에 있는 초대 그리스도교에 대한 증언을 거론하는 가운데, 그리스도교는 상대적으로 부유한 계층에 속한 사람들로부터 기부를 받았고, 그들은 다양한 계층을 형성하고 있음을 주장하고 있다.[10] 타이센은 고린도에 관한 져지의 견해를, 이 책에 수록된 그의 논문 가운데서 상당히 상세하게 취급하고 있다 : "만일 고린도에 사회적으로 억눌린 집단이 존재했었다면 그리스도 교인들은 대도시의 주민들 가운데 사회적으로 우쭐대는 집단에 의해서 지배되고 있었을 것이다. 그것을 초월해서 그리스도교인들은, 아마도 집안을 대표하는 지도자들을 포함한 광범한 지지자들을 갖고 있었던 것

---

8) *Ibid.*, p. 9.
9) L. Rydbeck, *Fachprosa, vermeintliche, Volkssprache und Neues Testament* (Uppsala, 1967). 간단한 분석으로는 Malherbe, *Social Aspects*, pp. 39~41 참조.
10) E.A. Judge, *The Social Pattern of Christian Groups in the Frist Century: Some Prolegomena to the Study of New Testament Ideas of Social Obligation*(London, 1960).

같다."[11] 그 외에도, 져지는 초대 그리스도교가 고린도 문화의 주류에 더욱 분명하게 자리잡고 있다는 재평가에 대한 관련을 확대시키고 있다.[12] 반면에 말헤르브(A.J. Malherbe)는 여기에서 한 걸음 더 나아가 병행 연구를 진행시키고 있다.[13]

다이스만(Deissmann)의 책 『고대 동방에서 비추인 빛』(*Light from the Ancient East*)은 사회이론 혹은 이데올로기에 대한 정형화(定型化)된 공약에 대해서 전혀 무지했던 것 같다. 그럼에도 불구하고, 이 책은 성서연구의 잘못된 형태들을 광범위하게 제공하고 있으며, 특히 학구적인 신학 강화(講話)가 성서 저자들의 중심 관심사였다는 가정을 지적하였다. 물론 신학자들 자신의 관심사도 마찬가지였다. 신학의 오만성에 대한 이와 유사한 경멸은 최근에 케이스(Shirley Jackson Case)에 의해서 나타났는데, 그는 시카고 학파(Chicago school)와 계속 연관을 가지고 있으면서, 때때로 그 학파를 미국 신약학계의 유일한 토착적인 학파로서 기술하였다. 신학적 관심이 신약성서에 들어 있는 "종교"에 대한 증거들을 가리우고 있는 불행한 편견들을 드러내고 있다고 본 케이스의 견해는, 두 인간들 사이에 있는 유사성을 표현한 유일한 방법은 아니었다. 다이스만(Deissmann)과 같이, 케이스는 사회 이론, 집단, 제도, 역할, 기능 등의 분명한 개념들에 대한 연구를 하지 않았다. 다이스만의 경우에는 이러한 공백이 문제되지 않는다. 왜냐하면 그의 결론은 실험을 통해서 얻은 언어의 증명으로부터 연유한 것이라고 주장할 수 있었기 때문이다. 케이스의 경우에는, 문제가 더욱 심각한데, 왜냐하면 그는 단지 그리스도교의 사회적 기원에 대한 결정된 의도만을 표현하였기 때문이다.

케이스는 『그리스도교의 사회적 기원』을 신약성서 학자들이 오래 동안 다루어 왔던 포괄적이고 근본적인 사회적 경험에서 출발한다. 이 사회적 경험은 그리스도교 운동의 발생과 그 초기 역사를 이해하는 열쇠이다.[14] "새로운 신약성서 연구"란 제목을 붙인 첫장에서, 케이스는 그가 난해하다고 생각되었던 것들을 지적하면서, 그의 관심분야인 방대한 연구사를 추적하였다. 첫째로, 초대 그리스도교 운동과 그 전체 문헌에

---

11) *Ibid.*, p. 60.
12) E.A. Judge, "The Early Christianity as a Scholastic Community," *JRH* 1 (1960) : pp. 4〜15, pp. 125〜37 ; 동일 저자, "St. Paul and Classical Society," *JAC*(1972) ; pp. 19〜36.
13) Malherbe, *Social Aspects*, pp. 29〜59.
14) S.J. Case, *The Social Origins of Christianity* (Chicago, 1923), vi.

대한 관심은 신약성서에서와 마찬가지로 별로 관심을 끌지 못하였다. 더우기, 이러한 관점은 개혁주의자들로부터 유산을 물려받은 프로테스탄트 성서주의에 의해서 지배되었다. 그리고 수세기에 걸쳐서 그것은 "기계적으로 완벽한 구조를 가진 기계"를 갖게 되었음을 지적하였다. 케이스는 대안적인 역사—비판학적 접근에 대한 발전이 중심점을 향한 초점을 결코 흐트리지 않는다고 생각하였다. "문헌 배후에 서 있는 사람들은 그 문서의 발흥에 대하여 책임이 있으며, 차례로 그리스도교 집단들의 구성원이 된 이 사람들은 그리스도교 단체의 이해관계와 아주 밀접하게 연결되었다. 다양한 신약성서 문헌들은 그리스도교 운동에 봉사하기 위해서 쓰여졌다. 그리고 문서들은 보존되고 급기야 정경으로 수집되어 공동체의 활동에 중요한 위치를 차지하게 되었다…오로지 신약성서 문헌들에 집중하는 대신에, 우리는 그 문헌들이 형성되어 마침내 선전과 조절을 목적으로 수집되었던 먼 지역의 그리스도교 사회에 대해서 질문을 제기해야 한다. 이러한 사회적 상황의 빛에서 신약성서를 재검토하려는 시도는 역사 속에 있는 가장 최근의 국면에 대한 해석을 동반한다."[15]

케이스의 프로그램을 회고해 보면, 목적의 달성보다 그 의도에 더욱 감명을 받은 것 같다. 다이스만과 같이, 그는 종교와 신학의 차이점을 분명한 표상으로 제시하지도 않고 그 둘을 대립시킨다. 신학적인 표상들은 일반적인 성격을 띠지 못하지만 종교적 표상들은 아주 일반적인 것이며, 그리스도교인의 행동에 원동력을 준다. 종교적 관념들은 결핍된 욕구에 대한 반응의 표현인 반면에 신학적 관념들은 단순히 추상적인 것으로 간주된다. 바로 이것이 종교와 신학 사이의 중요한 차이점이다. 이것은 일반적으로 기능주의자들과의 건전한 관계성을 나타내 준다. 기능주의자들은 어떤 행위 혹은 사상에 대한 명멸하는 가치를 강조하는 종교 행동에 접근한다. 여기에는 맹목적인 진화론과 논리적 사변을 초월하는 경험에 대한 우위성이 존재한다. 케이스(Case)는 새로운 영역으로 출발하기 위하여 신약성서 연구의 명료하고 흥미있는 관점을 제시하였다. 그러나 다음과 같은 판단도 역시 적합하다고 본다. "케이스는 초대 그리스도교를 구성하고 있는 집단들과 공동체에 대해서 사회학적 분석을 시도하지 않고 종교에 대한 기능주의적 관점에 의존하여 그리스—로마 세계의 관념의 바탕과 사회적 실상을 일반화시키는 데 만족하였다."[16]

---

15) *Ibid.*, p. 24.
16) Keck, "Ethos," p. 437. 동일한 논문에서 Keck는 신학사상 속에 있는 "사

공동체 속에 있는 사회적 경험, 신약성서를 형성하고 있는 문학 작품, 그리고 후기 그리스도교 문학 사이의 밀접한 연관성에 관해서 그가 스스로 제시했던 것을 인지하지 못했다는 사실은 참으로 케이스 작품의 이상스런 면이 아닐 수 없다. 마르틴 디벨리우스(Martin Dibelius), 루돌프 불트만(Rudolf Bultmann)이 양식사 비평에서 선구적인 연구를 시도한 이후, 그가 『사회의 기원』(Social Origins)을 출간했기 때문에 이것은 더욱 놀라운 일이다. 어떤 사람들은 적어도 이론적인 면에서 신약성서 문학양식들의 사회적 배경을 강조해야만 한다는 새로운 양식절차와 접촉되어 있는 증거들을 헛되이 추구하고 있다.

그러나 다른 사람들은 양식사 비평의 사회학적 안내(orientation)에 의해서 제공된 색다른 차원을 재빠르게 간파하였다. 오스카 쿨만(Oscar Cullmann)은 이러한 요소에 대한 그들의 태도가 사회학적 방법을 부정적으로 보는지, 혹은 긍정적으로 보는지를 결정한다고까지 말했다. 왜냐하면 이러한 새로운 사회학적 관심이 개인 저자들의 전통적 관심으로부터 변천을 수반했기 때문이다. 쿨만은 사회학적 기초가 튼튼하다거나, 그것이 일종의 사회학의 발전을 요청하여 일반적인 전통의 성장을 통제하는 규범연구의 능력을 가지고 있다는 점을 의심하였다.[17]

쿨만이 요청했던 것은 결코 실현되지 않았다. 바로 그점에서 양식사 비판은 그 자신의 목적을 성취하는 데 실패했던 것이나. 디벨리우스의 작품은 전승의 특별한 양식을 형성한 사회적 배경에 대하여 비상한 관심을 표명했다.[18] 그러나 그 관심은 아직도 지극히 일반적인 것에 머물러 있었다. 대부분의 예문들은 구체적인 특징이나 차이점 없이 예배에서 베풀어지는 추상적인 상황을 추적하고 있다. 불트만의 공헌은 전통들의 사회적 자리에 주의를 기울인 것에 있는 것이 아니라 문장을 철저하게 분석하는 데 있었다. 불트만은 양식사 비평의 권위를 우위에 두었던 것이다.[19] "문학비평과는 달리, 소위 양식비평의 관점은 문헌을 기록

회 정신"과 "양식"을 강조하고 있는 케이스(Caser)의 동료인 세일러 마태 (Shailer Matthews)가 케이스보다 현대적 작업을 위해서 시사하는 바가 많다는 것을 계속해서 언급하고 있다.

17) O. Cullmann, "Les recéntes études sur la formation de la tradition évangélique," *RHPhR* 5(1925), translated as "Die neuen Arbeiten zur Geschite der Evangelientradition," and reprinted in his *Vorträge und Aufsätze 1925~1962.* ed. K. Froelich(Tübingen/Zürich, 1966) pp. 41~89.
18) M. Dibelius, *From Tradition to Gospel* (New York, 1934), Eng. trans, B. L. Woolf from *Die Formgeschichte des Evangeliums*(Tübingen, 1933²).
19) R. Bultmann, *The History of the Synoptic Tradition*(New York, 1963).

했던 개인들에 관해서는 묻지 않고 그 대신에 원시 그리스도교 문학, 특히 복음서 문학을 형성한 총체적인 전기(total life)로부터 회중을 묻는다"는 이베르(G. Iber)의 선언은 성취에 대한 평가라기보다는 오히려 의지의 표현으로서 적합하다.[20]

중대한 사건을 통하여 이러한 실패가 일어나는 데는 적어도 세 가지 이유가 있다. 첫째, 양식비평은 바르트에게서 비롯된 변증법적 신학의 새로운 물결과 동시에 출현하였다. 그 신학적 자세는 불가항력적인 도전임이 증명되었고 신약성서 비평의 주장은 신학적인 문제를 반응되어야 할 실천적인 문제로 되게 했다. 둘째, 양식사 비평의 가장 강력한 대변자인 불트만은 신학적 카테고리로서의 케리그마가 문학 전통으로서의 케리그마와 동일시되어서는 안 된다고 주장하였다. 이러한 주장은 확실히 가장 오래된 전통들의 흔적 속에서 사회적 상황에 대하여 엄격하게 역사적 물음(문학적 질문과는 구분된다)을 추적하기 위한 잠재적인 열정에 찬물을 끼얹었던 것이다. 케리그마의 신학적 의도에 대한 질문에 의해서 지배된 분위기 속에서, 이 문제의 기원이 신학적 의의와는 거리가 멀다는 사실이 판명되었다.

세 번째, 가장 중요한 이유는 구약성서 연구에서 우선적으로 발전했던 양식사 비판의 지적인(intellectual) 뿌리와 관계되어 있다. 헤르만 궁켈이 생각하고 설명했던 것처럼, 양식비평의 핵심은 인간들의 삶의 구조 속에 있는 어떤 요소들에 대한 양식(Gattung)의 상관관계적인 이해였다. 이미 헤르더(J.G. Herder)에 의해서 제기되고 강조된 문학적인 것과 민중적인 것 사이의 대조를 함유하고 있는 민중의 생활에 대한 이러한 인식은 일찍이 구약성서의 민중에게도 쉽게 적용될 수 있었다. 여기에는 또한 오랜 역사를 걸쳐서 볼 수 있는 인종 특유의 영역과 지리적인 영역을 가진 조직화된 공동체가 있었다. 그것은 점차적으로 다양한 종류의 제도로 발전했는데, 종교적 제도로서가 아니라 사회—경제적 제도로서 발전했던 것이다. 구약성서의 양식비평은 민족적이라는 개념이 오랜 기간에 걸쳐 있는 전체적인 문화적 세계를 요구하고 있다고 전제하고 있다.

비판적 방법과 함께, 신약성서 세계에 이러한 가정을 적용하는 것은

Eng, trans, J. Marsh from *Die Geschichte der synoptischen Tradition* (Göttingen; 1958³).

20) G. Iber, "Zur Formgeschichte der Evanglien," *ThR*, n.s. 24(1957~58); p. 322.

문제가 아닐 수 없다. 신약성서 세계는 전체적인 문화가 아니다. 그것은 기존적인 문화의 상황 속에서 새로운 종교의 발흥을 대표하고 있을 뿐이다. 그 상황은 유대교의 종교적 배경, 로마제국의 정치적 배경, 그리고 로마인의 지방 생활에 대한 보다 확대된 틀 속에서 존속되어 있는 다양한 인종적 관습에 근거를 둔 언어적 배경이 혼합되어 있다. 그 상황은 이러한 문화적 혼합으로부터 연유한 제도 중의 하나가 아니라, 그러한 세계 속에 살았던 그리스도교 공동체의 산물이었다는 점에서 고유성을 지니고 있다. 그 대신, 그 공동체는 그러한 제도들과 부딪쳐야만 하였고 적정한 선에서 그들과 타협해야만 하였다. 그들 가운데 몇몇 제도들은 지금까지 이용될 수 있었다. 사도행전과 바울 서신의 안목에서 볼 때, 유대인의 회당과 로마의 시민권의 경우가 거기에 해당된다. 다른 제도들은 약속도 없이 제공되어지거나 혹은 심지어 쓸모없게 나타나기도 하는 것 같다. 소송에 대한 바울의 태도는 유의할 만하다. 그러나 다른 사람들은 과연 신학적으로 의미가 있는 것인지에 대해서 실용적으로 생각하였다. 다시 한번, 바울은 결혼에 대한 그의 태도를 하나의 사례를 들어 밝히고 있다. 그러나 이 모든 경우에도 제도들은 긍정적이든, 혹은 부정적이든지 간에, 그리스도교인들의 반응에 대해서 개의치 않았다. 이러한 제도들이 초대 그리스도교 전통을 구체화시켰을 가능성은 있지만, 그 기원은 아니다.

구약성서의 양식 비평을 위해서 전제된 세기들과 신약성서 양식 비평에 사용할 수 있는 몇 10년 사이의 시간적인 불균형은 분명한 문제로 부각되고 있다. 결론적으로, 신약성서 양식비평은 단일 공동체의 테두리 안에서 일어난 변화를 통해서 형성되고 유지된 발전의 관념을 진지하게 받아들일 수 없게 되었다. 그것은 가끔 양식 대신에 내용으로 대체되거나 혹은 오래된 역사적 불연속성 대신에 분리된 문화적 상황의 불연속성으로 대체되었다. 예수 대 초대교회, 갈릴리 대 예루살렘, 시리아 대 소아시아 혹은 그리이스, 헬레니즘계 그리스도교인 대 유대계 그리스도교인 등등. 그러나 그러한 용어는 우리에게 첫번째 특징을 상기시킨다. 즉 그리스도교는 그 자체가 형성되었던 최초의 상황 속에서 많은 제도를 가지고 있지 않았다. 뻐꾸기와 같이, 그리스도교는 다른 제도의 둥우리 속에 그의 알을 낳았던 것이다.

이러한 노력들은[21] 성서 문학의 테두리 속에서부터 초대 그리스도교

---

21) 초기의 공헌들에 대한 간단한 논평은 Keck, "Ethos." 참조 : F.C. Grant, *The Economic Background of the Gospels* (London, 1926).

의 사회·경제적 요인들을 찾아내는 데 밝은 빛을 던져주었다. 그들은 기득권을 장악하고 있던 신학자들, 특히 해석학적 신학에 관심있는 신학자들과 대결해야만 하였다.[22] 이러한 사실은 다이스만(Deissmann)이나 케이스(Case)가 그들의 저작에서 부분적으로 추구했던 것에 의해서 논쟁적인 어조의 흔적을 밝힐 수 있을 것이다. 그러나 이것은 동시에 신약성서 그리스도교의 사회적 배경에 관해서는 단순히 최근에 관심을 끌기 시작한 것이 아니라는 사실을 의미하고 있다. 양식비평에 잠재해 있는 사회학적 관심은 사회적 질문에 대한 최근의 주목이 단순히 최근에 지나간 성서연구와 연결되어 있다는 것을 분명히 해준다.

우리가 성서연구의 학문적 집단 밖으로 시선을 돌린다면, 다소간 사회현상으로서의 원시 그리스도교를 연구했던 지속적인 힘을 발견한다. 그것은 다름아닌 마르크스주의이다. 가장 잘 알려진 대표적인 저서로는 카우츠키(Karl Kautsky)의 『그리스도교의 기원』[23]이다. 이 책은 현대 프롤레타리아트 정신은 브르조와 해석자들에 의해서 가리워졌던 그리스도교 운동사에서 진리를 인식할 것이라는 가설에서 시작한다.[24] 카우츠키는 원시 그리스도교 운동을 예수의 혁명적 메시야니즘에 근거하고 있다고 보고 있으며, 반 로마 프롤레타리아트 추종자들을 선동할 능력까지 갖추고 있다고 보았다. 물론 신약성서 자체 내에서 이러한 견해를 밑바침할 만한 직접적인 근거는 거의 찾을 수 없다. 카우츠키는 이것을 운동의 급격한 성장에 호소함으로써 설명하고 있다. 광대하고 다양한 세계 속으로 급속히 들어가게 되자, 원시 그리스도교는 곧 초기의 참된 본질을 배반하게 되었다. 카우츠키는 사도행전에 나오는 재산 공유의 실천에서 신약성서 안에서의 프롤레타리아트의 기원을 발견하였다. 그러나 그 증언은 공동체가 그의 복음을 어느 정도 교육을 받은 중산계층이나 상류계층에 전파하기 시작했을 때, 희미해지기 시작하였다고 설명하였다. 카우츠키가 주장하고 있는 이 복음의 변질은 부분적이고 폐쇄적인 구전 전승에서부터 새로 발견된 계급을 지향하면서 생성되었던 문서기록에 이르기까지 병행되는 변화가 뒤따랐다. 따라서 우리는 신약성서 문서가 실제적으로 잉태되었던 농촌사회의 배경, 즉 억압, 계급 긴장

---

22) E. Güttgemanns, *Offene Fragen zur Formgeschichte des Evangeliums* (München, 1971²), pp. 22~34. Eng. trans. William G. Doty, *Candid Questions Concerning Gospel From Criticism* (Pittsburgh, 1979).

23) K. Kautsky, *The Foundation of Christianity*, Eng. trans. H.F. Mins(New York, 1953),

24) *Ibid.*, p. 12.

정치적 원한으로 얼룩진 그 시대의 농촌사회의 배경을 보아야 한다. 이 모든 것들이 예수의 원래적 가르침은 물론 그 가르침을 최초로 받아들이게 된 동기였다.

사적 유물론[25]의 시각을 통해서 신약성서를 읽으려는 이러 저러한 노력들에 관해서 가장 호기심을 끄는 것은 신약성서의 프롤레타리아트적 기원 못지 않게 비 프롤레타리아트적 기원을 강조하고 있는 점이다. 이러한 관찰은 초대교회를 포함시켜서 다양한 사회계급과 경제적 이해관계를 이해하는 토대가 되고 있다. 아키발트 로버트슨(Archibald Rebertson)은 바울서신을 읽고 다음과 같이 분명하게 요약하고 있다.

바울 서신들에 반영되어 있는 바울 공동체는 기득권을 박탈당한 사람들의 운동이 아니었다고 말할 충분한 근거가 있다. 바울 자신은 장인(匠人)의 주인이었으며 로마 시민이었고 로마제국에 대한 저항을 노골적으로 거부하였다. 비록 바울 공동체의 개종자들 대다수가 가난한 사람들이긴 하였지만, 바울 교회의 핵심 구성원은 가이오(Gaius), 고린도의 스데바나(Stephanas), "시청의 재무관" 에라스도(Erastus)와 같은 가장(家長)들이었다. 바울의 친구인 장인 아굴라(Aquila)와 노예 소유주 빌레몬이 "세속적인 현인", "권세자", "귀족"은 아니었을지라도, 적어도 중산계층이었고 중간 정도의 교육을 받은 사람들이었다. 바울 공동체의 구성원은 어느 정도의 사유재산을 가진 사람들로부터 대중들과 직접 관계했던 직공에까지 이른다. 우리는 증거가 주어지는 한에서 바울의 일을 계승한 사람들에게서도 마찬가지로 그들이 중간계층이라는 것을 발견할 수 있다.[26]

II

타이센은 로버트슨이 바울 서신들에서 개괄적으로 수집해 놓은 것을 다시금 풍부하고 상세한 주석의 거점으로 삼고 있다. 그는 바울 서신들에 대한 로버트슨의 수집을 넘어서서 바울 선교의 이러한 영역을 초대 그리스도교 내부에서 전개된 하나의 일관된 운동으로 간주하고 있는데

---

25) M. Robbe, *Der Ursprung des Christentums*(Leipzig, 1967) ; P. Alfaric, *Origines sociales du Christianisme*(Paris, 1959) ; H. Kreissig, "Zur Zusammensetzung der frühchristlichen Gemeinden im ersten Jahrhundert u.Z.," *Eirene* 6 (1967) : pp. 91~100 ; A. Robertson, *The Origins of Christianity*, rev. ed. (New York, 1962).

26) Robertson, *Origins*, p. 132.

그것은 팔레스틴에서 예수를 따르던 추종자들과 날카롭게 대립되고 있다. 바울 선교의 활동무대는 이처럼 경제적으로 자급적인 양상이 주도적이었고, 그의 일차적인 역할은 공동체의 창설자로서의 그것에서 찾아볼 수 있다. 그의 지배적인 윤리는 "사랑의 가부장주의"(Liebespatriarchalismus)이다. 다시 말하여 이것은 특정한 사회적, 경제적 지위의 획득을 꾀하지 않으며 또한 사회적, 경제적 계층을 이끌고 있는 권력자들에게 도전하려고 하지 않는 통합의 윤리이다. 사랑의 가부장주의는 서로에 대한 존경과 사랑을 불러일으키는 종교적 공동체내에 자리잡은 위치상의 차별들의 지양을 주장한다.

타이센은 그의 저서 『초대 팔레스틴 그리스도교의 사회학』과 그 밖의 논문[27]에서 아주 다른 사회적 상황에서 연유한 원시 그리스도교 예수운동의 또 다른 면을 서술하고 있다. 이것은 "유랑하는 카리스마를 지닌" 가난한 사람들의 상황인데, 이들이 가난을 자의적으로 받아들인 것은 예수의 전통에 근거한 것으로서 그의 사회적, 경제적, 문화적 배경에 부합하는 것이다.

예수운동의 배경은 팔레스틴의 농촌이었는데, 이 지역은 그 당시 유대인의 개혁운동이 많이 전개되었던 곳이다. 예수 당시 팔레스틴의 정처는 서양의 영향, 로마의 영향과 토착적인 정치세력들, 그리고 헬레니즘적 도시문화와 신정(神政) 운동들 사이에 긴장을 보여 준다. 신정운동들은 가장 극단적인 정치성을 띤 행동을 했던 젤롯당에서부터 가장 온건했던 예수운동에까지 이른다. 이 집단들은 하느님의 주권의 수립을 위한 희망을 함께 품고 있다. 그들은 또한 경제적인 압박감을 갖고 있으며 여러 가지 태도로 기존의 경서질서에 대한 적대감을 보여준다. 철저하게 방랑생활을 하는 자들이 전개한 예수운동에 있어서 이 같은 적대감은 부와 재산에 대한 신랄한 비판으로 나타난다. 그러나 이 사신이 특히 물질적으로 곤궁한 자들에게만 매력을 끌었던 것이라고 추측한다면 잘못이라고 타이센은 보고 있다. "각 시대의 무법자들 중에는 '좋은' 가문의 자식들도 끼어 있다"는 점은 야고보와 요한의 아버지 세베대가 하루 품군을 고용한 사실의 예증에서 분명해진다(마가 1, 20).

예수의 선교에 대한 반응에서 일어난 그리스도교의 급진적인 운동은 설교를 해주는 대가로 숙식을 제공받는 걸인—선교자들을 배출해내었다. 이들이 예수 운동을 관장한 자들이다. 쿰란이 엣세네파들의 거점이요 산속이 젤롯당의 거점이었던 것처럼 그들의 거점은 팔레스틴 마을이었

---

27) 참조. 특히 Theissen, 1977b과 1973.

다. 예수의 비유들은 이러한 세계를 서술하고 있으며, 동시에 한 "도시"가 그들의 전도를 배척하면 해가 지기 전에 그들이 다른 도시로 갈 수 있을 정도로 옹기종기 모여 있는 작은 마을들을 서술하고 있다(누가 10, 1~9).

문화적으로 표현한다면, 이러한 배경들――바리새파, 젤롯당, 엣세네파, 예수운동 등――에서 싹튼 팔레스틴 운동들의 목적은 그 당시 정치적 억압과 강력한 이방인의 영향에 직면해 있고 유대인들에게 필요한 정체의식을 심어주는 데 있었다. 이러한 일반적인 시도에 있어서 중추적 역할을 한 것은 핵심적 동기인 율법에 있었다. 이 율법은 그것의 적용범위와 해석의 문제에 있어서 각기 입장을 매우 달리 했던 여러 집단들이 공유했던 것이다. 율법에 대한 강조는 여러 가지 측면에서 개념상 첨예화되고 있다. 율법에 대해 견해상의 차이로 인하여 여러 집단들이 갈라져 나가고 그리하여 종교사회의 현장에서 파벌과 분열이 초래되었다.

다른 집단들과는 달리 예수운동 집단은 다른 집단들의 율법적 이데올로기에 의해서 배제되었던 모든 사람들의 연대의식을 강조함으로써 율법의 개념을 첨예화시켰다. 이렇게 함으로써 예수운동은 율법주의적인 모든 집단을 반대하며 또 그들에 의해서 거부당하기도 한다. 예수운동은 하나님께 대한 신뢰라는 근본적인 개념을 제기한다. 이 개념은 그들의 메시지를 듣고 자발적으로 지원해준 청중들에 의해서 **삶을** 지탱했던 방랑설교가들이 보여준 신뢰에 반영되어 있다. 이런 식으로 그들은 예수나 그의 제자들을 모방한다. 부각되는 상은 공동체의 창설자가 아니라 그것과 아주 다른 인물인 카리스마적 걸인이다. 그는 종교적인 지지를 받는 자들처럼 가난한 자들에 대한 통속적인 경건을 호소한다.

이와 같이 경제적으로 비합리적인 방랑설교가들의 행적을 두고 볼 때 예수운동의 사신은 일정한 거처가 없는 자의 에토스, 또는 가족이나 사회적 단위로부터 유리, 부와 재산에 대한 비판을 반영하는 것으로 요약될 수 있다. 그 운동의 그리스도론은 메시야 혹은 하느님의 아들의 양식을 따르는 것이 아니라 사람의 아들――고난받으며 일정한 거처가 없는, 그러나 마지막에 승천하신――의 양식을 지니고 있다. 사람의 아들과 그의 전도자들, 이 양자의 관계는 의존적이기도 하고 독자적이기도 한데, 거기서 성령은 양자의 관계를 연결시키는 고리를 제공한다. 성령은 카리스마적 전도자들에게 예언자적 통찰력을 부어줌으로써 그들로 하여금 사람의 아들로부터 양도받은 그들의 역할을 분별하게 하고 심지어 그보다 그들의 위치를 더 높여주는 것이다(마태 12,32와 디다케 11,7

13. 게르트 타이센의 성서해석 방법론 *427*

참조). 타이센의 해석이 공관복음서상의 예수의 말들의 진정성에 대한 문제를 분명하게 해결해 주지는 못한다. 그러나 타이센은 부활절 이후의 어떤 정황에서 예수가 집에서 하신 말씀으로 되어 있는 것은 원칙상 본래적인 것으로 간주될 수 없다고 하는 비판적인 생각에 대해서 그는 반대입장을 취하고 있다고 주장한다.[28]

바울의 세계는 팔레스틴에서 전개된 이같은 예수운동과 비교해 볼 때 아주 다른 것이다. 여기서 예수의 말들은 거의 문제시되지 않으며 또한 하느님의 나라는 핵심적인 은유가 아니다. 그리스도론은 아래로부터 위로 지향하는 것이(승천한 사람의 아들) 아니라 위로부터 아래를 (스스로 낮아지신 천상의 구원자) 지향한다. 정치적으로 말해서, 이것은 참된 정치적 분쟁의 고조를 거의 자극하지 않는 그러한 위치에서 통잔된 도시 중심의 혜택을 누리는 도시의 세계이다.

이처럼 통전된 세계에서 바울은 통합적이고 "합리적인" 인간이있다. 그는 여행했던 거대한 문화의 중심지들을 이해하고 있었다. 그는 헬라문화의 중심지들로 접근하게 하는 도구인 헬라어를 구사할 수 있었다. 우리가 알고 있는 바로는 그는 언어상의 장벽이 큰 문제로 드러나는 시골 지역들을 피하는 것처럼 보인다. 다양한 환경에서 한 기능공으로서 자신을 부양할 수 있는 그의 능력은 낚시군이나 농부가 지닐 수 없는 기동성을 반영하고 있다. 더우기 그는 매일매일 남의 도움으로 살 수 없는 상황 혹은 들판을 지나갈 때 한줌의 밀이삭을 주어가지고는 하루하루 살아갈 수 없는 사회적 환경에서 요구되는 계획과 조직을 할 수 있다. 바울 전도여행은 가난한 갈릴리인들의 배경과는 비교할 수 없는 정도의 돈과 교통수단과 연락망이 소요된다.

지금까지 소개된 네 편의 논문들에서 타이센은 그리스도교 공동체가 그 사회적 형태를 빌려온 로마세계에 존재한 이러한 도시의 한 예로서 고린도에 강조점을 둔다. 고린도 교회는 여러 관점에서 볼 때 다양하고 계층화되어 있고 분화되어 있다. 타이센이 특정한 조사에 있어서 가려낸 구분점들——주의 만찬, 우상에게 바친 음식을 먹는 일, 순회 전도자들, 또는 바울 자신의 생계 유지 등——은 단지 신학적 차이에서 야기된 것은 아니다. 그것들은 고린도 교회 구성회원들의 배경이 되고 있는 상이한 사회적, 경제적 세계들을 가리킨다. 예수 운동에는 이 같은 다원주의와 다양성에 일치할 만한 증거가 없다. 따라서 예수운동의 근본적인 윤리가 바울의 상황에 잘 들어맞지 않는다고 해서 놀랄 만한 일은 아

28) Theissen, 1973, p. 78. 그리고 최근의 선언으로는 1979c, p. 13이 있다.

니다.

바울이 고린도에서 사회, 경제상의 차이점들을 다루는 방법은 기존의 사회질서의 개혁에 국한된 것은 아니다. 그것 대신에 그가 제시하고 있는 것은 기존의 사회질서를 넘어서는 비젼, 곧 사회적 경제적인 다양성을 새로운, 보다 근본적인 단계에로 변화시키는 전망을 제시한다. 이것은 부분적으로 교회에는 부자와 가난한 자가 함께 속해 있다는 사실에서 단지 기인하는 것일 수도 있다. 그래서 바울은 가난한 자들의 견해를 옹호하면서도 다른 한 편으로는 부자들의 재원에 의존할 수밖에 없었다. 그러나 타이센은 이같은 사실 배후에 바울 윤리의 특징인 사랑의 가부장주의가 들어 있다고 제안한다. 이 용어는 트뢸취(Troeltsch)의 "가부장주의"에서 채택된 것인데, 이것은 타이센에게 있어서 그가 팔레스틴의 배경에서 보다 특징적인 것으로 본 급진주의 윤리와 명백한 대조를 이루는 것이다. 트뢸취는 "가족"에서 이 같은 가부장적 상의 모델, 말하자면 상이한 역할과 지위로 구성된 형태를 발견하였다. 가부장주의에서 종교적 요소는 사랑인데, 그것은 서열화된 구조내에서의 마찰을 완화시키는 역할을 한다. 트뢸취에 의하면 가부장주의란 다음과 같다 :

기존의 불평등을 기꺼이 인정하려는 기본관념 그리고 인간관계의 윤리적 가치를 위해서 효력을 발휘하게 하는 기본 관념은 주어지는 것이다. 모든 인간의 행위는 하느님께 대한 봉사요 책임적인 직능이며 복종인 동시에 권위인 것이다. 하느님의 청지기들로서 큰 자는 작은 자를 돌봐주어야 하며, 하느님의 종들로서 힘이 없는 자는 권위를 갖고 있는 자들에게 복종해야 한다. 이렇게 함으로써 양자는 하느님께 대한 봉사 안에서 서로 만나게 된다. 그런 까닭에 내면적인 종교적 평등성이 확인되고, 윤리적 소유는 서로 신뢰하는 양보와 책임성의 실천을 통해서 확대된다. 이러한 이상이 바울에게서 불분명하게 이해되고 있다는 사실은 부인할 수 없다. 또한 그는 오직 이 이상에 의해서 외부적으로 주어진 상황들을 그 외적 측면을 간과한 채 변경시키고자 한다는 것 역시 부인할 수 없는 사실이다. [29]

사랑의 가부장주의는 바울 윤리의 기본적인 입장이다. 그것은 바울 사도가 사회질서에서 야기되는 분열들에 직면했을 때 종교적 영역의 차원에서 통합을 추구한 윤리이다.

---

29) E. Troeltsch, *The Social Teaching of the Christian Churches*, Eng. trans. O. Wyon(London and New York, 1931) Ⅰ : p. 78.

III

고린도 교회의 갈등과 바울의 통합의 시도라는 주제는 신약성서학자들에게 친숙한 주제인 것 같다. 고린도에 있는 바울의 적대자들과 그들 내부의 분열들에 대한 확인문제는 오랫 동안 설명을 요하는 문제들 가운데 한 항목이 되어 왔다. 그러나 사회학자에게 있어서 "갈등"과 "통합" 이라는 용어들은 보다 특수한 의미를 갖고 있으며 이론적 혹은 방법론적 의미를 수반한다. 타이센 자신은 고린도인들의 갈등을 사회적 경제적 현실에 근거한 것으로 보고 있기 때문에, 그의 저술이 어느 정도 사회학적 이론을 따르고 있는지 아니면 사회적 실체성의 특수한 견해들에 힘입고 있는지를 묻는다는 것은 정당한 일이다.

그런데 이 책에 나오는 논문들 또는 대부분의 타이센의 저작은 사회학적 이론 혹은 개념적 모델들에 대해서 진지하게 연구한 흔적이 없다.[30] 이런 종류의 문제들은 극소수만 나타날 뿐이다. 타이센의 관심은 사회학자의 관심보다는 사회역사가의 관심과 유사한 것으로 특징짓는 것이 적합한 것 같다. 보다 정확하게 말해서 타이센의 가치이론은 그것이 초대 그리스도교의 분석에 도움을 줄 수 있느냐에 따라서 측정된다. 다시 말하면 "조직적인 관계 속에서 사회학적으로 연관성이 있는 개체의 자료들을 제공해줄 수 있느냐 혹은 그러한 자료에 기초해서 검증될 수 있는 제관계를 구성할 수 있느냐"[31] 하는 초대 그리스도교의 분석에 도움을 줄 수 있느냐에 따라 평가된다.

그러나 이러한 연구들은 얼핏 보기에, 종교자료에 대한 역사가의 이해에 반응을 보이게 될 일반적인 비판이론에 기본적인 관심을 갖고 있다.[32] 이러한 지속적인 질문에 대해서 타이센의 모든 연구는 어느 정도 공헌하고 있다. 바로 이러한 비판이론의 세 가지 기본적인 형태들── 현상학적 분석, 환원주의적 분석, 기능주의적 분석──가운데서 그가 채택하고 있는 것은 세 번째 분석 형태이다. 종교에 대한 현상학적 분석은 종교현상에 대한 자기이해 내지는 의도에서 시작된다. 왜냐하면 종교적 현실은 특수한 것이며, 그러한 현실과 종교가 몸담고 있는 사회적

---

30) 예외적인 것으로는 그의 논문 "Theoretische Probleme religionssoziologischer Forschung..."(1974b)이 있다.
31) *Ibid.*, p. 37.
32) 이것은 타이센의 1978a(=1979b)에서 매우 상세하게 표현되고 있다.

모체 사이의 결속이 단절될 수도 있고, 종교생활의 제도적 형태에도 불구하고 "종교의 핵심은 사회학적 분석에 의해서 도달하기 어렵기 때문이다." 이와 상이한 분석은 인과적 접근방법인데, 이것은 종교현상의 특수한 의도를 거부하고 종교현상 배후에 있는 비종교적 요소들을 추적하는 것이다. 이러한 접근방법은 그것이 종교의 참된 내용과 그 사회적 의미를 식별할 것을 요구하는 한 소위 환원주의적 이론이라고 할 수 있다. 이러한 이론의 고전적인 형태는 종교에 대한 마르크스주의 이론의 정통적인 변수들에서 볼 수 있다.

"기능주의"는 앞서 말한 현상학적 분석이나 환원주의적 분석의 중재역할을 한다. 왜냐하면 그것은 종교현상의 목적을 진지하게 수용하면서도 다른 한 편으로는 종교현상을 그것이 기본적인 사회문제들의 해결에 기여하는가라는 준거틀에서 해석하려고 하기 때문이다. 이 같은 기능주의 분석방법이 갖는 장점들 가운데 하나는 그것이 종교적 전통들의 특수성을 설명해 줄 수 있고 또 고차원적인 추상적 개념들만을 구태여 다루지 않아도 된다는 데에 있다. 동시에 또한 그것은 변화와 발전을 설명할 수 있다. 초대 그리스도교에 대한 타이센의 관점에 있어서 기능주의적 접근방법은 팔레스틴에서 일어난 초대 교회의 운동이 전혀 다른 환경들 속에서 어떻게 지속되고 뻗어나갈 수 있었는가를 설명하는 데 있어서 가장 좋은 전망들——"기능적인"——을 제공해 준다는 것이다.

기능주의자의 중요한 점은 사회적 행위의 "의식적인 동기들"과 그 "객관적인 결과"[33]들 사이에는 일종의 기본적인 구분이 있다고 보는 것이다. 이 양자는 필연적으로 동일하지 않다고 가정한다. 사회적인 행위의 의식적 동기들은 주관적이고 의식적이며 계획적인 것이지만 이에 반하여 그 객관적 결과들은 실제적이고 객관적인 것(언제나 쉽게 인정되는 바는 아니지만)일 뿐만 아니라 비의도적인 것이기도 하다. 이 양자의 구분은 드러난 기능들과 잠재적인 기능들 사이의 차이 만큼 널리 알려진 것이다.[34] 한편 타이센은 "주관적인 의도"와 "객관적 기능"이라는 용어를 쓰고 있다. "종교현상의 객관적 기능은 그것의 의도와 거의 동일한 것이 아니다. 비록 그것이 인간적인 의도들을 통해서 중재되는 것이라 하

---

33) R.K. Merton, "Manifest and Latent Function," chap. 1. of his *Social Theory and Social structure*, 2d rev. ed.(Glencoe, Ill, 1957). 이것은 N.J. Demerath Ⅲ and R.A. Peterson, eds., *System, Change and Conflict: A Reader on Contemporary Sociological Theory and the Debate Over Functionalism* (New York, 1967), p. 53.

34) *Ibid.*, pp. 9~75.

더라도 그러하다. 대체적으로 종교현상의 객관적 기능은 종교적인 의도들의 뜻하지 않은 결과들에서 탐구되어져야 한다."[35] 이러한 관점은 사회학적 문제들을 취급하고자 하는 역사가에게 부인할 수 없는 유익함을 가져다 준다. 또한 개인적이고 독특한 것에 대한 역사가의 관심과 전형적이고 집단적인 행위에 대한 사회학자의 관심 사이의 기본적인 차이는 대략 병행되어 나타난다. 그러므로 기능주의는 종교에 대한 상이한 이론들, 현상학적 이론이나 인과론적 이론 모두에 있어서 중요한 것을 통합하는 유리한 점이 있다. 그리고 그것은 역사학과 사회학 분야에서 적합하지만 상이한 관심들을 통합하는 데 가장 좋은 전망을 제시해 주기도 한다.

타이센의 견해에 의하면, 기능주의는 "분리된 사회적 준거틀 내에서 기본적인 욕구들을 충족시켜주는 것이 무엇이든지 간에 그것에 중점을 둔다." 모든 사회적 현상들 중에서 사회적으로 유효한 것들만이 관심의 대상이 되거나 참으로 기능적인 것이라는 타이센의 견해는 그가 당면한 과제를 직접 진척시키는 데 있어서 필요 이상의 광범위하고 포괄적인 이론의 영역에 끼어들기를 다소 주저하고 있음을 보여준다. 그러나 "사회적인 준거틀", 다시 말해서 특정의 제반 행위, 관념, 상징의 기능에 대한 어떤 준거점도 의미를 갖지 못하는 것들과 분리된 포괄적인 전체나 상황을 이해하려는 것이 중요하다. 초대 그리스도교에 있어서 가장 폭넓은 사회적 준거틀은 로마제국의 사회이다. 물론 거기에는 출발점으로서 삼을 수 있는 보다 협소한 준거틀이 있는데, 예를 들어 팔레스틴 사회라든가 그리스도교 공동체들을 들 수 있다. 준거틀 내에서 강조점은 "사회적 욕구들을 충족시키는 데 주어지는데, 그것을 타이센은 두 가지 기본적인 유형, 질서의 창출과 갈등의 조정이라고 특징짓는다. 이 상반적인 유형들은 사회구조가 이와 유사해야 한다는 이념적인 전제에서 보는 것처럼 상호배타적인 덕(혹은 악덕)으로 간주되지는 않는다. 오히려 질서의 창출과 갈등의 조정이라는 사회적 준거틀은 실제적인 전체 사회조직들이 세력들간의 균형이나 조정을 추구해 가면서 계속해서 지향해야 하는 두 가지 목표로서 간주된다.

타이센은 갈등과 통합의 개념들에 또 다른 개념의 틀을 끼어 넣는데, 그것은 종교의 창조적 기능에 의해서, 그리고 한 편으로는 종교의 제한적 기능에 의해서 두드러지게 나타난다. 이 개념적 틀은 종교에 관한

---

35) Theissen, 1974b, p. 39.

이론적인 관점들의 제어역할을 하며, 이것에 의해서 그는 고전 이론들을 알아낼 수 있고 기능주의적 접근[36]의 핵심을 강조할 수 있다. 따라서 그는 종교에 관한 비판이론의 발전에 관심을 가졌던 것이다.

그러나 우리는 타이쎈의 저작 속에 있는 사회학적 이론의 역할이나 사회적 개념들에 관심해 보자. 그것들은 바울이 고린도에서 직면했던 문제들과 그가 제시했던 해결책들을 서술하는 데서 사용한 용어들인 "갈등"과 "통합"에서 본래 우리가 취했던 것들이다. 타이쎈은 고린도에서 제기된 갈등들을 고린도전후서에 대한 전통적인 주석, 즉 신학사상의 분열에 대한 증거로서 간주하지 않고 갈등과 통합이라는 보다 폭넓은 사회학적 이해에 의해서 보고 있음이 분명하다.

타이쎈은 종교에 대한 인과들을 짧게 언급하고 있다. 갈등에 대한 인과론적 강조가 그의 출발부터 드러났던 마르크스 이론에 대한 심취를 보여주는 것인지에 대한 문제는 여전히 남아 있다.[37]

갈등의 주제가 타이쎈의 저작에서, 또는 우리가 이미 언급해온 바인 팔레스틴 그리스도교와 바울의 그리스도교간의 일반적인 양극성의 경계를 넘어서는 방식에서 유용한 개념적 틀임이 입증되었다는 것은 분명한 사실이다. 특히 그는 1세기 팔레스틴에 있어서 예수의 "추종자들"과 주로 경제적 요인에서 결과한 사회적 해체현상 사이의 관계를 서술하였다. 그는 도시와 시골 사이의 사회생태학적 갈등을 도입함으로서 예수의 성전예언(마가 14,58)에 대한 해석을 제공하였다. 정치적 갈등은 마태복음 5장 38~48절에 대한 그의 이해에 있어서 중심적 역할을 한다.[38]

이와 같이 모든 관점이 갈등에 집중되어 있는 것은 현대 사회학의 사상에 있어서 갈등이론에 대한 폭넓은 평가를 요구한다. 요컨대 게오르그 짐멜(Georg Simmel)에게서 창시되고 보다 최근에 래비스 코저[39] (Lewis Coser)의 저서를 통해서 본격화된 갈등이론은 마르크스 이론의 특징인 보다 협소한 갈등의 견해를 극복하는 방식으로 탐구되고 재정립되어야 한다는 점을 명심해야 한다. 협소한 갈등이론의 필연적인 결과로 마르크스주의는 현저한 갈등의 양상인 경제적 갈등에 대한 강조를

---

36) *Ibid.*, p. 42.
37) 타이쎈은 이러한 쟁점을 최근에 조직적으로 다루고 있다(1979c, pp. 25~30).
38) Theissen, 1977b ; 1976a ; 1979d.
39) L. Coser, *The Function of Social Conflict* (Glencoe, Ill., 1956). 짐멜(Simmel)의 논문은 K.H. Wolff가 번역한 E.C. Hughes, ed., *Conflict and the Web of Group Affiliations* (Glencoe, Ill., 1955)에 근거하고 있다.

계속하고 있다. 현대의 기준에서 볼 때 갈등이론 자체는 종교에 대한 마르크스의 해석을 도입한 것과는 달리 일종의 "환원주의"이다. 그것은 현대 사회학자들이 관심을 갖고 있고 또 타이센이 말하고 있는 갈등의 다양성과 명백한 대조를 이루고 있다. 거기에서 우리는 경우에 따라 무익하게 혹은 잠정적으로 이용될 상충의 영역을 발견하게 된다. 그러한 영역은 종교의 상징들, 행위들, 이념들과 보다 광범위한 사회·정치·경제·생태학상의 실재들의 세계 사이의 제반 상관관계를 지적해 준다. 그것들은 타이센이 제시한 바대로 손상되지 않은 채 남아 있다. 궁극적으로 하나의 특정 범주가 다른 범주로 대치될 수는 없다.

결론적으로 타이센에게 있어서는 종교의 상징들, 행위들, 이념들과 보다 광범위한 사회·정치·경제·생태학적 현실들의 제반 상관관계뿐만 아니라 그 관계 자체의 특성이나 구조가 분명하게 드러난다. 이것은 그가 경제적인 억압과 갈등을 종교운동을 형성하게 하는 구성 요인으로 지적할 때 가장 선명하게 드러난다. 이에 해당되는 경우로는, 팔레스틴의 경제적으로 억눌리고 억압받는 그러한 상황 속에서 예수운동이 일어났고 재물을 거부하고 가난을 옹호하는 급진적인 윤리를 내세우는 카리스마적 방랑설교자들이 배출케 된 것을 들 수 있다. 타이센이 경제적 환경의 일반적 역할이 이러한 윤리의 대두에 기여할 수 있음을 지적했다고 해서 경제적 환경들만이 이런 상태를 유발할 수 있다고 하는 말은 아니다. 사실상 우리가 공관복음서에서 말하는 경제적 환경은 비교적 부유한 편이다. 이러한 사실 때문에 타이센은 경제적으로 비교적 부유한 상황에서 재물을 거부하고 전적으로 의존적인 삶의 양상을 취한다는 것은 그런 윤리가 경제적 환경에 의해서 불가피하게 형성되었다기보다는 오히려 자의적으로 수용되었음을 보여준다고 결론짓는다. 따라서 경제적 제반 환경과 종교적 행위 사이의 관계는 직접적인 것이 아니라 간접적인 것이다. 물론 이러한 견해는 도전받을 수 있지만[40] 그럼에도 불구하고 복음서들 자체의 증거에 일치하는 것이다.[41]

상술한 마지막 해석은 우리의 출발점으로 다시 돌아가게 한다. 여하튼 게르트 타이센의 연구는 신약성서학자로서의 것이다. 그가 전통적인 주석상의 관점들——역사분석과 문헌비평——에 관심을 보이는 것이 바로 이와 같은 특성을 갖게 한다. 그는 초대 그리스도교의 사회학에

---

40) L. Schottroff and W. Stegemann, *Jesus von Nazareth——Hoffnung der Armen* (Stuttgart, 1978).
41) 위의 책 p. 37. 참조.

깊은 관심을 갖고 있으면서도 또 한 편으로는 신약성서학 분야에서 두 세대 이상에 걸쳐서 깊이 자리잡은 주제를 채택하고 있다. 그것은 그가 추상적인 사회이론에서라기보다는 사회사적 측면에 보다 의존함으로써 추구하는 관심인데, 그는 자기가 요구하는 그러한 이론을 분명히 말하고 있고 어떤 해명 없이도 변호하려고 한다.

우리가 성서본문의 해석을 통해서 관심사의 영역을 넓힌다는 것은 그리 쉬운 일이 아니다. 또한 그것의 결과와 반응은 예측할 수 없다. 이 뽈리쁘 멘느(Hippolyte Taine)의 『문헌분석의 역사』(*Histoire de la littérature anglaise*)는 그가 문헌의 "사회적 환경"이라고 칭하는 것, 오늘날에는 문헌의 사회적 기초라고 하는 것을 지적하고 있는데, 이것은 문헌의 창출을 설명하는 것으로 이해되어야 한다. 그가 속한 시대인 19세기에 있어서 그에 대한 동료들의 반응은 열띤 논쟁과 적지 않은 반박을 일으켰다. 오늘날 그는 문학 사회학의 창시자로 간주된다. 플로베르는 멘느의 저서에 대해서, 그것은 불분명한 점이 있다고 하더라도 책들을 마치 하늘에서 떨어진 유성처럼 생각했던 무비판적인 개념을 종식시켰다고 평가했다.[42] 물론 그들이 말한 것은 신약성서와 무관한 것이었고 사실 무관한 것이다. 타이센 자신은 최근에 이와 동일한 관점을 말했다. "신약성서를 신적 질서의 반향으로 이해할 수 있는 자들만이 그것은 필연적으로 사회적 갈등을 반영하고 있는 것임을 깨닫게 될 것이다. 다른 한편 우리의 가장 내면적인 확신들조차 그것들이 경험되고 지속된 사회적 제 갈등과 관련되어 있다는 개념을 원칙상 받아들일 수 있는 사람이라면 신약성서 안에서 이러한 연관성을 보다 잘 이해하게 될 것이다. 본서에서 다루게 될 기사들은 신학적 인과율에 대한 열망을 고의적으로 깎아내리려는 것을 즐겨하는 태도로 각성시키자는 데 그 목적이 있는 것도 아니고 또 그것을 강화시키려는 데 있는 것도 아니다. 그들의 목적은 우리의 종교에 대한 그 사회적 기원들을 계몽시키는 데 있다."[43]

---

42) E. and T. Burns, *Sociology of Literature and Drama* (Harmondsworth, England, 1973, p. 57)의 재판에 있는 H. Levin, "Literature as an Institution," *Accent* 6 (1945~46).

43) Theissen, 1979c. pp. 29~30.

선별된 게르트 타이센 저술 목록

맹호성

게르트 타이센 교수의 저술 목록은 그의 학교 사이트에서 확인할 수 있다.

https://katalog.ub.uni-heidelberg.de/cgi-bin/heibibprofil.cgi?gnd=115438106

이와는 별개로 아래 링크로 그의 2009년 6월까지의 저술 목록(번역서 정보 포함)을 내려 받을 수 있다.

https://www.uni-heidelberg.de/imperia/md/content/fakultaeten/theologie/personen/theissen/bibliographie_theissen

아래에는 그의 단행본을 몇 권 선별하여 소개한다.

Untersuchungen zum Hebräerbrief. StNT 2. Mohn, 1969.

Urchristliche Wundergeschichten: Ein Beitrag zur formgeschichtlichen Erforschung der synoptischen Evangelien. StNT 8. Mohn, 1974.
   (영) *The Miracle Stories of the Early Christian Tradition.* T&T Clark 1983; Fortress, 1983.

Soziologie der Jesusbewegung: Ein Beitrag zur Entstehungsgeschichte des Urchristentums. TEH 194. Kaiser, 1977.
   (영영) *The First Followers of Jesus: A Sociological Analysis of the Earliest Christianity.* SCM, 1978. (미영) *Sociology of Early Palestinian Christianity.* Fortress, 1978.
   (한) 『예수 운동의 사회학』. 종로서적, 1981.

Studien zur Soziologie des Urchristentums. WUNT 19. Mohr/Siebeck, 1979, ³1989.
   (영; 바울 관련 부분 출판) *The Social Setting of Pauline Christianity.* Fortress, 1982; T&T Clark, 1982.
   (영; 상기 영어판 외 나머지 대부분 출판) *Social Reality and Early Christians: Theology,*

Ethics, and the World of the New Testament. Fortress, 1992.
　(한) 『원시 그리스도교에 대한 사회적 연구』. 대한기독교출판사, 1986; 알맹e, 2024 개정판.

Psychologische Aspekte paulinischer Theologie. FRLANT 131. Vandenhoeck, 1983.
　(영) *Psychological Aspects of Pauline Theology.* Fortress, 1987; T&T Clark 1987.

Der Schatten des Galiläers: Historische Jesusforschung in erzählender Form. Kaiser, 1986
　(영) *The Shadow of the Galilean.* Fortress, 1987; SCM, 1987.
　(한) 『갈릴래아 사람의 그림자』. 한국신학연구소, 1988; 비아, 2019.

Lokalkolorit und Zeitgeschichte in den Evangelien: Ein Beitrag zur Geschichte der synoptischen Tradition. NTOA 8. Universitätsverlag, 1989, ²1992.
　(영) *The Gospels in Context: Social and Political History in the Synoptic Tradition.* Fortress, 1991; T&T Clark, 1991.

Der historische Jesus: Ein Lehrbuch. Vandenhoeck, 1996. (Annette Merz와 공저.)
　(영) *The Historical Jesus: A Comprehensive Guide.* SCM, 1998; Fortress, 1998.
　(한) 『역사적 예수』. 다산글방, 2001.

Die Religion der ersten Christen: Eine Theorie des Urchristentums. Gütersloher, 2000.
　(영영) *A Theory of Primitive Christian Religion.* SCM, 1999.
　(미영) *The Religion of the Earliest Churches: Creating a Symbolic World.* Fortress, 1999.
　(한) 『기독교의 탄생』. 대한기독교서회, 2009; 2018.

Gospel Writing and Church Politics: A Socio-rhetorical Approach. Chuen King Lecture Series 3. (Hongkong) Theological Division, 2001.
　(한) 『복음서의 교회정치학』. 대한기독교서회, 2002.

Das Neue Testament: Geschichte, Literatur, Religion. Beck, 2002.
　(영영) *The New Testament. History, Literature, Religion.* T&T Clark, 2003.
　(미영) *Fortress Introduction to the New Testament.* Fortress, 2003.
　한국어판: 『그리스도인 교양을 위한 신약성서』. 다산글방, 2005.

Zur Bibel motivieren: Aufgaben, Inhalte und Methoden einer offenen Bibeldidaktik. Kaiser, 2003.
　(영) *The Bible and Contemporary Culture.* Fortress, 2007.
　(한) 『성서, 어떻게 가르칠 것인가?: 열린 성서 학습의 길』. 동연, 2010.

2008년 이후 출간된 주요 저술들

Botschaft in Bildern: Entmythologisierung als theologische Wahrheitssuche. Theologische Interventionen 6. Kohlhammer, 2021.

Der Anwalt des Paulus. Gütersloher, 2017.

Von Jesus zur urchristlichen Zeichenwelt: Neutestamentliche Grenzgänge im Dialog. NTOA/ StUNT 78. Vandenhoeck & Ruprecht, 2011.

Neutestamentliche Wissenschaft vor und nach 1945: Karl Georg Kuhn und Günther Bornkamm. Schriften der Philosophisch-historischen Klasse der Heidelberger Akademie der Wissenschaften. Universitätsverlag Winter GmbH Heidelberg, 2009.

헌정 논문집들(Festschrift)

Resonanzen: Gerd Theißen zum 80. Geburtstag. Petra von Gemünden, Annette Merz u. Helmut Schwier eds. Gütersloher Verlagshaus, 2023. 80세 기념 헌정 논문집.

Jesus – Gestalt und Gestaltungen. Rezeptionen des Galiläers in Wissenschaft, Kirche und Gesellschaft. Festschrift für Gerd Theißen zum 70. Geburtstag. Petra von Gemünden, David G. Horrell, Max Küchler eds. Vandenhoeck & Ruprecht, 2013. 70세 기념 헌정 논문집. https://doi.org/10.13109/9783666593628

Neutestamentliche Grenzgänge: Symposium zur kritischen Rezeption der Arbeiten Gerd Theißens. Festschrift für Gerd Theißen zum 65. Geburtstag. Peter Lampe, Helmut Schwier eds. Vandenhoeck & Ruprecht, 2009. 65세 기념 헌정 논문집. https://doi.org/10.13109/9783666533938

신약과 사회학적 연구 방법론과 그 역사에 관한 짧은 자료 목록

맹호성

사회학적(사회과학적) 연구 방법론의 전체 흐름을 파악하기를 원한다면, 한국어로는 드실바의 글이 있다. 드실바는 2004년 이전까지의 이 분야의 흐름에 대한 개관과 복음주의 계열의 평가를 볼 수 있는 좋은 자료이다. 유승원의 소논문도 유용하다. 영어로는 Horrell의 것이 2002년 기준으로 지난 30년 간의 흐름을 균형 있게 잘 정리한 것으로 평가받는다. 가장 최신의 것으로는 Esler를 참고하면 된다.

드실바, 데이비드 A. "말씀의 구체화: 신약성서의 사회과학적 해석." 스캇 맥나이트, 그랜트 오스본 역음, 『현대 신약성서 연구』. 새물결플러스, 2018, 223-242.

유승원. "신약연구에 있어서 사회학적 방법론이 갖는 의미와 그 한계." 『나사렛논총』 4, 1999, 147-174.

Horrell, David G. "Social Sciences Studying Formative Christian Phenomena: A Creative Movement." In *Handbook of Early Christianity: Social Science Approaches*. Edited by Anthony J. Blasi, Jean Duhaime, and Paul-André Turcotte, 3-28. AltaMira, 2002.

Esler, Philip F. "Social Scientific Criticism." In *The New Cambridge companion to biblical interpretation*. Edited by Ian Boxall and Bradley C. Gregory, 129-149. Cambridge University Press, 2023. DOI: https://doi.org/10.1017/9781108859226.009

사회학적 방법론 자체에 관해서 공부하기를 원한다면, 한국어로는 마틴의 것을 참고하면 된다. 가장 정교하고 자세하게 정리된 것은 아쉽게도 한국어로 번역되지 않은 Elliott의 것이다(Guides to Biblical Scholarship 시리즈는 한국어로 거의 다 번역되었는데, 유감스럽게도 이 책은 한국어로 번역된 적이 없다).

마틴, 데일. "사회과학적 비평." 스티븐 헤이네스, 스티븐 매켄지 엮음, 『성서비평 방법론과 그 적용』. 대한기독교서회, 1997, 161-188.

Elliott, John Hall. *What Is Social-Scientific Criticism?* Guides to Biblical Scholorship, New Testament Series. Fortress, 1993.

어느 분야나 처음 입문할 때는 해설이 잘 된 참고문헌 목록이 큰 도움이 되는데, 성서학 분야는 Oxford Bibliographies가 가장 잘 되어 있다. 아쉽게도 2010년도에 마지막으로 업데이트되었지만 그래도 여전히 가장 방대한 목록이며 자세하고 친절한 설명이 항목마다 붙어 있다.

Dietmar Neufeld. "Social Sciences and the New Testament." Oxford Bibliographies. 2010. DOI: 10.1093/OBO/9780195393361-0117

이 분야의 번역서 정보는 저자의 참고문헌에 모두 포함시켰지만, 그 뒤로 나온 책 2권이 있어서 아래에 제시한다. 슈테게만과 슈테게만의 책은 1995년에 출간된 독일어 원서를 번역한 것으로 타이센의 책보다 좀 더 많은 내용을 더 체계적으로 잘 담은 입문서에 해당한다. 1989년에 출간된 홀슬리호슬리의 *Sociology and the Jesus Movement*를 번역한 『예수운동』은 100여쪽에 걸쳐 타이센의 사회학적 해석 방법론을 분석 비판하고 있어서 유용하다.

슈테게만, 볼프강, 에케하르트 슈테게만. 『초기 그리스도교의 사회사: 고대 지중해 세계의 유대교와 그리스도교』. 손성현, 김판임 옮김. 동연출판사, 2012.

홀슬리, 리차드. 『예수운동』. 이준모 옮김. 한국신학연구소, 1993.

역자 후기

　신약성서는 갈릴리에서 전개된 예수 집단의 하나님 나라 운동에 뿌리를 두고 있다. 이 운동은 A.D. 1세기 로마 제국의 식민지 하에 있던 팔레스틴 민중의 사회경제적 조건과 결코 분리해서 생각할 수 없다. 복음서는 바로 예수 운동 집단의 사회적 생활기록이요, 그것은 개인의 사변의 산물이 아니라 공동체의 사회적 삶의 고백이요 서술이다. 그것은 개인 예수의 전기가 아니라 예수를 중심으로 전개되었던 갈릴리 오클로스의 사회전기이다. 그런데 지금까지의 성서 연구는 이 점을 보지 못하였다. 본문비평은 성서의 수많은 사본들 가운데서 어느 것이 원본에 가까운 것인가를 추적하였다. 본문 비평은 문헌 비평에로 발전하여 성서 각 문서들의 문학적 목적, 시대적 배경, 저자, 연대 등을 밝히는 일에 몰두하였다. 그 결과 성서에는 수 많은 전승층들이 혼합되어 있다는 것과 그 전승 자료들은 일정한 양식을 가지고 있음을 발견하였다. 이 전승 양식은 구전에서 문서화의 단계를 거치는데, 전승의 담지자는 개인이 아니라 공동체이고, 전승의 삶의 자리는 다름아닌 사회학의 대상인 교회라는 결과에 도달하였다. 이 삶의 자리가 곧 전승의 내용과 형식을 규정한다. 여기에서 한 걸음 더 나아가 전승 담지자들의 편집 의도, 즉 그들의 신학을 물은 것이 편집사 비평이다. 양식사 비평이 개개 전승의 양식에 몰두한 나머지 "나무는 보고 숲을 보지 못한" 과오를 범한 반면에, 편집사 비평은 필자들이 어떤 의도를 가지고 전승을 편집했는가에 관심하면서 전승의 통전적 의미를 파악하였다. 물론 이상과 같은 성서 연구 방법들이 성서의 한 면을 우리에게 밝히 보여주었다는 사실을 부정할 수는 없다. 그러나 이들은 종교사의 테두리 안에 그대로 머물러 있으면서, 교회 운동을 일반사와 유리된 종교 현상으로 생각한 나머지, 공동체에 대한 사회학적 물음을 제기하지 못하였다. 그런데 70년대에 접어들면서 활발히 전개된, 사회학적 방법으로 성서를 연구하는 경향은 성서의 새로운 지평들을 우리에게 안겨주고 있다. 이 책의 저자 게르트 타이쎈이 그 대표자 가운데 한 사람이다. 그는 예수 운동의 삶의 자리를 전체 사회의 틀에서 찾아내려고 한다. 『예수 운동의 사회학』(조 동호 역 : 종로서적)에서 타이쎈은 예수 운동을 가능케 했던 사회학적 동기를 밝힘으로써 예수 운동과 그 시대의 사회적 조건 사이의 상호작용을 추적하고 있다. 그는 성서해석을 하는 데 있어서 네 가지 사회적 시각을 제시한다. 사회—경제적 요인, 사회—생태학적 요인, 사회—정치적 요인, 사회—문화적 요인이 그것이다. 여기에 실린 논문들은 바로 이러한 사회학적 방법론을 도입하여 성서를 해석한 본격적인 논문들이다. 제Ⅰ부에서는 사회학적 성서해석의 역사와, 방법론의 문제를 다루고 있고, 제Ⅱ부에서는 공관복음서에 대한 사회학적 해석을 시도하고 있다. 제Ⅲ부에서는 바울 공동체 내부의 사회 계층을 분석하고 있으며, 제Ⅳ부 부록은 역자가 타이쎈의 성서해석 방법 이해에 지침이 될 수 있다고 판단한 논문 두 편을 선정하여 실었다. 이 책은 한국 역사와 사회 현장에서 출발한 민중신학의 성서적 전거를 제공하는 데 크게 기여하리라고 본다. 처음에는 제Ⅲ부 "바울"편을 영역본에서 번역하였으나(영어로는 이 부분만 번역, 출간되었다), 대한기독교서회 측의 요청으로 뒤 늦게 원본을 구입하여 번역을 서둘렀다. 따라서 용어상 일치되지 않는 부분들이 있는데 독자들의 양해를 구한다. 번역과 교정에 도움을 준 동료들과 최근 출판된 원서를 빠르게 구입해 준 목원대학의 이 경숙 교수님께 감사드린다. 이 책의 출판을 허락해 주신 대한기독교서회의 조 만 편집부장님 그리고 박 정진 목사님에게도 고마운 마음을 드린다. 역자에게 삶과 학문의 길을 일깨워 주시고, 변함없는 사랑으로 보살펴주시는 한국신학연구소의 안 병무 박사님께 이 역서를 드린다.

                            1984. 3.   유학의 길을 떠나며

                                                역 자

타이센의 『원시 그리스도교에 대한 사회학적 연구』 복간에 즈음하여

김명수
경성대학교 명예교수
충주〈예함의집〉 원목

(1) 나의 신학의 길

나는 충청남도 부여군 홍산면 조현리(새재마을) 식송에서 태어났다. 수해(水害)가 잦은 지역이라 마을 어귀에 소나무 식수(植樹)를 많이 했다고 해서 부쳐진 마을 이름이 식송(植松)이었다. 그래서인지 몰라도 열 채 정도의 초가집으로 구성된 마을 어귀엔 소나무 숲이 우거져있었고, 황새를 비롯한 여러 철새들이 날개를 쉬어가는 곳이기도 하였다.

나는 1948년 12월 4일 태어났다. 내가 태어나던 날, 어느 탁발 스님이 우리 집에 들렀다고 한다. 사립문에 금줄이 처져있는 것을 보시고, 시주를 받으신 스님께서 집안에 무슨 경사스러운 일이 있느냐고 물었다. 할머니께서 오늘 손자를 얻었는데, 아직 이름을 짓지 못했다면서 작명(作名)을 부탁하신 모양이다. 스님께서는 즉석에서 밝을 '명(明)'자와 물가 '수(洙)'자를 조합하여 '명수(明洙)'라는 이름을 지어주셨다고 한다. 직역하면 "밝은 물가"이다. 물가(洙)는 물고기가 많이 모여드는 곳이니, 세상에 대한 은유적 표현이기도 하다. 해(日)와 달

(月)이 온 누리를 환하게 비추듯이, "세상을 환하게 비추는 사람이 되어라."라는 뜻에서 지어준 이름이라고 했다. 스님께서 성경을 읽었는지 몰라도, 마태복음이 전하는 산상설교 중에 세상의 빛이 되어 사는 것이 가장 아름다운 삶임을 예수께서 말씀하셨다. **"너희는 세상의 빛이다. …너희 빛을 사람들에게 비춰라. 그래서 사람들이 너희 착한 행실을 보고, 하늘에 계신 너희 아버지께 영광을 돌리게 하라."**(마태5:14-16)

내 이름이 이러한 뜻을 지니고 있었는지 모르고 살아왔다. 나는 엔지니어가 되겠다는 꿈을 안고 공과대학에 진학했다. 대학 3학년 때, 평화시장에서 피복노동자 전태일의 분신(焚身) 사건이 터졌다. **"노동자는 기계가 아니다," "근로기준법을 준수하라"**라는 플래카드를 들고 시위하는 도중에 그는 스스로 분신(焚身) 자결의 길을 택했다.

박정희가 군사쿠데타로 정권을 잡은 후 10년째 되는 해였다. 군사정권은 "저임금 정책"을 동력(動力)으로 경제개발을 밀어붙였다. 제조업 노동자들은 하루 14시간 일하고, 받은 하루 임금(賃金)은 500원이었다. 당시 다방 커피 한 잔 값이었다. 세계에서 최장의 노동시간, 열악한 노동환경, 저임금에 시달리며, 노동자들은 경제개발의 주역으로 일했다. 허나, 그들에게 돌아온 것은 빈곤과 굶주림과 빚더미였다. 당시 한국의 노동자들은 세계에서 가장 오래 일하고 가장 짧게 쉬었으며, 가장 많이 일하고 가장 적게 받았으며, 가장 많이 만들고 가장 춥게 살았다.

청년 전태일 청계천 피복 공장에서 봉제공으로 일했다. 마치 닭장과 같은 비좁은 작업공간에서 피를 토하며 죽어가는 동료들을 목격하면서, 그는 노동환경 개선을 위하여 백방으로 뛰어다녔다. 하지만, 모든 노력이 수포가 되었다. 절망과 좌절 속에서 자기 목숨을 던져 노동환경 개선을 위한 사회적 경각심을 일깨우고자 했다. 이러한 맥락에서 전태일은 동료들과 함께 시위했고, 경찰들이 제지하자 스스로 분신의 길을 택했다. 그의 분신 자결은 사회적 불의를 고발하고 정의를 세우기 위한 살신성인(殺身成仁) 사건이었다. 그의 분신 사건은 들

불처럼 사회 전역으로 번져나갔다. 이 땅의 수백만 노동자들이 노동운동에 가담했다. 이 사건은 지성인들의 경각심을 불러일으켰다. 노동자, 소농, 도시빈민, 이른바 사회의 소수 계층에 속하는 민중의 인권과 생존권 보장을 위한 연대운동으로 일어났다.

기독교계에서도 신앙의 자성(自醒) 운동이 일어났다. 한국기독교교회협의회(NCCK)에 도시산업선교 센터가 설립되고, 이를 중심으로 민중의 생존권 보호를 위한 사회선교 활동이 본격화되었다. 그 결과물에 대한 신학적 성찰이 세계교회가 시선을 끌었던 민중신학으로 열매를 맺어갔다.

전태일의 분신사건은 나 개인의 삶도 바꾸어놓았다. 나는 엔지니어가 되는 꿈을 안고 대학에 진학했다. 하지만, 전태일 분신 사건은 그동안 내가 걸어왔던 길에 물음을 던지게 했다. 산다는 것의 의미를 다시 묻게 했다. 나는 그리스도인의 한 사람으로서, 어떻게 사는 것이 인간다운 삶인지를 되물었다. 1년 동안 치열하게 나 자신과 싸웠다. 나는 가던 길을 멈추었다. 1972년 봄, 한국신학대학의 문을 두드렸다. 나와 동갑내기인 전태일의 죽음이 나를 신학의 길로 이끌었다.

그해 가을이었다. 박정희는 유신헌법을 공포했다. 헌법을 고쳐 대통령 종신제를 실시한 것이다. 유신헌법 선포는 이 땅에서 민주주의의 종언(終焉)을 뜻했다. 민주회복을 위한 유신철폐 학생 시위가 전국 대학가로 퍼져나갔다. 이에 당황한 유신정권은 '대통령긴급조치법'을 발동하였다. 유신 반대세력들을 닥치는 대로 검거하고 투옥했다. 나라 전체가 거대한 '유신 감옥'으로 변했다.

내가 다니던 신학교에서도 연일 유신 반대 시위가 이어졌다. 유신정권 치하에서 고난 겪고 있는 한국 민중의 절규를 들으면서, 신학생들은 예수시대 로마 식민 치하에서 고통을 당하던 갈릴리 민중의 고난을 떠올렸다. 그들과 동고동락하며 삶의 동반자로 살았던 예수의 고난과 죽음을 상기(想起)했다. 교수와 학생들은 노동자들의 생존권 보호와 민주주의 회복을 외치며 시위했다. 100일 동안 밤낮으로 시국(時局)기도회를 개최하고, 교수와 학생들이 유신독재에 저항하여 공동 삭발(削髮)을 하기도 했다.

신학생들의 유신 반대 시위는, 우리 시대에 주어진 십자가를 등에 지고 예수를 따르는 행위였다. 민중을 억압하던 권력에 맞섰던 구약시대 예언자들의 항거에 동참하는 행위였다. 유신정권은, 주동했던 신학생들을 색출하여 퇴학 처분했다. 학생들에게 영향을 끼친다고 판단된 두 분의 교수를 파면했다. 기숙사는 폐쇄되었고, 학생들의 교정(校庭) 출입이 원천 봉쇄되었다. 휴교령(休校令)이 내려졌고, 유신정권은 폐교(廢校) 수순을 밟아갔다.

1975년 10월 어느 날 이른 새벽이었다. 나는 체격이 건장한 사람들에 의해 집에서 불법으로 납치되었다. 정신을 차리고 보니, 남산에 있는 중앙정보부 대공분실(對共分室)이었다. 건물 현관문에는 붙어있는 **"우리는 음지에서 일하고 양지를 지향한다"**라는 현판이 눈에 들어왔다. 섬뜩했다. 나는 지하실로 끌려가 한 달 동안 갇혀 지냈다. 밤낮으로 혹독한 고문이 가해졌다. 발가벗긴 채로 의자에 묶여 온몸이 피멍이 들 때까지 구타당하기도 했다.

당시 내가 다니던 신학교에 재일 교포 학생이 유학 목적으로 와 있었다. 그는 일본 동지사대학 신학부에서 몰트만의 "역사"를 주제로 석사학위를 받았고 재일 교포 사회에서 촉망받는 청년이었다. 그는 초기 한국교회의 거목(巨木)인 김재준의 신학사상 연구를 목적으로 한국에 왔다고 했다. 나는 당시 신학대학 학장으로부터 부탁을 받았다. 그가 한국사회와 문화전통에 대하여 쉽게 적응할 수 있도록 도와주라고 했다. 나는 그와 같은 기숙사에서 지내면서 한국말도 가르쳐주기도 하고, 서울의 명소(名所)들을 다니며 소개해 주기도 했다. 그런데, 그러한 친절이 나에게 화근이었다.

중앙정보부 수사관의 주장에 따르면, 그는 평양에서 특수훈련을 받고 남파된 북한 공작원이었다. 나는 그에 의해 포섭되었고, 그의 지령을 받아 유신철폐 학생 시위 배후 조종자가 되었다. 수사관들은 신학생들의 유신철폐 학생 시위를 북한 반국가집단의 소행으로 퍼즐을 짜맞추어 갔다. 그 과정에서 나는 신학생에서 간첩으로 둔갑하여야 했다. 내 입에서 간첩이라는 자백이 나올 때까지, 수사관들은 집요하게 극심한 고문과 회유를 계속했다. 나는 억울함과 분노를 그 어디에도 호소할 길이 없었다. 스스로 극단적인 선택을 생각하기도 했다. 1975년 11월, 중앙정보부는 중앙 일간지에 "한국신학대학 유학생 간첩단 사건"을 대서특필하여 발표했다. 신문발표에서 나는 북괴의 지령에 따라 움직인 꽤 서열이 높은 간첩의 위치에 있었다.

당시 우리 간첩단 사건을 조작했던 장본인은 유신헌법을 초안(草案)했던 김기춘이었다. **"북에서 간첩을 내려보내지 않으면, 우리가 간첩을 만든다." "간첩은 몽둥이로 잡는 게 아니라, 두뇌로 잡는다"**라는 말을 그는 입버릇처럼 되뇌었다고 한다. 우리 사건만이 아니었다. "동베를린 간첩 사건," "울릉도 납북어부 간첩 사건" 등을 조작하여 그는 유신반대 세력들을 척결하는데 앞장섰던 인물이다.

나는 1심 재판에서 무기형을 선고받았다. 국가보안법, 간첩, 반공법, 대통령긴급조치9호 위반 혐의였다. 2심 재판에서 10년으로 감형되었다. 나는 서울구치소, 대전교도소, 대구교도소를 전전하며 복역하다가, 1980년 1월 5일 출감(出監)했다. 뜻밖의 사건이었다. 두 달 전에 대통령 시해(弑害) 사건이 있었고, "긴급조치"가 해제되었기 때문이었다.

출옥은 되었으나, 사회안전법이 나를 기다리고 있었다. 거주지를 벗어나거나 사람을 만날 경우 사전에 일일이 해당 경찰서에 신고해야 했다. 나의 일거수일투족은 사복(私服) 수사관들에 의해서 감시당했다. 나에게 석방은 '작은 감옥'에서 '큰 감옥'에로의 이감(移監)을 뜻했다.

(2) 재심과 무죄판결

독일 유학을 마치고 돌아온 후(1990), 경성대학교 신학대학에 재직하고 있었다. 어느 날, 민변(民辯) 소속 이석태 변호사로부터 연락이 왔다. 우리 사건이 중앙정보부의 의해서 조작되었다는 사실을 세상이 다 아는 사건이라고 했다. 비록 시간이 흘렀으나 지금이라도 재심을 신청하면 승산(勝算)이 높다고 했다. 유신시대에 불의한 권력의 횡포에 의해서 자행된 굴절된 역사를 바로잡는 것은, 시대적 사명이라고 했다. 나는 고민 끝에 그의 제안을 받아들여 재심을 시작하였다.

2016년 12월 15일, 서울고등법원은 우리 간첩단 사건에 대해 원심(原審)을 파기하고 무죄를 선고했다. 재판관은 선고에서 우리 사건은 국가권력에 의해 불법적으로 체포 구금되고, 고문과 구타를 당한 정황이 인정된다고 했다. 강압된 상태에서 작성된 조서는 허위자백일 가능성이 있다고 했다. 이러한 이유로, 무죄를 선고했다. 나는 26살에 관제(官製) 간첩으로 조작되어 4년 3개월 동안 수감생활을 했다. 날수로는 1,580일이다. 그 후에도 떳떳한 사회구성원으로 살지 못했다. 평생을 간첩 누명을 쓰고 살아오다가, 칠순을 넘겨서야 비로소 그 누명을 벗어나게 되었다.

(3) 감옥에서 동양고전을 만나다

'위기'는 '기회'라는 말이 있다. 지금, 내 생애를 회고(回顧)해볼 때, 이 고사성어가 삶의 지혜를 담고 있음을 고백하지 않을 수 없다. 사면(四面)이 시멘트벽으로 둘러싸인 0.78평의 마룻바닥, 내 우주의 전부였다. 어떻게 해서든지 감옥이라는 극한상황에서 죽지 않고 살아서 나가야 한다는 것이 나의 일념이었다. 나는 '해야 할 일'과 '할 수 있는 일'을 생각했다. 해야 할 일은 '건강 챙기는 일'이었다. 나에게 허락된 일은 '책 읽는 일'이었다. 아침에 눈 뜨면, 요가 명상으로 몸과 마음의 중심을 다잡았다. 이때부터 길들인 '요가 명상의 생활화'는 나의 평생 습관이 되어 오늘날까지 이어지고 있다.

감옥에서 지나간 과거의 회한이나 미래의 불안감으로부터 벗어날 방법으로는, 책 읽는 일 외에는 없었다. 책을 붙잡으면 몰입해서 읽었다. 독서에 몰입하고 있는 순간만은, 실존적인 불안과 걱정으로부터 해방될 수 있었다. 나는 신학, 중세철학, 동양고전 인문학을 나름대로 체계를 세워 읽었다. '신학은 인간학이다'라고 외친 불트만의 탈신화화(脫神話化) 신학 그리고 "한 손에 성서, 다른 한 손에 신문"을 외쳤던 바르트의 변증신학은, 나에게 성서를 시대역사와 접목시켜 해석하도록 해주는 안목을 트게 했다. 중세 교부신학자들의 신앙(credo)과 지성(intelligo) 논쟁은 맹목적인 신앙으로부터 나를 구해주었다. 지성과 이성을 희생시키지 않고도, 나로 신학의 길을 가도록 해주었다.

나는 10살 때에 예수를 만난 후, 자아정체성(self identity)을 기독교 신앙에서 찾았다. 나는 그동안 잊고 살았던 나의 핏줄과 DNA에 각인되어 있는 동아시아의 문화전통에 대해 관심을 갖기 시작했다. 내 안에 있는 또 하나의 '나'를 찾기 시작했다. 서구기독교 문화전통에서 신앙의 정체성을 그리고 동아시아 문화전통에서 내 존재의 뿌리를 찾기 시작했다. 나는 동양고전들을 차례로 읽었다. 내 존재의 뿌리를 찾기 위한 일환이었다.

공자의 손자인 자사가 기록한 <중용>을 읽었다. 이 고전은 "천명지위성(天命之謂性), 솔성지위도(率性之謂道)"로 시작된다. 인간이 타고난 성품(本性)을 하늘의 명령(天命), 곧 하나님의 뜻과 동일시하고 있다. 하늘 뜻과 인간의 본 성품은 둘이 아니라고 본 것이다. 인간의 마음에는 하나님의 뜻이 깃들어있음을 깨닫게 되었다. 내 마음에서 하나님을 만나야겠다는 생각이 들었다. 타고난 인간의 본성에 깃들어있는 하늘 뜻이란 무엇인가? 공공선(公共善) 의지이다. 양심이다.

인간의 본성에 깃들어있는 하늘 뜻인 양심의 명령을 따르는 것이야말로(率性) 하늘의 진리(道)에 이르는 첩경이다. 양심이 하나님의 뜻(로고스)을 담고 있다면, 나는 하나님을 모신 존재라는 뜻이 아닌가? 하나님을 모신 존재로써의 나를 한시도 잊지 않고 사는 것이 천명지위성이다. 이를 동학의 창시자 수운은 '시천주(侍天主)'로 표현했다. 양심의 명령에 따라 하늘 뜻을 이루는 삶이 솔성지위도이다. 하나님을 모신 존재로써의 자기각성과 양심에 따라 행동하는 지행합일(知行合一)의 삶을 사는 것이 인간의 길임을 <중용>은 깨닫게 해주었다. <중용>은 하늘 아버지의 뜻을 행하는 사람이 하늘나라, 곧 양심왕국에 들어간다고 말한 큐(Q)마태의 말씀과 일맥상통한다(마태7:21-23Q).
<주역>은 고정된 실체(substance) 사상을 거부한다. 우주만물을 지속적인 변

화과정 속에 있으며 영원히 지속되는 것은 없다. <주역>의 역동적인 변역(變易)의 세계관은 지금 내가 처해있는 감옥이라는 극한상황 역시 지나간다는 희망을 품게 했다. <주역>의 지천태괘(地天泰卦)는 땅(坤)이 하늘(乾) 위에 있는 형국이다. 양의 상승기운이 음의 하강기운과 서로 만나게 되면, 소통과 변화가 일어나게 된다. 만물이 생성 소멸의 순환과정을 겪게 된다. 큐(Q)예수는 가난하고, 굶주리고, 탄압받는 사람들이 복이 있다고 선언한다. 사회의 약자들이 평안해야 사회 전체가 평안하다고 본 것이다. 큐(Q)의 민중친화적인 사회변혁과 가치전복(顚覆)사상은 지천태괘를 닮았다. 미제괘(未濟卦)는 인간을 "이미(schon)"와 "아직 아니(noch nicht)"의 '사이 존재'로 이해한다. 존재에는 '미완성의 완성(incomplete completion)'이 있을 뿐이다. 종말에서 새로운 시작을 보는 종시적(終始的) 세계관은, 시작에서 끝을 보고, 끝에서 시작을 보는 통전적(統全的) 시각을 갖도록 해준다.

<대승기신론>을 읽으면서 나는 세계와 마음은 동전의 양면이라는 생각이 들었다. 인간은 죽을 때까지 마음에서 재구성된 외부세계를 들여다보고 있을 뿐임을 깨닫게 되었다. "마음이 세계요, 세계가 마음이다"라는 원효의 일심(一心)사상과 일체유심조(一切唯心造)에서 모든 것이 결국은 마음의 작용이라는 것을 알게 되었다. <유마경>에서 이상적인 인간상으로 제시하고 있는 '보살'이 예수에게서 암시를 받지 않았나 하는 생각을 했다. 대승불교 사상은 예수보다 1세기 뒤에 출현하였다.

재가(在家) 거사 유마힐이 병들어 눕게 되자, 석가모니 붓다는 병문안 차 제자들을 파송한다. 문수보살이 누워있는 유마거사에게 병이 든 연유와 병의 차도에 대해서 안부를 묻자, 그가 답한다. "모든 중생이 병들었기 때문에, 나도 병들었습니다. 만약 중생의 병이 나으면, 내 병도 나을 것입니다." 중생이 아프니 나도 아프다는 대승불교의 동사섭(同事攝) 사상은, 중생과 보살이 상의상관(相依相關)된 하나의 운명공동체임을 말한다. 갈릴리에서 사회 소수자들인 민중과 동고동락하며 그들의 동반자로 살았던 예수와 민중의 관계를 이보다 더 잘 설명할 수 있을까? 복음서에서는 예수가 있는 곳에 언제나 민중이 있고, 민

중이 있는 곳에 언제나 예수가 있다. 예수와 민중을 둘이 아니라는 불이(不二)사상과 원수사랑 계율은, 타자를 나의 분신(分身)이요 또 '다른 나'로 보게 한다.

나라의 지도자 양성을 위한 지침서인 <대학>에는 인성교육을 위한 3대 강령이 제시되고 있다. 재명명덕(在明明德), 재친민(在親民), 재지어지선(在止於至善)이 그것이다. 큰 학문(대학)의 길(大學之道)은, 첫째 본래 타고난 내 마음속의 '밝은 덕'(明德)을 되 밝혀내는 것(在明)이라고 한다. '밝은 덕'은 하나님으로부터 부여받은 '공공선(公共善) 의지'인 양심을 뜻한다. 양심을 되 밝힌다는 것은, 양심의 두 가지 기능인 지각력(知覺力)과 실천력(實踐力)을 온전히 발휘하는 것을 말한다. 인간은 누구나 본래부터 양심을 지각하는 능력과 이를 실천할 수 있는 능력을 지니고 태어났다. 지행합일(知行合一)을 통해서 양심지능이 높은 인간이 되는 것이 첫째 강령이다. 둘째는 재친민(在親民)이다. 백성도 날로 새로워져 양심적인 인간이 될 수 있도록 도와주는 수기치인(修己治人)을 말한다. 셋째는, 최고의 선(至善)은 목표가 아니라 과정이다. 머무는 것이다. 그것은 내가 서 있는 '지금 이 자리'에서 성실하게 사는 것이다. 매 순간마다 최고의 선(至善)에 이르는 삶이다. 너와 나 모두가 양심을 지각하고 실천하여 양심이 구현된 대동사회(大同社會) 사회를 구현하는 것이 <대학> 인성교육의 궁극목표이다.

이러한 <대학>의 인성교육 이념은 큐(Q)예수가 펼친 바실레이아(하나님나라) 운동의 목표와 흡사하다. 인간은 본래 하나님의 형상대로 지음 받은 '영적(靈的) 존재'임을 지각하고, 내가 서 있는 지금 여기에서 하나님의 뜻(양심)을 실천하는 삶을 사는 것, 그리고 이 땅 위에 하나님의 나라를 구현하는 것이다.

이상과 같이 내가 감옥에서 학습한 동양고전들은, 큐(Q) 예수 말씀들을 이해하는데 있어서 폭넓은 안목을 제공해 주었다.

(4) 타이센 신학과의 해후

감옥에 있을 때 한국신학연구소의 안병무 소장께서 독일어판 신학서적 몇 권을 넣어주셨다. 그중에 타이센의 책들이 있었다. "Soziologie der Jesusbewegung(예수운동의 사회학)"과 문헌사회학적인 방법론을 도입하여 큐(Q)예수 말씀을 해석한 "Wanderradikalismus(떠돌이 급진주의)"가 그것이다. 이 논문들은 나에게 독일 유학의 꿈을 갖도록 해 주었다.

일반적으로 마태복음과 루가복음에 수록된 예수 말씀들을 큐(Q)로 한정시킨다. 마가복음이 큐(Q)보다 20여 년 뒤에 저작되었다면, 비록 제한적이지만 저자 마가는 복음서 저술 과정에서 큐(Q)를 참조했을 개연성이 높다. "경천애인(敬天愛人) 계율"(마태22:34-40/루가10:25-28/마가12:28-34)을 비롯하여 세 복음서에 병렬(竝列)로 등장하는 예수 말씀들은 출처가 큐(Q)일 개연성이 높다.

육성(肉聲; ipssisima verba)에 가까운 급진적인 예수 말씀들을 전해준 최초 교회공동체 지도자들을 타이센은 "떠돌이 카리스마적 리더(Wandercharismatikern)"로 그리고 그들의 선교 스타일을 "떠돌이 급진주의(Wanderradikalismus)"로 규정했다. 큐(Q)교회 리더들은 어떻게 급진적 예수 말씀들을 전승할 수 있었을까? 스승 예수의 급진적인 삶의 스타일(radical lifestyle)을 '따랐기에' 가능했을 것이다(참조, 마태16:24Q). 타이센은 큐(Q)교회 리더들의 급진적인 생활스타일의 특징을 가정에 매이지 않고(Familienlosigkeit), 소유에 매이지 않고(Besitzlosigkeit), 연고에 매이지 않는(Heimatlosigkeit) 일정한 곳에 정착하지 않은 떠돌이 삶에서 찾았다. 그들의 삶의 유형을 타이센은 일상적인 관습에 매이지 않고 자유자재로 살아가는 유대의 견유(犬儒)학파(Cynic)에서 찾았다. 그들은 진정한 행복을 사회규범이나 물질적 풍요에서 찾지 아니하고 개인의 내면적 가치에서 찾았다.

(5)큐(Q)의 교훈

큐(Q)의 예수는 그 시대의 사회 통념이나 가치규범을 벗어나고 있다는 점에서 견유학파와 유사성을 찾아볼 수 있을 것이다. 허나, 큐(Q)는 견유학파와 달리 인간의 내면적 행복을 추구하지 않고, 기존 사회의 질서나 가치의 전복(顚覆)

을 꿈꾼다. 사회의 중심부에서 밀려난 변방에 살고 있는 가난하고, 굶주리고, 박해받는 사람들을 하나님 나라의 수혜자로 선언한다. 종교 기득권세력들에 의해서 죄인으로 낙인찍힌 "노바디들의 바실레이아(kingdom of nobodies)"를 선포한다. 하나님은 사회의 약자들 편에 서시고, 그들을 돌보아 주신다는 것이 큐(Q)가 선포한 복음의 핵심이다. 하나님과 재물 사이에 타협은 있을 수 없으며, 둘 중 하나를 선택해야 한다고 가르친다(루가16:13Q). 재물을 땅이 아니라 하늘에 쌓아두어야 한다. 너의 재물이 있는 곳에 마음도 있다(루가12:33-34Q). 큐(Q)의 경제관은 분명하다. 돈과 이윤을 따르는 것은 인간을 하나님 나라로부터 멀어지게 한다. 하나님 나라는 당시 사회적 인습(因習)에 대한 대안을 제시한다. 세상 사람들이 추구하는 경제적 부요함과 정치적 권력과 사회적 명성을 추구하는 일상적인 행복, 곧 삼박자 물질축복을 지향하는 신앙은 하나님 나라에서는 무력화(無力化)된다. 하나님은 사회적 약자 편에 서시고 그들의 입장을 대변하신다.

비록 큐(Q)가 전하는 예수 말씀들이 너무 급진적(radical)이어서 오늘날 그리스도인들이 받아들이기 힘든 면이 있다. 그 내면에는 그리스도인으로서 외면해서는 안 되는 "복음의 원형(archetype)"이 들어있다. 큐(Q)교회공동체 구성원들은, 그들이 처한 사회적 악조건과 위험을 감수하고, 사회의 약자들을 위한 복음 전파에 최선을 다했다. 빈민(貧民)축복, 경천애인(敬天愛人), 애타애기(愛他愛己), 원수사랑, 폭력포기, 채무탕감 등이 대표적이다. 왜 그랬을까? 급진적인 말씀들이, 우리를 예수와 연결해 주는 끈이라고 믿었기 때문이다.

지난 2천 년 동안 기독교가 터부시해온 삼위일체 교리(도그마)에 갇힌 예수, 곧 "박제된 금관(金冠)의 예수"를 큐(Q)에서는 찾아볼 수 없다. 일정한 거주지 없이 갈릴리 촌락 마을을 주유(周遊)하는 예수, 가난과 굶주림, 질병과 탄압으로 고통당하고 있는 사회의 소수자들을 찾아가 동고동락하며 삶의 동반자(同伴者)로 살았던 예수, 그들에게 하나님 나라의 희망과 삶의 용기를 전해준 예수, 큐(Q)가 전해주는 민중 친화적(親和的)인 스승 예수의 삶에서 우리는 인간의 체취(體臭)를 느끼게 된다.

큐(Q)의 카리스마적 리더들은 예수 따라 노바디에 의한(by nobodies), 노바디를 위한(for nobodies), 노바디의 복음(Gospel of nobodies)을 전파하는데서 스승과의 동질성(identity)을 느꼈을 것이다. 복음의 정체성을 가질 수 있었을 것이다. 예수를 삼위일체 하나님으로 섬기고 예배드리는 데에서가 아니었다. 기독교 최초의 예수공동체인 큐(Q)가 전해주는 '인간적인 너무나 인간적인' 체취(體臭)를 지닌 예수의 정신을 기독교는 2천 년 동안 잊고 살아왔다.

처음 한국에 기독교 복음이 들어왔을 때, 교회 구성원의 대다수는 가난한 사람들, 문맹인들, 머슴들, 여성들을 비롯한 사회의 소외계층이었다. 그들에게 예수를 믿기만 하면 구원받는다는 기독교 복음은 엄청난 충격으로 다가왔을 것이다. 소수로 시작했던 기독교의 구원운동은 70, 80년대에 접어들면서 경제성장 이데올로기와 맞물려 기하급수적으로 성장을 거듭했다. 대형교회들이 생겨났고, 기독교는 사회저변에 급속도로 확산되기에 이르렀다.

2000년대에 들어오면서 외형적 성장에도 불구하고 한국기독교는 위기에 서있다. "예수천당 불신지옥"이라는 철지난 구원 패러다임에서 여전히 벗어나지 못하고 있기 때문이다. 예수만 믿으면 구원받는다는 단순한 신앙논리로는 앞으로 기독교가 존속(存續)될 수 없을 것이다. 한국교회가 현금의 위기를 극복하기 위해서는, 위기의 본질을 바르게 파악하고, 새로운 구원의 패러다임을 찾아야 할 것이다. 마르틴 루터가 종교개혁을 하면서 내 걸었던 "솔라 피데!(오직 믿음만으로!)"를 금과옥조로 여기는 신앙에서 탈피하여, 큐(Q)교회공동체가 전해준 복음의 원형(原形)과 정체성(正體性) 회복운동이 전개되어야 할 것이다.

기독교는 사회현상 중 하나이다. 사회적 책임을 방기(放棄)해서는 안 된다. 어떤 형식으로든지 보다 바람직한 사회 건설에 기여해야 할 것이다. 그것이 기독교의 존재 이유이기 때문이다. 21세기 지구촌이 당면한 다급한 문제는 무엇인가? 사회적 불평등과 기후위기이다. 곧 경제정의(經濟正義)와 생태정의(生態正義) 문제이다. 큐(Q)가 전해주는 예수의 복음을 회복하는 데서, 지구촌이 당면한 문제 해결에 참여할 수 있는 실마리를 찾을 수 있을 것이다.

출소한 후 나는 5년 동안 한국신학연구소에 근무하면서, 틈틈이 타이센의 큐(Q) 논문들을 번역했다. 세계교회협의회(WCC) 장학생으로 선발되어 독일 유학길에 오르면서, 번역한 논문들을 모아『원시 그리스도교에 대한 사회학적 연구』 (1986)라는 제목으로 출간했다. 이번에 복간(復刊)된 책이다. 한국어 번역본을 받아본 후 타이센교수는 답신(答信)을 보내왔다. 자신의 본격적인 논문들이 영어보다 먼저 한국어로 번역되어 출간된 것에 대해 그는 기쁨을 감추지 못했다.

(6)

이 책은 1986년 대한기독교출판사에서 초판이 발간된 후 몇 차례 중판(重版)되었으나, 현재 절판된 상태이다. 초기 그리스도교 예수 운동 연구 역사에서 이 책의 중요성은 아무리 강조해도 지나치지 않을 것이다. 오늘날 도미닉 크로싼을 비롯한 미국 성서학자들이 벌이고 있는 <예수 세미나> 운동은 직접 간접으로 타이센의 큐(Q)연구와 연관성이 있다.

초기 그리스도교의 예수운동에 관해서 일찍부터 관심을 가져왔던 알맹e의 맹호성 이사께서, 후학들을 위하여 이 책의 복간(復刊) 의사를 나에게 전해왔다. 이 책은 기독교 복음의 정체성(identity)을 어디서 찾아야 할 것인가 고민하는 크리스천 지성인들에게 좋은 길잡이가 될 것이다. 시멘트에 갇힌 금관(金冠)의 예수를 넘어, 살아 숨 쉬는 생생한 예수의 육성(肉聲)에서 '인간의 길'을 찾기 원하는 분들에게 적극적으로 추천하고 싶다. 이 책은 독자들로 하여금 신학적 사고를 깊게 하고 사회적 영성의 역량을 높이는데 큰 도움이 될 것이다. 이 자리를 빌려 맹호성 이사님의 신학을 향한 열정에 고마운 마음을 드린다.

2024. 2. 27.
충주 남한강변, 요양원 <예함의집>에서
일손(日損), 김명수

발행인의 말

이 책은 1971년부터 거의 10년간 신약과 사회학적 연구에 관하여 저자가 쓴 소논문들을 모은 논문집이다. 독일어 원서는 총 3번(1979, 1983, 1989) 수정되어서 나왔는데, 저자의 3판 서문에 따르면, 세 번째 판은 주로 참고문헌과 색인을 수정한 것이다.

한국어판의 출생 비밀을 설명하자면 영어판을 먼저 설명하는 것이 좋겠다는 것이, 영어판이 보통의 번역판과는 달리 사정이 좀 복잡하다. 독어 원서가 출간되면서 거의 비슷한 시기에 바울 부분만 다룬 *Social Setting of Pauline Christianity*라는 영어판이 출간되었는데, 이 영어판은 타이센의 독일어 원서판의 바울 부분, 즉 제3부(8-12장)만을 번역 출간한 것이다. 참고로, 한국어판은 역자의 원래 후기를 보면 알 수 있듯이, 처음에 이 영어판을 저본으로 번역을 완료했다가, 원 한국어 출판사인 기독교서회의 요청으로 독일어 원서로 나머지 부분까지도 번역하게 되었다. 그래서 한국어판의 바울 부분 각주를 보면 영어번역본 출처들이 제시되기도 한다. 또한, 이 바울 부분 영어판에는 편역자인 John H. Schutz가 Introduction을 쓴 것이 있는데, 이 한국어판의 부록으로 포함되어 있다(이 영어판은 현재 미국의 Wipf and Stock 출판사가 저작권을 관리하고 있어서 그쪽 저작권 담당자로부터 Introduction 부분의 이용 허락을 받아 이번 한국어판에 포함할 수 있었다).

독일어 원서의 나머지 부분 중 상당수는 그 후 *Social Reality and the Early Christians: Ethics and the World of the New Testament*라는 제목의 영어판으로 출간되었다. 이 영어판은 엄밀히 보면 원서의 대략 절반 정도만 가져온 것이기 때문에 번역서라고 보기에는 애매하다.

좀 더 세부적으로 설명해 보자면, 원서 제1부 Grundsätzliches (원칙)에는 세 장이 들어있는데 그중 제3장만 영어판 제8장으로 살아남았고, 원서 제1부를 대신해서 영어판에는 "Introduction: Sociological Research into the New Testament: Some Ideas Offered by the Sociology of Knowledge for a New Exgetical Approach"라는 서론으로 대치되었다. 이 영어판 서론 부분은 일부 영어권 학자들도 포함하지만 주로 독일어권을 대상으로 1870년부터 1980년대 중반까지의 진행된 신약에 대한 사회학적 연구를 개괄한다. (독일어나 한국어로 이 부분이 번역 소개된 적은 없는 것으로 확인된다.)

영어판 제2부인 복음서 부분은 영어판 제1부로 그대로 들어갔지만, 독일어판 제3부 바울 부분은 다섯 장 중 제12장만 제6장으로 살아남았으며, 나머지는 새로운 소논문들로 채워졌다. 독일어 원서나 한국어판에 없는 내용이니 연구자들을 위해 간단히 해당 정보를 정리한다.

> 제5장 "Soteriological Symbolism in the Pauline Writings: A Structuralist Contribution"은 "Soteriologische Symbolik in den paulinischen Schriften: Ein strukturalistischer Beitrag," *Kerygma und Dogma* 20 (1974), 282-304를 번역한 것이다.
>
> 제7장 "Judaism and Christianity in Paul: The Beginning of a Schism and Its Social History"는 독일어로는 "Judentum und Christentum bei Paulus"라는 제목으로 M. Hengel와 U. Heckel이 편집한 *Paulus. Missionar und Theologe und das antike Judentum*, WUNT 58, Tübingen: Mohr 1991, 331-356로 출간되었다.
>
> 제9장 "Some Ideas about a Sociological Theory of Early Christianity"은 원래 프랑스어로 출간된 다음 소논문을 번역한 것이다. "Vers une théorie de l'histoire sociale du christianisme primitif," *ETR* 63 (1988), 199-225. 불어 원문은 상태는 안좋지만 여기서 가능하다: https://www.persee.fr/doc/ether_0014-2239_1988_num_63_2_3000

영어판(들)에 대해서 간단히 정리하자면, 독일어 원서의 바울 부분은 *Social Setting of Pauline Christianity*에 실렸고, 독일어 원서의 나머지 중 상당 부분은 *Social Reality and the Early Christians*에 포함되었다. 혹시 영어판(들)을 보면서 혹은 영어판(들)을 인용한 다른 자료를 보다가 이 한국어판을 참조하게 될 경우에는 이러한 사항을 참고하면 도움이 될 것이다.

복잡한 영어판들 상황에 비하면 한국어판은 거의 그대로 나온 셈이라 책 자체는 별로 복잡할 것이 없는 편이지만, 책을 번역한 역자의 삶은 그렇지 않다. 개인적으로 본 발행인은 역자가 누군지는 오래전부터 간혹가다 들리는 뉴스를 통해서 알고 있었다. 그리고 얼마 전에는 평생의 억울한 누명도 벗었다는 소식도 접했다. 그런데 그분이 젊은 시절 번역한 책을 복간하게 될 줄은 생각도 못했다. 알맹e에서 M어게인 시리즈로 내는 책들은 타임머신을 타고 과거로 여행하는 기분이 드는 부수적인 효과가 있는데, 이 책도 그렇다. 40년 전 역자가 저자 밑에서 유학 하러 가기 전에 이 책의 번역을 마쳤었는데, 이제 세월이 흘러 청년 김명수는 은퇴하여 명예교수가 되어 이 복간된 책을 다시 마주하게 되었다. 이 한국어판이 1986년 처음 나왔을 때 많은 신약학도에게 도움이 되었는데, 이 복간판도 연구자들에게 계속해서 유용한 자료로 계속 쓰임 받게 되었으면 하는 마음으로 복간한다.

복간되는 이번 한국어판을 설명하기 위해서는 독일어판 원서에 대해서 조금 더 설명할 필요가 있다. 옛날 책 중 상당수가 요즘같이 컴퓨터로 디자인하기 이전에 그랬듯이 독일어 원서판은 식자를 새로이 하지 않고 기존에 소논문으로 출판된 것들은 포맷 차이가 다소간에 있더라도 가져다 한 권으로 묶어서 출간했다. 그래서 전체 쪽수와는 별개로 소논문으로 출간된 기존의 쪽수도 병기해서 이전 소논문의 출처 쪽수를 확인할 수 있도록 해서 흥미롭다. 또, 독일어 원서판의 일부분은 각주 형식이 페이지마다 매번 각주 번호가 1로 시작하는 경우가 있는데, 이 책의 제8장과 제11장이 그렇게 되어 있다. 이런 개별적인 형식적 특징들은 한국어판에서는 거의 다 통일되는 바람에 사라졌다. 예를 들어, 각주 번호는 장 별로 일련 번호를 붙여졌다. 그래서 원서 색인 정보를 그대로 가져오다 보니 제8장과 제11장의 경우 각주에 대한 원서 색인의 정보가 일치하지 않는 문제가 생기기도 한다.

기존의 한국어판은 그대로 내자니 저작권상 문제가 있었다. 기독교서회의 1986년 판에는 부록으로 소논문이 2개 들어있는데, 두번째인 제14장은 볼프강 슈테게만이 쓴 "원시 그리스도교의 방랑의 라디칼리즘"이라는 소논문으로 이 책의 제1장에 대한 것이다. 이 책에 그대로 게재하기 위한 저작권자의 이용 허락을 받기가 수월치 않아서 아쉽게도 이번 한국어판에서는 제외하게 되었다. 한국어로 이 책 이전판 외에도 다른 곳에도 실린 적이 있으니 보기 원하는 사람은 참고문헌을 참고하기를 바란다.

저자가 2009년에 게시한 정보에 의하면 이 책은 7개 국어로 번역되었다고 한다: 영어(1982, 1992), 스페인어(1985), 한국어(1986), 포르투갈어(1987), 이탈리아어(1987), 일본어(1991), 프랑스어(1996). 한국어판은 오랜 기간 절판되었고, 헌책은 시중에서 구하기 상당히 힘들었는데, 이제 다시 이렇게 살려낸다. 욕심 같아서는 영어판의 서론 부분인 "Introduction: Sociological Research into the New Testament"나 제7장 "Judaism and Christianity in Paul"을 추가로 번역해서 내면 좋겠다는 생각이 들긴 하지만 그러기에는 재정이나 시간이 부족해서 아쉽지만 포기한다. 아쉬운 대로 일단은 이렇게 귀한 한국어 자료를 소생시키는 것에 의미를 부여하고자 한다.

2024년 4월 24일
발행인들을 대표하여 맹호성 씀

원시 그리스도교의 사회사에 관한 주요 참고 문헌

게르트 타이센 (울리히 숄츠 도움)

여기에서 제시하고 있는 원시 그리스도교의 사회사에 관한 참고 문헌은 사회사적으로 연관성이 있는 주제들(예를 들자면 원서 그리스도교의 직제 등)에 관한 석의적 문헌의 일부분을 소개할 뿐이다. 더불어서 사회사적 또는 사회학적 고찰하의 연구 문헌들은 가능한 한 완벽하게 수집했다. 참고 문헌은 두 부분으로 나뉜다. 첫번째 부분은 저자와 연도만 언급하는 주제별 참고 문헌 부분이다. 이어서 두번째 부분에는 전체 서지 정보를 얻을 수 있도록 알파벳순으로 참고 문헌을 제시했다. 고대 사회사에 대한 서지 색인을 제공해준 하이델베르크 대학교 고대사학과 특히 크라우스 박사의 지원과 조언에 감사를 표한다. 제3판의 문헌 수집을 위해 연구 조교로 일하며 많은 시간과 노력을 들인 울리히 숄츠(Ulrich Scholz)에게도 감사를 표한다. 약어는 슈베르트너(S. Schwertner)의 것과 일치한다: Internationales Abkürzungsverzeichnis für Theologie und Grenzgebiete, Berlin 1974=TRE Abkürzungsverzeichnis, Berlin 1976 (mit Ergänzungen).

I. 주제별(체계적) 참고 문헌

개관:

1. 원시 그리스도교 사회사에 관한 일반 문헌들
    1.1.   연구사와 개요
    1.2.   일반적인 방법론 및 이론적 질문
    1.3.   종합적인 연구서와 선집
    1.4.   원시 그리스도교에 관한 포괄적인 논문

2. 사회의 총체적 요인에 의한 원시 그리스도교 집단의 사회적 조건에 관한 문헌들
    2.1. 사회생태학적 요인들: 도시와 시골
    2.2. 사회경제적 요인들: 노동, 재산, 돈(3.5도 참조)
    2.3. 사회정치적 요인들: 국가, 전쟁, 평화

3. 원시 그리스도교 집단의 사회적 구성
    3.1. 초기 그리스도교의 신분, 역할, 소속계층
    3.2. 원시 그리스도교에 있어서의 여성들
    3.3. 원시 그리스도교에 있어서의 유년기와 청년기
    3.4. 원시 그리스도교에 있어서의 노예들
    3.5. 원시 그리스도교에 있어서의 가난한 사람들과 부유한 사람들

4. 원시 그리스도교 집단의 사회적 조정(통제)
    4.1. 윤리적 및 법적 집단 규범
    4.2. 집단 인가(Gruppensanktionen)
    4.3. 지도 기능
    4.4. 사도와 선교사
    4.5. 예언자과 교사
    4.6. 감독과 집사
    4.7. 장로

5. 원시 그리스도교 집단의 사회적 정체성
    5.1. 가정 공동체와 가정 교회
    5.2. 단체와 자발적 연합체
    5.3. 학파
    5.4. 종파들과 분파들
    5.5. 외부에서 바라본 원시 그리스도교에 대한 평가

6. 원시 그리스도교 신념의 사회적 배경(지식사회학)
    6.1. 그리스도론과 예수상(Jesusbilder)
    6.2. 구원론과 인간론
    6.3. 성례전과 예배
    6.4. 묵시록과 종말론
    6.5. 영지주의

7. 원시 그리스도교 신앙의 사회적 양태
    7.1. 예수와 예수 운동
    7.2. 원시 공동체(재산공유)
    7.3. 마태복음의 공동체
    7.4. 마가복음의 공동체
    7.5. 누가복음의 공동체
    7.6. 요한의 원시 그리스도교
    7.7. 바울의 원시 그리스도교: 로마서, 고린도전후서, 갈라디아서, 빌레몬서, 제2바울계 서신
    7.8. 베드로서의 공동체

7.9. 야고보서의 공동체
7.10. 요한계시록
7.11. 확대 발전(2세기)

8. 원시 그리스도교 집단의 사회적 맥락
   8.1. 유대적 맥락
   8.2. 로마-헬레니즘 맥락

1. 원시 그리스도교 사회사에 관한 일반 문헌들

1.1. 연구사와 개요

Baasland, E. 1984 — Best, T. F. 1983 — Gager, J. G. 1979 — Harrington, D. J. 1980 — Hynes, W. J. 1981 — Kowalinski, P. 1972 — Kümmel, W. G. 1985; 1987a; 1987b — Harris, O. G. 1984 — Mosaia, 1. J. 1986 — Norelli, E. 1987— Osiek, C. — Richter, P. J. 1984 Riesner, R. 1986 — Schütz, J. H. 1982 — Scroggs, R. 1980 — Segalla, G. 1982 — Stasiewski, B. 1960 — Stevenson, E. 1979 — Theissen, G. 1979c — Tidball, D. 1985 — Venetz, H. J. 1985 — Winling, R. 1981

1.2. 일반적인 방법론 및 이론적 질문

Aguirre, R. 1985 — Belo, F. 1980 — Berger, K. 1977a; 1977b — Best, T. F. 1983 Bindemann, W. 1981 — Bonsen, J./Wever, T. 1979 — Brooten, B. J. 1984 — Cahill, M. 1984 — Clévenot, M. 1976 — Crüsemann, F. 1983 — Edwards, O. C. 1983 — Elliott, J. H. 1986— Füssel, K. 1979 — Gager, J. G. 1982b — Gewalt, D. 1971 — Gjesing, L. O. 1980 — Göll, H. P. 1985 — Gottwald, N. K. 1983a; 1983b — Hallbäck, G. 1982 — Heddendorf, R. 1983 — Herzog, W. R. 1983 — Hindson, E. E. 1984 — Isenberg, S. R. 1980 — Jones, P. 1986 — Lochhead, D. 1983 — Malina, B. J. 1982; 1983; 1986c — Michiels, R. 1980 — Neyrey, J. H. 1986 — Noorda, S. J. 1979 — Oster, R. 1982 — Pilch, J. J. 1988 — Remus, H. E. 1982 — Rodd, C. S. 1981 — Rohrbaugh, R. L. 1984; 1987 — Rostagno, S. 1983 — Rowland, C. 1985 — Schenk, W. 1985 — Scroggs, R. 1986 — Smith, J. Z. 1975 — Theissen, G. 1974b; 1975a — Tillborg, S. van 1978 — Villiers, P. G. R. 1984 — Weir, J. E. 1982 — Yamauchi, E. 1984

1.3. 종합적인 연구서와 선집

Alfaric, P. 1959=1963 — Becker, J. 1987a— Blank, J. 1982 — Case, S. J. 1923; 1934 — Dobschütz, E. v. 1902 — Engels, F. 1894/5 — Gager, J. G. 1975 — Grant, R. M. 1977 Gülzow, H. 1974 — Hammann, A. 1985 — Harnack, A. v. 1902 — Hill, C. 1972 — Judge, E. A. 1960; 1984 — Kautsky, K. 1908 — Kee, H. C. 1980 — Lohmeyer, E. 1921 — Malherbe, A. 1977 — Malina, B. J. 1981 — Mayer, A. 1983 — Meeks, W. A. 1979b — Moxnes, H. 1987 — Robbe, M. 1967 — Robertson, A. 1962 — Sanders, E. P. (ed.) 1980 Schottroff La/Stegemann, W. 1979b — Schluchter, W. 1985a — Stambaugh, J. E./Balch, D. L. 1986 — Theissen 1979a — Tidball, D. 1983 — Troeltsch, E. 1912.

1.4. 원시 그리스도교에 관한 포괄적인 논문
Casalis, G. 1985 — Dibelius. M. 1953 — Eckert, J. 1987 — Ehrhardt, A. 1964 —Eisenstadt, S. N. 1985 — Frend, W. H. C. 1983; 1985 — Greeven, H. 1965 — Günther, R. 1987 —Judge, E. A. 1980 — Kreissig, H. 1977 — Lieu, J. M. 1987 — Lindemann, A. 1985 — MacMullen, R. 1986 — Malina, J. B. 1978; 1986d — Messelken, K. 1977 — Ranowitsch, A. B. 1932 — Riesner, R. 1977 — Rowland, C. 1988 — Schleich, Th. 1982 — Schottroff, L. 1985c — Schumacher, R. 1924 — Seidensticker, Ph. 1958/9 — Sherwin—White, A. N. 1969 — Theissen, G. 1988a; 1988d— Voster, W. S. 1987— Wernik, M. 1975

2. 사회의 총체적 요인에 의한 원시 그리스도교 집단의 사회적 조건에 관한 문헌들

2.1. 사회생태학적 요인들: 도시와 시골
Bailey, K. E. 1976. 1980 — Bauer, W. 1927 —Frend, W. H.C. 1979; 1980 — Meeks, W. A. 1980 — Schöllgen, G. 1985 — Stegemann, W. 1979a — Theissen, G. 1976

2.2. 사회경제적 요인들: 노동, 재산, 돈(3.5도 참조)
Argell G. 1976 — Bienert, W. 1954; 1961 — Bogaert, R. 1976 — Bornhäuser, K. 1936 — Dickey, S. 1928 — Drexhage, H. J. 1981; 1986 — Ehrhardt, A. 1964 — Grant, F. C. 1926; 1956 — Green, H. A. 1985 — Hauck, F. 1921; 1950 —Hengel, M. 1986 —Hyldahl, N. 1974 Klafkowski, M. 1971 — Lee, C. L. 1971 — Merkel, H. 1982 — Mott, S. 1987 — Murchie, D. 1978 — Oakman, D. E. 1986 — Plankl, W. 1953 — Pytel, J. 1982 — Schelkle, K. H. 1978 Schottroff, L./Schottroff, W. 1983 — Schröder, H. 1979 — Ste. Croix, G. E. M. 1975 — Stöger, A. 1977 — Stritzky, M. B. v. 1983 — Theissen, G. 1977b — Wieling, H. 1983

2.3. 사회정치적 요인들: 국가, 전쟁, 평화
Aland, K. 1979 — Bammel, E./Moule, C. F. D. 1984 — Barraclough, R. 1979 — Bilde, P. 1979 — Bindemann, W. 1981 — Blackburn, J. R. 1986 — Brown, J. P. 1983 — Cullmann, O. 1956; 1970 — Dibelius, M. 1942 — Eckert, J. 1987 — Helgeland, J./Daly, R. J./Burns, J. P. 1985 — Hengel, M. 1970; 1971a; 1971b — Klein, R. 1971 — Kümmel, W. G. 1987b — Lémonon, J. P. 1981 — Limbeck, M. 1982 — Mikat, P. 1979 — Molthagen, J. 1970 — Plümacher, E. 1987 — Schirmer, D. (ed.) 1932 — Schöllgen, G. 1982 — Schottroff, L. 1984a — Schrage, W. 1971 — Sordi, M. 1986 — Stegemann, W. 1982 — Walaskay, P. W. 1983 — Wengst, K. 1986

3. 원시 그리스도교 집단의 사회적 구성

3.1. 초기 그리스도교의 신분, 역할, 소속계층
Blasi, A. J. 1986 — Buchanan, G. W. 1964/5 — Clark, G. 1985 — Deissmann, A. 1908 — Eck, W. 1971 — Funk, A. 1981 — Gager, J. G. 1971 — Grimm, B. 1975 — Hasenclever, J. 1882 — Hock, R. F. 1979; 1980 —Judge, E. A. 1982 — Knopf, R. 1900 — Kreissig, H.

1967— Norris, F. W. 1979 — Rohrbaugh, R. L. 1984 — Sänger, D. 1985 — Schöllgen, G. 1988 — Schottroff, L. 1985c — Schumacher, R. 1924 — Smith, R. H. 1980 — Theissen, G. 1974a; 1988 — Vogt, J. 1975 — Wuellner, W. 1973; 1978

3.2. 원시 그리스도교에 있어서의 여성들

Balch, D. L. 1981 — Bartchy, S. 1977 — 1982 — Beydon, F. 1986 — Blank, J. 1983 — Brooten, B. J. 1980; 1982; 1983; 1985 — Cameron, A. 1980 — Cancik, H. 1972 — Clark, G. 1982 — Clark, S. B. 1980 — Dautzenberg, G./Merklein, H./Müller, K. 1983a — Daries, S. L. 1980 — Dautzenberg, G. 1983b — Delling, G. 1931 — Dutile, G. 1980 — Friedman, T. 1987 — Gerstenberger, E./Schrage, W. 1980 — Graham, R. W. 1983 — Harris, K. 1984 — Heine, S. 1986 — Hoffmann, R. J. 1983 — Howard, J. K. 1983 — Humphreys, S. C. 1983 — Ide, A. F. 1984 — Kähler, E. 1987 — Kopas, J. 1986 — Kraemer, R. S. 1980 — Küchler, M. 1986 — LaPorte, J. 1982 — Leipoldt, J. 1954 — Leslie, W. 1976 — Lohfink, G. 1980 — Love, S. L. 1987— MacHaffie, B. J. 1986 — Meeks, W. A. 1974 — Müller, K. 1983 — Nortje, S. J. 1986Padgett, A. 1987— Payne, P. B. 1981 — Perkins, P. 1988 — Richardson, P. 1986 — Ringeling, H. 1983 — Schottroff, L. 1980; 1982; 1985b — Schüssler—Fiorenza, E. 1978; 1983; 1986a — Sigountos, J. G./Shank, M. 1983 — Southwell, M. 1973 — Stendahl, K. 1966 — Thraede, K. 1972; 1977; 1987—Thurén, J. 1980— Thyen, H. 1978 — Weiser, A. 1983 —Witherington, B. 1984a; 1984b; 1988 — Zscharnack, L. 1902.

3.3. 원시 그리스도교에 있어서의 유년기와 청년기

Aland, K. 1967 — Blomenkamp, P. 1966 — Gorman, M. J. 1982 — Haufe, G. 1979 — Lindemann, A. 1983 — Spicq, C. 1969 — Stegemann, W. 1980 — Szlaga, J. 1980

3.4. 원시 그리스도교에 있어서의 노예들

Bartchy, S. 1973 — Bellen, H. 1963 — Coleman-Norton, P. R. 1951 — Corcoran, G. 1980 — Gayer, R. 1976 — Gülzow, H. 1969 — Herrmann, E./Brockmeyer, N. 1983 — Kehnscherper, G. 1957— Lampe, P. 1985a; 1985b — Lappas, J. 1954 — Laub, F. 1982 — Lechler, G. V. 1877/8 — Lührmann, D. 1975 — Lyall, F. 1970/1 — Mahon, J. R. 1974 — Osiek, C. 1984b— Pietri, Ch. 1979 — Schulz, S. 1972 — St. Croix, G. E. M. 1975 — Steinmann, A. 1922 — Stuhlmacher, P. 1975 — Teichmüller, E. 1894 — Vogt, J. 1980; 1983 — Zahn, Th. 1879

3.5. 원시 그리스도교에 있어서의 가난한 사람들과 부유한 사람들

Bammel, E. 1959 — Bolkestein, H. 1939 — Countryman, L. W. 1980 — Degenhardt, H. J. 1965 — Dibelius, M. 1964 — Frei, F. 1985 — Hamann, A./Richter, S. 1964 — Hauschild, W. D. 1979 — Hoyt, T. 1980 — Karris, R. J. 1978 — Keck, L. E. 1965; 1966; 1979 — Lohse, E. 1981 — Malina, B. J. 1986a; 1987 — Maynard-Reid, P. U. 1987 — Mealand, D. L. 1980 — Nickelsburg, G. E. 1979 — Noack, B. 1964 — Osiek, C. 1983 — Pilgrim, W. E. 1981 — Schmidt, Th. E. 1987 — Schmithals, W. 1975 — Seccombe, D. P. 1982 —

Shurden, R. M. 1970 — Soares-Prabhu, G. M. 1985 — Stegemann, W. 1981

4. 원시 그리스도교 집단의 사회적 조정(통제)

4.1. 윤리적 및 법적 집단 규범
Dihle, A. 1966 — Doel, A.v.d. 1986 — Duncan, M. Derrett, J. 1985 — Greeven, H. 1935— Keck, L. E. 1974 — Kraus, G. 1982 — Leipoldt, J. 1952 — —Lohse, E. 1988 — Meeks, W. A. 1986 — Preisker, H. 1933 — Schottroff, L. 1975 — Schrage, W. 1982a; 1982b — Schulz, S. 1987 — Stegemann, W. 1987b — Theissen, G. 1979b — Wengst, K. 1987

4.2. 집단 인가(Gruppensanktionen)
Doscocil, W. 1958; 1969 — Forkman, G. 1972 — Harvey, A. E. 1985 — Meeks, W. A. 1979a— Ruef, J. S. 1960

4.3. 지도 기능
Bendix, R. 1985 — Brockhaus, U. 1972 — Campenhausen, H. v. 1953 — Harnack, A.v. 1884 — Holmberg, B. 1978; 1980 — Ide, A. F. 1984 — Johnson, L. T. 1983 — Kertelge, K. 1977 — Kirk, J. A. 1972/3 — Käsemann, E. 1960 — Kümmel, W. G. 1987a— Rohde, J. 1976 Roloff, J. 1978 — Schütz, J. H. 1974; 1975 — Schweizer, E. 1959 — Schluchter, W. 1985

4.4. 사도와 선교사
Ellis, E. E. 1970/1 — Hock, R. F. 1979; 1980 — Lampe, P. 1985a— Oilrog, W. H. 1979Theissen, G. 1974/5

4.5. 예언자과 교사
Aune, D. E. 1983 — Dautzenberg, G. 1975 — Greeven, H. 1952 — Hill, D. 1979 — Paganopoulos, I. 1977 — Riesner, R. 1981 — Schürmann, H. 1977 — Wanke, J. 1978 — Zimmermann, A. 1984

4.6. 감독과 집사
Adam, A. 1957 — Brown, R. E. 1980 — Hainz, J. 1972 — Jay, E. 1981 — Kalsbach, A. 1957 — Klauser, Th. 1957 — Lohfink, G. 1980 — Lohse, E. 1980 — Malina, J. B. 1978 — Pagels, E. H. 1976/8 — Schöllgen, G. 1986

4.7. 장로
Bornkamm, G. 1959 — Harvey, A. E. 1974 — Jay, E. 1981 —Meier, J. P. 1973 — Michaelis, W. 1953 —Michl, J. 1973

5. 원시 그리스도교 집단의 사회적 정체성

5.1. 가정 공동체와 가정 교회
Balch, D. L. 1988 — Banks, R. 1980 — Bieritz, K. H./Kähler, Ch. 1985 — Coyle, J. K. 1981 — Dassmann, E./Schöllgen, G. 1986 — Elliott, J. H. 1984 — Filson, F. V. 1939 Gnilka, J. 1983 — Herzog, W. R. 1981 — Klauck, H. J. 1981a; 1981b; 1982b — Lampe, P. 1982 — Laub, F. 1986 — Lorenz, Th. 1987 — Lührmann, D. 1980 — Thraede, K. 1980 — Vogler, W. 1982 — White, L. M. 1987

5.2. 단체와 자발적 연합체(협회)
Barton, S. C./Horsley, G. H. R. 1981 — Heinrici, G. 1876; 1881 — Herrmann, P./Waszink, J. H./Colpe, C./Kötting, B. 1978 — Sampley, J. P. 1977; 1980 — Seidensticker, Ph. 1958/9

5.3. 학파
Conzelmann, H. 1965/6 — Culpepper, R. A. 1974 — Judge, E. A. 1960/1 — Riesner, R. 1981 — Stendahl, K. 1954 — Wilken, R. L. 1971

5.4. 종파들과 분파들
Flusser, D. 1980 — Hummel, R. 1963 — Markus, R. A. 1980 — Scroggs, R. 1975 — Stanley, J. E. 1984 — Theissen, G. 1988c — Wiefel, W. 1979 — Wilson, S. G. 1986

5.5. 외부에서 바라본 원시 그리스도교에 대한 평가
Lührmann, D. 1986 — Vogt, J. 1975 — Vittinghoff, F. 1984 — Wilken, R. L. 1984

6. 원시 그리스도교 신념의 사회적 배경(지식사회학)

6.1. 그리스도론과 예수상(Jesusbilder)
Barton, S. 1982; 1984 — Bélo, F. 1974 — Clévenot, M. 1976 — Ebertz, M. N. 1987 Georgi, D. 1976 — Kippenberg, H. G. 1987 — Klerk, J. C. de/Schnell, C. W. 1987 — Malina, B. J./Neyrey, J. H. 1988 — Meeks, W. A. 1972 — Theissen, G. 1983b — Wengst, K. 1981

6.2. 구원론과 인간론
Dahl, N. A. 1964=1977 — Gager, J. G. 1982a — Heiligenthal, R. 1984 — Jacobson, G. R. 1981 — Malina, J. B. 1979 — Moxnes, H. 1983 — Schottroff, L. 1979b — Theissen, G. 1983a

6.3. 성례전과 예배
Smith, D. E. 1980 — Theissen, G. 1974c; 1975b; 1988e — Wiefel, W. 1972

6.4. 묵시록과 종말론
Aune, D. E. 1981 — Ernst, J. 1977 — Gager, J. G. 1982 — Hengel, M. 1983 — Isenberg, S. R. 1974 — Lampe, P. 1981 — Meeks, W. A. 1979c=1983 — Müller, U. B. 1987 Nickelsburg, G. W.E. 1983 — Wilder, A. N. 1961

6.5. 영지주의
Green, H. A. 1977; 1985 — Hoffmann, R. J. 1983 — Kippenberg, H. G. 1970; 1981; 1983 — Koffmane, G. 1881 — Kraft, H. 1950 — Mendelson, E. M. 1967— Munz, P. 1972 — Pagels, E. H. 1979 — Pokorny, P. 1973; 1984 — Rudolph, K. 1977 — Scholten, C. 1988 — Stroumsa, G. G. 1985

7. 원시 그리스도교 신앙의 사회적 양태
7.1. 예수와 예수 운동
Ben-Chorin, S. 1985 — Blackburn, J. R. 1986 — Borg, M. J. 1984 — Buchanan, G. W. 1964/5 — Burchard, Ch. 1987 — Cullmann, O. 1970 — Downing, F. G. 1987; 1988; 1988/9 — Fischer, K. M. 1972 — Ebertz, M. N. 1987 — Egger, W. 1980 — Hengel, M. 1968; 1970 — Hollenbach, P. W. 1981; 1985 — Jüchen, A.v. 1981 — Kern, W. 1982 — Kippenberg, H. G. 1987 — Kipper, J. B. 1978 — Klerk, J. C. de/Schnell, C. W. 1987 — Kretschmar, G. 1964 — Kuhn, H. W. 1980 — Lémonon, J. P. 1981 — Limbeck, M. 1982 — Lohfink, G. 1982 — Malina, B. J. 1984 — Manns, F. 1978 — Oakman, D. E. 1986 — Pixley, G. V. 1983 —Riches, J. 1980 — Riesner, R. 1981 — Schottroff, L./Stegemann, W. 1978a — Schottroff L. 1978; 1985a — Schürmann, H. 1960 — Smith, D. 1985 — Snyder, G. F. 1980 — Stegemann, W. 1979b — Stenger, W. 1986 — Theissen, G. 1973; 1976; 1977a; 1977b; 1989

7.2. 원시 공동체(재산공유)
Baumbach, G. 1982 — Behm, J. 1920 — Brakemeier, G. 1988 — Colpe, C. 1987— Hyldahl, N. 1974 — Klauck, H. J. — Lake, K. 1933 — Mealand, D. L. 1977 — Miranda, J. P. 1982 — Mönning, B. H. 1978 — Reicke, B. 1957 — Stöger, A. 1977 — Wacht, M. 1986 — Walter, N. 1983 — Wilckens, U. 1969

7.3. 마태복음의 공동체
Brooks, S. H. 1987 — Künzel, G. 1978 — La Verdieres, E. A./Thompson, W. G. 1976 —

Larsen, B./Larsen, J. 1976 — Malina, B. J./Neyrey, J. H. 1988 — Manns, F. 1980 (Mt 20,1-16) — Riches, J. K. 1983; 1987 — Schottroff, L. 1979a (Mt 20,1-16) — Schweizer, E. 1974 — Stalder, K. 1983 — Stendahl, K. 1954 — Thysman, R. 1974

7.4. 마가복음의 공동체
Belo, F. 1974 — Clévenot, M. 1976 — Hallbäck, G. 1982 (Mk 2,1-12) — Karris, R. J. 1978

— Kee, H. C. 1977; 1984 — Klerk, J. C. de/Schnell, C. W. 1987 — Pilch, J. J. 1985 — Riches, J. 1987 — Robbins, V. K. 1984 — Schenk, W. 1985 — Theissen, G. 1984 (Mk 7,24-30) — Watson, F. 1985 — Wilde, J. 1977.1978

7.5. 누가복음의 공동체
Barraclough, R. 1979 — Beydon, F. 1986— Cassidy, R. J./Scharper, P. J. 1983 — Cassidy, R. J. 1987 — Degenhardt, H. J. 1965 — Esler, P. F. 1987 — Girardet, G. 1978 — Juel, D. 1981 (Apg 2) — Karris, R. J. 1979 — Kopas, J. 1986 — Kraybill, D. B./Sweetland, D. M. 1983 — La Verdieres, E. A./Thompson, W. G. 1976 — Lang, B. 1982 (Lk 10,4b) — Larsen, B./Larsen, J. 1976 — Mönning, B. H. 1978 — Nickelsburg, G. E. 1979 — Osborne, G. R. 1978 Pilgrim, W. E. 1981 — Riches, J. K. 1987 — Ruef, J. 1960 (Apg 5,1-11) — Schottroff, L./Stegemann, W. 1978a — Schmithals, W. 1975 — Seccombe, D. P. 1982 — Stegemann, W. 1982 — Swartley, W. M. 1983 — Thériault, J.-Y. 1974 — Walaskay, P. W. 1983

7.6. 요한의 원시 그리스도교
Barrett, C. K. 1986; 1987 — Brown, R. E. 1979 — Culpepper, R. A. 1974 — Klerk, J. C. de/Schnell, C. W. 1987 — Kragerud, A. 1959 — Malina, B. J. 1985 — Meeks, W. A. 1972 — Miller, J. W. 1976 — Nortje, S. J. 1986 — Onuki, T. 1982 —Rebell, W. 1987 — Renner, G. L. 1982 — Schottroff, L. 1984b — Taeger, J. W. 1987— Theissen, G. 1988b— Wengst, K. 1981 — Wiefel, W. 1979 — woll, D. B. 1981

7.7. 바울의 원시 그리스도교: 로마서, 고린도전후서, 갈라디아서, 빌레몬서, 제2바울계 서신
Agouridis, S. 1982 — Banks, R. 1980 — Barton, S. 1982; 1984 — Becker, J. 1987b — Clark, 1985 — Coleman-Norton, P. R. 1951 — Elliott, J. H. 1985 — Ellis, E. E. 1970/1 — Gallagher, E. V. 1984 — Gager, J. G. 1985 — Gayer R. 1976 — Harrington, D. J. 1987 — Heinrici, G. 1881 — Hock, R. F. 1978; 1979; 1980 — Holmberg, B. 1978; 1980 — Judge, E. A. 1972; 1974; 1982; 1984 — Klaiber, W. 1982 — Lampe, P. 1987b — Legrand, L. 1981 Lyall, F. 1970/1 — MacDonald, Y. M. 1988 — Malina, B. J. 1986b — Meeks, W. A. 1982; 1983; 1985 — Ollrog, W. H. 1979 — Rebell, W. 1986 — Sampley, J. P. 1977 — Schöllgen, G. 1988 — Schottroff, L. 1985b — Schütz, J. H. 1975 — Sigountos, J. G./Shank, M. 1983 — Stegemann, W. 1985; 1987a — Stowers, S. K. 1984 — Synnes, M. 1979 — Theissen, G. 1982; 1983 — Watson, F. 1986 — Wuellner, W. 1973; 1978 — Ziesler, J. A. 1981 — 로마서: Bindemann, W. 1981 (Röm 13,1-7) — Lafon, G. 1987 (Röm 4,13-16) — Lampe, P. 1987 (Röm 16) — Richardson, P. 1986 (Röm 16) — Schottroff, L. 1979b — 고린도전후서: Dewey, A. J. 1985 (2Kor 10) — Engberg—Pedersen, T. 1987 — Heinrici, G. 1876 — Klauck, J. 1985 — Marshall, Ph. 1987 — Rebell, W. 1988 (1Kor 14,24 f.) — Sänger, D. 1985 (IKor 1,26) — Schreiber, A. 1977 — Smith, D. E. 1980 — Theissen, G. 1974a; 1974b; 1974/5; 1975b — Wuellner, W. 1973 (1Kor 1,26) — 갈라디아서: Heiligenthal, R. 1984 — 빌레몬서: Elliott, J. H. 1984 — Lampe, P. 1985b — Peterson, N. R. 1985 — Stuhlmacher, P. 1975 — 제2바울계 서신: Lampe, P./Luz, U. 1987 — Lips, H. von 1979 — MacDonald, Y. M. 1988 — Padgett 1987 (1Tim 2,8-15) — Russel, R. 1987 — Schwartz, R. 1983 — Verner, D. C. 1981

7.8. 베드로서의 공동체
Balch, D. L. 1986 — Brox, N. 1977 — Elliott, J. H. 1981; 1986b — Goldstein, H. 1975 Goppelt, L. 1976 — Michl, J. 1973 — Schröger, F. 1976 — Spörri, T. 1925

7.9. 야고보서의 공동체
Burchard, Ch. 1980 — Noack, B. 1964 — Maynard—Reid, P. U. 1987 — Wanke, J. 1978 — Zimmermann, A. 1984

7.10. 요한계시록
Aune, D. E. 1981 — Collins, Y. A. 1981 — Lampe, P. 1981 — O'Donovan, O. 1986 — Schüssler-Fiorenza, E. 1986b — Stanley, J. E. 1984 — Thompson, L. 1986

7.11. 확대 발전(2세기)
Davies, S. L. 1980 — Frend, W. H. C. 1985 — Grant, R. M. 1980 — Hammann, A. 1985 — Lampe, P. 1987a (로마) — Malina, B. J. 1978b (이그나티우스v. 안티오키아) — Meeks, W. A./Wilken, R. L. 1978 (안티오키아) — Osiek, C. 1982 (헤르마스의 목자) — Schöllgen, G. 1984 (카르타고) — Wilken, R. L. 1970 (변증자)

8. 원시 그리스도교 집단의 사회적 맥락

8.1. 유대적 맥락
Alt, A. 1953 — Applebaum, S. 1974; 1976a; 1976b; 1976c — Baron, S. 1937=²1952 — Bauer, W. 1927 — Baumbach, G. 1971 — Ben—David, A. 1969; 1974 — Bösen, W. 1985 — Brooten, B. J. 1982; 1988 — Brunt, P. A. 1977 — Buehler, W. W. 1974 — Derrett, J. D. M. 1982 —Dommershausen, W. 1977— Farmer, W. R. 1955 — Finkelstein, L. 1938 — Freyne, S. 1980a; 1980b; 1981 — Goodman, M. 1983 — Guevara, H. 1985 — Hengel, M. 1961; 1968; 1969 — Herz, D. J. 1928 — Herzfeld, L. 1879 — Hoehner, H. W. 1972 — Hollenbach, P. 1979 — Horsley, R. A. 1981 ; 1985 — Isenberg, S. R. 1974; 1975 —Jeremias, J. 1923/4 und 1929/37 — Juster, J. 1914 — Kippenberg, H. G. 1978; 1985 — Kraabel, A. T. 1981a; 1981b —Krause, S. 1910-12 — Kreissig, H. 1965; 1969; 1970 — Kuhn, K. G./ Stegemann, H. 1962 — Leon, H. J. 1960 — Maccoby, H. 1973 — Meyers, E. M. 1979; 1981 — Neusner, J. 1981 Oppenheimer, A. 1977 — Pakozdy, L. M. 1963 — Romaniuk, K. 1964 — Safrai, S./Stern, M. 1974; 1976 — Sattler, W. 1927 — Schalit, A. 1969 — Schluchter (ed.) 1981 — Schürer, E. 1890; 1901-1909, 1973-1987 — Siegert, F. 1973 — Sperber, D. 1965; 1966; 1974 — Stenger, W. 1988 — Talmon, S. 1985 — Tcherikover, V. 1966 — Thomas, J. 1935 — Weber, M. 1921 — Zeitlin, S. 1962

8.2. 로마-헬레니즘 맥락
Alföldy, G. 1975=³1984; 1976a; 1976b; 1981; 1986 — Benko. S./O'Rourke, Y. 1971 — Bleicken, J. 1978 — Bömer, F. 1957; 1960; 1961; 1963 — Bolkestein, H. 1939 — Bradley, K. R. 1984 — Brockmeyer, N. 1972; 1979 — Christ, K. 1980 —Finley, M. I. 1980— Friedländer,

L. ¹⁰1922 — Gagé, J. 1964 — Garnsey, P./Saller, R. 1987 — Kippenberg, H. G. 1977 — MacMullen, R. 1966 — Marquardt, J. ²1886 — Pekary, Th. 1979 — Pöhlmann, R.v. 1893/1901 — Rostovtzeff, M. 1929; 1941 — Schneider, H. 1976; 1981 — Schuller, W. 1987 — Ste. Croix, G. E. M. de 1981 — Vittinghoff, F. 1980

II. 참고 문헌(알파벳순)

자주 등장하는 중요 독일어 약어들

Art. 항목(사전 등의)
FS 헌정 논문집
n. Chr. 주후(기원후)
s.o. 상기 참조
s.u. 아래 참조
u.a. 외(기타 등등)
v. Chr. 주전(기원전)

ADAM, A.: Die Entstehung des Bischofsamtes, WuD 5(1957) 104-113.
AGOURIDES, S.: The Meaning of Christ for Paul. A Socioreligious Approach, in: Parola e Spirito, FS S. Cipriani I, Paideia/Brescia 1982, 651-659.
AGUIRRE, R.: El método sociológico en los estudios bíblicos, EE 60 (1985) 305-331.
ALAND, K.: Die Stellung der Kinder in den frühen christlichen Gemeinden - und ihre Taufe, TEH, München 1967=Neutestamentliche Entwürfe, TB 63, München 1979, 198-232.
ALAND, K.: Das Verhältnis von Kirche und Staat nach dem Neuen Testament und den Aussagen des 2. Jahrhunderts, ANRW 11,23, Berlin 1979, 60-246=Neutestamentliche Entwürfe, TB 63, München 1979, 26-123. (Lit.!)
ALFARIC, P.: Origines sociales du christianisme, Paris 1959=Die sozialen Ursprünge des Christentums, Darmstadt 1963.
ALFÖLDY, G.: Römische Sozialgeschichte, Wiesbaden 1975 überarb. ³1984=The Social History of Rome, Totowa 1985.
ALFÖLDY, G.: Die römische Gesellschaft - Struktur und Eigenart, Gymnasium 83 (1976a) 1-25.
ALFÖLDY, G.: Soziale Konflikte im römischen Kaiserreich, HdJb 20 (1976b) 111-125=H. Schneider (ed.), Sozial- und Wirtschaftsgeschichte der römischen Kaiserzeit, WdF 552, Darmstadt 1981, 372-395.
ALFÖLDY, G.: Die römische Gesellschaft. Ausgewählte Beiträge, Wiesbaden 1986.
ALT, A.: Galiläische Probleme (1937- 1940), in: Kleine Schriften zur Geschichte des Volkes Israel II, München 1953, 363-435.
APPLEBAUM, S.: The Organization of the Jewish Communities of the Diaspora, in: S. Safrai/M. Stern (eds.), The Jewish People (s.u.), 1974, Bd 1, 464-503.
APPLEBAUM, S.: Aspects of Jewish Society: The Priesthood and other Classes, in: S. Safrai/M. Stern (eds.), The Jewish People (s.u.), 1976a, Bd 2, 561-630.
APPLEBAUM, S.: Economic Life in Palestine, in: S. Safrai/M. Stern (eds.), The Jewish People, 1976b, Bd 2, 632-700.

원시 그리스도교의 사회사에 관한 주요 참고 문헌 | 471

APPLEBAUM, S.: The Social and Economic Status of the Jews in the Diaspora, in: S. Safrai/M. Stern (eds.), The Jewish People, 1976c, Bd 2, 701-727.
ARGELL, G.: Work, Toil and Sustenance. An Examination of the View of Work in the New Testament, Taking into Consideration Views Found in Old Testament, Intertestamental and Early Rabbinic Writings, Lund 1976.
AUNE, D. E.: The Social Matrix of the Apocalypse of John, BR 26 (1981) 16-32.
AUNE, D. E.: Prophecy in Early Christianity and the Ancient Mediterranean World, Grand Rapids 1983.

BAASLAND, E.: Urkristendommen i sosiologiens lys, TTK 54 (1984) 45-57.
BAILEY, K. E.: Poet and Peasant. A Literary Cultural Approach to the Parables in Luke, Grand Rapids 1976.
BAILEY, K. E.: Through Peasant Eyes. More Lucan Parables. Their Culture and Style, Grand Rapids 1980.
BALCH, D. L.: Let Wives be Submissive. The Domestic Code in 1. Peter, SBLMS 26, Chico 1981.
BALCH, D. L.: Hellenization / Acculturation in 1 Peter, in: Ch. H. Talbert (ed.), Perspectives on First Peter, Macon 1986, 79-102.
BALCH, D. L.: Household Codes, in: D. E. Aune (ed.), Greco-Roman Literature and the New Testament: Selected Forms and Genres, SBLMS 21, Atlanta 1988, 25-50.
BAMMEL, E.: Art πτωχός, ThW VI (1959) 885-915 (Lit.!)
BAMMEL, E./MOULE, C. F. D. (eds.): Jesus and the Politics of His Day, Cambridge/London/New York 1984.
BANKS, R.: Paul's Idea of Community. The Early House-Churches in Their Historical Setting, Grand Rapids/Exeter 1980. 『바울의 공동체 사상, 3판』(IVP, 2023)
BARON, S. W.: A Social and Religious History of the Jews, Vol I, New York ^{1}1937 ^{2}1952.
BARRACLOUGH, R.: A Re-Assessment of Luke's Political Perspective, RTR 38 (1979) 10-18.
BARRETT, C. K.: St. John: Social Historian, Proceedings of the Irish Biblical Association 10, Dublin 1986, 26-39.
BARRETT, C. K.: Johanneisches Christentum, in: J. Becker u.a., Die Anfänge des Christentums, Stuttgart 1987, 255-279.
BARTCHY, S.: Mallon chresai. First Century Slavery and the Interpretations of I Corinthians 7,21, SBLDS 11, Missoula 1973.
BARTCHY, S. S.: Power, Submission and Sexual Identity among Early Christians, in: E. R. Wetzel, Essays on New Testament Christianity, FS D. E. Walker, Cincinnati 1977, 50ff.=Machtverhältnisse, Unterordnung und sexuelles Selbstverständnis im Urchristentum, in: D. Schirmer (ed.), Die Bibel als politisches Buch, Stuttgart 1982, 109-145 ; 160-164.
BARTON, S. C./HORSLEY, G. H. R.: A Hellenistic Cult Group and the New Testament Churches, JAC 24 (1981) 7-41.
BARTON, S.: Paul and the Cross: A Sociological Approach, Theol. 85 (1982) 13-19.
BARTON, S.: Paul and the Resurrection: A Sociological Approach, Religion 14, Lancaster 1984, 67-75.
BAUER, W.: Jesus der Galiläer, in: FS A. Jülicher, Tübingen 1927, 16-34=Aufsätze und kleine Schriften, Tübingen 1967, 91-108.
BAUMBACH, G.: Jesus von Nazareth im Lichte der jüdischen Gruppenbildung, Berlin 1971.
BAUMBACH, G.: Die Anfänge der Kirchwerdung im Urchristentum, Kairos 24 (1982) 17-30.
BECKER, J. u. a.: Die Anfänge des Christentums. Alte Welt und neue Hoffnung, Stuttgart/Berlin/Köln/Mainz 1987a.
BECKER, J.: Paulus und seine Gemeinden, in: Ders. u.a., Die Anfänge des Christentums, Stuttgart 1987b, 102-159.

BEHM, J.: Kommunismus im Urchristentum, NKZ 31 (1920) 275-297.
BELLEN, H.: Μᾶλλον Χρῆσαι (ICor 7,21). Verzicht auf Freilassung als asketische Leistung? JAC 6 (1963) 177-180.
BELO, F.: Lecture matérialiste de l'évangile de Marc, Paris 1974 ³1976=Das Markusevangelium materialistisch gelesen, Stuttgart 1980.
BELO, F.: Why a Materialist Reading? Conc (USA) 138 (1980) 17-23.
BEN-CHORIN, S.: Jesus, der Proletarier, ZRGG 37 (1985) 260-265.
BEN-DAVID, A.: Jerusalem und Tyros. Ein Beitrag zur palästinensischen Münz- und Wirtschaftsgeschichte (126 a.C. - 57 p.C.), Basel/Tübingen 1969.
BEN-DAVID, A.: Talmudische Ökonomie Bd 1, Hildesheim 1974.
BENDIX, R.: Umbildungen des persönlichen Charismas. Eine Anwendung von Max Webers Charismabegriff auf das Frühchristentum, in: W. Schluchter (ed.), Max Webers Sicht des antiken Christentums, Frankfurt 1985, 404-443.
BENKO, S./O'ROURKE, J. J. (eds.): The Catacombs and the Colosseum. The Roman Empire as the Setting of Primitive Christianity, Valley Forge 1971.
BERGER, K.: Soziologische Fragen, in: Ders., Exegese des Neuen Testaments, UTB 658. Heidelberg 1977a, 218-241.
BERGER, K.: Wissenssoziologie und Exegese des Neuen Testaments, Kairos 19 (1977b) 124-133.
BEST, T. F.: The Sociological Study of the New Testament: Promise and Peril of a New Discipline, SJTh 36 (1983) 181-194.
BEYDON, F.: Luc et „ces dames de la haute société", ETR 61 (1986) 331-341.
BIENERT, W.: Die Arbeit nach der Lehre der Bibel. Eine Grundlegung evangelischer Sozialethik, Stuttgart 1954.
BIENERT, W.: Die Arbeit nach der Lehre der Bibel, StGen 14 (1961) 151-162.
BIERITZ, K. H./KÄHLER, CH.: Art. Haus III., TRE 14 (1985) 478-492 (Lit!).
BILDE, P.: Religion og politik i Jesusbevægelsen (=Religion and Politics in the Jesus-Movement), DTT 42 (1979) 1-19.
BINDEMANN, W.: Materialistische Bibelinterpretation am Beispiel von Römer 13,1 -7, ZdZ (1981) 136-145.
BLACKBURN, J. R.: The Politics of Jesus, FaF 39, Oxford 1986, 37-44.
BLANK, J.: Vom Urchristentum zur Kirche. Kirchenstrukturen im Rückblick auf den biblischen Ursprung, München 1982.
BLANK, J.: Frauen in den Jesusüberlieferungen, in: G. Dautzenberg u.a. (eds.), Die Frau im Urchristentum, Freiburg/Basel 1983, 9-91.
BLASI, A. J.: Role Structures in the Early Hellenistic Church, Sociological Analysis 47, Washington 1986, 226-248.
BLEICKEN, J.: Verfassungs- und Sozialgeschichte des Römischen Kaiserreiches, 2 Bde UTB 838/839, Paderborn 1978.
BLOMENKAMP, P. Art. Erziehung, RAC 6 (1966) 502-559.
BÖMER, F.: Untersuchungen über die Religion der Sklaven in Griechenland und Rom, 4 Bde., Forschungen zur antiken Sklaverei Bd. XIV, Wiesbaden (1) 1957 ²1981, (2) 1960, (3) 1961, (4) 1963.
BÖSEN, W.: Galiläa als Lebensraum und Wirkungsfeld Jesu. Eine zeitgeschichtliche und theologische Untersuchung, Freiburg/Basel/Wien 1985.
BOGAERT, R.: Art. Geld (Geldwirtschaft), RAC 9 (1976) 797-907.
BOLKESTEIN, H.: Wohltätigkeit und Armenpflege im vorchristlichen Altertum, Utrecht 1939.

BONSEN, J./WEVER, T.: Materialistische Exegese: enkele antwoorden aan Bas van Jersel (=Materialist Exegesis: A Reply to B. van Jersel), TTh 19 (1979) 376-391.
BORG, M. J.: Conflict, Holiness and Politics in the Teachings of Jesus, Studies in the Bible and Early Christianity 5, New York/Toronto 1984.
BORNHÄUSER, K.: Der Christ und seine Habe nach dem Neuen Testament, BFChTh 38, Gütersloh 1936.
BORNKAMM, G.: Art. Πρεσβύτερος, ThW VI (1959) 651-783.
BRADLEY, K. R.: Slaves and Masters in the Roman Empire. A Study in Social Control, Brüssel 1984.
BRAKEMEIER, G.: Der ‚Sozialismus' der Urchristenheit. Experiment und neue Herausforderung, KVR 1535, Göttingen 1988.
BROCKHAUS, U.: Charisma und Amt. Die paulinische Charismenlehre auf dem Hintergrund der frühchristlichen Gemeindefunktionen, Wuppertal 1972²1975.
BROCKMEYER, N.: Sozialgeschichte der Antike, UB 153, Stuttgart 1972.
BROCKMEYER, N.: Antike Sklaverei, Erträge der Forschung 116, Darmstadt 1979.
BROOKS, S. H.: Matthew's Community. The Evidence of his Special Sayings Material, JSNT Suppl. Ser. 16, Sheffield 1987.
BROOTEN, B. J.: Feminist Perspectives on New Testament Exegesis, Conc (USA) 138 (1980) 55-61.
BROOTEN, B. J.: Women Leaders in the Ancient Synagogues, Brown Judaic Studies 19, Chico 1982.
BROOTEN, B. J.: Zur Debatte über das Scheidungsrecht der jüdischen Frau, EvTh 43 (1983) 466-478.
BROOTEN B. J.: Methodenfragen zur Rekonstruktion der frühchristlichen Frauengeschichte, BiKi 39 (1984) 157-164.
BROOTEN B. J.: Early Christian Women and Their Cultural Context: Issues of Method in Historical Reconstruction, in: A. Y. Collins (ed.), Feminist Perspectives in Biblical Scholarship, SBL Centennial Publications 10, Chico 1985, 65-91.
BROOTEN B. J.: Jewish Women's History in the Roman Period: A Task for Christian Theology, HThR 79 (1986) 22-30.
BROWN C.: Synoptic Miracle Stories. A Jewish Religious and Social Setting, FThL 2 (1986) 55-76.
BROWN, J. P.: Techniques of Imperial Control: The Background of the Gospel Event, in: N. K. Gottwald (ed.): The Bible and Liberation, Maryknoll 1983, 357-377.
BROWN, R. E.: Episkope und Episkopos. The New Testament Evidence, TS 41 (1980) 322-338.
BROWN, R. E.: The Community of the Beloved Disciple, New York 1979=Ringen um die Gemeinde. Der Weg der Kirche nach den johanneischen Schriften, Salzburg 1982. 『요한 교회의 신앙과 역사』(한장사, 2010)
BROX, N.: Situation und Sprache der Minderheit im ersten Petrusbrief, Kairos 19 (1977) 1-13.
BRUNT, P. A.: Josephus on Social Conflicts in Roman Judaea, Klio 59 (1977) 149-153.
BUCHANAN, G. W.: Jesus and the Upper Class, NT 7 (1964/5) 195-209.
BUEHLER, W. W.: The Pre-Herodian Civil and Social Debate, Diss. Basel 1974.
BURCHARD, CH.: Gemeinde in der strohernen Epistel, Mutmaßungen über Jakobus, in: D. Lührmann/G. Strecker (eds.), Kirche, FS G. Bornkamm, Tübingen 1980, 315-328.
BURCHARD, CH.: Erfahrungen multikulturellen Zusammenlebens im Neuen Testament, in: J. Micksch, Multikulturelles Zusammenleben, Theologische Erfahrungen, Frankfurt/M. 1983, 24-41.
BURCHARD, CH.: Jesus von Nazareth, in: J. Becker u.a., Die Anfänge des Christentums, Stuttgart 1987, 12-58.

CAHILL, M.: Sociology, the Biblical Text and Christian Community Today, AfER 26, (1984), 279-286.
CAMERON, A.: Neither Male nor Female, Greece and Rome 27 (1980) 60-68.
CAMPENHAUSEN, H. V.: Kirchliches Amt und geistliche Vollmacht in den ersten drei Jahrhunderten, BHTh 14, Tübingen 1953²1963.
CANCIK, H.: Die neutestamentlichen Aussagen über Geschlecht, Ehe, Frau. Ihr religionsgeschichtlicher und soziologischer Ort, in: Zum Thema. Frau in Kirche und Gesellschaft. Zur Unmündigkeit verurteilt? Stuttgart 1972, 9-46.
CASALIS, G. u.a.: Bibel und Befreiung. Beiträge zu einer nichtidealistischen Bibellektüre, Münster 1985.
CASE, S. J.: The Social Origins of Christianity, Chicago 1923.
CASE, S. J.: The Social Triumph of the Ancient Church, Chicago 1934.
CASSIDY, R. J./SCHARPER, P. J. (eds.): Political Issues in Luke-Acts, Maryknoll 1983.
CASSIDY, R. J.: Society and Politics in the Acts of the Apostles, Maryknoll 1987.
CHRIST, K.: Grundfragen der römischen Sozialstruktur, in: W. Eck/H. Galsterer/H. Wolff (eds.): Studien zur antiken Sozialgeschichte, Köln/Wien 1980, 197-228.
Christen für den Sozialismus (ed.): Theorie und Praxis einer alternativen Bibellektüre. Einführung in die Methode und die theoretischen Hintergründe von Fernando Belos materialistischer Bibellektüre, Stuttgart 1979.
CLARK, G.: The Women at Corinth, Theol. 85 (1982) 256-262.
CLARK, G.: The Social Status of Paul, ET 96 (1985) 110-111.
CLARK, S. B.: Man and Woman in Christ. An Examination of the Roles of Men and Women in Light of Scripture and the Social Sciences, Ann Arbor 1980.
CLÉVENOT, M.: Approches matérialistes de la Bible, Paris 1976=So kennen wir die Bibel nicht. Anleitung zu einer materialistischen Lektüre biblischer Texte, München 1978.
COLEMAN-NORTON, P. R.: The Apostle Paul and the Roman Law of Slavery, in: Studies in Roman Economic and Social History in Honor of A. C. Johnson, Princeton 1951, 155-177.
COLLINS, Y. A.: The Revelation of John: An Apocalyptic Response to a Social Crisis, CThMi 8 (1981) 4-12.
COLPE, C.: Die älteste judenchristliche Gemeinde, in: J. Becker u.a., Die Anfänge des Christentums, Stuttgart 1987, 59-79.
CONZELMANN, H.: Paulus und die Weisheit, NTS 12 (1965/6) 231-244=Theologie als Schriftauslegung, BEvTh 65, München 1974, 167-176.
CORCORAN, G.: Slavery in the New Testament. Milltown Studies 5 (1980) 1-40; 6 (1980) 62-83.
COUNTRYMAN, L. W.: The Rich Christian in the Church of the Early Empire. Contradictions and Accomodations, Text and Studies in Religion 7, New York/Toronto 1980.
COYLE, J. K.: Empire and Eschaton. The Early Church and the Question of Domestic Relationships, EeT 12 (1981) 35-94.
CRÜSEMANN, F.: Grundfragen sozialgeschichtlicher Exegese, EvErz 35 (1983) 273-286.
CULLMANN, O.: Der Staat im Neuen Testament, Tübingen 1956²1961.
CULLMANN, O.: Jesus und die Revolutionären seiner Zeit, Tübingen 1970.
CULPEPPER, R. A.: The Johannine School: An Evaluation of the Johannine-School Hypothesis based on an Investigation of the Nature of Ancient Schools, Diss. Ann Arbor 1974 (Microfilm).

DAHL, N. A.: Rettferdiggjoerelses lærens sosiologiske funksjion og konsekvenser, NTT 65 (1964)

284-310=The Doctrine of Justification: Its Social Functions and Implications, in: N. A. Dahl: Studies in Paul. Theology for the Early Christian Mission, Minneapolis 1977, 95-120.
DASSMANN, E./SCHÖLLGEN, G.: Art. Haus II (Hausgemeinschaft) RAC 13 (1986) 801-905.
DAUTZENBERG, G.: Urchristliche Prophetie, BWANT 104, Stuttgart 1975.
DAUTZENBERG, G./MERKLEIN, H./MÜLLER, K. (eds.): Die Frau im Urchristentum, QD 95, Freiburg/Basel/Wien 1983a.
DAUTZENBERG, G.: Zur Stellung der Frauen in den paulinischen Gemeinden, in: G. Dautzenberg/ H. Merklein/K. Müller (eds.): Die Frau im Urchristentum, QD 95, Freiburg/Basel/Wien 1983b, 182-224.
DAVIES, S. L.: The Revolt of the Widows. The Social World of the Apocryphal Acts, Carbondale/London/Amsterdam 1980.
DEGENHARDT, H. J.: Lukas - Evangelist der Armen, Stuttgart 1965.
DEISSMAN, A.: Das Urchristentum und die unteren Schichten, Göttingen 1908.
DELLING, G.: Paulus' Stellung zu Frau und Ehe, BWANT 4,5, Stuttgart 1931.
DERRETT, J. D. M.: Law and Society in Jesus' World, ANRW 11, 25 1, Berlin 1982, 477-564.
DEWEY, A. J.: A Matter of Honor: A Social-Historical Analysis of 2 Corinthians 10, HThR 78 (1985) 209-217.
DIBELIUS, M.: Rom und die Christen im ersten Jahrhundert, SHAW 1941, Heidelberg 1942, 6-59=Botschaft und Geschichte II, Tübingen 1956, 177-228=R. KLEIN (ed.), Das frühe Christentum (s. u.), 1971, 47-105.
DIBELIUS, M.: Das soziale Motiv im Neuen Testament, in: Botschaft und Geschichte, Ges. Aufs. Bd 1, Tübingen 1953, 178-203.
DIBELIUS, M.: Arm und Reich, in: Der Brief des Jakobus, KEK 15, Göttingen ^{11}1964, 58-66.
DICKEY, S.: Some Economic and Social Conditions of Asia Minor Affecting the Expansion of Christianity, in: Studies in Early Christianity, FS F. C. Porter/B. W. Bacon, London 1928, 393-416=Die Bedeutung wirtschaftlicher und sozialer Faktoren für die Ausbreitung des Christentums in Kleinasien, in: W. A. Meeks (ed.), Zur Soziologie (s.u.), 1979, 49-66.
DIHLE, A.: Art. Ethik, RAC 6 (1966) 646-796.
DOBSCHÜTZ, E. v.: Die urchristlichen Gemeinden. Sittengeschichtliche Bilder, Leipzig 1902.
DOEL, A. VAN DEN: Submission in the New Testament, BLT 31 (1986) 121-125.
DOMMERSHAUSEN, W.: Die Umwelt Jesu. Politik und Kultur in neutestamentlicher Zeit, Freiburg/Basel/Wien 1977 rev. ^{4}1987.
DONAHUE, J.: Tax Collectors and Sinners, CBQ 33 (1971) 39-61.
DOSKOCIL, W.: Der Bann in der Urkirche. Eine rechtsgeschichtliche Untersuchung, München 1958.
DOSKOCIL, W.: Art. Exkommunikation, RAC 7 (1969) 1-22.
DOWNING, F. G.: The Social Contexts of Jesus the Teacher: Construction or Reconstruction, NTS 33 (1987) 439-451.
DOWNING, F. G.: Quite Like Q. A Genre for ‚Q': The ‚Lives' of Cynic Philosophers, Biblica 69 (1988) 226-238.
DOWNING, F. G.: Christ and the Cynics, JSNTS, Sheffield 1988/9 (angekündigt).
DREXHAGE, H. J.: Wirtschaft und Handel in den frühchristlichen Gemeinden (1.-3. Jh. n. Chr.), RQ 76 (1981) 1-72.
DREXHAGE, H. J.: Art. Handel I (geschichtlich); II (ethisch), RAC 13 (1986) 519-561. 561-574.
DUNCAN M. DERRETT, J.: Recht und Religion im Neuen Testament, in: W. Schluchter, Max We-

bers Sicht des antiken Christentums, Frankfurt 1985 (s.u.), 317-362.
DUTILE, G.: A Concept of Submission in the Husband-Wife Relationship in Selected New Testament Passages, Diss. Southwestern Baptist Theological Seminary 1980, bespr. in: DissAb 42 (1981) 255-256.

EBERTZ, M. N.: Das Charisma des Gekreuzigten. Zur Soziologie der Jesusbewegung, WUNT 45, Tübingen 1987.
ECK, W.: Das Eindringen des Christentums in den Senatorenstand bis zu Konstantin d.Gr., Chiron 1 (1971) 381-406.
ECKERT, J.: Das Imperium Romanum im Neuen Testament. Ein Beitrag zum Thema „Kirche und Gesellschaft", TThZ 96 (1987) 253-271.
EDWARDS, O. C.: Sociology as a Tool for Interpreting the New Testament, AThR 65 (1983) 431-448.
EGGER, W.: Nachfolge Jesu und Verzicht auf Besitz. Mk 10, 17-31 aus der Sicht der neuesten exegetischen Methoden, ThPQ 128 (1980) 127-136.
EHRHARDT, A.: Social Problems in the Early Church, in: The Framework of the New Testament Stories, Cambridge 1964, 275-312.
EISENSTADT, S. N.: Max Webers Sicht des frühen Christentums und die Entstehung der westlichen Zivilisation. Einige vergleichende Überlegungen, in: W. Schluchter (ed.), Max Webers Sicht des antiken Christentums, Frankfurt 1985, 509-524.
ELLIOTT, J. H.: A Home for the Homeless. A Sociological Exegesis of 1. Peter. Its Situation and Strategy, Philadelphia 1981.
ELLIOTT, J. H.: Philemon and House Churches, Bi Tod 22 (1984) 145-150.
ELLIOTT, J. H.: Review of: Wayne A. Meeks, The First Urban Christians. The Social World of the Apostle Paul (1983), Religious Studies Review 11 (1985) 329-335.
ELLIOTT, J. H.: Social-Scientific Criticism of the New Testament and Its Social World: More on Method and Models, Semeia 35 (1986a) 1-33.
ELLIOTT, J. H.: 1 Peter, Its Situation and Strategy. A Discussion with David Balch, in: Ch. H. Talbert (ed.), Perspectives on First Peter, Macon 1986b, 61-78.
ELLIS, E. E.: Paul and his Co-workers, NTS 17 (1970/1) 437-452=Prophecy and Hermeneutics in Early Christianity, WUNT 18, Tübingen 1978, 3-22.
ENGBERG-PEDERSEN, T.: The Gospel and Social Practice According to 1 Corinthians, NTS 33 (1987) 557-584.
ENGELS, F.: Zur Geschichte des Urchristentums (1894/5), in: K. Marx/F. Engels, Werke Bd 22, Berlin 1972, 449-473.
ERNST, J.: Die griechische Polis - das himmlische Jerusalem - die christliche Stadt, ThGl 67 (1977) 240-258.
ESLER, P. F.: Community and Gospel in Luke-Acts. The Social and Political Motivations of Lucan Theology, SNTSMS 57, Cambridge/New York 1987.

FARMER, W. R.: The Economic Basis of the Qumran Community, ThZ 11 (1955) 295-308.
FILSON, F. V.: The Significance of the Early House Churches, JBL 63 (1939) 105-112.
FINKELSTEIN, L.: The Pharisees. The Sociological Background of Their Faith, Philadelphia 1938 ³1962.
FINLEY, M. 1.: The Ancient Economy, Berkeley/Los Angeles 1973=Die antike Wirtschaft, München

dtv 4277, 1977.
FINLEY, M. 1.: Ancient Slavery and Modern Ideology, London 1980=Die Sklaverei in der Antike. Geschichte und Probleme, München 1981.
FISCHER, K. M.: Asketische Radikalisierung der Nachfolge Jesu, Theol. Versuche 4 (1972) 11-25.
FLUSSER, D.: Das Schisma zwischen Judentum und Christentum, EvTh 40 (1980) 214-239.
FORKMAN, G.: The Limits of the Religious Community. Expulsion from the Religious Community within the Qumran Sect, within Rabbinic Judaism and within Primitive Christianity, CB.NT 5, Lund 1972.
FREI, F.: Armut und Reichtum für die ersten christlichen Generationen, NZM 41 (1985) 299-308.
FREND, W. H. C.: Town and Countryside in Early Christianity in: D. Baker (ed.), The Church in Town and Countryside, Studies in Church History 16, Oxford 1979, 25-42.
FREND, W. H. C.: Town and Country in the Early Christian Centuries, London 1980.
FREND, W. H. C.: Early Christianity and Society: A Jewish Legacy in the Pre-Constantinean Era, HThR 76 (1983) 53-71.
FREND, W. H. C.: Die Bedeutung von Max Webers Ansatz für die Untersuchung der frühen christlichen Sektenbewegungen, in: W. Schluchter (ed.), Max Webers Sicht des antiken Christentums, Frankfurt 1985, 466-485.
FREYNE, S.: Galilee from Alexander the Great to Hadrian, 323 B. C. E. to 135 C. E. A Study of Second Temple Judaism, Notre Dame 1980a.
FREYNE, S.: The World of the New Testament, Wilmington 1980b.
FREYNE, S.: Galilean Religion of the First Century C. E. against Its Social Background, Proceedings of the Irish Biblical Association 5, Dublin 1981, 98-114.
FRIEDLÄNDER, L.: Darstellungen aus der Sittengeschichte Roms 4 Bde, Leipzig ^{10}1922=Aalen 1964.
FRIEDMAN, T.: The Shifting Role of Women, From the Bible to Talmud, Jdm 36 (1987) 479-487.
FUNK, A.: Status und Rollen in den Paulusbriefen. Eine inhaltsanalytische Untersuchung zur Religionssoziologie, Innsbrucker Theologische Studien 7, Innsbruck /Wien /München 1981.
FÜSSEL, K.: Materialistische Lektüre der Bibel. Bericht über einen alternativen Zugang zu biblischen Texten, in: W. Schottroff/W. Stegemann (eds.), Der Gott der kleinen Leute (s.u.), 1979, 20-36.
FÜSSEL, K.: Drei Tage mit Jesus im Tempel. Einführung in die materialistische Lektüre der Bibel für Religionsunterricht, Theologiestudium und Pastoral, Münster 1987.

GAGÉ, J.: Les classes sociales dans l'empire romain, Paris 1964.
GAGER, J. G.: Religion and Social Class in the Early Roman Empire, in: S. Benko/J. J. O'Rourke (eds.), The Catacombs (s.o.), 1971, 99-120=Kingdom and Community (s.u.), 93-113.
GAGER, J. G.: Kingdom and Community. The Social World of Early Christianity, Englewood Cliffs, N. Y. 1975. Vgl. dazu die Diskussion in: Zygon 13 (1978) 109-135. GAGER, J. G.: Social Description and Sociological Explanation in the Study of Early Christianity. A Review Essay, Religious Studies Review 5 (1979) 174-180=in: N. K. Gottwald (ed.): The Bible and Liberation, Maryknoll 1983, 428-440.
GAGER, J. G.: Body-Symbols and Social Reality: Resurrection, Incarnation and Ascetism in Early Christianity, Religion 12 (1982a) 345-363.
GAGER, J. G.: Shall We Marry Our Enemies? Sociology and the New Testament, Interp. 36 (1982b) 256-265.
GALLAGHER, E. V.: The Social World of Saint Paul, Religion 14, Lancaster 1984, 91-99.

GARNSEY, P./SALLER, R.: The Roman Empire. Economy, Society and Culture, London 1987.
GAYER, R.: Die Stellung des Sklaven in den paulinischen Gemeinden und bei Paulus. Zugleich ein sozialgeschichtlich vergleichender Beitrag zur Wertung der Sklaven in der Antike, EHS 23 T 78, Bern/Frankfurt 1976.
GEORGI, D.: Sociooeconomic Reason for the „Divine Man" as Propagandistic Pattern, in: E. Schüssler-Fiorenza (ed.), Aspects of Religious Propaganda in Judaism and Early Christianity, Notre Dame 1976, 27-42.
GERSTENBERGER, E./SCHRAGE, W.: Frau und Mann, Biblische Konfrontationen 1013, Stuttgart/Berlin/Köln/Mainz 1980.
GEWALT, D.: Neutestamentliche Exegese und Soziologie, EvTh 31 (1971) 87-99.
GIRARDET, G.: Lecture politique de l'Evangile de Luc, Brüssel 1978.
GJESING, L. O.: Den materialistiske eksegese og hermeneutikken. Hermeneutiske overvejelser i tilknytning til Fernando Belos materialistiske Markuslæsning, DTT 43 (1980) 81-112.
GNILKA, J.: Die neutestamentliche Hausgemeinde, in: Freude am Gottesdienst, FS J. G. Plöger, Stuttgart 1983, 229-242.
GOLDSTEIN, H.: Paulinische Gemeinde im Ersten Petrusbrief, SBS 80, Stuttgart 1975.
GOPPELT, L.: Die Verantwortung der Christen in der Gesellschaft nach dem 1. Petrusbrief, in: Theologie des Neuen Testaments Bd II, ed. J. Roloff, Göttingen 1976, 490-508. 『신약신학』(크리스챤 다이제스트, 2007)
GÖLL, H.-P.: Offenbarung in der Geschichte. Theologische Überlegungen zur sozialgeschichtlichen Exegese, EvTh 45 (1985) 532-545.
GOODENOUGH, E. R.: The Politics of Philo Judaeus. Practice and Theory. New Haven/London 1938.
GOODMAN, M.: State and Society in Roman Galilee, Totowa 1983.
GORMAN, M. J.: Abortion and the Early Church. Christian, Jewish and Pagan Attitudes in the Greco-Roman World, New York 1982.
GOTTWALD, N. K.: Social Scientific Method in Biblical Studies, in: Ders. (ed.), The Bible and Liberation, Maryknoll 1983a, 9-58.
GOTTWALD, N. K.: Sociological Method in Biblical Research and Contemporary Peace Studies, American Baptist Quarterly 2, Rochester 1983b, 142-156.
GRAHAM, R. W.: Women in the Ministry of Jesus and in the Early Church, LexTQ 18 (1983) 1-42.
GRANT, F. C.: The Economic Background of the Gospels, Oxford 1926.
GRANT, F. C.: The Economic Background of the New Testament, in: The Background of the New Testament and Its Eschatology, FS C. H. Dodd, Cambridge 1956, 96-114.
GRANT, R. M.: The Social Setting of Second-Century Christianity, in: E. P. Sanders (ed.), Jewish and Christian Self-Definition Vol. 1, Philadelphia 1980, 16-29; 219-220.
GRANT, R. M.: Early Christianity and Society, New York 1977=Christen als Bürger im Römischen Reich, Göttingen 1981. 『초기 기독교와 사회』(대한기독교출판사, 1989
GREEN, H. A.: Gnosis and Gnosticism. A Study in Methodology, Numen 24 (1977) 95-134.
GREEN, H. A.: The Economic and Social Origins of Gnosticism, SBLDS 77, Atlanta 1985.
GREEVEN, H.: Das Hauptproblem der Sozialethik in der neueren Stoa und im Urchristentum, NTF 3,4, Gütersloh 1935.
GREEVEN, H.: Propheten, Lehrer, Vorsteher bei Paulus. Zur Frage der „Ämter" im Urchristentum, ZNW 44 (1952) 1-43=K. Kertelge (ed.), Das kirchliche Amt, (s.u.), 1977, 305-361.
GREEVEN, H.: Evangelium und Gesellschaft in urchristlicher Zeit, in: FS zur Eröffnung der Universi-

tät Bochum, Bochum 1965, 105-121.
GRIMM, B.: Untersuchungen zur sozialen Stellung der frühen Christen in der römischen Gesellschaft, Diss. München 1974, Bamberg 1975.
GÜLZOW, H.: Christentum und Sklaverei in den ersten drei Jahrhunderten, Bonn 1969.
GÜLZOW, H.: Soziale Gegebenheiten der altkirchlichen Mission, in: H. Frohnes/U. W. Knorr (eds.), Kirchengeschichte als Missionsgeschichte Bd 1: Die Alte Kirche, München 1974, 189-226.
GÜNTHER, R.: Die sozialutopische Komponente im frühen Christentum bis zur Mitte des 2. Jahrhunderts, SSAW. PH 127,7, Leipzig 1987.
GUEVARA, H.: Ambiente político del pueblo judío en tiempos de Jesús, Academia Christiana 30, Madrid 1985.

HAINZ, J.: Die Anfänge des Bischofs- und Diakonenamtes, in: J. Hainz (ed.): Kirche im Werden. Studien zum Thema Amt und Gemeinde-Ordnung, BU 9, Regensburg 1972, 91-107.
HALLBÄCK, G.: Materialistische Exegese und strukturale Analyse. Ein methodologischer Vergleich anhand von Markus 2,1-12, Ling Bibl 50 (1982) 7-32.
HAMANN, A./RICHTER, S.: Arm und Reich in der Urkirche, Paderborn 1964
HAMMANN, A.: La Vie quotidienne des premiers chrétiens (95-197), Paris 1971=Die ersten Christen, Stuttgart 1985.
HARNACK, A. v.: Die Lehre der zwölf Apostel nebst Untersuchungen zur ältesten Geschichte der Kirchenverfassung und des Kirchenrechts, TU 2,1-2, Leipzig 1884.
HARNACK, A. v.: Die Mission und Ausbreitung des Christentums in den ersten drei Jahrhunderten, 2 Bde, Leipzig 1902 ^{4}1924.
HARRINGTON, D. J.: Sociological Concepts and the Early Church. A Decade of Research, TS 41 (1980) 181-190.
HARRINGTON, D. J.: A New Paradigm for Paul, America 157, New York 1987, 290-293.
HARRIS, K.: Sex, Ideology and Religion. The Representation of Women in the Bible, Totowa 1984.
HARRIS, O. G.: The Social World of Early Christianity, LexTQ 19 (1984) 102-114.
HARVEY, A. E.: Eiders, JThSt 25 (1974) 318-332.
HARVEY, A. E.: Forty Strokes Save One: Social Aspects of Judaizing and Apostasy, in: A. E. Harvey (ed.), Alternative Approaches to New Testament Study, London 1985, 79 96.
HASENCLEVER, J.: Christliche Proselyten der höheren Stände im 1. Jahrhundert, JPTh 8, Braunschweig 1882, 34-78. 230-271.
HAUCK, F.: Die Stellung des Urchristentums zu Arbeit und Geld, BFChTh 2.R. Bd 3, Gütersloh 1921.
HAUCK, F.: Art. Arbeit, RAC 1 (1950) 585-590.
HAUFE, G.: Das Kind im Neuen Testament, ThLZ 104 (1979) 625-638.
HAUSCHILD, W. D.: Art. Armenfürsorge 11. Alte Kirche, TRE 4 (1979) 14-23.
HEDDENDORF, R.: The Idea of a Biblical Sociology, Encounter 44 (1983) 185-196.
HEILIGENTHAL, R.: Soziologische Implikationen der paulinischen Rechtfertigungslehre im Galaterbrief am Beispiel der „Werke des Gesetzes". Beobachtungen zur Identitätsfindung einer frühchristlichen Gemeinde, Kairos 26 (1984) 38-53.
HEINE, S.: Frauen der frühen Christenheit. Zur historischen Kritik einer feministischen Theologie, Göttingen 1986.
HEINRICI, G.: Die Christengemeinde Korinths und die religiösen Genossenschaften der Griechen,

ZWTh 19 (1876) 465-562.
HEINRICI, G.: Zum genossenschaftlichen Charakter der paulinischen Christengemeinden, ThStKr 54 (1881) 505-524.
HELGELAND, J./DALY, R. J./BURNS. J. P.: Christians and the Military. The Early Experience, Philadelphia 1985.
HENGEL, M.: Die Zeloten. Untersuchungen zur jüdischen Freiheitsbewegung in der Zeit von Herodes I. bis 70 n. Chr., AGJU 1, Leiden/Köln 1961 ²1976. HENGEL, M: Nachfolge und Charisma, BZNW 14, Berlin 1968.
HENGEL, M.: Judentum und Hellenismus. Studien zu ihrer Begegnung unter besonderer Berücksichtigung Palästinas bis zur Mitte des 2. Jh. v. Chr., WUNT 10, Tübingen 1969 ²1973.『유대교와 헬레니즘, 1-3권』(나남, 2012)
HENGEL, M.: War Jesus Revolutionär? CWH 110, Stuttgart 1970.
HENGEL, M.: Gewalt und Gewaltlosigkeit. Zur „politischen Theologie" In neutestamentlicher zeit, CWH 118, Stuttgart 1971a.
HENGEL, M.: Christus und die Macht, Stuttgart 1971b.
HENGEL, M: Eigentum und Reichtum in der frühen Kirche. Aspekte einer frühchristlichen Sozialgeschichte, Stuttgart 1973.『초기 기독교의 사회경제사상』(감은사, 2020)
HENGEL, M.: Messianische Hoffnung und politischer „Radikalismus" in der „jüdischhellenistischen Diaspora". Zur Frage der Voraussetzungen des jüdischen Aufstandes unter Trajan 115-117 n. Chr., in: D. Hellholm (ed.), Apocalypticism in the Mediterranean World and the Near East, Tübingen 1983, 655-686.
HENGEL, M.: Die Arbeit im frühen Christentum, ThBeitr 17 (1986) 174-212.
HERRENBRÜCK, F.: Wer waren die ‚Zöllner'? ZNW 72 (1981) 178-194.
HERRENBRÜCK, F.: Zum Vorwurf der Kollaboration des Zöllners mit Rom, ZNW 78 (1987) 186-199.
HERRMANN, E./BROCKMEYER, N.: Bibliographie zur antiken Sklaverei, Bochum 1983.
HERRMANN, P./WASZINK, J. H./COLPE, C./KöTTING, B.: Art. Genossenschaft, RAC 10 (1978) 83-155.
HERZ, D. J.: Großgrundbesitz in Palästina im Zeitalter Jesu, PJ 24 (1928) 98-113.
HERZFELD, L.: Handelsgeschichte der Juden im Altertum, Braunschweig 1879.
HERZOG, W. R.: The „Household Duties" Passages, Apostolic Traditions and Contemporary Concerns, Foun. 24 (1981) 204-215.
HERZOG, W. R.: Interpretation as Discovery and Creation: Sociological Dimensions of Biblical Hermeneutics, American Baptist Quarterly 2, Rochester 1983, 105-118.
HILL, C.: A Sociology of the New Testament Church, Diss. Nottingham 1972.
HILL, D.: The New Testament Prophecy, London 1979 (Lit.!).
HINDSON, E. E.: The Sociology of Knowledge and Biblical Interpretation, Theologia Evangelica 17, Pretoria 1984, 33-38.
HOCK, R. F.: Paul's Tentmaking and the Problem of his Social Class, JBL 97 (1978) 555-564. 쁘띠 알맹e 근간
HOCK, R. F.: The Workshop as Social Setting for Paul's Missionary Preaching, CBQ 41 (1979) 438-450. 쁘띠 알맹e 근간
HOCK, R. F.: The Social Context of Paul's Ministry, Tentmaking and Apostleship, Philadelphia 1980.『일하는 사도 바울의 사회적 배경과 맥락』(알맹e, 2023)
HOEHNER, H. W.: Herod Antipas, SNTS MS 17, Cambridge 1972.

HOFFMANN, R. J.: De Statu Feminarum: The Correlation Between Gnostic Theory and Social Practice, EeT 14 (1983) 293-304.
HOLLENBACH, P.: Social Aspects of John the Baptizer's Preaching Mission in the Context of Palestinian Judaism, ANRW II, 19,1, Berlin 1979, 850-875.
HOLLENBACH, P. W.: Jesus, Demoniacs, and Public Authorities: A Socio-Historical Study, JAAR 49 (1981) 567-588.
HOLLENBACH, P. W.: Liberating Jesus for Social Involvement, BTB 15 (1985) 151 - 157.
HOLMBERG, B.: Paul and Power. The Structure of Authority in the Primitive Church as reflected in the Pauline Epistles, CB.NT 11, Lund 1978.
HOLMBERG, B.: Sociological versus Theological Analysis of the Question Concerning a Pauline Church Order, in: S. Pedersen (ed.), Die Paulinische Literatur und Theologie, Teologiske Studier 7, Aarhus/Göttingen 1980, 187-200.
HORSLEY, R. A.: Ancient Jewish Banditry and the Revolt against Rome, A.D. 66-70, CBQ 43 (1981) 409-432. "고대 유다의 도적떼와 반로마 항쟁," 『예수시대의 민중운동』(한국신학연구소, 1990, 211-246)
HORSLEY, R. A.: „Like One of the Prophets of Old": Two Types of Popular Prophets at the Time of Jesus, CBQ 47 (1985) 435-463. "옛 예언자들과 같은 예언자: 예수시대의 대중적 예언자들의 두 가지 유형," 『예수시대의 민중운동』(한국신학연구소, 1990, 55-95)
HORSLEY, R. A./HANSON, J. S.: Bandits, Prophets, and Messiahs. Popular Movements in the Time of Jesus, Minneapolis 1985.
HOWARD, J. K.: Neither Male nor Female: An Examination of the Status of Women in the New Testament, EvQ 55 (1983) 31-42.
HOYT, T.: The Poor/Rich Theme in the Beatitudes, JRT 37 (1980) 31-41.
HUMMEL, R.: Die Auseinandersetzung zwischen Kirche und Judentum im Matthäusevangelium, BEvTh 33, München 1963.
HUMPHREYS, S. C.: Women in Antiquity, in: dies., The Family, Women and Death. Comparative Studies, London/Boston 1983, 33-57.
HYLDAHL, N.: Udenfor og indenfor. Sociale og okonomiske aspekter i den ældste Kristendom, Tekst og Tolkning 5, Kopenhagen 1974.
HYNES, W. J.: Shirley Jackson Case and the Chicago School. The Socio-Historical Method, SBL Biblical Scholarship in North America 5, Chico 1981.

IDE, A. F.: Woman as Priest, Bishop and Laity in the Early Catholic Church to 440 A.D. With a translation and critical commentary on Romans 16 and other relevant Scripture and patrological writings on women in the early Christian Church, Mesquite 1984.
ISENBERG, S. R.: Millenarism in Greco-Roman Palestine, Religion 4 (1974) 26-46.
ISENBERG, S. R.: Power through Temple and Torah in Greco-Roman Palestine, in: J. Neusner (ed.), Christianity, Judaism and other Greco-Roman Cults, FS M. Smith, Leiden 1975, 24-52.
ISENBERG, S. R.: Some Uses and Limitations of Social Scientific Methodology in the Study of Early Christianity, SBL ASP 19 (1980) 29-50.

JACOBSON, G. R.: The Sociology of Salvation in Old and New Testament History, Diss. Philadelphia 1981.
JAY, E.: From Presbyter-Bishops to Bishops and Presbyters, The Second Century 1 (1981) 125-162.
JEREMIAS, J.: Jerusalem zur Zeit Jesu. Kulturgeschichtliche Untersuchung zur neutestamentlichen

Zeitgeschichte, Leipzig 1923/1924 und Göttingen 1929/1937, 3. Aufl. Göttingen 1969. 『예수 시대의 예루살렘』(한국신학연구소, 1988)
JOHNSON, L. T.: Decision Making in the Church. A Biblical Model, Philadelphia 1983.
JONES, P.: La lecture matérialiste de la Bible, RRef 37 (1986) 98-104.
JUDGE, E. A.: The Social Pattern of Christian Groups in the First Century. Some Prolegomena to the Study of New Testament Ideas of Social Obligation, London 1960=Christliche Gruppen in nichtchristlicher Gesellschaft. Die Sozialstruktur christlicher Gruppen im ersten Jahrhundert, Neue Studienbücher 4, Wuppertal 1964.
JUDGE, E. A.: The Early Christians as a Scholastic Community, JRH 1 (1960/1) 4-15; 125- 137=Die frühen Christen als scholastische Gemeinschaft, in: W. A. Meeks (ed.), Zur Soziologie, (s.u.), 1979, 131-164.
JUDGE, E. A.: St. Paul and Classical Society, JAC 15 (1972) 19-36.
JUDGE, E. A.: St. Paul as a Radical Critic of Society, Interchange 16 (1974) 191-203.
JUDGE, E. A,: The Social Identity of the First Christians. A Question of Method in Religious History, JRH 11 (1980) 201-217.
JUDGE, E. A.: Rank and Status in the World of the Caesars and St. Paul. The Broadhead Memorial Lecture 1981, Christchurch 1982.
JUDGE, E. A.: Cultural Conformity and Innovation in Paul: Some Clues from Contemporary Documents, TynB 35 (1984a) 3-24.
JUDGE, E. A.: Art. Gesellschaft / Gesellschaft und Christentum III. Neues Testament, TRE 12 (1984b) 764-769.
JÜCHEN, A. VON: Die Kampfgleichnisse Jesu, München 1981.
JUEL, D.: Social Dimensions of Exegesis: The Use of Psalm 16 in Acts 2, CBQ 43 (1981) 543-556.
JUSTER, J.: Les Juifs dans l'empire romain, 2 Bde, Paris 1914.

KÄHLER, E.: Die Frau in den paulinischen Briefen, Zürich 1960.
KÄHLER, E.: Zur „Unterordnung" der Frau im Neuen Testament, Reformiertes Forum 1, Zürich/ Basel 1987, 11-14.
KÄSEMANN, E.: Amt und Gemeinde im Neuen Testament, in: Exegetische Versuche und Besinnungen Bd 1, Göttingen 1960, 109-134.
KALSBACH, A.: Art. Diakonisse, RAC 3 (1957) 917-928.
KARRIS, R. J.: Poor and Rich. The Lukan Sitz im Leben, in: C. H. Talbert, Perspectives on Luke-Acts, Edinburgh 1978, 112-125.
KARRIS, R. J.: Missionary Communities. A New Paradigm for the Study of Luke-Acts, CBQ 41 (1979) 80-97.
KAUTSKY, K.: Der Ursprung des Christentums. Eine historische Untersuchung, Stuttgart 1908 [11]1921.
KECK, L. E.: The Poor among the Saints in the New Testament, ZNW 56 (1965) 100-137.
KECK, L. E.: The Poor among the Saints in Jewish Christianity and Qumran, ZNW 57 (1966) 54-78.
KECK, L. E.: On the Ethos of Early Christians, JAAR 42 (1974) 435-452=Das Ethos der frühen Christen, in: W. A. Meeks (ed.), Zur Soziologie des Urchristentums, (s.u.), 1979, 13-36.
KECK, L. E.: Art. Armut 111, TRE 4 (1979) 76-80 (Lit.
KEE, H. C.: Community of the New Age. Studies in Mark's Gospel, Philadelphia 1977. 『새 시대의 공동체: 마가복음 연구』(기독교서회, 1983)
KEE, H. C.: Christian Origins in Sociological Perspective, Philadelphia 1980=Das frühe Christentum

in soziologischer Sicht. Methoden und Anstöße, UTB 1219, Göttingen 1982. 『그리스도교 기원에 대한 사회학적 연구』(기독교서회, 1984)
KEE, H. C.: Miracle in the Early Christian World. A Study in Sociohistorical Method, New Haven/London 1983.
KEE, H. C.: The Social Setting of Mark: An Apocalyptic Community, SBL 1984 Seminar Papers, Chico 1984, 245-255.
KEHNSCHERPER, G.: Die Stellung der Bibel und der alten Christlichen Kirche zur Sklaverei, Halle 1957.
KERN, W.: Was hat Jesus mit Ideologiekritik zu schaffen? Geist und Leben 55, München 1982, 163-177.
KERTELGE, K. (ed.): Das kirchliche Amt im Neuen Testament, WdF 439, Darmstadt 1977 (Bibliographie!).
KIPPENBERG, H. G.: Versuch einer soziologischen Verortung des antiken Gnostizismus, Numen 17 (1970) 211-231.
KIPPENBERG, H. G. (ed.): Die Entstehung der antiken Klassengesellschaft, Fankfurt 1977.
KIPPENBERG, H. G.: Religion und Klassenbildung im antiken Judäa. Eine religionssoziologische Studie zum Verhältnis von Tradition und gesellschaftlicher Entwicklung, StUNT 14, Göttingen 1978 ^{2}1982.
KIPPENBERG, H. G.: Intellektualismus und antike Gnosis, in: W. Schluchter (ed.), Max Webers Studie über das antike Judentum. Interpretation und Kritik, Frankfurt 1981, 201-218.
KIPPENBERG, H. G.: Gnostiker zweiten Ranges: Zur Institutionalisierung gnostischer Ideen als Anthropolatrie, Numen 30 (1983) 146-173.
KIPPENBERG, H. G.: Agrarverhältnisse im antiken Vorderasien und die mit ihnen verbundenen politischen Mentalitäten, in: W. Schluchter (ed.), Max Webers Sicht des antiken Christentums, Frankfurt 1985, 151-204.
KIPPENBERG, H. G.: Das Gentilcharisma der Davididen in der jüdischen, frühchristlichen und gnostischen Religionsgeschichte Palästinas, in: J. Taubes (ed.), Theokratie, Religionstheorie und Politische Theologie Bd.3, Paderborn/München/Wien/Zürich 1987, 127-147.
KIPPER, J. B.: Atuacao Politica e Revolucfonäria de Jesus? RCB 2 (1978) 237-270.
KIRK, J. A.: Did „Officials" in the New Testament Church receive a Salary, ET 84 (1972/3) 105-108.
KLAIBER, W.: Rechtfertigung und Gemeinde. Eine Untersuchung zum paulinischen Kirchenverständnis, FRLANT 127, Göttingen 1982.
KLAFKOWSKI, M.: Sozial-ökonomische Studien im Neuen Testament. Textanalyse, Berlin 1971 (Selbstverlag).
KLAUCK, H. J.: Die Hausgemeinde als Lebensform im Urchristentum, MThZ 32 (1981a) 1-15.
KLAUCK, H. J.: Hausgemeinde und Hauskirche im frühen Christenten, SBS 103, Stuttgart 1981b.
KLAUCK, H. J.: Gütergemeinschaft in der klassischen Antike, in Qumran und im Neuen Testament, RdQ 41 (1982a) 47-79.
KLAUCK, H. J.: Neue Literatur zur urchristlichen Hausgemeinde, BZ 26 (1982b) 288-294.
KLAUCK, H. J.: Gemeindestrukturen im ersten Korintherbrief, BiKi 40 (1985) 9-15.
KLAUSER, TH.: Art. Diakon, RAC 3 (1957) 888-909.
KLEIN, R. (ed.): Das frühe Christentum im Römischen Staat, WdF 267, Darmstadt 1971.
KLERK DE, J. C./SCHNELL, C. W.: A new look at Jesus. Literary and sociological-historical interpretations of Mark and John, Pretoria 1987.
KNOPF, R.: Über die soziale Zusammensetzung der ältesten heidenchristlichen Gemeinden, ZThK 10 (1900) 325-347.

KOFFMANE, G.: Die Gnosis nach ihrer Tendenz und Organisation. 12 Thesen. Breslau 1881=in: K. Rudolph (ed.), Gnosis und Gnostizismus, WdF 262, Darmstadt 1975, 120-141.

KOPAS, J.: Jesus and Women: Luke's Gospel, ThTo 43 (1986) 192-202.

KOWALINSKI, P.: The Genesis of Christianity in the Views of Contemporary Marxist Specialists of Religion, Antonianum 47 (1972) 541-575.

KRAABEL, A. T.: Social Systems of Six Diaspora Synagogues, in: J. Gutmann (ed.), Ancient Synagogues. The State of Research, Chico 1981a, 79-121.

KRAABEL, A. T.: The Disappearance of the ,God-fearers', Numen XXVIII (1981b) 113-126.

KRAEMER, R. S.: The Conversion of Women to Ascetic Forms of Christianity, Signs 6, Chicago 1980, 298-307.

KRAFT, H.: Gnostisches Gemeinschaftsleben, Diss. theol. Heidelberg 1950 (masch.).

KRAGERUD, A.: Der Lieblingsjünger im Johannesevangelium, Oslo 1959.

KRAUS, G.: Subjection: A New Testament Study in Obedience and Servanthood, Concordia Journal 8, St. Louis 1982, 19-23.

KRAUSS, S.: Talmudische Archäologie, 3 Bde, Leipzig 1910-1912.

KRAYBILL, D. B./SWEETLAND, D. M.: Possessions in Luke-Acts: A Sociological Perspective, PRST 10 (1983) 215-239.

KREISSIG, H.: Zur Rolle der religiösen Gruppen in den Volksbewegungen der Hasmonäerzeit, Klio XLIII (1965) 174-182.

KREISSIG, H.: Zur sozialen Zusammensetzung der frühchristlichen Gemeinden im ersten Jahrhundert u.Z., Eirene 6 (1967) 91 - 100.

KREISSIG, H.: Die landwirtschaftliche Situation in Palästina vor dem jüdischen Krieg, Acta Antiqua 17 (1969) 223-254.

KREISSIG, H.: Die sozialen Zusammenhänge des jüdischen Krieges. Klassen und Klassenkampf im Palästina des 1. Jahrhunderts u.Z., Schriften zur Geschichte und Kultur der Antike I, Berlin 1970.

KREISSIG, H.: Das Frühchristentum in der Sozialgeschichte des Altertums, in: J. Irmscher/K. Treu (eds.), Das Korpus der griechischen christlichen Schriftsteller. Historie, Gegenwart, Zukunft, TU 120, Berlin 1977, 15-19.

KRETSCHMAR, G.: Ein Beitrag zur Frage nach dem Ursprung frühchristlicher Askese, ZThK 61 (1964) 27-67.

KÜCHLER, M.: Schweigen, Schmuck und Schleier. Drei neutestamentliche Vorschriften zur Verdrängung der Frauen auf dem Hintergrund einer frauenfeindlichen Exegese des Alten Testaments im antiken Judentum, Novum Testamentum et Orbis Antiquus 1, Fribourg/Göttingen 1986.

KÜMMEL, W. G.: Das Urchristentum. II. Arbeiten zu Spezialproblemen. b. Zur Sozialgeschichte und Soziologie der Urkirche, ThR 50 (1985) 327-363.

KÜMMEL, W. G.: Das Urchristentum. II. Arbeiten zu Spezialproblemen. d. Ämter und Amtsverständnis, ThR 52 (1987a) 111-154.

KÜMMEL, W. G.: Das Urchristentum. II. Arbeiten zu Spezialproblemen. e. Mission und Stellung zum Staat, ThR 52 (1987b) 268-285.

KUHN, H.-W.: Nachfolge nach Ostern, in: Kirche, FS G. Bornkamm, Tübingen 1980, 105-132.

KUHN, K. G./STEGEMANN, H.: Art. Proselyten, PRE suppl IX (1962) 1248-1283.

KÜNZEL, G.: Studien zum Gemeindeverständnis des Matthäus-Evangeliums, CThM Reihe A,10, Stuttgart 1978.

LAFON, G.: La pensée du social et la théologie. Loi et grâce en Romains 4,13 - 16, RevSR 75 (1987)

9-38.
LA VERDIERES, E. A./THOMPSON, W. G.: New Testament Communities in Transition. A Study of Matthew and Luke, TS 37 (1976) 567-597.
LAKE, K.: The Communism of Acts II and IV-VI and the Appointment of the Seven, in: F. J. Jackson/K. Lake (eds.), The Beginnings of Christianity, London 1933, 140-151.
LAMPE, P.: Die Apokalyptiker - ihre Situation und ihr Handeln, in: Eschatologie und Friedenshandeln, SBS 101, Stuttgart 1981, 59-114.
LAMPE, P.: Zur gesellschaftlichen und kirchlichen Funktion der ‚Familie' in neutestamentlicher Zeit. Streiflichter. Ref. 31 (1982) 533-542.
LAMPE, P.: Iunia/Iunias: Sklavenherkunft im Kreise der vorpaulinischen Apostel (Röm 16,7), ZNW 76 (1985a) 132-134.
LAMPE, P.: Keine „Sklavenflucht" des Onesimus, ZNW 76 (1985b) 135-137.
LAMPE, P.: Die stadtrömischen Christen in den ersten beiden Jahrhunderten. Untersuchungen zur Sozialgeschichte, WUNT 2. Reihe Bd. 18, Tübingen 1987a. (=Diss. Bern 1983).
LAMPE, P.: Paulus - Zeltmacher, BZ 31 (1987b) 261-264.
LAMPE, P./Luz, U.: Nachpaulinisches Christentum und pagane Gesellschaft, in: J. Becker u.a., Die Anfänge des Christentums, Stuttgart 1987, 185-216.
LANG, B.: Grußverbot oder Besuchsverbot? Eine sozialgeschichtliche Deutung von Lukas 10,4 b, BZ 26 (1982) 75-79.
LAPORTE, J.: The Role of Women in Early Christianity, New York/Toronto 1982.
LAPPAS, J.: Paulus und die Sklavenfrage, Diss. Wien 1954.
LARSEN, B./LARSEN, J.: Menigheden uden sikkerhed. Sociale og økonomiske aspekter i Matthæusevangeliet og Lukasevangeliet. Et bidrag til urkristendommens sociologi, Institut for Nyt Testamente, Aarhus Universitet 1976.
LAUB, F.: Die Begegnung des frühen Christentums mit der antiken Sklaverei, SBS 107, Stuttgart 1982.
LAUB, F.: Sozialgeschichtlicher Hintergrund und ekklesiologische Relevanz der neutestamentlich-frühchristlichen Haus- und Gemeinde-Tafelparänese - ein Beitrag zur Soziologie des Frühchristentums, MThZ 37 (1986) 249-271.
LECHLER, G. V.: Sklaverei und Christentum, 2 Bde., Leipzig 1877/78.
LEE, C. L.: Social Unrest and Primitive Christianity, in: S. Benko/J. J. O'Rourke, The Catacombs and the Colosseum (s.o.), 1971, 121-138=Soziale Unruhe und Urchristentum, in: W. A. Meeks (ed.), Zur Soziologie, 67-87.
LEGRAND, L.: „There is neither Slave nor Free, neither Male nor Female": St. Paul and Social Emancipation, Indian Theological Studies 18, Bangalore 1981, 135-163.
LEIPOLDT, J.: Der soziale Gedanke in der altchristlichen Kirche, Leipzig 1952.
LEIPOLDT, J.: Die Frau in der antiken Welt und im Urchristentum, Leipzig 1954.
LÉMONON, J. P.: Jésus et la Politique, BFCL 62 (1981) 9-26.
LEON, H. J.: The Jews of Ancient Rome, Philadelphia 1960.
LESLIE, W.: The Concept of Woman in the Pauline Corpus in Light of the Social and Religious Environment of the First Century, Diss. Ann Arbor 1976 (Microfilm).
LIEU, J. M.: The Social World of the New Testament, Epworth Review 14, London 1987, 47-53.
LIMBECK, M.: „Stecke dein Schwert in die Scheide...!" Die Jesusbewegung im Unterschied zu den Zeloten, BiKi 37 (1982) 98-104.
LINDEMANN, A.: Die Kinder und die Gottesherrschaft. Markus 10,13 - 16 und die Stellung der

Kinder in der späthellenistischen Gesellschaft und im Urchristentum, WuD 17 (1983) 77-104.
LINDEMANN, A.: Christliche Gemeinden und das Römische Reich im ersten und zweiten Jahrhundert, WuD 18 (1985) 105-133.
LIPS, H. VON: Glaube - Gemeinde - Amt. Zum Verständnis der Ordination in den Pastoralbriefen, FRLANT 122, Göttingen 1979.
LOCHHEAD, D.: Ideology and the Word: Pastoral and Theological Reflections on Sociological Criticism of the Bible, American Baptist Quarterly 2, Rochester 1983, 100-104.
LOHFINK, G.: Weibliche Diakone im Neuen Testament, Diakonia 11, Wien 1980, 385-400.
LOHFINK, G.: Wie hat Jesus Gemeinde gewollt? Zur gesellschaftlichen Dimension des christlichen Glaubens, Freiburg/Basel/Wien 1982 ^{2}1982=Jesus and Community. The Social Dimension of Christian Faith, Philadelphia/New York/Ramsey 1984. 『예수는 어떤 공동체를 원했나?』(분도, 1985)
LOHMEYER, E.: Soziale Fragen im Urchristentum, Leipzig 1921=Darmstadt 1973.
LOHSE, E.: Die Entstehung des Bischofamtes in der frühen Christenheit, ZNW 71 (1980) 58-73.
LOHSE, E.: Das Evangelium für die Armen, ZNW 72 (1981) 51-64.
LOHSE, E.: Theologische Ethik des Neuen Testaments, Stuttgart 1988.
LORENZEN, TH.: Die christiiche Hauskirche, ThZ 43 (1987) 333-352.
LOVE, S. L.: Women's Roles in Certain Second Testament Passages: A Macro-sociological View, Biblical Theology Bulletin 17, Jamaica 1987, 50-59.
LÜHRMANN, D.: Wo man nicht mehr Sklave Oder Freier ist, WuD 13 (1975) 53-83.
LÜHRMANN, D.: Neutestamentliche Haustafeln und antike Ökonomie, NTS 27 (1980) 83-97.
LÜHRMANN, D.: SUPERSTITIO - die Beurteilung des frühen Christentums durch die Römer, ThZ 42 (1986) 193-213.
LUZ, U.: Soziologische Aspekte in der Exegese, KBRS 136 (1980) 221.
LYALL, F.: Roman Law and the Writings of Paul. The Slave and the Freedman, NTS 17 (1970/1) 73-79.

MACCOBY, H.: Revolution in Judaea. Jesus and the Jewish Resistance, London 1973/New York 1980.
MACDONALD, Y. M.: The Pauline Churches. A Socio-Historical Study of Institutionalization in the Pauline and Deutero-Pauline Writings, Cambridge 1988.
MACHAFFIE, B. J.: Her Story. Women in Christian Tradition, Philadelphia 1986.
MACMULLEN, R.: Enemies of the Roman Order, Cambridge (Mass.) 1966.
MACMULLEN, R.: Roman Social Relations 50 B.C. to A.D. 284, New Haven/London 1974 ^{3}1981.
MACMULLEN, R.: ,What Difference did Christianity make? ', Hist 35 (1986) 322-343.
MAHON, J. R.: Liberation from Slavery in Early Christian Experience, Ann Arbor 1974 (Diss Microfilm).
MALHERBE, A.: Social Aspects of Early Christianity, Baton Rouge, London 1977, rev. ed.: Philadelphia ^{2}1983.
MALINA, B. J.: Limited Good and the Social World of Early Christianity, BTB 8 (1978a) 162-176.
MALINA, B. J.: The Social World Implied in the Letters of the Christian Bishop-Martyr (named Ignatius of Antioch), in: P. J. Achtemeier (ed.), SBL Seminar Papers vol. 2, Missoula 1978b, 71-119.
MALINA, B. J.: The Individual and the Community. Personality in the Social World of Early Christianity, BTB 9 (1979) 126-138.
MALINA, B. J.: The New Testament World. Insights from Cultural Anthropology, London 1981,

²1983. 『신약의 세계』(솔로몬, 2000)
MALINA, B. J.: The Social Sciences and Biblical Interpretation, Interp. 36 (1982) 229-242.
MALINA, B. J.: Why Interpret the Bible with the Social Sciences, American Baptist Quarterly 2, Rochester 1983, 119-133.
MALINA, B. J.: Jesus as Charismatic Leader? BTB 14 (1984) 55-62.
MALINA, B. J.: The Gospel of John in Sociolinguistic Perspective, Center for Hermeneutical Studies Protocol Series 48, Berkeley 1985, 1-23.
MALINA, B. J.: Interpreting the Bible with Anthropology: The Case of the Poor and the Rich, Listening 21, River Forest 1986a, 148-159.
MALINA, B. J.: „Religion" in the World of Paul, BTB 16 (1986b) 92-101.
MALINA, B. J.: Christian Origins and Cultural Anthropology: Practical Models for Biblical Interpretation, Atlanta 1986c.
MALINA, B. J.: Normative Dissonance and Christian Origins, Semeia 35 (1986d) 35-59.
MALINA, B. J.: Wealth and Poverty in the New Testament and Its World, Interp. 41 (1987) 354-367.
MALINA, B. J./NEYREY, J. H.: Calling Jesus Names. The Social Value of Labels in Matthew, Polebridge Press, Sonoma 1988.
MANNS, F.: Jésus, féministe? TS(F) 9-10 (1978) 167-169.
MANNS, F.: L'arriere-plan socio-économique de la Parabole des ouvriers de la onzième heure et ses limites, Anton. 55 (1980) 258-268.
MARKUS, R. A.: The Problem of Self-Definition: From Sect to Church, in: E. P. Sanders (ed.), Jewish and Christan Self-Definition. Vol. 1: The Shaping of Christianity in the Second and Third Centuries, Philadelphia 1980, 1-15.
MARQUARDT, J.: Das Privatleben der Römer, 2 Bde, Leipzig ²1886=Darmstadt 1980 (Nachdruck).
MARSHALL, P. H.: Enmity in Corinth: Social Conventions in Paul's Relations with the Corinthians, WUNT 11,23, Tübingen 1987 (=Diss. Macquarie 1980).
MAYER, A.: Der zensierte Jesus. Soziologie des Neuen Testaments, Olten/Freiburg 1983.
MAYNARD-REID, P. U.: Poor and Rich in the Epistle of James: A Socio-Historical and Exegetical Study, Diss. Berrien Springs (Michigan) 1981.
MAYNARD-REID, P. U.: Poverty and Wealth in James, Maryknoll, N. Y. 1987.
MEALAND, D. L.: Community of Goods and Utopian Allusion in Acts II-IV, JThSt 28 (1977)
MEALAND, D. L.: Poverty and Expectation in the Gospels, London 1980.
MEEKS, W. A.: The Man from Heaven in Johannine Sectarianism, JBL 91 (1972) 44-72=Die Funktion des vom Himmel herabgestiegenen Offenbarers für das Selbstverständnis der johanneischen Gemeinde, in: W. A. Meeks (ed.), Zur Soziologie, (s.u.), 1979, 245-283.
MEEKS, W. A.: The Image of the Androgyne: Some Uses of a Symbol in Earliest Christianity, HR 13 (1974) 165-208.
MEEKS, W. A.: The Social World of Early Christianity, CSRB 6 (1975) 1-5.
MEEKS, W. A./WILKEN, R. L.: Jews and Christians in Antioch in the First Four Centuries of the Common Era, SBL Sources for Biblical Study 13, Missoula 1978.
MEEKS, W. A.: „Since then You would go out of the world". Group Boundaries in Pauline Christianity, in: T. J. Ryan (ed.), Critical History and Biblical Faith, New Testament Perspectives, Villanove 1979a, 9-27.
MEEKS, W. A. (ed.): Zur Soziologie des Urchristentums. Ausgewählte Beiträge zum frühchristlichen Gemeinschaftsleben in seiner gesellschaftlichen Umwelt, TB 62, München 1979b.

MEEKS, W. A.: Social Functions of Apocalyptic Language in Pauline Christianity, in: D. Hellholm (ed.), Apocalypticism in the Mediterranean World and the Near East. Proceedings of the International Colloquium on Apocalypticism, Uppsala 1979 c, Tübingen 1983.
MEEKS, W. A.: The Urban Environment of Pauline Christianity, in: S. R. Isenberg (ed.), Some Uses and Limitations of Social Scientific Methodology in the Study of Early Christianity, Missoula 1980, 113-122.
MEEKS, W. A.: The Social Context of Pauline Theology, Interp. 36 (1982) 266-277. "바울 신학의 사회적 배경," 『바울 새로 보기』(김재성 엮음, 한국신학연구소, 2000, 477-495).
MEEKS, W. A.: The First Urban Christians. The Social World of the Apostle Paul. New Haven 1983. 『1세기 기독교와 도시 문화』(IVP, 2021)
MEEKS, W. A.: Die Rolle des paulinischen Christentums bei der Entstehung einer rationalen ethischen Religion, in: W. Schluchter (ed.), Max Webers Sicht des antiken Christentums, Frankfurt 1985 (s.u.), 363-403.
MEEKS, W. A.: The Moral World of the First Christians, Library of Early Christianity 6, Philadelphia 1986.
MEIER, J. P.: Presbyteros in the Pastoral Epistles, CBQ 35 (1973) 323-345.
MENDELSON, E. M.: Some Notes on a Sociological Approach to Gnosticism, in: U. Bianchi (ed.), Le Origini dello Gnosticismo, Numen Suppl. 12, Leiden 1967, 668-675. MERKEL, H.: Art. Eigentum 111. Neues Testament, TRE 9 (1982) 410-413.
MESSELKEN, K.: Zur Durchsetzung des Christentums in der Spätantike. Strukturellfunktionale Analyse eines historischen Gegenstandes, KZS 29 (1977) 261-294.
MEYERS, E. M.: The Cultural Setting of Galilee: The Case of Regionalism and Early Judaism, ANRW 11, 19,1, (1979) 686-702.
MEYERS, E. M./STRANGE, J. F.: Archaeology, the Rabbis, and Early Christianity. The Social and Historical Setting of Palestinian Judaism and Christianity, Nashville 1981.
MICHAELIS, W.: Das Altestenamt der christlichen Gemeinde im Lichte der Heiligen Schrift, Bern 1953.
MICHIELS, R.: De materialistische bijbellezing (=The Materialist Reading of the Bible), Collationes 26, Bruges 1980, 442-465.
MICHL, J.: Die Presbyter des ersten Petrusbriefes, in: Ortskirche - Weltkirche, FS. J. Döpfner, Würzburg 1973, 48-62.
MIKAT, P.: Bemerkungen zur neutestamentlichen Sicht der politischen Herrschaft, in: J Zmijewski/E. Nellessen (eds.), Begegnung mit dem Wort, FS Heinrich Zimmermann, Bonn 1979, 325-345.
MILLER, J. W.: The Concept of the Church in the Gospel According to John, Diss. Ann Arbor 1976 (Microfilm).
MIRANDA, J. P.: Communism in the Bible, Maryknoll 1982.
MÖNNING, B. H.: Die Darstellung des urchristlichen Kommunismus nach der Apostelgeschichte des Lk, Diss. Theol. Göttingen 1978.
MOLTHAGEN, J.: Der römische Staat und die Christen im zweiten und dritten Jahrhundert, Hyp. 28, Göttingen 1970 ^{2}1975.
MOSALA, I. J.: Social Scientific Approaches to the Bible: One Step Forward, Two Steps Backward, JTSA 55 (1986) 15-30.
MOTT, S.: The Contribution of the Bible to Economic Thought, Transformation 4, Exeter 1987, 25-34.
MOXNES, H.: Kropp som symbol, Bruk av sosialantropologi i studiet avDet nye testamente, NTT 4 (1983) 197-217.

MOXNES, H. (ed.): Urkristendommen, Oslo 1987.
MÜLLER, K.: Die Haustafel des Kolosserbriefes und das antike Frauenthema. Eine kritische Rückschau auf alte Ergebnisse, in: G. Dautzenberg/H. Merklein/K. Müller (eds.), Die Frau im Urchristentum, QD 95, Freiburg/Basel/Wien 1983, 263-319.
MÜLLER, U. B.: Apokalyptische Strömungen, in: J. Becker u.a., Die Anfänge des Christentums, Stuttgart 1987, 217-254.
MUNZ, P.: The Problem of „Die soziologische Verortung des antiken Gnostizismus", Numen 19 (1972) 41-51.
MURCHIE, D.: The New Testament View of Wealth Accumulation, JETS 21 (1978) 335-344.

NEUSNER, J.: Max Weber revisited: Religion and Society in Ancient Judaism with Special Reference to the Late First and Second Centuries, Second Century 1 (1981) 61-84.
NEYREY, J. H.: Social Science Modeling and the New Testament, Biblical Theology Bulletin 16, Albany 1986, 107-110.
NICKELSBURG, G. W. E.: Social Aspects of Palestinian Jewish Apocalypticism, in: D. Hellholm (ed.), Apocalypticism in the Mediterranean World and the Near East, Tübingen 1983, 641-654.
NICKELSBURG, G. E.: Riches, the Rich, and Gods Judgement in 1 Enoch 92-105 and the Gospel according to Luke, NTS 25 (1979) 324-344.
NOACK, B.: Jakobus wider die Reichen, StTh 18 (1964) 10-25.
NOORDA, S. J.: Vragen van en aan een materialistische benadering van de bijbel (=Questions of and to a Materialist Approach to the Bible), GThT 79 (1979) 137-160.
NORELLI, E.: Sociologia del Cristianesimo primitivo. Qualche osservazione a partire dall 'opera di Gerd Theissen, Henoch 9, Turin 1987, 97-123.
NORRIS, F. W.: The Social Status of Early Christianity, Gospel in Context 2 (1979) 4-14.
NORTJÉ, S. J.: The role of women in the fourth gospel, Neotestamentica 20, Pretoria 1986, 21-28.

OAKMAN, D. E.: Jesus and the Economic Questions of His Day, Studies on the Bible and Early Christianity 8, Lewiston/Queenston 1986.
O'DONOVAN, O.: The Politicial Thought of the Book of Revelation, TynB 37 (1986) 61-94.
OLLROG, W. H.: Paulus und seine Mitarbeiter. Untersuchungen zur Theorie und Praxis der Paulinischen Mission, WMANT 50, Neukirchen 1979.
OLSSON, B.: Ett hem för hemlösa. Om sociologisk exeges av NT (A Home for the Homeless. On sociological exegesis of the NT), SEÅ 49 (1984) 89-108.
ONUKI, T.: Zur literatursoziologischen Analyse des Johannesevangeliums - auf dem Wege zur Methodenintegration, AJBI 8 (1982) 162-216.
OPPENHEIMER, A.: The Am Ha-aretz: A Study in the Social History of the Jewish People in the Hellenistic Roman Period, ALGHJ, Leiden 1977.
OSBORNE, G. R.: Luke: Theologian of Social Concern, Trinity Journal 7 (1978) 135-148.
OSIEK, C.: The Ransom of Captives: Evolution of a Tradition, HThR 74 (1981) 365-386.
OSIEK, C.: Rich and Poor in the Shepherd of Hermas. An Exegetical-Social Investigation, Washington 1983.
OSIEK, C.: What Are They Saying About the Social Setting of the New Testament? New York/Ramsey 1984a. 『신약의 사회적 상황』(CLC, 1996)
OSIEK, C.: Slavery in the New Testament World, BiTod 22 (1984b) 151 - 155.
OSIEK, C.: The Feminist and the Bible - Hermeneutical Alternatives, in: A. Y. Collins (ed.), Feminist

Perspectives on Biblical Scholarship, SBL Centennial Publications 10, Chico 1985, 93-105.
OSTER, R.: Numismatic Windows into the Social World of Early Christianity: A Methodological Inquiry, JBL 101 (1982) 195-223.

PADGETT, A.: Wealthy Women at Ephesus. I Timothy 2:8- 15 in Social Context, Interp. 41 (1987) 19-31.
PAGELS, E. H.: „The Demiurge and his Archons" - A Gnostic View of the Bishop and Presbyters? HThR 69 (1976/8) 301-324.
PAGELS, E. H.: The Gnostic Gospels, New York 1979=Versuchung durch Erkenntnis, Frankfurt 1981. 『영지주의』(루비박스, 2006)
PAKOZDY, L. M.: Der wirtschaftliche Hintergrund der Gemeinschaft von Qumran, in: H. Bardtke (ed.), Qumran-Probleme, Berlin 1963, 167-191.
PANAGOPOULOS, I. (ed.): Prophetic Vocation in the New Testament and Today, NT.S 45, Leiden 1977.
PAYNE, P. B.: Libertarian Women in Ephesus: A Response to Douglas J. Moo's Article, „1 Timothy 2:11 - 15: Meaning and Significance", Trinity Journal 2 (1981) 169- 197.
PEKARY, TH.: Die Wirtschaft der griechisch-römischen Antike, Wiesbaden 1979.
PERKINS, P.: Women in the Bible and Its World, Interp. 42 (1988) 33-44.
PETERSEN, N. R.: Rediscovering Paul. Philemon and the Sociology of Paul's Narrative World, Philadelphia 1985.
PIETRI, CH.: Die Christen und die Sklaven in der ersten Zeit der Kirche (2. - 3. Jahrhundert), Conc (D) 15 (1979) 638-643=Christians and Slaves in the Early Days of the Church (2 nd - 3 rd Centuries), Conc (USA) 130 (1979) 31-39.
PILCH, J. J.: Healing in Mark. A Social Science Analysis, BTB 15 (1985) 142-150.
PILCH, J. J.: Interpreting Scripture: The Social Science Method, BiTod 26 (1988) 13-19.
PILGRIM, W. E.: Good News to the Poor. Wealth and Poverty in Luke-Acts, Minneapolis 1981.
PIXLEY, G. V.: God's Kingdom in First-Century Palestine: The Strategy of Jesus, in: N. K. Gottwald (ed.): The Bible and Liberation, Maryknoll 1983, 378-393.
PLANKL, W.: Wirtschaftliche Hintergründe der Christenverfolgungen in Bithynien, Gymnasium 60 (1953) 54-56.
PLÜMACHER, E.: Identitätsverlust und Identitätsgewinn. Studien zum Verhältnis von kaiserzeitlicher Stadt und frühem Christentum, BThSt 11, Neukirchen-Vluyn 1987.
PÖHLMANN, R. v.: Geschichte der sozialen Frage und des Sozialismus in der antiken Welt, 2Bde, 1893/1901=München ³1925=Darmstadt 1984.
POKORNY, P.: Der soziale Hintergrund der Gnosis, in: K. W. Tröger (ed.), Gnosis und Neues Testament, Berlin 1973, 77-87.
POKORNY P.: Die gnostische Soteriologie in theologischer und soziologischer Sicht, in: J. Taubes (ed.), Religionstheorie und Politische Theologie Bd 2, Gnosis und Politik, München/Paderborn 1984, 154-162.
POPKES, W.: Art. Gemeinschaft, RAC 9 (1976) 1100-1145.
PREISKER, H.: Das Ethos des Urchristentums, Gütersloh ²1949 (ursprünglich unter dem Titel: Geist und Leben. Das Telos-Ethos des Urchristentums, Gütersloh 1933).
PYTEL, J.: Religijne i spoteczne aspekty pracy w pismach Pawtowych (=Religious and Social Aspects of Labor in Paul's Letters), STV 20 (1982) 97-104.

RANOWITSCH, A. B.: Das Urchristentum und seine historische Rolle (russ. 1932), in: Aufsätze zur Alten Geschichte, Berlin 1961, 135-165.
REBELL, W.: Gehorsam und Unabhängigkeit. Eine sozialpsychologische Studie zu Paulus, München 1986.
REBELL, W.: Gemeinde als Gegenwelt. Zur soziologischen und didaktischen Funktion des Johannesevangeliums, Frankfurt/Bern/New York/Paris 1987.
REBELL, W.: Gemeinde als Missionsfaktor im Urchristentum. 1 Kor 14,24f. als Schlüsselsituation, ThZ 44 (1988) 117-134.
REICKE, B.: Glauben und Leben der Urgemeinde. Bemerkungen zu Apg 1-7, AThANT 32, Zürich 1957.
REMUS, H. E.: Sociology of knowledge and the Study of early Christianity, Studies in Religion / Sciences Religieuses 11, Waterloo 1982, 45-56.
RENNER, G. L.: The Life-World of the Johannine Community: An Investigation of the Social Dynamics which Resulted in the Composition of the Fourth Gospel, Ann Arbor 1982.
RICHARDSON, P.: From Apostles to Virgins: Romans 16 and the Roles of Women in the Early Church, Toronto Journal of Theology 2, Toronto 1986, 232-261.
RICHES, J.: Jesus and the Transformation of Judaism, London 1980.
RICHES, J. K.: The Sociology of Matthew: Some Basic Questions Concerning Its Relation to the Theology of the New Testament, SBL Seminar Papers (1983) 259-271.
RICHES, J. K.: Die Synoptiker und ihre Gemeinden, in: J. Becker u.a., Die Anfänge des Christentums, Stuttgart 1987, 160-184.
RICHTER, P. J.: Recent Sociological Approaches to the Study of the New Testament, Religion 14, Lancaster 1984, 77-90.
RIESNER, R.: Formen gemeinsamen Lebens im Neuen Testament und heute, Theologie und Dienst 11, Gießen/Basel 1977.
RIESNER, R.: Jesus als Lehrer, WUNT 2. Reihe 7, Tübingen 1981.
RIESNER, R.: Soziologie des Urchristentums. Ein Literaturüberblick, ThBeitr 17 (1986) 213-222.
RINGELING, H.: Art. Frau IV. Neues Testament, TRE 11 (1983) 431-436 (Lit!).
ROBBE, M.: Der Ursprung des Christentums, Leipzig 1967
ROBBINS, V. K.: Jesus the Teacher. A Socio-Rhetorical Interpretation of Mark, PhiladelPhia 1984.
ROBERTSON, A.: The Origins of Christianity, rev. ed. New York 1962=Die Ursprünge des Christentums. Die Messiashoffnung im revolutionären Umbruch der Antike, Stuttgart 1965.
RODD, C. S.: On Applying a Sociological Theory to Biblical Studies, JSOT 19 (1981) 95-106.
ROETZEL, C. J.: The World That Shaped the New Testament, Atlanta 1985.
ROHDE, J.: Urchristliche und frühkatholische Ämter. Eine Untersuchung zur frühchristlichen Amtsentwicklung im Neuen Testament und bei den apostolischen Vätern, ThA 33, Berlin 1976.
ROHRBAUGH, R. L.: Methodological Considerations in the Debate over the Social Class Status of Early Christians, JAAR 52 (1984) 519-546.
ROHRBAUGH, R. L.: 'Social Location of Thought' as a Heuristic Construct in New Testament Study, JSNT 30 (1987) 103-119.
ROLFES, H.: Jesus und das Proletariat. Die Jesustradition der Arbeiterbewegung und des Marxismus und ihre Funktion für die Bestimmung des Subjekts der Emanzipation, Düsseldorf 1982.
ROLOFF, J.: Art. Amt/Ämter/Amtsverständnis IV, TRE 2 (1978) 509-533 (Lit.!).
ROMANIUK, K.: Die ‚Gottesfürchtigen im Neuen Testament', Aegyptus 44 (1964) 66-91.
ROSTAGNO, S.: The Bible: Is an Interclass Reading Legitimate? in: N. K. Gottwald (ed.), The Bible and Liberation, Maryknoll N. Y. 1983, 61-73.

ROSTOVTZEFF, M.: Wirtschaft und Gesellschaft im römischen Kaiserreich, 2 Bde, Leipzig 1929.
ROSTOVTZEFF, M.: The Social and Economic History of the Hellenistic World, Oxford 1941=Gesellschafts- und Wirtschaftsgeschichte der hellenistischen Welt, Bd 1-3, Stuttgart 1955/6.
ROWLAND, C.: Reading the New Testament Sociologically: An Introduction, Theol. 88 (1985) 358-364.
ROWLAND, C.: Radical Christianity, Maryknoll 1988.
RUDOLPH, K.: Das Problem einer Soziologie und „sozialen Verortung" der Gnosis, Kairos 19 (1977) 35-44.
RUEF, J. S.: Ananias and Saphira. A Study of the Community Disciplinary Practices Underlying Acts 5,1 - 11, Diss. Harvard 1960.
RUSSEL, R.: The Idle in 2Thess 3,6-12: An Eschatological or a Social Problem? NTS 33 (1987) 120-134.
RYAN, R.: The Women from Galilee and Discipleship in Luke, BTB 15 (1985) 56-59.

SÄNGER, D.: Die δυνατοί in 1 Kor 1,26, ZNW (1985) 285-291.
SAFRAI, S./STERN, M. (eds.): The Jewish People in the First Century. Historical Geography, Political History, Social, Cultural and Religious Life and Institutions. Vol 1/ 2; Compendia Rerum Judaicarum ad Novum Testamentum, I Assen 1974; II Assen 1976.
SAMPLEY, J. P.: Societas Christi: Roman Law and Paul's Conception of the Christian Community, in: God's Christ and His People, FS N. A. Dahl, Oslo 1977, 158-174.
SAMPLEY, J. P.: Pauline Partnership in Christ. Christian Community and Commitment in Light of Roman Law, Philadelphia 1980.
SANDERS, E. P. (ed.): Jewish and Christian Self-Definition. Vol. 1: The Shaping of Christianity in the Second and Third Centuries, Philadelphia 1980.
SATTLER, W.: Die ‚anawim' im Zeitalter Jesu Christi, FS A. Jülicher, Tübingen 1927, 1-15.
SCHALIT, A.: König Herodes, der Mann und sein Werk, SJ 4, Berlin 1969.
SCHELKLE, K. H.: Art. Arbeit 111. Neues Testament, TRE 3 (1978) 622-624 (Lit!).
SCHENK, W.: Wird Markus auf der Couch materialistisch:? Oder: Wie idealistisch ist die „materialistische Exegese"? Ling Bibl 57 (1985) 95-106.
SCHIRMER, D. (ed.): Die Bibel als politisches Buch. Beiträge zu einer befreienden Christologie, Stuttgart/Berlin/Köln/Mainz 1982.
SCHLEICH, TH.: Missionsgeschichte und Sozialstruktur des vorkonstantinischen Christentums, GWU 33 (1982) 269-296.
SCHLUCHTER, W. (ed.): Max Webers Studie über das antike Judentum. Interpretation und Kritik, Frankfurt 1981.
SCHLUCHTER, W. (ed.): Max Webers Sicht des antiken Christentums, stw 548, Frankfurt 1985a.
SCHLUCHTER, W.: Einleitung: Max Webers Analyse des antiken Christentums. Grundzüge eines unvollendeten Projekts, in: W. Schluchter, Max Webers Sicht des antiken Christentums, 1985b (s. o.), 11-71.
SCHMIDT, TH. E.: Hostility to Wealth in the Synoptic Gospels, JSNT suppl. Ser. 15, Sheffield 1987.
SCHMITHALS, W.: Lukas - Evangelist der Armen, ThViat 12 (1975) 153-167.
SCHNEIDER, H. (ed.): Zur Sozial- und Wirtschaftsgeschichte der späten römischen Republik, WdF 413, Darmstadt 1976.
SCHNEIDER, H.: Sozial- und Wirtschaftsgeschichte der römischen Kaiserzeit, WdF 552, Darmstadt 1981.

SCHÖLLGEN, G.: Die Teilnahme der Christen am städtischen Leben in vorkonstantinischer zeit, RQ 77 (1982) 1-29.
SCHÖLLGEN, G.: Ecclesia sordida? Zur Frage der sozialen Schichtung frühchristlicher Gemeinden am Beispiel Karthagos zur Zeit Tertullians, JAC. E. 12, Münster 1984.
SCHÖLLGEN, G.: Die Didache - ein frühes Zeugnis für Landgemeinden? ZNW 76 (1985) 140-143.
SCHÖLLGEN, G.: Monepiskopat und monarchischer Episkopat. Eine Bemerkung zur Terminologie, ZNW 77 (1986) 146-151.
SCHÖLLGEN, G.: Was wissen wir über die Sozialstruktur der paulinischen Gemeinden? Kritische Anmerkungen zu einem neuen Buch von W. A. Meeks, NTS 34 (1988) 71 - 82.
SCHOLTEN, C.: Gibt es Quellen zur Sozialgeschichte der Valentinianer Roms? ZNW 79 (1988) 244-261.
SCHOTTROFF, L.: Gewaltverzicht und Feindesliebe in der urchristlichen Jesustradition. Mt 5,38-48/Lk 6,27-36, in: Jesus in Historie und Theologie, FS H. Conzelmann, Tübingen 1975, 197-221.
SCHOTTROFF, L./STEGEMANN, W.: Jesus von Nazareth - Hoffnung der Armen, UB 639, Stuttgart 1978a ²1981.
SCHOTTROFF, L.: Jesus von Nazareth aus sozialgeschichtlicher und feministischer Perspektive, EvErz 39 (1978b) 27-36.
SCHOTTROFF, L.: Die Güte Gottes und die Solidarität von Menschen. Das Gleichnis von den Arbeitern im Weinberg, in: W. Schottroff/W. Stegemann (eds.), Der Gott der kleinen Leute, (s.u.) 1979a, 71-93.
SCHOTTROFF, L.: Die Schreckensherrschaft der Sünde und die Befreiung durch Christus nach dem Römerbrief des Paulus, EVTh 39 (1979b) 497- 510. "죄와 해방: 로마서를 중심하여," 『바울 새로 보기』(김재성 엮음, 한국신학연구소, 2000, 367-389).
SCHOTTROFF, L.: Frauen in der Nachfolge Jesu in neutestamentlicher Zeit, in: W. Schottroff/W. Stegemann (eds.): Traditionen der Befreiung II. Frauen in der Bibel, München 1980, 91-133.
SCHOTTROFF, L.: Frauen in der Nachfolge Jesu nach den Evangelien, EvErz 43 (1982) 490-495.
SCHOTTROFF, L./SCHOTTROFF, W. (eds.): Mitarbeiter der Schöpfung. Bibel und Arbeitswelt, München 1983.
SCHOTTROFF, L.: „Gebt dem Kaiser, was dem Kaiser gehört, und Gott, was Gott gehört". Die theologische Antwort der urchristlichen Gemeinden auf ihre gesellschaftliche und politische Situation, in: J. Moltmann (ed.), Annahme und Widerstand, München 1984a, 15-58.
SCHOTTROFF, L.: Mein Reich ist nicht von dieser Welt! Der johanneische Messianismus, in: J. Taubes (ed.), Religionstheorie und Politische Theologie Bd 2, Gnosis und Politik, München/Paderborn 1984b, 97- 108.
SCHOTTROFF, L.: Die Jesusbewegung, in: D. Schirmer (ed.), Kirchenkritische Bewegungen vol. 1, Stuttgart 1985a, 10-27.
SCHOTTROFF, L.: Wie berechtigt ist die feministische Kritik an Paulus? Paulus und die Frauen in den ersten christlichen Gemeinden im Römischen Reich, in: Einwürfe 2, München 1985b, 94-111.
SCHOTTROFF, L.: „Nicht viele Mächtige". Annäherungen an eine Soziologie des Urchristentums, BiKi 40 (1985c) 2-8.
SCHOTTROFF, W./STEGEMANN, W.: Der Gott der kleinen Leute. Sozialgeschichtliche Auslegungen, 2 Bde., München/Gelnhausen 1979.
SCHRAGE, W.: Die Christen und der Staat nach dem Neuen Testament, Gütersloh 1971.
SCHRAGE, W./GERSTENBERGER, E.: Frau und Mann. Bibl. Konfrontationen 1013, Stuttgart 1980.

SCHRAGE, W.: Art. Ethik IV. Neues Testament, TRE 10 (1982a) 435-462 (Lit.
SCHRAGE, W.: Ethik des Neuen Testaments, NTD.E 4, Göttingen 1982b (Lit.!).
SCHREIBER, A.: Die Gemeinde in Korinth. Versuch einer gruppen-dynamischen Betrachtung der Entwicklung der Gemeinde von Korinth auf der Basis des ersten Korintherbriefes, NTA 12, Münster 1977.
SCHRÖDER, H.: Jesus und das Geld. Wirtschaftskommentar zum Neuen Testament, Karlsruhe 1979³1981.
SCHRÖGER, F.: Die Verfassung der Gemeinde des ersten Petrusbriefes, in: J. Hainz (ed.), Kirche im Werden, München 1976, 239-252.
SCHÜRER, E.: Geschichte des jüdischen Volkes im Zeitalter Jesu Christi 1-111, Leipzig 1890, 3. u. 4. Aufl. 1901-1909.=Schürer, E.: The History of the Jewish People in the Age of Jesus Christ, rev. by G. Vermes/F. Millar/M. Black, 4 vol. Edinburgh 1973-1987.
SCHÜRMANN, H.: „... und Lehrer". Die geistliche Eigenart des Lehrdienstes und sein Verhältnis zu anderen geistlichen Diensten im neutestamentlichen Zeitalter, in: Dienst der Vermittlung, EThSt 37, Leipzig 1977, 107-147.
SCHÜRMANN, H.: Die vorösterlichen Anfänge der Logientradition. Versuch eines formgeschichtlichen Zugangs zum Leben Jesu (1960), in: Traditionsgeschichtliche Untersuchungen zu den synoptischen Evangelien, Düsseldorf 1968, 39-65.
SCHÜSSLER-FIORENZA, E.: Women in the Pre-Pauline and Pauline Churches, USQR 33 (1978) 153-166.
SCHÜSSLER-FIORENZA, E.: In Memory of Her. A Feminist Theological Reconstruction of Christian Origins, New York 1983=Zu ihrem Gedächtnis. Eine feministisch-theologische Rekonstruktion der christlichen Ursprünge, Mainz/München 1988.『기독교의 기원들에 대한 페미니스트 신학적 재구성』(감은사, 2024 근간)
SCHÜSSLER-FIORENZA, E.: Missionaries, Apostles, Coworkers: Roman 16 and the Reconstruction of Women's Early Christian History, Word and World 6, St. Paul 1986a, 420-433.
SCHÜSSLER-FIORENZA, E.: The Followers of the Lamb: Visionary Rhetoric and SocialPolitical Situation, Semeia 36 (1986b) 123-146.
SCHÜTZ, J. H.: Charisma and Social Reality in Primitive Christianity, JR 54 (1974) 51-70=Charisma und soziale Wirklichkeit im Urchristentum, in: W. A. Meeks (ed.), Zur Soziologie, (s.o.) 1979, 222-244.
SCHÜTZ, J. H.: Paul and the Anatomy of Apostolic Authority, MSSNTS 26, Cambridge 1975.
SCHÜTZ, J. H.: Introduction, in: G. Theissen, The Social Setting of Pauline Christianity, Philadelphia 1982, 1-23. 이 책 부록
SCHULLER, W.: Frauen in der römischen Geschichte, Konstanz 1987.
SCHULZ, S.: Gott ist kein Sklavenhalter. Die Geschichte einer verspäteten Revolution, Zürich/Hamburg 1972.
SCHULZ, S.: Neutestamentliche Ethik, Zürich 1987.
SCHUMACHER, R.: Die soziale Lage der Christen im apostolischen Zeitalter, Paderborn 1924.
SCHWARTZ, R.: Bürgerliches Christentum im Neuen Testament. Eine Studie zu Ethik, Amt und Recht in den Pastoralbriefen, Österreichische Bibl. Studien 4, Klosterneuburg 1983.
SCHWEIZER, E.: Gemeinde und Gemeindeordnung im Neuen Testament, AThANT 35, Zürich 1959.
SCHWEIZER, E.: Matthäus und seine Gemeinde, SBS 71, Stuttgart 1974.
SCROGGS, R.: The Earliest Christian Communities as Sectarian Movement, in: Christianity, Judaism and Other Greco-Roman Cults vol 2, FS M. Smith, Leiden 1975, 1-23.

SCROGGS, R.: The Sociological Interpretation of the New Testament. The Present State of Research, NTS 26 (1980) 164-179.
SCROGGS, R.: Sociology and the New Testament, Listening 21, River Forest 1986, 138-147.
SECCOMBE, D. P.: Possessions and the Poor in Luke-Acts, Linz 1982.
SEGALLA, G.: Sociologia e Nuovo Testamento - Una rassegna, StPat 29 (1982) 143-150.
SEIDENSTICKER, P. H.: Die Gemeinschaftsformen der religiösen Gruppen des Spätjudentums und der Urkirche, SBFA 9 (1958/9) 94-198.
SHERWIN-WHITE, A. N.: Roman Society and Roman Law in the New Testament, Oxford 1969.
SHURDEN, R. M.: The Christian Response to Poverty in the New Testament Era, Diss. Ann Arbor 1970 (Microfilm).
SIEGERT, F.: Gottesfürchtige und Sympathisanten, JSJ 4 (1973) 109-164.
SIGOUNTOS, J. G./SHANK, M.: Public Roles for Women in the Pauline Church. A Reappraisal of the Evidence, JETS 26 (1983) 283-295.
SMITH, D. E.: Social Obligation in the Context of Communal Meals. A Study of the Christian Meal in 1. Corinthians in Comparison With the Graeco-Roman Communal Meals, Diss. Harvard 1980.
SMITH, D.: Jesus and the Pharisees in Socio-Anthropological Perspective, Trinity Journal 6 (1985) 151-156.
SMITH, J. Z.: The Social Description of Early Christianity, Religious Studies Review 1 (1975) 19-25.
SMITH, R. H.: Were the Early Christians Middle Class? A Sociological Analysis of the New Testament, CThMi 7 (1980) 260-276.=N. K. Gottwald (ed.): The Bible and Liberation, Maryknoll 1983, 441-457.
SNYDER, G. F.: The Social Ministry of Jesus, BLT 25 (1980) 14-19.
SOARES-PRABHU, G. M.: Class in the Bible: The Biblical Poor a Social Class? Vidyajyoti 49, Delhi 1985, 322-346.
SORDI, M: The Christians and the Roman Empire, Norman/London 1986.
SOUTHWELL, M.: Women under Christianity, Arethusa 6 (1973) 149-152.
SPERBER, D.: Costs of living in Roman Palestine, JESHO 8 (1965) 248-271; 9 (1966) 182-211.
SPERBER, D.: Roman Palestine 200-400, Money and Prices, Ramat-Gan 1974.
SPICQ, C.: La Place ou le rôle des jeunes dans certaines communautés néotestamentaires, RB 76 (1969) 508-527.
SPÖRRI, T.: Der Gemeindegedanke im ersten Petrusbrief, Gütersloh 1925.
STALDER, K.: Überlegungen zur Interpretation der Bergpredigt, in: U. Luz/H. Weder (ed.), Die Mitte des Neuen Testaments, FS E. Schweizer, Göttingen 1983, 272-290.
STAMBAUGH, J. E./BALCH, D. L.: The New Testament in Its Social Environment, PhiladelPhia 1986. 『초기 기독교의 사회세계』(한국신학연구소, 2000)
STANLEY, J. E.: The Apocalypse and Contemporary Sect Analysis, SBL Seminar Papers (1984) 912-921.
STASIEWSKI, B.: Ursprung und Entfaltung des Christentums in sowjetischer Sicht, Saec. 11 (1960) 157-179.
STE. CROIX, G. E. M. DE: Early Christian Attitudes towards Property and Slavery, SCH 12 (1975) 1-38. "초기 기독교의 재산 및 노예제에 대한 태도," 『로마제국과 기독교』(지동식 엮음, 한국신학연구소, 1980, 403-448)
STE. CROIX, G. E. M. DE: The Class Struggle in the Ancient Greek World, London 1981.
STEGEMANN, W.: Von Palästina nach Rom. Beobachtungen zu einem sozialen Prozeß in der frühen Christenheit, Conc(D) 15 (1979a) 286-290=From Palestine to Rome: A Social Process in Early

Christianity, Conc (USA) 125 (1979b) 35-42.
STEGEMANN, W.: Wanderradikalismus im Urchristentum? Historische und theologische Auseinandersetzungen mit einer interessanten These, in: W. Schottroff/W. Stegemann (eds.), Der Gott der kleinen Leute Bd 2, 1979b (s.o.), 94-120. "원시 그리스도교의 방랑의 라디칼리즘," 『원시 그리스도교에 대한 사회학적 연구』(기독교서회, 1986, 435-462)="원시 기독교의 유랑 급진주의란?," 『작은 자들의 하나님』(기민사, 1992)
STEGEMANN, W.: Lasset die Kinder zu mir kommen. Sozialgeschichtliche Aspekte des Kinderevangeliums, in: W. Schottroff/W. Stegemann (eds.), Traditionen der Befreiung I, Methodische Zugänge, München 1980, 114-144.
STEGEMANN, W.: Das Evangelium und die Armen. Uber den Ursprung der Theologie der Armen im Neuen Testament, Kaiser Traktate 62, München 1981=The Gospel and the Poor, Philadelphia 1984.
STEGEMANN, W.: Zwischen Synagoge und Obrigkeit. Ein Beitrag zur historischen Situation der Iukanischen Christen, Habil. Heidelberg 1982 (masch.)
STEGEMANN, W.: Zwei sozialgeschichtliche Anfragen an unser Paulusbild, EvErz 37 (1985) 480-490.
STEGEMANN, W.: War der Apostel Paulus ein römischer Bürger, ZNW 78 (1987a) 200-229. "사도 바울은 과연 로마 시민이었는가?," 『바울 새로 보기』(김재성 엮음, 한국신학연구소, 2000, 497-539)
STEGEMANN, W.: Nächstenliebe Oder Barmherzigkeit, Überlegungen zum ethischen und soziologischen Ort der Nächstenliebe, in: H. Wagner (ed.), Spiritualität, Theologische Beiträge, Stuttgart 1987b, 59-82.
STEINMANN, A.: Sklavenlos und alte Kirche. Eine historisch- exegetische Studie über die soziale Frage im Urchristentum, Mönchengladbach 1910.
STENDAHL, K.: The School of St. Matthew and Its Use of the Old Testament, ASNU 20, Uppsala 1954=Philadelphia ²1968.
STENDAHL, K.: The Bible and the Role of Women, Philadelphia 1966.
STENGER, W.: Sozialgeschichtliche Wende und historischer Jesus, Kairos 28 (1986) 11-22.
STENGER, W.: „Gebt dem Kaiser, was des Kaisers ist...!" Eine sozialgeschichtliche Untersuchung zur Besteuerung Palästinas in neutestamentlicher Zeit, BBB 68, Frankfurt 1988.
STEVENSON, E.: Some Insights from the Sociology of Religion into the Origin and Development of the Early Christian Church, ET 90 (1979) 300-305.
STÖGER, A.: Das Finanzwesen der Urkirche, BiLi 50 (1977) 96-103.
STOWERS, S. K.: Social Status, Public Speaking and Private Teaching: the Circumstances of Paul's Preaching Activity, NT 26 (1984) 59-82.
STRITZKY, M. B. VON: Art. Grundbesitz II (ethisch), RAC 12 (1983) 1196-1204.
STROUMSA, G. G.: Die Gnosis und die christliche ,Entzauberung der Welt', in: W. Schluchter (ed.): Max Webers Sicht des antiken Christentums, Frankfurt 1985, 486-508.
STUHLMACHER, P.: Der Brief an Philemon, EKK XVIII, Zürich/Neukirchen 1975 (Lit.
STUHLMACHER, P.: Weg, Stil und Konsequenzen urchristlicher Mission, ThBeitr 12 (1981) 107-135.
SWARTLEY, W. M.: Politics or Peace (eirene) in Luke's Gospel, in: R. J. Cassidy/P. J. Scharper (eds.), Political Issues in Luke-Acts, Maryknoll 1983, 18-37.
SYNNES, M.: Paulus i sosiologisk ramme. Nytt fremstøt i Paulus-forskningen (=Paul in a Sociological Framework. A New Advance in Pauline Research), TTk 50 (1979) 241-250.
SZLAGA, J.: Społeczne i teologiczne aspekty biblijnego spojrzenia na dziecko (Social and Theological Aspects of the Biblical View of the Child), ZNKUL 23 (1980) 51-61.

TAEGER, J. W.: Der konservative Rebell. Zum Widerstand des Diotrephes gegen den Presbyter, ZNW 78 (1987) 267-287.
TALMON, S.: Jüdische Sektenbildung in der Frühzeit der Periode des Zweiten Tempels. Ein Nachtrag zu Max Webers Studie über das antike Judentum, in: W. Schluchter (ed.), Max Webers Sicht des antiken Christentums, Frankfurt 1985, 233-280.
TSCHERIKOVER, V.: Hellenistic Civilisation and the Jews, Philadelphia 1966.
TEICHMÜLLER, E.: Einfluß des Christentums auf die Sklaverei im griechisch-römischen Altertum, Dessau 1894.
TEKLAK, C.: Gli studi su Gesü nel pensiero marxista dalla seconda guerra mondiale ad oggi, Antonianum 59 (1984) 541-627.
THEISSEN, G.: Wanderradikalismus. Literatursoziologische Aspekte der Überlieferung von Worten Jesu im Urchristentum, ZThK 70 (1973) 245-271 - Studien (s.u), 1979, 79-105. 이 책 제4장
THEISSEN, G.: Soziale Schichtung in der korinthischen Gemeinde. Ein Beitrag zur Soziologie des hellenistischen Urchristentums, ZNW 65 (1974a) 232-272=Studien (s.u.), 231-271. 이 책 제9장
THEISSEN, G.: Theoretische Probleme religionssoziologischer Forschung und die Analyse des Urchristentums, NZSTh 16 (1974b) 35-56=Studien (s.u.), 55-77. 이 책 제3장
THEISSEN, G.: Soziale Integration und sakramentales Handeln. Eine Analyse von I. Cor. XI, 17-34, NT 16 (1974c) 179-206=Studien (s.u.), 290-317. 이 책 제11장
THEISSEN, G.: Legitimation und Lebensunterhalt. Ein Beitrag zur Soziologie urchristlicher Missionare, NTS 21 (1974/5) 192-221=Studien (s.u.), 201-230. 이 책 제8장
THEISSEN, G.: Die soziologische Auswertung religiöser Überlieferungen. Ihre methodologischen Probleme am Beispiel des Urchristentums, Kairos 17 (1975a) 284-299=Studien (s.u.), 35-54. 이 책 제2장
THEISSEN, G.: Die Starken und die Schwachen in Korinth. Soziologische Analyse eines theologischen Streites, EvTh 35 (1975) 155-172=Studien (s.u.), 272-289. 이 책 제10장
THEISSEN, G.: Die Tempelweissagung Jesu. Prophetie im Spannungsfeld von Stadt und Land, ThZ 32 (1976) 144- 158=Studien (s.u.), 142-159. 이 책 제6장
THEISSEN, G.: Soziologie der Jesusbewegung. Ein Beitrag zur Entstehungsgeschichte des Urchristentums, TEH 194, München 1977a ³1981. 『예수 운동의 사회학』(종로서적, 1981)
THEISSEN, G.: „Wir haben alles verlassen" (Mc.X,28). Nachfolge und soziale Entwurzelung in der jüdisch-palästinischen Gesellschaft des 1. Jahrhunderts n. Chr., NT 19 (1977b) 161-196=Studien (s.u.), 106-141. 이 책 제5장
THEISSEN, G.: Studien zur Soziologie des Urchristentums. WUNT 19, Tübingen 1979a, ²1983. 『원시 그리스도교에 대한 사회학적 연구』(기독교서회, 1986; 알맹e, 2024)
THEISSEN, G.: Gewaltverzicht und Feindesliebe (Mt 5,38-48/Lk 6,27-38) und deren sozialgeschichtlicher Hintergrund, 1979b, in: Studien (s.o.), 160-197. 이 책 제7장
THEISSEN, G.: Zur forschungsgeschichtlichen Einordnung der soziologischen Fragestellung, 1979c, in: Studien (s.o.), 3-34. 이 책 제1장
THEISSEN, G.: The Social Setting of Pauline Christianity. Essays on Corinth, Philadelphia 1982. 이 책 제8-12장에 해당하는 영역판
THEISSEN, G.: Psychologische Aspekte Paulinischer Theologie, FRLANT 131, Göttingen 1983a.
THEISSEN, G.: Christologie und soziale Erfahrung. Wissenssoziologische Aspekte paulinischer Christologie, in: Studien zur Soziologie des Urchristentums, Tübingen ²1983b, 318-330.
THEISSEN, G.: Lokal- und Sozialkolorit in der Geschichte von der syrophönikischen Frau (Mk 7:24-30), ZNW 75 (1984) 202-225.
THEISSEN, G.: Vers une théorie de l'histoire sociale du christianisme primitif, ETR 63 (1988a) 199-225.

THEISSEN, G.: Autoritätskonflikte in den johanneischen Gemeinden. Zum „Sitz im Leben" des Johannesevangeliums, in: ΔIAKONIA, Gedenkschrift für B. Stogiannos, Thessaloniki 1988b, 243-258.
THEISSEN, G.: Zur Entstehung des Christentums aus dem Judentum. Bemerkungen zu David Flussers Thesen, Kirche und Israel 2 (1988c) 179-189.
THEISSEN, G.: Wert und Status des Menschen im Urchristentum und seiner Umwelt, Humanistische Bildung 12 (1988d) 61-93.
THEISSEN, G.: Sakrament und Entscheidung. Überlegungen zu Taufe und Abendmahl im frühen Christentum und in unserer Konfirmationspraxis, in: FS F. Schulz, Heidelberg 1988e, 380-391.
THEISSEN, G.: Jesusbewegung als charismatische Wertrevolution, erscheint NTS 35 (1989).
THÉRIAULT, J.-Y.: Les dimensions sociales, économiques et politiques dans l'oeuvre de Luc, ScEc 26 (1974) 204-231.
THOMAS, J.: Le mouvement baptiste en Palestine et Syrie, Gembloux 1935.
THOMPSON, L.: A Sociological Analysis of Tribulation in the Apocalypse of John, Semeia 36 (1986) 147-174.
THRAEDE, K.: Art. Frau, RAC 8 (1972) 197-269.
THRAEDE, K.: Ärger mit der Freiheit. Die Bedeutung von Frauen in Theorie und Praxis der alten Kirche, in: „Freunde in Christus werden...", Gelnhausen 1977, 31 - 182.
THRAEDE, K.: Zum historischen Hintergrund der „Haustafeln" des NT, JAC. E.8 (1980) 359-368.
THRAEDE, K.: Der Mündigen Zähmung: Frauen im Urchristentum, Humanistische Bildung 11 (1987) 93-121.
THURÉN, J.: Naisen asema hellenismissä, varhaisjunta-laisundessa ja Undessa Testamentissa (Die Stellung der Frau im Hellenismus, Frühjudentum und im Neuen Testament), TAiK 85 (1980) 249-263.
THYEN, H.: „... nicht mehr männlich und weiblich..." Eine Studie zu Gal 3,28, in: F. Crüsemann/H. Thyen, Als Mann und Frau geschaffen, Kennzeichen 3, Gelnhausen 1978, 107-201.
THYSMAN, R.: Communauté et directives étiques. La catéchèse de Matthieu, Gembloux 1974.
TIDBALL, D.: An Introduction to the Sociology of the New Testament, Exeter 1983. 『신약성서 사회학 입문』(한국신학연구소, 1993)
TIDBALL, D. J.: On Wooing a Crocodile: An Historical Survey of the Relationship between Sociology and New Testament Studies, VoxEv 15 (1985) 95-109.
TILLBORG, S. VAN: De materialistische exegese als keuze. Een uiteenzetting over Intentie, reikwijdte en belang van de materialistische exegese (The Choice for Materialist Exegesis), TTh 18 (1978) 109-130.
TROELTSCH, E.: Die Soziallehren der Christlichen Kirchen und Gruppen, Ges. Schriften I, Tübingen 1912. 『기독교 사회윤리』(한국신학연구소, 2003)

VENETZ, H.-J.: Der Beitrag der Soziologie zur Lektüre des Neuen Testaments. Ein Bericht, ThBer 13 (1985) 87-121.
VERNER, D. C.: The Household of God and the Social World of the Pastoral Epistles, Diss. Atlanta 1981.
VILLIERS, P. G. R. DE: The interpretation of a text in the light of Its socio-cultural setting, Neotestamentica 18, Pretoria (S. Africa) 1984, 66-79.
VITTINGHOFF, F.: Soziale Struktur und politisches System der hohen römischen Kaiserzeit, HZ 230 (1980) 31-56.
VITTINGHOFF, F.: ‚Christianus sum' - Das ‚Verbrechen' von Aussenseitern der römischen Gesellschaft, Historia 33 (1984) 331-357.

VOGLER, W.: Die Bedeutung der urchristlichen Hausgemeinden für die Ausbreitung des Evangeliums, ThLZ 107 (1982) 785-794.
VOGT, J.: Der Vorwurf der sozialen Niedrigkeit des frühen Christentums, Gymnasium 82 (1975) 401-411.
VOGT, J.: Die Sklaven und die unteren Schichten im frühen Christentum. Stand der Forschung, Gym. 87 (1980) 436-446.
VOGT, J./BELLEN, H. (eds.): Bibliographie zur antiken Sklaverei. Im Auftrag der Kommission für Geschichte des Altertums der Akademie der Wissenschaften und der Literatur (Mainz). Neu bearbeitet v. E. Herrmann in Verbindung mit N. Brockmeyer. Zwei Teile, Bochum 1983.
VOSTER, W. S.: On Early Christian Communities and Theological Perspectives, JTSA 59 (1987) 26-34.

WACHT, M: Art. Gütergemeinschaft, RAC 13 (1986) 1-59.
WALASKAY, P. W.: ‚And so We Came to Rome'. The Political Perspective of St. Luke, Cambridge 1983.
WALTER, N.: Zur Anfangsgeschichte der Urgemeinde in Jerusalem (Apg 6), NTS 29 (1983) 370-393.
WANKE, J.: Die urchristlichen Lehrer nach dem Zeugnis des Jakobusbriefes, in: Die Kirche des Anfangs, FS H. Schürmann, Freiburg/Basel/Wien 1978, 489-512.
WATSON, F.: The Social Function of Mark's Secrecy Theme, JSNT 24 (1985) 49-69.
WATSON, F.: Paul, Judaism and the Gentiles. A Sociological Approach, MSSNTS 56, Cambridge/London/New York 1986.
WEBER, M.: Das Antike Judentum. Gesammelte Aufsätze zur Religionssoziologie Bd 3, Tübingen 1921.『야훼의 사람들: 고대 유대교』(자유, 1989)
WEIR, J. E.: The Bible and Marx. A Discussion of the Hermeneutics of Liberation Theology, SJTh 35 (1982) 337-350.
WEISER, A.: Die Rolle der Frau in der urchristlichen Mission, in: G. Dautzenberg/H. Merklin/K. Müller (eds.), Die Frau im Urchristentum, QD 95, Freiburg/Basel/Wien 1983, 158-181.
WENGST, K.: Bedrängte Gemeinde und verherrlichter Christus. Der historische Ort des Johannesevangeliums als Schlüssel zu seiner Interpretation, Bibl. Theol. Studien 5, Neukirchen 1981.
WENGST, K.: Pax Romana. Anspruch und Wirklichkeit. Erfahrungen und Wahrnehmungen des Friedens bei Jesus und im Urchristentum, München 1986.『로마의 평화』(한국신학연구소, 1994)
WENGST, K.: Demut - Solidarität der Gedemütigten. Wandlungen eines Begriffs und seines sozialen Bezugs in griechisch-römischer, alttestamentlich-jüdischer und urchristlicher Tradition, München 1987.
WERNIK, M.: Frustrated Beliefs and Early Christianity. A Psychological Enquiry into the Gospels of the New Testament, Numen 22 (1975) 96-130.
WHITE, L. M.: Social Authority in the House Church Setting and Ephesians 4:1-16, RestQ 29 (1987) 209-228.
WIEFEL, W.: Erwägungen zur soziologischen Hermeneutik urchristlicher Gottesdienstformen, Kairos 14 (1972) 36-51.
WIEFEL, W.: Die Scheidung von Gemeinde und Welt im Johannesevangelium auf dem Hintergrund der Trennung von Kirche und Synagoge, ThZ 35 (1979) 213-227.
WIELING, H.: Art. Grundbesitz 1 (rechtsgeschichtlich), RAC 12 (1983) 1172-1196.
WILCKENS, U.: Urchristlicher Kommunismus. Erwägungen zum Sozialbezug der Religion, in: W.

Lohff/B. Lohse (eds.), Christentum und Gesellschaft, Göttingen 1969, 129-144.
WILDE, J. A.: A Social Description of the Community reflected in the Gospel of Mark, Diss. Ann Arbor 1977 (Microfilm).
WILDE, J. A.: The Social World of Marks Gospel. A Word about Method, SBLASP 14 (1978) 47-70.
WILDER, A. N.: Social Factors in Early Christian Eschatology, in: Early Christian Origins, FS H. R. Willoughby, Chicago 1961, 67-76.
WILKEN, R. L.: Collegia, Philosophical Schools and Theology, in: S. Benko/J. J. O'Rourke (eds.), The Catacombs, (s.o.), 1971, 268-291=Kollegien, Philosophenschulen und Theologie, in: W. A. Meeks (ed.), Zur Soziologie, (s.o.), 1979, 165-193.
WILKEN, R. L.: Toward a Social Interpretation of Early Christian Apologetics, ChH 39 (1970) 1-22.
WILKEN, R. L.: The Christians as the Romans Saw Them, New Haven/London 1984.=Die frühen Christen. Wie die Römer sie sahen, Graz/Wien/Köln 1986. 『그리고 로마는 그들을 보았다』(비아, 2023)
WILSON, S. G. (ed.): Anti-Judaism in Early Christianity. Vol. 2, Seperation and Polemic, Studies in Christianity and Judaism 2, Waterloo 1986.
WINLING, R.: Le christianisme primitif comme „paradigme": évolution d'une problématique (d'Engels à Garaudy) (suite), RevSR 55 (1981) 264-271.
WISCHMEYER, W. (ed.): Griechische und lateinische Inschriften zur Sozialgeschichte der Alten Kirche, Gütersloh 1982.
WITHERINGTON, B.: Women in the Ministry of Jesus, AThB 17 (1984a) 22-30.
WITHERINGTON, B.: Women in the Ministry of Jesus. A Study of Jesus' Attitudes to Women and Their Roles as Reflected in His Earthly Life, SNTSMS 51, Cambridge/London/New York 1984b ^{2}1987.
WITHERINGTON, B.: Women in the Earliest Churches, SNTSMS 59, Cambridge 1988.
WOLL, D. B.: Johannine Christianity in Conflict: Rank and Succession in the First Farewell Discourse, SBLDS 60, Missoula 1981.
WUELLNER, W.: The sociological implications of I. Corinthians 1,26-28, StEv 4 (1973) 666-672.
WUELLNER, W.: Ursprung und Verwendung der sophos-, dynatos-, eugenes-Formel in 1Kor 1,26, in: Donum Gentilicium, FS D. Daube, Oxford 1978, 165-184.

YAMAUCHI, E.: Sociology, Scripture and the Supernatural, Journal of the Evangelical Theological Society 27, Wheaton 1984, 169-192.
YOUNG, N. H.: Paidagogos: The Social Setting of a Pauline Metaphor, NT 29 (1987) 150-176.
YOUTIE, H. C.: Publicans and Sinners, ZPE 1 (1967) 1-20.

ZAHN, Th.: Sklaverei und Christentum in der alten Zeit, Heidelberg 1979.
ZEITLIN, S.: The Rise and Fall of the Judaean State. A Political, Social and Religious History of the Second Commonwealth II, Philadelphia 1962, ^{2}1968.
ZIESLER, J. A.: Paul and a New Society, Epworth Review 8 (1981) 68-79.
ZIMMERMANN, A.: Die urchristlichen Lehrer. Studien zum Tradentenkreis der διδάσκαλοι im frühen Christentum, WUNT II, 12, Tübingen 1984.
ZSCHARNACK, L.: Der Dienst der Frau in den ersten Jahrhunderten der christlichen Kirche, Göttingen 1902.

색인

색인 일러두기

1. 색인에 제시되는 쪽수는 이 책 본문 바깥쪽 좌우 여백에 *123과 같이 표시된 원서의 쪽수를 뜻한다.
2. 숫자 뒤의 첨자는 각주 번호를 뜻한다. 제8장과 제11장(원서 쪽수 기준 201-230와 290-317)의 한국어판 각주 번호는 원서와 다른 체계로 붙인 관계로 각주 번호가 일치하지 않을 가능성이 높다.
3. 항목/표제어/서명 뒤에 위치하는 첨자는 이 책에서 표기된 내용을 보여주는 것으로 때에 따라서는 요즘 기준으로는 부정확한 것도 있지만, 찾아보기를 돕기 위해 추가한 것이다. 이 책에서 한국어로 표기되지 않은 경우를 위해서 원어를 그대로 둔 것들은 때에 따라 뒤따르는 괄호 안에 한국어로 병기하기도 했다.
4. 현대 저자의 경우 한국어 병기가 된 것도 간혹 있지만 대다수가 각주에 있고, 원어로 표기된 것이 많아서 원서 색인 그대로 둔다.
5. 주제 색인의 경우 같은 원어를 여러 유형으로 번역한 것들이 많아서 '/'로 발견한 것을 최대한 나열했고, 항상 등장하지 않는 부분은 ( ) 안에 표기해도 했으니 다양한 조합으로 찾아야 할 수 있다. 이 책의 색인의 특징은 특정 단어가 나타나지 않아도 개념 설명을 위해서 색인에 포함된 것이 있기도 하고, 최대한 바로 잡으려고 노력했지만, 오타 등의 이유로 원서 자체에 쪽수가 일치하지 않은 경우가 여전히 남아 있을 수 있으니 해당 쪽수 위아래로도 확인해 볼 필요가 있다.

I. 고대 문헌 색인

1. 구약

신명기
12:11ff 153

사무엘하
7:14 161

열왕기상
19:9ff 48[24]

이사야
42:1ff 180

예레미야
1:1 146
26:1ff 145

26:20 146
26:20ff 145

아모스
7:15 48[24]

미가
1:1 146
3:9ff 145
7:6 84[15]

스가랴
9:9 180
13:3 84[15]

잠언
4:8f 162^2:162
8:15 162^2
24:29 195[79]
25:21 195

전도서
1:13 185[55]
2:11 185[55]
2:18 185[55]
2:22 185[55]

역대기하
24:20-22 179[39]

2. 신약

마태복음
1,6	254
2,13ff	116
2,16	48[24]
3,1ff	118
5,3	32
5,5	32
5,9	178, 179
5,10	187
5,10-12	187
5,11	84[14], 97, 185, 187
5,12	185
5,13	230
5,17	162
5,20	162, 164, 165
5,21ff	163, 176
5,22	42
5,25f	46, 129, 185
5,33	176
5,37	176
5,38-48	160ff
5,38f	168
5,39	177
5,39-44	92
5,40-41	193
5,41	176
5,42	193
5,43ff	163, 179[37]
5,44-45	161
5,44	176, 177, 185
5,46	164, 165, 169, 176
5,48	162, 176
6,12	172
6,19-21	85
6,19	141[79]
6,25ff	85, 131, 184, 185, 187, 205, 206, 207
6,33	94
7,1ff	170, 181
7,12	166
7,22	88
8,11ff	32
8,14	37
8,18-22	187[62]
8,19ff	107
8,20	83, 130, 206
8,21	108
8,22	84, 130, 191
9,9	220
9,27	180
10,4	202[1]
10,5f	82
10,5ff	43, 82, 101, 107, 211
10,6	223
10,7	87, 88
10,8	94, 224
10,9f	122
10,10	82, 87, 220
10,11-15	171
10,14	87, 88
10,15	94
10,17	101
10,21	84[15]
10,23	96, 187
10,37ff	187
10,40ff	88, 201, 205, 207, 208
10,40-4	113, 88, 187
10,41	109, 186, 187
11,7ff	118, 151[21]
11,19	208
11,20-24	40
11,28	110, 112
12,19f	180
12,23	180
13,57	180
14,24	177[32]
15,21	176
15,22	180
15,24	101[63]
18,15-17	42
18,20	100, 211[1]
18,23ff	46
18,25	129
18,30	129
19,2	84[13]
19,11f	32, 43
19,12	84
20,1ff	46, 156[32], 185[47]
21,5	180
21,32	32
22,1-13	30
22,7	179
23,2f	101[64]
23,27ff	146
23,34	186
23,35	130, 179, 195[35]
23,37f	184[53]
24,12	140
24,26	133
26,61	143
28,19	14[36]

마가복음
1,3	118
1,14	28
1,16ff	37, 48[24], 107, 188[62]
1,17	110
1,20	37, 111, 204, 211[2]
2,14	188[62]
2,15ff	28, 207, 208
2,25f	95[47]
2,2	773
3,13ff	108, 188[62]
3,15	224
3,18	202[1]
3,28	89[26]
3,34f	189
3,35	84
4,25	41, 98
5,1	40
5,9f	47
5,18ff	111
5,43	112
6,3	111
6,4	84
6,7-13	188[62]
6,7ff	187
6,8	82
6,10	93
7,1ff	73
7,24	40
7,31	40
8,27	28[70], 40
8,34f	130
8,38	88[26]
9,33	28[70]
9,41	219, 226
9,42ff	43
9,43ff	32
10,13ff	32

10,17ff	85, 122, 204	5,8	164[9]	13,6-9	206[5]
10,21	28	6,13	108, 242	13,31ff	116
10,22	110	6,15	183[50], 202	13,34f	184[53]
10,23-27	85	6,20ff	122, 183[50], 208	13,57	180
10,25ff	85	6,22	186, 187	14,16ff	130
10,28	106, 107	6,23	167[16]	14,26	43, 81, 83, 130
10,28-30	129, 188[62], 189[64]	6,24ff	112, 183[50]	14,26f	42
10,29	28, 83	6,26	171	15,1f	164[9]
10,46ff	112, 130	6,27	163[5], 166, 181, 183[50], 186	16,1ff	129, 206[5]
10,52	28[70], 111			16,3	131
10,64	189	6,27-38	160	17,7-10	206[5]
11,9	149	6,29	182, 194	17,9	167
12,1ff	46	6,30	181, 182[48]	18,1ff	46
12,7	129	6,31	166, 186[42]	18,15	14[36]
12,13ff	30	6,32	165, 167, 181	18,16	14[36]
13	129	6,33	165, 166, 167, 181	19,1ff	112
13,1	151	6,34	165, 167, 181	19,26	137
13,2	143[3]	6,35	162, 165, 169[22], 181	21,8	88[24], 108, 188[62]
13,6	88[24]	6,36ff	162, 169		
13,8	137	6,37f	182	**요한복음**	
13,10	59[12]	6,46	83	2,19	143[3]
13,14ff	129, 143[3]	7,5	264	2,20	155
13,31	92	7,36ff	97[51]	3,3	306
14,2	149	7,37	164[9]	4,51	248[43]
14,17-21	299	7,39	164[9]	4,53	248[43]
14,48	125	7,40ff	167[15]	6,19	177[32]
14,57	158	8,3	112, 183[51], 208	6,52	299
14,57-64	158	9,1ff	109	6,66ff	189[64]
14,58	142, 143	9,3	92	8,1ff	193[72]
14,61	158	9, 51-56	96[49]	9,1ff	130
14,67	149	10,1ff	109	11,2	254
14,70	149	10,3ff	201	11,18	177[32]
15,1-5	158	10,4	92	11,48	158
15,6-7	125, 194[73]	10,5-7	93	15,12	24
15,11	158	10,6	13[35]	15,15	24
15,27	125	10,7	93, 205, 220	19,25	254
15,29ff	158	10,8f	203, 206	21,22f	139
15,31	158	10,12	94		
15,40f	118	10,16	88, 89[26]	**사도행전**	
15,43	143	10,30ff	123, 200[5]	1,12ff	107
15,46	254	10,42	97[51]	1,14	118
15,47	254	11,9ff	94, 131	2,44	309
16,15ff	224	11,20	203	2,59	113
16,16	14[36]	11,49	186	3,2	130
		12,33-34	85[17]	4,36	37, 39, 109, 210
누가복음		12,52f	84	5,1ff	37
3,23	137, 139	13,1f	194[73]	5,35ff	130[57]
4,1ff	222[3]	13,1-3	149	5,36	132
5,1ff	111	13,2	164[9]	5,37	125

6,2ff	41, 117, 182, 268	18,8	51, 227, 235, 245,	1,10-17	228
6,5	109, 146		246, 248	1,11	229, 252, 256, 286
6,8ff	109	18,10	251, 297[2]	1,12ff	108, 227, 229, 275[3],
6,13f	30	18,13	265		294
6,14	143	18,16	265[79]	1,14	235, 256
7,54ff	158	18,17	235[8], 252, 255, 256	1,15	248
8,1ff	43, 146	18,18f	252, 255	1,15ff	32
8,14	108	18,26	251, 255	1,16	245, 248, 256
8,26	14[36]	19,22	237, 252	1,18ff	65, 228, 287, 310
9,32	108	19,23ff	155, 182	1,22	259
10,1ff	183[51], 108, 265	20,4	255	1,26ff	33, 48[24], 210, 229,
10,2	248	20,7ff	299		237, 227, 228, 233,
10,7	248	21,18	108[4]		237, 255, 256, 260,
10,47	14[36]	21,38f	132		275, 281, 286, 287,
11,10	109	21,39	39, 266		292, 308
11,14	248	22,3	109	1,26-29	231, 234
11,19f	30, 109, 117	22,18	266	1,28	233
11,20	209	22,25ff	39	3,1	285
11,26	40	23,12ff	125	3,1-3	217[2]
11,27ff	45, 109, 117, 128			3,2	223
11,28	138	로마서		3,3	316
11,30	39	5,16	324	3,4	316
12,1ff	117	12,19	42, 170	3,11	32
12,2	248	13,1ff	63, 210	3,18-4,9	228
12,12ff	37	14,4	247	3,22f	218, 226, 227[2]
12,17	108[4]	15,1	275	4,1	218, 237
12,20ff	137	15,18f	224	4,3	228
13,1	109[7]	15,26	45, 122, 268	4,3f	218
13,1ff	38, 39, 69, 109, 135,	15,27	268	4,6	227, 229
	139[76], 183[51], 223	15,31	249	4,9-13	221, 228
13,2	109	16	254	4,10	229, 234
13,14	235	16,1	249, 251, 256	4,11-13	234
13,50	213	16,2	249	4,13	230
14,4	108	16,3	251, 252, 255	4,16	275
14,14	108	16,7	108	4,19	311[1]
15,10	283[19]	16,10	237, 254	5,9	280, 311[1]
15,13	108[4]	16,13	254	5,9ff	32
15,29	283[19]	16,22	253, 256	5,10f	281
16,14ff	264	16,23	69, 227, 228, 236,	5,21	300
16,15	248		237, 250, 256, 263,	5,33	298, 300
16,31	248		280, 297, 305	6,1-11	258
17,22ff	181	16,31	254	6,4	255
17,34	182[51]	16,33	254	6,5	258
18,1	256	16,34	254	6,13	282
18,1ff	261			7,8ff	19, 260, 267
18,2	255	고린도전서		7,21ff	33, 260, 267, 268,
18,3	237	1-4	214, 228		324
18,5	251	1,1	252, 256	7,31	32
18,7	256, 264, 275, 297	1,10	293	8-10	33, 40, 214, 275[3],

	280	10,31	286	8,4	249
8,1	229, 282, 286	10,32	274	8,9	33, 45
8,4	249, 282	11,2	303	8,14	249
8,4ff	272	11,2ff	19	9,4	222[3]
8,7	274, 277, 282	11,2-34	311[1]	9,12	249, 268
8,9	286	11,3-16	268	9,20	222[3]
8,10	272, 274, 279, 282, 288	11,12	232	9,23ff	221
		11,17ff	229, 288, 290, 291, 292, 293, 306, 310, 311, 312, 328	10-13	41, 201, 213, 220, 258, 259
8,10ff	277, 282			10,4	218
8,12	282				
9	201, 215, 228	11,18	286, 310	10,4-6	324
9,1	213, 217, 228, 249	11,19	310, 312, 317	10,7	219, 226
9,1f	223	11,20ff	33, 286	10,8	218
9,1ff	219, 258, 287	11,20	228	10,10	229
9,3	219, 228, 275[3], 258, 287	11,20-34	267	10,12	234
		11,21	298, 299, 302	10,12-18	234
9,3ff	19, 214	11,22	228[1], 229, 257, 307	10,13	225[1]
9,4f	43, 211	11,23	303	11,4	222
9,5	84, 99, 218	11,25	299, 314	11,5	218, 257
9,6	209, 218	11,29	300, 306	11,7ff	214
9,7	217	11,33	297	11,8	251
9,7ff	220	11,333	4 288	11,9	213, 222[3], 249
9,8	216, 217	11,34	31, 257, 296, 299	11,13	220, 221
9,9-11	216	12,4ff	294	11,14f	215
9,11	218	12,12ff	45	11,22	110, 118, 222
9,12	223, 249	12,13	31, 260, 320, 328	11,23	219
9,13	95, 216, 224	12,22ff	329	12,1	218
9,13-18	82	14,26	294	12,7	217[2], 218
9,14	95[47], 216	14,33	298, 299	12,12	222[3], 234, 235
9,15	218	14,35	257, 296	12,13	214, 218
9,15-18	213, 221	15,10	223	12,19	219
9,16	214, 218	16,2	257, 296	13,3	222[3]
9,18	218	16,3	253	13,9	222[3]
9,1	9ff 33, 221, 274	16,12	226		
9,21	221	16,14ff	245	**갈라디아서**	
9,22	275	16,15	212, 249, 256	1,16	234
9,23	224	16,15f	301[3]	1,18	108
10,1-22	272	16,15-18	227, 252, 256	2,1ff	41
10,14-22	306	16,16	253	2,9	108, 234
10,15	286	16,17	249, 255, 256	2,9ff	108[4]
10,16	299	16,18	249	2,10	45, 122, 268
10,17	320	16,19	212, 251, 252, 255	2,11ff	108
10,23	229, 282			2,12ff	134
10,23ff	31, 288	**고린도후서**		2,13	214, 223
10,25	41	2,17	213, 223	3,28	31, 33, 49, 271
10,25ff	272, 277	3,1	212, 214, 223, 226	4,1ff	324
10,27f	308	3,2	223	4,2	237
10,27ff	281	5,16	222		
10,28	306	6,16	232	**에베소서**	

2,11ff	49	데살로니가전서		2,18	167
2,13ff	32	2,1-12	213¹	2,20	167
5,5	281	2,5	118		
5,22	267, 312	2,9	224	요한1서	
5,22ff	247			5,19	32

빌립보서
		데살로니가후서		요한3서	
2,6ff	33, 325	3,10	211	5ff	110
2,25	249			12	109
2,30	249	디모데전서		14	109
3,19	118	1,4	49		
4,10ff	82, 213, 249	3,4	247	야고보서	
4,11	213	3,12	247	2,5	208
4,22	237, 248, 254	5,17	302³		
				요한계시록	
골로새서		빌레몬서		2,6	283
1,15ff	49	2	248, 250	2,14f	283
3,6	281	22	250	14,20	177³²
3,18ff	247, 267, 312			21,16	177³²
3,18-4,1	42	베드로전서			

3. 제2정경(구약 외경)

솔로몬의 지혜서		시락의 지혜서		1. Makkabäerbuch (마카베오전서)	
2:18	161	4:3	182		
5:5	161	4:10	161	10:25-45	154
6:21	162	12:2	169	15:15ff	113, 134
		28:1–5	171	15:16-23	116
Tobit (토비트)		28:1-7	195⁷⁹		
4:15	180	29:1ff	181⁴⁶	마카베오후서	
		29:6	182	7:28	232

4. 구약 위경

Aristeasbrief (아리스테아스의 편지)		4. Esra (에스라4서)		Jubiläen (희년서)	
		6,24	84¹⁵	23,16	84¹⁵
207	162², 163, 180				
208	163	Äthiopischer Henoch (에녹1서)		Pseudo-Phokylides (포실리데스 위서)	
209	163	9,13	143³		
210	163	25,5	143³	140-142	195⁷⁹
		89,73	143³		
Syrischer Baruch (2 Bar; 바룩2서)		99,5	84¹⁵	Sibyllinen	
		100,2	84¹⁵	3,271	134
8,1f	146				
21,4f	232³	Slawischer Henoch (에녹2서)		Testamente der XII Patriarchen (12족장 유언서)	
70,6	84¹⁵	50,3f	171		

Testament Gad (갓의 유언)		Testament Benjamin (베냐민의 유언)		4,2f	168^{120}
16,3ff	170			5,1	168^{120}

5. 사해 문서

Sektenregel (1QS; 공동체 규율 [서])		6,5	118	12,10	120
		6,11-14	149		
5,1-6,23	120	8,5	121	Kommentar zu Psalm 37 (4Qp Ps 37; 시편 23편 주석)	
6,2	121	14,14f	131		
8,6-10	149			2,8f	120
8,13f	118	Kriegsrolle (1QM; 전쟁 두루마리)		3,9f	120
9,21ff	121				
		1QM	194	Segenssprüche (1QSb; 축복 규율[서])	
Gemeinschaftsregel (1Qsa; 회중 규율[서])		1,3	118		
		9,9	120	5,21	120
1,6ff	119	9,113	120		
2,3ff	122			Florilegium (4Q flor; 종말론 미드라쉬)	
		Habakukkommentar (1QpHab; 하박국 주석)			
Damaskusschrift (CD; 다마스쿠스 문헌)				1,1-12	150
		12,3	120	1,6f	149
4,3	118	12,6	120		
4,18	149	12,7	149		

6. 유대교-헬레니즘 문헌

Josephus (요세푸스)		15,365	127, 136	17,269-284	147
		15,373ff	122^{43}	17,270	115, 124
Antiquitates Judaicae (고대 유대사)		15,380ff	143	17,271	126, 135
		15,388	152	17,273	126
2,261ff	144^6	15,390	155, 156	17,274	136
12,9	116	16,1	115	17,275	124
12,147ff	114^{20}	16,64	127, 136	17,277	124
14,71	115	16,142f	114	17,278	126
14,115	134	16,145	114	17,288f	124
14,159	124	16,271	123	17,289	115
14,168ff	126	17,20	109^7	17,293	147
14,420ff	124	17,23ff	114, 115	17,307	137
14,431ff	124	17,27	117	17,308	127
14,450	124	17,28	136	17,318ff	137
15,22	153	17,149-167	152	17,319	127
15,40	153	17,151	152	17,321	137
15,96	137^{71}	17,205	127, 154	17,340	114
15,294	114, 115	17,213f	147^{11}	17,355	137
15,299-316	138	17,213ff	152	18,1-25	137
15,340ff	123	17,213ff	152	18,2	137
15,341ff	114	17,260ff	155^{30}	18,4ff	125
15,346	124	17,264	156	18,6	127
15,348	123	17,266	124	18,6ff	126

18,7	128	1,304ff	124	3,542	127
18,10	139	1,314ff	124	4,121ff	150
18,16	47[21]	1,326	124	4,128	139, 150
18,20	118, 120, 122, 124	1,361f	137[71]	4,135ff	150
18,23	127	1,403	114, 117	4,147	150
18,23f	130	1,408ff	114	4,155f	150
18,37	114, 115, 117	1,417	114	4,208ff	135[66]
18,38	117	1,417	114	4,224ff	151
18,55ff	154, 155[24], 192[71]	1,426f	136	4,241	127, 136
18,60ff	157, 194[73]	2,9ff	152	4,334ff	128
18,85	132	2,17	192	4,335ff	130
18,85ff	144[6], 146	2,49f	155[30]	4,381ff	130
18,90	136[68], 154	2,52	124	4,503	150
18,121	154	2,65	120	4,512	124
18,252	38	2,68	115, 124	4,559	150
18,271f	194		127, 133[62]	5,187	156
18,274	69, 124, 125, 127, 144	2,122	120, 121	5,189	156
		2,125	123	5,248ff	125[49]
18,284	144	2,126	120, 121[39]	5,248ff	125[49]
18,285	129[53]	2,127	120	6,228ff	143[4]
18,290	127	2,140	122[43]	6,299	146
19,295	154	2,142	120, 123	6,300ff	145
20,5	125	2,151	119[35]	6,307	131
20,51	128	2,162	47[21]	6,418ff	115
20,51ff	138	2,175-177	194[73]	6,420ff	115
20,97	132, 133, 144[6]	2,195-198	194	7,1ff	143[4]
20,101	128	2,224	147	7,208	115
20,121	125	2,228f	125	7,253	125
20,124	125, 128, 134	2,238	124, 126	7,253ff	126
20,161	125	2,253	125	7,256	128
20,163	148	2,256	148	7,264	128
20,165	148	2,258ff	132	7,400	125[49]
20,169	132	2,261ff	132, 144[6]	7,410	127
20,181	153	2,279	116	7,410	116
20,188	132, 133	2,293f	154, 157	7,417ff	130
20,201	40	2,350-352	178	7,437ff	116, 144[6], 132
20,206f	153	2,405	154	7438	132
20,208f	148	2,408	69		
20,210	148	2,427	128, 204	**Vita** (자서전)	
20,219	155	2,433	133[62]	11f	118
20,219f	156, 157	2,448	125	60	111
20,256	116	2,567	121	66	117
20,263	44	2,585	135	119	137
		2,591	137	192	135[66]
De bello judaico (유대 전쟁사)		2,652	150		
1,154	115	3,36	114	**Contra Apionem** (아피온 반박문)	
1,163	115	3,304f	115		
1,180	115	3,533	127	1,62	123
1,204	124	3,540	115	1,176ff	114[20]

1,194	115
2,165	152

Philo von Alexandrien (필론, 알렉산드리아의)

Legatio ad Gaium (『가이우스에게 보낸 사절에 대하여』)

155	115²⁴
199	136
225	129, 138, 189
232	129, 138, 189⁶⁴
234	189⁶⁴

276ff	115²⁴, 154
281f	113
281ff	134

De specialibus legibus (『세부규정에 대하여』)

4,187	2323

Quod omnis probus liber sit (『선한 모든 사람은 자유롭다는 것』)

76	122, 150
85f	120
89ff	122⁴³

De opificio mundi (『천지창조에 대하여』)

81	232³

De vita contemplativa (『명상의 삶에 대하여』)

19ff	150

De virtutibus (『미덕에 대하여』)

173f	233
174	234⁷

De somniis (『꿈에 대하여』)

155	233

7. 랍비 문헌

Talmud (탈무드; b= 바빌로니아, p= 팔레스타인)

   bḤullin (거룩하지 않은 것(들))

84a	277

   bPea ([이삭줍기 위한] 구석)

8,7a	130, 131
8,9d	131

   bQidduschin (약혼)

4,4	185⁵⁶

   pQidduschin (약혼)

4,66ᵇ	185⁵⁶

8. 고대 비기독교 저자 문헌

Aelios Aristeides (아일리우스 아리스티데스)

   Orationes

45,27	279
46,22ff	262

Alkiphron (알키프론)

   Epistulae

3,24	263

Aristoteles (아리스토텔레스)

   Politica

1,2,1	246

Apuleius (아풀레이우스)

   Metamorphoseis

11	261

C. Iulius Caesar (율리우스 카이사르)

   De bello gallico

7,17	277

   De bello civili

3,47	277⁷

Cicero (키케로)

   De officiis

3,19f	326

   De finibus

3,19,64	326

Q. Curtius Rufus (쿠르티우스 루푸스)

   Historia Alexandri

10,9,1ff	328

Diodorus Siculus (디오도로스 시켈로스)

   Bibliotheke

2,48,9	137⁷¹
5,9,4	309

Diogenes Laertius (디오게네스 라에르티오스)

   Vitae philosophorum

2,24	213
6,13	93³⁷

Dio Chrysostomos (디온 크리소스토모스)

   Orationes

30,21-23	39, 210
34,21ff	269
34,21-23	266
37,8	262, 263

Epiktet (에픽테토스)

   Dissertationes

1,19,19ff	322
1,26,1-7	258⁵⁷
2,5,24ff	327
2,10,3f	327
3,9,4	233
3,22	19
3,22,10	190⁶⁵
3,22,13	188

3,22,23	190	**Mark Aurel**		10,96,8	328
3,22,45ff	189, 190	2,1,3	163, 173, 327	10,96,9	210, 278[13]
3,22,46-48	90, 217	7,13	327	10,96,10	278[13]
3,22,48	213	7,31	163	10,104	323
3,22,53	188	9,27	173	10,120f	253[49]
3,22,54	188, 195				
3,22,66	189	**Martialis (마르티알리스)**		**Plutarch (플루타르코스)**	
3,22,67	189	Epigrammata		Demetrios	
3,22,69	219	1,20	304	11	277
3,22,81	189[64]	3,60	276, 304	Galba	
3,22,81f	190	4,2	304	4	328
3,22,100	189	4,85	304	Moralia	
3,26,28	220	10,49	304	831A	262
4,1,79	176f, 184[54]			Quaestiones convivales	
4,7,20	220	**Petronius 페트로니우스**		2,10	309
4,8,25	233	Satirae		2,10,1	296, 306
		52ff	276	8,4,1-4	243
Epiktet (에픽테토스)		119	263	9,5,1-2	243
Enchiridion				De cohib. ira	
20	172	**Plato 플라톤**		14	175[29]
24,1	233	Gorgias			
		474bff	195	**Porphyrius (포르피리오스)**	
Euripides (유리피데스)		Kriton		Vita Pythagorae	
Troades		491ff	175, 195	20	309
612ff	233	Leges		25	111[13]
		141e	217		
Horaz (호라티우스)		281f	261		
Saturae		Phaidros		**Seneca (세네카)**	
1,9,70	147	234e	233	De beneficiis	
		279c	296, 309	4,26,1	163
Jamblichus (이암블리코스)		Politeia		4,28,1	163
De vita Pythagorae		332 eff	195	7,31	161
30,168	309	Theaitetos		De dementia	
		176c	233	1,5,1	328
Juvenal				2,2,1	328
Saturae		**Plinius d. Ä. (대 플리니우스)**		Epistulae ad Lucilium	
5	276, 304	Naturalis historia		92,30	327
		2,7,18	163	95,51f	327
Livius		5,15,73	119, 134	De ira	
Ab urbe condita		5,17,4	204	2,31,7	327
2,32	326, 328	13,44	119	2,32,1	172[25], 175
8,22,24	277			2,32,2	175
39,46,2	277	**Plinius d. J. (소 플리니우스)**		2,33,2	175
41,28,11	277	Epistulae		3,34,2	172[25]
		1,15	276	De otio	
Lukian		2,6	304, 309	144	172[25]
De morte Peregrini		10,45,46	253[49]		
16	110, 283	10,96	37, 39, 65, 69, 100, 250	**Sophokles (소포클레스)**	
				Aias	

I. 고대 문헌 색인 | 511

1094-7	233

Strabo (스트라본)
Geographika
7,6,23	263
8,6,20	262
8,6,23	260, 262
16,2,18	123
16,2,20	123
16,2,37	123
17,1,12	238[14]
17,1,15	137[71]

Sueton (수에토니우스)
Vitae Caesarum
  Caesar
| 38 | 277 |
  Vitellius
| 2,1ff | 321 |

Synesios von Kyrene (시네시우스, 키레네의)

Dion
| 3,1f | 119[36] |

Tacitus (타키투스)
Annales
1,12,3	328
1,13,4	328
2,42	127, 136
11,7,8	258[58]
12,54	125
13,26,3	323
13,27,1	323
14,24	276
15,44	328
Historiae
5,4-5	178
5,5	189[64]
5,8	156
5,9	194

Themistios (데미스티우스)
περὶ ἀρετῆς

7,95a	175
21	188[63]
22	188[63]
46	175

Theophrastos (테오프라스토스)
Historia plantarum
| 9,6,1 | 137[71] |

Thukydides (투키디데스)
| 2,40,4 | 167 |

Xenophon (크세노폰)
Memorabilia
2,2,1	167
2,2,2	167
3,14,2	302
Anabasis
5,3,7ff	278

9. 고대 기독교 저자 및 문헌

Aristides (아리스티데스)
Apologie
| 15,5 | 190[67] |
| 17,3 | 190[67] |

Athenagoras (아테나고라스)
Supplicatio (Legatio)
| 11,1 | 190 |
| 12,3 | 181[46], 190[67] |

Clemens Alexandrinus (클레멘스, 알렉산드리아의)
Stromateis
| 4,12,1 | 284 |

Didache (디다케)
1,2-5	167
1,3	165, 167, 168
1,3ff	163[5], 167[19]
1,4	168, 172, 182
1,5	162, 181[45], 183
1,6	183
6,3ff	283[19]

10,7	187[62]
11	201
11,2	8926
11,3	224
11,3f	108
11,3ff	109, 189
11,4ff	187[62], 224
11,5	87
11,6	87, 100, 212
11,6f	206f
11,7	89[26]
11,8	83, 91
11,11	87
13,2	109
13,3	95, 302[3]
13,6	131

Diognetbrief (디오그네투스의 편지)
5,11	190[67]
5,15	190[67]
6,6	190[67]
10,6	163

Epiphanius (에피파니우스)
Panarion
| 26,9,2 | 283 |

Hippolyt (히폴리투스)
Adversus haereses
| 7,36 | 283 |
| 9,26 | 151 |

Euseb (에우세비우스)
Historia ecclesiae
2,23,4ff	108[5]
3,5,2f	118
3,18,4-20	211
3,19,2-3	211
3,20,5	112
3,39,4	89[26]
4,7,7	283, 284
4,22,7	118[34]
5,1,26	283[19]
5,6,3-11,1	285
6,18,1	50[30], 284
6,23,1	284

6,31,1f	50[30]	**Kanon Muratori (무라토리 정경)**		5,3,9	247
				8,9,1	281
Ignatius (이그나티우스)		83f	284		
Ad Polycarpum				**Petrusevangelium (베드로복음)**	
2,1	165, 167	**1. Klemensbrief (클레멘스 1서)**			
8,2	247	5,5	108	7,26	143
Ad Smyrnaeos		13,2	169		
13,1	247	42,4	100	**Philippusevangelium (빌립복음)**	
				14	187
Irenaeus (이레네우스)		**2. Klemensbrief (클레멘스 2서)**		69	186
Adversus haereses		1,8	232	110	289
1,6,3	87[23], 282, 285[23]	13,4	165, 190		
1,10,2	101[61]			**Ps.-Clementinen (클레멘트 위서)**	
1,24,2	283	**Nazaräerevangelium (나사렛복음)**			
1,24,5	282			Recognitiones	
1,26,3	283	10	131	4,36	283[19]
1,28,2	283	16	111[14]	Homilien	
3,4,1f	10161	33	111	7,4,8	283[19]
				8,19,23	283[19]
Justin (유스티누스)		**Origenes (오리게네스)**			
Apologia		Contra Celsum		**Tertullian (테르툴리아누스)**	
1,15,9f	164, 165	3,48	234[6]	Apologeticum	
1,15,9-13	196[67]	6,11	283	9	283[19]
1,15,13	162	Homilie zu Lk		31	190[67]
1,16,1	172	1	284	37	190[67]
1,16,1-2	190[67]			Adversus haereses	
Dialogus		**Pastor Hermae (헤르마스 목자)**		1,14	283
35	190[67]	Visiones			
35,1	282	1,1,6	232[2]	**Thomasevangelium (도마복음)**	
35,6	282	Mandata			
85	190[67]	1,1	232[3]	14	187
96	190[67]	10,1,4	281	31	84[14]
96,3	162, 170	12,3,6	247	71	143[3]
		Similitudines			

II. 고대 인명 색인

가비니우스 아울루스 Gabinius Aulus, Statthalter von Syrien 115, 203
가이우스 그라쿠스 Gaius Gracchus, 276
가이우스 카리굴라 Gaius Caligula, römischer Kaiser (37-41 n.Chr.) 125, 144, 189, 193f.
가이우스 Gaius, Gastgeber des Paulus 227f., 237, 250f., 256, 260, 263, 305, 308
갈리에누스 Gallienus, römischer Kaiser (260-268 n.Chr.) 240
갈리오 Gallio, römischer Statthalter von Achaia 265
게시우스 플로루스 Gessius Florus, Landpfleger von Judaea 157
고넬료 Cornelius, Centurio 183[51]
구레뇨 Quirinius, Statthalter in Syrien 127
구아도 Quartus, Mitarbeiter des Paulus 256, 260, 305
그리스보 Krispus, Archisynagogos 51, 227, 235, 236f., 245, 248, 256, 263
글로에의 "사람들" „Leute" der Chloe 229, 252ff., 255f., 310

네로 Nero, römischer Kaiser (54-68 n.Chr.) 115, 259, 262, 322, 328
누기오 Lucius 39, 109, 255f., 305
니키아스 Nikias, Schreibsklave 253
더디오 Tertius, Schreiber des Römerbriefes 251, 253f., 256, 260, 263, 305

데메^데트리우스 Demetrius, syrischer König 154
도미티아누스 Domitian, römischer Kaiser (81-96 n.Chr.) 111, 114f, 211
드다 Theudas, Prophet 132
디네^나우스 Dinäus ben Eleazar, Räuberhauptmann 125
디도 유스도 Titius Iustus, korinthischer Christ 250ff., 256, 260, 264, 297, 305
디오니시오스 Dionysios, athenischer Gerichtsbeisitzer 183

레위 Levi, Zöllner 28, 112
루디아 Lydia, Purpurhändlerin in Philippi 210, 248

마리아 Maria 37
마리아 Maria, Mutter des Joses 254
마케도니스 Makedonis 110
므나헴^{마나엔} Menahem, Vertrauter von Herodes Antipas 38, 39, 69, 109, 125, 135, 139, 183
미가 Micha aus Moreseth, Prophet 146

바나바 Barnabas 37, 39, 108f., 202, 209f., 212ff., 223, 229
바노스 Bannos, Eremit 118
바디매오 Bartimäus 28, 110
바라바 Barrabas 125
바루스 Varus, Statthalter von Syrien 115
바실리데스 Basilides, 283ff.
바울 Paulus 7, 16-19, 33, 41, 45, 48, 65, 95, 99f., 110, 118, 125, 170, 202, 209-230, 232-236, 242, 246, 249-268, 270, 272-275, 280ff., 286ff., 290-294, 296, 299f., 302f., 307, 309-313, 315f., 319, 328
발레리아누스^안 Valerianus, römischer Kaiser (253-260 n.Chr.) 238
발렌티누스의^{니안} Valentinian, Gnostiker 87[28], 282, 285, 285[23], 286
베드로 Petrus 37, 106f., 117, 134, 137, 149, 189, 211, 226, 229f., 257
베스도^{베스투스} Festus, Prokurator in Judäa 132
뵈뵈 Phoibe, Mitarbeiterin des Paulus 249f., 252, 256
부루스 Burrus 326
브드나도^{포르투나투스} Fortunatus, Korinther 248, 252f., 256, 260, 305
브리스길라 Priscilla, Frau des Aquila 237, 250ff., 253, 256, 260f., 305
비텔리우스 Vitellius, Statthalter von Syrien, 127, 154
빌라도 Pilatus, Präfekt von Judäa 146, 149, 154, 159, 192ff., 195

빌레몬 Philemon 248, 250

사가랴 Sacharja ben Berechja 130
삭개오 Zacchäus, Oberzöllner 112
살로메 Salome, Schwester von Herodes dem
    Großen 137
삽비라 Saphira 37
세베대 Zebedäus 111
셉티^처미우스 세베루스 Septimius Severus,
    römischer Kaiser (193-211 n.Chr.) 276
셉티키^지우스 Septicius, Freund Plinius d. J. 276
소스데네 Sosthenes, korinthischer Synagogenvor-
    steher 252, 255f.
소시바더 Sosipatros (=Sopatros, Reisebegleiter des
    Paulus?) 255f.
소시우스 Sosius, römischer Feldherr 115
스데바나 Stephanas 227, 245, 248ff., 252, 255f.,
    263, 301
스데반 Stephanus 109, 143, 158
시몬 바르 기오라 Simon bar Giora, Aufständischer
    150
시몬 Simon, Sklave 126
시몬 Simon, Sohn von Judas Galiläus 125
시몬 Simon, Zelot 202
시므온 Symeon 39, 109

아가보 Agabus, Wandercharismatiker 109
아가이고 Achaicus, Korinther 248, 252f., 255
아굴라 Aquila, Handwerker in Korinth 237, 250ff.,
    253, 255, 260f., 305
아그립바 1세 Agrippa I., König über Judäa 136, 194
아그립바 2세 Agrippa II., König von Chalkis 136,
    156, 177
아나노스 2세 Ananos II., Hohepriester 40, 148
아나니아 Ananias 37
아리아노스 Arrian, Schüler des Epiktet 327
아볼로 Apollos 214, 226, 228, 251, 257, 298
아우구스투스 Augustus, römischer Kaiser (29 v.
    Chr.- 14 n.Chr.) 127, 240, 262
아우렐리아누스 Aurelian, römischer Kaiser
    (270-275 n.Chr.) 276
아켈라오스 Archelaos, Ethnarch über Judäa,
    Samaria und Idumäa 127, 137, 152
아트롱게스 Athronges, Hirt 126
안드로니고 Andronikus 108
알립시오스 Alypsios 110
알비누스 Albinus, Landpfleger von Judäa 148, 155
암브로시우스 Ambrosius, Valentinianer 284
야고보 Jakobus, Herrenbruder 40, 139

야곱 Jakob, Sohn von Judas Galiläus 125
야손 Jason, Mitarbeiter des Paulus 256
에라스도 Erastos, korinthischer Christ (=Erastus?)
    69, 237, 241ff. 245, 251, 256, 259, 262,
    280
에라스도 Erastus, korinthischer Aedil (=Erastus?)
    241ff., 244, 252
에바브로디도 Epaphroditos, Mitarbeiter des Paulus
    249
엘르아살 Eleazar ben Ananias, Tempelhauptmann
    148
엘르아살 Eleazar ben Simon, Tempelzelot 150
엘르아살^{자르} Eleazar ben Dinäus, Räuberhaupt-
    mann 125
예레미야 Jeremia aus Anathot, Prophet 146
예수 Jesus ben Ananos, Prophet 145, 147
오네시모 Onesimus, Sklave 248
오니아스 4세 Onias IV., Hohepriester 116
오리게네스 Origenes 43
요나단 Jonathan ben Ananias, Hohepriester 148
요나타스, 베버 Jonathas, Weber 132
요니우스 Jonius, Zelot 116
요세푸스 Josephus 37f., 40, 44, 69, 108, 111, 113,
    115ff., 118, 120-128, 130-139, 143-157,
    177, 193f., 204
요셉 Joseph 116
요셉 Joseph von Arimathia 112, 149, 159
요안나 Johanna, Frau des Chuza 112, 183, 208
요안네스 Johannes von Gischala, Widerstands-
    führer 135, 137, 150
요한 Johannes der Täufer 118
우리야 Uria aus Kirjath Jearim, Prophet 146
유니아 Junias 108
유다 Judas Galiläus, Gründer der sogenannten
    „Vierten Philosophie" 115, 125ff., 133,
    135

카라칼라 Caracalla, römischer Kaiser (211-217
    n.Chr.) 270
카르포크라테스 Karpokrates 283ff.
카시우스 롱기누스 Cassius Longinus, Statthalter
    von Syrien 115
카이사르^{시여}, 율리우스 Iulius Caesar, 203, 260
코모두스 Commodus, römischer Kaiser (180-192
    n.Chr.) 321
쿠마누스 Cumanus, Prokurator von Judäa 124f.,
    128, 147
쿠^쿠스피우스파두스 Cuspius Fadus, Prokurator
    von Judäa 125

클라우디우스 디니푸스 Claudius Dinippus,
　　　　Duumvir von Korinth (?) 241
클라우디우스 아낙실라스 Claudius Anaxilas,
　　　　Duumvir von Korinth (?) 241
클라우디우스 Claudius, römischer Kaiser (41-54
　　　　n.Chr.) 114-117, 136f., 251
키케로 Cicero 326

테오도토스 Theodotos, Archisynagogos 236
톨로뫼우스 Tholomäus, Räuberhauptmann 125
트라야누스안 Trajan, römischer Kaiser (98-117
　　　　n.Chr.) 240, 253, 323
티베리우스 알렉산더 Tiberius Alexander,
　　　　Prokurator in Judäa 125
티베리우스 Tiberius, römischer Kaiser (14-37 n.
　　　　Chr.) 127

파코니우스 플라미니우스 Paconius Flaminius,
　　　　Duumvir von Korinth 241
판니아스 Phannias, letzter Hohepriester des II.
　　　　Tempels 150
페레그리누스 Peregrinus, Wandercharismatiker 90,
　　　　283
페르티낙스 Pertinax, römischer Kaiser (193 n.Chr.)
　　　　321
페트로니우스 Petronius, Statthalter in Syrien 129,
　　　　193f.
펠릭스 Felix, Prokurator von Judäa 132, 147f.
펠케리시오 Felicio, Kaisersklave 322, 325
폼페이우스 Pompeius, römischer Feldherr 115
푸블레리키우스 레굴루스 Publicius Regulus,
　　　　Duumvir von Korinth 241
플리니우스 Plinius d.J Statthalter von Bithynien
　　　　100, 210, 250, 253
필리포스테 Philippus, Tetrarch über Trachonitis,
　　　　Batanäa und Auranitis 137

하드리아누스 Hadrian, römischer Kaiser (117-138
　　　　n.Chr.) 240, 271
헤롯 대왕 Herodes der Große 114-117, 123f., 126f.,
　　　　136ff., 143, 147, 152f., 155f., 204
헤롯 안디바티파스 Herodes Antipas, Tetrarch über
　　　　Galiläa und Peräa 38, 109, 115, 117, 135,
　　　　137, 139, 183
히스키아 Hiskia, Räuberhauptmann 125f., 135

III. 현대 저자 색인

Adam, H., 160
Adorno, Th. W., 159
Aland, K., 247
Albert, H., 56
Alfaric, P., 25, 50, 52, 207
Alföldy, G., 321f., 326f., 329
Aliport, G. W., 27
Alt, A., 203
Andresen, C., 50, 101, 103, 285
Applebaum, S. , 114
Audet, J. P., 86f., 182
Avi-Yonah, M., 115, 117

Bammel, E., 96
Baron, S. W., 111, 113
Bardtke, H., 119, 121f., 136, 291
Barnett, P. W., 194
Barrett, C. K., 40, 215, 218, 220, 222, 224, 226, 275, 277
Bartsch, H. W., 298, 306
Batelaan, L., 273
Bauer, J. B., 110
Bauer, W., 38, 119, 165, 177, 190, 206, 284
Baumbach, G., 135, 148, 151
Beare, F. W., 95
Beloch, K., 4
Berger, K., 8, 32, 54, 88f., 180, 318
Berger, P. L., 31, 41, 62, 64, 73, 133f., 202, 312, 318
Bernays, J., 90
Best, E., 12
Betz, H. D., 90, 99, 213, 217, 220, 225, 233, 259
Betz, O., 143
Bienert, W., 99, 210, 251, 266
Bissing, W. v., 196
Blinzler, J., 43, 84, 147, 149
Blumner, H., 276

Bogatyrev, R., 81
Bohatec, J., 233, 258
Bolkestein, H., 45, 174, 208, 213, 217, 269, 276ff.
Bömer, F., 246, 250, 281, 292, 316
Bornkamm, G., 222, 257, 291, 297ff.
Bosi, K., 121
Bouwmann, G., 97
Brandon, S. G. F., 52, 118, 154
Brockmeyer, N., 67, 75, 210
Broneer, O., 241, 261, 278, 305
Buchanan, G. W., 46
Büchler, A., 153, 175
Bultmann, R., 6, 36, 55, 82, 84, 95, 110, 163, 172, 220
Burchard, Ch., 164, 177f.
Burger, Chr., 180
Byatt, A., 138, 155

Cadbury, H. J., 236f., 239, 241f., 288
Carcopino, J., 278, 303
Carlsson, G., 58, 61
Carpenter, R., 241
Case, S. J., 10
Castritius, H., 321
Christ, K., 4, 327
Claessen, D., 151
Clévenot, M., 8
Collins, M. F., 146
Colomb, B., 138
Colpe, C., 53
Conzelmann, H., 166, 172, 209, 234, 259, 273, 275, 293, 297f., 310
Cope, L., 89
Coune, M., 273
Cullmann, O., 5, 14, 145

Dahl, N. A. D., 32, 280, 310
Dahrendorf, R., 59, 66, 71
Dautzenberg, G., 99, 209
Degenhardt, H. J., 85
Deifman, A., 4, 44, 93, 98, 102, 205, 231, 236, 294
Delling, G., 247f.
Derrett, J. D. M., 46, 98
Dibelius, M., 6
Dietzfelbinger, Ch., 162
Dihle, A., 180, 196
Dinkler, E., 251
Dobschütz, E. v., 4, 35, 231, 257f., 291, 294
Dobson, B., 323
Douglas, M., 49
Dudley, D. R., 89, 93
Dupont, J., 179, 186
Durkheim, E., 62
Dux, G., 57

Edwards, K. N., 262
Ehrhardt, A., 277, 298, 306
Eisenhut, W., 277
Eliade, M., 48, 49, 64
Elliott, J. H., 319
Engels, F., 26, 69

Farmer, W. R., 122, 126, 205
Fiebig, P., 177, 179, 184
Filson, F. V., 228, 251, 264ff., 308
Finkelstein, L., 147
Finley, M. I., 29, 321
Foerster, W., 179
Frank, T., 136, 262, 276
Frey, J. B., 51, 110, 113f., 235f.
Friedländer, L., 89
Friedrich, G., 222
Friedrich, J., 164

III. 현대 저자 색인 | 517

Fuchs, E., 91
Fügen, N., 11, 79
Fuks, A., 114
Fürstenberg, F., 61

Gadamer, H. G., 20f., 56
Gager, J. G., 31
Gärtner, B., 149
Gaston, L., 129, 143, 145
Genthe, H. J., 5
Georgi, D., 217, 219f., 222, 261
Gerhardsson B., 81
Gildemeister, J., 175
Goldmann, L., 33, 49
Goulder, M. D., 46, 205f.
Grässer, E., 84
Grant, F. C., 10, 136, 138, 146, 153, 204f.
Grassi, A. J., 95
Greeven, H., 84, 294
Gressmann, H., 196
Grundmann, W., 93, 131, 166f.
Guelich, R., 176
Gunkel, H., 4
Gunther, J., 118
Gülzow, H., 18, 264f., 292, 329
Güttgemanns, E., 8, 11

Haas, H., 163
Haenchen, E., 38, 84, 93, 138, 236, 252
Hahn, F., 86, 143f.
Harnack, A. v., 4, 50, 86, 110, 274
Hasenfratz, H. P., 160, 174
Hasler, V., 88, 96
Heichelheim, F. M., 136
Heinrich, K., 49
Heinrici, G., 291
Hengel, M., 10, 14, 15, 46, 67, 84, 106, 109f., 114ff., 122ff., 128f., 130, 132ff. 147f. 150, 158, 183f., 191f., 194, 203, 205, 207ff., 230
Herzog, R., 300
Hitchcock, F. R., 255, 310
Hoehner, H. W., 109, 149
Hoffmann-Axthelm, D., 91

Hoffmann, P., 85f., 92ff., 97, 104, 177, 179f., 185, 194
Höfler, A., 295
Holl, K., 101, 208, 212
Holm, S., 48
Holmberg, B., 23
Hölscher, G., 129
Hopkins, K., 321
Hommel, H., 90
Hurd, J. C., 259, 280, 282, 309f.
Hyldahl, N., 11

Jakobson, R., 81
Jeremias, J., 10, 38, 130, 137, 153ff., 156f., 164f., 186, 203f., 247
Jones, A. H. M., 142, 203, 210, 240
Judge, E. A., 10, 42, 98, 205, 210, 267, 281, 292
Juster, J., 116

Kahrstedt, U., 260, 262f.
Käsemann, E., 17, 24, 88, 99f., 220, 222, 225, 314
Kasting, H., 101, 265
Kautsky, K., 25, 96f.
Keck, L. E., 45, 120, 122, 208
Kedar, Y., 138
Kehnscherper, G., 266
Kehrer, G., 74
Kent, J. H., 240ff., 243, 253, 259f., 262, 265, 280, 305
Kippenberg, H. G., 26, 49, 103, 284
Klatt, W., 4
Klausner, J., 131, 136, 202, 204
Klein, G., 107
Klemm, H. G., 84
Klinzing, G., 149
Knopf, R., 99f., 168, 231, 292
Knox, J., 310
Köhler, E., 49
König, R., 202
Köster, H., 165, 168f., 181
Kornemann, E., 241, 301
Koschorke, K., 24

Kosmala, H., 163
Kraeling, C. H., 154
Krauss, S., 94
Kreissig, H., 26, 111f., 121f., 130, 136
Kretschmar, G., 86, 101f., 110, 188
Kubitschek, 241
Kuhn, H. W., 95, 210, 222
Kuhn, K. G., 264, 274
Künzi, M., 96
Kümmel, W. G., 5f., 13, 306, 311
Kuss, O., 266, 312

Laland, E., 97
Langerbeck, H., 50, 285
Laotse, 196
Larsen, J. A. D., 262, 276
Laum, B., 278
Lauret, B., 3
Leach, E., 49
Legasse, S., 85
Legoff, J., 138
Levy-Strauss, C., 49
Liebenam, W., 240ff., 243f.
Liechtenhan, R., 263, 265
Lietzmann, H., 217, 278, 297, 301, 306, 310
Lifshitz, B., 113
Linnemann, E., 143
Linton, R., 206
Lockwood, D., 71
Lohmeyer, E., 6
Loisy, A., 91
Luck, U., 162
Luckmann, Th., 62, 64, 312
Lührmann, D., 163, 186, 192

MacDonold, J., 146
Mack, Bl., 162
Maier, F. G., 270f.
Maier, P. L., 154, 157
Malherbe, A., 18
Malina, B., 22
Maly, K., 273
Manson, T. W., 275
Mao Tse Tung, 160
Marquardt, J., 255, 294
Marshall, I. H., 181

Marx, K., 25, 26, 67f., 70, 230
Marxsen, W., 7
Matthes, J., 57, 76
Maurer, Ch., 209
McDonald, W. A., 240ff.
Meeks, W. A., 10, 32, 45, 49, 325
Mensching, G., 57
Meritt, B. D., 235, 251
Merton, K. R., 140, 151
Meshorer, Y., 117
Meyer, R., 132, 144, 203, 236
Michaelis, J. R., 89
Millar, F., 270, 276
Milligan, G., 300
Moffat, J., 306
Mommsen, Th., 4, 266
Moritz, K. Ph., 95
Moulton, J. H., 300
Mühlmann, W. E., 47, 52, 60, 63, 72, 206, 312, 315
Müller, E. W., 312
Munz, P., 50, 103f., 284

Nestle, W., 326
Neuenzeit, P., 298f.
Nietzsche, F., 160, 164
Nissen, A., 168, 170

Oehler, J., 244
Overbeck, F., 44

Pakozdy, L. M., 122, 205
Paoli, U. E., 258
Perowne, S., 154f.
Pesch, R., 12, 129
Pesch, W., 85
Pleket, W., 321
Pöhlmann, R. v., 4
Popper, K., 56
Preisigke, F., 258

Qesnell, Q., 84

Ranowitsch, A. B., 50, 70f.
Rauer, M., 273, 275
Reitzenstein, R., 217
Rengstorf, K. H., 164
Ricoeur, P., 48, 51, 290
Riesenfeld, H., 81, 85

Robbe, M., 25, 50, 58, 68, 70, 207
Robinson, J. M., 103
Rohde, J., 7
Roloff, J., 6, 95, 144
Roos, A. G., 241
Rostovtzeff, M. 4, 98, 270, 276
Rüegg, W., 133
Rüschemeyer, R., 59
Rydbeck, L., 44

Safrai, S., 192
Sawyer, W. Th., 273
Schalit, A., 117, 137, 152f., 203f.
Scheler, M., 36, 79f.
Schlier, H., 326
Schmidbauer, W., 48
Schmithals, W., 16, 215ff., 222, 227, 282, 291
Schmitz, C. A., 52
Schneemelcher, W., 101
Schneider, H., 322
Schottroff, L., 7, 27, 172, 175, 181, 185, 190, 195
Schottroff, W., 29
Schrage, W., 12, 43, 84, 216
Schramm, T., 12, 184
Schreuder, O., 58
Schücking, L. L., 318
Schulz, S., 85f., 88, 91, 93f., 163f., 166
Schumacher, R., 39, 204
Schürer, E., 4, 153, 192, 235
Schürmann, H., 14, 86, 144, 163, 169
Schütz, J. H., 3
Schwabe, M., 113
Schweitzer, A., 20
Schweizer, E., 187, 326
Scroggs, R., 24, 89
Sherwin-White, A. N., 42, 205
Smallwood, E. M., 115, 129, 148
Smith, M., 150, 223
Soden, H. v., 164, 291
Sowers, S., 118
Sperber, D., 136, 156
Stasiewski, B., 67
Steck, O. H., 146, 179, 186
Stegemann, H., 121, 264, 274

Stegemann, W., 7, 27, 28, 29, 181ff., 187ff.
Stern, M., 113, 119, 192
Strecker, G., 176
Strobel, A., 245f., 253
Stuhlmacher, P., 56
Sydenham, E. A., 115
Sydow, C. W. v., 81

Tcherikover, V. A., 114, 116, 142, 203
Thomas, J., 118
Topitsch, E., 47, 63
Troeltsch, E., 4f., 23, 102, 105, 268, 288, 316
Tyson, J. B., 116

Unnik, W. C. v., 165ff., 181
Ven, F. v. d., 217
Vernon, G. M., 60
Vielhauer, Ph., 12, 17, 88, 111, 118, 168
Vittinghoff, F., 67, 240, 270, 324, 326f.

Wach, J., 57
Wade, F. J. M. de, 241, 252f., 259f., 265, 305
Waldmann, M., 163
Wallace, R. F., 52
Walter, N., 85, 143
Weaver, P. R. V., 322, 325
Weber, M., 23, 35, 62, 210, 259, 284
Weiß, J., 231, 253, 257, 291, 295, 297, 302, 312
Weizsäcker, C. F. v., 24f.
West, A. B., 241
Wheelwright, Ph., 45
Wikenhausen, A., 326
Wilcken, U., 237
Wilckens, U., 227
Wilson, R., 284
Windisch, H., 179, 217
Wrege, H. Th., 85, 89, 181
Yinger, J. M., 63, 71f.
Zeitlin, S., 128, 137f.

IV. 주제 색인

가난//가난한자 Armut/Arme 45, 85, 87, 120-122, 208, 293-297
가정//가정공동체 Haus/Hausgemeinde 245-249, 249-152, 296f.
가족 Familie 14, 19, 83f., 87, 245
갈등 Konflikte 25-29, 40f., 61f., 66-71, 74f., 142159, 191-195, 257ff., 272-289, 290-317
강도 Räuber 123f.
갱신운동들 Erneuerungsbewegungen 36, 73ff. 112f, 118123, 124-130, 132f., 140
견유학파 Kyniker 19, 89f., 93, 172f., 188ff., 213, 217, 219f.
고린도 당파 Parteien in Korinth 226-229
공동체(의) 조직가들 Gemeindeorganisatoren 19, 209-226, 229f.
구걸/거지(행위) Betteln 93f., 130f., 208, 211
구성적 추론 Konstruktiver Rückschluß 36-39, 82, 86-89
구전//문헌 Mündlichkeit/Schriftlichkeit 13, 81f.
규범 Normen 41-45, 82f., 206f., 225, 230, 288, 309, 311, 317
그리스도론 Christologie 32f., 49, 103, 312-315, 318-330
급진적 신정정치 운동 Radikaltheokratische Bewegung 74, 203
급진주의 Radikalismus 14, 19, 24, 79-105
기능주의 Funktionalismus 30-33, 58ff.

노예 Sklaven 29, 68ff., 115, 253ff., 260, 267, 321ff.

동조자 Sympathisanten 96, 112, 202, 206
동질구조/구조적(인) 동일성(상응성) Strukturhomologie 33, 48, 49[28], 50[31].
따름/추종자 Nachfolge 27f., 83ff., 106-112, 139ff.

망명객들/도피자들 Flüchtlinge 115f., 118
문학사회학 Literatursoziologie 11f., 79-83 9ff., 35-54, 79-83, 106f., 318f.

바리새파/인 Pharisäer 52, 140f.
보상 Kompensation 62, 67-71
분석적 추론 Analytischer Rückschluß 36f., 40-51, 184f.
비교(적인 귀납적) 추론 Vergleichender Rückschluß 36f., 51-54, 89f., 188ff.
비유 Gleichnisse 45f., 98

사랑의 가부장제도(주의) Liebespatriarchalismus 18f., 23ff., 32, 64, 105, 268-271, 288f., 312
사회/소속계층, 그리스도인의 Schichtzugehörigkeit der Christen 28, 37ff., 43f., 69f., 111f., 231-271, 275-289, 291f.
사회경제적 요인 Sozioökonomische Faktoren 26ff., 92-98, 110ff., 116ff., 120-123, 153-157, 203ff., 210f., 261ff., 275ff.
사회문화적 요인 Soziokulturelle Faktoren 101, 206-209, 212f.
사회생태학적 요인 Sozioökologische Faktoren 29, 98-101, 137f., 142-159, 205f., 212
사회적 계층/지위/위치 Sozialstatus 38f., 210f.

사회적 무근성(無根性; 영어 uprooting/rootlessness) Soziale Entwurzelung 14, 27f., 106-141
사회정치적 요인 Soziopolitische Faktoren 29, 114ff., 120, 124ff., 136, 202f., 209f.
사회지(誌)학적^{사회학적} 언명 Soziographische^{soziologischen} Aussagen 37
사회화 Sozialisation 64f.
삶의 자리 Sitz im Leben 4ff., 11, 18, 36f., 79ff., 174ff.
상승의 충성 Aufstiegsloyalität 322-326
상징//상징 세계 Symbole, symbolische Welt^(Symbolwelt)) 32f., 45-50, 63, 65, 71, 73, 312, 318-330
생계(유지)(비) Unterhalt 92, 100, 201-230
성만찬/주의 만찬 Abendmahl 19, 31, 257, 290-317, 328
순화 Domestikation 62, 63f.
신화 Mythos 17, 22, 47-50
실존론적 해석 Existenziale Interpretation, 6, 55

아노미 Anomie 133-141, 202
양식(사) 비평 Formgeschichte 4, 11, 36f., 44f., 79-83, 158, 290
언어 수준(language level) 언어 보급 Sprachniveau und- verbreitung 43f., 101
엣세네파 Essener 52, 118-123, 149f.
역사적 예수 Historischer Jesus 13ff., 90f.
영지(주의) Gnosis 2, 16, 18f., 23, 49, 103, 105, 259, 282-286, 288f.
예언 운동 Prophetische Bewegungen 52f., 72, 132f., 145f.
의무/부채 Verschuldung 27, 46, 127, 129
이주 Emigration 113f. 118
이해사회학 Verstehende Soziologie 23ff., 57
인격화 Personalisation 62, 64ff.
인지학적 언명 Prosopographische Aussagen 37ff.
일 Arbeit 92-97, 98f., 215-221
일탈/변칙적인/상식을 벗어난 (사회를 벗어나는) 행태/태도/행동 Deviantes (sozial abweichendes) Verhalten 106, 134, 140, 202-209

자치권/자율성 Autonomie (der Kirche) 27, 141, 158, 159
재무관 Oikonomos 236-245
전통적 정당성 Traditionale Legitimation 23, 221ff.
젤롯당(원)//저항/항거운동 Zeloten/Widerstandsbewegung 52, 124-130, 150f., 202[1].
종교이론 Theorie der Religion 21f., 33, 55-76
종말론 Eschatologie 59f., 71, 140, 149-172, 314
지방 공동체 Ortsgemeinden 11, 18f., 66, 91, 95

천년설 Chiliasmus 52f.
카리스마를 지닌 방랑자 Wandercharismatiker 14, 19, 23f., 27f., 42, 65f., 79-105, 106-141, 183-191, 201-209
카리스마적 정당성 Charismatische Legitimation 23, 215-221
통합 Integration 31ff., 62-66, 269ff., 290-317, 328ff.

하나님 경외자들/하나님(신)을 두려워하는 자(사람)들 Gottesfürchtige 263-265, 274
하부구조//상부구조 Unterbau - Überbau 25ff., 67-71
해석학적 갈등 Hermeneutischer Konflikt 32, 51, 312f.
혁신 Innovation 62, 71-75
환원^{수정}주의(설) Reduktionismus 26, 29, 51, 58, 318
회당장 Synagogenvorsteher 235f.

알맹e 출간 목록

2024년 5월 현재 목록입니다. 각 책에 관한 상세정보와 더 나올 책들은 www.rmaenge.com에서 확인할 수 있습니다(e=전자책 / p=종이책).

쁘띠 알맹e

- **신약학 부문(편집장 김선용)**

  병행구절광증. 새뮤얼 샌드멜. 김선용 역. 2022-01-04. ("Parallelomania," *JBL* 81 [1962]: 1-13) e.

  초기 기독교의 가족, 개정판. 캐롤린 오시에크. 임충열 역. 2024-02-25. ("The Family in Early Christianity: 'Family Values' Revisited," *CBQ* 58/1 [1996]: 1-24) e.

  왜 신약성경을 연구하는가. 웨인 믹스, 리처드 헤이스. 김선용, 임충열 역. 2022-08-23 e.

  헬레니즘계 종교로서의 기독교의 출생. 한스 디터 벳츠. 진규선 역. 2023-06. ("The Birth of Christianity as a Hellenistic Religion," *JR* 74.1 [1994]: 1-25) e.

  기억, 역사 이론, 그리고 예수 수용. 옌스 슈뢰터. 임충열 역. 2023-11. ("Memory, Theories of History, and the Reception of Jesus," *JSHJ* 16 [2018]: 85-107) e.

  왜 신약성경을 연구하는가 외: 쁘띠 알맹e 신약학 I. 김선용 외. 2024-02-28. (상기 5권의 전자책을 묶은 책) p.

  왜 로마제국은 바울에게 중요치 않았는가. 존 M. G. 바클레이. 임충열 역. 2024-3. ("Why the Roman Empire Was Insignificant to Paul") e.

  Paul and Jewish Apocalyptic Eschatology. Martinus C. de Boer. 임충열 역. 2024년 근간 e.

- **신학 부문(편집장 민경찬, 차보람)**

  현대 영국 신학의 흐름. 데이비드 F. 포드. 권헌일 역. 2023-08-02. ("British Theology" and two other articles from *the Christian Century*) e.

  아돌프 폰 하르낙의 치명적 단순함. 로완 윌리엄스. 양세규 역. 2023-12-17. ("The Deadly Simplicities of Adolf von Harnack," *Legatum Lecture Transcript*) e.

알맹e 크리티카 성경 주석

마태복음 1권. W. D. 데이비스, 데일 앨리슨. 박규태 역. 2024 근간. (*The Gospel According to Saint Matthew*, Vol. 1, ICC, T&T Clark (Bloomsbury Academic), 1988) p&e.

누가복음 1 & 2. I. 하워드 마샬. 강요섭 역. 2023-10-13. (*The Gospel of Luke*, NIGTC, Eerdmans, 1978) p&e.

요한 복음 1 & 2. C. K. 바레트. 한국신학연구소 번역실 역. 2023-12-1. (*The Gospel According to St. John*, 2nd ed. SPCK, 1978) p&e.

로마서: 로마인들에게 보낸 바울의 편지에 대한 성경 주석. 에른스트 케제만. 한국신학연구소 번역실 역. 2023-12-25. (*An die Römer*, HNT, Mohr Siebeck, 1980) p&e.

갈라디아서: 갈라디아 교회에 보낸 바울의 편지에 대한 주석. 한스 디터 벳츠. 한국신학연구소 번역실 역. 2023-06-17. (*Galatians*, Hermeneia, Fortress, 1979) p&e.

알맹e 성경 주석서 가이드

갈라디아서 주석서 가이드. D. A. 카슨, John F. Evans 외. 맹호성 편집. 2023-06-17 p&e.

신행사전

1 개혁신학 용어 사전. 켈리 M. 캐픽, 웨슬리 밴더 럭트. 송동민 역. 2017-10-31. (*Pocket Dictionary of the Reformed Tradition*, 미국 IVP, 2013) e / 도서출판 100p 출간. 2018-03-01.

2 성서학 용어 사전. 아서 G. 팻지아, 앤서니 J. 페트로타. 하늘샘, 맹호성 역. 2019-08-23. (*Pocket Dictionary of Biblical Studies*, 미국 IVP, 2022) e / IVPp 출간. 2021-10-28.

3 윤리학 용어 사전. 스탠리 J. 그렌츠, 제이 T. 스미스. 이여진 역. 2018-03-25. (*Pocket Dictionary of Ethics*, 미국 IVP, 2003) e (p는 예정).

4 신학 용어 사전. 스탠리 J. 그렌츠, 데이비드 거레츠키, 체리스 피 노들링. 진규선 역. 2018-10-29. (*Pocket Dictionary of Theological Terms*, 미국 IVP, 1999) e / IVPp 출간. 2022-03-28.

5 교회사 용어 사전. 네이슨 P. 펠드머드, 이재근(한국 교회사 부분 저자 및 번역 감수). 송동민 역. 2022-08-15 (*Pocket Dictionary of Church History*, 미국 IVP, 2008) e / IVPp 출간. 2022-08-29.

6 철학 변증학 용어 사전. C. 스티븐 에반스. 김지호 역. 2018-05-31. (*Pocket Dictionary of Apologetics and Philosphy of Religion*, 미국 IVP, 2002) 도서출판 100p&e.

신행신학

예수와 유대교. E. P. 샌더스. 이정희 역. 2022-05-05. (*Jesus and Judaism*, SCM; Fortress, 1985) p&e. M어게인.

바울의 신학과 윤리. 빅터 퍼니쉬. 김용옥 역. 2022-02-28. (NTL *Theology and Ethics in Paul*, Westminster John Knox, 2009) 2009년 리처드 헤이스 개관 포함. p&e. M어게인.

바울, 율법, 유대인. E. P. 샌더스. 김진영, 이영욱 역. 2021-08-18. (*Paul, the Law, and the Jewish People*, Fortress, 1983) 종이책은 감은사 출간. 2021-08-25. M어게인.

바울과 팔레스타인 유대교. E. P. 샌더스. 박규태 역. 2018-07-10. (*Paul and Palestinian Judaism*, SCM Press; Fortress, 1977, 2017) p&e.

바울과 팔레스타인 유대교 간추린판. E. P. 샌더스. 박규태 역. 김선용 편집. 2020-10-29. e / 비아토르p.

하나님과 성의 수사학. 필리스 트리블. 유연희 역. 2022-07-18. (*God and the Rhetoric of Sexuality*, Fortress, 1978) p&e. M어게인.

히브리성서 개론. 존 콜린스. 유연희 역. 2021-05-26. (*A Short Introduction to the Hebrew Bible*, Fortress, 2007) e / 한국기독교연구소p 출간. 2011-03-20. M어게인.

수사비평: 역사, 방법론, 요나서. 필리스 트리블. 유연희 역. 2021-05-26. (*Rhetorical Criticism*, Fortress, 1995) e / 한국기독교연구소p 출간. 2007-10-20. M어게인.

이야기 마태복음 개정증보 2판. 잭 딘 킹스베리. 권종선 역. 2021-08-13. (*Matthew as Story* 2nd ed., Fortress, 1988) p&e. M어게인.

이야기 마가복음 개정 3판. 데이비드 로즈·조안나 듀이·도널드 미키. 양재훈 역. 2022-10-12. (*Mark as Story* 3rd ed., Fortress, 2012) e / 이레서원p. M어게인.

요한복음 해부. R. 앨런 컬페퍼. 권종선 역. 2021-12-25. (*Anatomy of the Fourth Gospel*, Fortress, 1987) p&e. M어게인.

성경해석의 역사. 개정증보판. 로버트 M. 그랜트, 데이비드 트레이시. 이상훈, 임충열 역. 2022-12-17. (*A Short History of the Interpretation of the Bible*, Fortress, 1984) p&e. M어게인.

일하는 사도 바울의 사회적 배경과 맥락: 천막짓기와 사도직. 로널드 F. 호크. 이성하 역. 2023-8-21. (*The Social Context of Paul's Ministry: Tentmaking and Apostleship*, Fortress, 1980) p&e. M어게인.

현대 영국 신학자들과의 대담. 이승구. 2023-09-11. p&e. M어게인.

신 계시 권위 1-4. 칼 헨리. 맹용길 & 이상훈 역. 2022-01-21. (*God, Revelation and Authority* 1 -4, Crossway Books, 1999) p&e. M어게인.

복음주의자의 불편한 양심. 칼 F. H. 헨리. 리처드 마우, 러셀 무어 서문. 박세혁 역. 2024-02-28. (*The Uneasy

Conscience of Modern Fundumentalism, Eerdmans. 1947, 2003; Crossway, 2022) e / IVPp.

기후 변화와 신학의 재구성. 샐리 맥페이그. 김준우 역. 2021-05-26. (*New Climate for Theology*, Fortress, 2008) e / 한국기독교연구소p 출간. 2008-09-25. M어게인.

예수와 창조성. 고든 카우프만. 김진혁 역. 2021-05-26. (*Jesus and Creativity*, Fortress, 2009) e / 한국기독교연구소p 출간. 2009-06-30. M어게인.

하나님의 말씀에 사로잡혀. 미로슬라브 볼프. 홍병룡 역. 2021-08-09. (*Captive to the Word of God*, Eerdmans, 2010) e / 국제제자훈련원p. 2012-12-05. M어게인.

태초에 창조성이 있었다. 고든 카우프만. 박만 역. 2021-05-26. (*In the Beginning… Creativity*, Fortress, 2000) e / 한국기독교연구소p 출간. 2013-10-01. M어게인.

윗필드 씨! 제발 좀 마이크 내려놓고 쉬세요! 아놀드 A. 댈리모어. 오현미 역. 2021-12-31. (*George Whitefield: God's Anointed Servant in the Great Revival of the Eighteenth Century*, Crossway, 2010) e / 이레서원p. M어게인.

알맹4U

도널드 밀러는 인생 편집 중 - 〈천년 동안 백만 마일〉 일러스트레이션판. 도널드 밀러. 윤종석 역. 2022-12-25. (*A Million Miles in a Thousand Years*, Thomas Nelson, 2009) p&e. 100부 한정판.

도널드 밀러의 오색사막 순례 이야기. 도널드 밀러. 허진 역. 2022-07-04. (*Through Painted Deserts*, Thomas Nelson, 2005) e / 잉클링즈p. 2022-06-30.

천년 동안 백만 마일. 도널드 밀러. 윤종석 역. 2021-09-03. (*A Million Miles in a Thousand Years*, Thomas Nelson, 2009) e / IVPp 출간. 2010-10-27.

메리에게 루이스가. C. S. 루이스. 이종태 역. 2021-07-23. (*Letters to an American Lady*, Eerdmans, 1967, 2014) e.

버거킹에서 기도하기. 리처드 마우. 강봉재 역. 2023-11-10. (*Praying at Burger King*, Eerdmans, 2007) e / IVPp.

아름다운 '안녕'. 매럴린 매킨타이어. 오현미 역. 2024-02-28. (*A Faithful Farewell: Living Your Last Chapter with Love*, Eerdmans, 2015) e / 이레서원p. 2019-06-12.

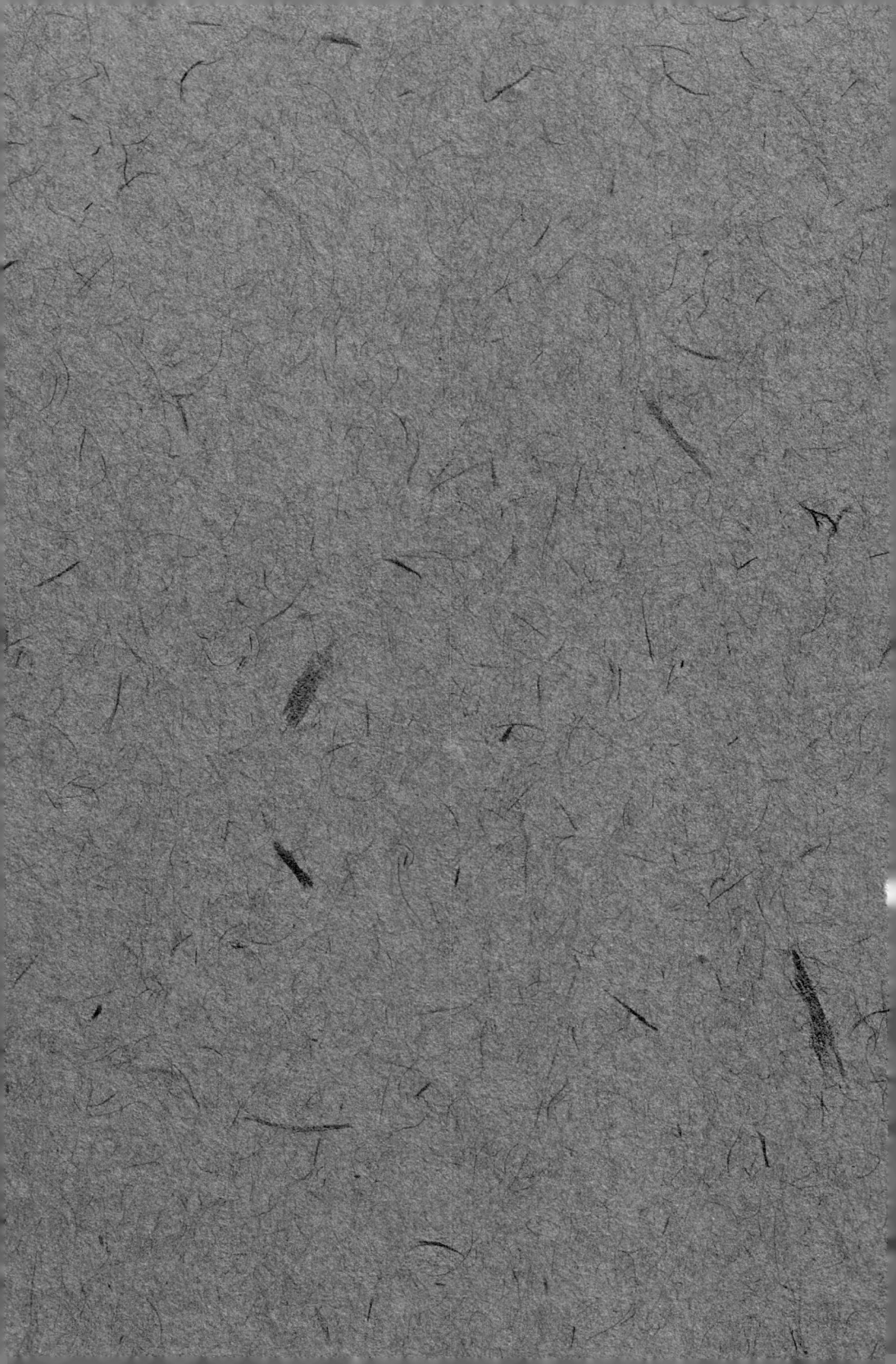